中华传世藏书

【图文珍藏版】

中华名人百传

王书利⊙主编

线装书局

目　录

阉海权宦

中华传世藏书

中华名人百传

目录

二

兵圣武将

中华传世藏书

中华名人百传

目 录

中华名人百传

阉海权宦

王书利⊙主编

导　读

　　宦官制度是中国君主专制机体上滋生出来的一颗难以清除的毒瘤，其危害之深广，在世界上独一无二，可以说是中国历史的不幸。且其在中国历史上存留时间之久，也是世界上仅有的一种奇特社会现象。

　　在宦官这个特殊的阶层里，他们头面人物步入政治舞台，忠奸善恶，在历朝历代都扮演了重要的角色。宦官队伍中也是卧虎藏龙、英才辈出的。如司马迁、蔡伦、程昉、郑和等，各以其崇高的品德和卓越的建树，为中华文化和中华文明的发展做出了巨大的贡献。当然也出了一伙丑类，介入高层政治，有的还掌握军权，玩弄权术，专权乱政，甚至废立和杀害皇帝，造成一次又一次社会危机和动荡，产生灾难性的后果。

　　从横向看，这是一卷宦官传记，可见个体宦官的林林总总；从纵向看，这是一本宦官简史，可窥总体宦官的脉络与概貌。读者阅读本卷图书，能够增长知识，鉴古惜今，坚定这样一个信念：真善美始终是中华民族生活的主流，宛若大浪淘沙，不断冲涤和扫荡假恶丑的污泥浊水，从而推动历史发展和社会进步。

亡秦祸首

——赵高

名人档案

赵高：赵国宗室远亲，入秦宫为宦官，任中府令，兼行符玺令事，"管事二十余年"。

生卒时间：？～前207年。

性格特点：奸诈有野心。

历史功过：赵高推着阴谋的车轮，沿着他酿成的血腥道路，走上了高位。他运用阴谋、机诈、权术和恐怖，给自己铺成了达到权势高位的台阶，同时也挖成了跌向粉身碎骨的深渊。机关算尽太聪明，反误了卿卿性命。自己把自己钉上了万劫不复的耻辱柱。

名家评点：陆贾叹曰："秦任刑法不变，卒灭赵氏（指秦朝灭亡）"《战国策》的编者刘向直言不讳："秦信同姓（即宗室，这里指赵高）以王，至其衰也，非易同姓也，而身死国亡。故王者之治天下在于行法，不在于信同姓。"

诏媚邀宠

公元前228年，赵国被秦国的大将王翦消灭，赵王迁为了秦国的阶下囚。赵高的祖上赵氏属于赵国宗室的一个远支，勉强称得上是一个贵族。赵国被灭之后，赵氏宗族就以亡国臣民的身份被强迫迁徙到了秦都咸阳，赵高的父母也在其中。后来，赵高的父亲因为触犯了刑律而被判处宫刑，赵高的母亲也因此而受到了株连，被收入官府里做了奴婢。而赵母跟他人"野合"生下来的包括赵高在内的一群子女都承袭了赵姓。

因为父亲是罪犯，母亲又为人奴婢，因此就决定了赵高的社会地位和命运，年龄少长后，赵高兄弟数人也一律被处以宫刑，并被安排在秦国的王宫里做了内宫厮役，供人差

使。从这里可以看出，赵高的童年是非常不幸的。也就是因为这样的凄惨的生活环境，使赵高的心中早早种下了仇恨的种子。

赵高虽然地位低下，可是却并不想使自己一生都处于卑微的地位。他的野心很大，总是梦想着有朝一日能改变自己悲惨的命运。在当时，也经常有阉宦之人因种种原因而跻身于执政者的行列。更何况赵高虽然被处以宫刑，可是他的身体并不孱弱，智力也不比常人差。恰恰相反，赵高生得身躯伟岸，膂力超人，再加上他工于心计，又很会察言观色，见风使舵，所以常常使自己左右逢源。他的那张嘴巴为他带来很大的好处，获得很多人的夸奖，秦始皇对此也有所耳闻。

秦始皇注重法治，赵高了解到了这些后，就想办法来投其所好，于是他开始努力钻研起当时的各种法律来。时间不长，他便对许多的案例都烂熟于胸，更加难能可贵的是他还练得一手好篆字，这样一来，就使得他在众多的宦者中脱颖而出。

秦始皇推崇法制，所以制定的秦律极为严格，在当时，事无大小，都决于法。所以，如果有赵高这样一个通晓法律，而且又身强力壮的宦官在身边使唤，那就再理想不过了。所以没过多长时间，秦始皇就任命他为负责皇室车辆的中车府令，这样一来，就使得赵高既可以接触到朝廷机密，又可借机赢得秦始皇的欢心，而且还由此咸鱼翻身，成了掌管皇室车辆，并能自由出入宫廷的秦朝官吏了。

秦始皇统一全国后，听从了李斯的建议，统一全国的文字，把那些繁琐且六国不能统一的大篆都改成小篆。于是他命令丞相李斯写下了《仓颉篇》、赵高写下了《爰历篇》、太史令胡毋敬写下了《博学篇》，然后以此作为小篆的范文，在全国范围内颁行使用。从这件事中我们可以发现，赵高在秦始皇心目中的地位已今非昔比。

秦始皇自登基以来，就希望自己的一统江山能够万代相传下去，所以他以严法治国，凡是和他持有不同政见以及反抗者，都一律用严厉的酷刑进行惩罚。这一切都让精明至极的赵高看在眼里。于是他在秦始皇面前始终装成很守规矩、效忠皇帝的姿态，同时又表现得精明强干，时常给秦始皇献计献策。这样一来，秦始皇对他就更加青睐了。可是赵高并不以此为满足，他盘算得更多，眼光也更长远。为了自己今后的地位，他已经开始考虑谁最有可能继承皇位了。他在暗中不断观察秦始皇和诸位儿子之间的关系，并进行了反复的权衡，可谓是费尽了心思。秦始皇的长子叫扶苏，为人品性耿直忠厚，最有可能成为皇位继承人的人选，可是他总是劝谏父皇要以宽政来待民，不主张用重刑酷法。这使得秦始皇对扶苏有些不大喜欢。尤其是在"焚书坑儒"事件过后，扶苏上疏，对他的父皇说："如今天下刚刚平定下来，四方各地人心都还没有归伏，读书人崇敬孔子，可您却用重法来惩治他们，这样一来，恐怕会人心不安，天下难以太平。"但是秦始皇刚愎自用，他听不进扶苏的意见，到后来就越来越烦他了，正在这时，正在北方边境镇守的蒙恬将军统领的30万大军里需要一个监军，秦始皇马上就把扶苏给派了过去，由他充当监军。扶苏走后，在秦始皇身边的这些儿子里最讨秦始皇喜欢的就是那位年仅十多岁的幼子胡亥了。胡亥从一出生起，就一直生活在深宫禁地，身边都是妇人或是宦官，所以他不谙世事人情，自己也没什么主见，每日里只知道声色犬马、吃喝玩乐，其他的就什么也不知道了。

赵高对这一切都看在心里，认为今后胡亥可以被自己利用，于是自此之后，他就对胡亥用上了心思。因为他知道，自己只要把胡亥哄得开心了，就能更加取信于秦始皇。等到秦始皇百年之后，自己也才能有所依靠。

为了达到自己的目的，赵高挖空了心思，想方设法地笼络胡亥，为这个二世祖提供一切可以游乐的方便，果然，时间不长，他就把胡亥哄得欢喜无比。胡亥一见到他，就非要和他一起玩耍，有时赵高有事，胡亥也拉着他不肯放他走。秦始皇看到儿子如此喜欢赵高，于是就让赵高教胡亥学习书法、法律等知识。实际上赵高就成了胡亥的老师。赵高见自己的计谋已经开始见效，心里很是高兴。可是他的心不满足于此，他要进一步对其加以教唆，好使自己更好地利用和控制胡亥，奠定自己未来的基础。

秦始皇统一天下以来，自以为功高可与天齐，天下无人能及，为了向天下人展示自己的威德，同时也是为了进一步加强对全国各地的控制，他时常带领着朝臣、兵将巡视天下，到各地去进行游览。每次出巡，他都带大批的随行人员，赵高当然是不可缺少的人物之一，因为他是主管着皇帝车马乘舆的中车府令，并且兼行符玺令事。赵高行事非常谨慎，无论做什么事情，都能让秦始皇觉得满意。秦始皇为此感到很是高兴，他认为自己并没看错赵高这个人，的确是个忠于自己的人才，可是他又如何知道赵高的心思呢。

然而赵高再怎么聪明，也还是有失算的时候，有一次，他触犯了刑律，按照当时的秦律规定，是要判处死罪的。秦始皇把这桩案件交给了当时位列上卿的蒙毅查办。蒙毅是蒙恬的弟弟，因为没有猜透秦始皇的用意，所以他也不敢徇私枉法，于是就秉公办理，判处赵高死刑。来到刑场上，眼看着开斩的时刻就要到了，胡亥来了。原来他在秦始皇面前为赵高百般求情，让他放过赵高这一次，秦始皇考虑到平日里赵高办事得力，且又忠于主子的分上，最终改变了主意，于是免去了赵高的死刑，又使他官复原职。

秦始皇的权威至高无上，可以说随心所欲，为所欲为，至于这朝令夕改的事，对他来说也是司空见惯的了。然而他这次的改变却造成了极其严重的后果，因为赵高通过这件事已然同蒙氏兄弟结下了深仇大怨。这次事件使赵高认识到，秦始皇驾崩之后，如果是扶苏即位，那蒙氏兄弟很自然就会受到重用，这样一来，自己的结局也就可想而知了，所以他现在也没有什么好犹豫的了，他把自己全部的希望都押到了胡亥身上。也许秦始皇根本就不曾想到，他那欲使秦朝江山传承万代的梦想，会因为自己的一念之差而留下了无法消除的隐患。

从公元前 210 年年初开始，秦始皇开始了他一生中的最后一次出巡。这次出巡的队伍比以往任何一次都要庞大壮观。他的近臣左丞相李斯、中车府令赵高及上卿蒙毅等都跟随在身边，右丞相冯去疾则居守在咸阳，料理一些政务。这时他的小儿子胡亥也嚷着要跟去，秦始皇本不答应，经赵高在旁多方劝说，秦始皇最终才点头应允。就这样，这支浩浩荡荡的队伍从咸阳出发，途经武关、云梦泽，然后弃岸登舟，沿江东下，过了浙江，在会稽山祭祀了大禹之后，接着就往北行，经过一番长途跋涉后来到了琅邪（今山东胶南）。秦始皇已经到琅邪来过几次了，他相信离这里不远的海上，也就是民间传说中的蓬莱仙境，一定会有长生不老之药。作为手握天下生杀大权的秦始皇一直都在费尽心机获取长

生不老药。这次来到这里，秦始皇再次向蓬莱仙境那个地方进行拜祭。

因为一路的劳累颠簸，秦始皇已然感到自己体力难支，再无意到其他地方去巡游了，于是他传下诏令，立即返回咸阳。当队伍来到平原津时，他越发觉得自己体力难支，他已经预感到死神正在向自己走来。虽然自己不甘心，可这也是无可奈何的事情。于是他便在途中选定好了皇位的继承人。他命人给大儿子扶苏写了一封诏书，让他见诏后马上回咸阳主持他的丧事，并接替自己的皇位。诏书写好之后交给了赵高，可是赵高并没马上交给使者，而是私自扣了下来。

沙丘之变

秦始皇的病情日益恶化。到了七月，秦始皇终于在沙丘（现在的河北省广宗县）平台离开了人世，时年50岁。沙丘距离咸阳还有两千里之遥。秦始皇在临死前并没有公开谁是皇位的继承人，而且当时国内的形势非常混乱，秦始皇去世的消息一旦传了出去，很可能引起天下大乱，其后果难以想象。这时，丞相李斯是群臣中的最高决策者了，他当时就采取了最稳妥的做法，那就是秘不发丧，并命队伍火速往咸阳赶。这样一来，秦始皇的尸体被停放在车上，服侍秦始皇的太监也像平日一样坐在车上，传递和回复着百官的奏章，就如同秦始皇还活着那样。当时，秦始皇去世的事只有李斯、胡亥、赵高和几个近侍的太监知道，其他大臣全都被蒙在鼓里。

赵高处心积虑寻找的机会终于来到了，他开始了阴谋活动，把皇帝的遗诏私下里打开查阅，发现是让公子扶苏继任皇帝位，而且对蒙氏兄弟也都委以重任。赵高心怀不轨：扶苏是个有才干的人，又有蒙氏兄弟相助，如果他登上皇位，自己肯定会前途渺茫，再加上自己留给扶苏的印象不好，而且自己还同蒙氏兄弟有深仇大恨……所以万万不能让扶苏当上皇帝。为了要达到自己的目的，赵高便决定更改秦始皇留下的遗诏，在诏书中改立胡亥为帝。秦始皇的遗诏中对胡亥没做任何安排，也没有分封其他的皇子，这一点正好可以加以利用，煽动胡亥的私心。如此一来，既可以最大限度地讨好胡亥；又能掩人耳目，以胡亥给自己做挡箭牌，由此免去了自己篡权的嫌疑，同时还可争取到李斯的支持。

赵高拿定了主意，他怀揣着秦始皇的遗诏来见胡亥。他在胡亥面前装出一副痛心疾首的样子，说："皇上驾崩时，没有给其他公子留下任何片言只语，只给长公子扶苏留下一封诏书。扶苏一到，就会继任为皇帝，可是您却没有一寸土地，您说这该如何是好？"胡亥年幼，且未经世事，不知赵高要的什么阴谋诡计，加上他本来就不是太子，没有什么能力，且胸无大志，听了这话之后，并没有什么强烈的反应，只是叹了一声，说："这就是命啊，没办法，父皇很了解我们，这样的结果，我没有什么可多说的。"赵高一见，就给他打气，说："公子这样想可就不对了。眼下执掌天下人生死的大权，都在你、我和李斯的手里攥着，这样一个千载难逢的好机会你可不要错过了。你想一想，做别人的臣子和使别人臣服于自己，可是大不相同啊！商汤革命，周武伐纣，做臣下的最终都杀了他们的君主，可是天

下人都称颂他们这是仁义之举；那卫国的君主也是因为杀了自己的父亲才得到君位的，可是卫国的臣民无不称颂他的恩德，即使是孔夫子，也都把这件给事记上了一笔，而并没有把这当成是一种大逆不道的事情。所以，要想成就大事，就不能拘泥于小节，有大德行的人不能在乎一些小过失。如果只考虑小节而忘了大利，将来一定会后患无穷。处事优柔寡断，行举犹豫不决，将来也必定会为此后悔不已。而那些行事果断的人，即使鬼神见了也都要敬让三分，所以这种人就一定会取得成功。你想做哪种人，可要三思啊。"经过赵高的这番蛊惑，胡亥的心果然被打动了，于是他就问赵高："现在父亲去世的事情尚未对天下发布，丧礼也还没有举行，此时恐怕不宜和丞相商量此事吧？"赵高马上又对他进一步地劝诱，他说："机会不会是时时都会有的，而且往往是稍纵即逝，错过了也就什么都来不及了。这事得不到丞相的支持也是不好成功的，这样吧，他那儿我马上去说，您就不用为此挂心了。"胡亥的欲望至此也就被完全给煽动起来了。

客观地说，秦始皇生前未明立太子可说是他一次极大的失策，这就给阴谋家赵高以可乘之机。如果丞相李斯能够对这次阴谋加以制止的话，赵高的阴谋也是极难得逞的，可丞相李斯偏偏又是名利欲很强的人，他不想让自己的权势受到任何的损失。

李斯原本是楚国的一位乡里小吏。他看到厕所里的老鼠吃着肮脏无比的东西，还经常因为受到人和狗的惊吓而慌乱的四处逃窜，可是，官家粮仓里的老鼠吃的却是上好的稻粟，悠然自得。于是他就认为人和老鼠一样，生活的富贵贫寒关键就在于他能否去努力争取。因此，他发誓要改变自己的处境。后来，他在荀况那里学得侍奉帝王之术，在秦国经过一番拼搏奋斗，终于达到了丞相这个位置后，最害怕的就是自己再重新回到那种卑微和贫困的生活中去。更何况，他为了保住秦始皇对自己的宠幸，还将对他的权势构成很大威胁的同学韩非也给毒死了。

赵高老谋深算，他早就看透了李斯的这个弱点。所以赵高找到李斯进行了一番密谈。赵高对争取李斯极有把握，一见到李斯就开门见山地说："如今皇上已经驾崩，遗诏是要公子扶苏回咸阳主持丧葬仪式，并继承皇帝之位。如今这诏书还没发出，这件事别人都不知道。现在遗诏和玉玺都放在胡亥那儿，由谁来继任皇帝，这只要你我的一句话了。"很自然，李斯也成了赵高的同谋。

沙丘之变对于赵高来说不过是小试牛刀，他奸诈无比的伎俩还在后头。自从沙丘之变后，胡亥、赵高两个人做事都是紧密配合，一个想坐稳皇位，一个则为了扫除将来最有可能阻止篡位的一切障碍。尽管他们的最终目的不同，可是眼前的利益却是相同的。为了让人们不致引起对胡亥是否是皇位的继承人的怀疑，赵高怂恿胡亥为秦始皇举行了极为隆重的葬礼，他们按照秦始皇先前的遗愿，把他的遗体埋葬在役使 70 余万刑徒、经营数十年的骊山之下的墓穴里。

有一天，胡亥把赵高召来，然后心事重重地对他说："人活在世上，就如同几匹烈马拉着车子穿过一条山洞那么快，真是太短暂了。如今，我既然贵为天下无人可及的皇帝，就应该趁此纵情享乐，随心所欲。"胡亥的话马上得到了赵高的赞成，他立即附会说："这才是英明的君主所为呢，其实这件事我早就想到了，只不过因为一些别的原因，使我一直没敢向陛下提出来。"胡亥马上迫不及待地追问："到底什么原因，你快些说出来，不论你说什么，我都会恕你无罪的。"赵高那双不怀好意的眼珠子转了一圈，然后装出很神秘的样子对胡亥说："我们的沙丘之谋，可能会引起诸公子及大臣的怀疑，这些你应该能想到。诸位公子无一不是您的兄长，可是眼下却屈居您之下，都向你跪拜称臣，你想他们会就此甘心吗？朝中的大臣都是先帝在时安置的，现在如果得不到提升和重用，那他们心里能乐意吗？还有蒙恬兄弟，现在虽然被囚禁，谁敢保证不会生变，有朝一日他们发动叛乱，可就很难收拾了。所以我一想到这些，就日夜不安，生怕有什么意外事情发生。如果这些障碍不被除去，陛下又如何能安安稳稳地尽情享受呢？"

恣意妄为

赵高的这一番话，句句说到了胡亥心里，他同意赵高分析的这些情况，他便问赵高应该怎么办才好。赵高显露出一丝阴冷的微笑，他其实早就有了主张。这时就毫不犹豫地倾囊而出说："我认为对这些人一定不能手软，只有用严刑酷法，把这些人除掉，才能使得你安枕无忧。接下来，就采用'贫者富之，贱者贵之，亲信者近之'的办法，提拔上一批让我们信得过的人，把他们安置在重要岗位，这样一来隐患也就被消除了，所受到提拔的人就会对陛下感恩戴德，您从此也就可以在宫中高枕无忧，任意去做自己想做的事情了，到时也就无人出来加以阻拦了。"胡亥认为赵高的建议很正确，他连连称赞，并让赵高据此来主持制订一些具体的法规和实施办法。

赵高的第一个目标便是兵权在握的蒙恬、蒙毅兄弟，蒙氏素来就跟赵高有积怨。蒙氏的祖上为齐人。祖父蒙骜在秦昭王时，便由齐国来到了秦国，为秦昭王效命，官拜上卿，曾屡次率兵出征，为秦国攻城略地，东征西讨，立下了赫赫战功。蒙氏兄弟的父亲蒙武也是秦国的大将。蒙恬青少年时就才学出众，做过一些官职，因为他是将门之后，精通武略，所以被朝廷封为将军，而后他参与了灭六国、统一天下的战争，多次立下战功，官至"内史"之职，是当时咸阳及关中地区的最高行政长官。因中原无战事，他就被秦始皇派往北疆镇守边境，以拒匈奴，同时又督导修筑长城的事情，他戍守千里边防达十多年之久，可以说是饱尝艰辛。蒙恬之弟蒙毅在咸阳也深得秦始皇的信任。在秦始皇帝最后一次出巡的时候，蒙毅虽然也跟随前往，可是他因受命去祈祷山川神灵，以佑皇帝长寿，所以在秦始皇死时，没能及时赶回来，否则赵高等人的阴谋还未必能得逞。如果蒙氏兄弟不除，就会使赵高有芒刺在背的感觉，所以他一定要除之而后快。在发生沙丘之变时，虽然赵高等人伪造的诏书宣布蒙恬、扶苏被赐自尽，可是因为怀疑诏书有诈，蒙恬与蒙毅不肯自尽，因此兄弟俩便先后给囚禁起来了。此时，为了能除去两个人，赵高就向胡亥挑拨说："其实先帝当初也想要立你为太子，因为蒙毅的反对，所以才没有实现。"

昏庸的胡亥一听，便认为赵高所说的是真的，于是恼羞成怒，立即下令将蒙毅处死，然后派人到了阳周，将蒙恬赐以死罪，这样一来，秦朝便失去了两位能臣。

秦二世胡亥庸碌无为,让人厌恶,丝毫没有承袭其父的那种文韬武略的大度气派,反而是染上了秦始皇那种好大喜功、专制酷法的恶习。他刚当上皇帝不久,便进行了一次极其奢侈的出巡,他沿着当年秦始皇走过的路,东至碣石海边,南到会稽山下,一路上浩浩荡荡,为此耗费了大量的钱财,使得百姓怨声载道。他知道有很多人对自己表示不满,于是就颁布了许多严酷的刑法来对反抗他的人进行惩罚,由此一来,就使得群臣人人自危,想要叛变的人越来越多。

民间名目繁多的各种苛捐杂税越来越多,越来越重,贫苦的农民再也忍受不下去了,终于引发了陈胜、吴广领导的农民起义,可是胡亥却仍不知悔改,当右丞相冯去疾、左丞相李斯等上疏规劝胡亥停止营造阿房宫,减省赋敛徭役时,却遭到胡亥一顿怒斥:"我才当了两年皇帝,天下就出现了如此多的盗贼反叛,都是你们这些人没有尽心尽力,现在反过来劝我,那我还要你们这些人有什么用呢!"当时就下令治他们的罪。冯去疾和将军冯劫因为难以忍受屈辱,都相继自杀。其他的朝臣也是被撤的撤、被杀的杀,剩下来的也就没几个了。

赵高就趁着这个时机,把自己的大批亲信都安置在了朝中的重要位置。他的兄弟赵成担任中车府令;他的干女婿阎乐担任了咸阳令;其他的朝中要职如御史、侍中、谒者等,都换成了赵高的人。他们之间相互勾结,沆瀣一气,朋比为奸,在朝中形成一个强大的权力集团,无人敢惹。紧接着,赵高又把屠刀对准了秦始皇的诸子。在他的阴谋毒计之下,秦始皇在咸阳的12个儿子被全部杀死了,而后赵高又在杜邮碾死了胡亥的10位姐妹。秦始皇的儿子将闾兄弟三人也被禁囚在了内宫里,胡亥还派人对将闾说:"你们兄弟几人根本不像臣的样子,罪当死。"将闾当时对来人说:"我作为先帝之子,从来没敢违背阙廷之礼、廊庙之位,我真不明白我为什么不像臣子的样子?我只想知道我犯的是什么罪,然后我才甘心去死。"使者说:"我不想跟你辩论什么,我是奉皇帝之命来行事的,别的就不用多说了,你还是好自为之吧。"将闾不由仰天大呼:"苍天啊!我到底是犯了什么罪啊?"说完,这兄弟三人含泪拔出剑来,自杀身亡。

此后,凡是朝臣进谏不合意,就以"诽谤罪"论处,尤其是走在大街上的百姓,即使脸上的颜色不好,只要被看到了,也要治罪。天下就完全被恐怖给笼罩了。面对赵高、胡亥这般无情的滥杀,公子高自知在劫难逃,于是他就上疏说:"我受赏赐,被泽帝恩,永世不难。如今先帝已然去了,我愿随先帝而去,只是要求我死之后能够埋在父王的脚下。"胡亥听了,很是高兴,立即同意了公子高的请求,同时又赏赐给他十万钱,让他自行殉葬在骊山脚下。至此,赵高可说是以屠杀手段把秦始皇的后代们全部都给杀尽了。他把朝中的大臣和诸公子制服之后,担心群臣在朝堂上弹劾他,于是他阴谋再进一步架空胡亥,好使自己独专大权。有一天,他对胡亥说:"先帝统治天下有很长的时间了,所以那些臣子都不敢以下犯上,胡作非为。可是如今陛下还年轻,而且即位的时间也不长,在朝堂上当场处理政务难免会出现错误,这样一来,群臣就知道你的弱点所在了。身为天子,应该是天下至尊,拥有至高无上的威望。所以只要能使那些朝臣下听到您的指示就行了,不用如此上朝来和大臣们见面,如此一来,天下的人就会无不称颂您为圣主了!"这对于只知

道成日里耽于淫乐的胡亥来说正好是求之不得，自此之后，他便居于深宫，很少临朝听政，内外大事都交赵高来处置。而他在赵高的怂恿下，更加纵情淫乐，沉湎酒色，成日里不再理会朝廷政事，但渐渐地，宽阔豪华的宫殿也难以满足他无止境的欲望。于是他对赵高说："先帝认为咸阳的朝廷宫殿太小，所以才想营建阿房宫。如今里面的殿堂还没有竣工，可是先帝就已经驾崩了，目前此项工程已处于停工状态。如今的骊山墓已经修建完毕，应该继续去修建阿房宫，先帝定下来的规划是不能半途而废的。"

于是在胡亥的命令之下，又从全国各地征调来了民役，继续阿房宫的修建。阿房宫当时可说是一项耗费巨大财力物力的浩大工程。平常用工达 70 万人，秦二世胡亥的再次营建，给天下的老百姓带来极为沉重的负担。因为如此大批的民役都聚集到了咸阳，就使得粮食供应变得十分紧张。于是赵高命令各郡县都往咸阳运粮，而且转运者还必须自带食粮，不得吃用咸阳周围三百里以内的粮食。如此沉重的赋敛和徭役，使得天下民力枯竭，人心不安，百姓为了生计，不得不举义来反抗秦二世的暴政。

面对天下出现的这种严重局势，深居于宫阙中的胡亥茫然不知。这时有使者自关东归来，向二世报告了蕲县大泽乡陈胜、吴广率众起义的事，胡亥得知消息后非常恼怒，当时就把汇报情况的官员囚于狱中，并下令治以重罪。没过多长时间，又有一位使者自外归来，胡亥向他询问了有关情况，这位使者因为有了前次的教训，因此他不敢进行实报，所以就编了个谎言来欺骗他说："如今关东有些地方不过是出现了一些盗贼，各个郡县的官员正在加紧捕捉，现在都已经捉拿归案，请陛下放心好了。"赵高为了愚弄胡亥，也曾经多次用谎言来欺骗胡亥，说他们只是几个散兵游卒，都是些鸡鸣狗盗之辈，成不了什么大气候，陛下尽可放心就是了。经过赵高的蒙哄，胡亥依然和从前一样耽于淫乐，从来都不问政事，对当时天下群雄并起反秦的形势一无所知。

此时的赵高已然大权在揽，实际上就等于是一位无冕皇帝了。公元前 208 年的冬天，处在风雨飘摇之中的秦都咸阳呈现出一片肃杀的气氛。因为在咸阳的刑场中央绑着一批即将被处决的人犯，这件事惊动了咸阳全城的人。围观者人山人海，都在窃窃地私语着。虽然人们此时的心思各不相同，但他们都注视着中间的那位满头银发、老泪纵横的死囚，这个老者就是咸阳城内无人不知、多年来一直权倾朝野的大人物——当朝丞相李斯。可谁能料到，他竟然会落得个腰斩于市、夷灭三族的下场。有的人为此叹息不已，有的则嗤之以鼻，显露出不无快意的神色，好像李斯能得到这样的下场似乎早在他们意料之中的。李斯怎么会有这样悲惨的结局呢？其实这也是赵高一手策划的。因为在逐一消灭了自己的各种潜在障碍后，赵高的野心越来越大。他已经不满足于眼前这个地位了。他想要篡夺秦朝的天下，而且条件也逐渐成熟，时至最后，剩下的最大一个障碍就是沙丘之变的同谋者李斯了。因为李斯知道沙丘之谋的全部内幕，如果不把他除去，将来有朝一日这一事件难免外泄。所以李斯的存在，是赵高走向权力顶峰的一块最大的绊脚石。除掉李斯，对于赵高来说是势在必行。为了能将李斯置于死地，他经过一番精心设计，终于使李斯落入了一个圈套。

有一天，赵高找到李斯，满脸哭丧地说："丞相啊，如今天下造反的人是越来越多了，

可是皇上却压根儿不把这事放在心上，还成日里忙于修筑阿房宫，也不理朝政，只知道在宫内玩乐，侍弄那些狗呀、马呀什么的。我想要对他进行劝谏，可是我职卑位贱，说出来的话他哪能听得进去啊。您作为先帝时的重臣，说出来的话有分量，所以你出来劝谏，肯定会管用。"李斯毕竟是个文人，心计不如赵高，再加上他本来也就是为了保住自己的相位，并没有赵高那样的篡逆之心，他还是希望秦王朝能够顺利延续下去的，所以听了赵高的话后，他就说："您说得没错，天下如此大乱，我身为秦朝的丞相，理应有这样的责任。可是，陛下常年居于深宫，不愿让人去见他，因此我很难找到进谏的机会。"赵高见李斯果然中了自己的圈套，于是就假意地说道："这样吧，如果丞相真想要劝谏的话，我就给您留意着，只要陛下闲下来时，我就马上过来禀报就是了。"

赵高深知胡亥讨厌别人在他玩儿兴正浓时来打扰他。可是奸诈的赵高偏就瞅准胡亥在后宫拥姬抱妾、寻欢行乐的时候来通知李斯，说皇帝现在有时间，可以去见他。李斯慌忙整好衣冠，来到了宫门口，要求见皇上。可此时胡亥玩得正兴起，他的贸然求见，使得胡亥极为扫兴。如此一连几次，这可把胡亥给激怒了，他张口骂道："李斯这东西，也太不知趣了，我没事时，不来奏事，我玩得正开心时，偏来奏事，一次又一次地扫我的兴，这不是见我年轻好欺负吗！"赵高乘机进谗说："总这样下去，对陛下可是个很大的危险啊！"然后，他又罗织了三条足以为李斯带来杀身之祸的罪名，他对胡亥说，李斯因为参与了沙丘之变，事后没能升官加爵，所以就心存不满，他一心想要割地称王呢。他又说李斯的儿子李由身为三川郡守，当吴广等盗贼西进路过三川时，没有对叛匪加以围剿，这是因为陈胜和丞相的老家相邻，这也算是"老乡惜老乡"吧，并说李由跟叛军有书信往来，只是现在还没拿到可靠的证据。第三条罪说李斯功高震主，权力甚至重于皇帝。当时正在气头上的胡亥便信以为真，马上就要治李斯的罪，并派人到三川查实李由通贼一事。

李斯知道这件事后，才如梦初醒，知道中了赵高的奸计。于是他急忙来见胡亥，想要澄清事实。可是这时胡亥躲在宫中只顾嬉戏，哪里肯见他啊。李斯无奈之下，只得上疏，揭露赵高搬弄是非，贪得无厌，有图谋不轨之心，是一个相当危险的人物。可是李斯的这种表现在胡亥眼中无疑更像是倒打一耙。他对赵高的信任已然超过了任何人了，于是他驳斥李斯说："尽管赵高是一个宦官，可是他并不因为自己处境的安逸而为所欲为，对我是忠心耿耿。而且他品行廉洁，能自我约束，所以才会取得今天这样的位置。他如此一个贤明的人，为什么你要对他进行攻击呢？我继帝位时还很年轻，见识少，又不懂如何治理天下，多亏赵高帮助我治理天下，应对朝中的事务。如果没有赵高，不知道我的天下会是什么样子，没有赵高，恐怕无人能担此重任。赵高精明强干，能体察民情，对我极是顺从，以后不准你再说他的坏话。"此事过后，胡亥便告诉了赵高。赵高因而更恨李斯了，他乘机又进谗说："李氏父子可能早就有谋叛之心，我担心我死之后，他也会像田常（田常于鲁哀公十四年杀了齐简公，使齐国大权落入田氏之手）那样杀死陛下，夺取你的皇位。"胡亥听到这，脸色大变，他马上下旨把李斯抓起来，并交由赵高来审理此案。

歹毒的赵高首先以李斯父子谋叛的罪名逮捕了李斯，投入大牢中，同时又将李斯家族以及他家中的那些门客统统地收捕归案。接下来，他就对李斯进行了严刑逼供。李斯禁不住赵高酷刑相逼，便招了个假供。李斯幻想着日后能够进行申诉，凭自己的功劳会得到胡亥的赦免。然而他的想法太天真了。宫廷内外，朝廷上下都布满了赵高的亲信，他写的那些申诉书，全都落到了赵高的手中。赵高把这些申诉状撕得粉碎，并说："一个死囚犯怎么还可能给皇帝上疏呢？"赵高也知道李斯招的是假供，为了不让他有机会翻案，他就让自己的亲信扮成御史、侍中，轮番对他进行提审。李斯不知道这都是赵高布置好的。还以为真是朝廷让自己申冤的呢？他便如实相告。可是审判官便说李斯不老实，又对其施行惨绝人寰的拷打，直到李斯对假口供不再改口为止。到了后来，秦二世胡亥派人来对李斯的口供进行核实，李斯便认为又是跟前几次一样，只要说了真情就会遭到更厉害的刑罚。他就再也不敢改口供了，对自己的那些谋反罪名都一一承认了。

赵高把李斯的供词呈给胡亥，胡亥认为赵高查处叛贼有功，大加褒奖。此时，被胡亥派去调查李由通贼的使臣从三川回到了咸阳，原来李斯的儿子李由已经被起兵反秦的项梁给打死了。但赵高把真情都给隐去了，伪造了一份李由叛变的材料，谎说李由已被就地正法。在赵高一手遮天的精心策划下，李斯的罪名终于确定，他再也无法改变自己的命运了。

李斯的罪名根据秦朝律令应该处以极刑，于是胡亥下令处李斯以腰斩之刑，同时灭其三族。在行刑之前，李斯不由得仰望苍天，悔恨不已，他对身边的二儿子说："我多么希望咱们父子俩能够再像你小时候那样，牵着黄狗，架着猎鹰一起到上蔡的东门去打兔子呀，可是如今看来，这一切都已经不可能了。"李斯这一席话生动地道出了他发迹后在夹缝中求生存，从而失去了常人乐趣的那种无奈。

指鹿为马

当李斯被赵高用奸计除掉后，赵高眼前已经是没有什么障碍了，他官拜中丞相，凡是朝事无论大小，都要由赵高来裁决。这时，大秦王朝的江山已经是风雨飘摇，朝不保夕了。赵高认为自己篡位的机会已经成熟了，于是他就在秦宫上演了一幕宫廷闹剧。有一天，赵高把一头鹿牵到宫里献给了胡亥，并说："臣有一匹马想献给陛下。"胡亥当时一看，笑着说："丞相你弄错了，这不是马啊，而是一头鹿啊。"说着，他就转身问两旁的人。许多人都来奉承赵高，说这是一匹马，有一些人并没作声，还有几个人据实说这是鹿。秦二世听了这话，还认为自己是生病了，所以才会误把马当成了鹿。于是他就把宫里面掌管占卜推算的太卜给找了来，让他给自己占一卦。

因为太卜早就受到了赵高的指使，所以他就按照赵高的意思对胡亥说："陛下因为在春秋季节祭祀天地的时候，尊奉宗庙鬼神时斋戒不够认真，没有恪守禁忌，以至于今天连鹿、马都分不出来。如今，您必须再次施行斋戒之礼，而且一定要严肃认真。"胡亥听了太卜的一番胡话，信以为真，第二天他便去上林苑中进行斋戒之礼。胡亥刚一走，赵高就把那些说实话的人给杀了。自此之后，秦宫上下无不噤若寒蝉。赵高此时篡位就如探囊取

物那样容易了。而胡亥在上林苑中，虽然是在施行斋戒，实际上却是打猎玩耍。他在追猎物的过程当中，竟一箭将误入苑中的路人给射死了。赵高听说这件事之后，他就让女婿阎乐去对胡亥说："不知道是谁杀了一个人，却将尸体给移到了上林苑里面。"胡亥听了这话后，连自己都觉得很不自在。

赵高这时又亲自出面了，他以特别关心的口吻对胡亥说："听说陛下在上林苑中射杀了一名无辜的人，这可是上天所不允许的，这样一来，鬼神都不会接受祭供的，上天也会降灾祸于陛下。"胡亥听了，不由地吓得脸色大变，他急忙问："那我应该怎么办才好呢？"赵高说："唯一的办法就是您离开皇宫，这样才能躲过灭顶之灾。"胡亥毫无疑义，立即撒手政事，在赵高的引领下，来到了城东南八里地之外的望夷宫中去避灾了。

胡亥愚蠢透顶，当然不知道赵高的狼子野心。而赵高费尽心机演出的这场指鹿为马的闹剧，实际上就是想要篡权夺位。他虽然铲除了蒙氏兄弟、秦始皇的诸公子以及李斯等朝中大臣，可是他只是在上层集团中清除了政敌，而中下层及宫内外还会有多少反对者存在呢？于是他就想出这样的方法来检视人心所向，以便于进一步铲除异己，为篡夺帝位扫清道路。还有一点就是赵高觉得自己在骗得胡亥的绝对信任和攫取了丞相要职之后，有些人并不服，所以他就用"指鹿为马"这个妙法，当着皇帝的面在群臣中显示出自己的突出地位和一言九鼎的影响力。甚至就是我"指鹿为马"，你皇帝也奈何不得的。由此，他也进一步检验胡亥被愚弄和信赖自己的程度。另外，他想早日设法将胡亥诱出秦宫加以谋害。

赵高的这一招可说是登峰造极。秦宫上下，朝中文武官员，无不人人自危，个个都看赵高的眼色行事。此时的赵高可以说是为所欲为，无人敢说半个不字了。而此时的秦天下，已经是烽火连天，农民领袖陈胜、吴广在刚开始起义的时候，只是率领着数百人揭竿而起，而在不到半年的时间里，他们就屡挫强敌，势力大增，义军横扫黄河南北，极大的摇撼了秦氏王朝的根基。后来陈胜、吴广虽然被剿灭了，可是农民起义的大潮已经无法遏制。在众多的农民义军当中，要数以项羽为首的反秦义军势力最强，所到之处攻无不克，战无不胜。尤其是巨鹿一战，使秦军实力大减，其精锐丧失殆尽。

胡亥闻知后，派出使者去斥责当时秦军的首领章邯，章邯害怕遭到惩处，他就派长史司马欣到咸阳来说情，结果他在宫外一直等了三天，也没有被宣入宫中觐见，赵高根本就不想让胡亥听到他们的解释。司马欣早就耳闻赵高之能事，他担心遭到赵高的暗算，就立即返回军中。可是他不敢自原路返回，就选择了另外一条道路。果真不出他所料，赵高迅速派出人顺着原道追赶，可是没能赶上。司马欣回来后对章邯说："如今是赵高把持了朝政，您若有功于秦桧被杀，无功于秦则也必死无疑。"章邯经过再三的考虑，终于率领着他的20万人马投降了项羽，这又给了摇摇欲坠的秦王朝一个沉重的打击。

自取灭亡

之后不久，由刘邦所率的反秦义军杀到了武关。出于战术上的考虑，刘邦派人跟赵高取得了联系。赵高向刘邦提出灭秦之后与刘邦平分关中的要求，刘邦没有应允。赵高担心此事外泄，便先发制人，发动政变。他把弟弟赵成和女婿阎乐找来，经过一番密谋之后，赵成为内应，身居咸阳令的阎乐指示一部分人化装成义军，去攻打望夷宫，赵高则指挥全局。赵成先到望夷宫内散布谣言，说关东强盗已经打到了城中，这样一来，就使得宫中人心惶惶。与此同时，阎乐让手下人化装成义军，把胡亥的母亲抓了起来，藏到赵高的府中，而阎乐则率领着一千多兵士，以追贼为名，直奔到胡亥住的望夷宫。到了宫门前，阎乐立即责问守殿的卫士首领，为什么强盗进了宫门也不加以阻止。卫士首领还想要分辩，阎乐上前一刀把他砍死，带领士兵冲进宫中开始行凶，宫内顿时血肉横飞。这时赵成也率兵来到，他一箭就把皇帝座后的帷帐射落，胡亥吓得魂飞魄散，瘫软在龙椅上。此时，那些侍从们早就不知道跑到哪里去了，只有一位宦官如木鸡似的呆立在他的身后。

阎乐冲了过来，他指着胡亥斥骂道："你这个暴君，残杀天下无辜百姓，耗费了无数民脂民膏，如今逼得天下人都起来反抗，现在你看该怎么办！"早就吓得面无人色的他向阎乐请求要见赵高一面，被阎乐断然拒绝。此时的胡亥还心存幻想，希望赵高能给自己一官半职，阎乐极不耐烦地说："我是奉丞相之命来处死你的，我劝你还是快点自尽吧！"胡亥这才明白，逼他自杀的正是自己无比信赖的丞相赵高。此时他虽然痛心疾首，但是后悔已经没用了。他最后看了一眼宫殿和面前怒目逼视自己的阎乐等人，终于拔剑自刎。之后赵高从胡亥身上摘下了玉玺，而后登上大殿，想要宣布登基。可是一连三次上殿，都没有朝臣来应。赵高这时才意识到，因为自己倒行逆施，群臣已经无人理会他了，无奈之下，他只得取消了称帝的打算，派人把子婴给请了出来。

此时，赵高实际上还梦想着自己日后能够割地为王。可是子婴对赵高的为人十分了解，也明白他的险恶用心。于是便把宦官韩谈和自己的两个儿子找了来，对他们说："赵高杀了皇帝，害怕群臣杀他，所以就假仁假义立我为王。我听人说赵高和叛贼有联系，他还梦想着在灭秦后在关中称王，他一定早就把阴谋设计好了，等我在拜谒祖庙的时候把我给杀死。我打算以有病为由不去祖庙，等到他来催我的时候，你们就一起把他给杀死。"

赵高要子婴斋戒五日之后即正式登位。眼见日期已到，赵高就派人来请子婴受印登基。可是子婴却推说自己有病，不肯前来，如此一连几次。赵高无奈之下便亲自去请，进门就说："拜谒祖庙可是件大事，无论如何您也得去。"他哪知道子婴早就做好了杀他的准备，赵高话音刚落，子婴的两个儿子和亲信宦官等人就一拥而上，将赵高乱刀砍死。子婴当着文武百官的面宣布了赵高的罪状，诛其三族，其党羽也被尽灭。至此，要了一辈子阴谋的赵高，最后终于落得如此下场。赵高死后，子婴立即派兵五万，去驻守峣关（今陕西省商县北），阻挡刘邦大军。刘邦用计绕过峣关正面，从东南侧杀入，歼灭守军，进驻灞上。子婴见大势已去，于公元前 206 年 10 月，率领群臣，手捧国玺、兵符、节仗，俯身在咸阳城门外，向刘邦投降。刘邦将子婴监管在咸阳城内。同年 12 月，项羽率大军进入咸阳，将子婴杀死。秦朝至此宣告灭亡。赵高乱臣贼子的形象遗臭万年，遭到千百代人的唾骂。

跋扈权臣

——梁冀

名人档案

梁冀：字伯卓，安定（今甘肃泾川）人，是中国东汉时期外戚出身的权臣。出身世家大族，先祖时曾协助汉光武帝刘秀建立东汉，其父亲为梁商，有一妹，是汉顺帝的皇后。

生卒时间：？ ~159年。

性格特点：外貌丑陋，耸着象鸱鹰似的双肩，生着豺狼般凶光直射的双眼，自幼过惯了纨绔子弟的生活，嗜饮酒，爱女色，擅赌博，几乎三教九流所能做的各种斗鸡走狗、骋马射箭的娱乐游戏，他均会。

历史功过：永和元年（136年）成为河南尹。因质帝当面称梁冀为"跋扈的将军"，次年即被他所毒杀，另立十五岁的桓帝。此后他更加专擅朝政，结党营私，且大封梁氏一门为侯为官。梁氏灭了，东汉王朝的外戚专权的时代也就基本结束了。但是东汉的皇权并未因此而强盛起来。

纨绔子弟

梁冀进入政治中枢，并非依靠自己的才干与奋斗，而是仰仗先世余荫、裙带关系。梁家在东汉时期是经历了三起三落的官宦世家，而且其起落多与外戚的身份有关联。不论盛衰起落，均是声震朝野。其四世祖梁统是光武帝刘秀的开国功臣之一，而且以主张重刑治国而独树一帜于当时政坛。梁统的长子梁松，迎娶光武之女舞阴长公主为妻。此为梁家通婚帝室之始。梁松博通经书，明习故事，宠幸莫比。及光武崩，梁松受遗诏辅政。后犯罪免官，遂怀怨望，以"飞书诽谤"，被汉明帝下狱而死，家属也受株连流放。梁家因此而首度中衰。

梁松之弟梁竦，自视甚高，以经籍为娱，著书数篇，名曰《七序》。班固见而称赞，比之于孔子著《春秋》："梁竦作《七序》而窃位素餐者惭。"梁竦有三女，容貌俱佳。汉章帝纳其二女，皆为贵人。这是梁家第二次联姻帝室。其中的梁小贵人生育一子（即是后来的汉和帝）窦皇后养以为子。梁家私相庆。诸窦闻之，恐梁氏得志，终为己害，遂谮杀二贵人，而陷梁竦等以恶逆重罪。结果梁竦被逮，在狱中拷打致死。家属也再度流放。梁家因此而再历摧残。

汉和帝即位既久，临朝听制的窦太后西归之后，梁家后人上书诉冤，使得和帝得知了身世之谜。和帝为梁家平反，征还被流放的家人，封梁竦的三个儿子梁棠、梁雍、梁翟为侯，位皆特进，赏赐宅第、奴婢、车马等物以巨万计，宠遇冠于当世。梁氏子弟尽皆为官。其中梁棠官至大鸿胪，梁雍官至少府。梁棠死后，其子安国袭爵，在汉安帝延光年间（122～125）为侍中，有罪免官，诸梁为官者皆受牵连而免官。这是梁家的第三次仕途蹉跎。

梁商，字伯夏，是梁雍之子，也是本传主梁冀的父亲。他少以外戚拜郎中，迁黄门侍郎。汉顺帝永建元年（126），袭父爵封为乘氏侯。永建三年（128），顺帝同时选梁商之女和梁商之妹入掖庭，这是梁家第三次联姻帝室。随后，迁梁商为侍中、屯骑校尉。至顺帝阳嘉元年（132），梁商之女立为皇后，梁商之妹为贵人。这位皇后梁妠，据说是自幼不凡，"好《史书》，九岁能诵《论语》，治《韩诗》，大义略举。常以列女图画置于左右，以自监戒。"选入掖庭之时年仅十三。常特被召幸，在后宫佳丽争相献媚邀宠的大背景之下，梁妠竟然婉辞特宠，从容劝告顺帝均泽云雨，表示不愿以专宠而负罪谤之累。顺帝因此而特加敬重，终于得到皇后之位。她深览前世得失，不敢有骄专之心，算是一位识大体的好皇后。其父梁商加位"特进"，赐安车驷马，官拜执金吾。这标志着梁家的再次崛起。阳嘉三年（134），顺帝以梁商为大将军，梁商谦让称疾不起，婉拒任命。次年，顺帝使太常桓焉亲奉任命的策书前往梁家府第就拜，梁商只好受命。

大将军一职，自汉武帝晚年起，就是朝廷的第一辅臣，实际权位高出于丞相之上。梁商的就职，标志着梁氏家族摆脱了屡倒屡起的困境，开始走向鼎盛。

梁商为人谦和，自居大位，常存谦柔之心，注意任用贤能之材，使得巨览、陈龟、李固、周举等贤者各居其位。于是京师舆论一片颂扬之声，称为良辅，顺帝特加委重。梁商还能够约束家人，在他的有生之年，未曾出现梁氏家人以大权在握而干犯国法之事。

永和六年（141），在梁商病死、尚未及殡葬之时，顺帝即令其长子梁冀承袭父位，出任大将军，继续控制政治中枢。自此梁家在社会舆论中留下的印记却与前完全不同了。由纨绔子弟而身居高位的梁冀，丝毫没有其父梁商的戒惧之心，只知道志得意满，招摇过市。

这种依靠家世背景而荣登高位的人，本来就难以得到人们的尊敬，再加之梁冀后来的所作所为实在无法得到同情，所以他出现在史书上的形象，是一个游手好闲的流氓无

赖：

　　鸢肩豺目，洞精晓眄，口吟舌言，裁能书计。少为贵戚，逸游自恣。性嗜酒，能挽满、弹棋、格五、六博、蹴鞠、意钱之戏，又好臂鹰走狗，骋马斗鸡。

大致是说他双肩上耸、竖目如贼、眼光发直、口齿不清；文化水平是粗通文墨，仅会简单的记事计数；公子哥儿的本事则是应有尽有：嗜酒成性，喜好各种形式的赌博、游戏，凡是富家子弟喜欢的玩意儿，他都是个中高手。就是这样的纨绔子弟，现在却平步青云，成为朝廷的第一重臣了！这是东汉朝廷的不幸，后来也被证明是梁家的不幸，当然更是百姓的劫难。以皇帝的一道圣旨，就可以把如此人物安置在总揽国家大权的高位上，专制体制下的用人之弊，可以借此略窥一斑。

　　其实，梁冀的心黑手辣、杀人成性的本性，在他出任大将军之前，已经表现出来了。

　　早在永和元年（136），梁冀官拜河南尹。河南尹是都城洛阳所在地的河南郡的长官，执掌京畿地区行政、民事、财税、司法管理大权，甚至还有典领禁兵之权，完全可以称之为国家重臣。梁冀在这样的职位上，肆意暴恣，行多非法。其父梁商所亲近的门客吕放，当时已经被安置为洛阳令，自然是梁冀的下属，了解真相。出于对故主梁商的感恩之心，也是为了维护梁家的长远利益，吕放几次与梁商谈及梁冀的胡作非为，希望梁商对儿子加以约束。梁商据以批评了梁冀，梁冀从父亲口中套问出"告状人"，立即派遣杀手将吕放刺杀于途中。而且为了防范梁商怀疑命案出于自己之手，梁冀故意散布烟幕，把破案的疑点和注意力引向与吕放有怨仇的某人，奏请以吕放的弟弟吕禹继任为洛阳令，煽动和利用吕禹的复仇情绪，将蒙冤而成为替罪羊的仇家逮捕，尽灭其宗亲、宾客百余人。梁冀为了掩盖自己滥杀的罪行，居然故意制造假相，导致百余人无辜丧生。特别是被他所杀的吕放，如果地下有知，当更为痛心：他的家人把真正的凶手错当作帮助复仇的恩人，而且一手制造了连杀百人的血案！可恨的是，一切都在梁冀的蒙骗之下完成！

　　如此行径，就发生在"天子脚下"的都城，朝廷不是设置了那么多的监察、执法官员吗？难道他们真的一无所知？恐怕未必！面对权势在握的梁家，特别是涉及这位横行不忌的大公子，明于官场潜规则的官员们，自然会乖巧地闭上嘴巴。于是，梁冀不仅可以保住官位，而且还能够高升，直到"一人之下，万人之上"的大将军。看到无德无才的官宦子弟升迁到高位，不平、质疑、愤怒，都无用处，有本事你也投生到"大人物"家中，不就万事大吉了吗？如果你还不能学会心平气和，就会有既得利益者指责你是居心叵测的"不逞之徒"了！梁冀之流飞黄腾达的历史，把国人"教育""改造"得如此大彻大悟，难道不是莫大的悲哀？

人中渣子

　　关于"修身、齐家、治国、平天下"的排序，绝对有道理。一个连家庭都经营不好的人，硬说他是治国的奇才，肯定得不到社会舆论的认可。从另一个角度考虑，一个人在家中、在至爱亲朋之间，大概是最不需要伪装的，他的性格展示得最为本色。有的人，在公共社会中是人人痛恨的混蛋，但在家中，对亲人，也许还有几分柔情。这样的人，可以说是人性尚未完全泯灭，或简单地类比为"虎毒不食子。"如果有的人，对家人都处处算计，乃至于施加迫害，那必定是完全丧失了人性。梁冀就是这样的败类。如果骂他一声"衣冠禽兽"，只怕是禽兽有"发言权"，都要提出抗议了："我们禽兽不会做那样恶毒的事情！"考虑到不能厚诬生灵，还是另外一句话适用"禽兽不如"，或称之为"人渣子"！

古语有云：物以类聚，人以群分。梁冀在社会上横行无忌，在家中却遇到了一个克星，这就是他的妻子孙寿。因为孙寿的惊艳妩媚令他心醉，施展起手段比他更为狠毒。借助于梁冀的权势，皇帝诏封孙寿为襄城君，每年有五千万的收入，得以享受长公主、藩王一级的礼仪待遇。孙寿不仅姿色出众，而且懂得如何征服男人。史称"寿色美而善为妖态，作愁眉，啼妆，堕马髻，折腰步，龋齿笑，以为媚惑。"所谓的"愁眉"，是指把眉毛描做细而曲折之状；而"啼妆"则是在眼窝下方薄加描抹（大概类似于当今时髦女子的眼影），如同刚刚啼哭过一般（最容易引起男人的怜香惜玉之心）；"堕马髻"是把一头青丝盘拢成型，使之侧垂于一边；"折腰步"肯定是有意突出身体曲线的特殊步态；"龋齿笑"是指如同牙痛之时既要暗自忍痛又要在他人面前强装笑容的"小女人"表情（表演的难度极大，但效果必佳，所谓"以温柔杀人"是也）。此类音容笑貌原本无有，自从孙寿"原创"之后，大为流行，据说"京师翕然皆放效之。"当今"名模"的示范作用也无法与之相比吧？她集女性的阴柔之美、娇羞之美、病态之美于一身，与婀娜体态以及高明的化妆术相结合，化身为令男人倾倒的绝代尤物。假如真有"时空隧道"之类的神秘物件，使得孙寿现身在讲究性感的当今之世，"骑士"们为了一近佳人，引发骚乱的可能性应该很大。梁冀有妻如此，一方面应该说"艳福不浅"，甚至令人感觉天地不公，此类恶毒丑男何以得配绝色女子（好似有点"嫉妒"的嫌疑）？另一方面也是梁冀遭受的现世报应。梁冀不怕得罪天地，也不受皇帝的制约，却唯独惧怕妻子孙寿。孙寿性极嫉妒，又有手段制御梁冀，梁冀对她是其为宠爱，又极为惧惮。梁冀已经是凶恶奸淫之徒，偏偏孙寿本人也是性欲旺盛到需要在丈夫之外另觅男子的程度，于是这对夫妻，在家中就上演了许多丑剧。

当初，其父梁商给顺帝进献了一位名叫友通期的美人。友通期先得宠幸，后有微过，顺帝恼怒之下将她"退还"给梁商。由于友通期得到过皇帝的御幸，谨慎的梁商不敢自留而将她出嫁他人。而梁冀却是"色胆包天"，对这位美人念念不忘，竟然派出手下门客暗中抢回了友通期。其后，赶上梁商去世，梁冀打着给亡父"行孝守丧"的名义，在位于城西的一处地方金屋藏娇，私下与之同居多日。后来，精明过人的孙寿在梁冀离家时暗中跟踪，找到他们寻欢作乐的所在，随即带上一批家奴，将友通期劫持回家，剪去她的一头秀发，用利刃刺伤其面容，将她笞打得死去活来，声称要上书朝廷告发其事。梁冀当时就任大将军时日尚浅，权柄还没有控制稳妥；特别是汉代重视孝道，梁冀竟然假借行孝之名，干出如此秽事，一旦真相暴露，势必官位难保。梁冀在平时对其他人可以无所畏惧，此次把柄却落入最为忌惮的妻子手中，不由得大为恐惧。无奈之下的梁冀，不顾得自保尊严，向岳母去顿首请罪，请她从中转圜。毕竟梁冀的政治命运也关系到孙寿的切身利益，所

谓的"告御状"，在很大程度上也是为了恐吓花心丈夫的"杀手锏"，于是只好不得已而止。事后，梁冀竟然又与友通期长期保持私通关系，生育一子，取名伯玉，暗中藏匿，不敢让母子二人出面。孙寿再次"侦察"得知，痛下杀手，指使儿子梁胤杀了友通期以绝后患。梁冀忧虑孙寿再害其私生子梁伯玉，时常将他密藏在夹壁墙中，才保住性命。

至于孙寿给梁冀"戴绿帽子"的事，在当时的官场肯定不是秘密。秦宫原来是梁冀所喜爱的一个监奴，后来得到梁氏夫妻的提携，官至太仓令的肥缺，时常出入孙寿居所。可能秦宫仪表容貌有男子汉的魅力，至少比形容猥琐的梁冀让人喜欢。孙寿每次见到秦宫前来，就把伺候她的婢女等人打发走，假托二人谈事，借机与之私通。秦宫仰仗着内外兼宠，竟然到了"威权大震"的地步，那些刺史、二千石的中高级官员，有事要走梁冀的后门，不敢轻易找梁冀本人，都来设法打通秦宫的关节。大家知道，秦宫允诺的事，经过孙寿的"居中周旋"，梁冀一般都得照办。至于其中原因所在，自然是心照不宣。秦宫落得顺水推舟、财源不断。如果说梁冀对此一无所知，显然不合情理，大概是假作糊涂，视而不见。在这样的场合下，梁冀还真有"宰相肚里能行船"的"雅量"！如此夫妻，如此家事，竟然出现在朝廷第一重臣的身上，可为一哂，可供击节叹奇！

梁冀对待两位弟弟梁不疑、梁蒙的态度，也令人不寒而栗。梁不疑、梁蒙继承了其父梁商的家风，在为人处世方面比较低调，不似梁冀那般张扬。特别是梁不疑"好经书，善待士"，士林评价不错。在梁商去世之初，顺帝在任命梁冀为大将军的同时，任命梁不疑继任河南尹。梁不疑在官场中的影响远比梁冀要好。而梁冀对这位亲弟弟竟然暗中嫉恨，通过有交情的中常侍奏告顺帝，将梁不疑转为光禄勋。梁冀又暗示众人共荐其子梁胤为河南尹。梁胤当时年仅十六，容貌极其丑陋，穿戴上官服官帽无论如何整治都无法入眼，道路之上有看见的人，没有不嗤笑他的。梁不疑自耻兄弟之间有矛盾，就辞去官职回归家中，与弟弟梁蒙闭门自守。其实，梁不疑尽管看不惯梁冀的跋扈，但毕竟是兄弟之情难忘，在关键时刻，还是出面维护兄长的。如某年的岁首朝贺之时，大将军梁冀带剑入宫省，时任尚书的张陵呵斥梁冀令其退出，并传令羽林、虎贲禁卫将士夺下梁冀的佩剑。梁冀跪谢，张陵不应，随即劾奏梁冀，请廷尉论罪，皇帝有诏罚停梁冀一年的官俸以赎罪，百僚肃然。这使得梁冀名利俱损。这位有胆有识的张陵，恰恰是梁不疑为河南尹时，察举孝廉而得以高升的。梁不疑恼恨张陵劾奏梁冀的举动，因而当面对张陵说："昔日举君，没想到今日恰好用以自罚。"按照惯例，被察举者应该对举主感恩图报，否则就是负恩，会受到舆论的谴责。梁不疑此语无疑是对张陵的斥责。张陵则以大义凛然的姿态，以公私分明为对，结果是"不疑有愧色。"世人除去对张陵的佩服之外，更感兴趣的是梁不疑的态度：他在维护胞兄利益的同时，也还听得进张陵的解释，或许正是他与梁冀的不同之处。另外还有材料可以说明，梁不疑性格中也有果敢善断的一面，宦官势力就对他心存忌惮。宦官单超、左悺曾经拜访担任河南尹的梁不疑，因为礼敬稍有简慢，梁不疑就收捕其兄弟送入洛阳狱中，迫使二人登门谢罪，才予以释放。假如梁冀能够与弟弟同心合作，即便不能够接受弟弟的规劝而有所收敛，至少可以引为奥援的。梁冀对至亲都不相容，就无法成为真正的强者。梁不疑与梁蒙以辞官表示避让，梁冀却依然心怀猜忌，不希望两兄弟与宾客有往来，暗中使人乔装改扮到弟弟门前，记录下有往来的官员姓名，而后加以迫害。如，南郡太守马融、江夏太守田明，在任命公布之初，前去拜访梁不疑，梁冀因此就指令州郡官员以其他事端诬陷他们，不仅罢官，而且都施加髡笞之刑，流放到偏远的朔方之地。在淫威逼迫之下，马融自杀未死，保住一命，后为名儒名臣；而田明则没有这般侥幸，竟然死于途中。梁不疑、梁蒙遭遇如此兄长，难免郁郁不欢，皆死于梁冀之前。或许这是上苍眷顾善人的一种方式，早死反得善终，如果再多活几年，就要赶上梁冀受诛，阖府上下不分老幼全部杀死的灭门惨祸了！

对亲人尚且如此，梁冀对其他人的阴狠残暴就更加不足为奇了。

梁冀专制朝政多年，官吏的沉浮荣辱往往取决于他的一句话，淫威所及，竟成惯例：百官每遇升迁召见之时，必须先到梁冀家中递交谢恩文书，然后才敢到尚书台办理手续。下邳人吴树被任命为宛令，赴任之前到梁冀家中辞行，梁冀的宾客爪牙布满县界，就一再以"人情"托吴树照顾。偏偏吴树是个正直的人，当面顶撞说："明将军以外戚之重，居上将之位，应该推崇贤能善人，以补朝政缺失。宛是名地重镇，士人辈出，但是今天自陪坐以来，未闻您称道一位有道长者，而且托付了那么多需要特殊照顾的人没有一个是好人，这实在不敢奉命！"在多年的官场"培养"之下，还有吴树这般"不懂规矩"的人，梁冀默然不悦。吴树到县之后，竟然依法办事诛杀了梁冀门客仗势害人者数十人，梁冀因此把吴树视为眼中钉一般。后来吴树晋职为荆州刺史，临行向梁冀告别，梁冀为他设酒钱行，在酒中却加了毒药，吴树出了梁府，就死在车上。另外，辽东太守侯猛，在任命之初未曾按照"规矩"去拜谒梁冀，梁冀就假托以其他罪名，将他腰斩。梁冀并不刻意隐瞒，他要向其他官员显示"顺我者昌、逆我者亡"的威势，懂得谁才是主宰百官命运的人——是我梁冀，而不是傀儡一般的天子！梁冀的跋扈以至于此。汉代的太守是出镇一方的地方大员，有人类比为"古之诸侯"；刺史在当时也处于由中央监察官向地方一级行政长官转变的过程之中，很受尊重。然而，梁冀竟敢对这一级别的官员加以暗害，而且无人敢于追究其责任！

当时有一位担任郎中之职的汝南人袁著，年仅十九岁，正是血气方刚的年龄，见梁冀如此凶恶不羁，不胜其愤，就上书皇帝，指出政局混乱的根本原因是："势分权臣，上下壅隔之故也。"这已经是把批评的矛头对准了梁冀。他还说："大将军位极功成……假若不自行抑损权盛，将无以保全其身了。"并进一步希望"愿除诽谤之罪，以开天下之口。"这封上书皇帝得以御览，梁冀闻知立即秘密派遣爪牙逮捕袁著。袁著无奈之下只好改名换姓，四处逃亡，后来假托重病致死，买了棺材搞了一个殡葬仪式。狡猾的梁冀识破了假相，暗中设法抓获袁著，将他活活鞭打而死。袁著的几位朋友也受到牵连，严重的至于家破人亡。如，桂阳人刘常，是当世名儒，一直与袁著相善，梁冀给他"补令史"的小吏以羞辱他。刘常还算是幸运的，袁著的另外两位至交太原人郝絜、胡武，所受迫害更为惨重。二人都是喜欢危言高论的人，大概梁冀惧怕他们传播不利于他的舆论，因而必欲置之死地而后快。

在此之前，郝絜、胡武等联名向太尉、司徒、司空三府递进奏书，推荐海内高士，而不

到梁冀的大将军府上。按照当时制度，太尉、司徒、司空被尊为"三公"，是名义上的"宰相"，但大将军的地位则在"三公"之上。郝絜、胡武等名士的举动，可以被理解为冷落梁冀，不承认其第一重臣的地位。到此时，梁冀恼怒之下决意老账新账一起算，下令中部官发布通缉文书，捉拿以前联名上书三府的名士并加以杀害，借机诛杀胡武家，死者多达六十余人。郝絜起初避祸逃亡，后知无法逃得出梁冀布下的罪恶之网，为了保全家人老小生命，干脆让人抬着棺木到梁冀门前自首。在自首书信送入梁门的同时，郝絜吞服毒药而死。经梁冀"验明正身"之后，郝絜的家属才得以幸存。梁冀的残忍杀戮以至于此。

甚至有的人是出于善意，而对梁冀的极端行为提出好心规劝，但只要被梁冀嫉恨，就难免一死。崔琦之死，就充分暴露了梁冀残忍狠毒的本性。崔琦少年之时游学京师，以文章博通著称，后为郎官。梁冀闻其才名，为了显示他"敬贤"的姿态，主动请与交游。崔琦见梁冀多行不法，几次援引古今成败之事以告诫梁冀，梁冀根本不能接受。于是，崔琦写了一篇《外戚箴》，依然是心存规谏。其中有这样几句论断："无谓我贵，天将尔摧；无恃常好，色有歇微；无怙常幸，爱有陵迟；无曰我能，天人尔违。患生不德，福有慎机。日不常中，月盈有亏。履道者固，仗势者危。"梁冀见他一再唠唠叨叨，就当面"开导"崔琦何必多管闲事？崔琦回答："将军累世台辅，肩负治国重任，却德政之声未闻，天下百姓涂炭，不能结纳贞良，以挽救祸败，反而极力钳塞士人之口，蒙蔽君主视听，难道能够像秦朝的赵高一样指鹿为马？"梁冀无法答对，对崔琦恨之入骨。后来崔琦被任命为临济县长，他自知得罪梁冀必受报复，不敢就职，辞官而去。梁冀依然不肯饶过他，令刺客暗中追杀。第一个刺客见到崔琦耕作于田间，还携带一卷图书，在休息间歇吟诵不止。这位刺客怀着敬佩和惋惜之情，如实相告："大将军指使我杀你，现在见到您实在是贤者，不忍加害，您赶快逃走吧，我也从此流亡天涯了。"崔琦此番侥幸得以脱身，后来还是被梁冀捕杀。

后来成为名臣的皇甫规，在梁氏控制朝政的时期，一直受到压抑。就是因为在冲帝、质帝之间，梁太后临朝之时，皇甫规借"举贤良方正"之机，在"对策"中对梁氏有所规劝和讥讽。他说：当时的社会已经到了动乱的边缘，"大贼从横，流血丹野，庶品不安，谴诫累至"，而根本的原因则在于"殆以奸臣权重之所致也。"在批评宦官干政之后，皇甫规特意指出，"今大将军梁冀、河南尹不疑，处周、邵之任，为社稷之镇，加与王室世为姻族"，应该"增修谦节，辅以儒术，省去游娱不急之务，割减庐第无益之饰。夫君者舟也，人者水也。群臣乘舟者也，将军兄弟操楫者也。"他说，梁氏兄弟如果不谨慎从事，就可能遭受灭顶之灾。对那些"耳纳邪声，口出诐言，甘心逸游，唱造不义"的宿猾、酒徒、戏客之流，理应贬斥，以惩不轨。梁冀控制下的朝政是"在位素餐，尚书怠职，有司依违，莫肯纠察，故使陛下专受诐谀之言，不闻户牖之外。"梁冀嫉恨皇甫规胆敢讽刺自己，把他的成绩判定为下第，任命为郎中。皇甫规当然懂得受到报复，就假托有病免官归乡。其后，州郡长官秉承梁冀的指令，多次陷害皇甫规濒临死亡。皇甫规只好以教书为生，被排斥出官场前后累积十四年。直到梁冀倒台，他才有了为国家效力的机会。

梁冀制造的另一起大案，则不涉及任何政治背景，完全是为了谋财害命，充分暴露了他贪得无厌、草菅人命的本性。

士孙奋，是扶风人。家中十分富有，有"得钱赏至一亿七千万，富闻京师"之说，但是本性吝啬。梁冀为了敲诈这位守财奴式的富翁，送去车马一套，要求凭此而"借贷"五千万钱，士孙奋明知是"有借无还"的事情，实在不舍得白丢五千万，就试着打点折扣，忍痛拿出三千万。梁冀得知大怒，竟然恶告到郡县官员那里，指认士孙奋的母亲为梁家的婢女，硬说她盗走白珠十斛、紫金千斤之后逃跑。这样一来，士孙奋的巨额家资，竟然都成了从梁家偷盗的赃物了。郡县官员无人敢否定梁冀的指控，于是将士孙奋兄弟一并逮捕，死于狱中。士孙奋的家财一亿七千余万被全部没收，"归还"给了梁冀。霸人财产，有如此蛮横的吗？这是真正的依仗权势强取豪夺。

不仅如此，梁冀所派出的党羽，有十余人冒名为侍中、卿、校尉、郡守、长吏，都是贪叨凶淫之徒，各自派遣手下将属县富人登记造册，一一强加以其他莫名其妙的罪名，幽闭狱中严刑拷打，强迫其家人出钱自赎，交出财物的数量没有满足这些贪求者欲望的，至于或死于非命，或被流放迁徙。

梁冀沉迷于纸醉金迷的生活，贪求财物、追求奢侈到了不可理喻的程度。大小官吏携带珍宝前来梁府买官者，或犯罪官吏请求曲法枉纵者，络绎不绝。出于各种目的前来的访客，到梁府之门却难获通报相见，只好设法贿赂梁府的守门人，守门者轻而易举就有"累千金"的收入。至于梁冀本人"收入"之丰，由此可以概见。梁冀还派遣门客爪牙出塞，交通外国，广求异物。他派出的手下大多是恶棍流氓，他们狐假虎威，横暴不已，欺掠妇女，殴击吏卒，所到之处一片怨恨之声。

梁冀大建豪华府第，其妻孙寿居然和丈夫搞起了豪宅竞赛。夫妻二人，各有自己的兴建工程，"对街为宅，殚极土木，互相夸竞。"每处建筑都是气势雄伟，极尽奢侈之能事。雕梁画栋，更相临望；深林绝涧，有若自然；奇禽驯兽，飞走其间；金玉异珍，充积藏室。

梁冀还大量拓占林苑，其范围西至弘农，东界荥阳，南极鲁阳，北达黄河、淇水，方圆将近千里。严禁外人进入，如同皇家禁苑一般。他还在河南城西兴建了一处"兔苑"，占地数十里，征发官府的士卒役夫，修缮楼观，耗时数年才建成。以军令文书通告所在地区，征调活兔充入其中，在兔毛上做出专属梁家兔苑的标志，有人冒犯者，治罪可至死刑。曾经有一位来自西域的胡商，不理解此种禁忌，而误杀一兔，惹下杀身之祸。在梁冀的直接追问之下，当地官吏不得不把"兔案"作为大案严办，结果是：涉案者被迫转相告发，因此而死者多达十余人。儒家的名言"天地之性人为贵"，经过东汉开国皇帝光武帝的引用，在当时的社会上层应该是尽人皆知的，然而，梁冀却胆敢仅仅因为一只兔子而滥杀十余条人命。什么是杀人不眨眼？什么是草菅人命？什么是以权势践踏人的尊严？梁冀就是一个活样板。

梁冀又在城西兴建别第，以招纳流亡奸徒为爪牙，并劫掠良民百姓，强迫他们为奴婢，多至数千人。为了掩饰他劫掠良民的违法行为，梁冀还自作聪明地给他们起了个"自卖人"的名字。

这就是辅政重臣梁冀的所作所为。因此，当着耿直之臣张纲当选为八位徇行风俗使之一，其他人都奉命前往各地，督察地方官僚之时，唯独张纲埋其车轮于洛阳都亭，激愤

地宣称："豺狼当路，安问狐狸！"返回宫阙劾奏大将军梁冀的诸多罪恶，其中就有"专为封豕长蛇，肆其贪叨，甘心好货，纵恣无底，多树诡谀，以害忠良"等等，认为梁冀的罪恶属于"天威所不赦"，应该加以诛杀。桓帝明知张纲所言不虚，却依然容任梁冀的胡作非为。

一个政权败落到要由此等"人渣子"来主宰，它的灭亡必定是为期不远了。

控制朝政

顺帝在位时期，梁冀还不得不有所顾忌，安置亲信控制要津，也只能够暗中慢慢进行。建康一年（144）顺帝驾崩，梁冀完全控制朝政的时代到来了。顺帝留下的独生子年仅两岁即位，是为汉冲帝。皇帝尚幼，梁冀之妹此时已经是梁太后了，由她临朝称制代行皇权。女主临朝、外戚干政是汉代的常规，梁太后下诏梁冀与太傅赵峻、太尉李固"参录尚书事。"东汉的政治体制，以尚书台综理国家政务，"三公"虽然是名义上的宰相，但是如果没有"平尚书事""录尚书事"之类的兼职，就没有处理尚书台事务的权力。此次，梁太后赋予太傅赵峻、太尉李固和梁冀"参录尚书事"之权，就是让三人共同担任"真宰相。"梁冀还做点表面文章，辞不肯当此重任，而太后之兄、大将军的身份足以使他掌握了最高权力。对此，赵峻、李固与朝臣同僚们都是心知肚明。梁冀的残暴奢侈日甚一日，不可遏制。

冲帝四月即位，来年正月就夭折而死，在位时间不过八个月。梁冀与梁太后密商，以盗贼盛强、恐惊扰致乱为名，准备暂且密不发丧，此举受到李固的抵制。李固从国家的长远大计考虑，认为清河王刘蒜年长有德，欲择立为皇帝，他诚恳地对梁冀说："今当立帝，应该选择年长高明有德，能够亲理政事的人。"并且举出历史上择立幼帝导致动乱的事例，请他三思。但是梁冀心中早有主张，就是要选立年少皇帝以便于他继续控制朝政，早在冲帝病重时，他就将渤海王刘鸿之子刘缵暗中迎接到京城洛阳近郊，做好了应变的准备。冲帝一死，他就与梁太后定策于深宫，拥立年仅八岁的刘缵为帝，是为质帝。皇帝年幼，大权自然落入梁太后和辅政大臣手中。质帝即位几个月，太傅赵峻就病死了。梁太后委任宰辅，对李固的政见时加采纳，一时之间，天下都希望政局一新。但是梁冀对李固的猜忌之心却越来越重。李固辅政以来，驱逐了部分为非作歹的宦官，又将不称职的官员奏免百余人，为此而得罪了一批近臣与权贵官僚。他们对决意整肃吏治的李固心怀怨恨，又得到了梁冀的暗中指使，就共同上书诬奏李固，强加给他许多罪名，竟然要求将李固处死。就是这一颠倒黑白的奏书，经梁冀之手上达梁太后，梁冀极力挑唆让太后批准奏章。好在梁太后当时信任李固，不听梁冀之言，李固才暂时得以保全。

质帝年少而聪慧，梁冀的骄横之态，他看在眼中，产生了许多不满。毕竟是少年，不懂得掩饰和自保，有一天，在早朝召见群臣之后，目送梁冀退出的背影说道："此跋扈将军也。"梁冀安排在小皇帝身边的耳目向他报告了，梁冀大感意外，自己拥立的皇帝如此聪慧而有敌意，恐为后患，竟然打定主意要毒死皇帝。梁冀令左右给小皇帝吃进带毒的煮饼。质帝在极度痛苦之时,使人促召李固入内。李固询问致病原因,当时小皇帝尚能说话:"吃过煮饼,现在腹中痛闷,只要得水尚可活命。"当时梁冀也在侧,出面阻止:"恐怕呕吐,不可饮水。"话未绝而质帝已经驾崩。李固伏尸号哭,并推举侍医要追究皇帝中毒而死的真相。梁冀唯恐其事泄露,对李固更加痛恨。当然,最终他把持下的后宫体系,是无从彻查真相的。李固尽管怀疑他,却无法指证他。质帝从即位到被害,不足一年半的时间。历史上敢于蒙骗、操纵天子的权臣,可以说为数不少;但是敢于毒杀皇帝的,还是少数。特别是这样的"弑君"行为,不是发生在军阀擅权、天下大乱之时,而是发生在天下一统之时,更显现出梁冀的胆大妄为、不计后果。只要他认定与自己的利益有冲突,多狠毒的手段,都敢于施展。

第二位小皇帝的早亡,更加坚定了太尉李固把清河王刘蒜推上皇位的决心。在议立嗣君之时,李固事先联络了司徒胡广、司空赵戒,形成了"三公"意见一致的优势,为了减少阻力,李固事先又致书梁冀,百般规劝:

天下不幸,仍遭大忧。皇太后圣德当朝,摄统万机,明将军体履忠孝,忧存社稷,而频年之间,国祚三绝。今当立帝,天下重器,诚知太后垂心,将军劳虑,详择其人,务存圣明。……至忧至重,可不熟虑! 悠悠万事,唯此为大。国之兴衰,在此一举。

其实也表明了李固拼死相争的决心。梁冀得书,不得不召三公、中二千石、列侯等高官权贵讨论所立嗣君。李固、胡广、赵戒及大鸿胪杜乔等重臣都主张清河王刘蒜明德著闻,并且在宗室成员中最为尊亲,应该择立为嗣君。但是梁冀心中另有人选,他考虑问题的着眼点当然不是国家利益,而是方便于自己的继续专权,以及维护梁氏一族的私利。原来,梁太后、梁冀还有一个妹妹梁女莹,事先订婚于蠡吾侯刘志,梁太后为了让他们完婚,特征刘志到京师,恰好赶上了质帝去世的突变。这样,刘志在这个敏感时期已在都城。这仿佛是上天眷顾梁氏一般。梁冀的如意算盘是准备立刘志为帝,这样,梁家就会再出一位皇后;而梁冀本人以皇帝内兄的身份继续辅政,尽在情理之中了。未曾想到众人的观点与他不同,别人的意见又是合情合理,他无法否定,在愤愤不得意之中,没有形成结论就散会了。

宦官首领中常侍曹腾等人也坚决反对立清河王刘蒜为皇帝,他们连夜前往梁冀家中出谋划策:

将军累世有椒房之亲,秉摄万机,宾客在外纵横,多有过错。清河王刘蒜为人严明,假若他终于得立,那么将军受祸之时就不远了。不如立蠡吾侯刘志,将军的富贵可得以长保。

从曹腾等人的话来看,清河王刘蒜应该是富有政治才干的人物,宦官不愿意看到他为帝,只是为了让梁冀出面反对,所以表面上看来都是站在梁冀的立场来分析利害关系。宦官的主动表态配合,使梁冀增长了凶焰。次日重会公卿,梁冀的态度与昨日大为不同,声色俱厉,言辞激切。也是平时积威使然,参与讨论的大臣自胡广、赵戒以下,莫不惧惮,纷纷改变初衷,表示"唯大将军令。"而只有李固独与杜乔坚守本议,已经是于事无补。梁冀厉声宣布:"罢会。"竟然把名义上的"三公"之首李固置之不顾。李固再次致书梁冀,苦

苦相劝。梁冀更为激怒，劝说梁太后罢免李固的太尉之职。排除了"干扰"之后，终于立蠡吾侯刘志为帝，是为汉桓帝。梁女莹也名正言顺地登上皇后的宝座。为了显示梁家的荣誉，聘迎皇后时用了黄金二万斤，其他还有玉璧、车马、束帛若干。这样，梁冀的两个妹妹先后为皇后，一为顺帝的皇后，一为桓帝的皇后。梁冀更为得势了！

至于忠心谋国的李固，梁冀事后诬告他参与政治阴谋，将他逮捕下狱。有数十人自负刑具到皇宫前为李固鸣冤，梁太后总算心存宽厚，赦免了李固。等到李固出狱，京师市井里巷的百姓都高兴得高呼万岁。这就是民心所向！正直的大臣，往往越是在受到当政权贵迫害之时，他在民间的威望反而得以暴涨。梁冀闻知为之大惊，担心李固的名德终为己害，就坚持诬告前事，竟然将李固诛杀，时年五十四岁。同时被害的还有前太尉杜乔，杜乔十分看重人格尊严，不愿意趋炎附势。梁冀的小女死去，竟然命令公卿一起赴丧，唯独杜乔不去，梁冀为此而恼恨他。建和元年（147），杜乔代胡广为太尉。桓帝将纳梁冀之妹为皇后，梁冀欲令以厚礼迎之，杜乔据执旧典，坚决不同意。此外，梁冀请托杜乔举荐某党羽为尚书，杜乔因为此人贪污受贿臭名昭著，不肯举用，因此与梁冀的关系日益恶化。此前李固被罢官，内外臣僚为之丧气，群臣对梁冀畏之如虎，只有杜乔以正色立朝，不屈不挠。因此海内叹服，成为朝野仰望的人物。也正因为如此，受到梁冀的诬陷迫害，死于狱中，与李固俱暴尸城北，家属故人莫敢探望收尸。海内一片戒惧怨恨之声。李固、杜乔因为不屈从当道权贵而被害，而那些见风使舵的官僚胡广、赵戒等人，则继续保全他们的高官厚禄。"直如弦，死道边；曲如钩，反封侯"。这一段流传于汉代市井的民谣被认为与此事有关。它揭示了官场沉浮的内幕，甚至是一种规律。因此，也一直流传到现在。

梁冀拥立桓帝之后，桓帝多次增加他的封邑户口，赋予大将军府"举高第茂才"的权力，让他的官属人数双倍于三公。使其兄弟、儿子全部封侯，应该说是"回报丰厚"了。但是梁冀依然不满足，时常提醒桓帝不可忘记其恩德。四年之后的元嘉元年（151），桓帝不知是出于"自愿"，还是迫于梁冀的压力，以梁冀"有援立之功"，召集公卿大会，共议尊崇梁冀的特殊礼仪规格。迎合上意、拍马溜须的"人才"是统治集团上层中最不缺乏的。有司奏上这样的隆盛礼仪：入朝不趋，剑履上殿，谒赞不名，这一礼仪是比照西汉第一开国功臣萧何；增封四县之地，这一礼仪是比照东汉第一开国功臣邓禹；赏赐金钱、奴婢、彩帛、车马、衣服、甲第，这一礼仪是比照西汉中期的第一勋臣霍光。把本朝三位地位最特殊的元勋礼遇加于梁冀一人之身，以显示他的特殊尊荣。此外还有补充性规定，每当朝会，梁冀与"三公"绝席，就是特意为他设置专席，以显示他高于"三公"之上；梁冀每隔十日一入宫禁，由他决定尚书台的重大政事。并且把这套殊礼"宣布天下，为万世法。"面对如此"超规格"的待遇，梁冀竟然还以为"所奏礼薄，意不悦"，贪心不足到了何种程度！他专擅威柄，凶恣日积，国家军政诸事不论大小，都必须经过他才能决断。宫卫近侍的将士，都是他亲自安置的心腹。皇帝在禁省之内的起居动作，梁冀已经控制到"纤微必知"的程度。又隔了几年，梁冀迫使桓帝加封其侄子、孙子为侯。梁家的权势达到了鼎盛：一门前后七封侯，三皇后，六贵人，二大将军，夫人、女食邑称君者七人，尚公主者三人，其余

卿、将、尹、校五十七人。梁冀在位二十余年,穷极满盛,威行内外,百僚侧目,莫敢违命,连天子也只能是"恭己而不得有所亲豫",无异于一个傀儡。

桓帝固然是昏庸之君,但如此受制于权臣,也难免心中愤愤不平。后来发生的几件事,促使桓帝下定决心,以非常手段,铲除梁冀一党势力。

多年来,凡是四方调发的方物,岁时贡献的珍宝,都必须把上等品先送到梁冀府上,皇帝所得到的反而是次品。说梁冀蔑视皇帝未尝不可。

和平元年(150),梁太后(顺帝的皇后梁妠)病死。按照桓帝本意,该是将生身母亲接入宫中共享天伦的时候了,但是,梁冀、梁女莹兄妹却担心自己控制皇帝的效果受到影响,于是极力反对。这是对桓帝个人感情的重挫。只要看一下诛杀梁冀之后,桓帝诏书中对此事的追述:"冀又遏绝,禁还京师,使朕离母子之爱,隔顾复之恩。祸害深大,罪衅日滋。"就不难发现其中的仇恨之心。

延熹元年(158),太史令陈授通过宦官徐璜上奏,陈述灾异日食之变的原因,在于大将军专权。梁冀听闻之后,暗示洛阳官员收捕陈授,严刑拷打,死于狱中。太史令陈授是通过宦官而向皇帝直接奏报,所言又是其职责所在的分内之事,梁冀在此时杀陈授,无异于向皇帝发难。桓帝由此发怒。

桓帝皇后梁女莹自恃其兄是大权在握的大将军,在后宫之中骄横无羁。她自己没有生育,每有宫人怀孕,必定设法迫害,少有得全者。桓帝虽畏惧梁冀,不敢公开发怒,但感情日益疏远。她是梁冀在宫中的耳目,桓帝有所不满,也不敢轻易表态。延熹二年(159),这位梁皇后病死。桓帝身边少了一个监视者,胆量也就大了起来。

还是在延熹二年,梁冀的一次"杀人灭口"之举,极大地激怒了桓帝,直接导致灭梁之变。邓猛是桓帝正在宠爱的一个贵人,她的身世背景较为复杂。母亲改嫁梁纪,而梁纪就是梁冀之妻孙寿的舅父。这样邓猛就成为梁冀、孙寿夫妻的一个特殊亲戚。大概邓猛颇有姿色,在孙寿的引进之下进入掖庭,得到桓帝的宠幸,晋封为贵人。梁冀欲认邓猛为其女借以巩固在皇宫中的影响,就将邓猛改姓为梁。为了防止邓猛的亲人阻挠,梁冀派出刺客连续追杀其亲人。邓猛的母亲命不该死,她的住处与中常侍袁赦相邻,梁冀指使刺客登上袁赦房屋,欲借以进入邓猛母家。不料被袁赦发觉,鸣鼓会众以告警。邓猛的母亲颇有胆量见识,驰入宫中报告皇帝。

梁冀此举实在欺人太甚,桓帝大怒,遂与宦官首领中常侍单超、具瑗、唐衡、左悺、徐璜等五人共谋,突然发动禁军千余人,包围了梁冀的府第。使光禄勋袁盱持节收回梁冀的大将军印绶,梁冀、孙寿即日自杀。官居要职的梁氏亲友皆被收捕,诸梁及孙氏中外宗亲被押送诏狱,不论老幼一体弃市处斩。追查梁氏党羽,导致公、卿、列校、刺史、二千石的达官权贵死者数十人,梁氏的故吏宾客被免官贬黜者还有三百余人。这个政治大案株连甚广,造成了"朝廷为空"的局面,史书记载当时的情况是:"使者交驰,公卿失其度,官府市里鼎沸,数日乃定,百姓莫不称庆。"表面上看来权势无比的梁家,竟然如此迅速地毁于一旦。从百姓的欢呼来看,梁冀二十余年的专制,换来的是天怒人怨。多行不义必自毙,并不因为谁窃据高位就可以逃过历史的惩罚。这不是虚无缥缈的"天道循环",而是

天理昭昭,公道自在人心。历代残民以逞的人,弄权欺人的人,没有人可以幸免。

梁冀贪污受贿、强取豪夺,积累了大量的资产。朝廷没收梁冀的全部财货,公开斥卖,合计得钱三十余万万,国家府库因此而充实起来,据此而少收了天下赋税的一半。梁冀所霸占的苑囿之地,被分给穷民耕种。这可能是梁冀一生留下的唯一"善事"了,尽管不是出于他的自愿。身死家破,身外之物何曾带走一丝一毫?千般聚敛,转瞬一空,真是所为何来?

梁冀受诛,天下人拍手称快,但是他的死,还给汉家政权留下了巨大的隐患。桓帝为了酬谢帮助他铲除梁冀的宦官首领单超、具瑗、唐衡、左悺、徐璜等五人,同日封五人为侯,故世谓之"五侯"。又封宦官刘普、赵忠等八人为乡侯。从此之后,权归宦官,国家政局日益走向昏暗。梁冀的阴魂,伴随着汉王朝走向危亡。

千古贤宦

——高力士

名人档案

　　高力士：千古贤宦第一人，唐潘州人（今广东省高州市城区），为冯盎之曾孙、冯智玳之孙、冯君衡之子，10岁时，其家因株连罪被抄，武则天圣历初（698年），岭南招讨使李千里进二阉儿，一为力士，为则天赏识，后因小过逐出宫，中人高延福收为养子，一年多后，则天又召力士入宫。代宗复其原官职，并赠封扬州大都督，陪葬唐玄宗泰陵。享年79岁。

　　生卒时间：690~762年

　　安葬之地：陪葬唐玄宗泰陵，位于陕西省蒲城县保南乡山西村。

　　性格特点：颇有度量、文武双全、时行善事，有非凡的政治眼光和决断性格，"善于骑射，一发而中，三军心服"，颇有大将之风。

　　历史功过：景龙中（708年），临淄王李隆基引为知己，景龙四年李隆基发动宫廷政变，杀韦皇后、安乐公主和武氏党羽，唐睿宗复位，立隆基为皇太子，力士参与谋划有功，擢升朝散大夫、内给事。先天元年（712年），力士协助玄宗又发动一次宫廷政变平乱，迁银青光禄大夫，行内侍正员。开元初（714年）加封右监门卫将军，知内侍省事玄宗宠信宦官，尤以力士为心腹。自此，力士权倾朝野，各地奏文必先呈力士阅后才进呈皇帝，小事便自行决断。朝廷内外大臣也纷纷讨好力士，就连显赫一时的李林甫、杨国忠、安禄山、高仙芝、宇文融、盖嘉运、韦坚、杨慎矜、王珙、安思顺等也因巴结力士才能官居将相高位。天宝初（742年），加封力士为冠军大将军、右监门卫大将军、进封渤海郡公。七年，加封力士骠骑大将军，其家产富有非王侯能比。天宝十四年（755年），安禄山、史思明发动安史之乱陷两京，力士兵随玄宗入蜀，行至马嵬坡，将士哗变，杀杨国忠，并胁迫玄宗杀杨贵妃，玄

宗犹豫不决，力士力劝玄宗而缢杀之。（一说设计帮助贵妃逃亡海外）至成都后，力士因有功受封齐国公。天宝十五年（756年）肃宗称帝，改为至德元年。后力士随玄宗还京，加开府仪同三司，封赏五百户。上元元年（760年），力士被诬流放巫州。宝应元年（762年），唐代宗即位，力士遇赦还京，归至朗州，知悉玄宗上皇驾崩，力士面朝北哀恸呕血而卒。

　　名家评点：高力士是一名聪明的宦官，对一些事情看得比较长远，尤其对玄宗忠心耿耿。唐玄宗时出现的太平盛世，多少与他服侍玄宗有些关系。高力士一生虽然擅权，但没有专权祸国、图谋废立等不轨的行为。不过，唐玄宗后期的国家动荡和"安史之乱"，他负有不可推卸的责任。

暗投明主

　　公元684年，冯元一（高力士原名）出生在潘州（今广东高州）家道中落的官宦之家。因此地有人叛乱牵扯上冯家，导致唐军在平叛时将他父亲冯君衡处死，没收了他家的财产，冯元一便被送到了岭南讨击使李千里家抚养。几年之后，李千里见冯元一聪明伶俐，体格健壮，便把他送入皇宫当太监。当时的武则天已经把持了四十余年的朝政，在这些年中，她为了使自己的地位得到巩固而日夜操劳，各项繁琐的政事使她消耗了极大的精力。因此在闲暇之余，武则天很希望有人能够为她解脱心中烦恼。冯元一进宫后没多久，就因能说会道，办事稳妥而受到女皇的喜爱，被她留在身边，冯元一尽心服侍女皇。这本来是冯元一逐步升迁的大好开端，但是因为其他的太监犯错而牵扯上了冯元一，恼怒的武则天下令将他责打一顿后赶出了皇宫。

　　这时，老宦官高延福将他作为自己的义子收养，从此，冯元一改名为高力士。高延福原来是武则天的侄子武三思的家奴，后期入宫。但他与武三思的交情很深，并且经常来往，高力士也得以经常出入武三思家，并逐渐得到了武三思的好感。在当时，武三思凭着与武则天女皇的亲属关系权倾朝野，高力士便投靠到他的门下。一年以后，在武三思多次的游说和保奏下，高力士被武则天重新召回皇宫，这一年多的挫折使高力士深深体会到了宫廷生活的险恶。这次进宫后，他待人处世更加小心，遇到任何事情都三思而后行，这使他没有再出什么差错，又逐渐获得了武则天的信任。几年之后，高力士逐渐长大成人，身材魁梧，再加上能说会道善解人意，又熟悉宫中的所有规矩礼仪，因此被提拔当上了宫闱丞，负责掌管宫内的法纪制度。此时的高力士非常有心计，他随时注视着政治局势的变化，并以此来决定自己的每一步行动。

　　这时武则天的岁数已经将近七十，由于张昌宗、张易之两兄弟很会讨好武则天，而得到她的欢心。这二人就仗着有女皇的保护，到处横行，干了许多不法的勾当，连朝中大臣都不放在眼里，这激起了以宰相张柬之为首的许多大臣的不满，极大地动摇了武则天本来就不牢固的政治根基。此时的高力士隐约感到武则天的政权根基快要坍塌，于是便不露声色地为自己寻找新的靠山。在所有的皇族人员中，他选中了睿宗李旦的第三个儿子李隆基，此人非常聪明，仪表非凡，具有英明帝王的气度和才华，而且他还私下里结交了许多有勇有谋的人士，想以此来匡扶皇室。武则天也特别疼爱这个孙子，在垂拱三年（公元687）曾封他为楚王，长寿二年（公元693）又改封他为临淄郡王，历官右卫郎将、尚辇奉御。高力士看出李隆基将来一定会有很大的前途，于是决定"倾心奉之，接以恩顾"。当时李隆基也非常需要宫中有宦官作内援，于是二人便走到了一起。

神龙元年（公元705）正月，武则天的病情加重，搬到了洛阳迎仙宫长生院居住。随后卧床不起，不再接见任何大臣，就连宰相等人也有数十天未见到女皇的面，朝中的所有奏章都得交由张昌宗两兄弟代为转交，这也使他们有了直接干预朝政的机会。而武则天所下的各种诏令也都由婕妤上官婉儿代笔。这上官婉儿原本是上官仪的孙女。当初上官仪在替高宗起草废除武后的诏书时，成了高宗的替罪羔羊而被害，他家中的所有女眷都被收入宫中做了奴仆。当时的上官婉儿年龄非常小，只是不懂事的女童。因为她天资聪颖，学习又很用功，在14岁的时候就会吟诗作对，再加上长相可人，被武则天看重而将她封为女官，并让她替自己拟诏。但是上官婉儿并不安于现状，她利用这个时机开始弄权，这就使得朝政越发混乱。大臣们整日里提心吊胆，无所适从。在这危急时刻，宰相张柬之将司刑少卿桓彦范、尚书右丞敬晖和相王府司马袁恕找到一起商量应对之策，他们在说服了右羽林卫大将军李多祚和右羽林将军杨元琰、左武卫将军薛思行等人后，突然发动了宫廷政变，将张氏兄弟杀死，然后逼着重病在床的女皇武则天（当时已经82岁）宣布退位，中宗李显当上了皇上，并恢复了大唐国号。

中宗复位时已经50岁了，他将韦妃册立为皇后。韦皇后是一个心狠手辣的女人，她也想要仿效武则天成为女皇，因此想方设法地扩大韦氏家族的势力。与此同时，她还和武三思勾搭到一起，使她有了一大批的追随者。势力逐渐扩大的韦、武集团越发猖獗起来，他们联合起来对不能为己所用的大臣进行诬陷与迫害，而且还大肆搜刮民脂民膏，加上当时各地旱涝成灾，外患不断，使得百姓流离失所，苦不堪言。

景龙四年（公元710）元月，韦皇后和女儿安乐公主合谋，在中宗吃的馅饼里放入毒药，中宗吃过之后中毒身亡。他们便立16岁的太子李重茂登基，历史上称殇帝，韦氏以皇太后身份开始垂帘听政。此时的李隆基任卫尉少卿兼潞州别驾，他为了能够登上皇位，便以韦氏专政为由，伙同自己的姑姑太平公主等人秘密策划，率领禁军冲入内宫，将韦氏及她的同党全部杀死，刚登基还不到一个月的殇帝被迫让位。李隆基的父亲李旦便成了九五至尊，史称唐睿宗。

一人得道

李隆基在平定韦武之乱中立下大功，名正言顺地当上了皇太子。此时在宫中任职的高力士也看清了眼前的形式，知道要想生存下去，只有依靠李隆基。因为高力士在很早

就与李隆基建立了关系,所以李隆基当上太子后,立即奏请皇上批准,将高力士调到自己身边,隶属内坊,并授以朝散大夫之职。高力士的政治地位因此逐渐得到提高,他对皇太子李隆基也更加忠心,并逐渐成了李隆基的亲信。

在此期间,太平公主因为在铲除韦后的事变中立下大功,再加上她是李旦的亲妹妹,所以变得骄横起来,在控制了朝中的许多大臣之后,她也产生了夺取皇位的野心,她的个性极像武则天,为了除掉前进路上的绊脚石——李隆基,她煞费苦心,想尽了各种办法,可是都没有成功。先天元年(公元712),忽然有彗星出现,太平公主于是又指使术士对李旦说,彗星的出现意味着除旧布新,而帝座及心前星都已经发生了变化,所以皇太子应当成为天子。这是极为恶毒的离间计,太平公主也认为皇帝无论怎样宠爱自己的太子,也不希望自己还没退位时被太子取代,如果有奸人从中作梗,即使是贤父孝子,也难免不生出嫌隙来,甚至发生骨肉相残的悲剧。唐睿宗李旦听了术士的话后,却反而坚定了传位给太子的决心。他不顾李隆基的坚决推辞,对他说:"社稷所以安定,我所以得天下,都是你的功劳,现在传给你,你还有什么疑虑。"正式下诏传位给太子李隆基,自己退位成为太上皇。延和元年(公元712)李隆基登基,改元"先天",称为玄宗,第二年改年号开元,大唐开始步入最后的兴盛时代。

唐睿宗的决定使太平公主更加惊慌。开元元年(公元713)七月三日,太平公主收买了负责皇帝饮食的宫人,指使他在李隆基的饭菜里下毒,但却没有成功,于是便决定召集手下的众位将军发动宫廷政变,打算废掉刚登基一年多的李隆基。李隆基得到消息后,召来兵部尚书郭元振、龙武将军王毛仲及高力士等人,进行紧急磋商,一致决定提前出兵捉拿太平公主。于是高力士和王毛仲率领着数百精兵,前去捉拿太平公主及其党羽。几天之后,太平公主等人被尽数处死。唐玄宗李隆基见身边的隐患已经消除,自己拥有了绝对的权力,当即下令大赦天下,改年号为"开元",并封赏各位有功之臣。高力士因为铲除太平公主有功,被封为银青光禄大夫,随后又加封为右监门卫将军、知内侍省事。唐代初期,内侍省不设三品官,由于高力士立下大功,玄宗破格授予他三品官阶,此时高力士属于三品将军,并开始负责传达圣谕,使他逐渐介入到朝政之中。

李隆基登基后,想向天下百姓和众位朝臣显露自己作为帝王的过人胆识和气魄。于是一心处理朝政,提拔有才干的人,广开言路,并倡导节俭,在农业、财政、军事等各方面都进行了改革。这使唐朝的经济空前的繁荣和兴盛起来,历史上称为"开元之治"。高力士作为李隆基最信任的宦官,整天服侍玄宗身边,细心照料着玄宗的饮食起居,而且他还把自己的床铺搬到了玄宗寝宫旁的帷幕后面,晚上在此处睡觉,随时接受玄宗的差遣。玄宗曾经说道:"力士当上,我寝乃安"。高力士因此成了皇帝面前的红人,各位皇子、公主对他也都非常尊敬,纷纷称他为阿翁,驸马等人也称他为阿爷。

此时与高力士共同剿灭太平公主的王毛仲也被授予了辅国大将军的称号,并进封霍国公,玄宗对他也非常宠信,时间长了见不到他,玄宗的心中便感觉空落落的,而见到他之后玄宗的心里才感到踏实。但王毛仲此时的心态也发生了变化,他仗着自己的功劳大,根本看不起其他的大臣,连高力士他也看不起,因此二人之间的矛盾逐渐尖锐起来。

有一次王毛仲的妻子生孩子,玄宗便派高力士带礼物送过去,并封那个刚刚出生的孩子为五品官。高力士返回宫中之后,玄宗便问高力士说:"王毛仲一定非常高兴吧。"高力士的脑海一闪,认为打击王毛仲的好机会到了,便随口对玄宗说:"王将军根本就没在意陛下的礼品,当他听到陛下封他孩子为五品官时,他却不高兴地说:'我儿子应该有资格做三品官。'"玄宗听后非常生气,逐渐开始疏远了王毛仲,高力士却日渐受宠。高力士趁热打铁,他利用玄宗对王毛仲不满的情绪,趁机说道:"北门的那些奴才,多数是王毛仲委派的,他们有结党营私的企图,应该及早铲除,以免成为后患。"没过多久,王毛仲就在贬官后被处死了,他的家人也流放到了荒凉的边境。除去了王毛仲之后,玄宗更加宠信高力士,他在朝中的地位也就更加稳固了。此时的高力士可谓权倾朝野,当时的朝廷官员纷纷投到高力士门下,像李林甫、杨国忠、安禄山等人,都是因为巴结高力士而先后拜将或拜相的,而其他的一些低级官吏就更多了。

身为宦官,高力士已经没有了男性机能,但他为了显示自己的权势和地位,仍然明目张胆地娶妻纳妾。在长安为小吏的吕玄晤有个颇有姿色的女儿,而且很守妇道,高力士看见之后非常喜欢,便将他娶来为妻,吕玄晤一家也因此都做了高官。吕玄晤的妻子去世时高力士为她操办了极为隆重的葬礼,当时送葬的队伍站满了整条街道,两边看不到头,就连朝中的许多官员也都赶来交赠祭礼。

高力士在很小的时候就与母亲麦氏失散,现在高力士富贵了,便想起了自己的母亲,于是就让岭南节度使帮忙寻找。后来,在泷州(今广东罗定)找到了麦氏。高力士立即将她接到京中。玄宗知道此事后,也非常高兴,便册封麦氏为越国夫人,追赠高力士的亡父为广州大都督。当时,金吾大将军程伯献为了巴结高力士,与他结为异姓兄弟。在麦氏死后下葬时,程伯献就披麻戴孝,以儿子的身份趴在灵柩前痛哭,以此来讨好高力士。

大权在握

开元初年时,玄宗求才,太常卿姜皎曾向玄宗推荐源干曜。玄宗见他谈吐不凡,应答有序,行为举止很像睿宗时的中书令肖至忠,因此便封他为少府少监,兼郯王府长史,没过多久又提拔他为尚书左丞,源干曜升迁之快无人可及。一日,玄宗对高力士说:"你可知我为什么将源干曜提拔得这么快吗?主要是因为他的相貌和言谈举止都和过去的肖至忠很像。"而高力士却深沉地说:"难道陛下忘了肖至忠曾经参与了太平公主的叛乱吗?"这一席话对玄宗产生了极大影响,因此源干曜以后的升迁就没有那么快了。

开元十四年(公元726),为国家平定九姓(黄河河套及河曲地区,贞观年间,唐朝在先后灭亡东突厥和薛延陀汗国后,于朔方管内陆续设置了九姓府、六胡州,以分别安置降附的突厥、铁勒九姓及粟特人)少数民族叛乱的张说遭到了政敌宇文融、李林甫等人的联合弹劾:"张说招引术士贪污受贿,还暗中勾结朔方九姓,有谋反的意图。"这份奏章写得就像真的一般,玄宗看后勃然大怒,当即下旨将张说打入大牢,过了一段时间,玄宗又派

高力士去察看实情，高力士同情张说，便回来后向玄宗汇报说："张说蓬头垢面，睡在一张破草席上，只吃一些粗饭淡茶，整日在那里悔过，等待皇上的惩罚！"高力士见玄宗没有了怒气，便接着进言道："张说一向忠心为国，又立有功劳，望陛下三思"，玄宗见状便赦免了张说。

从上面所说的这些事中，可以看出高力士在玄宗心中的分量和在朝廷中的地位。当时，各地的奏章大多都要先经过高力士处理，只有重大的事情才交由玄宗定夺，高力士便有了左右朝政的权力。当时王皇后因为没有生育，而且容颜见老，玄宗便打算废掉她的皇后封号。这事被太常卿姜皎泄漏了出去，玄宗在盛怒之下，将姜皎流放钦州。随后玄宗找借口将王皇后废为庶人。玄宗非常宠爱武氏，便赐给他惠妃的封号，享受皇后一样的待遇，她生下的寿王李瑁也极得玄宗的疼爱。武惠妃为了让自己的儿子李瑁当上太子，就在玄宗面前说了许多太子李瑛的坏话。开元二十五年（公元737），武惠妃再次向唐玄宗进谗言，诬告太子李瑛与鄂王李瑶、光王李琚有叛逆之心，玄宗在一怒之下，将李瑛等人贬为庶人，后来还将他们全部处死。但是对于谁当太子，玄宗却一时拿不定主意：他本想立年长的李亨为太子，但宰相李林甫等人依附武惠妃，都一致主张立寿王为太子。为了这件事，玄宗犹豫了将近一年的时间，又因想起被处死的三个儿子，不由寝食难安。

高力士见玄宗终日忧心忡忡，便说道："皇上不思饮食，是否因为储位尚未定夺的缘故呀。依我看来，长幼有序，以此来定，谁还敢来争！"高力士的这句话，令玄宗下定决心，将李亨立为皇太子。也就是因为高力士的这一席话，避免了一场可能出现的为争夺皇位而发生的流血之争。开元二十五年年末，武惠妃因病去世，玄宗非常痛苦。对于宫中的嫔妃们，他一个也不喜欢，于是就让高力士出宫寻访可替代武惠妃位置的女子。高力士见到了寿王李瑁的妃子杨玉环。发现她举止高雅，身材容貌极好，最使高力士惊奇的是杨玉环的面貌非常像死去的武惠妃，于是他就向唐玄宗进行了详细地描述，玄宗一听大喜，急忙召杨玉环进宫。杨玉环到宫中后，为玄宗表演了歌舞，玄宗大加赞赏，真是"回眸一笑百媚生，六宫粉黛无颜色"。他很想马上立杨玉环为妃，由于考虑到杨玉环是李瑁的妃子、自己的儿媳妇，怕马上册立为皇妃会遭到世人的耻笑。于是，在开元二十八年（公元740）将杨玉环度为女道士，号太真，令其搬到了宫内的太真宫。

天宝四年（公元745）七月，唐玄宗正式册封杨玉环为贵妃。从此玄宗将后宫的其他嫔妃全部忘记，天天守着杨贵妃，各种宴会或是朝廷大典，他都把杨贵妃带在身边。杨玉环进宫后不到一年，她便受到皇后般的礼遇，宫中的所有人员都称呼她为"娘娘。"玄宗还专门找了七百名工匠为贵妃织造锦绣。由于贵妃特别爱吃荔枝，为了使贵妃高兴，玄宗便在每年的夏天派人到千里之外的南方采摘荔枝，然后以八百里快递的形式往京城运送，为了运到长安时荔枝的色味不变，还曾经累死过许多马匹。杨玉环集三千宠爱于一身，成了玄宗的最爱。自从把杨玉环接进宫后，高力士便对她极为尽心地照顾着，为了使杨玉环能够在宫内的明争暗斗中保全自身，高力士将宫中的各种礼仪规矩都向她做详细的介绍。就连杨玉环坐车外出游玩，高力士都会跟随左右，随时听候差遣。杨玉环不开心的时候，高力士又会竭力劝解，帮她分解忧愁，所以杨玉环受宠的时间一长，慢慢变得

蛮横起来。

天宝五年(公元746)七月，杨玉环惹怒了玄宗，玄宗便下令让高力士用车将杨玉环送到宫外他的兄长府中。但送走没多久，玄宗便想起了两人共同生活的情景，不免心中烦躁，开始茶饭不思。高力士看出了玄宗的心思，趁机向玄宗说："贵妃出宫时走得匆忙，没来得及带上换洗的衣物及日常用具，可否让奴才出宫，将这些东西给娘娘送去？"玄宗听高力士如此说，正中下怀，当即让他送去将近百车的衣物用品，还将玉膳分赐给杨玉环。此时杨玉环一家正因为担心遭到大祸而抱头痛哭，见玄宗的赏赐送到，全家人顿时松了一口气。到了晚上，高力士又提出是否将玉环接回宫，玄宗当即点头同意。于是高力士便连夜出宫，接回杨玉环。当一夜未眠的玄宗见到自己的爱妃时，那欣喜之情无法言表。从此以后，玄宗更加信任这个能在关键时刻给自己排忧解难的老臣了。

天宝九年(公元750)，杨玉环又一次冲撞了玄宗，她在被送出皇宫时哭着表示，她将以死来报答圣上的恩德，并剪下了一缕头发托人转交给玄宗，以此来表明心意。玄宗见后非常吃惊，但自己说出的话又无法收回，正在这时，高力士再次为杨玉环说好话，玄宗趁机命他把杨玉环接回宫中。他二人之间的危机再一次被高力士化解了。经历此事之后，唐玄宗与杨贵妃的感情更加深厚，几乎达到了如胶似漆的程度。据说有一年的七月初七，玄宗与贵妃在华清宫的长生殿里遥望夜空中的牛郎织女二星，随后，二人跪在地上盟誓："在天愿作比翼鸟，在地愿为连理枝"。他们生生死死，永不分离的浪漫史，得到后人的普遍同情。但封建帝王的婚姻，到何时都带有封建政治的烙印。杨贵妃本人比较安分守己、不怎么干预朝政，但她的家族却因为她的缘故全部升官封爵。特别是杨国忠，取代了李林甫而当上了当朝的宰相，因为杨玉环的关系，唐玄宗对宰相杨国忠非常信赖，有一天，边关的将领把立功捷报送到京师，玄宗看后不由对高力士说："我的年纪大了，朝廷中的琐事交由宰相处理；边疆有众多的将官守卫，我可以有许多的空暇了。"高力士见玄宗盲目的乐观，便冷静地回答："陛下，我刚才经过阁门，听到奏事的说我军在云南吃了几次败仗。另外，北方的匈奴凶悍强大，如果一旦出现问题，陛下是否有良策可以制服他们？"玄宗只是说会认真地考虑这个问题，就再也没有提及此事。

天宝十三年(公元754)秋天，接连下起了大雨，各地都发生了严重的水灾。但是为了应付唐玄宗，杨国忠找到了一穗饱满的稻谷拿给玄宗，并且胡说："虽然雨下得很大，但不会影响到收成。"因为杨国忠把持朝政，其他官员无人敢说真话。退朝之后，玄宗便问高力士："这样的气候肯定会造成灾害，你给我讲讲真实的情况。"高力士不由叹了口气道："自从杨宰相把持着朝政大权，所有的法令都行不通，闹得灾祸不断，天下怎能太平呢？"但是沉迷于声色的李隆基却听不进高力士的忠告，这使得朝廷丧失了原有的威信，朝廷内部的许多官员也都开始结党营私，使各种矛盾都逐渐激化起来。

排斥异己

高力士在左右朝政之时，也极力排斥异己。唐朝的大诗人李白，字太白，号青莲居

士。他在开元十五年(公元727)入赘于许家,当时已经27岁,他靠着自身的才华和许家的势力,结识了唐玄宗的妹妹玉真公主、秘书监贺知章、崔宗之等人,后来他随著名的道士吴筠一起来到长安,在贺知章、玉真公主等人的极力保荐下,唐玄宗派人召李白进宫。玄宗李隆基在金銮殿上亲自召见了他,并与他讨论了时事。李白口若悬河、对答如流,玄宗非常高兴,便在召见之后宴请李白,还亲自为他调羹,让他到翰林院供职,这使李白的地位有了很大的提高。有一次,李白外出喝醉了酒,玄宗又命人接他进宫,侍从无奈便用冷水洒在李白脸上,这才使他稍稍解酒。玄宗见李白来到后,便命他谱写乐章,李白稍一沉思,便挥笔成文,整篇婉丽情切。玄宗对李白的才气大加称赞。

　　一天,李白奉旨与玄宗一起饮酒作诗,正在醉意蒙眬之际,玄宗让他写诗,李白站起后感觉穿着鞋不方便,便指着玄宗身边的高力士,让他为自己脱靴。高力士自从受宠以来,何时做过这等事情,他本不愿意,但怕扫了玄宗的兴致,便跪着替李白脱靴,这样一来,高力士将这件事当作是李白对他的莫大侮辱,并耿耿于怀。但高力士也知道玄宗很器重李白,就算自己说李白的坏话也未必能有用。于是,工于心计的高力士决定利用杨贵妃来打击李白。天宝二年(公元742)春天,高力士、杨国忠等人陪同玄宗和杨玉环赏花,因兴致很高,玄宗便派人召李白来填词助兴。这时,李白正跟自己的一些诗友饮酒作诗,已经有了几分醉意。听皇上召见,便跟跟跄跄来到沉香亭。玄宗见他的醉态也挺可笑,便没有在意,只是让他坐下,以当时盛开的牡丹为题,做一首牡丹诗。满园的牡丹花开的十分艳丽,这映衬着杨玉环的桃腮粉面。这时一阵轻风吹来,不觉闻到一股浓烈的香气,才华出众的李白歪头一看,见那花容月貌的杨玉环真有闭月羞花之貌,再想起前不久目睹杨玉环的舞姿,轻盈起伏,好似仙女下凡一般。于是想到了第一句诗:"云想衣裳花想容",他走到桌案前,拿起御笔便在墨池里沾了几下,发现墨汁有点稀,就随口对在一旁站立的杨国忠吩咐道:"墨太稀,再研浓一点!"当时杨国忠的官职虽然不高,但在朝廷中已经是一个很有权势的人物。现在却要为李白研墨,他感觉这是奇耻大辱,可当着玄宗面又不好发作,只好忍着气研起墨来。李白把笔蘸满墨汁,在锦笺上龙飞凤舞地写下了著名的《清平调》:

　　云想衣裳花想容,春风拂槛露华浓。

　　若非群玉山头见,会向瑶台月下逢。

　　一枝红艳露凝香,云雨巫山枉断肠。

　　借问汉宫谁得似?可怜飞燕倚新妆。

　　名花倾国两相欢,长得君王带笑看。

　　解释春风无限恨,沉香亭北倚阑干。

　　在李白写诗的同时,杨玉环同时也在读,李白刚刚放下笔,杨玉环就立刻将锦笺捧到了玄宗面前。杨玉环对李白写的这三首诗非常满意,因为这诗写了花,也写了她,而且还用"倾国"一词来夸耀她的美貌,使杨玉环欣喜不已。李白退下去后,杨玉环也就回宫了。玄宗想给李白派一个官职,便问高力士、杨国忠二人什么职位合适,高力士只是微微一笑说:"李学士的诗作得确实很好。但他贪杯好酒,真要做起官来是会误事的。"杨国忠也及

时地补充道："李学士曾说'千金散尽还复来'，户部要用了这种官员，国库还不被他挥霍殆尽。"玄宗想起李白的醉态，便将此事放下了。杨玉环非常喜爱《清平调》，经常拿出来赏阅。有一天，高力士在一旁见玉环又在吟唱，便阴毒地笑着说："传说赵飞燕曾与宫外的男子私通，在平帝即位后，便将她废为庶人，随后又逼迫其自杀，他用赵飞燕与娘娘相比，这岂不是有意挞斥娘娘。"这一席话激起玉环对李白的怨恨，并当即把李白题诗的锦笺撕得粉碎。在随后的日子里，每当玄宗想封李白官职的时候，杨玉环都极力阻止。有杨玉环、高力士、杨国忠等人从中作梗，李白又怎么会得到唐玄宗的重用呢。所以李白在当了两年的翰林供奉后，恳求皇上让其出宫云游四方，玄宗欣然应允。就这样，在高力士的循循诱导下，借杨玉环之手将不合自己心意的李白逐出了长安。

马嵬事变

　　高力士在插手政治的同时，也开始大肆敛财。他经常以为皇室采买东西的名义，派手下的宦官到各地索取财货，每次派出的人都能带回大量的金银珠宝，就连京城附近的大部分田产也都被高力士及其同党占有。但高力士却没有满足，他依然想方设法地聚敛财富。有一年他在长安的来廷坊建造了一座佛祠，在兴宁坊建造了一座道士祠，这两座寺庙都由能工巧匠雕凿，镶嵌着大量的金银宝玉，就连国库中的珍宝也无法与之相比。祠内还铸了一口大钟，大钟铸成之日，高力士宴请宾客，京中的达官贵人、豪商富贾们都赶来赴宴。在宴会进行的过程中，高力士突然说大钟刚刚铸成，如果有人想敲的话，敲一下纳钱十万作为贺礼。赴宴的众人为了讨好高力士，纷纷纳钱敲钟，为了讨高力士的欢心，有的人竟然一连敲了二十次，十次以上者也有十多人。仅这一项，高力士的收入就无法计算。

　　天宝七年，玄宗依照祖制召见天下有才德的人士，在对策后进行封赏，当时的丞相李林甫害怕有人将他所做的坏事禀告皇上，就以举人大多愚钝，所说的话有辱圣听来欺骗玄宗，使玄宗放弃了亲自过问取士的权力，在李林甫的精心安排下，既巧妙地阻断了取士的最后一项——"对策"之路，又取得了玄宗的信任。有一天，玄宗在大同殿对身边的高力士说："现在天下太平，海内无事，我想将国政交由李林甫，你看如何？"高力士慌忙回答道："陛下，这国政之事怎能轻易委托他人呢？万一李林甫有变，谁还敢出面阻止呢？"玄宗听后，脸色一变。高力士见状，连忙告罪，这才避免了一场大祸。

　　此后玄宗对高力士开始逐渐疏远。天宝十一年（公元752），由于李林甫和杨国忠专横跋扈，得罪了很多人，御史中丞王铁等人密谋诛杀杨国忠，杨国忠事先得到消息，领军前去镇压，王铁等人殊死抵抗。正在紧要关头，高力士率领四百名飞龙甲骑赶到，将所有叛乱者全部杀死，因为高力士在这次平叛中立了大功，玄宗才又重新宠信他。但王铁等人的暴乱并未使玄宗提高警惕，他依旧宠信杨国忠。天宝十四年（公元755）十一月九日，身兼范阳、平卢、河东三镇节度使的安禄山，在范阳（今北京西南）起兵造反。由于当时的

国内多年未有战事,导致军备荒废,叛军几乎没费吹灰之力就先后攻占东都洛阳、潼关,然后向长安逼来。面对突如其来的战事,玄宗无计可施,只好逃跑。天宝十五年(公元756)六月的一天,夜幕降临后,当政四十五年的玄宗带着杨贵妃、一部分皇子皇孙和侍卫、大臣及禁军,在天亮之前偷偷地离开长安,向蜀郡方向逃去,抛下了京师中的百万父老及他的众多妃嫔、公主、皇孙等人。但高力士作为玄宗的贴身太监,随驾一同前往。一天,玄宗等人来到咸阳,由于地方官吏都已经逃走,所以直到中午也没有进膳,这位大唐天子第一次尝到了饥饿的滋味。人马继续向西行走,傍晚时分来到了金城(今陕西兴平),由于驿馆中没有灯烛等可以照亮的东西,玄宗等人只得借着月光摸进户庭,度过了一夜。第二天,当他们来到金城西面的马嵬驿时,随从护驾的禁军首领龙武大将军陈玄礼鼓动御林军士兵诛杀了杨国忠,然后所有的将士聚集到玄宗休息的驿馆,玄宗感觉外面的动静不对,就走门口,见众人将驿馆包围了,便令军士们撤走,但没有人响应。在高力士询问众人的要求时,大将陈玄礼道:"杨国忠谋反,已经被我等诛杀,贵妃也不能再服侍在陛下身边,请陛下割爱。"玄宗一听,不觉大惊,在宽慰军士"我自会处理此事"的同时,走进驿馆。但玄宗实在是无法舍弃杨贵妃,因为她就是自己的心头肉,而且两人还立过生死不离的海誓山盟,再说他已经落到弃京流亡的地步,已经没有了政治上的尊严,只有贵妃还能给他少许的宽慰。想着想着,他不由自语道:"贵妃处在深宫,怎会知道杨国忠谋反呢?"然而,面对着刀枪已经出鞘的士兵,玄宗已没有办法,只是呆呆得立在那里。这时高力士已经看清形势,便劝说玄宗:"娘娘虽然无罪,但杨国忠已经被将士们杀了,如果陛下继续将贵妃留在身边,将士们无法安心,还请陛下三思。"玄宗还是低头不语。于是,高力士再次打破这个可怕的僵局,权衡再三后对玄宗说:"依臣来看,为今之计,将士安,陛下方可安呀。"玄宗也知道此事无法挽回,只得忍痛割爱,于是便与杨贵妃抱头痛哭,但他不忍心让贵妃遭到军士们的凌辱,就让高力士把杨玉环带走,吊死在佛堂前的梨树下,然后葬在一个小山坡上,杨贵妃死时只有38岁。

杨贵妃死后,众人才开始研究该向何处去,当时人们的意见不统一,相互间争执不下。这时,高力士看出玄宗的心意,他一板一眼地分析道:"太原城池虽然坚固,但距离叛军太近,况且人心难测;陇右沙漠浩瀚,土地荒芜不适合大批人马居住;朔方地处边境,那里的蕃戎太多,不易于管理;四川地方虽小,但物产丰富,人口众多,又有山水相依,我看还是去四川为上策。"玄宗表示同意,其余人等也都附和。但附近百姓得知玄宗执意南去后,便跪倒哀求说:"我等愿随殿下东去抗击反贼,收复失地,如果殿下也跟随南下,中原的百姓怎么办呀!"太子李亨怕落个不孝的名声,便没有吱声。玄宗看出了他的心思,便将李亨留在关陇一带,率领各路将士共同抵抗叛军,还把太子妃张良娣送给李亨,并让高力士代传口诏:"你好好去吧,不要违背了百姓对你期望;不要牵挂我,以前我曾优待过西戎北狄,在国家有难时,他们一定会出面帮助的,一切好自为之。"于是玄宗等人稍做休整后,在禁军的护卫下向蜀中行去。

郁郁寡欢

天宝十五年(公元 756)七月,太子李亨在灵武(今宁夏灵武)登基,改元"至德",他便是肃宗,玄宗被称为太上皇。玄宗听到这个消息后,非常高兴,不由对高力士说:"我儿顺应天意民心,改元'至德',真是没有辜负我的教导,我也就没什么可以烦恼的了!"高力士却道:"现在两京都已经失守,黄河以南、汉江以北地区战火不断,百姓们流离失所,无不为之痛心疾首。可陛下却认为万事大吉,我还以为自己听错了呢!"他是想提醒玄宗,在困居西蜀前途未卜的情况下,不要盲目乐观。至德二年(公元 757),唐军在回纥的大力支持下收复了长安,肃宗将李隆基接回长安,并安置到了兴庆宫,依然由高力士、陈玄礼担任侍卫。此次重返京都,朝中形势发生了重大变化,高力士的地位也发生动摇,宦官李辅国由于拥立肃宗有功而受到宠信,他在勾结皇后张良娣后,权力越来越大,逐渐开始干预政事。

高力士原本是李辅国的老前辈,他仗着有太上皇宠信,便时常在李辅国面前摆架子,非常傲慢,因此高、李二人的怨仇越结越深,李辅国开始寻机会打击高力士,以稳固自己的地位。当时的肃宗为了显示自己的孝道,经常派梨园子弟到兴庆宫奏乐跳舞,供玄宗消遣。这时李隆基过上了悠闲的太上皇生活。闲暇之余,李隆基便到靠近宫外大道的长庆楼上饮酒,有时也向楼下观望,百姓经过这里,见到已显老态的玄宗皇帝都非常激动,不停地欢呼"万岁"。有一次剑南道的奏事史从楼下经过,便上楼拜见太上皇,太上皇设宴款待了他,然后又召见了将军王铣等人,还赏给他们一些礼物。这事传到了肃宗的耳朵里,使他产生了顾虑,担心太上皇重新复位。此后他变得十分警惕。

李辅国因为受到肃宗的宠信才由一个普通的宦官一跃成为朝中的显贵,虽然他此时骄横跋扈,但为人机警,在猜出肃宗的心思后,立即进谗言道:"太上皇经常与外面的大臣联系,高力士、陈玄礼有不利于陛下的举动。现在朝中人心浮动,我曾经出面劝告也无济于事,所以才向万岁禀告。"肃宗本就有所疑心,在受到李辅国的蒙惑后,他的疑虑就更重了,不由流着眼泪说:"圣皇行事一向慈善仁爱,怎么会允许发生这种事情呢?"李辅国却说:"太上皇固然没有这方面的意思,但他手下人如此行事,他又能怎么办呢。还请陛下为江山社稷考虑,将发生事变的根子尽早消除掉。"随即他向肃宗献计,希望将玄宗迁到与世隔绝的西内,肃宗虽然没有接受这个建议,却派人将兴庆宫内的三百匹马牵走一大部分,只留下十匹老马。玄宗知道这件事后也无可奈何,只是对高力士说:"我儿受到李辅国的蒙惑,不能再尽孝了呀。"

上元元年(公元 760)八月,肃宗偶感风寒,李辅国趁机更改诏书,谎称肃宗请太上皇游览西内。当玄宗等人走到睿武门时,李辅国率领五百骑兵挡住去路,并对玄宗说:"当今圣上认为兴庆宫太小,派我迎太上皇到大内居住。"玄宗惊慌之余差点摔倒。幸亏高力士挺身而出,他快步上前训斥未下马的李辅国道:"太上皇乃是五十年的太平天子,你李

辅国竟敢如此无礼,究竟想干什么!"李辅国听他这么一说,只得下马。随即,高力士又代替玄宗向众将士问候道:"各位将军别来无恙?"众位将士便收起佩刀,跪倒在地,高呼万岁。高力士接着又对李辅国说:"李辅国可以为太上皇牵马。"李辅国没有办法,只好与高力士一起将李隆基拥簇到了太极宫甘露殿。这件事情平息后,玄宗握着高力士的手激动地说:"这次如果没有将军出面,我就将成为乱兵的刀下之鬼!"这次的事情使李辅国出了个大丑,所以他将所有的怨气都记到了高力士身上。

李辅国临走时,只留下了几十个老弱残兵保护玄宗。玄宗皇帝搬到甘露殿居住后。心情更加郁闷,只有高力士在一旁服侍。这时他们都已经70多岁了,整日无所事事、郁郁寡欢。没过几天,有圣旨下达,称高力士私通叛党,本应就地处斩,念在他服侍太上皇有功,免了他的死罪,但将他流放到巫州(今湖南黔阳),永世不得入京。当时,高力士正患病,他接到圣旨后对李辅国说:"我早就该死了,只是因为圣上仁慈怜悯我,我才能活到今天。请您让我再去拜见一下太上皇的龙颜,那样我就算是死了也没有什么遗憾了。"但是李辅国却没有答应。对此高力士也无可奈何,只能带着满腹的凄凉来到巫州。巫州土地贫瘠,缺少粮食,高力士在此地苦度光阴,感到更加寂寞了。此处地里的荠菜挺多,但当地老百姓都不食用,高力士就经常采摘回来做羹,由于触景生情,不由感慨地赋诗《咏荠》一首:"两京作斤卖,五溪无人采,夷夏虽不同,气味终不改"。他以此来抒发自己虽然被流放,但他对玄宗的忠心却始终不改。

宝应元年(公元762),唐玄宗、唐肃宗先后去世了。太子李豫在宦官李辅国、程元振的拥立下登基,称为代宗。到了六月,"二圣"去世的消息传到了巫州,高力士听说后,分外悲痛,哭得死去活来,并为"二圣"持丧,由于忧伤过度,使他的身体越来越差。因为"二圣"去世前曾有诏书颁行天下:流人一律放还,所以七月的时候,高力士开始返京,一个月后,在他来至郎州(今湖南常德)时,病情突然加重。高力士便对身边的人说:"我活了将近80,称得上是长寿了,曾经官至开府仪同三司,也称得上极为显贵,既贵且寿,我对所有的一切都没有什么遗憾的。唯一的遗憾就是'二圣'驾崩时,我竟然没能再见一次圣容。到我死后,我这个孤魂野鬼,将到何处安身呢?"说罢眼泪不停地流了下来,他身边的人也觉得非常心酸,高力士返京后没多久,就于公元762年8月18日在郎州开元寺的西院过世,享年79岁。

高力士死后,唐代宗听说他曾因先帝驾崩而悲痛过度,是咳血而死,深受感动,念其月附先帝有功,便下诏恢复了高力士的原有官职,还追赠为广州都督,并遵照唐玄宗皇帝的遗诏,让其陪葬泰陵,并由宫中出面为其操办了大型的丧礼。高力士的墓也因此成为唐玄宗泰陵唯一的陪葬墓,位于陕西省蒲城县保南乡山西村。

口蜜腹剑

——李林甫

名人档案

李林甫： 小字哥奴，唐玄宗李隆基时的著名奸相。出身于李唐宗室，是李渊叔伯兄弟李叔良的曾孙。初为千牛直长（宫廷侍卫）。开元初，迁太子中允。不久通过他舅姑夫的叔叔侍中乾曜的关系，升至国子司业。开元十四年（公元726年）迁为御史中丞，隶管刑部、吏部侍郎。至此，他已跻身李唐高层统治者行列。其时武惠妃专宠，李林甫极尽逢迎谄媚之能事。惠妃之子寿王，极得玄宗钟爱，李林甫托宦官禀告惠妃，"愿护寿王（李瑁）为万岁计"，即是说，他将拥护寿王登上皇帝宝座。惠妃闻禀感激涕零，在玄宗面前经常称颂李林甫之"德政"。

生卒时间： 683~752年。

性格特点： 善音律，无才学，会机变，善钻营。

历史功过： 李林甫虽然是唐明皇身边的大奸臣，对于他的罪过已经听的很多了。但是，唐明皇既然能认清李白这个诗人没有政治才华，也一定能看出李林甫身上可取之处。他不至于一无是处，对于盛唐气象，李林甫确实不错，只有他才能控制各地的番将，这些番将包括安禄山。杨国忠则不然，能力一般而且贪财，是杨国忠把安禄山逼反的。当然，唐朝皇帝自己也有责任，没有识人和用人之能是封建社会任何皇帝的致命伤，不应该只是指责杨国忠或者安禄山。

出身宗室

李林甫，小字哥奴，与大唐皇帝一脉相承，是唐高祖李渊的祖父李虎的第五代孙。若

论其辈分,李林甫还比唐玄宗李隆基高出一辈。但所有这一切没能成为李林甫的资本。他本人的发迹靠的是自己的阴谋诡计,善于排挤异己的伎俩。至于宗室血统带来的辉煌,则随着时间的逝去,逐渐成了茶余饭后的谈资,梦中的荣耀。

李林甫的曾祖父李叔良,在唐高祖武德初年被封为长平肃王,镇守泾州,以抵挡薛仁杲。身为守将的李叔良并不爱恤士卒,常常克扣军饷从中渔利,其下属官兵十分怨恨。薛仁杲很了解其为人,常利用其弱点进行突然袭击,李叔良每每丢盔撩甲,被打得大败。在一次战斗中,薛仁杲让其手下诈降,谎称军中无粮,李叔良深信不疑,派其手下骠骑将军刘感率军前往受降,结果中了伏击。刘感被薛仁杲俘虏而去。闻知此事,李叔良恐惧异常,唯恐朝廷降罪,不得不拿出所有家产抚慰部下,才得以鼓舞士气,扭转了屡战屡败的不利局面。后来,突厥入侵,朝廷派李叔良前往迎击,结果中了暗箭,死在半道。李叔良共生有两个儿子,长子李孝协,次子李孝斌,后者为李林甫的祖父。

李叔良死后,长子李孝协继承了其封号,封地改为范阳。很快,被降封为郇国公,领魏州刺史。李孝协不但继承了其父的封号,而且还把李叔良贪赃枉法的一套本领也承袭了下来。最终朝廷知晓,于高宗麟德年间将他处死。虽经陇西王李博义苦苦哀求,要求赦免死罪,唐高宗还是不原谅,李孝协无奈之下而自杀。

李林甫的祖父李孝斌官至原州都督府长史,生有两子,长子为李思训,李林甫的伯父;次子李思海,李林甫的父亲。李思训曾经做过江都令,在其为官期间,恰逢武则天当政之时。对于李唐宗室子孙,武则天动不动就予以杀戮,或流放。宗室子孙并没有因皇家血统而享受荣华富贵,闻到的只是同宗同族的血腥味。在血雨腥风之中,李思训考虑到自身的安全,弃官而去。武则天死后,宗室子孙才得以平安,李思训重新回到官僚的行列,被封为陇西郡公,官至宗正卿,后又担任益州都督府长史。唐玄宗开元初年,爵位进封至彭国公,封户四百,官至右武卫大将军。唐代的绘画艺术得以充分发展,在众多画家当中,有姓名可考的达四百多人,李思训便是其中之一。李思训善于画山水,当时人对他的画非常喜爱,以得到他的画为荣耀,并且把他的山水画称为"李将军山水"。李思训生前死后都荣耀非常,在他死后,赠秦州都督,并被恩准陪葬桥陵。

李林甫的父亲李思海远没有李思训那么荣耀,官仅当到扬州参军事,其事迹史籍也无多少记载,可见他在当时的地位甚是卑微。李思海娶妻姜氏,生李林甫。其舅父姜皎十分喜爱李林甫,养在自己家中。随着年龄的增长,李林甫不失时机地给其舅父戴了顶绿帽。姜皎善于见风使舵,唐玄宗李隆基为藩王之时,他似乎意识到了发迹的契机,即诚心结交。李隆基当上皇帝之后,姜皎被授宫殿中少监,从四品上,专门掌管天子服御之事。唐玄宗的恩宠,使得姜皎经常得以出入后宫卧内,陪皇帝宴饮,击球斗鸡,坐则与妃连榻。后宫宫殿之前种有一棵茂盛的果树,唐玄宗经常在其花朵盛开之时,与近臣前去玩赏。一日,春和日丽,玄宗又与近臣来到树前,姜皎上前,拱手说道:

"陛下,真乃嘉树也。"

玄宗听后,笑容满面,说道:"姜爱卿既爱此树,那就植入府中玩赏去吧!"

深得玄宗宠幸的姜皎,权倾一时,接受的赏赐有宫女、马匹、珍玩,前后不可胜数。生长在舅父家的李林甫,从小就看到权势的魅力,对权力充满了无限的憧憬。也从其舅父的官场交易中,受到了一些启蒙教育,为他以后的官场历险奠定了基础。

崭露头角

大唐开元初年,年轻有为的唐玄宗整顿吏治,任用贤相,社会一片祥和,历史进入了"开元盛世"。大唐都城长安,生机勃勃,商贾云集,人来人往,熙熙攘攘,各色人等,神采飞扬。此时,李林甫已长大,长安城中的热闹场面并没吸引这位青年,每每办完公务,在回家途中,得意之中眉宇间不免显示出淡淡的愁意,来往的人们并没有注意到这个不起眼的青年人。他们为之注目的是那些达官贵人,皇室贵胄,每当这些人威风凛凛地招摇过市,路人无不停步,欣羡之情溢于言表。这种场面长安城中不知上演了多少幕,但人们还是不厌其烦地看着,看着……作为旁观者的李林甫也常常被人群拥来挤去,好像水中的浮萍在浪花中飘摇。当人们恢复了平安,忘却了一切之时,李林甫却没有放下其野心的活动。忽然,他心有所动。想当初,秦始皇巡游各地,人群山呼海涌,当中的两位观众——刘邦、项羽不也像他如今的境遇吗? 前者惊羡之余曰:"大丈夫当如此也!"后者不屑之余曰:"彼当取而代之!"

想到这里,李林甫的眉宇渐渐舒展开来,他绝不是和刘、项一样想到了皇位,他胆子还没有那么大。在其内心里却不止一次地说:以我李林甫之才,难道还不如那些酒囊饭袋? 终有朝一日,我李林甫也会八面威风,为人仰慕。随着飘忽的思绪,李林甫偷偷地笑了,步子也不觉轻快起来,不知不觉中回到家中。

这时的李林甫,已由当初的千牛直长,一个从七品上的小官,被擢升为正五品下的太子中允,在太子府任职。官虽然升了,但极强的权力欲并没有使他满足。李林甫深知,升官发财靠个人力量根本没用,必须有人提拔。这次被升迁为太子中允,不就是舅父姜皎的功劳吗? 于是,李林甫把眼睛放在了宰相源乾曜身上。

源乾曜,相州临漳人,进士及第,为相之前曾任殿中侍御史、谏议大夫、梁州都督等官。唐玄宗开元初年,邠王李守礼府中官吏犯法,玄宗以为是王府中缺乏有才干的长史所致,于是为邠王府寻找长史。李林甫的舅父姜皎向玄宗推荐源乾曜。等到见到玄宗,其才干十分受赏识,被任命为少府少监兼邠王府长史。不久就被拜为宰相,前后为相达十年之久。其人谨小慎微,所历之官以"清慎恪敏"为人称道。姜皎引荐源乾曜不是平白无故的,他们二人为儿女亲家。正由于这层关系,李林甫又做起升官发财的美梦。然而初出茅庐的李林甫万万没有想到,美梦半道而醒。

源乾曜有个儿子叫源絜,因姜皎与源乾曜的关系,从小和李林甫相识,李林甫考虑好一切之后,信心十足地来到宰相府。他非常聪颖,没有直接找宰相本人,而去拜访宰相公子。两个年轻人一见面,寒暄了一番,李林甫便道出了来意。

"源公子,在下闻知司门郎中一职时下空缺,恳请公子给令尊大人说说,能否让在下

补缺？"

李林甫说罢，向前推了推提来的礼品。源絜有礼貌地说道："李公子见外了，咱们一家人不说两家话，一定会为李公子效力。"

"源公子，在下感激不尽，日后若需要在下，定当效犬马之劳。"

"李公子过于客气了，区区小事，何足挂齿。"

李林甫见事情已妥，便不失时机地起身告辞。

"源公子，今日多有打扰，容在下以后再来拜谢！告辞，告辞。"

"李公子慢走，恕不远送，公子等着好消息便是。"

"源公子留步！公子留步！"

走出宰相府，李林甫喜出望外，按捺不住心中的喜悦，哼着小调回到家中，这在李林甫当时的生活中是不常见的事情。

身为宰相的源乾曜，深深地明白自己的职责，绝不能滥用手中的权力，去营私舞弊。对于李林甫，源乾曜深知其人，那是个不学无术的家伙。当他儿子说起李林甫寻求官职之事时，源乾曜勃然大怒。

"郎中之职需才德俱佳者为之，哥奴一无赖尔，岂能担当此任？"

其父指斥之下，源絜不再言语。李林甫在喜滋滋地盼呀盼，眼看着一天天过去了，自己托付给源公子的事如泥牛入海，毫无消息。当他得知司门郎中一职已经补缺，便彻底失望了。这对于野心勃勃的李林甫来说，无异于当头一棒。从此李林甫又恢复了以前的生活，只有在梦中升官，威风八面，招摇过市了。

李林甫所受的挫折并非偶然的，众所周知，唐玄宗的开元时期（713~741）是唐朝社会经济和国力发展的极盛时期。在开元初期，唐玄宗十分注意整顿吏治，裁减许多冗官，改变了滥封爵位的恶习，并且严禁宫廷中的奢靡风气。对官员的任用看重才识，在开元二年（714）还规定，选择京官中有才识的，到地方任都督、刺史；在地方任职的都督、刺史如有政绩，则调到京城任京官。改变了以前重京官，轻外任的恶习。公元716年，唐玄宗还在殿廷之上亲自对新任命的县令进行考试，对其中的四十五人当堂罢免，并把主持选官的两个使郎予以贬职。开元时期的宰相当中，不少是历史上著名的贤相，如姚崇、宋璟、张九龄等。就连李林甫企图借以进身的源乾曜，虽然算不上贤相，但也是严于职守的清廉之人。在这种历史背景下，李林甫能不遭受挫折吗？他只有静待时日。

李林甫受到打击，但没有停止他的钻营，几年之后，被提拔为国子司业，官品从四品下。后来，在御史中丞宇文融的提携之下，官至刑部侍郎，有了生杀大权。心存抑郁的青年李林甫从此在长安城的旁观者中消失。从此他成了演员，使出了浑身解数，演出了一幕幕世人为之切齿的闹剧。

初为宰相

武惠妃是恒安王武攸止的女儿，武则天的从侄孙女。她自幼入宫，唐玄宗即位之后，

极为宠爱。中国古代的后宫是一个无声的战场，和其他战场不同的是，那里没有喊杀声，所有参战人员全为花枝招展的女性。这些女性的身上所具备的最具杀伤力的唯一武器——妒嫉，战争的起因——君王的性爱。要取得胜利，美貌必不可少，但并不能够长久，常常色衰爱弛。最后的胜利往往属于另一种人——貌美与工于心计兼而有之者。武惠妃非止天生丽质，而且继承了武则天的一些血统，终于从容貌艳丽、能歌善舞的赵丽妃、王皇后身边拉走了唐玄宗，取得了专房之宠。她是一个实实在在的胜利者，需要证据吗？单靠文人墨客的华丽辞章是不足为凭的，几个枯燥乏味的数字便能够说明一切。武惠妃一生之中，先后六次怀孕，前三个孩子为二男一女，均夭折；后三个孩子分别为寿王瑁、盛王琦、咸宜公主。这个生育纪录，在后宫的嫔妃身上是很少见的，足以说明唐玄宗将所有的爱喷洒到了惠妃身上。正因为如此，武惠妃的权势才炙手可热，朝中哪位大臣若得到她的青睐，便会自然而然地飞黄腾达。朝堂之上的一些势利小人，无不暗中讨好惠妃，李林甫便是其中之一。

自从得到宇文融的提携，李林甫已官至刑部侍郎，接着升迁至吏部侍郎。吏部侍郎官品为正四品上，专门掌管官吏的任免，很有实权，是一个肥差。但这些并没有使李林甫的权力野心得到满足，他又有了下一个目标，那就是一人之下万人之上的宰相职位。从吏部侍郎到宰相，虽然仅有几步之遥，但李林甫深知，这段路程是十分不易的，或许要花费毕生精力。要达到目的，没有跳板是白费力气。李林甫想到了武惠妃，他知道这是一个最有弹力的跳板，不费吹灰之力便可跳到自己的目标上去。有了目标，选好了跳板，如何登上去呢？这对于李林甫来说并非一个难题。

武惠妃所生的儿女当中，以寿王瑁最得玄宗的喜爱。由于前三个儿女的不幸夭折，寿王瑁一出生，武惠妃便十分担心，唯恐重蹈覆辙。于是，便将寿王瑁寄养在玄宗的长兄宁王府中。宁王妃元氏用自己的乳汁亲自喂养寿王瑁，视如己出。武惠妃并非一个只求帝王恩宠的女人，寿王瑁的出生使她产生了另一种野心，企图让玄宗立寿王为太子。但不幸的是，赵丽妃的儿子李瑛已被立为太子，这就成了武惠妃的心病。武惠妃深知，废立太子之事需要朝中大臣的支持，自己单枪匹马绝对不行，极需培植心腹。

李林甫对于自己选好的跳板，无时不进行琢磨，就像一只纯种的德国警犬，在嗅嗅闻闻当中求取线索。终于，李林甫捕捉到了武惠妃的心思，他突然觉得自己眼前一片光明，仿佛自己已站在朝堂之上，位列群臣之首，权力向他微笑，荣华富贵向他招手，美女如云般向他飘来……当他从梦幻中清醒过来，便迫不及待地去寻找机会。深居后宫的武惠妃，李林甫作为一个吏部侍郎是无法与之通话的。要表白自己的心思，只有通过惠妃身边的亲信太监。李林甫终于把话传到了武惠妃那里，说自己愿为寿王瑁成为太子效力，这正中惠妃心意。历史给了两位野心勃勃者以契机！他们走到了一起。

唐玄宗开元二十一年(733)三月，作为宰相之一的裴光庭死去，大唐朝廷出现了权力空缺，这个缺口恰好是李林甫的晋身机会。武惠妃便不失时机地向高力士授意："高公公，裴光庭一死，其宰相之职吏部侍郎李林甫能够担任。"老谋深算的高力士在未知玄宗心思之前，绝不轻易地自作主张。但面对惠妃，他又只好答应下来："娘娘懿旨，老奴去办

便是。"

后来，在朝堂之上，唐玄宗问众位大臣："诸位爱卿，光庭之后，谁可为相？"站在玄宗一旁的高力士默不作声。这时，兵部尚书萧嵩走出行列，向玄宗推荐宰相。

"启奏陛下，尚书右丞韩休有宰相之才，可以出任相位。"

玄宗听后，说道："准奏，任命韩休为黄门侍郎，同中书门下平章事。"

韩休被任命为宰相，李林甫的美梦如同肥皂泡一样破灭了。然而武惠妃并没有善罢甘休，她及时地调整策略。授意李林甫在中书省起草诏书之前，写一道推荐韩休为相的奏折，一来可以取悦韩休本人，以便日后得其提拔；二来可以得到朝廷的赞誉，有荐贤之功。可说是一箭双雕。得到惠妃点拨的李林甫，捞到了一棵救命稻草，在失望中似乎又有了进取的契机。后来的事实说明，这一道计策果然奏效。

韩休为人正直，敢于直言进谏，唐玄宗十分看重他的才能。一次，万年县尉李美玉犯了法，玄宗下诏将其流放岭南。韩休闻知之后，上奏玄宗："县尉官位低微，而且所犯之罪并非大恶，陛下也要将其流放岭南，可见陛下圣明。如今，朝廷之上有一个大奸臣，此人便是金吾大将军程献伯，他恃恩贪赃枉法，住宅车马皆僭越法度，陛下是否听说？臣休请陛下先治大奸，后及小恶。"玄宗有心偏袒程献伯，没有准奏，韩休据理力争。

"陛下，小罪尚且不容，大奸却宽宥不惩，此是何故？陛下如果惩治程献伯，臣不敢执行有污陛下的诏令。"

唐玄宗无法，不得不批准了韩休的奏折。宋璟闻知此事后也连连慨叹不已，夸赞韩休有"仁者之勇"。韩休的正直敢谏，自然得罪了一些朝中大臣，于是有人乘机向唐玄宗说坏话："陛下，自韩休为相以来，陛下无一天欢娱，何不乘机罢免韩休呢？"

英明的唐玄宗并没有被逸言蒙蔽，颇为感慨地说："自韩休为相以来，朕虽消瘦，但天下却肥矣。朕每次退朝思虑天下事，寝必安，因有韩休啊。朕用韩休是为天下社稷考虑，有此人为相，实在是天下幸事。诸爱卿勿多言。"

韩休的峭鲠，连推荐他的萧嵩也与之产生了矛盾，逐渐疏远起来。但韩休绝不是忘恩负义的小人，与萧嵩关系的疏远，诚如玄宗所言，"是为天下社稷考虑"，他甚至没有忘记另一位推荐自己的人——李林甫。但这一次，韩休铸成大错，他善良地进入了一个早已设计好的圈套，举起手中洁白的象牙笏板，向玄宗启奏：

"陛下，吏部侍郎李林甫为宗室之后，才德兼备，且有宰相之才！"

历史就这样开了一个不大不小的玩笑，使得"口有蜜，腹有剑"的李林甫实现了自己年轻时的梦想。深居后宫的武惠妃笑了，吏部侍郎李林甫也笑了。韩休的力举，武惠妃的枕边之风，使李林甫很快便被任命为黄门侍郎。黄门侍郎为正三品，主要掌管皇帝的大型祭祀活动，上奏天下出现祥瑞之事。李林甫终于得以跟在皇帝左右，耀武扬威了。

公元734年，即大唐开元二十二年五月，唐玄宗下诏，任命黄门侍郎李林甫为礼部尚书，同中书门下三品，与侍中裴耀卿、中书令张九龄并列宰相。自此，李林甫开始了他19年的宰相生涯。

陷害忠良

张九龄,字子寿,韶州曲江人。自小颖悟,7岁即能为文。张说被谪贬岭南之时,一见如故,十分赏识他的才能。后来九龄被擢为进士,步入仕途,成为唐玄宗开元时期有名的贤相之一。他敢于犯颜进谏,纠正朝廷的过失,玄宗也非常欣赏他的才能。张九龄为人儒雅,风度翩翩,不学无术的李林甫非常妒忌。每次上朝,张九龄、裴耀卿两位宰相对李林甫稍稍谦让,林甫即厚颜无耻的居于中间,眉宇之间露出得意之色,时人看到这种场面,惊呼"一雕挟两兔",认为他们二人终究要遭李林甫的陷害。

正直的张九龄对初为宰相的李林甫有所牵制,其狼子野心只得严严地裹在华丽的服饰之下。但李林甫无时无刻不在寻找机会,除去张九龄这块绊脚石,以解自己的心头之恨。

当时,身为范阳节度使的张守珪,因讨伐突厥斩其可汗立下汗马功劳,捷报奏到朝廷,唐玄宗喜出望外,对众位大臣说:

"范阳节度使张守珪有功,朕欲以之为侍中,如何?"

张九龄听罢,感到不合适,立即上奏:"陛下,宰相之职乃代天治物,有适当的人选方可授之,万万不可用来赏功。"

唐玄宗见张九龄言之有理,但仍不想收回成命,又发下话来:"授其宰相名号,如何?"

张九龄答道:"宰相,国之名器,岂可假之?若再有边将立下大功,陛下又拿什么去对待他们呢?"

玄宗听罢,不再言语,然而心里已开始不满。这时,站在朝堂之上的李林甫一言不发,当他看到玄宗不悦的表情时,其内心泛起的是阵阵快意,悄悄地闪出一个狠毒的念头:张老儿,你跳吧,老子迟早一天要收拾你!后来,李林甫为牛仙客之事狠狠地戏弄了一次张九龄。

牛仙客当时为凉州都督,因善于节省费用,使得仓库所积军粮巨万,所有兵器修缮得锋利无比。唐玄宗知晓此事,感到大喜。便下诏让刑部员外郎张利前往凉州查其真假,张利返回之后报告说:"牛仙客之事,千真万确!"于是,唐玄宗便露出欲以牛仙客为尚书的意图,还准备给其封户。

张九龄听说此事之后,与李林甫商议道:"封赏乃国之大事,只能给予名臣大功者。牛仙客,只是一边将,怎能委以如此重任并给其封户呢?愿与李大人在朝廷争之!"李林甫说:"请张大人放心,愿助一臂之力!"

次日上朝,玄宗便说:"凉州都督牛仙客治边有功,朕欲授其尚书之职。如何?"

正直的张九龄又一次走出行列,启奏道:"陛下,尚书为古之纳言,有唐以来,多以旧相居之。牛仙客乃河、湟之上的一个边将,使其班列尚书之位,天下人将如何说呢?"玄宗听罢,心头不悦,但没有再争执之意,却又提起一件事情:

"不受其尚书之职,给其封户怎样?"

张九龄这时侧目看了看一旁的李林甫,但见其目光盯在别处,面无表情,似乎对昨夜商谈之事一无所知,没有丝毫助己之意。只得又据理力争:"陛下,边将积聚谷帛,修缮兵器,是其本分。陛下如要赏赐,予以金帛即可,万万不能裂地以封啊!"

玄宗听罢,大为生气:"张九龄,你是嫌牛仙客为一寒士吗? 如果是这样,难道你是天生的高贵之人?"

这一次,李林甫阴险地笑了,他得意地算计着:张老儿啊张老儿,你早就该下台了,今天你可碰到刀刃上了!

张九龄眼见玄宗大怒,连忙顿首不已,回答道:"陛下,臣出身卑贱,蒙陛下恩典,以文学见用。但牛仙客目不识丁,如果陛下必用其人,臣实在感到耻辱!"

玄宗在大怒之下,罢朝而去,正直的朝臣都为张九龄捏着一把汗。而阴险的李林甫与此同时却射出了一支毒箭。翌日上朝,李林甫已洞察了玄宗的心思,上奏说:"陛下,仙客有宰相之才,尚书之职乃大材小用,有什么不可以的? 九龄乃一文吏,过于囿于古义,有失大体;再者,天下者,陛下的天下,陛下用一官吏,有何不可?"玄宗见有大臣支持自己,大喜,并且夸赞李林甫为相而不专权,从此玄宗便有意与张九龄疏远了。玄宗的大怒,李林甫的陷害,使得张九龄感到十分失望。这时他拿出玄宗赏赐给他的一把白色羽扇,回忆当初玄宗的从谏如流,更想起玄宗的知遇之恩,面对自己目前的境况,不由得心绪起伏,于是洁白的羽扇之上便有了几句慷慨的诗赋:

纵秋气之移夺,终感恩于箧中。

苟效用之得所,虽杀身而何忌?

玄宗看罢,也不免感慨系之,但二十多年的承平天下,使得他逐渐地怠于政事,再也听不进任何逆耳的话语。这时候,他需要阿谀之词,但张九龄却对此非常吝啬,加之李林甫的善于迎合,唐玄宗再也不可能重用一位挑刺的大臣了。

李林甫在陷害张九龄的同时,并没有饶过另外一位宰相裴耀卿。开元二十四年(736),玄宗幸东都日久,欲还长安,但正好是农耕大忙季节,裴耀卿恐扰农耕,延误农时,乃上奏:

"陛下,农者,天下之根本,季节不待人。陛下起驾,恐扰农耕,欲还长安,须待冬闲之时方可。"

退朝之时,李林甫假作脚有病,走在最后。玄宗见状,问道:

"爱卿身体可有不适?"

李林甫答道:"陛下,非也,臣有事要奏陛下,所以如此。"

玄宗说:"爱卿有何事上奏?"

李林甫见有机可乘,便不失时机地说:"陛下,东都洛阳,西京长安,好似天子的东西两宫,陛下车驾往来,有何不可? 如果真的有扰于农,陛下可以减免所过之处的租赋,为什么要等到冬天呢?"

玄宗听后,点头称是。次日便起驾而西,回长安去了。从此,玄宗越来越信赖李林甫,也愈加疏远张九龄、裴耀卿。回到长安不久,于开元二十四年(736)十一月,便下诏书:"裴耀卿罢为左丞相,张九龄罢为右丞相,不可参与政事。"罢朝之后,李林甫望着远去的二位老相,嬉笑说:"左右丞相何在?"在旁的诸位大臣听见李林甫阴阳怪气的声音,不由得两股战栗,冷汗湿衣。接着,李林甫升官至中书令,终于成为群臣之首。这回,李林甫不用再在梦中寻寻觅觅那个一人之下万人之上的位置了。

"三庶"之祸

李瑛,为唐玄宗与赵丽妃所生。唐玄宗被封为临淄郡王时,担任过潞州别驾,此时的赵丽妃是当地的一个歌妓,由于能歌善舞而得到李隆基的宠爱。后来,赵丽妃为李隆基生下李瑛,但由于武惠妃的专宠,赵丽妃渐渐丧失了李隆基的宠爱。而李隆基对赵丽妃并没有绝情绝意,于开元三年(715)将李瑛立为太子。身为太子的李瑛,并没有给其母亲带来转机,他的父皇将所有的宠爱给了赵丽妃的"情敌"——武惠妃。

自从武惠妃生了寿王琩之后,她本人不但更加受到李隆基的宠爱,她的儿子得到的父爱也大大胜于太子以及他的诸位王兄。为了自己的权力欲望,为了儿子的将来,武惠妃的眼睛盯上了太子,无时无刻不在谋划着如何废掉太子。

这时的太子李瑛,由于母亲的失宠,心里十分忧愤,时常表露出对武惠妃的怨恨。加之他的父皇对寿王格外宠爱,使太子李瑛的内心充满了恐惧,他时常借酒浇愁,眉宇间露出不快之色。武惠妃的专宠,不仅使太子李瑛的母亲失去了君王的宠爱,鄂王瑶的母亲皇甫德仪、光王琚的母亲刘才人也只能生活在夜夜惆怅之中。三位皇子对于自己母亲的不幸深感不满,这种不满情绪逐渐转化成对武惠妃的铭骨仇恨。境遇相同,使得太子李瑛、鄂王李瑶、光王李琚走到了一起,他们三人常在一起游乐,借酒私下议论武惠妃,言语之间无不对武惠妃充满仇恨。酒的力量让三位皇子的情绪变得激昂。

"太子殿下,即位之日当诛尽武氏,以解我们的心头之恨!"光王琚说道。

"想当初,则天皇后视我们李唐皇室子孙如草芥,想杀便杀,真是惨不忍闻。现在的武惠妃受父皇的宠爱,武氏一族又有发迹的局势,难道故事又要重演?"鄂王瑶说道。

"二位王弟,当今武惠妃倍受父皇恩宠,言听计从,万不可言语无遮盖,以防隔墙有耳。一旦父皇听信谗言,我们兄弟就会招致大祸,惨遭横死啊。"太子李瑛小心翼翼地提醒二位王弟。经太子这么一说,三位皇子从激昂中回到现实,又默默地喝起闷酒,各自都在担心着不幸事情地发生。

俗话说:没有不透风的墙。三位皇子的不满情绪慢慢传到武惠妃的耳朵,本来就对太子心存杀机的武惠妃,便开始谋划陷害太子。武惠妃的女儿咸宜公主,嫁给了驸马杨洄,此人善解妃意,对武惠妃的心思揣摩得一清二楚。他到处散布太子及二王企图谋反的谣言,武惠妃则在唐玄宗李隆基面前哭诉:

"陛下,太子李瑛及鄂王瑶、光王琚意欲谋害臣妾,陛下可要为臣妾做主啊!"

武惠妃跪在李隆基面前，泣不成声叙说光王、鄂王的话语，说到伤心之处，不由得泪流满面，本已十分妖媚的武惠妃，几滴咸咸的泪珠挂在面庞，更似带露的玫瑰。哽咽之间，惠妃胸前那对半袒的尤物，不住地颤动，不由得引起风流皇帝想起那芙蓉帐内的鱼水之欢……一阵痛哭流涕，把李隆基的思绪又拉回到现实。他听罢武惠妃的哭诉，勃然大怒，大声喝道：

"传中书令张九龄觐见！"

传令太监赶紧奔出宫外，直奔中书令张九龄的府第。张九龄此时正在书房之中品茶读书，听说皇帝有事召见，慌忙穿好朝服，随传令太监匆匆上路。

"公公，陛下见我何事？"

"太子祸事到了！惠妃娘娘在陛下面前哭诉，要陛下废掉太子！"

"啊！"中书令张九龄闻言大惊，赶紧加快了脚步。

传令太监走后，李隆基款款地搀扶起武惠妃，惠妃便趁势依偎在大唐皇帝的身上，施展媚人之术的同时，又乘机挑拨：

"陛下，太子与二王勾结，不利臣妾事小，不利于陛下事大！"说罢，惠妃将那对尤物向李隆基紧紧地贴了过去，李隆基不由自主地陷入沉迷之中，为了使惠妃得到安慰，便决心要废掉太子。正当此时，中书令张九龄走了进来，在李隆基面前跪了下去，口中说道：

"吾皇万岁！万万岁！"

"张爱卿平身！"

"谢陛下！"张九龄于起身的同时，明知故问唐玄宗："陛下何事要见老臣？"

"太子身居东宫之位，与二王勾结，散布不满言辞。朕欲废之，爱卿以为如何？"

张九龄当即离座，据理力争："陛下，太子者，天下储君，人望之所在，动之则摇人心。自太子居东宫以来，日受圣训，天下共庆，鄂、光二王好学上进，富有才能，实在是陛下的洪福。陛下享国日久，子孙如云，为什么要一日而弃三子呢？后妃之言，陛下要三思而后行！"

唐玄宗李隆基闻此问道："张爱卿，此话怎讲？"

"陛下，春秋战国之时，晋献公被妖姬的谗言迷惑，太子申生被害，晋国由此大乱；汉武帝听信江充等人的蛊惑之言，祸及太子，京师喋血；晋惠帝有贤子，贾后谮之，乃有'八正之乱'，最终至于丧之；隋文帝雄才大略，只因听从皇后之言，废太子勇而立杨广，遂失天下。今太子身居东宫，无闻有大过，鄂、光二王又贤，实乃幸事。再者，父子之道，天性也。子有过，为父者当为之掩饰才是，父子天性不可灭，这样有碍于陛下的慈父之道啊！臣请陛下圣裁。"

李隆基听了张九龄的谏言，为之默然，太子李瑛及鄂、光二王也保住了自己的地位，武惠妃的计划也随之破产。然而自从张九龄被贬出朝廷之后，太子李瑛及鄂、光二王失去了保护伞，完完全全地受制于武惠妃，终于被杀。

贤相张九龄被贬之后，武惠妃亲自导演了一场宫廷政变。她召集来太子李瑛、鄂王瑶、光王琚三位皇子，吩咐他们说："宫中有贼，请你们披甲进宫护卫！"

太子及二王信以为真，急忙率领数百名带甲武士，手执武器冲入宫中，前去捉拿贼人。他们哪里会想到，这是武惠妃设下的一个圈套。武惠妃见他们已经中计，便急忙派人通告正在宫中的唐玄宗李隆基。

"陛下，太子与二王谋反，披甲带兵而来！"

玄宗赶忙遣左右前去查看，派出去的人回来报告："陛下，太子与二王确实谋反，正率领数百甲兵手执武器冲进宫来！"

玄宗一听怒火中伤，命令御林军将其缴械，关押起来。太子及二王见状，大喊："冤枉啊！我们要见父皇，我们要见父皇！"本来，如果他们能见玄宗一面的话，是绝对可以揭穿惠妃的阴谋的，但太子及二王的喊声并没有引起玄宗的注意，盛怒之下的玄宗就这样错过时机，造成了杀掉三子的大错。这个时候，适值李林甫秉政，他善于揣度惠妃的意思，深得惠妃的信任。为太子及二王之事，玄宗迟疑不能断，便召来宰相李林甫商议。

"林甫啊，对于太子及二王之事，你有何意见？"奸诈的李林甫没有像张九龄那样切谏，只是轻描淡写地说："此乃陛下家事，臣等不宜介入。"

李林甫的话，促使唐玄宗做出了决定，更帮了武惠妃的大忙。不久，唐玄宗便将太子李瑛、鄂王瑶、光王琚废为庶人，然后便被赐死。天下人为之痛心，号之为"三庶"。这一事件发生不久，武惠妃因数见三庶人的冤魂作祟，忧怖成疾，于当年十二月在恐惧中死去。当时的有识之士都说这是报应！武惠妃的死，使得李林甫失去了靠山，自己在废太子李瑛事件上所立的大功也化为乌有。然而，李林甫的政治野心却日益膨胀。

适之罢相

李适之，为恒山愍王之孙。唐玄宗开元年间，曾任通州刺史，由于为官清廉，很得民心。按察使韩朝宗将此事上奏朝廷，李适之被提升为秦州都督，深得唐玄宗看重。以后又历任陕州刺史、河南尹以及刑部侍郎。

天宝元年(742)，李适之代牛仙客为左相。是年，恰逢诗仙李白来到长安。李适之性格豪放，嗜好饮酒，喜结宾客，常常夜饮达旦，白天处理政务不遗任何余辞。与李白、贺知章、汝阳王李琎、崔宗之、苏晋、张旭、焦遂等人友善，常在一起饮酒唱和，时人称之为"酒中八仙"。李适之自任宰相以后，在朝堂之上与李林甫经常针锋相对，遭到忌恨。但李适之的豪放性格使他没有对李林甫提防，李林甫却像一只等待猎物的狼，不动声色地等待着机会。而唐玄宗李隆基对李适之十分信任，这使李林甫一时无计可施。

相传在李林甫的府第中，有一处别致的小型庭院式建筑，平时无人居住，唯独李林甫一人在那里出出进进，而且其进出也很有规律，每到月明之夜便去那里独坐，于是便取名"月堂"。开始，谁也不知道李林甫在那里干什么，只见他去时皱着眉头，坐上很长时间才皮笑肉不笑地走出来。只要他每次笑着走出来，不出几天，朝中便有大臣或被罢官，或被抄家，或被杀头。日子久了，李林甫的家人便清楚了一切。李林甫在"月堂"里并非吃斋

念佛，他在用自己肚子里的坏水酿造毒汁，然后向自己的政敌射出一支支毒箭。

李适之的干练，与李林甫的朝堂之争，使李林甫对之恨得咬牙切齿。李林甫的脑子里时刻都在谋划着，打算即刻除掉这个眼中钉，肉中刺。又是一个月明之夜，吃罢晚餐，李林甫又一次皱着眉头走进了"月堂"，这一次李林甫是为了李适之而去的。最终，他面带微笑地走了出来。

翌日，李林甫向唐玄宗密奏："陛下，李适之虽办事干练，但此人性格粗疏，嗜好饮酒。身为左相，常常欢饮达旦，京师之人多有议论，这样下去会误朝廷大事。臣请陛下圣裁。"

唐玄宗李隆基听罢李林甫的上奏，面露不悦之色，说道："朕看重他的人才，委之以大任，怎可耽于杯盏，以负朕的本意！"

李林甫察言观色，接着说道："陛下，依臣所见，李适之实在难称此职，不如……"

还没有等李林甫说完，唐玄宗打断道："废立宰相之事，等改日上朝再议！"

李林甫连忙说道："是，陛下。"便知趣地退了出去。

自此以后，唐玄宗便逐渐地对李适之疏远起来，把一切政务交由李林甫处理，李适之心中很是不安。李林甫为了彻底将李适之赶出朝廷，又一次打算陷害李适之。趁李适之感到失意之机，在一次罢朝之后，李林甫笑嘻嘻地走到李适之面前，对李适之说：

"李相公，我近来闻知一事，想上奏朝廷。"

李适之迷惑不解，便问道："何事？"

"近来有人告诉我，华山之下，生有金矿，采之能够富国，朝廷还不知此事。"

李适之听后，见是利国利民的大好事，便急忙说："此乃利国之大事，李相公何不上奏，更待何时？"

李林甫见李适之上钩，便手捻胡须，慢条斯理地说道："非也！此事一旦上奏朝廷，皇上必定高兴，肯定会赏赐为臣，我不愿独享，这是其一；其二，我看皇上近来对大人有所不悦，实想拉大人一把，你就来把此事奏报朝廷，如何？"

李林甫说完自己的想法，便迫不及待地观察李适之的表情。李适之一听，先是一愣，继而点头，满怀感激之情地说道："李相公，承蒙提携，真是感激不尽。"

"不用！不用！你我二人乃皇上的左膀右臂，同为朝廷出力，何必言谢！"李林甫听了李适之的话，喜不自胜，不觉溢于言表。

"来日上朝，定当上奏，告辞！"

望着李适之远去的背影，李林甫自言自语："李适之，你等着看自己的好戏吧！"

翌日上朝，李适之兴致盎然地出列，一五一十地将华山生金之事奏告上去。唐玄宗听后，龙颜大悦，夸赞了李适之几句，便转过头问李林甫：

"林甫啊！此事你可曾听说？"

李林甫面无表情地说道："启奏陛下，华山生金之事，臣早已听说。为臣之所以未敢上奏陛下，是因为华山乃陛下的龙脉，王气之所在，非同小可。一旦采掘，虽可充实国库之用，但却断了龙脉，走了王气，所以为臣始终未敢把此事上奏陛下。"

站在一旁的李适之，听到李林甫的刺耳声音，不由得血气翻腾，脑中霎时一片空白，

冷汗渐渐地淌了下来,面如土色。还没有等他回过神来,只听唐玄宗厉声喝道:

"大胆李适之,竟敢口出狂言,你可知罪?"

"臣知罪,臣罪该万死。"李适之大为惶恐,不住叩头请罪。此时的李林甫,也斜着眼睛,看着李适之的狼狈相,不觉为自己导演的这出戏暗自得意。

因为受李林甫的陷害,当了不到四年宰相的李适之终于在公元746年被罢去右相,当了个太子少保完事。但李林甫并没有就此罢手,他接二连三地陷害与李适之交好的韩朝宗、韦坚等人。由于受到牵连,李适之被赶出了朝廷,贬至袁州。不堪屈辱的李适之在走投无路的悲惨境遇下,服药自杀。与适之一同贬出朝廷的还有裴宽,裴宽本与适之无什么牵连,只因李林甫一夜做梦,梦见一人想谋害自己,其人之貌很像裴宽,便借此机会,把裴宽赶了出去。

对于李适之之死,时人都觉得可怜。每每谈论此事,便不由得吟诵李适之罢相之初所赋的一首诗:

避贤初罢相,乐圣且衔杯。

为问门前客,今朝几个来?

陷害太子

自从太子李瑛被杀之后,大唐的东宫便空缺起来,唐玄宗也为另立太子之事大费苦心。李林甫在武惠妃生前,与之里外勾结,屡言寿王瑁的才德,以讨玄宗欢心,巩固自己的地位。武惠妃死后,李林甫并未在另立太子这件事上有所改变。

就在武惠妃及太子瑛死后的第二年(开元二十六)五月,又一次上奏:

"陛下,自从庶人李瑛死后,东宫无主。今陛下诸子当中,寿王最为贤德,当主东宫。"

唐玄宗虽然爱屋及乌,对寿王瑁特别宠爱,但并没有被李林甫所左右。听了李林甫的上奏,唐玄宗说道:"太子者,君之副也。国乱之时贤能者为之;太平之时长者为之,古之制也。"然而,唐玄宗仍然犹豫不决。当时,诸位皇子当中,年龄最长者是杨贵嫔所生的忠王玙。他为人仁孝,谨慎好学,自幼很受王皇后的宠爱,各方面都在寿王之上。太子瑛死后,唐玄宗很想立忠王玙为太子,但迟迟难以决断,为立太子之事而闷闷不乐。

跟随唐玄宗左右的宦官高力士,对玄宗的心思体察入微,由于李林甫不断进言,高力士未敢贸然言及此事。一日,闷闷不乐的唐玄宗问高力士:

"力士啊!太子立谁好呢?"

高力士非常明白唐玄宗的心意,见皇帝问及此事,便不失时机地进言:"陛下,当立年长者。"

唐玄宗听后,大喜,连声说道:

"汝言极是,汝言极是!"

高力士的话,正中唐玄宗的下怀,促使玄宗下了决心。于开元二十六年(738)六月,

唐玄宗下诏:"立忠王玙(后又改名绍、亨)为太子。他就是后来的唐肃宗。李林甫的阴谋遭到了挫折,但他并没有偃旗息鼓,便开始陷害太子。要想危及深居宫内的太子,并不那么容易,李林甫便从太子身边较亲密的人着手。

韦坚,京兆万年县人,其妹为太子玙的妃子;其姊为薛王李隆业妃,薛王李隆业为唐玄宗之弟。由于姊妹的关系,韦坚很早就步入仕途,加上本人也极有才干,深得唐玄宗的赏识。韦坚在任江淮南租庸、转运、处置等使时,经常向朝廷贡奉一些奇珍异玩,唐玄宗很是高兴,日益得宠,并兼任了御史中丞,封爵韦城县男。韦坚见唐玄宗十分重用自己,也就使出全身本领向权力的巅峰爬去。

韦坚的妻子是李林甫舅父姜皎的女儿,在韦坚未被玄宗宠信之前,二人的关系甚为亲密,随着韦坚的日益见宠,李林甫害怕危及自己的宰相地位,对其非常厌恶。李林甫准备构陷太子,便拿韦坚开刀,作为实现自己阴谋的第一个步骤。

韦坚素与左相李适之交好,李林甫在打击李适之的同时,乘机剥夺了韦坚的诸使之职,授之以刑部尚书,使韦坚再也无法以奇珍异玩取悦皇帝。李林甫的所作所为,引起韦坚不满,二人互为仇敌。

这时,皇甫惟明为河西、陇右节度使,太子为忠王时与之非常友善,因太子妃的关系,韦坚与皇甫惟明成为好友。皇甫惟明掌握兵权,不畏李林甫,每次回京,都要在唐玄宗面前历数李林甫的劣迹,称赞韦坚的才干,此事李林甫素有所闻。在一个正月十五的夜晚,韦坚与回京的皇甫惟明召集宾客,举行宴会,此事被李林甫得知,他喜出望外地说:"真乃天助我也!"便急急忙忙向皇宫走去。

李林甫走进后宫,忙向玄宗进言:"启奏陛下,大事不好,外戚韦坚与边将皇甫惟明私下举行宴会,图谋不轨,打算谋立太子继承皇位。"

唐玄宗听后,勃然大怒,未加思索,便下诏将他们二人逮捕入狱。事后,唐玄宗也感到极为不解,便将二人贬出朝廷。韦坚的几个弟弟向唐玄宗上奏:

"陛下,兄长为奸人陷害,实在冤枉,望陛下明察。"

唐玄宗大怒,将他们赶了出去。韦坚被贬,太子十分恐惧,为避免遭李林甫的毒手,只好上表与太子妃断绝关系,将其幽禁宫中。

在这一回合的争斗中,李林甫虽然铲除了韦坚等人,但太子的不得已之举,使野心勃勃的李林甫一时受挫。李林甫一计不成,又生一计,使大唐太子整日里生活在恐惧之中。

太子良娣杜氏,其父杜有邻与另一个女儿的丈夫柳勣,产生了矛盾,积怨很深。柳勣为人浮浪阴险,他便利用李林甫来陷害岳父一家,这对于李林甫来说,实在是天赐良机。在李林甫的指使下,柳勣诬告杜有邻谋反。就这样,杜有邻被自己的女婿送上了断头台。

杜良娣听说父亲遇害,便在太子面前哭诉:"殿下,臣妾之父冤枉,这都是那禽兽不如的柳勣构陷的啊!"

身为东宫主人,太子玙无计可施,他深知一切都是为了对付他,是杀鸡儆猴。苦闷的太子,内心非常痛苦,一个是妻兄韦坚,一个岳丈杜有邻,先后都因他而遭人暗算。作为太子,连申辩都不敢,还要装腔作势幽禁自己的妃子,这是为什么?为什么?太子玙的心头在滴血。这一次,面对泪流满面的良娣还能说些什么呢?自己已是泥菩萨过河——自身难保。苍天啊!公道何在?你睁开眼睛看看,奸人当道,朝廷不幸,何时得了?!

太子玙又面临一次生离死别,眼睁睁地把自己最为亲近的人推向深渊。杜良娣看着夫君痛苦的样子,完全绝望了,一个无辜的女子,就这样不得不去扮演替罪羊的角色。痛苦之余,太子玙上表朝廷,将杜良娣废为庶人,太子这才化险为夷。

李林甫接连两次被挫败,心里很不高兴,对太子玙更为憎恨。但他的奸诈狡猾,真是无与伦比,又去"月堂"思谋计策去了。在"月堂"之中,李林甫想到了一个人,他便是济阴别驾魏林,此人有依附李林甫之意,以他作为马前卒再适合不过了。

河西节度使王忠嗣对李林甫的专权极为不满,李林甫早有所闻。有一次,李林甫找好了枪手,自然也立好了靶子。他也十分聪明,不把直接目标对准太子,走迂回路线来实现目的。想好了计策,李林甫便差自己的心腹之人去见魏林,魏林受宠若惊,他日思夜想接近李林甫,自然尽心尽力为他效命。

在李林甫的授意之下,魏林写了一道秘密奏折:启奏陛下,河西节度使王忠嗣拥兵自重,飞扬跋扈,欲辅助太子承继大统,罪在不赦,恳请陛下早做打算,以防不测。

唐玄宗看完奏折,半信半疑,一时犹豫不决。但他从自己的江山社稷考虑,最终还是将王忠嗣废黜了事。

李林甫并不满足玄宗的决定,为达到自己的目的,亲自出马,赤膊上阵,向唐玄宗进言:"陛下,依臣所见,此事并非那么简单,若无别人背后撑腰,一个节度使根本不会如此大胆。臣以为太子知其谋。"

唐玄宗对李林甫所言极为不解,认为难以置信,说道:"吾儿深居宫内,怎么能与外人相谋,此妄言耳,不可信!"

李林甫默然,不敢再说什么。后来,虽然李林甫一直在唐玄宗面前构太子之短,但玄宗一直不为所动,太子玙在屡经磨难之后,保住了身家性命,"安史之乱"爆发以后终于登上了皇位。

任用番将

自唐玄宗登基以来,天下承平日久,玄宗逐渐不理政事。李林甫任宰相以后,将朝中贤能者一一挤出朝廷,天下人多有议论,唐玄宗却对李林甫极为信任。

天宝五年(746),已经35岁的杜甫来到长安参加科举考试,结果名落孙山,困顿在长安,饱尝世态炎凉。天宝六载(747)也即杜甫进京的次年,唐玄宗下诏:"天下之士,凡有一技之长者,可以参加廷事,合格者任以官职。"

李林甫闻诏,内心极为害怕。自己的所作所为,天下人共知之,唯独深居宫中的唐玄宗未有所闻。如果让天下之士面见皇帝,必然会暴露无遗。自己的残忍奸险,连儿子李岫也非常担心。李岫任将作监时,见其父权势炙手可热,积下了许多仇家,便规劝道:

"父亲大人,您居相位日久,树立了许多冤家仇人,将来一旦有祸,儿生怕子孙们死无葬身之地,还望父亲大人三思!"

"大势所趋,为父亦无可奈何!"

唐玄宗的诏书使李林甫心寒胆战,为防止万一,李林甫只得硬着头皮向玄宗进言:

"陛下乃万乘之躯,选贤举能是臣子的事,何劳陛下亲自过问呢?何况,天下士人犹如茅草,不识礼度,只会狂言乱语,此等事情委托给尚书省长官就行了。"

唐玄宗李隆基一时没弄清李林甫的本意,还以为李林甫在为自己分担国事,心内大喜,便答应道:

"林甫啊,选贤之事由你去办,朕也就放心了。"

李林甫话一出口,心里突突直跳,生怕玄宗不允诺,这下他长长地舒了口气。退朝之后,李林甫召集来自己的亲信,进行嘱咐:"此次选贤之事,诸位尽力去办,但不可录用一人!"

困顿中的杜甫,听说朝廷要选士人中有一技之长者,对他来说实在是久旱逢甘霖,便参加了这次应试。结果,杜甫和所有的应试者竟无一人考中,充满希望的杜甫彻底绝望了,气愤之余,将痛恨见之于笔端,写下了"纨绔不饿死,儒冠多误身"的诗句,尖刻地抨击了当时朝廷的昏暗。

李林甫却厚颜无耻地将此恶作剧作为捞取恩宠的资本,急不可待地上奏:

"启奏陛下,天下之士无一合格者,都是些卑贱昏庸之人。自陛下登基以来,天下太平国力强盛,这都是陛下的洪福。此次无一士人合格,实在可喜可贺。"

众位大臣见李林甫出如此之言,莫名其妙,唐玄宗也颇为迷惑,便问道:

"林甫啊,喜从何来?"

李林甫见自己卖的关子吊住了众人胃口,心下得意,便不慌不忙地说:"应试者无一合格,说明陛下用人有方,使得野无遗贤,这难道不是可喜可贺之事?"

唐玄宗听罢哈哈大笑,对李林甫的奉承媚谀之词一字不漏地听了进去,竟也感到大为自在。大臣中有良知者,虽知李林甫别有用心,却慑于他的权势,敢怒不敢言,只有在心里骂道:奸贼啊,奸贼!

为了进一步巩固自己的权势,李林甫实在是什么手段都用尽了。有敢于在朝廷言政事者,一律贬斥,有的甚至遭杀身之祸。这样一来,天子耳目不灵,对朝廷以外之事根本不晓。其他官员也成了持禄养贤之人,看李林甫的眼色行事。

一次,补阙杜琎不畏李林甫的权势,上书评议朝中大事,结果被李林甫贬为下邽令。李林甫为了防止再出现此类事情,便威胁其他大臣:"今明主在上,你们听命于上就可以了,还有什么可议论的呢?君等难道不见厩中之马乎,终日无声,则有丰美的食物;一鸣,则黜之矣。"自此以后,朝中大臣不再敢有谏言者。

压制朝中大臣的同时,李林甫还施计堵塞外放官员的升迁之路。开元时期,像薛讷、郭元振、张嘉贞、王晙、张说、萧嵩、杜暹、李适之等人,都因为在边地立下功劳,而后入宫相天子,均为难得的人才,这也是唐朝选相的一条重要原则。李林甫对于守边的儒臣,特别是其中功劳卓著者，极为嫉恨，唯恐他们出将入相，与自己共分一勺羹，便向玄宗上奏：

"以陛下之雄才大略，治国有方，国富民强。然夷狄未灭，一直是朝廷大患，而今守边之将皆文臣，这些人贪生怕死，不懂战事，遇敌不能身先士卒，于守边无益，不如用番将。番将生而勇武有力，自小养于马上，长于战事，这是他们的天性。陛下若欲灭夷狄，威加四海，委蕃将以重任，他们必然感恩戴德，为陛下卖命，夷狄则不足虑也。"

唐玄宗听了李林甫的上奏，感到很对，就高兴地答应了。实际上，这是李林甫专权用事的又一个奸计。在唐代，蕃将是没有资格任宰相的，这样，李林甫便能够安安稳稳地当他的宰相，再也不用害怕立功边陲的文臣了。

任用番将，不是李林甫的发明创造，唐太宗贞观年间已有先例，但和李林甫的别有用心，风马牛不相及。贞观时期，像阿史那社尔、契苾何力这样的番将，均战功赫赫，然而朝廷使用他们很费心机，常以大臣予以牵制，使朝廷不至于不利。李林甫的建议则是以蕃将为主帅，委任他们一方军政大权，容易养虎成患。唐玄宗李隆基在听了李林甫的上奏之后，便提拔安禄山、高仙芝、哥舒翰等人为大将。在众多番将之中，以安禄山最为飞扬跋扈，身兼三处节度使，十余年不迁徙，最终酿成"安史之乱"。

慑服安贼

李林甫为人奸险，但却藏而不露。若与之初次接触，还觉得可敬可亲，天长日久，便会发觉他深不可测，人称"口有蜜，腹有剑"。李林甫每次上奏时，必先贿赂大臣，连宫中的婢女他也委以重金，作为耳目。如此，玄宗的一动一静，李林甫便了如指掌。与此同时，凡不附己的大臣，皆予以贬逐，或夷灭三族，连张九龄这样的贤相也不例外，朝中之臣见之无不胆战心寒。李林甫虽数兴冤狱，却恬不知耻地授意心腹进言惑帝。

大理寺卿徐峤为了讨好李林甫，按其旨意，向玄宗妄言："启奏陛下，大理寺以往因杀气太盛，鸟雀不敢栖其上。李相公为相以来，刑部所断死罪者，岁才50多人。现在，大理寺有鸟鹊筑巢，此乃天降祥瑞，陛下洪福。"

唐玄宗大喜，论功行赏，封李林甫为晋国公。朝中大臣畏其权势，不敢有任何议论，生怕有失，为了避免嫌疑，朋友相见也只好装着不认识，不敢有所言语。

李适之为左相时，喜结宾客，其子李霅也继承了父亲的豪放性格。有一次，李霅吩咐家人预备好酒菜搞一次宴会，写了许多请柬，让家人分头去请。请柬送了出去，家人也次第回家。李霅便兴冲冲地坐在厅堂，等待客人的到来。

眼看日已偏西，还不见客人到来，李霅心里很不自在，便唤来家人，问道："请柬可曾有误？"

"少主人放心，为仆的不可能出半点差错。"

"这就怪了，为何无一人前来？"

"容下人们前去查问。"

家人们分头到各自请的客人那里去查问，这才知晓：畏李林甫陷害。当时，左相李适之已与李林甫不和，二者经常发生争执，客人们生怕李林甫加罪于他们，所以不敢前去赴宴。

李适之被罢相之后，陈希烈代之为左相，逢皇帝不朝之时，朝中大小官员悉奔李府，府前车水马龙，犹如市集，台省为空。左相陈希烈则不然，他成天坐在府中，竟无一人前去拜见。

对于李林甫，不但朝中大臣畏之如虎，连安禄山这样的胡儿也不敢肆无忌惮。当时，唐玄宗十分宠爱安禄山，安禄山本人也飞扬跋扈，把谁也不放在眼里，不过这一切都被他的巧言令色所掩饰了。

有一次，唐玄宗让安禄山拜见太子，安禄山竟不下拜，太子的手下加以训斥："休得无礼！"

安禄山却辩解道："臣乃蕃人，不懂朝仪，不知太子是何官？"

唐玄宗说："太子者，诸君也。朕百年之后，就传位于太子。"

安禄山说："臣愚，只知有陛下，不知有太子。臣罪该万死。"

太子的左右令其下拜，无奈之下，安禄山才第一次拜了下去。安禄山真的不知道太子之事吗？不是的，他恃恩跋扈，处处以其杂胡身份进行遮盖。其实，安禄山根本没有把太子放在眼里。连太子都不放在眼里的人，为何会畏惧李林甫呢？

安禄山第一次拜谒宰相李林甫时，他故伎重演，恃恩骄横，没有对李林甫毕恭毕敬。李林甫打算给安禄山一个下马威，他授意王铢偕安禄山前往府第议事。

一天，王铢与安禄山来到李林甫的宰相府，此时王铢已受深爱，身兼二十余职，见了李林甫也只能卑辞趋拜，满脸媚笑。安禄山见状，不觉瞪大了眼睛，心下大惊，赶紧随王铢一同打躬作揖。

李林甫凛然道："二位大人光临，满屋生辉，请坐！"

这时，李林甫已胸有成竹，对安禄山说道："安将军此次来京，深得皇上欢心，被收为贵妃养子，可喜可贺。将军身为范阳节度使、河北采访使、平卢节度使，务必好自为之，效命朝廷。皇上虽春秋已高，但宰相不老。"

安禄山听了李林甫的话，心中深惧。此次拜见以后，李林甫每次见到安禄山，都能猜透其心思，安禄山将李林甫奉若神明。只要李林甫开口说话，虽值盛寒之时，安禄山也不免冷汗淋漓。

李林甫见安禄山意屈，也不免暗自得意。慢慢地，二人关系亲密起来，安禄山亲切地称呼李林甫为"十郎"。他每逢派人向朝廷奏事，便叮咛问候李林甫，奏事之人返回之后，所问的第一句话不是别的，而是"十郎何如？"

安禄山曾对亲近之人说："我安禄山出生入死，天不怕地不怕，当今天子我也不怕，只是害怕李相公。"

以败告终

天宝四载(745)八月,寿王妃杨玉环被唐玄宗占为己有,正式册封为贵妃,杨氏一族也跟着发迹。杨贵妃的亡父杨玄琰被追封为兵部尚书,叔父杨玄珪被任命为光禄卿,从兄杨铦封为鸿卢卿,杨锜为御史大夫,并把武惠妃的爱女太华公主许配给杨锜。杨贵妃的三个姐姐,也颇有姿色,唐玄宗称呼她们为"姨",分别被封为韩国夫人、虢国夫人、秦国夫人。由于杨贵妃的关系,杨氏一族宠冠天下,正如《杨太真外传》中所写:

"生女勿悲酸,生男勿喜欢。"

"男不封侯女作妃,看女却为门上楣。"

白居易的《长恨歌》中则写道:

"遂令天下父母心,不重生男重生女。"

随着李氏家族的得势,作为杨贵妃从祖兄的杨国忠(本名钊,唐玄宗李隆基后将其改名为国忠),也被唐玄宗的恩泽滋润。杨国忠发迹之前嗜赌如命,多有劣行,因与贵妃中姊(即后来的虢国夫人)私通,为族人所不齿。杨玉环被册封为贵妃对,杨国忠正在赌场豪赌,当时的剑南节度使章仇兼琼闻知此事,连忙差人去召杨国忠,杨国忠不知何事,不免心生疑惧。

章仇兼琼以上宾之礼接待杨国忠,杨国忠受宠若惊,便问:"大人召小人何事?"

章仇兼琼见杨国忠容貌英俊,又有口才,喜出望外,说道:"传闻杨氏族中,有封为贵妃者,今表你为官,带上百万货资,速去长安,以后还望杨兄提携!"

杨国忠听节度使称自己为"兄",一时不知所措,慌忙答应:"那是! 那是!"

杨国忠一到京师长安,即前往拜见诸位亲戚,给他们每人都准备了份十分贵重的礼物。特别是虢国夫人,杨国忠至长安时正遇其新寡,二人便又勾搭在一起,鸳梦重温。在温柔之中,杨国忠没有忘记章仇兼琼,通过杨氏姐妹在帝前吹风,很快,章仇兼琼被召回朝廷,任命为户部尚书兼御史大夫。杨国忠本人则被授以金吾兵曹参军,闲厩判官。

杨氏一族出入宫掖,如在自己家中一样自由。杨国忠也和杨氏姊妹一起,经常与唐玄宗饮酒作乐。由于杨国忠经常出入赌场,工于计算,常常锱铢不差,令唐玄宗刮目相看,每逢这种场面,唐玄宗便说:"真乃度支郎之才也!"三国夫人也从中相助,杨国忠到长安不久,便被提拔为监察御史,并且日渐得到唐玄宗的宠信。

李林甫构陷太子玙时,杨国忠十分尽力,以讨李林甫的欢心。其实,李林甫对杨国忠这样的无赖之徒,是非常厌恶的,因杨贵妃的关系,才对他比较客气。但杨国忠陷害他人的本领,已是极为高明。凡是能够对太子构成威胁的事情李林甫非常满意杨国忠总是抢在自己前头,二人狼狈为奸,仅韦坚一案,被他们诬陷诛杀者达百余族,惨不忍睹。当时,与杨国忠一起替李林甫卖命的还有王鉷,此人也非等闲之辈,一人身兼户部侍郎、御史大夫等二十余职,使朝中大臣望而生畏。但王鉷却死心塌地地为李林甫效命。李林甫

便以之为爪牙,经常在玄宗面前推荐王铁。朝廷之中,王铁的权势仅次于李林甫,在杨国忠之上。一心向上爬的杨国忠,内心对王铁充满了忌恨。在这种权力格局未形成之前,李林甫、王铁三人沆瀣一气,残害大臣,杨慎矜之死便是他们三人的杰作。

杨慎矜,隋代皇室之后,因健而有才,曾为监察御史。天宝二年(742)杨慎矜被提升为御史中丞、京畿访使,因李林甫不高兴,杨慎矜坚辞不受,唐玄宗于是任用他为谏议大夫,兼侍御史。李林甫见杨慎矜屈己,便向玄宗进言,任命杨慎矜为御史中丞兼诸道铸钱使。在李林甫陷害韦坚之时,杨慎矜不甚卖力,引起李林甫不满,便有意排挤杨慎矜。正在这个节骨眼上,杨慎矜又被唐玄宗擢升,官至户部侍郎,仍兼御史中丞。这一件事更使李林甫火上浇油,认为杨慎矜得到唐玄宗的宠信,将要影响到自己的权势,就决定诬陷他。

当初,杨慎矜与王铁的父辈十分友好,他们二人自小便以兄弟相称,关系非同一般。杨慎矜任侍御史时,向唐玄宗推荐王铁,王铁便与杨慎矜同为御史中丞。王铁为官不久,便很快投靠了李林甫,与杨慎矜产生了矛盾,成为陷害杨慎矜的帮凶。

事也凑巧,不知何故,杨慎矜父亲的坟墓上发生了一件怪异的事情,坟冢上的草木突然皆呈血色。闻知此事,杨慎矜十分害怕,觉得那是不祥之光,便急忙找自己的好友史敬忠询问。史敬忠是胡人,有异术,长于破解怪异之事。史敬忠听了杨慎矜的话,便说:

"此事可化解。你只需身带桎梏,裸体坐于林之中就行了。"

杨慎矜照着史敬忠所言行事,便放下心来。史敬忠又对杨慎矜建议道:"冢上草木呈血色,乃你父亲的在天之灵暗示,天下将乱也,你应该广置田地,为以后做准备。"

他们二人所为,实为厌胜之事,这在当时是要斩首的。尽管一切都在悄悄地进行,不料此事却被杨家的奴婢春草偶尔发现,杨慎矜恐怕事情泄露,欲杀人以灭口。史敬忠却说:

"不要杀!不要杀!卖掉她可以换十头牛,年耕田十顷。"

杨慎矜听从了史敬忠的建议,如此酿成了后来的灭族之罪。不偏不巧,春草被转卖至杨贵妃的姐姐虢国夫人家中为奴。由于春草能言善辩,很受其主子的喜爱,很快便成为贴身奴婢。后来春草随主子进宫,又被唐玄宗看中,便留在宫中侍奉天子。

一夜,唐玄宗与春草经过一番云耕雨播之后,玄宗问道:"你家原籍何处?"

春草偎依着玄宗,正回味着刚才的龙腾虎跃,欲死欲仙,见玄宗问话,喃喃说道:

"臣妾自幼成了孤儿,在杨侍郎家中为奴婢,后来被卖。"

"是杨慎矜家中缺钱花吗?"唐玄宗戏谑地问。

"不是,妾无意中知晓杨慎矜与史敬忠为厌胜之事,被他们察觉。杨慎矜要杀臣妾,史敬忠说臣妾可换十头牛。"

唐玄宗一听杨慎矜暗地里搞厌胜之事,顿时很生气,从此便厌恶杨慎矜。

次日,春草到虢国夫人家中把昨天晚上与玄宗所言之事,告诉了杨国忠。杨国忠当时与王铁还算友善,闻知此事,赶紧去找王铁。两人暗中商量了好长时间,越说越激动,认为为李林甫出力的时机到了,便到李林甫家中密商处置杨慎矜。

"不可轻动，你们二人先探探皇上的口风。"李林甫内心大喜，脸上却不动声色。

王铁与杨国忠心领神会，便借上朝奏事之机投石问路。王铁故意向唐玄宗上奏："陛下，自杨慎矜任户部侍郎以来，一切井井有条……"

尚未等王铁把话讲完，唐玄宗已面露不悦，厌恶地说："王爱卿，毋与之往来！"

王铁、李林甫闻言窃喜，杨慎矜将大祸临头。此后不久，李林甫与王铁联名向玄宗上奏："启奏陛下，杨慎矜本隋室之后，蓄养妖人，为厌胜之事，诅咒陛下，妄想乘天下大乱之机恢复隋朝天下，罪在不赦。"

唐玄宗接到奏折之时，正在华清宫与杨贵妃沐浴，看完奏折大为震惊，寻欢作乐的心思抛到了九霄云外，立即让刑部拘押杨慎矜。李林甫趁机让自己的爪牙萧炅等人与杨国忠负责审讯，同时让自己的另一个心腹吉温在洛阳将杨慎矜的兄弟慎余、慎名捕获拷问。杨慎矜走投无路，叹息道："我死，命也！"杨慎矜最后被赐死，此案牵涉十余族，达数百人之多。

杨慎矜死后，所任官职暂时出现空缺。杨国忠心想这下可以升官发财了，他觉得自己替李林甫拔除了眼中钉，李林甫肯定感激不尽，定会提拔自己。可是杨国忠根本没有想到，李林甫用过之后，将他踢到一边，在玄宗面前称王铁之才，杨慎矜的官职全部落到了王铁身上。杨国忠气愤不已，感到自己受了李林甫的戏弄，但又无计可策，便将冤恨一股脑儿地洒在了王铁身上，二人由此反目成仇。

王铁在李林甫的提携之下，平步青云，很快便身兼二十余职，这使李林甫有耐也不免心生疑忌，但王铁始终依附于李林甫，李林甫也就没有对王铁进行排挤，二人关系比较亲密。

王铁权倾朝廷内外之时，杨国忠在虢国夫人的帮助下，对唐玄宗的动静、喜好了如指掌，每每行事，必合玄宗心意，深得玄宗喜爱。在不到一年的功夫里，已身兼十五余职，成为朝廷之中仅次于李林甫、王铁的宠臣。杨国忠的崛起，李林甫始料不及，等他觉察已太迟了，李林甫便与杨国忠开始了权力之争。

杨国忠身兼兵部侍郎之时，恰好南诏的人质阁罗凤逃出长安，奔南诏而去，玄宗非常生气，要征讨南诏，杨国忠乘机向玄宗推荐鲜于仲通为蜀郡长史，率兵前往讨伐。鲜于仲通是蜀中富豪，杨国忠落魄之时曾投靠于他，对其恩情杨国忠始终没齿不忘。鲜于仲通虽然经商有术，却带兵无方，结果在泸川一战中，便全军覆没，鲜于仲通只身逃回。杨国忠为逃避罪责，竟然向朝廷谎报："此次出征南诏，将士奋力，大获全胜。"唐玄宗未做任何核查，便下诏嘉奖三军，鲜于仲通领职如故。

云南之败，杨国忠虽然被遮掩过去，但杨国忠内心却不自安，生怕李林甫陷害自己。便上表请自领剑南节度使，却留在京师长安。与此同时，杨国忠便与吉温等人打算陷害王铁。吉温，本与罗希奭同为李林甫的心腹，人称"罗钳吉网"，他见杨国忠日渐受皇上恩宠，奇货可居，便马上背叛李林甫，投靠了杨国忠，为之出谋划策。

王铁事母至孝，也非常喜爱弟弟王锃，但王锃为人奸险，对王铁的权势十分忌恨，发誓有朝一日要超过其兄。王锃与刑绰友善，因王锃的关系，王铁也与刑绰经常往来，以朋友

相待。

天宝十一年(752)四月,野心勃勃的王銲与刑绰密谋,准备借助右龙武军万余人发动政变,哪知议事不周密,泄漏了出去,为朝廷所觉察,唐玄宗让御史大夫王铣处理此事。

王铣得知自己的弟弟被牵扯进去,便故意缓办此案,只令万年、咸宁两县县尉前去捕其余党。这时,刑绰正带领其余党与官兵展开厮杀,锐不可当。关键时刻,王铣、杨国忠二人一前一后相继赶到,刑绰见王铣到来,便高声喊道:"御使王大夫!"王铣身兼御史大夫,所以呼之为王大夫。渐渐地,官兵处于下风,形势急转直下,危机之时,高力士率四百余名甲骑前来参战,叛党见势不妙,四散逃开。刑绰在混乱之中,被官兵斩杀,余党死伤无数,未死者也被捕获。

翌日上朝,王铣将捕杀叛贼之事奏明朝廷。王铣奏事刚刚完毕,杨国忠便进言:"陛下,王銲参与谋反,请陛下圣裁!"

唐玄宗不相信这话。李林甫见状,赶忙帮王铣说话:"王銲一向与其兄不睦,此事与王铣无关!"

唐玄宗虽然不信王铣参与谋反,但在退朝之后,却让杨国忠晓谕王铣亲自为其弟王銲请罪。王铣思量很久,告诉杨国忠说:

"小弟銲自小为母亲喜爱,我不忍心余弟谋自存,如此会伤母亲的心。"

杨国忠向玄宗回奏之时,添言加醋,唐玄宗甚为生气,命刑部会同御史台将王铣逮捕审问,杨国忠与侍御史裴冕一同参与此事。

杨国忠问銲:"王铣参与谋反乎?"

侍御史裴冕与王铣友善,见状,觉得杨国忠这样审案很不合适,又不便反驳。乘王銲回答之前的一刹那间,骂道:"反贼王銲,忘恩负义!皇上以王大夫之故,封你为五品之官,你为臣不忠,滋生二心;为弟不谊,没有廉耻,禽兽不如!王大夫怎么会与你等为此不忠不义之事!"

杨国忠闻言愕然,便换了一种口气问道:"王大夫若参与谋反,你不得隐瞒,否则罪加一等;王大夫如果没有参与谋反,你不得胡言乱语,听见了没有?"

王銲经裴冕一顿臭骂,似有悔意,又见杨国忠没有再强迫自己,便说:"兄长不知此事,都是我自己所为!"

审讯结束以后,王銲画了押,立即被杖杀,其兄王铣受到连累,也被赐死。王铣之死,所任之职全部落在了杨国忠身上,杨国忠一时权倾天下,正如杜甫在一首诗中写道:

杨花雪落覆白苹,青鸟飞去衔红巾。

炙手可热势绝伦,慎莫近前丞相瞋!

王铣之死,杨国忠并未善罢甘休,他借助机会穷追不舍,多次向玄宗密奏李林甫与王铣结党营私,唐玄宗便开始疏远李林甫,李林甫极为痛恨。后来,吉温又对杨国忠说:"京兆尹萧炅、御史中丞宋浑,此二人皆为李林甫死党,不宜再在朝中议事,以断其左右臂。"在吉温的策划之下,萧炅、宋浑皆被借故逐出朝廷,李林甫竟无计可施。

天宝十一载(752),南诏侵犯唐王朝边境,当地的老百姓奏请剑南节度使杨国忠前去

平定,李林甫认为这是天赐良机,可以借此机会把杨国忠外遣,使他不能够再跟随唐玄宗左右,以解自己的心头之恨。李林甫向唐玄宗上奏说:"陛下,南诏扰边,杨国忠身为剑南节度使,当地百姓也有此意,此次出征非杨国忠莫属。"

这正是杨国忠所担心的事情,他生怕出征在外,李林甫留守京师之中进行诬陷,使他无回朝之机。杨国忠在退朝之后,跑到后宫,向玄宗推辞此事,连杨贵妃也亲自出面为杨国忠求情。杨国忠本以为有人求情,便能够推辞掉此事,出乎意料,唐玄宗反倒认为杨国忠出征更好,立下战功后可封其为宰相。杨国忠为之痛哭流涕,玄宗动感情切安慰杨国忠说:"卿暂到蜀地处置军事,朕屈指待卿,还当入朝。"玄宗的话,给李林甫当头一棒,震惊之余,十分焦虑。

临行,杨国忠向玄宗泣诉:"陛下,这是李林甫在中伤为臣,臣心非常不安。"

杨贵妃也在一旁帮腔,唐玄宗见状,觉得过意不去,也不免动了感情。当时,唐玄宗与杨贵妃行幸华清池,杨国忠无可奈何之下,告别玄宗与温泉水滑洗凝脂的贵妃,踏上征战的路途,一路上惴惴不安,郁郁寡欢。

事也凑巧,在杨国忠离开长安不久,忧急中的李林甫便一病不起。玄宗派御医前去诊治,并赏赐给李林甫许多美味佳肴。李林甫触景生情,不禁落下泪来,不知道自己今后还能不能再享此殊荣。随着李林甫的病情愈重,有一个巫医迎合李林甫的心理,说:"如果相公能见天子,病情可以好转。"李林甫信以为真,便让人代己奏明朝廷,求见天子。

闻知李林甫病重,唐玄宗不免生怜惜之心,欲临幸李林甫宅第视疾,却被身边的大臣阻止,于是,诏李林甫廷中见之。

李林甫从病床之上强撑病体起来,这时,他已浑身乏力,不得不在下人的搀扶下来到降圣阁前,远远地望着,眼巴巴地盼望玄宗来到自己的面前。这时,唐玄宗登上降圣阁,举红巾向李林甫招手。李林甫眼中充满了泪水,模模糊糊地看着那摇来摇去的红巾,喃喃自语:

"陛下,臣看见了,恕臣不能再随陛下左右。"

唐玄宗在大臣的前呼后拥之下离去,那幅红巾也随风飘走,如一片落叶在风中荡了几个来回,掉落在地。李林甫还呆呆在站在那里。犹如一片挂在枝端枯黄的叶子,随时有被风吹去的危险。这时,已是天宝十一载(752)的深秋季节,寒风萧瑟。李林甫已弱不禁风,在秋风中瑟瑟发抖。望着离去的玄宗,连下拜叩谢的力气也没有了,只好请别人代替自己向唐玄宗拜谢。

就在李林甫倍受病情折磨的同时,杨国忠一路颠簸,到达了出征地。因为唐玄宗见李林甫病重,便派快马诏回杨国忠,杨国忠见诏大喜,立即掉转马头奔回长安,一路之上如坐春风,和出征时的心情迥然不同。杨国忠回到长安之后,拜见了唐玄宗,闻知李林甫病重,便去李府探听究竟。

李林甫闻知杨国忠前来,企图挣扎坐起,最终没有成功,只好躺在床上接见杨国忠。杨国忠生怕李林甫心有奸诈,直冒冷汗,不敢抬头正眼看他。只见李林甫有气无力地说:"我是将死之人,我死之后公当入相,请公善待我的儿孙,身后之事就托付你了!"

说罢，李林甫潸然泪下，真是人之将死，其言也善。素知李林甫奸险的杨国忠迟迟不敢允诺，唯恐这又是李林甫的圈套，只得违心劝道："相公养病便是，病愈之后，国忠自当为相公效力。"实际上，杨国忠恨不得让李林甫即刻就死，李林甫又何尝不知呢？

天宝十一载（752）十一月，李林甫在痛苦中死去，在与杨国忠这一回合的争斗中，李林甫失败了，或许他死也不会瞑目吧！

更让李林甫没有想到的是，杨国忠任宰相以后，穷追李林甫的奸事，还暗示安禄山，让其指控李林甫。安禄山听说李林甫已死，也大喜，便让降将阿布思入朝弹劾李林甫。

阿布思上奏玄宗："陛下，李林甫曾与思约为父子，企图谋反。"

李林甫的女婿杨齐宣见杨国忠得势，唯恐牵连自己，急忙也向玄宗妄言："陛下，李林甫曾在府中为厌胜之事，诅咒陛下。"

唐玄宗闻之，甚为震怒，便立即下诏："李林甫淫祀厌胜，结叛房，图危宗社，悉夺其官，断棺剔取含珠金紫；更以小椁，用庶人礼葬之；诸子司储郎中岫、太常少卿屿及岫等悉徙岭南、黔中，各给奴婢三人，籍其家；诸婿若张博济、郑平、杜位、元捴，属子复道、光，皆贬官。"

李林甫死了，子孙们却因其受难，这一切都是他的政敌杨国忠所为，李林甫倘若九泉之下有知，不知有何感想？悲乎？恨乎？悔乎？

200多年以后，宋朝的文学家欧阳修主修《新唐书》时，把李林甫列入《奸臣传》之中，并且如此评价道：

"木将坏，虫实生之；国将亡，妖实产之。故三宰啸凶牝夺辰，林甫将蕃黄屋奔，鬼质败谋兴元蹙，崔柳倒持李宗覆。呜呼，有国家者，不可戒哉！"

另一位史学家司马光在《资治通鉴》中这样写道："凡在相位一十九年，养成天下之乱，而上之不寤也。"

唐肃宗时，长于评品人物的房琯一针见血地说道："是子妒贤嫉能，举无比者。"

李林甫，这个口蜜腹剑的历史人物，已经死去1200余年，直到今天，他还引起我们太多的思考。

盛世奸相

——杨国忠

名人档案

杨国忠:本名杨钊,唐朝蒲州永乐(今山西芮城)人。杨贵妃同曾祖兄(另一说同祖兄)。张易之(武则天时的"二张"之一)之甥。

生卒时间:? ~756 年。

性格特点:放荡不羁,巧为钻营,奢侈腐化。

历史功过:杨国忠专权误国,积怨太深,终被乱刀砍死,落得遗臭万年。这是罪有应得。但是客观地看,在他执政期间,虽然国事日非,但朝中未出现李林甫妒贤嫉能、诛逐大臣时的那种恐怖动荡局面,而在一时间内还曾搜罗天下奇才,迭拔淹滞,颇得众誉。自然,杨国忠独揽大权,外戚跋扈,民怨沸腾,终不可收拾,爆发了安史之乱,使强大的唐王朝江河日下,一蹶不振。杨国忠作为一人之下万人上的宰相,自有他个人应负的责任。但是,再往前看,李林甫执政期间,唐王朝就已经显露出趋向没落的种种迹象,只是到了杨国忠执政时来了个总爆发而已。

贵妃专宠

杨贵妃是中国古代有名的四大美女之一。她与唐玄宗之间曲折而动人的爱情故事,既为盛唐气象增添了斑斓的光彩,又与唐王朝由盛而衰的转变息息相关。

杨贵妃（719～756），小名玉环，原籍蒲州永乐（今山西省永济），出生在蜀州（今四川成都）。她出身官宦世家，杨玉环的高祖父是隋朝名臣杨汪。父亲杨玄琰在开元初年曾任蜀州司户，属从七品下的刺史衙史，掌管户籍、计账、道路、逆旅、婚田等事务。杨玉环还有两个叔叔，一名杨玄珪，似在家乡；一名杨玄璬，官为河南府上曹参军事，也是七品下衙吏，掌管津梁、舟车、舍宅、百工众艺等事务。杨玉环前面有三个姐姐，史称"大姨""三姨""八姨"，一个哥哥，名杨铦，另外，还有一个从兄，名杨锜，是叔父杨玄珪之子。杨玉环十岁左右，父母双亡，叔父杨玄璬把她领到河南洛阳抚养，视为掌上明珠。

开元二十二年（734）正月，唐玄宗率文武百官、宫妃、皇子、公主等巡幸东都洛阳，成为空前之盛况。次年十二月二十四日，册立杨玉环为寿王李瑁的妃子。当时杨玉环刚刚十六岁，有绝世之姿容，已成为洛阳第一美女。

李瑁是唐玄宗第十八子，为唐玄宗的宠妃武惠妃所生，深得父皇宠爱。开元二十四年（736）冬十月，唐玄宗从洛阳返回长安。杨玉环也随同寿王到了京城，度过了四年余的王妃生活。

武惠妃过世后，唐玄宗常郁郁寡欢。一方面，他毕竟宠爱武惠妃长达二十多年，自然是对她难以忘怀；另一方面，苦于找不到中意的新人而懊恼不已。太监高力士摸准主子心态，四处选美，杨玉环最后成了合适的人选。杨玉环与寿王成亲以来，始终没有生育，无子女牵累。寿王李瑁自母亲武惠妃死后已渐渐失宠，眼看着自己的妃子被夺走，岂敢怨怒。

杨玉环天生丽质，倾国倾城，白居易的诗中称她"回眸一笑百媚生"，"六宫粉黛无颜色"。她入宫以后，唐玄宗就把后宫的三千佳丽抛到九霄云外，"专宠"她一人。他们天天厮守在一起，形影不离。杨玉环每次乘马，皆由高力士亲自为她牵马执鞭。唐玄宗每年十月幸临骊山，一定要杨玉环与他同乘辇车，以显示她特殊的地位和身份。听说杨玉环爱吃新鲜荔枝，讨她欢心，唐玄宗不惜兴师动众派人从四川涪州将荔枝用快马运往长安。后来，唐玄宗迷恋于杨玉环，连早朝都不上了。天宝四载（745）八月，二十七岁的杨玉环被正式册立为贵妃。

客观地讲，唐玄宗迷恋杨贵妃，主要还是感情上、志趣上的情投意合，而不只是对她容貌的痴迷。唐玄宗与杨贵妃之间的情爱，本来无可厚非。但作为一国之君，唐玄宗沉湎声色、荒于政事，在政治上种下了隐患。为了显示对杨贵妃的宠爱，抬高她的身价，唐玄宗对杨氏一族全都大加封赏。杨贵妃的生母被封为凉国夫人，亡父杨玄琰累赠太尉、齐国公，叔父杨玄珪升授光禄卿，兄杨铦为殿中监（后授三品、上柱国），从兄杨锜为侍御史。杨贵妃的三个姐姐分别被封为韩国夫人、虢国夫人和秦国夫人。三位夫人都是才色双全，唐玄宗称她们为"姨"；她们也得到玄宗的恩宠，可随便出入宫掖，势倾天下。每人年得脂粉钱一千贯。唐玄宗每得四方上贡的珍异之物，都要分赐给杨家姐妹兄弟，每家一份，五家都一样。唐玄宗每次到临潼温泉去度假，杨贵妃陪驾，杨氏姐妹兄弟五家也一起随行。五家每家为一队，各穿一种颜色的衣服，五家合队，色彩绚丽如百花盛开。在京师长安，杨氏姐妹兄弟五家的宅第，极其豪华，可以和皇宫相媲美。他们每造一堂一室，

动辄花费千万。

在唐玄宗的宠爱迁就下，杨氏家族很快衍化出一股腐朽势力。他们仗着杨贵妃是天子的红人，滥用特权，穷奢极欲，几乎到了登峰造极的地步。

但杨氏家族最为得势的人物，还不是这五家，而是杨贵妃的一个远亲——杨国忠。他不但在生活上骄奢淫逸，较之前几家尤甚，更重要的是在政治上平步青云，显赫一时，成为杨氏家族政治上的代表，最终左右和影响着整个大唐帝国的命运。

步入仕途

杨国忠，原名杨钊，与杨贵妃是从祖兄妹关系，亲戚关系疏远，不是直系。杨钊的祖、父辈都定居于蒲州永乐（今山西永济）。父亲杨珣，曾任宣州司士参军，家中生活穷苦。母亲张氏，是武则天宠爱的面首张易之的妹妹。杨钊从小品行不端，不学无术，行为放荡，吃喝嫖赌，为族人乡里所不齿。少年时代特有的生活经历造就了他精明机灵的特性。

三十岁时，杨钊在家乡混不下去，就发愤从军，到蜀郡当屯田兵，因成绩优异本应该提职。益州长史张宽不喜欢他的为人，就借故先打了他一顿，然后任命他当新都尉。任期满后，杨钊更加穷困，无以为生。蜀中有人叫鲜于仲通的富豪，看他相貌堂堂，言词机敏，就在经济上给予资助。这一时期杨钊和堂叔父杨玄琰家有一些小来往。杨玄琰死时，他去帮助料理丧事。不料一来二往，竟和从妹（后来的虢国夫人）发生了不正当的关系。当时杨玉环已随叔父去了河南，和这位堂兄并不相识。

后来杨钊在成都赌博，输了个精光，便逃往关中，当了几天扶风尉。因为不称心，又回到四川，依附于鲜于仲通门下。娶四川的娼妓裴柔为妻，养了几个儿子，生活贫苦，潦倒不堪。

杨玉环被册封为贵妃的消息传到四川后，剑南节度使章仇兼琼打听到杨贵妃出生于蜀，就想方设法派人到到长安与她家结交，以寻求政治上的靠山。鲜于仲通和章仇兼琼有很深的交情，就把杨钊推荐给他。章仇兼琼见杨钊精明机灵，能言善辩，非常高兴，委任他为"推官"。以上贡"春绨"为名，前往京城长安打点关系。

天宝四载（745）十月，杨钊抵达长安。他挨个拜访杨氏诸兄妹，分送上精美的蜀货，并说："这是章仇公送的。"于是，得了人家好处的杨氏诸兄妹常在唐玄宗面前夸奖章仇兼琼，博得了玄宗对他的好感；并把杨钊引见给玄宗，说他精通"樗蒲"（一种赌博游戏）。唐玄宗得知杨钊是贵妃的亲属，就把他留在京师充职，允许他可随供奉官出入禁中，不久又任命他做金吾兵曹参军。这虽说是个闲职，但给杨钊日后升官发财创造了条件和机会。

在长安站稳脚跟以后，杨钊利用杨氏姐妹的关系，巧为钻营。一方面，他经由虢国夫人为媒介，接近杨贵妃，小心侍奉唐玄宗，竭力讨他欢心；另一方面，杨钊千方百计巴结权臣。有一次，杨钊参加内宫宴会，做"樗蒲"游戏时，负责计数。他记录得又详细，又精确，唐玄宗看到后戏称他是个"好度支郎"。度支郎中是户部负责统计核算财赋收支的官吏。

唐玄宗这样说,无非是借此夸奖杨钊的算机精明。但杨氏姐妹抓住玄宗的那句话不放,多次提及让杨钊担任此职。唐玄宗顺水推舟,命他在御史中丞王𬭬手下做判官。

天宝时期,权相李林甫陷害太子李亨,利用杨钊是皇亲国戚,得玄宗宠爱而敢在他面前进言,竭力拉拢到自己麾下。杨钊乘机投靠,作为自己向上爬的机会,因而伙同杨慎矜、吉温等人充当爪牙,积极参与迫害太子李亨势力的各种行动。他们在京师另设立推院,屡兴大狱,把太子的许多党羽除去。李林甫先是提拔杨钊当监察御史,后又提拔做检校度与员外郎,兼侍御史等。杨钊又善于揣摩玄宗的心思而投其所好,以聚敛有功,很快升为度支郎中。天宝七载(748)六月,又升迁为给事中,兼御史中丞,专判度支事,成为很有影响的重臣。

天宝八载(749)二月,为了显示天下殷富的景象,唐玄宗率领百官参观左藏,特赐杨钊紫衣金鱼袋,以表彰他的聚敛之功。次年,杨钊兼任兵部侍郎。同年十月,唐玄宗根据杨钊的请求,平反为张易之兄弟。为了表示忠心,杨钊说自己的名字带有"金"和"刀"两字,大不吉利,请唐玄宗另赐一名。唐玄宗便赐其名为"国忠"。在唐玄宗看来,杨钊是"忠"于"国"的,可以委以重任。

短短几年中,杨国忠从一个小小的判官,一跃成为仅次于宰相李林甫与御史大夫王𬭬的重臣,可谓官运亨通。诚然,杨国忠是依靠杨贵妃的裙带关系而步入仕途的,但究其飞黄腾达的根本原因,还在于天宝时期经济形势发展的需要和他本人善于敛财的本领。如果只靠裙带关系而没有一定的才能,以及过人的精明,他是不会爬得这么快的。

杨贵妃在杨国忠的升迁之路上到底扮演什么样的角色,谁也不清楚。史料显示,杨贵妃本人没有什么政治野心,从不过问政事,但她客观上还是助长了杨国忠为首的腐朽官僚集团势力的兴起。为了巩固自己在内宫的专宠地位,她需要借助外戚势力的大力支持,杨国忠的发迹恰恰具备了这一条件,成为她政治上的靠山。他们是互为靠山的。杨国忠的权势越大,这种关系就越显重要。唐玄宗前半生对外戚的宠遇是很有分寸的,通常只授予闲职、散官,开元初对王皇后家属,开元中对武惠妃家属,都不委以重任。因为他深知外戚专权的危害,这股势力膨胀到一定程度,连君王都难以控制他们,最终祸国殃民。但对杨氏外戚一族,唐玄宗却是过于纵容,可见其晚年是何等的昏庸、糊涂。就算唐玄宗是出于牵制李林甫专权和控制朝臣的目的,也应该把握好尺度和火候。但实际上他却没有。

杨国忠能发迹,还有一个人起了很大作用,这人就是宦官高力士。他为了讨好杨贵妃,处处帮杨氏一族的忙。因为朝廷内有李林甫,外有安禄山,杨氏一门要在朝中站稳脚跟,非得有人撑起门户不可。杨铦、杨锜皆庸碌之辈,难当重任,只有杨国忠胸有成竹,心狠手辣,善于玩弄权术。高力士看准这一点,就极力扶植杨国忠,使杨国忠不断得到升官掌权的机会。从开元到天宝,选择宰相一级的高官,唐玄宗大多听取高力士的意见,李林甫、韦坚、安禄山、高仙芝等,全都得到过高力士的帮助。有了高力士的鼎力相助,杨国忠如虎添翼。

杨国忠在朝廷混到高官显位以后,对上层统治集团内部情况知道得更全面深入了。

他发现权相李林甫有安禄山东北方镇军事力量等支持,太子李亨也有西北方镇军事力量或明或暗的支持,而这两大军事集团自己根本进不去。如果没有地方方镇军事力量的支持,自己在朝廷中的权力、地位就有很大限制。特别是发生一些不测事件时,更是要有自己的军事力量才可能安全。因此,他急需笼络军事力量,作为政治上的后盾,而可能支持他的就是他所熟悉的剑南军镇。

当时,南诏已归附唐朝,南诏诸王常带妻女来谒见汉族地方长官,路过云南时,太守张虔陀总要强留诸王的妻子,供他奸宿,并敲诈勒索。南诏王阁罗凤不肯受此屈辱,张虔陀恼羞成怒,就命人辱骂他,并向朝廷奏报反而诬陷阁罗凤并给他捏造罪名。阁罗凤被逼无奈,就发兵攻陷了云南郡,杀死张虔陀,占领夷州三十二个。唐玄宗听说阁罗凤造反不禁大惊,准备发兵攻讨。时值天宝九年(750)年末,杨国忠升为京兆尹不久,就乘机推荐鲜于仲通为剑南节度使,率兵攻打南诏。杨国忠把这当作一举两得的事情:既安插了同党,又可借此机会树立军功,以培植西南军镇势力。

不料鲜于仲通是个无能之辈,既无政治才干,又不懂军事。他率军八万,分兵两路,大军行至曲州(今四川昭通)和靖州时,南诏王阁罗凤见唐军声势浩大,惧怕抵挡不住唐军进攻,就派使者前来和谈,表示愿送还俘掠的人口和物资,修复云南郡城归唐。鲜于仲通却扣押了使者,轻率地拒绝了和谈请求,下令继续进兵。天宝十载(751)四月,两军在西洱河交战。结果,唐军大败,六万多名士卒被杀,统帅鲜于仲通差点丢了性命,狼狈逃还。阁罗凤怕唐军再次攻击,于是归顺吐蕃。

杨国忠对旧日恩人鲜于仲通百般包庇,极力替他隐瞒打了败仗,谎报战功,使鲜于仲通反得到奖赏。

在杨国忠的策划下,由鲜于仲通出面奏请杨国忠遥领剑南节度使。玄宗听他极力强调四川地位的重要,批准了他的奏请,授杨国忠权知蜀郡都督府长史,充剑南节度副大使,知节度事。

紧接着,杨国忠再次请求攻打南诏。唐玄宗下制,在两京(长安、洛阳)及河南、河北地招募士兵。北方兵员身强体壮,善于作战,但他们不服南方水土,害怕瘴疠之气,听说去南诏打仗,大多数人都不愿应募。杨国忠依仗权势,派御史分道督捕,强行征募,激起了关中和中原百姓的强烈不满。

杨国忠有自己的如意算盘,继续对南诏发动进攻定会有利无弊。如果这场战争能侥幸取胜,就顺理成章地树立了自己的声威,就是失败了自己也不会担心什么,因为天高皇帝远,他可以故技重演,掩败为胜。更重要的是,他可以利用边镇的多事,从此控制剑南地区的军镇集团,并把它培植成仅次于东北军事集团、西北军事集团的第三大军事力量。天从人愿,不久,杨国忠又从唐玄宗那里讨得山南西道采访使的要职,增强了自己的实力。

赐爵魏国公

随着杨国忠政治地位的不断提高,他与长期操纵军国大权的宰相李林甫之间的矛盾日益尖锐起来。他们都是腐朽贵族、官僚统治集团的代表。他们之间的差别仅在于,李林甫代表旧贵族官僚的利益,杨国忠则代表新贵族的利益。一个在竭力维护既得利益,另一个则想方设法扩大自己的权力。在玩弄权术方面,杨国忠比起李林甫,可谓道高一尺,魔高一丈,有过之而无不及。

李林甫善于献媚取宠,妒贤嫉能,口蜜腹剑,阴险专横。他从开元二十二年(734)五月开始任宰相,前后长达十几年。面对这样一个政敌,杨国忠自有主张。他首先收买了李林甫的心腹酷吏吉温,采纳了吉温提出的剪除李林甫党羽的建议,先打击李林甫的亲信党羽。天宝八载(749),刑部尚书、京兆尹萧炅因贪赃犯罪被贬为汝阴太守。天宝九载(750),御史大夫宋浑也以同样的罪名被流放潮阳。这都是杨国忠向唐玄宗密报并建议处治的。眼看着自己的亲信被贬被流放,李林甫对杨国忠恨得咬牙切齿,却也无可奈何。

天宝十一载(752)二月,李林甫鉴于质量差劣的恶钱泛滥,奏请禁用。因为当时商业迅速发展,货币需求量大增,官铸铜钱不足以流通,市面上就出现了大量私钱。恶钱即成本较低、铸造不精的私钱。在商业繁荣的江淮地区,私钱铸造业犹为发达。贵戚官僚和巨商们为了牟取暴利,都携带着良钱到江滩地区,用一比五的兑换率换取恶钱,然后运回京城放到市场上流通,以致长安恶钱泛滥成灾。李林甫从官府拿出粟帛及库钱数十万缗,在长安东西两市回收恶钱,对有恶钱却不交出来的人依法处置。然恶钱早已流入市场,渗透较深,即刻禁止,谈何容易。奸商巨贾们怕自己的利益受到损害,对李林甫的举措很是不满,抵触情绪很大。杨国忠抓住这一机会,在唐玄宗面前恶意攻击李林甫。唐玄宗听信一面之词,在不明原委的情况下,下令废除禁令,改命为只要不是铅、锡所铸和有穿穴的旧钱,都可继续使用。这使李林甫几乎下不了台,只得仓促收场。

同年四月,杨国忠又向王鉷开刀。王鉷任户部侍郎、御史大夫、京兆尹,兼领二十余使,深受玄宗宠信。其弟王銲(户部郎中)与邢縡勾结,阴谋叛乱。事情败露后,杨国忠控告王鉷与叛乱有牵连,想借此除掉王鉷。王鉷既是杨国忠的绊脚石,又是李林甫的眼中钉,除掉王铣,本也是李林甫的心愿。但李林甫看出杨国忠别有用心,除掉王鉷后下一个目标就是他李林甫了,如果能继续保留王鉷任职,对杨国忠是一大牵制,所以他就设法替王鉷说情。唐玄宗念王鉷久任要职,理财有"功",疑心王鉷与叛乱无关。王銲与王鉷是同父异母兄弟,王銲妒忌王鉷富贵,故意坑害王鉷也未可知。唐玄宗想宽恕王銲之罪不加按问,但却要王銲先奏请罪,然后再赦免。因此秘密下令让杨国忠将此意告知王鉷。杨国忠为除去眼中钉,故意不把玄宗的本意告诉王鉷,劝王鉷万万不可认罪,结果激怒了唐玄宗。玄宗便下令由陈希烈与杨国忠一道审理这一案件。最后,王鉷、王銲兄弟俩皆被定为造反的罪名处死。杨国忠则捞取了梦寐以求的政治资本,凡是王鉷担任的要职,全

部由他兼任。从此，李林甫视杨国忠为仇敌，俩人的矛盾日益尖锐和表面化。

王铁事件之前，还发生了朔方节度副使、信奉王李献忠叛唐事件。李献忠原是突厥部首领，名阿布思。他率众造反，抢夺唐军府库中的财物兵器，叛归漠北，唐玄宗大为恼火。当时朔方节度使恰由李林甫兼领。发生了如此大的事件，李林甫难逃其责只好引咎辞去节度使一职，并推荐由安思顺接任。杨国忠岂肯错过这个扩大自己势力的大好机会？他买通陈希烈和哥舒翰，共同弹劾李林甫。哥舒翰是曾为王忠嗣辩白诬陷而不怕被处死的突骑施番将，后接替王忠嗣任陇右节度使。手下拥有十几万重兵。他公开与安禄山为敌，长期与安思顺不和。而李林甫又陷害过王忠嗣，哥舒翰早就对他不满。因此，哥舒翰站在杨国忠一边。在处理这件事上，唐玄宗很冷静，他没有对李林甫指责定罪，而是采取了慎重宽大的态度，但明显开始疏远李林甫了。

天宝十一载(752)九、十月间，南诏又屡次骚扰边地，蜀人上表奏请身兼剑南节度使的杨国忠前往镇压，以安定川、滇局面。老奸巨猾李林甫把这看作报复杨国忠的良机，奏请唐玄宗应顺应民意，派遣杨国忠领兵攻打南诏，企图把杨国忠从中央政府中排挤出去。杨国忠明知是计，却又没有理由推托掉，哑巴吃黄连，有口难言。临行前，他向唐玄宗告别，哭诉李林甫在陷害自己。杨贵妃也感到这样对她和杨家都不利，就向唐玄宗求情。唐玄宗答应让杨国忠先去打仗，不久再召回朝廷担任宰相，并亲自赋诗为他送别。

冬十月戊寅，唐玄宗巡幸华清宫，已重病在身的李林甫随行前往。唐玄宗知其病情日重一日，难以复原，就派使者召还杨国忠。杨国忠正在赴蜀途中，见到使者，喜出望外，马上赶回长安。

巫医给李林甫看病，说只要见皇上一面病就会慢慢好起来。就在杨国忠到达华清宫的前一天，唐玄宗念及李林甫为国家效力二十多年，想满足他的要求，亲临李林甫昭应私第，可遭到大臣们的极力反对。唐玄宗就命李林甫家人将其卧床抬到庭院，自己登上降圣阁遥望，拿着红巾向他摆动，以示慰问。李林甫不能起身跪拜，只好让家人代为拜谢。次日，杨国忠赶到昭应私第，探视李林甫，在病榻前跪拜问候。李林甫知道自己将不久于人世，大势已去，百感交集，泪流满面地对杨国忠说："我活不了几天了，宰相之位非你莫属，国家大事就由你去辛劳吧！"杨国忠见李林甫说穿了自己的心事，满脸是汗，谢不敢当。曾不可一世，威风八面的李林甫就这样告别了人世。

天宝十二载(753)正月，杨国忠指使人诬告李林甫生前曾与番将阿布思约以父子相称，企图谋反。唐玄宗因为李林甫已死，对此事没有细察，命令立案侦查。李林甫的女婿杨齐宣害怕受牵连，就作假证说岳父确有此事。当时，李林甫的灵柩刚从临潼运回长安，还没有埋葬。唐玄宗遂于二月下诏削去李林甫官爵，指责他外表廉慎，内怀凶险，图谋不轨，简直就是奸恶之徒。又派人打开棺材，拿走李林甫嘴里含着的宝珠，剥去身上的紫衣金鱼袋，把大棺换成小棺，按庶人礼埋葬。其子孙有做官的皆除名，流放岭南及黔中，只准许携带随身所需衣粮，其余资产全部没收。五十多名近亲和同党被株连。这样，李林甫残余势力几乎被消灭殆尽。而右相杨国忠和左相陈希烈，因追查李林甫有功，被赐爵魏国公和许国公。专权长达十一年之久的李林甫终于被杨国忠所取代，而且死后也没落个好下场。

奸佞专权

杨国忠掌权以后，所执行的政策措施和李林甫大同小异，有不少政策继续沿用下来。他更加专横、更加腐朽。自我标榜"以天下为己任"，志大才疏。在朝廷上，恃宠无所顾忌，公卿以下，他都随便指使，大臣们都很忌惮他。就连左相老臣陈希烈也畏其权宠，凡事都看杨国忠脸色行事，不敢稍有异议。天宝十三载（754），杨国忠干脆把他排挤出相位；同时看准文部侍郎韦见素软弱可欺，易于控制，建议唐玄宗任命韦见素为宰相。韦见素任宰相以后，基本上不敢议论朝政，只是明哲保身。这跟八年前李林甫建议任用陈希烈为宰相如出一辙。杨国忠还在地方上到处安插亲信党羽，如派司勋员外郎崔圆任剑南留后，实际行使节度使职权，以协助他管理西南各地；又任投靠他的魏郡太守吉温为御史大夫，担任京畿、关内采访等差使，帮助他控制京畿地区，形成了进退可据的势力网。

按照老规矩，宰相上朝堂处理军国大事，要自早期至午后六刻（约下午二时多）方能回家接待四方来客和其他人士。李林甫借口天下太平无事不用按旧例办事，上午巳时（上午十一点）即回家。杨国忠完全继承了这一做法，甚至回去得更早。处理政务，个人说了算，对国事极端轻率。

在选拔人才方面，杨国忠任人唯亲，完全以自己的好恶为标准。他提出："文部选官时，要以资历而不是才能为标准，凡有空缺，按资历高低授官。这样做，是为了笼络人心。"一批因各种原因不能晋升而久久担任原职者，按照杨国忠的建议都铨选上了，他们喜出望外，对杨国忠感恩在心。

依照旧例，选拔官吏由吏部侍郎以下的官员具体负责，须经"三唱三注"，才呈送门下省审核，这样从春天一直到夏天，才能完成整套程序。杨国忠担任宰相兼文部尚书以后，为显示自己办事精明利落，总是先在自己家里召集令史属吏秘密圈定名单。天宝十二载（753）正月，他召集左相陈希烈及给事中、诸司长官，在尚书都堂唱注选拔官吏，一天就结束了。杨国忠说："左相和给事中都在座，就算经过门下省了！"没有人敢提出异议。从此，选官大权全由杨国忠一人独揽，门下省不再审核选官，文部侍郎也只是走走形式，管试判而已。其中的谬误与弊端自不待言。第二年春天正式注册时，杨国忠又在私第把待选之人都召集来，让杨氏诸姐妹垂帘偷看，笑语之声，在外面听得清清楚楚。吏部侍郎韦见素和张倚穿着紫衣服，也被随意差遣，跑前跑后，被弄得狼狈不堪。事后，杨国忠问妹妹们："这两个紫袍'主事'像什么人？"杨家姐妹们七嘴八舌挖苦一番，相对大笑。视国家大事如儿戏。更为荒唐可笑的是，在京兆尹鲜于仲通等授意下，入选士子们奏请皇上为杨国忠在省门立碑，颂扬他选官有"功"。唐玄宗竟然答应，下制由鲜于仲通撰写颂辞。写好后，玄宗还亲自定稿，御笔改了几个字。鲜于仲通为了献媚取宠，特意将那几个字用金粉填上。

天宝十二载（753）十月，杨国忠随从唐玄宗在临潼华清宫避寒。当时他儿子杨暄正

参加明经考试,结果不及格。主考官礼部侍郎达奚珣畏惧杨国忠的权势,叫儿子昭应尉达奚抚提前告诉他。有一天,达奚抚等候杨国忠入朝上马时,赶快走过去,立在一旁。杨国忠满以为儿子必然中选无疑,面呈喜色。达奚抚小声说:"家父叫我报告相公,令郎考试不及格,但也不敢让他落榜。"杨国忠登时大怒,翻脸骂道:"我儿子还担心不能富贵?叫这班小子相卖!"打马扬长而去。达奚抚找了个没趣儿,赶忙写信报告父亲,说:"人家仗着贵势,令人恐惧,哪能再和他论是非!"达奚珣无奈,只好徇私舞弊,将杨暄列入上等。就是这个无能之辈杨暄,还被破格提拔,很快擢升至户部侍郎,而曾是他主考官的达奚珣才刚从礼部侍郎转为吏部侍郎。即使这样,杨暄还不知足,埋怨自己没有达奚珣升迁得快。

杜甫在《忆昔》一诗中描绘了开元盛世时期的繁荣景象:"忆昔开元全盛日,小邑犹藏百家室。稻米流脂粟米白,公私仓廪俱丰实。"到了天宝时期,经济繁荣的表面现象仍在延续,但这是以搜刮聚敛百姓财富为基础。早在李林甫专权时代,杨慎矜、王鉷和杨国忠等都以聚敛有功而受到玄宗赞赏宠信。杨国忠任宰相后,仍兼领判度支、两京出纳租庸铸钱使等财政要职,发挥自己精通"钩校"筹算的特长,增加赋税,大肆搜刮,弄得民怨沸腾。天宝十三载(754),户部奏天下郡321,县1538,乡16829,户9609154,人口52880488,户口的众多,是前朝所不曾出现过的。

聚敛政策为盛唐统治者的穷奢极欲提供了基础了与保证。唐玄宗认为国家财物丰饶,故视金如土,赏赐贵妃,没有限度。杨贵妃的三个姐姐、堂兄杨铦及杨锜等,一个个都靠聚敛和赏赐成了暴发户,整日花天酒地,醉生梦死。而百姓们肩上的负担则一天比一天重,生计越来越难。以至于出现了"朱门酒肉臭,路有冻死骨"的现象。

杨国忠的私生活更是纸醉金迷,腐朽堕落。初入京师时,他就常住在堂妹兼旧情人虢国夫人家里。虢国夫人是个寡妇,兄妹俩就公开在一起鬼混。后来杨国忠在长安修建了两处私宅,其中一处在宣阳坊,虢国夫人的府第在宣阳坊的左边,杨国忠的府第紧挨着宣阳坊的南边。两宅相通,往来方便,从此昼会夜集,没有礼度。有时两人坐车并辔入朝,甚至还在马车上公开调情嬉闹,招摇过市。杜甫诗《丽人行》中"杨花雪落覆白萍,青鸟飞去衔红巾"句就是暗指杨氏兄妹的越礼行为。

杨国忠曾对人说:"我家本来穷困潦倒,能混到今天这个样子,全托贵妃的福。好日子也不知能过到哪天,不如及早行乐,过一天算一天。"他是靠杨贵妃的关系发迹的,无德少能,没干过什么好事,恐怕最终也不会有什么好结果。所以干脆今朝有酒今朝醉,及时行乐,尽情享受,而不去考虑以后。

杨国忠固然是靠杨贵妃的关系而发迹的,在某些时候,杨贵妃也可能会替这位族兄讲几句好话,在客观上起重要作用,但她本人并没有什么野心。杨国忠在政治舞台上的所作所为,基本上与杨贵妃关系不大。

杨国忠与杨贵妃之间,相处得颇为平淡。他们小时候并不相识,杨玉环被册封为贵妃后,两人才有机会相见。杨贵妃住在深宫,与宰相、大臣们接触的机会很少,即使杨国忠也不例外。根据史料记载,十余年间,杨贵妃在政治上支持过杨国忠的次数,仅有二

次。杨贵妃虽然聪明机智,但在政治上却不会玩弄权术,正如酷吏吉温所说:"见识谋虑都不深。"天宝弊政,没有一条是出自她的主张,她没有利用自己的特殊地位影响杨国忠施政。反倒是虢国夫人在政治舞台上起了很大作用。她扮演了沟通内宫与外朝的角色。对杨国忠平步青云和备受宠信产生了重要影响。杨国忠从虢国夫人那里获悉深宫秘密,揣摩玄宗好恶,然后采取相应对策,按照玄宗的心思办事,始终能立于不败之地。而唐玄宗一直被蒙蔽,还认为杨国忠真的有才。在《授杨国忠右相制》中,夸奖他"纯粹精明,悬解虚受",希望他能"弥纶经济,同致雍熙"。在追赠其父杨珣为郑国公,其母为郑国夫人时,玄宗又称:"你们生了个很有才能的儿子,成了朕的好帮手。"作为最高统治者,唐玄宗重用杨国忠,希望利用杨国忠在经济方面的才能来维护大唐太平盛世的局面。善于钻营的杨国忠,青云直上,所向披靡。

总之,杨国忠攫取相位以后,颐指气使,不可一世,朝中几乎无人可与他分庭抗礼,只有安禄山一人扶摇直上,对他构成了一定的威胁。杨安二人的争宠与较量,激化了整个唐廷的政治矛盾。

大权在握

安禄山(? ~757),营州柳城(今辽宁朝阳)混血胡人。父亲为康姓胡人,母亲阿史德是突厥巫师,会邪术。安禄山本名轧荦山,幼即丧父。后来母亲改嫁给突厥将军安波至的哥哥安延偃,轧荦山便改姓安。开元初,安延偃部落四分五裂,突厥将军安道买的儿子安孝节和安波注的儿子安思顺、安文贞带着轧荦山逃到岚州(今山西岚县)。安孝节的弟弟安贞节在岚州任别驾职,收留了他们。当时轧荦山刚刚十几岁,改名禄山。

《旧唐书》中说安禄山肥胖肤白,《新唐书》中说高大肤白。他聪明多智,善于捉摸人的心思,通晓六种蕃语。曾任互市牙郎,即突厥与唐朝进行互市贸易的中介人。

开元二十年(732),安禄山正好三十岁,因为他言貌伟奇和骁勇善战,得到幽州节度使张守珪的青眼相加,被任为捉生将。安禄山熟悉当地山川井泉等地貌,对奚、契丹的情况了如指掌,所以每次出战都能打胜并有所获。有时仅带三五骑兵,也能生擒契丹兵数十人。张守珪认为他是个不可多得的人才,就更加宠信他,收为养子。

开元二十四年(736),安禄山为平卢讨击使、左骁卫将军,奉命前去讨伐奚、契丹叛军。因自恃勇锐,不把敌人放在眼里,盲目挺进,结果大败而归。如按军法处置,应该斩首。张守珪不忍心杀他,将安禄山捆绑起来送到东都洛阳,交由朝廷处理。宰相张九龄坚持原则,认为安禄山狼子野心,有造反的面相,应当杀头,以绝后患。唐玄宗爱惜安禄山勇锐,没有准奏,只是将他撤了职。

安禄山回去以后,"以白衣"将领效劳于边疆。开元二十五年(737)二月,幽州节度使张守珪在捺禄山打败契丹。次年,张守珪部将假借守珪之命,发兵攻打奚,遭到惨败。张守珪隐瞒实情,谎报打了胜仗。事情泄漏后,唐玄宗派宦官牛仙童前来调查处理此事。

张守珪以重金贿赂牛仙童,敷衍过去了。后来,牛仙童事露伏法,张守珪因以前的功劳减罪,降官为括州刺史,到任没有几天,背部生疽而死。

张守珪死后,安禄山却被擢升为平卢军兵马使。开元二十八年(740),御史中丞张利贞任河北采访使,到平卢(即营州,今辽宁朝阳)巡视,安禄山卑躬屈膝向他讨好,大肆贿赂张利贞及左右随员,把他们打发得皆大欢喜。张利贞回朝后,替安禄山说了许多好话。很快,安禄山被提升为营州都督,充平卢军使,并兼两蕃(奚、契丹)、渤海、黑水四府经略使。天宝元年(742)正月,唐玄宗将平卢军镇升级,设节度使,任命安禄山为首任平卢节度使。次年二月,安禄山进朝拜见,唐玄宗对他待遇优厚,多次接见。他也专挑唐玄宗爱听的话说。一次,他对唐玄宗说:"去年,营州蝗虫成灾,吃掉了大片禾苗,我焚香向上天祷告说:'如果是我心术不正,对君王不忠,我甘愿让虫子吃我的心;如果我不负神灵,但愿虫子散去'。刚刚祈祷完,马上就有一群大鸟呼啦啦从北边飞来,把虫子吃个精光。"这本是安禄山编排地讨好玄宗的一派胡言,唐玄宗听后居然大喜过望,重重赏赐,授安禄山为骠骑大将军。天宝三载(744),安禄山又兼任范阳节度使、河北采访使,越来越受宠,连李林甫、裴宽等权臣也要顺从玄宗的意思赞美安禄山。四载(745),安禄山想建立边功讨取玄宗的恩宠,曾发兵攻击契丹,并谎奏唐玄宗说:"臣讨契丹到了平州(今河北卢龙),梦见先朝名将李靖、李勣向我讨饭吃。"唐玄宗立命建李靖、李勣庙。安禄山又奏祭拜的时候,看见庙梁上长出灵芝仙草。

当时,宰相李林甫担心朝廷大臣因功受宠,影响自己的专权地位,就建议唐玄宗专用少数民族的将领。这样,唐玄宗就更加宠爱安禄山了,许多人提出反对意见,唐玄宗都置之不理。

天宝六载(747)正月,唐玄宗任命安禄山兼任御史大夫,妻段氏封国夫人。安禄山外表憨直,内心却阴险狡猾,并善于用愚笨掩盖自己的狡诈。他曾假惺惺地对唐玄宗说:"我生在蕃戎,却受到无上的宠爱和荣耀,我没有特殊才干替陛下出力,只愿身为陛下死!"昏庸的唐玄宗听罢心花怒放。安禄山派部将刘骆谷长期居住京城,侦察朝廷机密,并让刘骆谷定期向他汇报。每年他都要向朝廷献上许多俘虏、杂畜、奇禽、异兽、珍玩等,致使各郡县为这些贡物疲于奔命,但却博得了唐玄宗的欢心。安禄山身体肥胖,肚子下垂,过了膝盖,自称重三百斤。有一次,唐玄宗指着他的肚子开玩笑:"你肚子里装的是什么东西?怎么这样大?"安禄山巧妙地回答:"没有别的东西,只有忠于陛下的一颗赤心!"唐玄宗听后大喜。又有一次,唐玄宗叫安禄山拜见太子,他却站着不动。左右催促他赶快跪下,安禄山故意装作傻乎乎的样子,拱立着说:"我是胡人,不知道朝廷的礼节,不知道太子是什么官。"唐玄宗被他骗住了,还以为他真不懂,就给他解释:"太子是储君,我千秋万岁以后,由他接替我当你的君主。"安禄山这才假装恍然大悟,憨头憨脑地说:"我天生愚蠢,过去只知道陛下一人,不知道还有储君。该死!该死!"他没有办法,只好跪下拜见太子。唐玄宗以为安禄山心中真的只有他一人,忠心可嘉,不禁龙颜大悦,更加喜欢安禄山了。

安禄山经常出入宫廷,唐玄宗在便殿接见或宴请他时,杨贵妃经常在座。八面玲珑

的安禄山知道唐玄宗非常宠爱杨贵妃,为了讨好唐玄宗和杨贵妃,见杨贵妃没有儿女,就请求做杨贵妃的养子,唐玄宗欣然答应。举行收养子典礼的时候,安禄山故意不拜唐玄宗,只拜杨贵妃。唐玄宗沉下脸,责问他为什么不先拜自己,他巧妙地回答:"我是胡人,胡人只知道有母亲,不知道有父亲。"应对机敏,也不失风趣。唐玄宗很高兴,又叫杨铦、锜、杨贵妃的三个姐姐和安禄山结拜成兄弟姐妹。安禄山知道唐玄宗和杨贵妃年纪相差太多,唐玄宗年事已高,老夫少妻的私生活很不方便。他不知从哪里弄来一百粒助情花籽,像粳米那么大,色泽殷红,有香味。每天晚上只含一粒,就精力旺盛。唐玄宗把这个东西当作宝贝珍藏起来。

天宝九载(750),唐玄宗赐给安禄山爵位,封他为东平郡王。这是唐朝对将帅封王的开端。次年,安禄山又兼领河东节度使。唐玄宗还下令为安禄山在亲仁坊建筑住宅,敕令只要求建得富丽堂皇,花多少费用都可以。家具器皿,非常讲究,连宫中都不及。安禄山搬进新住宅以后,大摆酒宴请客,唐玄宗叫宰相亲去赴宴,以示恩宠。每次吃到美味,或者在后花园打猎得到鲜禽,唐玄宗都要派宦官骑马给安禄山送去共享。

正月二十日是安禄山的生日,唐玄宗和杨贵妃送给他这个干儿子很多衣服、宝器。三天后,杨贵妃把安禄山召进宫来,用锦绣做了一个大襁褓,命人把安禄山包起来,叫宫女们用彩车抬着他来回走,宫中欢呼动地。唐玄宗听到喊声,派人来问,回报说杨贵妃为安禄山作三日礼。他也好事,前去观看,竟然非常高兴,赐杨贵妃和安禄山许多东西,尽欢而散。安禄山还常和杨贵妃一起吃饭,或者和虢国夫人、诸王等人在一起喝酒、娱乐、喧笑。甚至整夜不出宫,什么事都敢做得出来,丑闻传出宫外。年老昏庸的唐玄宗听到以后,并不生气,认为"母亲"和"孩子"越亲热越好!

天宝十载(751)二月,唐玄宗把河东节度使韩休珉调入朝中担任左羽林将军,由安禄山接任河东节度使一职。

至此,安禄山一人身兼平卢、范阳、河东三镇节度使以及河北道采访处置使,统领二十万大军,大权在握,控制了今山西、河北、北京、天津和辽宁西部的大部分地区,在这些地区中安禄山就是土皇帝,赏罚都由己出,日益骄恣。

杨、安争宠

杨国忠与安禄山都是天宝年间发迹的,同样受唐玄宗的宠遇。但从时间上来看,杨国忠发迹的起步,要比安禄山晚得多。安禄山早在天宝元年(7142)正月即升任平卢节度使,杨国忠迟至天宝七载(748)才开始升官为给事中,兼御史中丞,专判度支事,以后所受的恩宠越来越多。肥胖的安禄山上下宫殿的石阶时,身为御史中丞的杨国忠还亲自搀扶过他。虽然杨国忠极力讨好安禄山,可安禄山从骨子里看不起杨国忠。

李林甫在相位时,安禄山常具戒心。因为李林甫能揣知他的心事,动不动先说出来,使安禄山非常叹服。也使他不敢轻举妄动,安禄山对别的公卿十分傲慢,唯独惧怕李林

甫。每次去见他,都吓得出一身冷汗,即使是隆冬也不例外。李林甫老谋深算,并不想得罪安禄山。他对安禄山施展两手政策,恩威并施,有时把安禄山请到中书厅,用好话安抚他,还亲手脱下自己的披袍给安禄山披上。安禄山受宠若惊,满怀感激,亲热地把李林甫叫作十郎(李林甫排行第十)。安禄山若在范阳,亲信刘骆谷每从长安来,他都要问:"十郎说什么了?"如果听到赞扬他的话,安禄山就兴高采烈;如果听到李林甫说:"你回去告诉安大人,叫他谨慎点!"安禄山马上吓得脸色都变了,惊呼:"啊呀,我命不长了。"安禄山基本上还是依附李林甫的。边境重用番将,是李林甫提出的。加上李林甫长时期把持朝政,以其威望与铁腕手段,尚能控制全国局势,自然也能控制像安禄山这样的番将。

李林甫死后,形势发生了根本性的变化。天宝十二载(753)初,别具用心的杨国忠制造了所谓李林甫与阿布思勾结叛乱的案件,那个诬告者就是安禄山。杨国忠意在拉拢安禄山,进一步排斥异己,使自己的专权地位免受威胁;安禄山接受杨国忠的建议,也有自己的打算。他完全是为了打击阿布思,壮大实力,为自己日后的叛乱做准备。同年五月,阿布思为回纥所破,安禄山招降了他的部落,从此兵精将广,天下莫及。

杨国忠虽然取代李林甫为相,但他充其量只能算一个平庸的封建官僚政客,资历、威望、能力均很有限,所以安禄山根本瞧不起他,不想和他平起平坐,同享富贵。眼看着安禄山宠遇日增,势力日益壮大,拉拢不成,又无力制服,杨国忠只好在清除李林甫的残余势力之后,向唐玄宗多次说安禄山有造反的迹象,想借唐玄宗之手除掉安禄山,唐玄宗并不这么看。他长期宠信安禄山,认为这是将相不和,二人争宠,所以没有放在心上。杨国忠一计不成,又想一着。他奏请唐玄宗让陇右节度使哥舒翰兼任河西节度使。哥舒翰一向与安禄山、安思顺不和,杨国忠提拔哥舒翰的目的是想利用他们之间的矛盾,厚结哥舒翰,增强其实力,以共同对付安禄山。这种的雕虫小技,安禄山焉能看不出来。杨国忠与安禄山之间的矛盾很快尖锐起来。

天宝十二载(753)冬,杨国忠随从唐玄宗住在华清宫,又提到安禄山面有反相,以后肯定会造反,还对唐玄宗说:"陛下如果不信我的话,可以试着召安禄山进京,他肯定不会来。"唐玄宗也想看看安禄山是否真的忠心于己,就召安禄山第二年正月来朝。天宝十三载(754)正月,安禄山将计就计,奉命来朝,杨国忠顿时不知如何收场。安禄山一到华清宫,立即恶人先告状向唐玄宗哭诉:"我本是胡人,受陛下这样宠爱,杨国忠嫉妒我,我说不定哪天会被他害死!陛下可要替我做主哇!"唐玄宗只得好言劝慰,赏赐他许多东西。杨国忠的嫉妒与谋害是真;而安禄山那副诚恳感恩的样子却是假的。此时,安禄山谋反的条件尚未完全成熟,他还不想过早地暴露自己的野心。另一方面,安禄山自信利用唐玄宗过于宠爱自己这一弱点,只要见机行事,估计不会出什么乱子,何况杨国忠等并无证据证明自己蓄意叛乱,所以他敢只身来朝。结果使唐玄宗更加信任安禄山,杨国忠的话反被当作嫉妒之语。当时太子李亨根据自己的观察也预言安禄山将叛乱,但玄宗根本听不进去。

唐玄宗想给安禄山加官同平章事(即宰相),叫太常卿张垍起草好了制书。杨国忠大力反对,说:"安禄山虽然有军功,但是一字不识,哪能担当宰相,如果发下制书,恐怕四夷

会轻视朝廷。"唐玄宗觉得在理，只好作罢，任命安禄山为左仆射，赐他一个儿子三品官、一个儿子四品官。安禄山请求兼领闲厩、郡牧两职，唐玄宗准奏；安禄山又请求让吉温兼武部侍郎，充闲厩副使，唐玄宗也没拒绝。从此吉温投入安禄山的怀抱，杨国忠对他恨之入骨。

同年二月，安禄山对唐玄宗说："我部下将士讨伐奚、契丹、九姓、同罗等，建立了汗马功劳，请求陛下不拘常格，破例加赏，叫人写好告身（委任状）让我回去发给他们。"唐玄宗仍然对安禄山深信不疑，就任命他的部下五百多人当将军，两千多人当中郎将！安禄山以此来收买人心，为叛乱做准备。

同年三月，安禄山向唐玄宗提出要回范阳。唐玄宗亲自脱御衣赐给他，意在用特殊恩宠的办法笼络住他。安禄山生怕杨国忠让唐玄宗把他留下，也怕遭杨国忠暗算，匆匆忙忙出了潼关，然后乘船沿河东下，日夜兼程，直奔老巢范阳。

安禄山离开京城时，唐玄宗派老奴高力士在长安城东边的长乐坡给他设宴送行。高力士回来复命，玄宗问他："安禄山高兴吗？"高力士摇头说："看他闷闷不乐的样子，一定是知道原来想让他当宰相，后来又改变了。"拟封安禄山宰相一事本来十分机密，知情人不多。唐玄宗问杨国忠，杨国忠想了一下，说："这件事情一定是草拟诏敕的太常卿张垍泄漏出去的。"唐玄宗很生气，贬黜了张垍及其兄弟。

天宝十三载（754）八月，左相陈希烈因与杨国忠不和，怕遭他陷害，上表辞职。唐玄宗开始想让武部侍郎吉温接任。吉温作为安禄山的得力助手，唐玄宗是了解的。杨国忠自从安禄山荐他为闲厩、群牧副使之后，看清了吉温随风倒的真面目，故极力反对。结果，换了文部侍郎韦见素，任其为武部尚书、同平章事。因为韦见素性情温和，易于控制，所以杨国忠乐意支持他为相。天宝十三载年末，杨国忠先指使人告发河东太守兼本道采访使韦陟贪污，让御史查问此事。韦陟贿赂吉温，请吉温再求安禄山救自己。杨国忠早料到韦陟会走这一步，预先派人监视了韦陟的一举一动，很快抓住了吉温的把柄，将他贬为澧阳长史，清除了安禄山安插在在朝廷中的重要党羽。安禄山得知这一情况后，直接上书唐玄宗，为吉温讼冤。唐玄宗也搞不清谁对谁错，姑且置之一旁，此事不了了之。

天宝十四载（755）正月初九日，杨国忠告吉温贪赃七千匹及强夺士女子为妾等罪状，将他杖死于狱中。吉温之死，大大激怒了远在范阳的安禄山。

天宝之乱

安禄山从长安回到范阳以后，决定发动叛乱，于是进入紧急部署阶段。

天宝十四载（755）二月，安禄山派副将何千年入朝，奏请以番将三十二人代替汉将。缺乏警惕性的唐玄宗立刻派内侍监袁思艺叫中书省起草命令，填写告身。当时杨国忠和韦见素都在中书省，杨国忠见韦见素心神不定，满脸忧愁，就问道："你愁什么？"韦见素说："安禄山之心，路人皆知。现在又要用番将代替汉将，这证明他很快就要兴兵作乱了。

你我处在这个地位,能不愁吗?"杨国忠也觉得事有蹊跷,沉默了很长时间,才说:"凡事都由皇上做主,我们又能做什么呢?"次日,两位宰相一同去见唐玄宗。但没等他们开口,唐玄宗直截了当地问道:"你们是不是有怀疑安禄山的意思啊?"韦见素再三陈述安禄山谋反的迹象已经显露出来,可唐玄宗沉着脸,一言不发。杨国忠站在一旁,不敢再说什么。韦见素见国家的安全将受到威胁,而右相杨国忠又撒手不管,不禁又急又气,他退至中书厅堂,呜咽流涕,痛哭一场。

过了几天,杨国忠、韦见素又进见唐玄宗,提出新的对策:一是把安禄山召到京城,以任其为左仆射同平章事的名义,严加控制;二是削夺他的统兵大权,改命贾循为范阳节度使,吕知诲为平卢节度使,杨光翙为河东节度使。唐玄宗勉强同意了。可制书写好以后,他却扣留不发,私下派宦官辅璆琳送柑子给安禄山,借机侦察他的举动。辅璆琳在范阳接受了安禄山的重赂,回朝以后,赞扬安禄山竭忠奉国,没有二心。唐玄宗被蒙在鼓里,听了辅璆琳的话,一颗心总算放下来,当即将诏书焚毁,自信地对杨国忠、韦见素说:"我推心置腹地对待安禄山,他肯定没有异心。东北二虏(奚、契丹)还得指望着他镇压,不能把他召入朝廷。我亲自担保他,你们不用担心!"

同年三月,唐玄宗派给事中裴士淹宣慰河北,意在观察安禄山的动静。

四月,安禄山为了麻痹唐玄宗,上奏书说打败奚、契丹。

与此同时,杨国忠加紧搜集安禄山谋反的罪证。他派门客蹇昂、何盈做暗探,严密监视安禄山在京城的私宅。并假托唐玄宗圣旨,命京兆尹派人包围并搜查了安禄山的住宅,拘捕了安禄山的门客李起(一作李超)、安岱、李方来等,送御史台秘密处死。但杨国忠没有采取任何有效措施,在军事上制止或防御安禄山的谋叛。

当时安禄山的儿子安庆宗与荣义郡主定亲,住在京师,便将朝廷中发生的事秘密写信告诉父亲。安禄山闻听大怒,叫严庄上表申辩,且指斥杨国忠二十多条罪状。唐玄宗惧怕安禄山立即生变,只得将责任全部推到京兆尹身上,又做了一次让步。

同年六月,安禄山的儿子安庆宗与荣义郡主成婚,唐玄宗亲手写诏书命安禄山来京城观看结婚大礼。安禄山推托有病不来。

七月,安禄山上表奏请献马三千匹,每匹马派两名士兵护送,并派番将二十二人带队,准备突袭京师,他的用意明眼人一眼就能看出来。就在此时,辅璆琳受贿之事被人告发,唐玄宗借祭龙堂,派他去准备供品,用"不虔诚"的罪名叫左右把他乱棍打死,这才意识到安禄山确实早有反心。

面对安禄山的请求,唐玄宗采纳了河南尹达奚珣的建议,亲自起草诏书,大意说献马应该等到冬天,由朝廷调拨马夫,不必派本军将卒护送到京。最后还对安禄山说:"朕新给你建筑了一个温泉池子,十月份在华清宫等着你。"宦官冯神威到范阳宣读圣旨时,安禄山十分傲慢无礼在床上只微微抬起一点身子,冷淡地说:"皇上安好吗?"又说:"马不献也行,我十月份一定到京城!"说完,马上叫左右领冯神威去馆舍,并派武士严加看守,冯神威吓得魂都丢了。几天后,安禄山叫他回去,连回表都没有写。冯神威回到长安,哭着对唐玄宗说:"臣差点见不到陛下!"

同年十月,昏庸麻木的唐玄宗还没有意识到大难临头,照例携杨贵妃到华清宫去避寒。

安禄山叛乱的蓄谋已久,因而战略部署比较周密。首先,隐蔽造反意图,扬言奉旨诛杀杨国忠。长时间以来,安禄山只和亲信严庄、高尚、阿史那承庆三人密谋商议,其他将领浑然不觉,至少不知道真正意图。天宝十四载(755)八、九、十月份,多次犒劳士兵,秣马厉兵。直至起兵前几日,安禄山才召集诸将说明起兵事宜,商议从范阳至洛阳的山川地形及进军路线。对众将说:"侍奉官胡逸从京城回来,带来密旨,命我带兵入朝,平定祸乱,大家不要奇怪。"所谓平祸乱,指的就是诛灭宰相杨国忠。矫托密旨,打着诛杀杨国忠的名义,是安禄山突然发动叛乱的一个策略。

其次,加强后方留守,保证大军顺利南下。安禄山特命范阳节度副使贾循守范阳,平卢节度副使吕知诲守平卢,别将高秀岩守大同。这些地方都是安禄山的地盘,是大部分将士的家乡所在地,后方不稳,必然会动摇军心。

第三,起兵时声东击西,迷惑唐军。起兵之前,安禄山派遣将军何千年、高邈等率轻骑二十名,声称献射生手,乘驿赴太原,预定起兵后次日到达,劫持北京(太原)副留守。目的是为了制造假象:似乎安禄山要向西进取太原,然后沿唐高祖李渊当年走过的路线,夺取关中。为范阳起兵并南下夺取洛阳而施放烟幕弹。这是很重要的一步棋。

做好充分准备后,安禄山调集主力队伍,正式发动了叛乱。天宝十四载(755)十一月初八,安禄山自己的队伍和同罗、奚、契丹、室韦等部族兵全部调集,共十五万人,号称二十万。初九早晨,安禄山在蓟城南举行盛大的阅兵式,打出讨伐杨国忠的旗号,引兵南下。

此时,唐玄宗和杨贵妃等正在华清宫里寻欢作乐,一派歌舞升平的景象。由于叛军行动诡秘,河北方面没有传来一点消息。十一月初十,叛军将领何千年等在太原劫走了副留守杨光翙。太原火速向长安报告安禄山起兵造反。唐玄宗竟然认为情报是伪造的,根本不相信安禄山会这么快就发动叛乱。但紧接着,东受降城(今内蒙古托克托南黄河东北岸)也送来告急情报。直到安禄山起兵反叛的第七天,即十一月十五日(庚午),朝廷内外、长安百姓都知道了范阳起兵的消息,唐玄宗这才确信安禄山真的叛乱了。他立刻召见宰相杨国忠,商讨如何制服安禄山。杨国忠洋洋自得,因为这证明了他有先见之明,狂妄地说:"如今真正想反叛的只有安禄山一个人,将士们都是被逼迫造反的。不出十天半个月,安禄山的首级一定会被送来。"昏庸糊涂的唐玄宗当然希望叛乱早日结束,所以也同意杨国忠的分析。大臣们听了杨国忠的话,都相顾失色。很显然,君臣们都不知道范阳起兵的具体情况,连"以讨杨国忠为名"都不知道。否则,杨国忠绝对不敢神气活现地说大话。因为猜不着安禄山进军的具体路线,唐玄宗作了两方面的防御:派遣特进毕思琛赴东京洛阳,金吾将军程千里到河东,各自就地召募数万名士兵,以拒叛军。

十六日(辛未),唐玄宗在华清宫召见安西节度使封常清,商讨应敌对策。封常清见唐玄宗一副忧愁的样子,夸口说:"安禄山率领十万凶徒,直犯中原。因为长期太平,老百姓没有见过战争,所以都听到风声就害怕逆贼了。请派我走马到东京,开府库,募骁勇,

挑马鞭渡黄河,很快就能把逆贼的首级拿来挂在宫门下!"唐玄宗听了很高兴,马上任命封常清为范阳、平卢节度使。封常清当天就乘驿赴东京洛阳,在当地召募士兵,作守御准备。

十一月二十一日(丙子),安禄山攻陷博陵、正在挥师南下,河北战报逐渐传来,唐玄宗惊慌失措,急急返回长安兴庆宫,重新进行军事部署:以朔方右厢兵马使、九原太守郭子仪为朔方节度使;右羽林大将军王承业为太原尹;新置河南节度使,领陈留等十三郡,由卫尉卿张介然担任;以原先赴河南的程千量为潞州长史。凡是叛军要进攻的诸郡,都设置了防御使。

安禄山有备而战,而且速战速决,所过州县,望风披靡。唐玄宗设置的防线,根本挡不住叛军的袭击。河南的几道防线顷刻瓦解,陈留、洛阳与陕郡相继被占领,唐王朝军队明显不是叛军的对手。

随着战局的急转直下,唐玄宗懊丧不已。还是在安禄山叛军攻陷陈留郡的第三天(十二月壬辰初八日),唐玄宗就打算御驾亲征,下诏令朔方、河西、陇右各节度使带领他们的人马,除留守边镇城堡的兵员外,在二十日之内,全部赶赴京师汇集。十二月二十七日(辛丑),唐玄宗重议亲征之事,下制由皇太子李亨监国。他对杨国忠说:"朕在位五十年,早已感到力不从心,去年秋天就想把皇位传给太子;却遇上灾年,我不想把自己的灾难留给子孙,打算往后推推再说。没想到逆贼举兵叛乱,我应该亲征,让太子监国。平乱之后,我就可传位太子,高枕无忧了。"对于杨国忠来说,太子监国比叛军作乱更可怕。因为他一向压制太子李亨及其党羽,唐玄宗如果真传位给太子,杨氏一族岂不失势,自己还能有好果子吃?回到府第,杨国忠急忙找韩国夫人、虢国夫人商量,对她们说:"太子平时仇恨我们家专横时间长了,他若继承皇位,我和姐妹们的性命就危险了!"说完他们抱头痛哭。韩国夫人、虢国夫人立刻到兴庆宫找杨贵妃。希望她能阻止此事,为了外戚家族的利益,也为了自己的地位和利益,杨贵妃跪在唐玄宗面前,苦苦请求收回成命。唐玄宗已是七十一岁高龄的老人了,亲征的决心本来就不很大,爱妃一求情,只好作罢。在当时国家安全受到严重威胁的情况下,唐玄宗对杨贵妃一味迁就、让步,听凭杨氏兄妹的摆布,这就使朝廷上下对杨国忠、杨贵妃更加怨恨,太子李亨与杨国忠之间的矛盾更为激化。

洛阳、陕郡被占领之后,战场形势发生了微妙的变化。天宝十五载(756)六月以前,近半年里,唐军开始和叛军处于暂时对峙局面。天宝十五载正月初一,安禄山在洛阳登上皇帝宝座,自称"雄武皇帝",国号"大燕",改元"圣武"。这就暴露了他反叛的真正目的是要做皇帝。实现了个人的政治野心,安禄山在思想上开始懈怠,整日深居于雄伟宫阙,尽情享乐,往昔勇猛进击的锐气逐渐消失。属下将士也都忙于烧杀掠夺,把获得的子女、金帛、宝货统统运往范阳,内部争斗也随之出现。从战略形势上看,安禄山已由进攻转入防守,集中精力巩固河南、河北地区,只派小股力量抄掠潼关。这就使唐廷获得喘息的机会,以加强东线的防御力量。

被占领地区抗叛斗争的兴起与郭子仪等顽强抗敌,也是造成对峙局面的重要因素。

颜杲卿、颜真卿兄弟在河北常山郡（今河北正定）招募勇士抗击叛军，造成了很大声势，给安禄山带来不小的后顾之忧，使他无法亲自督军西入潼关，并切断了洛阳至范阳的驿路。郭子仪领朔方节度使，率军进驻振武军（今内蒙古和林格尔西北），打败安禄山大同军使高秀岩，乘胜攻占了静边军（今山西右玉），接着夺取马邑（今山西朔县东北），打开了战略要地东陉关（今山西代县东）。河东节度使李光弼率军出井陉（今河北井陉西北），定河北，攻下了常山城，取得重大胜利。后来，郭子仪、李光弼两军会合，在嘉山把叛军打得大败，杀死了四万多人，俘虏了一千多人。坐镇洛阳的安禄山听到战报，开始害怕起来。

唐军实力在近半年里开始沿着有利的方向发展，但跟安禄山叛军相比，还不能说全国的军事形势对唐军极为有利。驻扎在潼关的东线唐军基本上都是刚招募来的，缺乏训练，没有什么战斗经验，据险守关还可以，出关迎战就不行了。郭子仪、李光弼的朔方唐军转战河北，取得了一系列胜利，但毕竟是在叛军占领范围内作战，有好多不利因素，如粮草供养困乏等。这些情况都不容乐观。

潼关失守

安禄山刚起兵造反时，朝廷上下，包括唐玄宗、杨国忠对叛军的实力估计严重不足。大将封常清也认为安禄山是狂悖之徒，过不了几天就会拿到他的人头。盲目轻敌，导致了战场上的严重失利，东都洛阳等一大片地区被叛军占领。惨败之后，封常清的头脑清醒了。他感到有责任向唐玄宗报告叛军的真实情况，纠正盲目轻敌的思想。所以，他既没有战死沙场以尽忠，也没有逃匿罪责，而是先回陕郡，劝高仙芝退守潼关。且多次派人到朝廷送奏表，谁知玄宗连看都不看。封常清又亲自赴长安，求见唐玄宗，以便当面奏明。走到渭南时，唐玄宗下敕令要他返回潼关，削去他的官爵，以"白衣"身份效劳于高仙芝麾下。封常情深知唐玄宗不会宽恕自己，就写下遗表，表达了自己的一片忠心。

几乎同时，由于高仙芝在陕郡不出战而退守潼关，就为监军边令诚提供了诬陷的口实。他入朝奏事，大谈前线惨败情状，把战败的原因归结于封常清畏敌，高仙芝只知逃跑及盗减军士钱粮，却只字不提他们杀死的敌人之多可以阻塞道路以及拼命坚守潼关的事实。唐玄宗对上述情况根本不加核实，大怒，命令边令诚前往潼关，处斩了高仙芝和封常清。高仙芝、封常清被杀，使潼关唐军的士气大大受挫。唐玄宗没有纠正对形势的错误估计，一意孤行，结果使唐军失去了扭转整个战局的良机，如果能扼守住潼关，保持对峙局面，时间长了自会对叛军不利。

高仙芝、封常清被杀，军中已无主帅，朝中一时无良将可派。几乎是在别无选择的情况下，唐玄宗决定选用已在家中瘫痪卧床十月之久的哥舒翰。因为一来，哥舒翰是河西、陇右节度使，兼领西北两大军镇，威名显赫；虽然瘫痪，出谋划策还是可以的。其次，他跟安禄山、安思顺兄弟有宿怨。

约在十二月二十三日，长安八万余兵齐集完毕，由皇太子先锋兵马元帅哥舒翰率领

开赴潼关迎敌。唐玄宗在兴庆宫勤政楼为他送别，百官到郊外饯行。

到达潼关后，哥舒翰整顿军队，增强了部队的战斗力，并继续采取只守不出的战略方针。正月十一日，安禄山派遣儿子安庆绪攻打潼关，哥舒翰将来敌打退，但没有轻敌而出关追击。敌将崔乾祐驻军陕城，田乾真进兵关下，或骚扰，或挑衅，哥舒翰不予理睬，更不出关作战。安禄山为此苦恼以至忧惧，寝食不安，一筹莫展。

就在两军紧张对垒时，朝廷内部的政治斗争进一步尖锐起来，起因是杨国忠。因为安禄山起兵叛乱，打的是诛杀杨国忠的旗号，朝廷上下都认为这是杨国忠骄纵所招致的，无不对他恨之入骨。这使得杨国忠很惧怕。

对于唐玄宗决定由哥舒翰以皇太子先锋元帅的名义守关，杨国忠和杨贵妃是没有异议的。杨国忠虽然与哥舒翰谈不上有什么深厚的交情，但他们之间至少没有多少矛盾，何况哥舒翰又是一个瘫痪的人。从现在史料看，杨国忠开始是支持哥舒翰守潼关而不出战的应敌之策的。但后来情况发生了变化。天宝十五载(756)正月初十，唐玄宗加哥舒翰左仆射、同平章事两职，以示荣宠。这本来是为笼络哥舒翰，激励他更好地坚守潼关，保证京师长安的安全。但杨国忠却认为，一个边镇军帅的加官入相，对自己的权势、地位不能不是一个威胁。

三月丙辰日这天，哥舒翰向唐玄宗奏报，说在潼关抓住了安禄山的奸细，从他身上搜出安禄山给安思顺的密信，因而指控安思顺勾结叛军，并历数其七大罪状。结果，安思顺在长安被诛，家属迁谪岭南。原来，哥舒翰过去跟安思顺有怨仇，故意叫人伪造了安禄山给安思顺的书信。唐玄宗希望哥舒翰能够早日打败叛军，对他宠信有加，不加思索地除掉了安思顺。这件事对杨国忠刺激很大。史称：杨国忠没能救下安思顺，自此开始对哥舒翰心存畏惧。杨国忠与安思顺之间有什么关系，史不可考。但却表明杨国忠开始猜忌并害怕哥舒翰了。

哥舒翰与杨国忠之间矛盾的升级，加上杨国忠在朝野丧失人心，导致了一些潼关守将回兵讨诛杨国忠的倾向。守将王思礼曾秘密向哥舒翰建议，要他向唐玄宗上表请求诛杀杨国忠，以谢天下，哥舒翰迟疑不决。王思礼又请命率三十骑到长安，将杨国忠劫至潼关诛杀。哥舒翰认为这样做风险太大，如果事情败露就会背上叛臣贼子的罪名，所以没有同意。

对于自己的危险处境，杨国忠敏感地觉察到了。有人对他说："如今朝廷的重兵都掌握在哥舒翰手里，他若倒戈向西杀来，宰相大人岂不是很危险吗？"杨国忠听后大吃一惊。如果真的出现这种情况，那比安禄山叛军入关还可怕，自己的生命定然难保。所以，他奏请唐玄宗选监牧小儿三千人在禁苑中训练，命剑南军将李福德、刘光庭等统帅；又招募万人驻扎在灞上，由心腹杜乾运率领。名义上是防御安禄山叛军，实际上是对付哥舒翰倒戈向西讨伐他。哥舒翰也意识到杨国忠想加害自己。于是在六月初一，设计斩了杜乾运。这一下，杨国忠见自己意图被识破，更害怕了，竭力把哥舒翰往死路上推。

恰在此时，郭子仪、李光弼部在河北告捷，叛军军心动摇。加之潼关久攻不下，安禄山终日惶惶不安，打算放弃洛阳，退兵回范阳老巢。整个战略形势对唐军十分有利。由于求胜

心切,判断失误,唐玄宗下令哥舒翰率军出关作战,尽快攻下陕郡,收复东部洛阳。哥舒翰据理争辩,坚持守关。远在河北的郭子仪、李光弼也根据当时形势陈述利害,上奏书说:"若潼关出师,有战必败。关城不守,京室有变,天下之乱,何可平之。"就在这出不出潼关的关系整个战局成败的决定性时刻,宰相杨国忠在唐玄宗跟前的言论,起了极坏的作用。他只盘算着如何防备哥舒翰的威胁,唯恐哥舒翰不出关,对自己将不利,而不考虑国家安危,所以屡次向唐玄宗进言,说什么叛军毫无戒备,哥舒翰老是逗留在潼关,会坐失战机等等。在杨国忠的一再鼓吹下,唐玄宗下定决心,接二连三地派宦官催促哥舒翰率军出关。哥舒翰无可奈何,知道出关必败,前功尽弃,不禁抚膺恸哭,不得已而引军出关。

六月四日,哥舒翰率大军东出潼关。七日,在河南灵宝市西原,遇上敌将崔乾祐的军队。叛国早有准备,占据险要位置对付唐军。唐军南迫峭山,北临黄河,布阵于七十里长的隘道上,地势极其不利。八日,哥舒翰令王思礼等以精兵五万居前,庞忠等率众十万继之,哥舒翰本人率三万人登上黄河北岸高地瞭望,鸣鼓助威。崔乾祐把唐军引到埋伏圈里,一声令下,居高抛下木、石,唐军死伤无数。哥舒翰见势不好,下令突围。其时已过中午,忽起东风,崔乾祐十多辆装满干草的车挡住唐军的去路,纵火焚烧。烟雾中,官军混乱不堪,自相残杀。日暮时分,叛军精骑自南山绕至唐军背后,突然袭击。官军因惊骇而乱了首尾,于是大败。黄河北岸的三万官军,见大势不好,也不战而逃。哥舒翰只带领数百骑,由河东县首山西渡黄河入关。

六月九日,崔乾祐乘胜攻下潼关。

潼关失守,战略形势急转直下。对峙局面消失。正在彷徨中的安禄山,获得向关中发展的机会;而河北"渔阳路绝"的局面也迅速发生变化。关中、京师面临着被攻破的危险,唐军大势已去。

马嵬惊变

潼关失守,对唐玄宗是一个巨大的打击,由于惧怕安禄山攻进长安,他产生了逃跑的念头。

六月十日,唐玄宗在兴庆宫,召见宰相杨国忠,紧急商议。杨国忠第一个提出让唐玄宗移驾入蜀,打算向四川方向逃跑。唐玄宗早已心慌意乱,也没有别的高招,只好同意。安禄山起兵叛乱,打的是诛杀杨国忠的旗号,对此,杨国忠不能不考虑自己的退路。杨国忠发迹于四川,又曾身领剑南节度使之职,在四川有相当的势力。如果唐玄宗逃往蜀中,对巩固他的地位十分有利,甚至可以"挟天子以令天下",而不必整日担心被诛杀。所以他赶紧派心腹崔园前往四川增修城池,建置馆宇,储备什器以供急需。四川物产富饶,周围有崇山险关可据,对于惊弓之鸟的唐玄宗而言,也是一个比较安全可靠的去处。

六月十一日,杨国忠召集百官,涕泪交零,要大家献策救驾。大臣张均等百余人唯唯诺诺,提不出什么建议。只有监察御史高适主张应立即招募兵马,设法阻挡叛军进攻。杨国忠叹道："唉，叛军已经入关，恐怕来不及了。"进而开脱自己的罪责，说："有人报告安禄山谋反已经有十年了，但皇上就是不信。今天的事情，不是宰相的过失！"最后，大家也没有取得一致的意见。当天，官吏、百姓都惊慌失措，人心不安，长安城内一片凄凉冷清景象。罢朝后，杨国忠急忙回去叫韩国夫人、虢国夫人赶往兴庆宫，劝说唐玄宗赶快移驾入蜀。

为了掩人耳目，唐玄宗于六月十二日亲自登临勤政楼。上朝的大臣寥寥无几，朝堂上冷冷清清。唐玄宗宣称要领兵"亲征"，任命京兆尹魏方进做御史大夫兼置顿使；京兆少尹崔光远升任京兆尹，担任西京留守；命太监边令诚掌管宫闱钥匙。并谎称剑南节度大使颖王李璬将赴镇上任，令剑南道作迎接的准备。就在当天，唐玄宗从兴庆宫搬到未央宫。晚上，特命龙武大将军陈玄礼整顿禁军，赏给他们许多钱帛，挑选了良马九百余匹，以供保驾之用。

六月十三日（乙未）早上，唐玄宗和杨贵妃姐妹、皇太子、亲王、妃嫔、皇孙、杨国忠、韦见素、高力士、魏方进、陈玄礼以及亲近宦官、宫人等，悄悄地离开未央宫，西出延秋门，向咸阳方向逃去。其他皇亲国戚、王公大臣，都被丢在京城，丝毫不知情。行至左藏库时，杨国忠建议派人焚烧，唐玄宗伤感地说："叛贼抢不到这些东西，必定要搜刮百姓们。不如留给他们，不要再给我的子民们加重负担了。"

天亮时分，唐玄宗带领的逃亡队伍匆匆过了渭水上的便桥。杨国忠一过桥就下令毁桥断路，唐玄宗知道后，气愤地说："百姓们也要避贼求生，为什么要断绝他们的生路呢！"特别命令高力士留下，监督着把火扑灭，然后再赶路。

上午，许多大臣依旧到兴庆宫上朝参拜。到宫门前，只看见三卫的立仗（仪仗队）还整齐地排列着，漏声依稀。等到宫门打开，宫人们乱哄哄地跑出来，说是玄宗皇帝不见了。顿时，宫中哗然，长安城大乱。由于不知道皇帝到哪里逃难去了，长安的王公、百官及百姓乱哄哄地往各处逃窜。有人趁火打劫，争入宫内及王公宅第搜取金银，有人甚至骑驴上殿，焚烧左藏大库。崔光远、边令诚带领人救火，又招募人代理府、县官分别维持秩序，杀了十来个闹事的人，才稍稍安定下来。崔光远派他的儿子去迎接叛军，边令诚也把宫门钥匙献给了叛军。

唐玄宗一行人马到达咸阳市东数里之外的望贤宫。以前派来负责安排的宦官王洛卿和咸阳县令都已逃跑，没有人出来接待。直到中午，还没有饭吃，饥肠辘辘，加上烈日炎炎，这些养尊处优惯了的人尝到了从未吃过的苦头。唐玄宗又气又恼，回想自己的大半生，百感交集，忽然产生轻生的念头，一头撞向一棵大树。恰好高力士赶过来，牢牢抱住他的双脚，呜咽着劝说，唐玄宗这才作罢。这时，杨国忠从市场回来，从衣袖里拿出买来的胡饼给唐玄宗充饥。老百姓也有来看热闹的，唐玄宗问他们："你们有饭吃吗？不管好不好，拿来就行！"一会儿，百姓就拿了掺杂着麦豆的粗饭过来。没有盛饭的碗，也没有筷子，妃嫔、皇子、皇孙们也不摆架子了，都用手捧着吃。饥不择食，大家都觉得饭香甜可口。风卷残云，狼吞虎咽，一扫而光。目睹这一情景，唐玄宗不禁掩面而泣。一位名叫郭从谨的老人上前说道："安禄山包藏祸心，已经不止一天了。也有人进宫报告他阴谋造反，陛下都把他们杀了，使得他的奸计能够得逞，招致陛下流亡。所以先王重用忠臣良相

来使自己耳聪目明。我还记得宋璟担任宰相的时候，经常直言进谏，因此天下太平。从那以后，朝臣都不敢犯颜直谏，而是靠阿谀奉承来保全自己的乌纱帽，所以宫门外的事情，陛下都被蒙在鼓里，百姓们早就料到会有今天了，但宫廷警卫森严，我们根本进不去，无法表达自己的忠心。如果事情不达到这种地步，我哪能见到陛下，和陛下说起这些事情呢！"唐玄宗深受感动，一再安慰他，老人摇头叹息着走开了。过了一会儿，尚食官送来御膳，唐玄宗叫跟随的官员先吃，然后他再吃，并传令禁军士卒分散到各个村落去找吃的。

然后，大队人马继续前行。约莫夜半时分，到达金城（今陕西兴平）。随从队伍里很多人都不知什么时候已经逃走了，连内侍监袁思艺也不知去向。当地县令、百姓早已逃往他乡。好在百姓的饮食器皿都留了下来，大家好歹还能填饱肚子。晚上睡觉时，驿中馆舍没有灯烛，只得抛弃贵贱长幼之别，混住下来。唐玄宗与六宫、皇子也是靠着月光进入户庭，勉强度过了一夜。

十四日（丙申）中午，队伍行至兴平市西郊的马嵬驿。随从护驾的禁军将士疲惫不堪，再加上饥饿难耐，遂萌生出强烈的不满和愤怒情绪。禁军首领龙武大将军陈玄礼，早就看不惯骄横自恣的杨国忠，因为他的专权乱政，君臣们播迁流离，落到如此地步，所以早就想诛杀杨国忠。陈玄礼召集众将领，慷慨激昂地说："如今天下分崩离析，皇上出逃在外，难道不是由于杨国忠盘剥百姓、朝野怨愤所造成的吗？如果咱们不除掉他向天下谢罪，怎能平四海之愤呢？"大家反应非常强烈，异口同声地答道："我们早就想这样干了。事情如果成功，就是死也心甘情愿！"恰在此时，有二十多个吐蕃使者，因饿了好几天没东西吃，正围住杨国忠的坐骑诉苦。杨国忠还没有来得及答话，愤怒的禁军将士们大声叫喊："杨国忠与吐蕃谋反！"有人一箭射中杨国忠的马鞍，杨国忠从马背上滚落下来，窜进马嵬驿西门内，军士们蜂拥而入，将杨国忠乱刀砍死，并用枪挑着他的脑袋挂在驿门外示众。大家还觉得不足以泄恨，随后又杀了杨国忠的儿子户部侍郎杨暄及韩国夫人等。当时杨暄听说兵变，吓得从马上掉下来，被将士们射中一百多箭，成了一个肉刺猬，御史大夫魏方进责备大家说："你们怎么敢杀宰相！"大家又把他杀了。韦见素听说兵变，走出来观看究竟。将士们杀红了眼，乱杀乱打，打破了他的脑袋，鲜血流了一地。有人认得他，赶快大喊："不要伤害韦相公！"将士们一听是贤相韦见素，马上住手，把他从地上扶起来，他才捡回一条老命。

杨国忠被杀时，唐玄宗正在驿亭里休息，听到外面的喧哗声，就询问出了什么事。左右告诉他杨国忠已被军士以谋反罪名杀死。唐玄宗当然不相信杨国忠会反，作为一个老谋深算的政治家，他深知问题的严重性。"祸由杨国忠"的舆论他早有耳闻了，所以没有责备冲动的军士，而是拄着拐杖走出驿门，慰劳将士，要军士们收兵归队。不料军士不应，依然围着驿亭不肯退去。唐玄宗就派高力士去宣问。有人回答说："贼根还在，大家很担心，哪里能散去呢？请陛下明断！"暗示要除掉杨贵妃。陈玄礼干脆单刀直入："杨国忠谋反，贵妃不宜供奉，请陛下忍痛割爱，将其正法，以绝后患。"唐玄宗听罢，就像当头挨了一棒。贵妃十七年来宠逾六宫，在生活上、精神上早成了自己甘愿生死与共的伴侣。

而今国破家亡，弃京西逃，一国之君的尊严早丧失殆尽，也就不说了，难道连一个爱妃都不能保全？但如果不答应，军士不退，后果难以预料，又当如何是好。思虑片刻，唐玄宗讷讷地说："我自己会处理的！"说完转身回到驿站门内。唐玄宗不忍回行宫去见杨贵妃，就走进驿门旁的一条小巷，垂着头靠在拐杖上，默默无言地站了很长时间，头昏脑涨，一筹莫展。

高力士把这一切全看在眼里。在他看来，杨贵妃只是一介女子，不该为杨国忠的误国而受牵连。他是唐玄宗的忠实奴仆，一心为玄宗排忧解难。当初百般侍候杨贵妃，目的是为了取悦唐玄宗，如今为了唐玄宗性命无忧，只好委曲杨贵妃了。所以高力士说："贵妃确实无罪，但是将士们已经杀了她的堂兄杨国忠，而贵妃仍在陛下身边，他们哪里会不担忧！请陛下仔细考虑一下，只要将士安，陛下也就安了。"

唐玄宗万般无奈，也只好答应了将士们的要求。他痛苦地与杨贵妃作了最后诀别。"君王掩面救不得，回看血泪相和流。"是白居易对这一生离死别场面的生动描绘，杨贵妃泣涕呜咽，语不胜情，对唐玄宗说："请陛下多加保重！妾的确辜负国恩，死也不恨！只求让妾死在佛的面前！"唐玄宗不忍回头，低声哽咽着说："愿爱妃善地投生！"遂命高力士带去处置。高力士把杨贵妃领到佛堂前的梨树下，叫两名身强力壮的小宦官用罗巾勒死她。杨贵妃当时年仅三十八岁。据说，当时恰有进贡南方荔枝的快骑到达。唐玄宗睹物思人，叹息流泪，命高力士拿去祭贵妃。

杨贵妃一死，陈玄礼放下兵器，向唐玄宗请罪，六军将士暂告平息。

受马嵬之变株连而死的，还有杨国忠的其他家人与亲属。杨国忠被杀时，他的妻子裴柔、幼子杨晞，及虢国夫人、儿子裴徽和一女，已先行至陈仓（今陕西宝鸡市），遭到陈仓县令薛景仙的追捕。他们逃进竹林，虢国夫人看官军追了上来，无路可逃先拔剑杀死裴徽，又把女儿刺死。裴柔喊道："娘为什么不给我方便！"虢国夫人于是又把她和她的女儿杀了。杨晞跑得虽快，但还是被官军追上一刀杀死。虢国夫人自刎未成，被捕进了监狱。她并不知道发生兵变，问狱吏："这些人是官兵？还是强盗呢？"狱吏诙谐地答道："都是！"虢国夫人一听这话，血卡喉咙，一命归西！薛景仙命令把杨家这些人胡乱埋在东城外十几步道北的杨树下。杨国忠的二儿子杨昢，被安禄山叛军杀死；三儿子杨晓，逃到汉中郡后，被汉中王李瑀打死。杨国忠的心腹翰林学士张渐、窦华和吏部郎中郑昂，后来都被朝廷处斩。另一个亲信中书舍人宋昱，舍不得丢下家产，偷偷回到长安，也被乱兵杀死。

关于马嵬事变的真正主谋历来众说纷纭，反对杨国忠，固然有太子集团和宦官势力，同时还有广大军士与百姓，它的历史意义已经超越了封建统治者内部的权力之争。

纵观天宝之乱，前十一年是李林甫专权，后三年为右相杨国忠执政。李林甫位居相位十九年（从开元二十二年开始算起），为天宝之乱种下祸患；而到了杨国忠为相时，天宝之乱终于爆发。杨国忠缺德少才，不择手段地攫取相位，飞扬跋扈，党同伐异祸国殃民，骄奢腐朽，这样的人是没有好结果的，不论他曾经如何显赫，不可一世，是非成败自有后人评说。

宦官宰相

——李辅国

名人档案

李辅国：唐肃宗时当权宦官。本名静忠，曾赐名护国，后改辅国，相貌奇丑无比。少时被阉，充当宦官高力士的养马仆役，四十余岁时始掌闲厩(主管宫廷的马匹簿籍)，后入东宫侍太子李亨。

生卒时间：704~762 年。

性格特点：伪装谦恭，办事小心谨慎。

历史功过：李辅国成为大唐以来第一个以宦官身份任宰相之人，这个连玄宗皇帝宠臣高力士都未敢涉足的重职，被其开了先河。于是他自恃有功，狂妄无忌，连文臣武将入宫也必先向他朝拜，代宗只不过成了他手中的听命玩偶。

季亨登基

　　李辅国原名李静忠，出生于为皇帝养马人之家，从小略通文墨。他长相丑陋，自幼被阉割去势，在高力士手下为仆役。玄宗天宝年间，他在四十岁时才获得在养马院中管理账簿的差事，但办事颇为认真。此时，王琎任掌车舆牛马的闲厩使，赏识他账目明晰，有利于惩办贪污，把大批马匹养得肥壮。作为奖赏，王琎推荐他到太子李亨宫中当差，使其获得了取悦于太子的机会。

　　天宝十五年(756)初夏，安禄山叛军攻破潼关，唐玄宗偕太子李亨、宠臣高力士等在卫兵保驾下仓皇出逃，李辅国小心谨慎地服侍太子，昼夜保卫着太子的安全，日益获得李亨的信任。当玄宗行至马嵬驿时，随行将士举刀呐喊，兵变怒杀宰相杨国忠，杨贵妃含泪自缢。李辅国参与了龙虎大将军陈玄礼诛杀杨氏兄妹的预谋。玄宗入蜀，沿途百姓跪拜

请留。玄宗怜悯，留太子李亨垫后，抚慰百姓。过了一会，百姓越聚越多，竟达数千人。太子李亨涕泣不止，拨马欲西。"父老共拥太子马，不得行。"李辅国劝太子留下来，顺应人心，独立竖起"兴复"大旗，造成"百姓之主"的政治形势。

长期以来，太子李亨与父皇之间有着深深的裂缝，玄宗并不赞赏李亨的个人才能，并不认为他是理想的皇位继承者。前太子李瑛被废，三个皇子同日赐死，是何等触目惊心的事。李林甫、杨国忠千方百计地陷害李亨，也是够可怕的。玄宗一直没有让位的打算，连"太子监国"也做不成。如果继续追随父皇到蜀郡，今后太子地位能否保住，是难以预料的。所以，在马嵬驿事变之后，正是与玄宗皇帝分道扬镳的好时机。况且，在"禄山一呼，四海震荡"的危险之际，谁能打起平叛的旗帜，谁就会得到百姓的拥护。为此，作为太子集团的李辅国，力劝太子李亨分兵北上朔方，收河陇兵，以图兴复。李辅国还密启太子妃张良娣，张良娣也赞其谋，太子李亨的两个儿子，即广平王李俶和建宁王李倓，也都积极地鼓吹另立山头。

骄阳七月，高力士、陈玄礼伴玄宗入蜀避乱已走了一段路，久等太子不来，心中不免有所疑虑，派人侦伺。使者回来报告说，太子留下不来了！玄宗立刻意识到太子要走自己的路了，不禁叹了一声："天也！"自逃离京师，仅仅三天，朝臣杨国忠和魏方进被杀了，内侍监袁思艺投奔了安禄山，杨贵妃被缢死了，太子李亨又不来了，真是众叛亲离呵！玄宗被迫分出后军二千人及飞龙厩马，调拨给太子，又把东宫内人包括张良娣送到太子那里。太子李亨在众人的簇拥下，到达朔方灵武。李辅国此时又奉劝太子迅速称帝，以便维系天下民心。李亨匆忙登基，史称唐肃宗。李辅国进一步取得了李亨的信任，成了劝驾有功之臣。

肃宗即位，尊拜避乱入蜀的唐玄宗为太上皇，改元至德。为平叛军，任李俶为天下兵马大元帅，李辅国被任命为判元帅府行军司马，开了唐初以来宦官掌禁军的先例，由此成了新皇帝的心腹。李辅国得到重用，凡四方表奏、符印军令，皆由他掌管，颇为得意。为了进一步向肃宗表忠心，他改名为护国，意在誓死保卫李亨。肃宗大喜，巡视凤翔之际，又任命李辅国为太子詹事，御赐更名"辅国"。

李辅国为了巩固既得利益，紧紧掌握印信，参与军事谋划，掌管各地官吏送到朝廷的奏章，轻易地获得了军事、政治实权。由于他出身卑贱，地位低下，为了博得人们的好感，他伪装谦恭，常常手持念珠，不吃荤腥及珍贵食物，办事小心谨慎，借以笼络人心。他暗中观察到肃宗宠爱张良娣，便愈益谄媚张淑妃，悉将受贿珍宝敬献，为其殷勤服侍，甘效犬马。

肃宗第三子建宁王李倓，乃宫人张氏所生，有胆略见识。肃宗登基后，受命典军使，统领禁军。他英武气盛，雄心勃勃，与朝臣李泌力图恢复大唐基业。肃宗对他亦充满信任。李倓看不起李辅国，对其拥权过重，近在帝身，心存戒备。他对张淑妃亦怀不满。至德二年（757）春，他耿直地向肃宗进谏："良娣颇自恣，辅国连结内外，欲倾动皇嗣。李、张二人不可过宠，养疾成患，早晚会招致天下大乱，宜当早除。"肃宗不听，面带愠色。李辅国、张良娣极为恼火，对他恨之入骨，必欲除之以清道路。于是李、张二人合谋，每有机

会,轮番进谗,诬陷李俶因未当上天下兵马大元帅,怀恨广平王李俶,图谋取而代之。肃宗终成大怒,不辨曲直,下诏赐李俶自尽。李俶遇害,百官震惊。广平王李俶和大臣李泌亦惶惶不安。后李泌为了避祸,归隐衡山,将禁门钥匙交给李辅国执掌。李辅国制造的这个冤案,直至代宗大历时才获得平反。

扰乱朝纲

至德二年九月,唐军收复长安,十月,肃宗回京,入居大明宫,李辅国以功劳迁从三品的殿中监,加任太仆卿,除总管宫中事务,还可过问禁军。十二月,再升为从一品的文散官开府仪同三司,封郇国公,实封五百户。张淑妃荣宠复加,登上皇后宝座。二人此后勾结更加紧密,排斥忠臣,扰乱朝纲,就连肃宗皇帝也不放在眼里。肃宗不临朝,李辅国代替肃宗,堂而皇之发号施令。

为了稳固地位,李辅国设置察事厅心腹数千人,改装易服,混迹民间,打探情况。凡有对李、张不满者,尽遭密捕,打入监牢,"诸司无敢拒者"。每次外出,数百武士卫从,无人敢直呼其名,尊称他为"五郎"。宰相李揆是山东头等大地主出身,屈于他的威势,也称辅国为"五父",对他行子弟之礼。肃宗并为他婆前吏部侍郎之女为妻,其妻家兄弟,由是分别得以在朝廷或地方做官。

乾元二年(759),京兆尹李岘为官公正,深孚众望,被拜为吏部尚书同平章事,实际是掌宰相大权。他曾向肃宗皇帝进谏:今后凡军国大事,不能由宦官干预,李辅国草拟诏书是贪权越职。建议只保留其太子詹事,夺其行军司马。这样一来,他暂时丢失了假传圣旨、处理政务以及凭借禁军独断大事的权力。权势欲驱使他不会至此罢休的。不久,凤翔县马坊押官因抢劫民家被捕,犯人之妻不服,上告京城。李辅国复察此案,本来押官抢劫事实俱在,李辅国为了诛连到李岘,竟为此案翻案,并诬负责此案的天兴尉谢夷甫渎职,冤枉好人。为此,与该案有关的御史崔伯阳、刑部侍郎李晔、大理寺卿权献同均受牵连,被谪远县。李岘为他们鸣不平,上奏肃宗。李辅国借机诬陷李岘与一批比较正直的官员是朋比党援,存心不轨。肃宗大怒,贬李岘入蜀,永不得进京师。

李辅国扶摇直上,已达权势峰巅。他所担任的判元帅府行军司马事、太子詹事、殿中监、太仆卿等职未变,又新任裁接总监、陇右郡牧、京畿铸钱等使。李辅国权倾一时,卖官鬻爵,大收贿赂,巨敛暴富。

十二月,唐玄宗自蜀还都,住城东兴庆宫,有时也去肃宗所在大明宫,父子常可叙谈。左龙武大将军陈玄礼、内侍监高力士都是跟随玄宗多年的老人。肃宗为表孝心,又加派了一些宦官、旧宫人和梨园弟子去玄宗身边服侍,奏乐解闷。兴庆宫的长庆楼南临大道,玄宗不时登楼徘徊观望,父老百姓路过其地者常对玄宗瞻拜,玄宗顺便在楼下设酒食款待。这些日常琐细事务,李辅国看到眼里,怕肃宗一旦失掉大权,万一玄宗复位,自己从前伺候过高力士,那不又将给他提靴穿袜吗?为此,他故作关怀玄宗的姿态反复对肃宗

说："太上皇所居靠近市面,常常免不了要和外人往来,烦扰而不便于养老。听说陈玄礼、高力士等人又在伺机图谋不轨,要向您夺权,禁卫六军都由此为之惶恐不安,我已无法说服他们听命,只好请您将太上皇迁入禁中,隔绝与外人往来,才能免于发生后患。"肃宗认为玄宗年事已高,不会再来夺取皇位。李辅国却别有用心地怂恿说:"上皇即使无此意,他又怎么能控制手下那帮人呢?当今急务,必须尽快消除叛乱于未萌,迁上皇入禁内,以杜绝与外人交往。而你们父子之间还可以常常相聚,这有什么不好的呢?"肃宗虽然认为此言有理,但又不好表态,随口说一句:"奏情已知,下去吧!"李辅国悻悻而归,去见张皇后,二人由是假传圣旨,将兴庆宫原有的三百匹马调走,只留十匹老马。玄宗心情黯淡,怅然若失,痛心言于高力士:"我儿为李辅国所惑,恐怕不能终孝了。"

其时,肃宗患病。李辅国与张皇后矫诏,逼玄宗迁入太极宫,玄宗伤心,并未答应。李辅国愈发胆大,又假传圣旨,再逼玄宗易地太极宫。玄宗无奈,只得含泪前往。一行来到睿武门时,李辅国使五百武士拔刀拦路,以他为首,气势汹汹。玄宗大惧,险些失蹬落马。众侍从更是胆战心惊。正当此时,高力士断喝一声:"五十年天子在此,李辅国休得无礼!"李辅国虽手握强权,此时不知为何竟被高力士震住。也许是久为高力士下属,奴性未尽;也许突然权衡利弊,觉得应见好就收。这才下得马来,对玄宗见礼。高力士面对羽林军温情相慰:"太上皇问各位安好。"众将士本无犯上之意,见李辅国都下马叩拜玄宗,便也齐刷刷一片跪拜请安。高力士再现当年威风,令李辅国为玄宗牵缰引马,前往太极宫甘露殿。李辅国留下几十名老弱侍卫,率众离开。李辅国闷气难消,离开时对高力士愤愤说道:"好个糊涂人,后会有期!"

李辅国拦驾受辱后不几日,伪造旨意,将高力士流放巫州,王承恩逐播州,陈玄礼致仕返乡,如仙媛遣归州,玉真公主迁居玉真道观。总之,李辅国竟把玄宗身边的所有亲信一律赶到边远地带,高力士走前求见玄宗一面也被拒绝。重新换上一批新人,名为服侍,实是监视。连刑部尚书颜真卿率领百官上表向玄宗问好,李辅国也立即奏贬颜真卿为蓬州长史。从此玄宗孑然一身,屈居西内,时逢端午大节,肃宗惧怕李辅国与张皇后反对,竟不敢去西内探视老父亲。老人形同软禁,闷闷不乐,宝应元年(762)四月,年已七十八岁的唐玄宗在极度压抑郁闷的气氛中合上双目,死时,身边无一近人。后来,高力士在代宗即位后赦免其罪返回长安途中听说玄宗已死,悲痛万分,伏地恸哭,泣血而死。

杀张皇后

李辅国见肃宗重病在身,不能临朝,便与张皇后联手,架空肃宗。上元二年(761)八月,李辅国这一阉竖竟当上了正三品的兵部尚书,掌握了唐朝的军事大权。但他并不以此为满足,公开向肃宗提出要当宰相。肃宗虽在病中,并不糊涂,知道宰相之位乃国之首辅,总理万机,至关重要,玩笑不得。他不得不赔着笑脸,委婉相告:"以您的功劳,百官无所不可任,但为相,自古未闻宦官任宰相,恐怕众卿异议。"李辅国求相不成,不肯罢手,乃

召集心腹，推波助澜，大造舆论。他来到仆射裴冕家，让他上表荐己，裴冕婉言拒绝，李辅国心生忌恨。

肃宗也掌握了李辅国的暗中活动，惧怕李辅国权势过大，多所挟持，便暗中使宰相萧华秘密告诉裴冕，转告公卿们千万不能上表推荐。萧华本人，非常反对李辅国为相，裴冕的态度也很坚决，李辅国枉费心机，对萧华等人十分怀恨，又行报复。他相中了其妻族亲、户部侍郎元载，指使元载诬陷萧华多有逆心，图谋不轨。利用肃宗病重，矫诏免萧华相，使之为礼部尚书，换上其亲信元载为相。后又指使元载将萧华贬为峡州司马。裴冕也被李辅国同僚诬陷贬为施州刺史。让他们远离京师，为其日后再夺相权做好了准备。

宝应元年（762）四月，唐肃宗病入膏肓，军事大权完全交与太子李豫。张皇后无亲生儿子，深恐肃宗病故，太子不听命，故欲立越王李系以代李豫。李辅国的专权本是依附勾结张皇后所得，他见处理国事的太子李豫与张皇后不睦，感到此时必须投靠太子，而张皇后已无任何利用之价值，便与张皇后明争暗斗起来。

张皇后知道李辅国掌握禁军，有草拟诏书、发布军令之权，她欲立李系为太子，必除李豫，而除李豫必先除去李辅国。于是，她也加紧了宫廷兵变准备。她以肃宗名义召太子李豫入宫，让他除去久掌禁军的李辅国与内侍程元振。李豫认为李、程二人乃父皇勋旧内臣，现今父皇病重，不宜下手杀死其亲信，惊吓病人。张皇后见太子不从命，只好找肃宗第二子越王李系、第六子衮王李侗，共同谋诛李辅国。为此，秘密选拔宦官有勇力者二百余人授甲于长生殿，皇后矫诏令太子入内。但机密被程元振侦获，火速集结禁军数万人，悄悄埋伏于陵霄门，拦住李豫。程元振上前密告李豫，这是张皇后的阴谋。李豫竟不以为然，强要进宫。程元振见太子执迷不悟，强行将其拥入飞龙厩，严加保护起来。李辅国与程元振带兵杀入长生殿，刀光剑影，血溅宫廷。混战中，越王李系、宦官段恒俊及其追随者百余人尽被擒住。此时，肃宗已近弥留之际，张皇后守在身边。李辅国带领禁军杀气腾腾闯入宫中，强行将张皇后拉下殿，与一班侍从关入后宫，重兵把守。一时宫中大乱，众宦官抱头鼠窜，突受惊吓的肃宗，一气而死。

李辅国下令不待举丧，先将张皇后、越王系、衮王侗等人斩首，做了肃宗的祭品。

暴死家中

在这场惊心动魄夺权的斗争中，李辅国既除去了政敌，又获得拥戴太子李豫即位（是为唐代宗）之功。当时，他掌握着军队和车舆大权，才登帝位的代宗哪敢不答应他的要求。五月，拜李辅国为司空兼中书令、兵部尚书，实封八百户。李辅国成为大唐以来第一个以宦官身份任宰相之人，这个连玄宗皇帝宠臣高力士都未敢涉足的重职，被其开了先河。于是他自恃有功，狂妄无忌，连文臣武将入宫也必先向他朝拜，代宗只不过成了他手中的听命玩偶。他甚至对代宗放胆直言："陛下只管静坐宫中，外边之事尽听老奴处理好了。"代宗心中不悦，却不敢流露，外表对他很敬重，尊称为"尚父"。李辅国意在全面控制

朝廷,任人唯亲,大加犒赏。程元振由内飞龙厩副使升为左监门卫将军、知内省侍;巫士韩颖,拜为司天监,又兼秘书监;起居舍人刘炬拜为中书舍人等。

李辅国权势盛极,不仅朝臣多不满意,而且其同党程元振异常嫉妒,密向代宗建议,应该削夺辅国的部分权力。代宗深感李辅国的专横跋扈,自然同意。后见程元振果真与李辅国势不两立,便决心以毒攻毒,借程元振之手除掉李辅国。才一月时间,程元振就以其更加高明的手腕结成新党,形成了一股以自己为核心的新的宦官势力,李辅国几近伶仃孤木。

宝应元年六月,代宗突然解除了李辅国行军司马、兵部尚书和闲厩使职务,遂以程元振为行军司马。代宗为防李辅国东山再起,令他于宫外建一别墅,不再让他住在宫中。代宗羽翼展开,程元振称心如愿,百官如释重负,长安百姓奔走相庆,李辅国意识到大祸来临,不得不上书代宗,请免中书令职。代宗感念其拥戴之功,封他个博陆王虚爵,且允许进京。

按传统惯例,李辅国去中书省修表谢恩。孰料来到中书省前,守门小吏不让进去,说"尚父"既已罢相,理不应该再入中书大门。李辅国一肚子怨气,只好去找代宗,说:"老奴无权侍奉您这个小皇帝,只好侍候九泉之下的老皇帝了。"代宗并未怪罪,宽慰一番后,让他安心归家。同时,将原先由李辅国起用的秘书监韩颖、中书舍人刘炬等人通通流放岭南。

同年十月十八日晨,长安城百姓都在等着观看这个五十九岁的老宦官离京时的狼狈相,突然李府传出一个爆炸性的新闻,李辅国昨夜暴死。

唐代宗下令缉捕刺客。埋葬李辅国时,为了给其一个全尸,代宗令工匠刻了一个木头脑袋安在李辅国无头尸身上。厚葬后,追谥他为太傅。

关于李辅国之死,说法有三:一是无名侠客所为;二是杭州刺史杜济说是某一武将所为;三是代宗皇帝派人所为。

六贼之首

——蔡京

名人档案

蔡京：北宋奸臣。字元长。兴化仙游（今属福建）人。与北宋政治家、书法家蔡襄是同乡。蔡京是王安石变法的坚决拥护者和得力干将。

生卒时间：1047~1126 年

性格特点：才学出众，心地险恶。

历史功过：先后四次任相，共达十七年之久。在任期间，设应奉局和造作局，大兴花石纲之役；建延福宫、艮岳，耗费巨万；设"西城括田所"，大肆搜刮民田；为弥补财政亏空，尽改盐法和茶法，铸当十大钱，币制混乱，民怨沸腾。时人称他为"六贼之首"。

名家评点：后人有诗叹云：

乱世义师围汴梁，太师蔡京说宋江。

不顾宋庭官无道，只看梁朝军猖狂。

饶舌欲学苏秦论，坠马只得王朗亡。

小丑跳梁空一场，令人千载笑奸相！

投机变法

　　蔡京，字元长，他出生之时，正值范仲淹等人推行的"庆历新政"失败不久，多灾多难北宋王朝又一次陷入内忧外患的困扰之中。蔡京出生的前一年，被排斥到地方做官的范仲淹写了他那篇脍炙人口的《岳阳楼记》，其中的"先天下之忧而忧，后天下之乐而乐"成为传世名句。

　　转眼间蔡京已由一个男婴长成了顽童，该入学发蒙了，蔡準便将他送入学馆。蔡京

天资聪颖，过目不忘，不但跟随先生熟读经书，而且练就了一手好书法。学馆里的先生在教授经文时，对于时文中的《岳阳楼记》推崇备至，要求学生把它背诵下来。蔡京在先生的要求下，咿咿呀呀地将《岳阳楼记》背诵得滚瓜烂熟。但他日后的所作所为，实在愧对儿时认真背诵的"先天下之忧而忧，后天下之乐而乐"。

北宋神宗熙宁三年（公元1070），朝廷又一次开科取士。这时，蔡京已二十四岁，他和弟弟蔡卞一起来到京城汴京（今河南开封），准备考取功名光耀门庭。结果，蔡京、蔡卞兄弟中了同榜进士，蔡京的名次比弟弟靠前，为甲科第九名。

按宋朝的规定，对进士授官，官职低一点的可授县尉、主簿，高一点的可授县令。蔡京被派往钱塘（今浙江钱塘）任县尉，蔡卞被派往江阴（今江苏江阴）任主簿，兄弟二人洒泪而别，走马上任去了。

蔡京赴钱塘上任时，途经苏州。苏州知府听说新科进士蔡京路过，便把他留下来住了几天，二人吟风弄月，也甚为相得。蔡京早就听说苏州有个官奴，名叫苏琼，非常擅长作词，便问知府："敢问大人，官奴苏琼精通填词，何不请来助兴？"

知府听了蔡京的问话，一时高兴，便唤人将苏琼请来。苏琼为人这些场面见得多了，她也深深地懂得别人请她这个官奴的用意，刚刚入席坐定，开口便对蔡京说："请蔡相公赐一韵脚。"

蔡京随口答道："那就以九为韵吧。"

苏琼一听，稍加思考，就吟出一首词来。词云：

韩愈文章盖世，谢安性情风流。良辰美景在西楼，敢劝一杯芳酒。

记得南官高选，弟兄争占鳌头。金炉玉殿瑞烟浮，高占甲科第九。

蔡京听罢，非常高兴，从随身所带的银两中取出一锭，赏赐给苏琼。在苏州游玩了好些日子，因上任日期快要到了，蔡京便与苏州知府话别，匆匆赶到钱塘。

当时，王安石已被宋神宗任命为宰相，实行变法，颁布了一系列旨在富国强兵的新法令，主要有均输法、青苗法、农田水利法、募役法、市易法、方田均税法、保甲法、保马法、将兵法等，史称"熙宁变法"。王安石在推行新法的过程中，遭到了以司马光为首的守旧派的强烈反对。但由于宋神宗的支持，变法派暂时占了上风。身为小小县尉的蔡京，见变法派得势，便灵机一动，也标榜自己是新法的支持者。但由于蔡京官位太小，并没有人去重视他，这使得蔡京异常懊恼。

蔡京的弟弟蔡卞却比哥哥幸运得多，他任江阴主簿时，王安石很赏识他，将自己的女儿嫁给了他。从此，蔡卞的官运亨通起来，从主簿升到国子直讲、侍御史，后来官拜中书舍人兼侍讲。蔡卞已是飞黄腾达，蔡京进取的机会也随之而来，加之他又到处宣扬自己是变法派，很快由县尉升为舒州（今安徽安庆）推官，不久又调往朝廷任起居郎一职。

蔡京官拜起居郎不久，朝廷便命他到辽国出使。蔡京也算不辱使命，回朝之后，就被拜为中书舍人。这样一来，蔡京兄弟二人同掌中书舍人一职，荣耀一时。

在朝廷中，蔡京的字是写得最好的，这也给他带来了升迁的机会，很快便被拜为龙图阁侍制、知开封府。就在蔡京青云直上之际，元丰八年（1085）三月，宋神宗病死，其子赵

煦继位,这就是宋哲宗。由于哲宗继位时还不到十岁,宋神宗之母高氏便以太皇太后的身份垂帘听政。高氏反对变法,所以她垂帘听政之后,立即重新启用守旧派大臣,任命守旧派领袖司马光为宰相,并把变法派纷纷逐出朝廷。变法派的失势,使蔡京不免惊慌起来,唯恐自己费尽心机得来的高官厚禄化为乌有,于是不失时机地摇身一变,又成了守旧派。

司马光上台之后,要求在五天之内废除募役法,重新实行原来的差役法。当时,朝廷内外议论纷纷,都认为不可能实现。但蔡京认为这是他讨守旧派欢心的一次好机会,岂能放过?于是蔡京不遗余力地在开封府境内推行差役法,将新法中的募役法全部废除,并亲自到政事堂对司马光说:

"在下已经按照您的意思,全部实行差役法。"

司马光听后,非常高兴地称赞蔡京说:"如果人人都象你那样奉法而行,那天下的事情有什么办不成的呢?"

司马光的夸奖使蔡京受宠若惊,心中满以为这下可以保住自己从变法派那里得到的高官厚禄了。但好景不长,台院、谏院便弹劾蔡京说:"蔡京心术不端,想破坏差役法,应当罢黜。"就这样,蔡京被排斥出中央政府,出知成德军(今河北正定)。这是蔡京入仕以来,第一次尝到贬官的苦涩滋味,心中快快不乐。但坏运气又跟踪而至,他到成德军不久,又接到朝廷改派他为瀛洲(今河北河间)知州的命令。

自从任瀛洲知州以后,蔡京的日子有了转机。闲暇之时,蔡京一边写字作画,一边琢磨进取的机会。在瀛洲,蔡京只字不提变法之事,别人如果敢谈起"变法"二字,他便大加斥责,甚至于陷害。时间一长,守旧派中的一些大臣认为蔡京可以任用,将他升迁为成都府(今四川成都)知府。但对于蔡京是否可用,守旧派内部也有不同意见。谏官范祖禹认为:"蔡京为人,心藏奸巧,见风使舵,有奶即为娘,绝不可大用!"

在范祖禹的竭力反对下,蔡京的成都知府一职随即被免去,改任江淮荆浙发运使。蔡京听说是范祖禹坏了他的好事,心中十分怨恨。此后,蔡京一直在地方上做官,始终受守旧派的排挤,郁郁不得志。

宋哲宗元祐八年(1093),太皇太后高氏死去,宋哲宗亲政。由于宋哲宗年幼继位,守旧派都看高氏的脸色行事,把小皇帝哲宗根本不放在眼里。有时甚至连宋哲宗说话,守旧派大臣也置之不理。随着年龄的增长,宋哲宗越来越不满守旧派大臣目中无君的傲慢态度。高氏一死,守旧派失去了靠山。宋哲宗便把那些对自己不恭敬顺从的守旧派大臣一一逐出朝廷,把原来遭受排挤的变法派召回朝廷,并表示要"绍述先圣(即宋神宗)",恢复变法,因而改元"绍圣"。蔡京由于在熙宁变法时投靠变法派,后来又屡受守旧派的排斥,自然也在被召之列,回朝后官拜户部尚书。

但是,宋哲宗亲政以后的变法派,已不是以前的变法派了。他们虽然标榜要继承先圣之法,却把打击守旧派作为要务。章惇被任命为宰相之后,他竟然要对已死的司马光掘坟暴尸,以泄私恨。活着的守旧派官员,也常常受到排斥打击,贬官的贬官,流放的流放,有的甚至悲惨地死在流放之地。蔡京为了讨好章惇,也不遗余力地打击迫害守旧派。

与此同时,在恢复新法中,蔡京又竭力替章惇分忧解难,深受章惇的赏识。

变法派内部,对恢复新法产生了分歧。章惇欲在恢复募役法之前,打算置司讲议,但过了好长时间也没有得到解决。蔡京便对章惇说:"您只需照搬熙宁变法就可以了,讲议它干什么呢?"章惇恍然大悟,说:"你说的很对!"于是,就把熙宁变法时颁布的募役法,一成不变地颁行天下。右正言孙谔也是变法派,但他极力反对这种做法。孙谔说:"募役、差役各有所长,应当兼顾,怎能照搬熙宁变法呢?再说,如今形势已变,熙宁变法未必全都在现在适用。"

章惇大怒,斥责孙谔为元祐党人。蔡京一心想取悦章惇,便乘机弹劾孙谔说:"孙谔身为右正言,不为朝廷分忧,竟敢诋毁先圣之法,真乃大逆不道。"就这样,孙谔免官出朝。

监察御史常安民对章惇的擅权专横,对蔡京的奸诈也非常憎恨,便弹劾他们二人说:"蔡京奸足以惑众,辩足以饰非,巧足以移夺人主的视听,力足以颠倒天下是非。章惇把他作为心腹,专掌国家大权,培植同党,排斥异己,妨害绍述先圣之法,使天下变法志士为之寒心。臣恳请陛下将蔡京逐出朝廷,压制章惇。"

由于宋哲宗对章惇的袒护,常安民的弹劾不但未被采纳,而且给自己带来了灾祸,被罢去官职,反而牵连了替他辩护的安焘等人。从此,章惇成了宋哲宗朝中权势最为显赫的人物。在章惇的提携之下,蔡京再次发达,官拜翰林学士兼侍讲,并且监修国史。

蔡京为翰林学士时,宋哲宗有一次宴请群臣,地点安排在西池。当群臣依次登舟时,蔡京一不小心,失足掉进池中,成了落汤鸡。有个叫李元膺的大臣,颇有才气,笑着对蔡京说:"蔡元长这下可弄湿了肚子里的文章。"蔡京认为这是在讽刺自己,心中大怒,便诬陷李元膺,终于使他丢官回乡,再也没有受到召用。他的自私险恶,可见一斑。

绍圣四年(1097),宰相章惇、知枢密院事曾布、副宰相蔡卞等人又重算老账,诬陷司马光、刘挚、梁焘、吕大防等,曾与内侍陈衍等内外勾结,欲废宋哲宗。章惇命蔡京、安惇二人尽力办理这一历史案件。蔡京接受这一任务后,非常卖力。他将内侍太监张士良拘捕到公堂上,严刑拷打,逼其说出陈衍的阴谋。张士良经不住蔡京的酷刑折磨,只好屈打成招。蔡京大喜过望,随即与安惇联合上奏哲宗,说:

"司马光、刘挚、梁焘、吕大防等,改变先帝之法,害怕陛下亲政之日,定他们欺君之罪,于是秘密与内侍陈衍勾结,想要废除陛下。于是,他们疏隔太皇太后与陛下,排斥陛下的内侍,目的在于去陛下的心腹;驱除先帝的顾命大臣,旨在剪除陛下的羽翼。纵容释放先帝所定的罪人,收留任用先帝所弃而不用的人。无君之恶,同司马昭之心;擅事之迹,过赵高指鹿为马。经臣等追究本末,清清楚楚地了解到了事情的真相。此等大逆不道,死有余辜。"

宋哲宗看了蔡京、安惇的奏折,心中存有疑问,就问:"元祐党人果真如此险恶吗?"

蔡京、安惇异口同声地回答:"启奏陛下,他们确有陷害陛下之心,只不过未付诸实施罢了。"

宋哲宗听了,也没派人调查核实,随即下诏:将陈衍以谋反罪斩首,将刘挚、梁焘二人贬往岭南,并让他们的子孙不得为官。属于守旧派的王岩叟、范祖禹、刘安世等,因为他

们有的是司马光的亲信,有的是司马光的学生,也受到此案的牵连。对于蔡京来说,贬了范祖禹,也算为自己报了一箭之仇,心中很是得意。

蔡京自从熙宁三年(1070)做官以来,在变法派与守旧派之间投机钻营,练就了一套欺下媚上的本领,成了一个混迹官场的钻营老手。虽然蔡京已身居翰林学士,但他仍不满足,又想捞个副宰相当当。知枢密院事曾布对蔡京嫉妒不已,非常害怕他官居自己之上,便乘机上奏哲宗说:"蔡卞已经是副宰相了,兄弟不可以同升。"于是,宋哲宗便拜蔡京为北门承旨,仍兼任翰林学士等职。

蔡京对曾布的做法非常憎恨,但他并不放弃要做副相的野心,乘机发挥自己能写善画的特长,将其作为自己进取的资本。按宋朝惯例,翰林学士要给皇帝、皇后等人献词,蔡京为了献媚于哲宗与皇后,特意撰写了四首,其中一句深得欣赏,那就是:"三十六宫人第一,玉楼深处梦熊罴。"蔡京知道后非常高兴,又画了两个扇面,作为凉扇进献给哲宗和皇后。宋哲宗夸奖蔡京说:"蔡爱卿书法,天下第一。"这句话,使蔡京兴奋得彻夜不眠,以为自己升官的机会又要到了。

但是,章惇、蔡京的所作所为,不得人心,朝野上下互相谈论他们的恶行,有人甚至借童谣发泄心中对他们的愤恨。当时广为流传的一首童谣说:"大惇小惇,入地无门;大蔡小蔡,还他命债。"台、谏两院大臣便借此弹劾蔡京,吓得蔡京提心吊胆。由于后宫对蔡京多有美誉,宋哲宗并没有罢黜蔡京,使这位钻营老手又侥幸成了漏网之鱼。从此,蔡京在朝廷之中地位日益巩固,他对权力的渴求也越来越强烈,其奸诈狡猾的本性也逐渐原形毕露。

独揽大权

元符三年(1101),亲政刚刚六年的宋哲宗病死。由于宗哲宗无子,在皇位继承问题上,章惇与曾布持有不同意见。当神宗的皇后向氏主持讨论皇位继承人时,章惇厉声说道:"按礼仪和律令,应该立大行皇帝同母弟简王。"

向氏不同意,便说:"老身无子,各王都是神宗庶子。"

章惇说:"按礼仪,庶出则应该立年龄最大的为皇帝,以按年长则应该立申王。"

向氏也不同意,找了个借口说:"申王有病,不可立。"

其实皇太后向氏想立端王赵佶,章惇则认为端王赵佶轻佻不似人君,君臣二人意见不合,所以章惇所提人选,均被向氏一口回绝。

向氏否决申王之后,章惇还想说什么,这时,知枢密院事曾布乘机发难,呵斥章惇说:"章惇,听太后处理这事,你不用多说话!"

皇太后向氏见曾布站在自己一边,便声色俱厉地说:"老身以为,端王聪颖过人,应该继承皇位。"皇太后懿旨一下,其余大臣不再反对,章惇也没有办法。就这样,端王赵佶登上了皇位,他就是历史上有名的昏君——宋徽宗。

皇太后向氏是个守旧派,有些政治野心。宋徽宗继位之后,向氏并没有完全归政,她模仿太皇太后高氏的做法,和宋徽宗一起处理朝中政事。章惇由于反对徽宗继位,没过多久就被罢去宰相。在向氏的要求之下,宋徽宗召回了。一批被贬官的守旧派大臣,让他们担任要职,并任命守旧派大臣韩琦之子韩忠彦为门下侍郎,不久把他升为右相。在韩忠彦的活动之下,司马光、刘挚等人都恢复了官爵,守旧派势力又开始得势。

守旧派的再次抬头,对于蔡京来说,无疑是一次考验。由于他曾依附章惇,徽宗即位不久,就把他从翰林学士降为端明殿学士和龙图阁学士,这仅是两个虚衔,一点实权也没有。不久,宋徽宗又下诏,让蔡京以端明殿学士的身份,出任太原(今山西太原)知府。这时,皇太后向氏发下话来,说:"让蔡京修完国史,再行赴任。"蔡京虽然暂时留在了京城,但往日的威风一扫而尽。谏官陈瓘乘机弹劾蔡京,说他与内侍太监来往密切,徽宗大怒,贬蔡京为江宁(今江苏南京)知府。蔡京心中懊恼不已,在京城拖延了数月不去赴任。

御史陈次升、龚夬、陈师锡等人,由于憎恨蔡京的为人,便联合弹劾,在奏折中说:"蔡京被贬,很不高兴,拖延时间不赴任,这是抗旨不遵,请陛下定夺。"对于蔡京来说,真是一波未平,一波又起。徽宗得知蔡京没有去江宁赴任,当下龙颜大怒,便下诏说:"追夺蔡京官职,让他到洞霄宫做提举。"

蔡京接到圣旨,惊惧地说不出话,再也不敢在京城停留,连夜南下,去任洞霄宫提举。洞霄宫是位于杭州的一处离宫,蔡京到此后伤感不已,犹如一个被打入冷宫的妃子,但他却还抱有一丝希望等待着出头之日。

蔡京被逐出京城不久,朝中形势发生了变化,皇太后向氏归政,宋徽宗全面亲政。宋徽宗为了调和变法派和守旧派之间的矛盾,便任命韩忠彦为左相,并将拥戴自己继位的曾布拜为右相,两派并用,并且改年号为"建中靖国",表示要大正至公,消除朋党之争,平息两派之间的互相打击报复。实际上,变法派和守旧派之间积怨已深,根本不可能调和。就在曾布任右相不久,便和韩忠彦产生了权力之争。曾布为了获取更大的权力,便又向宋徽宗建议"绍述先圣",鼓动宋徽宗排斥守旧派。蔡京闻知朝中形势的变化,心中窃喜,觉得自己回朝有望了。

宋徽宗是中国历史上有名的风流天子和昏君,喜欢吟诗作赋,且以书画见长,宋代人就评说他文采风流胜过李后主百倍。宋徽宗在玩乐方面有莫大的兴趣,声、色、书、画、奇花异石、飞禽走兽,乃至于蹴鞠游戏、谐谑浪语等等,无不喜好。凡是能投其所好的人,不论朝中大臣、宫廷显宦,还是市井流浪之人,都会得到提拔。宋徽宗亲政之后,便在杭州设立明金局,专门负责搜罗民间书画和奇巧之物,宦官童贯以供奉官的身份主持明金局,经常留居杭州。

蔡京为了能够重返朝廷,竭力讨好童贯,每当童贯来到杭州,便陪他日夜玩乐,并将自己画的屏风、扇面和写的条幅奉送给童贯,让他献给徽宗。童贯对蔡京的字画非常欣赏,便每天派使者送一幅到京城,并附上一些吹捧之词,使得宋徽宗龙颜大悦,对蔡京赞赏不已。蔡京为了进一步取得宋徽宗的欢心,便投其所好日夜不停地书写、作画,真可谓用心良苦。

就在蔡京巴结童贯，以字画讨取宋徽宗欢心的时候，朝廷中的权力之争日益激烈。曾布为了打击韩忠彦，想让蔡京入朝，以助自己一臂之力。当时恰逢宋哲宗的皇后为了排遣空虚寂寞，一时竟迷恋上道士作法。于是，太常博士范致虚把自己的至交、道士徐神翁推荐给哲宗的皇后，这样一来，徐神翁便可以经常出入后宫。范致虚又按照曾布的意思，让徐神翁借作法之机，在后宫为蔡京多说好话，并散布非蔡京为相不足以有所作为的言论，徐神翁全部照办。过了不久，后宫嫔妃乃至于宫女，都在宋徽宗面前夸赞蔡京。宫中宦官则在童贯的影响下，也纷纷说蔡京的好话。宋徽宗在嫔妃、宦官的言语蛊惑下，再加上他又非常赏识蔡京的字画，于是，决定重新起用蔡京，让蔡京任定州（今河北定县）知州。

崇宁元年（1102），蔡京又改任大名府（今河北大名）知府。这时，曾布与韩忠彦的权力之争正闹得不可开交。宋徽宗则在曾布"绍述先圣"的鼓动之下，开始考虑重新实行熙宁政事。

起居舍人邓洵武是曾布一派的，极力劝说徽宗绍述先圣，他煽动说："陛下乃神宗之子，现任左相韩忠彦乃韩琦之子，神宗实行熙宁新法，韩琦表示反对。今韩忠彦变更神宗之法，是忠彦为人臣尚能绍述其父之志，陛下为天子反不能绍述先圣吗？要想继承先圣遗志行事，没有蔡京万万不行。"他还画了一幅《爱莫能助之画》呈给徽宗，一再表示满朝文武大臣均欲祸乱朝政而不欲绍述先圣，非以蔡京为相不可。

在曾布和邓洵武等人的煽动下，宋徽宗也改变以调和变法派和守旧派的做法，把年号改为"崇宁"，表示要追崇熙宁新法，并于崇宁元年（1102）五月罢免了韩忠彦左相一职。曾布将韩忠彦排斥出朝廷，目的在于独揽朝政，不料，宋徽宗也把蔡京召回，并拜为尚书左丞。蔡京在曾布的眼里，不过是驱逐韩忠彦的一个棋子，达到目的后就没了利用价值，却料不到弄假成真，反而引狼入室。曾布与蔡京实质上只是暂时的盟友，他们一旦失去共同的敌人，争权夺利在所难免。

蔡京几经起落，又比曾布狡猾无耻，所以他一到朝廷，就投徽宗所好，经常进奉自己的字画博取徽宗。蔡京绝不满足于尚书左丞，他有更大的野心，眼睛早就盯住了宰相的宝座上。这样，曾布又成了蔡京向上爬的绊脚石，无时不在寻找挪开这块绊脚石的机会，这样的机会对于蔡京而言，不费吹灰之力就可找到。

崇宁元年（1102）闰六月，曾布的儿女亲家陈佑甫想谋个一官半职，恰巧户部侍郎一职空缺。曾布便上奏说："陛下，户部侍郎一职现在空缺，陈佑甫为人忠厚，臣请旨让他担任此职。"

蔡京闻言，抓住了曾布的把柄心中大喜过望，乘机奏道："陛下，陈佑甫乃曾布的儿女亲家。爵禄者，陛下的爵禄，作为宰相，怎能以陛下的爵禄去奉送自己的亲戚呢？"

曾布听了蔡京的奏言，知道他想和自己过不去，便愤然与他争辩起来。就这样，堂堂大宋王朝的宰相和大宋王朝的尚书左丞，竟然在朝堂之上像泼妇那样对骂起来，唇枪舌剑，毫不相让。坐在龙位上的宋徽宗，也被二人的吵骂之话惊得目瞪口呆，不知如何制止。曾布气愤不过，便大声骂道："蔡京，你这个无耻小人，也不想想自己如何回到朝廷的！不是我曾布，你岂能有今天？真乃虎豹豺狼，不知报恩，反而对恩人负义。"

有个叫温益的大臣，觉得蔡京与曾布都太不像话了，便怒斥道："曾布，你贵为宰相，岂能在陛下面前如此无礼！"

曾布听了，顿时惊惧不已，赶忙对宋徽宗说："恕臣失礼！"

宋徽宗颇为震怒，气呼呼地只说了一句："免你无罪！"随即罢朝而去。殿中侍御史钱遹见曾布失势，便乘机弹劾他。就这样，蔡京入朝不到两个月，曾布就被罢相，降为观文殿大学士，出知润州（今江苏镇江）。

曾布被排斥出中央政府之后，宰相之位便空缺下来，蔡京急切地盼望自己能爬上这个一人之下，万人之上的宝座。一天，宋徽宗对朝中大臣说："朕昨夜梦见蔡京作了宰相。"那些善于奉承巴结的大臣，便立即表示祝贺，蔡京心花怒放。

崇宁元年（1102）七月，宋徽宗下诏拜蔡京为右相。下诏之日，宋徽宗在延和殿宴请蔡京，并亲切地说："自先圣神宗创法立制以来，先帝哲宗继承先圣新法，中间发生了两次变更，国事至今未定。朕欲绍述父兄之志，扬我大宋国威，蔡爱卿有何良策？"

蔡京见宋徽宗如此看重自己，受宠若惊。听见徽宗问自己，便赶忙起身离席，跪在一旁，磕起头来，口中说道："谢陛下知遇之恩，臣愿尽死效力。"宋徽宗听他说得诚恳，心中欢喜，更加看重蔡京。

蔡京对曾布仍不放心，唯恐他日后东山再起，对自己构成威胁。于是，蔡京便诬陷曾布贪赃受贿，命令开封知府吕嘉问拘捕曾布的儿子们，用酷刑逼他们招供。曾布的几个儿子虽然吃尽了苦头，却始终不承认其父曾经贪赃受贿。蔡京在无计可施的情况下，施展卑鄙伎俩让自己的心腹之人假装证人，将曾布贪赃受贿之事草草定案了事。曾布在蔡京的诬陷之下，被一贬再贬，始终没有回朝任职，于大观元年（1107）死在谪贬之地。

蔡京拔去曾布这个眼中钉之后，放心地在朝中独揽大权，又于崇宁二年（1103）正月，被宋徽宗拜为左相，成为真正的位极人臣的显赫人物。但是，对于北宋王朝来说，却进入到历史上最为黑暗腐朽的时期，亡国的阴影正在来临。

党同伐异

蔡京从一个屡遭谪贬的一般官吏，一跃而位极人臣，他的心中止不住的得意。但是，作为一个心存奸巧的人，他的政治野心是没有止境的。蔡京当政不久，又一次野心勃勃地向权力发起挑战。

蔡京上奏宋徽宗说："陛下欲继承父兄之志，臣恳请按照熙宁制度，设立都省讲议司，以完成陛下心愿。"

蔡京这一建议，是想为自己捞取更多的政治资本。在宋神宗熙宁年间，为了适应变法的需要，特意设置了"制置三司条例司"这一新机构，专门主持变法事宜，有很大的权限，甚至于凌驾于宰相之上。蔡京奏请设立的"都省讲议司"与"制置三司条例司"权力相

当。他提出这个建议，是为了获取更大的权力，可是，宋徽宗并没有看穿蔡京的险恶用心，看了奏折，反而夸奖蔡京是"王安石再世"！于是，宋徽宗下诏设立"都省讲议司"，并让蔡京负责这方面的事务。

设立"都省讲议司"之后，蔡京便将心腹吴居厚、王汉之等人安插进来，彻底把持了朝政。从此，朝中官吏的任免、国家财政的收支以及宗室事务，都先由"都省讲议司"决定，然后奏请宋徽宗批准了事。除此之外，蔡京还以"都省讲议司"作为幌子，声称不但要恢复熙宁之法，而且还要将宋神宗想改变但还未来得及实施的事情也预以实施。结果，熙宁新法被蔡京弄得面目全非，正如后人所评说的那样："名为遵用熙宁新法，却未有一事合乎新法。"实际上，所谓新法，对于蔡京来说，只不过借以利用的一种手段而已，他的骨子里充满邪恶和阴谋。

屯里员外郎孙蕡是蔡京的好友，他对蔡京很了解。有一次，孙蕡对蔡京说："蔡相公，你的确是大富大贵之人，然而你的德行比不上你的才华，恐怕会贻误天下。"

蔡京却不以为然地说："我现在被圣上重用，贵为宰相，愿公助我！"

孙蕡见蔡京不把自己的劝告放在心上，叹了口气，怀着良好的愿望说："相公如果确实能谨守祖宗之法，以正确的言论辅佐人主，让文武百官崇尚节俭，绝口不提兵战之事，那将是大宋王朝的幸运。"

蔡京对于孙蕡的直言并不生气，却再也不言语什么，二人便不欢而散。

大权在握的蔡京，一直对守旧派大臣怀恨在心，虽然反对王安石变法的守旧派当时大部分已经死去。果如孙蕡所言，蔡京有才无德，他将自己手中的权力当作利剑，斩向守旧派，欲置之死地而后快。早在崇宁元年（1102）九月，蔡京拜右相还不到两个月，便上奏徽宗说："陛下，司马光等人破坏先圣之法，应该把他们视为奸党，夺其官爵，方才符合陛下绍述先圣之法。"

在蔡京的游说之下，宋徽宗下诏说："将元祐年间守旧派及议论过激之人，列籍呈上。"

于是，别有用心的蔡京将文彦博、司马光等二十二人，苏轼等三十五人，秦观等四十八人，武臣王献可等四人，总共一百零九位大臣以他们的所谓罪状一一列出并呈报宋徽宗，上奏说："请陛下御书刻石，以示后人。"

书法颇有造诣的宋徽宗欣然提笔，写下了"元祐党籍碑"五个大字，让石匠刻好之后立于文德殿端礼门。

蔡京又暗示同僚上奏宋徽宗说："近来臣等出京城到州府境内，在陈州（今河南淮阳）有士人问及端礼门石刻元祐奸党姓名，他们的姓名虽已颁行天下，但天下士人却未尽知。近在畿内尚且如此，更不要说边远之地了！乞降睿旨，以御书奸党姓名刻石于路府州军，示天下之人。"

宋徽宗允准了这个奏议，但自己没有再以御笔书写，而让蔡京代笔，命令地方官府按照这个刻石立碑。

此后，蔡京又不断想出鬼花样陷害他人。宋哲宗元符末年，曾发生了一次日食现象，当时朝中的官员见天出异象，都认为是变法所致。时隔数年，蔡京旧事重提，竟牵连了五百多人，并奏请宋徽宗将这些人列为"邪类"，将他们降官作为责罚。

崇宁三年（1104），蔡京上奏宋徽宗重新将元祐党人以及后来所定的邪类，合为一籍，认定三百零九人为"党人"，第二次刻石立于朝堂东壁，并下令让蔡京书写一遍，在地方官府刻石立碑。

蔡京写好之后，上奏道："臣奉陛下诏书，书写元祐奸党姓名。陛下御书刻石，已立于朝堂东壁，永为万世子孙之戒。又诏臣书之，将以颁之天下。臣为扬陛下美意，仰承陛下绍述先圣之志，谨书元祐奸党姓名，同文本一起奏于陛下，恳请陛下阅之。"

宋徽宗对蔡京的书法赞不绝口，并把它颁行天下。宋徽宗与蔡京的做法，引起当时许多有良知的人士的反对。在当时的永兴军（今陕西西安），官府请一个叫安民的石匠去刻字，他推辞说："草民是愚昧之人，本不知立碑之意。但象司马相公这样的人，天下人都说他正直，现在却说他是奸邪之辈，草民不忍刻他名字。"

永兴军的官员大怒，想定他的罪，安民哭泣着请求："官府的差使，草民不敢再推辞，只请求在碑石之末不刻写草民贱名，草民恐留骂名于后世。"

永兴军的官员听了安民的请求，见他也有些骨气，只好答应了他的请求。

前后两次刊石立碑，把守旧派整得很惨，蔡京内心总算有点好过了。但蔡京并未就此罢手，为了彻底在舆论上消除守旧派的影响，蔡京上奏宋徽宗说："陛下，奸党之中，诗文流传民间者不在少数，臣怕这些诗人会对百姓产生坏影响，于绍述先圣不利。"

宋徽宗觉得有理，立即下诏说："为正天下视听，将苏洵、苏轼、苏辙、黄庭坚、张耒、晁补之、秦观、马涓等人的文集，以及范祖禹《唐鉴》、范镇《东斋记事》、刘攽《诗话》、文莹《湘山野录》等书籍的刻版，悉行焚毁。"幸亏有一些诗文在民间保留了下来，否则，今天的人们，恐怕难以再去吟诵苏轼的"大江东去，浪淘尽，千古风流人物"这样震撼人心的词句了！

蔡京打击报复守旧派的同时，对变法派内的一些人也进行迫害，以显示他的不可一世。王安石的学生陆佃，以及变法派人物李清臣等人，因得罪了蔡京，竟也被打入"元祐党籍"，备受摧折。

章惇曾反对宋徽宗继承皇位，蔡京为讨得宋徽宗的欢心，便上奏说："陛下，章惇是奸邪之辈，目中无君，不恭不敬，请陛下把他一列为奸党。"宋徽宗没有明确表态。于是，蔡京便自作主张，将章惇当作党人对待，连其子孙也受到牵连。

自蔡京拜相以来，受到其排挤迫害的朝中大臣，几乎超过一千，其中主要是宋哲宗元祐年间的守旧派。"元祐党籍"成了蔡京党同伐异，排挤打击政敌的一把利剑。在蔡京的专权下，宋徽宗的朝堂上充满了奸邪之臣，朝政日益腐败下去。

娱悦徽宗

北宋王朝经过宋神宗熙宁变法以后，国库钱粮充盈，表面上呈现出一派太平盛世的

景象。宋徽宗为此而沾沾自喜，认为这是自己的功劳。蔡京摸透了宋徽宗的心理，便挖空心思去满足宋徽宗的一切嗜好。君臣二人臭味相投，过起纸醉金迷的生活来。

蔡京将《周易》中的"丰亨，王假之"和"有大而能谦必豫"借用过来，提出所谓"丰亨豫大"的说法，以娱悦宋徽宗。有一次，宋徽宗宴请群臣，将玉盏、玉卮摆在宴席上，让大臣们欣赏，并说："朕想用这些东西已经很久了，唯恐人们以为太过奢华，只好把它们藏到府库，今日用它们宴请诸位爱卿，不知是不是有些奢侈？"

蔡京赶忙说："陛下，臣以前出使辽国，曾见辽国君臣所用玉盘、玉盏，都是石敬瑭之物。辽人把它们拿出来向臣炫耀，说本朝没有这些东西。现在看到陛下用这些东西，臣很高兴。再者，玉器可以延年益寿，于礼无妨。"

宋徽宗说："先帝哲示曾修建了一个小台，才不过数尺高，上书者便接踵而至，认为过于奢华。朕畏人言，若人言一兴，那么朕就是有一百张嘴也说不清了。"

蔡京替宋徽宗辩解道："事若合于礼，人言不足畏也。再者，天下者陛下之天下，陛下就是拿天下所有东西来享用，有何不可？区区玉器，何足道哉！"

听了蔡京的诱惑之词，宋徽宗觉得象是吃了一颗顺心丸，当下龙颜大悦，说："蔡爱卿之言极是，朕心中无愧矣。"

蔡京乘着酒兴，又见宋徽宗在兴头上，便把自己附会的"丰亨豫大"提法向宋徽宗阐释了一遍，他说："陛下，天下承平日久，府库充盈，此所谓丰也。而今，宫室制度狭小，与陛下的君德隆盛和国家的富足，很不相称。以臣之见，应铸九鼎，建明堂，修方泽，立道观，作乐备礼，制定命宝，广建宫室，此所谓大也。天下既已丰亨，就应该豫大，陛下则应享天下之奉，于礼于仪，都是说得过去的。"

宋徽宗听了蔡京的牵强附会之奇谈，不但不以为怪，反而大加赞赏，并且下诏一一照办。宋徽宗下令仿夏、周制度，用铜二十二万斤，铸成显示皇恩浩荡的九鼎，至于九鼎的安放之处，蔡京上奏说："启奏陛下，应于中太一宫之南建九殿以奉安九鼎，大殿四周筑以墙垣，上施城堞，名之曰九成宫。"

宋徽宗准奏。蔡京便劳师动众，在很短的时间之内修成了九成宫。至于怎样安放九鼎，蔡京引经据典，上奏宋徽宗说："九成宫之中，有大殿九间。中间安放之鼎，曰帝鼐，其色黄，为大祠之用，祭以土王之日，祭祀之币色尚黄。北方安放之鼎，曰宝鼎，其色黑，祭以冬至日，祭祀之币色尚黑。东北安放之鼎，曰牡鼎，其色青，祭以立春日，祭祀之币色尚黑。东方安放之鼎，曰苍鼎，其色碧，祭以春分日，祭祀之币色尚青。东南安放之鼎，曰冈鼎，其色绿，祭以立夏日，祭祀之币色尚绯。南方安放之鼎，曰彤鼎，其色紫，祭以夏至日，祭祀之币色尚绯。西南安放之鼎，曰皂鼎，其色黑，祭以立秋日，祭祀之币色尚曰。西方安放之鼎，曰晶鼎，其色赤，祭以秋分日，祭祀之币色尚白。西北安放之鼎，曰魁鼎，其色白，祭以立冬日，祭祀之币色尚黑。"

九鼎成后，宋徽宗又任命蔡京为明堂使，主持修建明堂。蔡京为了使自己的"丰亨豫大"的提法进一步得到实施，下令搜刮各地的名贵木材运到京城，每天动用劳工上万人，目的仅仅是为了修建一座用来祭祀的明堂。

为了尽情享受，早在崇宁元年（1102），宋徽宗就在杭州设立造作局，制造各种精美的工艺品，供朝廷享用。蔡京为了满足宋徽宗对花石的特别嗜好，就对自己在钱塘时认识的大商人朱冲之子朱勔说："当今圣上对花石情有独钟，你可以给令尊写信，让他悄悄搜集浙江一带的奇花异石，进奉朝廷，圣上定会龙颜大悦，还发愁不能富贵吗？"

朱勔按照蔡京的意思，向宋徽宗进献了一些奇花异石，徽宗果然大喜。为了得到更多的花石，宋徽宗于崇宁四年（1105）在苏州设立应奉局，专门负责搜刮江南的奇花异石。蔡京提议以朱勔为应奉局提举。朱勔施展自己的聚敛本领，把江南士庶之家可供玩赏的一花一石，均攫为皇宫中的玩好。当时，从江南搜刮来的奇花异石，都是通过大运河和汴河用船运送到京城，每十船编为一纲，称为"花石纲"。

奇花异石越来越多地运到京城，宫廷之中已无法容纳，蔡京便乘机上奏说："启奏陛下，江南花石，日积月累，宫室制度已嫌狭小，难以容纳，应该另建新宫，以安放花石。"在蔡京的鼓动下，宋徽宗下诏在宫城之北兴建延福宫，让宦官童贯等五人主持这件事。这五个宦官在各自主持的区域之中，竞相比赛谁修得最豪华壮丽，把延福宫修建得富丽堂皇。不仅殿阁亭台鳞次栉比，凿池为海，疏泉为湖，而且还修建了鹤庄、鹿砦、文禽、奇兽、孔翠诸栅，豢养各种奇兽珍禽，至于那些用嘉木名花及怪石堆砌而成的假山，更是数不胜数。

政和七年（1117），宋徽宗又下诏修建万岁山，后改名为艮岳。模仿杭州凤凰山的山势，由人工用土堆筑而成，山峰高九十尺，周围十余里，所用山石都是从各地运来的。山上建有亭台楼阁，奢丽到了极点。这一切，无一不是蔡京诱导的结果。

在广建宫室的同时，擅长书画乐舞的宋徽宗又开始迷信道教。为了讨好宋徽宗，蔡京便对道士徐神翁说："当今圣上喜好方士幻化之术，请神翁举荐一人。"

徐神翁说："温州林灵素可以担当此任。"

蔡京非常迷信徐神翁，他曾向徽宗说："道士徐神翁，能预知未来之事，神翁曾说：'苏轼当坠入地狱，祸及七祖'。现在都应验了！"

徐神翁推荐了林灵素之后，开始与蔡京闲谈，他说："上苍正派许多魔君下凡人间，作弄世人。"

蔡京惊问："太平盛世，神翁何出此言？神翁可识得下凡之魔？"

徐神翁答道："相公您就是一个！"

蔡京听了徐神翁的回答，不以为忤，二人相视大笑。

政和六年（1116京），蔡京引荐的温州道士林灵素入京朝见宋徽宗。林灵素本是个地痞无赖，根本不懂得什么道教，但非常能说会道。他一见宋徽宗，便胡诌大话说："天有九霄，最高者为神霄。神霄玉清王是上帝长子，号长生大帝君，陛下是长生大帝君下凡。蔡京是仙官左元仙伯，下凡来辅佐陛下治理天下。"

宋徽宗听了林灵素的信口雌黄，竟然信以为真，龙颜为之大悦，下诏在自己的出生处——福宁殿之东，修建一座玉清神霄宫，由蔡京亲笔书写宫名。蔡京书写"玉"字时，把那一点写得笔势险急，有个道士见了，感慨万千地说："这一点是金笔而锋芒毕露，其势头

是想侵占王字,这岂是我辈之福哉!"那个道士的这一附会之说,后来不幸言中了。

玉清神霄宫建成之后,宋徽宗又下诏在皇宫附近修建上清玉箓宫,专门用来讲道。林灵素的肚子里并没有什么真正的货色,对道家经典也讲不出什么名堂,只是用一些滑稽媟语插科打诨,弄得听者哄堂大笑,宋徽宗却把他奉若神明。后来,宋徽宗竟下诏自称教主道君皇帝。

蔡京见宋徽宗沉迷于道教,便上奏说:"陛下,为弘扬道教,应当汇集古今道教之事,编为《道史》。更应按照科举之制,设立道学,道士亦可应试,考中的可让他们做道官。"在蔡京的建议下,宋徽宗下诏让天下遍修道观,每一道观赐田上千顷。

蔡京不仅挖空心思投徽宗所好,自己的生活也非常奢靡,在京城之中,宋徽宗赐给蔡京的宅地最为宏大宽敞,庭院之中树木森森,遮天蔽日。据说,有一个书生出城郊游,至傍晚时分,路过一处园林,便从墙较矮的地方逾越而入。只见园内花木繁盛,还有许多条交错曲折的小路,书生不觉之中走到了园林深处。这时,天色已经黑了下来,那个书生急欲返回,不料竟迷了路。忽然,他看见远处有几个人打着灯笼,朝自己走来,又惊又怕,慌乱中躲入道旁的一个小亭之中。不一会儿,那几个打着灯笼的人走近了书生,书生仔细一看,原来是几个盛装漂亮的女子,便放下心来。那几个女子发现了书生之后,便把他领到一处密室,群饮交戏,至五鼓时分方才散去。这时,那个书生已疲惫得走不动路,那几个靓丽女子便把他装进一个大箱子中,抬着扔到墙外。这个书生后来又经过那个园林,方才知道那只是蔡京家的一处花园。

宋徽宗想让人知道自己看重蔡京,便赏赐蔡京将西邻之地扩建为西园。于是,蔡京便毁坏西邻之地的数百间民房,把它们圈入自己的园林之中。西园建成之后,一天,蔡京来到园中,问道:"西园景致与东园相比,哪个更美?"

一个跟着蔡京来的名叫焦德的人说:"蔡相公东园嘉木繁茂,望之如云;西园百姓离散,泪下如雨。真可谓东园如云,西园如雨也。"

蔡京听了大怒,将焦德治罪了事。

在饮食用膳上,蔡京更是极尽奢侈之能事。相传蔡京爱吃鹌鹑,做一碗羹汤便要杀数百只鹌鹑。在一天夜里,蔡京梦到有几各只鹌鹑飞到他的面前,向他哭诉,请求他开恩饶命。其中一只鹌鹑上前作诗云:

> 食君廪问粟,作君羹内肉。
>
> 一羹数百命,下箸犹未足。
>
> 羹肉何足论,生死犹转觳。
>
> 劝君宜勿食,祸福相倚伏。

蔡京以为鹌鹑向他讨命来了,吓得不知所措,及至醒悟,方知是一场噩梦。尽管如此,蔡京依然我行我素。

蔡京家的厨房里,婢女成群,有很细很多的分工,每一项事务都有专门的负责人员,甚至有专门负责切葱丝的婢女。相传有一个士大夫在京城之中买了个婢女做小妾,那个小妾自称是蔡相公家中的厨师,士大夫大喜,满以为可以尝尝蔡京所吃的美味了。于是让自己新买的小妾作包子,谁想那个小妾竟然说:"恕贱妾不能。"

那个士大夫吃惊地问道:"既是厨师,为何连包子也作不出来?"

那个小妾答道:"贱妾是蔡府包子厨内专管切葱丝的婢女。"

此事后来传为笑谈。当时的人戏称某事不能为时,便云:"吾是包子厨内切葱丝的,哪里会做包子?"

每到蔡京生日,各地官府便闻风而动,大宗送礼,时称"生辰纲"。所送之礼,大部分都是各地的土特产品。就拿江西产的黄雀肫来说,每年只生产数百瓶,除上贡朝廷之外,其余便作为"生辰纲"送到蔡京那里。

有次,蔡京在家中宴请宾客,他对家中的库吏说:"拿江西官员所送黄雀肫来!"库吏一次就拿出十余瓶,让客人分而饮之。喝完之后,蔡京又回头问道:"还剩多少瓶?"库吏答道:"还有八十余瓶!"宾客无不惊讶,蔡京却满不在乎地说:"天下之物,取之不尽,诸位只管享用罢了。"

又有一次,蔡京在家中与群僚议事,讨论完后,便留僚属用餐。蔡京命厨房做蟹黄馒头,光这一项就花掉一千三百多贯钱。

在蔡京"丰亨豫大"提法的影响之下,上自徽宗,下至各级官吏,纷纷仿效,竞相奢靡,"熙宁变法"积聚起来的财富被消耗得一干二净。于是,蔡京伙同宋徽宗把"熙宁变法"中的理财措施,作为榨取民脂民膏的手段,对人民残酷地剥削压榨。不堪忍受沉重的负担,便编出歌谣来咒骂蔡京等人,其中广为流传的一首歌谣是:

"打破筒(指童贯),泼了菜(指蔡京),便是人间好世界。"

宦海沉浮

蔡京自任左相以后,独揽朝政达二十余年。这期间,蔡京虽然显赫一时,但也免不了有凤凰落架,虎落平阳的时候。每当蔡京被罢去相位时,朝中大臣便群起而攻之,老百姓更是欢天喜地,犹如逢年过节一般。而蔡京却并不是一蹶不振之人,每每罢相之后,就伺机而进,以求复出,他的一生中共有三次宦海沉浮。

早在崇宁三年(1104)五月,宋徽宗为了显示对蔡京的垂青,便封其为嘉国公,并以左相身份兼任司空之位,权倾一时。但好景不长,就在蔡京志得意满之时,崇宁五年(1106)五月,天上出现了彗星。在中国古代的封建社会里,由于受天人感应思想的影响,将彗星的出现视为不祥之兆,常把它与皇帝的死亡、政事的失误等扯在一起。为了驱除彗星带来的厄运,常常以罢免朝中显宦的官爵、广开言路等手段求得心理上的安慰。作为统治者的宋徽宗,也是采用这种手法,他下诏广开言路,允许臣民直言不讳地评论朝中政事。

在这种情况下,朝野之中受到蔡京排斥迫害的大臣,纷纷上书,谈论蔡京的奸诈恶毒。宋徽宗为了上顺天意,下应民心,便于彗星现象发生不久,罢免了蔡京的相位,贬为开府仪同三司、中太一宫使,允许他留居京城,这是蔡京第一次罢去相位。

听到蔡京被罢去相位的消息，朝野上下无不拍手称快。当时有个太学生借用苏东坡《满庭芳》中的几句词讽刺蔡京说："光芒万丈长，司空见惯，应谓寻常。"并加了一句说："传语儋崖父老，只候蔡元长。"儋崖，指海南岛，苏东坡曾经被贬到那里做官，那个太学生是希望宋徽宗也将蔡京贬往海南岛，让那里的父老乡亲等候着蔡京这个举国大奸。

被罢去左相职权的蔡京，心中懊丧不已，虽然被允许留居京城，但这对于一个热衷于功名利禄的人来说，并不会起到多大的安慰效果。在蔡京的眼里权势比他的命根子还重要，丧失了权力，蔡京觉得生不如死。就在蔡京痛苦万分之际，有一个故人来探望蔡京。二人一见面，蔡京便无比伤感地拉着那个故人的手，向他诉说心中的苦闷，说到伤心之处，竟然落下泪来，振振有词地赌咒发誓说："我若有负于国家，就让我的三个儿子都没有前程！"

堂堂大宋王朝的一国之相，其言其语与市井无赖何异？如果将蔡京的誓言，与范仲淹无论是在朝在野都以忧国忧民为己任相比较，真是云泥之别！其人格高下立辨！就是这样一个无耻的奸恶之徒，竟然对范仲淹的言论不屑一顾，用自己漂亮的书体，在范仲淹的文集上批道："仲淹之言何足道哉！"几个大字，其不以天下为己任，由此可见一斑。

当时人辛辣地讽刺了蔡京的眼泪和誓言，他们说："两行珠泪下，三个凤毛灾。"真是一语中的，把蔡京的丑恶形象刻画得入木三分。

蔡京被罢相之前，由于自蔡京任左相以后，右相之位一直空缺，宋徽宗便想拜个右相。蔡京唯恐他人居于右相之位后，与自己争夺权力，便竭力推荐依附自己的赵挺之。在蔡京的建议下，宋徽宗便拜当时担任观文殿大学士的赵挺之为右相。不料，赵挺之拜为右相之后，竟然对蔡京翻脸，屡屡上奏蔡京的不是，气得蔡京直后悔引狼入室。

其实，赵挺之也是个随风倒的人，时人给他送了个绰号"移乡福建子"。因为他是福建人，曾先后依附于章惇、曾布、蔡京，逐渐升至观文殿大学士。章惇、蔡京是福建人，而曾布则是江西人，赵挺之不断地更换靠山，所以得了那么个绰号。赵挺之攻击蔡京是想扩大自己的权力，但蔡京在朝廷之中的权力炙手可热，使得赵挺之无法达到目的，却也着实让蔡京心惊肉跳了一番。

当时，蔡京唯恐赵挺之暗里抓住自己的把柄，赵挺之也恐怕蔡京在宋徽宗那里诋毁自己。最后，赵挺之慑于蔡京在朝中爪牙遍布，先打了退堂鼓，乞求宋徽宗让他回到青州（今山东益都）故里，昏庸的徽宗竟然准奏。就在赵挺之准备踏上回乡路程时，有彗星划过天空，宋徽宗又惊又怕，便以此撤去了蔡京宰相一职，并下诏给赵挺之说："赵爱卿可于数日后朝见。"

赵挺之得知蔡京罢相，喜出望外，趁朝见宋徽宗之机揭发蔡京说："蔡京窃居相位，在朝廷中遍植私党。又建四辅郡，非国家之利。祖宗之法，屯重兵于京师之地，沿汴河、蔡河安营扎寨，取漕运的便利。今蔡京所建的四辅郡，不修营垒，又不通水运，用什么办法来运输粮草呢？"

宋徽宗说："卿言蔡京所为都很对，朕且罢去四辅郡。"

赵挺之所说的四辅郡之事，是蔡京为了掌握兵权而建议宋徽宗设立的，事情发生在

崇宁四年（1105）七月。当时，蔡京上奏说："启奏陛下，为强我大宋防御能力，臣以为应当以颍昌府（今河南许昌东）为南辅，升襄邑县（今河南睢县）为辅州，作为东辅，郑州（今河南郑州）为西辅，澶州（今河南濮阳）为北辅。各辅屯马步军二万人，积贮粮草，每个辅郡五百万担。"宋徽宗采纳了蔡京的建议。于是，蔡京借机安插自己在地方上的势力，将自己的姻亲胡师文以及亲信宋乔年等人安排为四辅郡的郡守。

按宋朝的规定，禁军兵士的月俸为五百钱，蔡京为了笼络四辅郡兵士之心，奏请朝廷将四辅郡八万兵士的月俸提高到五千钱。这些兵士因此对蔡京感恩戴德，无不忠心耿耿，对其唯命是从。朝中官员忌惮蔡京威势，没有一个敢议论此事，因此宋徽宗对蔡京的狼子野心也就不得而知，还以为蔡京处处辅佐他处理政务呢。

赵挺之见蔡京被罢去相位，便大胆地将蔡京的险恶用心揭露出来，虽然宋徽宗已答应他罢去四辅郡，但赵挺之意犹未足，非要将蔡京揭穿不可，否则定会留下祸患，就顺着宋徽宗之意说："陛下，四辅郡诸营之兵，和其他兵士没有什么大的不同，然而他们的月俸却是禁卒的十倍。屯戍之兵，在沙场冒死作战，如若他们见四辅诸营之兵如此，则不替朝廷卖命矣，到那时就悔之莫及了。"

宋徽宗听了赵挺之的话，认为很有道理，便下诏说："凡蔡京在相之日所为之事，全都罢黜。"并安慰赵挺之说："赵爱卿不用担忧了，天下大旱已久，蔡京罢去相位马上就下起大雨，真乃可喜之事。"

听了宋徽宗的话，赵挺之心中很是受用，便安心地做起他的宰相来，并将中书侍郎刘逵作为自己的心腹，二人联合多次上奏蔡京悖理虐民之事。但蔡京也非善辈，眼见自己在朝廷中的经营要毁于赵挺之、刘逵二人之手，便想方设法加以保全，讽喻自己的心腹，上奏徽宗说："蔡京居相位之日，所改立的法度，皆秉承圣上旨意，不敢视之为自己的事情。今虽罢去相位，犹为朝廷思虑，赵挺之、刘逵等人挟私恨以惑陛下，诡言四起，恐非绍述先圣之意，请陛下明察赵挺之、刘逵二人的奸险用心。"

宋徽宗闻奏，心中便没了主意，觉着自己错怪了蔡京似的，又想起他的种种好处来，决定重新起用蔡京为相。但这一次，宋徽宗却表现出了与往日不同的作风，他将这个想法藏在心里，没有暴露出丝毫的蛛丝马迹，连赵挺之这个善于察言观色的人也没有察觉出来，依旧在宋徽宗面前谈论蔡京的不是。

有个叫郑居中的大臣，与宋徽宗的妃子郑氏之父郑绅来往密切，探知宋徽宗有意重新起用蔡京，便借上朝之机对宋徽宗说："蔡京为相之日，应天下太平景象，兴乐铸九鼎，置居养安济院（即养老院）以周济贫困之人，不知何事逆天威而致罢相。"宋徽宗听了郑居中的奏言，十分高兴。等郑居中退朝之后，将郑居中所言告诉了礼部侍郎刘正夫，刘正夫也认为有道理。于是，宋徽宗怀疑赵挺之、刘逵二人专权乱政，有了罢去二人之心。

蔡京的党羽御史余深、石公弼等人乘机弹劾刘逵说："中书侍郎刘逵勾结右相赵挺之，擅政反覆，尽废绍述先圣的良法，启用奸邪之党，险恶用心已昭然若揭，请陛下罢免刘逵之职，以应民心。"这正中宋徽宗的下怀，随即贬刘逵为亳州（今安徽亳县）知州。

蔡京在党羽们的活动下，终于在大观元年（1107）正月，在罢相不到一年之后，又一次

被拜为左相，而且改封爵位魏国公。蔡京恢复相位之后，又开始竭力打击政敌，并将自己的亲信纷纷提拔，使得赵挺之在朝廷之中孤立无援。三月，赵挺之便在蔡京的排挤之下被罢去右相之职，贬为观文殿大学士、祐神观使，不久便忧惧而亡。

刘逵被贬官之后，蔡京仍然不肯放过他。不过，蔡京这一次并没有直接报复刘逵，而是拿他的妻兄章縡开刀，诬陷他贪赃枉法，派遣自己的心腹监察御史张茂直在平江（今江苏苏州）将章縡拘捕。章縡不服，上书为自己辩解，于是朝廷便遣侍御史沈畸前往审理此案。沈畸为人比较正直，他到平江之后，经过仔细审案，觉得章縡无罪，就将遭受牵连的数百人全部释放。沈畸深深地明白，自己这么做肯定会得罪蔡京，于是他仰天长叹道："百官者，乃天子的耳目，应为天子分忧，岂可以趋炎附势，杀无辜而去求得富贵乎！"于是，沈畸将章縡一案的实情上报朝廷，要求予以平反昭雪。

蔡京听后大怒，将此事压了下来，并派亲信前往平江办案，把章縡等人又重新拘捕，谎奏宋徽宗将章縡流放于荒岛上，他的家产全部充公。

沈畸尚未返回朝廷，蔡京便讽喻大臣弹劾沈畸说："陛下，侍御史沈畸在平江办案之时，毁谤朝廷法度，私自释放有罪之人，意在迎合大臣，以沽美誉，奸恶无比，应当罢黜。"宋徽宗不问就糊里糊涂下诏将沈畸贬往信州（今江西上饶）。沈畸乃刚正不阿，心高气傲之人，哪里受得了这份窝囊气，不久便含恨而死。

宋徽宗有一次请一个叫虞仙姑的尼姑作法，徽宗突然出现了幻觉，看到了所谓的神仙，于是重重地赏赐虞仙姑。相传虞仙姑当时已经八十岁了，容貌却如豆蔻少女。蔡京为了娱悦宋徽宗，也设宴款待虞仙姑。正当酒酣耳热之时，忽然跑过来一只大黑猫，虞仙姑乘着酒兴说道："蔡相公，您认得这只猫吗？"

蔡京莫名其妙，茫然答道："不认识。"

虞仙姑冷笑着说："此猫乃章惇转世！"她的话意在讽刺蔡京，蔡京当下心中不乐。后来，宋徽宗问虞仙姑："如何能达到太平盛世？"虞仙姑答道："应该任用贤人。"宋徽宗问道："谁是贤人？"虞仙姑答道："范仲淹之子范纯粹就是。"

宋徽宗后来将此事告诉了蔡京，蔡京对虞仙姑恨得咬牙切齿，便挑拨说："陛下，此乃元祐党人所指示，以乱陛下视听，把她赶走算了。"就这样，虞仙姑被赶出了朝廷。朝中大臣纷纷上书徽宗，要求惩罚虞仙姑，来讨好蔡京，一时间闹得乌烟瘴气。

太庙斋郎方轸对蔡京的骄傲专横，深为不满，冒死上书宋徽宗说："陛下，蔡京心存奸恶，睥睨赵氏社稷，专以绍述先圣之说蛊惑陛下之心。朝廷之中，执政侍从之官；朝廷之外，帅臣监司之职，莫不出其门下。蔡京每有奏请，诏书一出，即对人说：'此乃陛下之意也'。如有什么不妥之处，即对人说：'京已告诉陛下了'。如此，善则归己，过则推君，是欲让陛下招致天下人的怨怒而已。自元符以来，朝中忠臣义士，受蔡京陷害投之荒域者，不可胜数，可谓无一天不发生，令人发指。再者，蔡京又使人每日以花石禽鸟进献，使陛下迷恋而不能自拔，不知治理天下之乱。今者，若陛下以蔡京为邪类，将其刺配，则天下仕人谁不肯为陛下言其奸险？陛下，依臣愚见，蔡京奸恶已露，其必反也，请陛下诛杀蔡京以安天下！"

宋徽宗对方轸的奏折很不在意,竟然荒唐地将奏折向蔡京展示。蔡京看过之后,又惊又怒又害怕,赶忙叩头辩解说:"陛下,臣蔡京日思夜想,无不欲为陛下分忧,岂敢有造反之心,方轸真乃一派胡言,请陛下明察。"

宋徽宗说:"朕知道了。"

蔡京乘机说道:"陛下,方轸危言耸听,想要离间咱们君臣的关系,祸害朝廷,请陛下将其下狱治罪。"

宋徽宗说:"蔡爱卿之言,未免有些重了,把他赶出朝廷,流放岭南之地罢了。"

就这样,方轸这位忠臣的直言上谏,到了宋徽宗、蔡京的手里,竟然成了招致祸端的引子,被流放到了岭南。

郑居中自称是郑妃的从弟,颇得宋徽宗赏识,蔡京此次能够恢复相位,他也出了一份力,他满以为蔡京会提拔自己。当时,郑居中官至翰林学士、同知枢密院使。宦官黄经臣对宋徽宗说:"枢密院乃兵权所在,不应该让内亲居其位。"于是,郑居中被罢为资政殿学士、中太一宫使兼侍读。郑居中后来听说黄经臣进言之时,蔡京也在旁边,竟然没有替自己说一句反对的话,而且还表示赞同,不禁对蔡京恨之入骨。事也凑巧,都水使者赵霖在黄河之中得到一只两头龟,以为是瑞象,便进献给了朝廷。

朝中大臣不知两头龟主何吉凶,只有蔡京翻阅了大批书籍,查到齐桓公时也曾发现过两头龟,当下大喜,上奏宋徽宗说:"两头龟者,乃齐桓公所说的象罔,见之者可以称霸于世。"

郑居中却反对说:"天下万物,头岂有两个的? 朝中大臣人人骇异,而只有蔡京一个人认为是允应,其心不可测。"

宋徽宗闻言,心中也起了疑,便令朝臣把两头龟放入金明池中,还夸奖郑居中说:"居中爱我。"蔡京闻言,心中恐惧不已,对郑居中恨得咬牙切齿。

大观元年(1107)十二月,蔡京恢复左相正好一年,又被宋徽宗拜为太尉,并赏赐给他一条玉带。宋神宗之时,也曾赏赐给王安石一条玉带,但规定只准系用三天,而蔡京却将徽宗赏赐给自己的玉带作为常服使用。没过多长时间,宋徽宗又下诏将蔡京进位太师,蔡京为之得意扬扬。

有一次,蔡京与弟弟蔡卞宴饮,对蔡卞说:"观弟之骨相,虽然很不错,但背部单薄,腰部太细。不如兄长我的骨相好!"

蔡卞笑着说:"一国之中,怎么能会有两个太师呢?"

但好景不长,到了大观三年(1109)十一月,宋徽宗下诏改封蔡京为楚国公,再次撤去他的宰相一职,提举编修《哲宗实录》,这是蔡京第二次罢相。

蔡京被罢去相位之后,朝中大臣群起而攻之,连他的党羽也倒戈一击,诉说他的恶行罪状。曾经依附于蔡京的石公弼上奏说:"蔡京虽离开相位,但盘桓于京师,余威震于群臣。愿陛下持决断之心,以绝其后患。"

侍御史洪彦章也上奏说:"蔡京朋党误国乱政,公私为之困弊,既去相位,犹处于都城,上希陛下眷顾之恩,中怀跋扈之志,愿陛下早赐英明之断,遣之出京。"

侍御史毛注对蔡京更是痛恨,将蔡京及其党羽全部抖搂出来,他上奏说:"妖人孟翔,画八卦以为图谶之说,尝作诗以献蔡京,言多不轨,蔡京喜而受之,赐官以报,不觉愧耻。蔡京之妻亡时,张怀素为之卜地,二人游于江淮,题字刻石,后虽暗里使人毁灭证据,国中之人无不知者。蔡京死党宋乔年、林摅,皆窃居要职,以至于朝中之事,多不秉承圣上旨意,依蔡京之意直行而下,重禄厚赏,以结人心,有叵测之心。今已去相位,犹盘桓于京师之地,久而不去,其奸状已显矣,请陛下黜之。"

太学生陈朝老列了十四条蔡京的罪状上奏朝廷,说蔡京"渎上帝,罔君父,结奥援,轻爵禄,广费用,变法度,妄制作,喜导谀,箝台谏,炽亲党,长奔竞,崇释老,穷土木,矜远略。"并要求宋徽宗把他贬放到边远之地,以防留下后患。陈朝老的奏言后来传出朝外,士人争相传阅,以为是蔡京实录。

但是,由于宋徽宗的包庇,这些奏折都没有被批准。蔡京则入朝对徽宗哭诉说:"台谏之臣,都在说臣的坏话,有斩草除根之意,恳请陛下不要听他们胡说八道。"听罢,叩头哀求不已,却不为自己的罪行感到羞耻。弄得宋徽宗也不免生哀怜之心,出言安慰,让他放心。

朝中大臣的弹劾虽然没有动蔡京半根毫毛,但老天爷却没有放过蔡京。大观四年(1110)五月,彗星再次出现,加之江、淮、荆、浙等地数月没有下雨,粮食歉收。于是,御史张克公借机上奏道:"自蔡京辅政以来,擅威作福,权震朝野。兴邪说以耗国用,托爵禄以树私恩,使天下财物殆尽,实为祸乱朝政。援引小人,以为朋党;假借姻缘,布列要职;交通豪民,兴置产业;役天子之将作监,修葺居第;用天子之民夫,漕运花石。无尊主庇民之心,只为营私之计,若此类者,不一而足。前有朝臣奏及,臣不再一一陈列。其为害之大,遐迩之人尽知,请陛下逐其出京师,以应天顺民。"

这一次,宋徽宗不再祖护蔡京了,把他贬为太子少保,到杭州居住,不见诏书,永远不许再回京师。宋徽宗见群臣如此憎恨蔡京,心中疑惑不解,便问户部尚书、同知枢密院事侯蒙:"蔡京到底是个什么样的人呢?"

侯蒙回答说:"如果蔡京心术比较正,虽古代的贤相也无法与之相比。"

宋徽宗闻言,沉默不语。

政和二年(1112)二月,宋徽宗又想重新起用蔡京,下诏说:"蔡京两居相位,辅朕数年,首倡绍述,勤于政事,降秩居外,已有三年。况元丰时的勋臣,今存者无几,理应优待,可特复为太师,仍封爵楚国公,赐第京师。"于是,蔡京被召回朝廷,重新把持朝政。

蔡京回朝后,便将弹劾自己的大臣先后贬官,受牵连者达三十余人,他的政敌几乎被排挤一空。而他自己呢,以太师身份总领三省之事,比以前更加肆无忌惮。为了迎合宋徽宗,蔡京还玩起了改革官制的花样。在蔡京的蛊惑之下,宋徽宗下诏:"更开封府守臣为尹、牧,府置六曹,县设六案。朝中之官,太师、太傅、太保为古代的三公,今为三师,古无此称,应依三代之法以三公为真相之职。更左相为太宰,右相为少宰,罢尚书令及文武勋官,而以太尉统领天下兵马。"

蔡京想通过改革官制进一步控制朝廷,他可以以太师身份行宰相之实。但是,经过蔡京这么一改,朝中官吏制度遭到极大破坏,竟然有人身兼十几个职务,致使品级混乱,官员不知自身职在何处,杂乱不堪。侍御史黄葆光当时就反对这么做,却被蔡京流放至昭州(今江西平乐)。户部尚书陈显上奏说:"启奏陛下,此次蔡京复用,士民失望。"宋徽宗大怒,将陈显贬为越州(今浙江绍兴)知州,陈显是个刚正不阿之人,不愿再去做官,便隐居起来。

蔡京复出不久,民间发现了一个古代的玉圭,将其进献朝廷。宋徽宗大喜,将其向群臣宣示,让蔡京议论此事,蔡京说:"此玉圭乃大禹的玄圭,陛下承继大禹的恩惠,行尧的治世之道,故天授陛下以至宝,不胜大庆!"并请求宋徽宗行授宝之礼,宋徽宗一开始没有答应。蔡京为了取悦宋徽宗,再三上奏,宋徽宗终于答应。

授宝之礼结束不久,宋徽宗便封蔡京为陈、鲁两国公,蔡京推辞不受,徽宗只好封其为鲁国公。在这期间,宋徽宗曾七次幸蔡京的府第,赏赐不计其数,他家里的媵妾也被封为夫人。蔡京年老体弱,宋徽宗便允准其在家中处理政事。这样一来,蔡京便在家中卖官鬻爵。

一天,蔡京的弟弟蔡卞对其兄说:"常州教授某人的官位好长时间都没升,求弟为他说情。"

蔡京问道:"给他什么官做?"

蔡卞说:"他要求提学之职。"

蔡京便拿出笔纸,将蔡卞所说的那个人的名讳及官职写在上面,却忘了书写属于何地。便回头问道:"想到何地做官?"

蔡卞回答:"他家里很穷,应以俸禄优厚之地给他。"

于是,蔡京便信笔写上"河北西路"四个字,将河北西路提学一职拱手送给了自己的亲信。诸如此类的事情,简直举不胜举。对于当时的收贿卖官情况,民间的歌谣说:"三千索,直秘阁;五百贯,擢通判。"

对于蔡京的胡作非为,太子赵桓极为不满。有一次,蔡京将大食国的琉璃酒器献给太子赵桓。赵桓见状,大怒不已。呵斥蔡京说:"你身为天子大臣,不以道义相训,却拿玩好之器来动摇我的志气,真可谓荒谬!"于是,令左右将蔡京所献之器全部击碎,扔出宫外,蔡京惭恨而退。

蔡京对太子赵桓怀恨在心,但他是不敢动太子一根毫毛的,只好对太子身边的人进行报复。蔡京听说中书舍人兼太子詹事当日曾以言语激太子,便借故将其贬为洞霄宫提举,池州(今安徽贵池)居住,心中方才有点平衡,觉着自己出了口恶气。

政和六年(1116)五月,宋徽宗下诏拜郑居中为太宰。当时,蔡京正大兴土木,劳民伤财,弄得民不聊生,加之乱变法度,弄得朝廷一片混乱。郑居中以前与蔡京早就不和,便乘机弹劾蔡京,宋徽宗也对蔡京有些厌烦,就让郑居中监视蔡京的举动。

蔡京见郑居中受宋徽宗宠信,唯恐他陷害自己,便上奏说:"臣已年逾七十,加之疾病,乞解机务,蒙圣上之恩允臣三日一朝。今臣病已痊愈,筋骨尚勉强有力,伏望圣上许臣日奉朝廷。"宋徽宗准奏,这实际上使得郑居中的所谓监视大打折扣。

就在蔡京与郑居中暗中较量的时候，宋徽宗又拜翰林学士王黼为尚书左丞。王黼为人多智善佞，很有口才，但没有多少学问，曾依靠蔡京而官至御史中丞，后来任翰林学士。王黼官拜尚书左丞之后，不想再依附蔡京，便投靠了郑居中。蔡京知道后大发雷霆，借故陷害，王黼伶牙俐齿为自己辩解说得宋徽宗龙颜大悦，得以逃脱。当时有人以这件事为素材，写了一首诗。诗云：

> 老火未甘退，稚金方力征。
>
> 炎凉分胜负，顷刻变阴晴。

对蔡京和王黼的丑恶行径进行了辛辣的讽刺，真可谓入木三分。

宣和二年（1120），蔡京第三次被撤去宰相职位，守太师，在京城居住。这时，北宋王朝与刚建立不久的金订立了《海上盟约》，双方约定：

<1>宋、金从两个方向同时夹攻辽，金兵攻取辽长城以北的州县，宋兵攻取辽的燕云地区，共同灭辽，双方都不得单独接受辽的投降。

<2>灭辽以后，长城以南州县归宋管辖，宋朝则要把原来送给辽的岁币按照原数交给金。

<3>如果宋兵不按期出兵，就不把燕云交宋朝管辖。

《海上盟约》订立以后，金朝开始进攻辽，接连攻陷了辽的中京大定府（今内蒙古宁城西南大明城）、西京大同府（今山西大同），辽天祚帝率卫兵逃入夹山（今内蒙古包头附近）。宋徽宗也派号称精锐之师的陕西兵向辽的燕京（今北京）进军，恰在这时，方腊起义爆发了，宋徽宗便急忙令军队火速南下镇压，因此没有如约出兵。直到方腊起义平息后，宋徽宗才于宣和四年（1122）派童贯及蔡京之子蔡攸率十万大军攻打燕京。

蔡京有六个儿子，其中蔡攸、蔡鯈、蔡鯈都是大学士，而蔡攸尤得宋徽宗赏识。有一次，蔡攸在宫中陪宋徽宗宴请群臣，宋徽宗一时兴起，对蔡攸说："朕有一上联，请蔡爱卿对下联。"蔡攸赶忙说道："请陛下赐联。"

宋徽宗信口说道："相公公相子。"

蔡攸才高八斗，当即对道："人主主人翁。"

宋徽宗哈哈大笑，赏赐给蔡攸一杯御酒。其他大臣也纷纷附和，交口称赞上联出得好，下联对得妙。宋徽宗见状，来了兴致，连命蔡攸饮了几大杯酒，喝得蔡攸当时就晕头转向，跌倒在地。蔡攸摇摇晃晃爬起来对宋徽宗说："陛下，臣鼠量已穷，以至委顿，愿陛下怜悯为臣。"

宋徽宗笑着说："假如爱卿醉死了，朕又灌杀一司马光矣！"

还有一次，蔡攸陪侍宋徽宗祭祀上天，徽宗突然装神弄鬼，说他看到天上有楼台殿阁，蔡攸为讨好宋徽宗便煞有介事地说："陛下，臣觉得那楼台殿阁距地只有数十丈，那里面还有道流童子隐约出现。"

后来，蔡攸经常出入后宫，他为献媚于宋徽宗，竟然在后宫学着小丑的样子，身穿短衫短裤，涂抹青红之色，满口市井淫浪之语，丝毫不知羞耻，比其父蔡京有过之而无不及。宋徽宗对于蔡攸的所作所为，却很喜欢，就连蔡攸的老婆宋氏也成了后宫的常客，荣宠超

过了他的父亲蔡京。

蔡攸出征燕京之前，对徽宗说："陛下，臣得胜回朝之日，请陛下把念四、五都赏赐于臣。"念四、五都是徽宗身边的宠妃，按常理，蔡攸此话有欺君杀头之罪，但宋徽宗却不以为忤，竟然对蔡京说："太师之子竟然这样英气。"

蔡京诚恐诚惶地代子谢罪，说："小子无礼，陛下勿怪罪。"

进攻辽朝的宋兵以为辽朝在金兵的猛烈攻打之下已无力抵抗，燕京唾手可得，所以有了轻敌心理，未做战备，一路上拖拖沓沓。童贯、蔡攸更是不懂领兵作战之事，竟然对军队下达了不许杀辽兵一人一骑的荒唐命令。结果，在燕京附近的白沟受到辽兵的阻击，被打得落花流水。宋徽宗急忙下诏，令宋军撤回边境驻扎。

蔡京担心儿子蔡攸的安危，便写诗寄给蔡攸。

> 老懒身心不自由，封书寄与泪横流。
> 百年信誓当深念，三伏征途曷少休。
> 目送旌旗如昨梦，心存关塞起新愁。
> 缁衣堂下清风满，早早归来醉一瓯。

这首诗传入宫中，宋徽宗不关心前方战事，却对改诗兴趣大发，他对蔡京说："太师之诗写得很好，不过'三伏征途'不如改为'六月王师'。"

就在宋兵大败不久，辽国发生了内讧，宋徽宗认为这是攻辽的好时机，又派二十万大军进攻燕京。但是，此次领兵的主将刘延庆根本没有打胜仗的信心，刚刚碰到辽兵，便自行焚烧辎重带头逃跑。辽兵紧紧追击，宋兵自相践踏，把熙宁变法以来所积聚的大量军需品，都丢弃给了辽兵。

接连两次惨败之后，童贯、蔡攸为了逃脱打了败仗的罪责，秘密派人到金营求见金太祖完颜阿骨打，约请金兵进攻燕京。完颜阿骨打遂于宣和四年（1122）十二月率金军攻打燕京，燕京夺军在金军攻击下惨败。不久，辽天祚帝也被金军的俘虏，辽朝猛烈灭亡。金军攻占燕京之后，因看透了宋朝的腐败无能，就不肯按原来的协约把燕京交给宋朝。经过一番争论，金朝只答应把燕京及其所属的六州二十四县交给宋朝，但要求宋朝除把原来给辽朝的四十万岁币转交给金朝之外，还得每年另交一百万缗作为燕京汴州的代税钱，宋朝全都答应之后，金才从燕京撤军。金军撤走时，把燕京的金帛、子女等尽数席卷而去，只给宋朝留下几座空城。

金军一撤出燕京，童贯、蔡攸便把宋军的惨败虚报成胜仗，宋徽宗陶醉在所谓收复燕云的祝贺声中，给童贯、蔡攸加官晋爵，还立"复燕云碑"以示纪念。就在这时，北宋王朝内部开始相互倾轧，王黼与太子赵桓有隙，阴谋策划立郓王赵楷为太子，蔡攸与李邦彦勾结，将王黼排挤出朝廷。朱勔为自己打算，极力劝说宋徽宗再用蔡京主持朝政，于是在宣和六年（1125），宋徽宗下诏让蔡京以太师身份总领政事。当时，蔡京已是快八十岁的老人了，眼睛看不清东西，不能写字，便让第三子蔡絛代理上朝。太宰白时中、少宰李邦彦一切奉行蔡京父子的意旨，只签字画押走个形式而已。

蔡京在三沉三浮中已快走到生命的尽头，北宋王朝也面临着灭亡的威胁。

末日降临

蔡京于宣和六年（1125）第三次出任宰相后不久，与他的儿子蔡攸发生了矛盾。蔡攸在一些轻薄浪子的挑唆下，与其父蔡京分庭抗礼，并自立门户，父子二人成了大仇人。蔡攸对于弟弟蔡絛更是恨之入骨，时常寻机陷害他。

蔡絛让自己的门人编写了一部《西清诗话》，里面载有苏轼、黄庭坚等元祐党人的言论，蔡攸便讽喻自己的亲信进行弹劾。蔡攸觉着仅仅这么做不够解气，便亲自上书，要求宋徽宗杀蔡絛以正视听。

宋徽宗于心不忍："太师年纪大了，朕不忍让他老来伤子。"就将蔡絛罢官了事。

接着，蔡攸又与白时中、李邦彦相互勾结，陷害其父蔡京。蔡攸来到父亲家里，见父亲正与客人谈话，便假托有事，让客人回避。父子二人坐定之后，蔡攸假惺惺地问道："父亲大人身体可好？"

蔡京答道："好。"

蔡攸装着不放心地说："父亲大人，让儿子为你把把脉。"说罢，不等同意，就抓住他的手腕切起脉来，弄得蔡京很恼火。

蔡攸把完脉，叹了口气说："父亲大人，你的脉势较缓，体中恐已生了疾病。"

蔡京不高兴地说："一派胡言，我身体一向很好，根本没有什么疾病。"

蔡攸也不多说，起身说道："父亲大人，朝中还有公事等着要办，儿不敢久留，就此告辞。"说罢，匆匆离去。

蔡攸走后，那个客人不解地说："公子为什么要这么做呢？"

蔡京这时已明白了蔡攸的用意，长叹一声，对客人说："你不会理解的，这小子想以我有病为由让我让出相位。"

蔡京老奸巨猾，见蔡攸如此相逼，便上奏要求面圣。不料，当蔡京来到后宫之时，宋徽宗与童贯、蔡攸在饮酒作乐，弄得蔡京一时不知说什么好。本来，蔡京来后宫是要告蔡攸的状的，到了这步田地只好改口说道："陛下，京衰老目盲，应该退出辅政之位。不忍突然离去的原因，是因为圣上之恩尚未报答，二公也是知道一些的。"宋徽宗、童贯见蔡京也呼其子蔡攸为"公"，不禁相视大笑。此事后来传扬开来，竟成为当时人们茶余饭后的笑谈。

几天后，宋徽宗下诏令蔡京上章谢事，蔡京内心实在不想离开相位。当童贯到蔡府宣诏之时，蔡京哭泣着说："圣上何不再容京数年，而听信谗言以罢京也。"

童贯回答说："我实在是不知情。"

蔡京万般无奈，上章谢事，从此结束了自己的官宦生涯。蔡京，耍尽阴谋，使尽奸术，最后竟然栽在儿子蔡攸的手上，这也算是历史和蔡京开的一个玩笑。

蔡京被罢官之后，便生了一场大病，人们都说他活不长了。一个叫晁冲之的大臣却不这么认为，他说："蔡京不会死的。此老败坏国家至此，若使其安然死于牖下，哀荣备极，岂不是太便宜他了吗？哪里还有什么天道可言？"果然，蔡京很快就病愈了。

有个叫黄时安的人说："老天爷让蔡京八十不死，病很快复愈，是将使他以后受祸。天下不久将大乱矣！"

就在宋徽宗统治集团的内部争斗愈演愈烈时，新兴的金王朝已做好南下准备，宣和七年（1125）十月，余太宗吴乞买兵分两路向南推进，北宋的末日来临了。东路军由右副元帅斡离不率领，进攻燕山；西路军则由左副元帅粘罕率领，进攻太原。当金兵南侵的急报传到开封时，宋徽宗还以为郭药师守着燕山可挡住金兵，根本不做任何防御准备。直至金兵从河北长驱南下，宋徽宗这才惊慌失措，急忙把京城的全部禁军交给宦官梁方平，让他屯兵黎阳（今河南浚县），守卫黄河北岸。同时，宋徽宗匆匆忙忙传位给太子赵桓（即宋钦宗），自己却带着宠臣童贯、蔡攸等人，惶惶如丧家之犬沿汴河逃往南方。

蔡京在家闻知宋徽宗南逃的消息，知道情况不妙，也和家人一起逃往南方。蔡京逃离京城时，把他平日所积金银珠宝用船运走，装了满满一大船，全是搜刮来的民脂民膏。为了防备盗匪抢夺，奸猾的蔡京还将其中的四十担金银珠宝寄放到浙江海盐的族人家中，临死还放不下这些。

宋钦宗靖康元年（1126），金兵逼近京城开封，钦宗吓得惊慌失措，也准备南逃。这时，地位不高的李纲挺身而出，组织开封军民抗金。李纲、大学生陈东等人纷纷上书，要求宋钦宗治蔡京、王黼、童贯、梁师成、李彦、朱勔六人之罪。陈东说："蔡京等六人实为六贼，六贼异名而同罪，请陛下处死他们，传首四方，以谢天下。"

宋钦宗为形势所迫，只好将王黼、梁师成、李彦斩首，蔡京、童贯、朱勔贬官流放。但朝中大臣认为宋钦宗惩罚的不够彻底，继续揭发童贯、朱勔以及蔡京父子的罪恶，宋钦宗在万般无奈下派监察御史到流放地斩了童贯、朱勔、蔡攸、蔡絛。蔡京则被贬为崇信、庆远军节度副使，韶州（今广东韶关）安置。

当时，蔡京已经逃到亳州（今安徽亳县），他身边还带着三个宠姬，一个叫慕容，一个为邢氏，另一个为武氏。就在宋钦宗下诏流放蔡京之时，开封城被金兵团团围住，他们指名索要蔡京的三个宠姬，钦宗便下诏派人到亳州领人。临别之际，老态龙钟的蔡京老泪纵横，作诗云：

> 为爱桃花三树红，年年岁岁惹春风。
>
> 如今去逐他人手，谁复尊前念老翁。

蔡京与三个宠姬洒泪而别后，便如丧家之犬，带着家人前往流放地韶州。一路上，人们听说蔡京来了，卖饮食的商贩都不肯将食物卖给他，甚至有人拦住蔡京大骂，什么难听的话都说得出来。蔡京所过州县，官吏纷纷驱逐，不准他行走大道，弄得蔡京老泪泉涌，疲劳不堪，饥饿难耐，成了真正的丧家之犬。对此情景，蔡京仰天长叹道："京失人心，何至于此！"

后来，蔡京到了潭州（今湖南长沙），却无处安歇，只好住在城南的东明寺内，那时蔡京正好八十岁，他却自称八十一岁。已是风烛残年的蔡京，回想起往日的威势豪华，又看

看眼下的凄凉无助,不由感慨万千,写了一生中最后一首词。词云:

八十一年住世,四千里外无家。如今流落向天涯,梦到瑶池阙下。

玉殿五回命相,彤庭几度宣麻。止因贪恋此荣华,便有如今事也。

将自己一生的宦海沉浮用寥寥几笔勾勒出来,似乎感到后悔,但已经晚了。没过几天,蔡京便一命归西。

据说,蔡京死后没有棺木,只好以当时人常用的"太师青"布裹尸,埋进专门收葬贫病无家可归者的漏泽园中,当时人都说这是蔡京的报应。后来,蔡京的一个门人把他改葬,替蔡京辩解,在墓志中写道:"开元之末,姚宋何罪。"姚宋即姚崇、宋璟,他们都是唐代贤相,蔡京这个大奸臣怎么能和他们相比!又岂能逃脱导致北宋衰亡的历史罪责!

蔡京这个一代大奸有才无德,乱政专权达二十余年,鼓吹"丰亨豫大",耗竭国库资财,他的胡作非为把北宋拖到了灭亡的边缘。他一生的评价,相信各位读者的心中已经有了答案。

阉海权宦

北宋权宦

—— 童贯

名人档案

童贯：北宋宦官，"六贼"之一。字道夫（一作道辅），开封（今属河南）人。宣和四年，攻辽失败，乞金兵代取燕京，以百万贯赎燕京等空城而回，侈言恢复之功。七年，金兵南下，他由太原逃至开封。随徽宗南逃。钦宗即位，被处死。

生卒时间：1054～1126年。

性格特点：性巧媚。为人有度量，能疏财，慷慨大方。

历史功过：初任供奉官，在杭州为徽宗搜括书画奇巧。助蔡京为相。京荐其为西北监军，领枢密院事，掌兵权二十年，权倾内外。时称蔡京为"公相"，称他为"媪相"，为"六贼"之一。

名家评点：《宋史》列为"奸臣"。

"状魁梧，伟观视，颐下生须十数，皮骨劲如铁，不类阉人。"（《宋史·列传二百二十七》）。

童贯的经历，充满了传奇般的悲喜剧色彩。他的一生中，开创了几项中国历史之"最"，肯定已经成为中华民族历史上迄今无人能够打破的纪录，并且可能会永远保持下去。

这几项纪录是：

中国历史上握兵时间最长的宦官；

中国历史上掌控军权最大的宦官；

中国历史上第一位代表国家出使外国的宦官；

结交蔡京

童贯,字道夫,河南开封人。少年入宫做了宦官,投在神宗宠信的宦官李宪门下。李宪,字子范,开封祥符人,宋仁宗赵祯皇祐年间补入内黄门,不久,升为供奉官。宋神宗赵顼即位后,他以宦官身份担任将位,拓地降敌,名声颇著。童贯既是出于李宪门下,耳濡目染,也就受到很大影响。加上他巧乘媚上,善察人意,很得李宪信任。神宗死后哲宗即位,李宪遭贬,童贯因受牵连遭到打击,在宫中一直沉默无闻。

元符三年(1100)正月,哲宗驾崩。哲宗无子,在挑选继承人时,就发生了激烈的争论。向太后欲立哲宗子弟端王赵佶即位。变法派后期领袖、宰相章惇直言不讳地指出:赵佶"轻佻不可以君天下",反对端王继位。知枢密院曾布、尚书左丞蔡卞、中书门下侍郎许将等却支持向太后意见。章惇势单力孤,不能抗执。于是,向太后宣指,召端王赵佶入宫即位,是为宋徽宗。

徽宗是一位风流才子式的帝王,喜作文辞,擅长书画。童贯投徽宗之好,多次献画获得徽宗的好感。童贯虽身为宦官,相貌却颇不像阉人。史书载他"彪形燕领,亦略有髭,瞻视炯炯,不类宦人,项下一片皮,骨如铁"。正因他外貌长相非同于一般宦者,后宫妃嫔也都愿与其交结,童贯也装出一副仗义疏财、宽宏大量的气度。因他生性狡黠,处世圆滑,善于巧媚顺承以取帝悦,童贯在宫中的地位开始发生变化。在同赵佶相处的日子里,童贯始终是一个俯首听命的宦者。靠着长期养成的奴颜婢膝、唯命是从的性格,以及见风使舵、八面玲珑的才干,他终于成为北宋一代宦官势力最盛时期的一位赫赫有名的人物。

崇宁元年(1102),即宋徽宗登基后的第二年三月,童贯就以供奉官的身份秉承宋徽宗的旨意,在苏州、杭州设置造作局,征集了数千名能工巧匠,从事象牙、犀角、金银、玉器的雕刻和竹藤编织、书画装裱、绣罗织造等项工作,为宋徽宗提供享受物品。这些工艺品用料考究,做工精细,形态奇巧,造价十分昂贵,全是搜刮的民脂民膏,使苏杭一带的百姓深受其害。这就是北宋历史上"花石纲"事件的前奏。

童贯在杭州停留期间,结识了谪居在那里的蔡京。二人气味相投,一拍即合。蔡京,字元长,兴化仙游(今福建仙游)人,神宗熙宁三年(1070)进士。哲宗绍圣二年(1095),蔡京之弟蔡卞为右丞相,蔡京得以任翰林学士兼侍读,并负责修订国史。徽宗即位后不久,御史陈次升、陈师锡等共议蔡京的劣迹,蔡京被贬官居杭州。童贯到杭州后,蔡京与童贯交游,形影不离,不舍昼夜。蔡京本人也专长书画,尤擅巨字,号称天下第一书法高手。他帮童贯访得许多书画珍品,童贯对此也十分高兴。蔡京又不惜用大量钱财贿赂童贯,童贯心领神会,不断把蔡京画的屏障、扇带之类以及蔡京高价收购、另加题跋、假冒己作的名人字画陆陆续续送到宫中让宋徽宗玩赏,并向徽宗推荐蔡京的才学。徽宗对蔡京的作品十分重视,据说他在做端王时曾以二万钱的高价收买过蔡京书写的团扇。如今童

贯不断地把蔡京的佳做贡献给徽宗,是颇合其胃口的,对蔡京的好感逐渐加深。这时,蔡京的党羽太常博士范致虚、左阶道录徐知常等人,又在元符刘皇后处不断美言蔡京。刘皇后本是哲宗宠爱的妃子,立后前蔡京曾多次作诗奉承她,为她立后大造舆论,刘皇后当然忘不了蔡京的恩德,她以先帝哲宗皇后的身份不断向新继位的徽宗说蔡京的好话。宫女、宦官也众口一词,赞誉蔡京。徽宗遂起用蔡京为定州知州。此时,韩忠彦与曾布在朝中争权夺利,企图引蔡京相助,遂召他入朝,任学士承旨。

徽宗召见蔡京说:"神宗皇帝创法立制,先帝哲宗亲政后继续实行,由于遭到一些朝臣的反对,出现了多次反复。朕如今欲继承父兄之志,你有何见教?"蔡京顿首说:"臣下愿为陛下的事业去死。"这话很合徽宗之意,不久,蔡京被任为宰相。蔡京被重新起用,童贯起了决定性的作用。

宋徽宗特别喜欢南方的奇花异石。重新回到朝廷任职的蔡京看清了这一点,于是极力投其所好,特地找了苏州大商人朱冲、朱勔父子来承办此事。蔡京和童贯勾结,采取"瞒天过海"的手法,把朱氏父子的姓名登记在童贯所管辖的军籍上,伪称其有军功,授给朱氏父子官职,使其名正言顺地主管"苏杭应奉局",全力办理花石纲。

从此,在朱冲、朱勔父子的把持下,花石进献越来越多,规模越来越大。供应的东西,主要有太湖、灵璧(今安徽灵璧)等地的石头,两浙的花、竹、杂木、海味,福建的异花、荔枝、龙眼、橄榄,海南岛的椰子,湖湘的竹木,四川、两广的奇花异果,登、莱(今山东的蓬莱、莱州)等地的海味、文石等。他们把抢占抢夺的花石树木,通过大运河和汴河用船运进京城,称为"花石纲"。原来,自唐宋以来,全国各地的货物送往京城时,都要编成一组一组的,一组称为一纲,这种运输货物的方法叫作"纲运"。运粮的叫"粮纲",运盐的叫"盐纲"。应奉局的吏役们,在朱勔的直接指挥下,个个如狼似虎,凡是被他们看中的奇花异木、宝玉珍玩,都用黄帕覆盖其上,定作"御用之物"强行掠走,物主稍有违抗,即被定为对皇上"不恭"之大罪,加以囚禁,甚至杀害。掠取时,凿墙拆屋,掘地数尺,许多百姓因田中有一异物,即被搞得倾家荡产,痛苦不堪。花石纲的征运,使富庶的江南,遭到连年的浩劫,就连士大夫和中产以上的人家都苦不堪言,更不用说平民百姓了。结果是,有的卖儿鬻女,有的家破人亡,闹得民不聊生,怨声载道。

政和四年(1114),在蔡京的指使下,童贯和杨戬、贾详、何诉、蓝从熙等五个太监在开封皇宫北面的拱宸门外,利用延福宫的旧名,重新建筑宫殿。他们先是将这个地方的佛教寺院、内酒坊等建筑全部拆迁,然后将这里划分为五个区域,各自监督工区,负责建筑一部分。这几个人大兴土木,各相攀比,凿池为海,疏泉为湖,殿阁亭台相望,嘉花名木相连,还建有鹤庄、鹿砦、文禽、奇兽、孔翠诸栅,豢养珍兽异禽。童贯自然不甘落后,使出了浑身解数,让自己负责的一部分比其他部分来都略高一等。这个新的延福宫建成后,"幽胜宛若天成,不类尘境"。建造延福宫的材料,大多都是通过花石纲,从南方耗资费力运过来的。

宣和四年(1122),比延福宫更宏伟的艮岳建成了。童贯为媚迎赵佶,请来了一个道士,这个道士胡说八道,说如将京城东北地热填高,徽宗就可以多生儿子。于是,徽宗就

命童贯监工,请道士按八卦方位的艮位进行测量,然后修建了假山艮岳。艮岳周围十多里,在一片坦荡的平原上,山峰突起,最高的一峰九十尺,主峰上石头知奇百怪,雄拔峻峭。艮岳中还修了许多豪华的宫室楼台,栽种了芙蓉、海棠、杨柳等树木。但从各地搜集来的珍禽异兽还未来得及驯化。童贯为显示自己,讨好徽宗,就从街市上找到一个驯鸟老翁,让他专务此事。宋徽宗来此游赏时,几万只鸟儿一起飞起来,童贯眯着眼,阿媚地对徽宗说,这是"瑞禽迎驾",当然又博得徽宗一片欢心。

宋徽宗赵佶本是个纨绔子弟,当上皇帝后,即成为一个风流天子,骄横奢侈,淫欲无度。蔡京抓住这个特点,动不动就用《周礼》上"只有王的用度是不筹算的"话来迎合怂恿他,认为前期惜财省费太小气,没气派。蔡京还怂恿徽宗说,今国库储备的钱帛有五千万,"和足以广乐,富足以备礼"。童贯更毫不掩饰地对徽宗说:"所谓人主,当以四海为家。太平娱乐,岁月几何,岂能徒自劳苦!"徽宗深以为然。从此,凡是歌功颂德、粉饰太平的举动,无不一一兴办。制礼作乐、大兴土木、铸九鼎、建明堂、修方泽、立道观等等蠹国害民之事接连不断,直至金军兵临城下,才告停止。这其中蔡京、童贯为虎作伥、推波助澜,又大大助长了宋徽宗的淫欲之心。

也许是一个偶然的巧合,许多正史和稗史记载中都忽略了,而唯独宋人周密的《齐东野语》里有所记录:"俗以每月初五、十四、二十三日为月忌,凡事必避之。"书中又云:"童贯及徽宗本以五月五日生,以俗忌移之十月十日。"宋代人很迷信,风俗中也很讲究所谓"月忌"。童贯终始得到徽宗的宠信,他们两人的生日相同不能不说是一大巧合。

赵佶原为端王。元符末年,哲宗因无子,曾向泰州著名命相家徐世真问起嗣位之事。徐世真号称"徐神翁"。他推算之后对哲宗说:"上天已降嗣矣。"哲宗再三派遣使者去询问,这位神翁的回答就是"吉人"二字。当时,一下子还弄不明白是怎么回事。后来赵佶继位,人们才开始悟出"吉人"者,乃"佶"也,即徽宗之御名。

中国皇帝登上宝座后,对于年号的选择总是煞费心机的。赵佶即位后的第二年,改元为"建中靖国"。当时,赵佶年幼,深恐先帝熙宁、元丰、元祐年间那些名公大臣结为党羽。为此,他援引当初赵光义继承赵匡胤登位的故事,年号更改也遵照祖上的旧章。宋太宗赵光义继其兄赵匡胤为帝,年号"太平兴国"。如今,徽宗赵佶在哲宗赵煦之后登帝位,也是兄弟为继,年号取用"建中靖国",无非是冀求吉祥平安。过了一年,徽宗开始亲政,这时年号又为"崇宁"。所谓崇宁的意思,是尊崇其父神宗的政绩,神宗赵顼曾用"熙宁"年号。到了崇宁五年正月,因为天空中出现罕见的彗星,于是改明年为"大观",表示跟天象变化相应和。其实,"大观"二字是从《易经》的"大观在上"句子里选取的。不管怎么说,这都是个颇为优美响亮的名称。到大观四年五月,天空又出现罕见的彗星,因此又改明年为"政和",年号"政和",是取"庶政惟和"的意思。到政和七年(1117),徽宗居皇位已有18年了,又大赦天下,并改政和七年十一月冬至朔旦为重和元年,年号取用"重和",意思是"和之又和",看来是再好不过了。可是,想不到这"重和"年号刚刚改用不久,左丞相范致虚就上疏奏明,说是北方辽朝年号中曾有过"重和",再取用就犯忌了。原来,辽兴宗年号"重熙",当时后主名字为"禧",由于避讳,就将"重熙"改作"重和"。这一

下，大宋朝廷的年号当然需要改变了。很快，三月中就改重和二年为宣和元年。"宣和"，从表面上说，是根据徽宗赵佶所居处的宫殿宣和殿而取名，实际上是对重和年号所犯错误的掩饰之举。

至于"宣和"年号，徽宗赵佶并不满意。因当时有人认为"宣"字拆开来看，一个家中有二日，不能说是吉祥的征兆。后来，东南地区爆发方腊起义，在两浙连下数郡，朝野为之震动，似乎有些应验了。是时，徽宗几次欲改年号，只因既不可袭用前代，又要注意不能犯诸多忌讳的地方，所以一直不能如愿以偿。童贯作为宋徽宗的宠信宦者，虽然善察微旨，对此也是一筹莫展。至于童贯后来带兵镇压方腊起义，为赵宋王朝的一家天下效尽犬马之劳，那是后话，暂且不提。

宋徽宗在位二十多年里，年号频频更换，竟有六个之多。非常凑巧，徽宗朝中也有六个宦僚，深得赵佶的宠信，其炙手可热的程度远非一般大臣可比拟。这些官宦都以奸臣闻名于世，史称"六贼"，即蔡京、童贯、王黼、梁师成、朱勔、李彦。百姓们把他们恨极了，到处流传着这样的歌谣：

打破筒（童），泼了菜（蔡），便是人间好世界。

督师边陲

在宋神宗朝时，王安石推行变法，其支持者被称为"新党"，而以司马光为首的反对派，则称之为"旧党"，新旧两派进行反复多年的政治较量。开始时，新党得势，旧党受到排斥，后来变法受挫，王安石失宠下野，旧党反过来排斥新党。到哲宗元祐年间，宰相章惇标榜变法，再次排斥异己以取得执政地位，至此，以变法为争端的新、旧党的斗争已完全变质。蔡京不仅是一个无耻钻营、逢迎拍马的小人，还是一个毫无是非操守、唯利是趋的阴谋家。他并不是推行变法的新党，在居相位时，虽然也曾下令要恢复王安石的新法新制，但只是一种宣传手段而已，事实上，并不打算执行。再说，这实在也正是徽宗赵佶的意思。宋徽宗在位期间，蔡京四度出任宰相，权势相当显赫，但比起童贯，他与徽宗关系毕竟还略逊一筹。赵佶虽然赏识蔡京的谄媚功夫，可有时也会产生厌恶。他对蔡京前后四次免职，跟童贯相比，就不那么始终如一了。童贯是赵佶始终宠信的宦官，先后掌兵权20年之久，历任监军大使、太尉等职，久居枢密要位，最后晋爵郡王。如此恩宠，蔡京是无法企及的。

童贯与蔡京互相交结，《宋史·童贯传》中说："京进，贯力也。"蔡京对童贯当然也是用心交攀。崇宁二年（1103），陕右一带有边患，蔡京力举童贯，说他曾经前后十次出使陕右，对那里的事宜及各地将领的实际本事都最为熟悉。于是，朝廷派王厚、高永年为帅，率领十万军马急驰湟州（今青海乐部），童贯则依照元丰年间宋神宗用李宪的故事，担任监军的要职。从此童贯开始操纵军权。

童贯拜命就道，和王厚等领兵来到湟州，正巧遇上禁中太乙宫失火。徽宗非常迷信

通过急递铺传驿文书,亲下手札给童贯,说是天象告警,不应用兵,要他赶快回来。童贯接到皇帝手札,当时一惊,连忙把手札藏进靴子里,装着若无其事。王厚见了,问他有什么事,他却微笑着回答说:"皇帝希望我们快些成功。"一个宦官监军竟敢将诏令隐匿起来拒不执行,从此事上便能看出童贯的专横跋扈了。于是,童贯、王厚继续率师西进。由于王厚、高永年指挥有方,宋军顺利地攻下湟州及附近的鄯州、廓州等地。童贯由于这次监军有功,擢升为景福殿使兼襄州观察使,以内侍身份而转任两使,从这件事起成为开端。崇宁四年(1105),童贯被任为熙河、兰湟、秦凤路经略安抚制置使,令其出兵西夏。这是徽宗即位时期对童贯的重要委任,也是童贯早期获得的显赫职务。当时蔡京的弟弟蔡卞认为,蔡京比自己做官晚,却位在己上,全是因童贯引进的结果,才致使自己一直与相位无缘,故反对童贯任制置使。而蔡京党羽右丞张康国引神宗任宦官李宪督师边陲的典故,认为任用童贯未尝不可。蔡卞回答说:"神宗任用宦官李宪督师边陲,事实已证明并非一件好事,况且李宪还稍懂军事,而童贯却一窍不通,如果边境发生异情,那定会误国害民。"为此,徽宗让中书省讨论,蔡卞被迫出知河南。童贯遂得以出任制置使。不久,又升为武康军节度使。

大观二年(1108),童贯派部将辛叔献、冯瓘收复了洮州(今甘肃临潭),派刘仲武收复了积石军(今甘肃临夏),并招降了羌人首领臧征扑哥。这是一件好事,童贯却生了妒忌之心,把刘仲武的功劳压下来未予上报。刘仲武敢怒而不敢言。后因舆论哗然,刘仲武才得到应有的褒奖。由于宋军收复了西北羌人占据的几座大城池,童贯因此再立军功,被封为检校司空。童贯小人得志,不禁有些飘飘然了。他恃功自傲,目空一切,不可一世,选拔将吏,全凭自己的好恶,且直接让徽宗下旨,根本不向朝廷请示,连蔡京也放到了一边。蔡京不由得醋意大发,当诏令授予童贯开府仪同三司时,蔡京愤愤地说:"难道使相有授给宦官的吗?"拒绝起草诏书。到了政和元年(1111),童贯还是被授予这个官职。后来,他又进检校太尉。这时,赵佶派他为使节,随端明殿学士郑允中一起出使契丹。当时朝廷中曾有异议,派遣宦官做上介使臣。会不会被看作是国内无人?赵佶坚持自己的看法,说是契丹听闻童贯破了羌人,本来就想要见见童贯,派童贯此去正可借机窥视契丹国情,实属良策。

以童贯的善察人意,这次出使当然获得成功。完成此事后,童贯以太尉身份担任陕西、河东、河北宣抚使,可谓飞黄腾达,炙手可热了。所以,当时的人们都嘲弄地把蔡京称为"公相",把童贯称为"媪相"。

童贯出使契丹返回后,更加趾高气扬,为进一步控制兵权,他建议出塞筑城屯守。以在军收回横山地区,使西复失去屏藩,以迫使西夏央求辽国出面请和。此建议得到徽宗的认可,童贯逐在西北拥兵自重,发展势力。

政和四年(1114)冬,定远豪酋率部众万余人直取宋转运使任琼治所,兵败后又归附西夏。宋朝廷闻知,诏河东节度使童贯为陕西经略,率兵讨伐。翌年春,童贯遣熙河经略刘法将步骑15万出湟州,秦凤经略刘仲武将兵5万出会州,童贯亲率中军驻兰州,为西路声援。刘仲武至清水河,筑城屯守而还。刘法与夏人右厢军战于古骨龙,大败西夏。童贯向朝廷报捷,将帅均加官晋爵。是年秋,刘仲武、王厚又会合泾厚、环庆、秦凤的军队进攻西夏的藏底河城,战败。王厚畏罪,用厚礼贿赂童贯,童贯受贿赂后竟向朝廷隐瞒了事实真相,虚妄报捷。

宣和元年(1119),童贯派刘法去攻取西夏的朔方(今陕西横山西北),想借此把西夏置于死地。刘法认为孤军深入,难以取胜。童贯威逼他道:“你在京师,亲自从皇上那里接受命令,说一定能成功,现在却推三阻四,为什么呢?”刘法无奈,率10万军士出萧关(今宁夏同心)作战,遇到夏兵埋伏,战败身亡,全军覆灭。刘法是西北边疆的名将,屡立战功,军中听说他战亡,没有人不感到悲伤,连夏人都替他惋惜。童贯却无动于衷,仅仅担心自己的名望受到影响,于是把吃败仗的消息隐匿下来,谎称又打了胜仗。百官入朝祝贺时,暗地里个个咬牙切齿,痛恨童贯竟然如此阴险毒辣,但慑于童贯的权势,谁也不敢说实话。夏兵接受刘法孤军深入后援不力终使溃败的教训,退出灵武。童贯却吹嘘取得大胜,因解灵武之围受赏者数百人,童贯也因功被加官封爵。

由于长年战争,宋、夏双方都损失惨重,财力不支。在这种情况下,西夏遣使讲和。西夏使者来到东京后,童贯要他们进誓表纳款,并把预先拟定的誓诏交给夏使。夏使不肯受辱,坚决不接受。童贯见不能让夏使屈服,只得派人把誓诏强塞给他们,夏使回去时,随手把誓诏扔到半道上,表示对童贯的轻蔑,弄得童贯十分尴尬、沮丧。

在对西夏用兵的同时,童贯还挑起了对辽的事端。

早在政和元年(1111),童贯奉命随使出使辽国,前去祝贺第九任皇帝耶律延禧的生日。在返抵辽国南疆重镇卢沟桥时,当晚,有个名叫马植的悄悄进入童贯房中晋见。马植曾担任过辽国官员,他原籍燕京,希望自己能重回祖国故乡,于是向童贯提出归回燕云十六州的秘密计划。

早在五代时期,后晋石敬瑭为换取辽国的支持,割让了燕云十六州给辽。宋朝建国后,几次北伐辽国,企图收复燕云州县,但屡战屡败,只好采取守势。辽则对宋展开攻势,不断南侵。到宋真宗景德元年(1004),宋辽和议,订立“澶渊之盟”,商定宋向辽每年输银10万两,绢20万匹,后来每年又增加银10万两,绢10万匹,从此宋辽之间不再有大的战事。然而朝野对此却耿耿于怀,总想收复燕云,恢复疆土。

童贯和马植谈了一席话,对马植极为赏识,认为对自己很有用处,就把马植带了回来,改名李良嗣,推荐给宋徽宗。李良嗣入宋后献策说:“北方女真人对辽朝恨之入骨,而辽天祚帝又荒淫无道。宋朝若能遣使自登、莱(今山东蓬莱、莱州)渡海北上,与女真结好,相约攻辽,辽国就易取了。”

徽宗又召见良嗣,问他为何投奔宋朝。李良嗣回答道:“辽国必亡。陛下看在幽燕故地生灵涂炭的情分上,恢复中国往日的疆土,替天行道,吊民伐罪。只要王师一出,幽燕百姓就会箪食壶浆,夹道欢迎。先发制人,后发则为人所制,假如女真得志,王师出兵也为时已晚了,时不我待啊。”徽宗深以为是,赐其姓赵,拜良嗣为秘书丞。不久,又升迁他为右文殿修撰,宠眷加深。

女真人本是辽国统辖下的一个少数民族,因不堪辽国的压迫奴役,起兵反抗,连破辽

军,建立了自己的政权,取国号金。

重和元年(1118),徽宗、童贯派登州防御史马政等人出使金国,商谈夹击辽朝事宜。宣和二年(1120),童贯又遣赵良嗣出使金国,会见金主完颜阿骨打,双方约定明年实施对辽的夹攻密约。赵良嗣返宋复命后,徽宗命童贯任总指挥,选健将功卒,刻日发兵。

对于这一决策,朝臣多不以为然。大臣安尧臣上书说:"臣以为燕云之役开始之日就是边衅遂开之时。太祖时拨乱反正,身披甲胄,当时的将相大臣都勇略过人,难道不能攻克幽云吗? 只是他们不忍心使百姓陷入战乱困苦之中。英宗时,澶渊之役取得大胜,仍然与辽议和,也是为了固本息民。如今童贯结交蔡京,同纳赵良嗣为谋主,建平燕之策,臣恐怕唇亡齿寒,边境不得安宁。还望陛下借鉴历代君臣得失,杜塞边隙,务守旧好,不要使外夷乘间窥视中国。这样才能上安宗庙,下安黎民。"

知枢密院郑居中也极力反对结金攻辽。他知道童贯、蔡京都力主此事,便对蔡京说:"公为大臣,国家元老,不能遵守两国盟约,辄造事端,诚非妙算。"不久,金人攻辽,辽朝日蹙,童贯又继续议论用兵。郑居中反对童贯说:"不宜幸灾乐祸,等待辽朝自己灭亡吧。"

宣和二年(1120)秋,几经往来,宋、金达成联合灭辽的协议:金攻取辽的中京大定府,宋攻取辽的燕京析津府。灭辽后,宋把每年给辽的岁币转给金国,燕云归还宋朝。这就是历史上的"海上之盟"。盟约定立后,徽宗命童贯集结 15 万军队,准备攻辽。正在这时,浙东爆发了方腊起义。徽宗只好让童贯先率军征讨方腊,然后再作攻辽事宜。

南征北伐

宣和二年(1120),浙东爆发了声势浩大的宋代历史上最大的一次农民起义——方腊起义。童贯则是镇压这次农民起义的刽子手。

方腊,徽州歙县(今属安徽)人。因生活所迫,到睦州青溪(今浙江淳安)大地主方有常家当佣工。当时,朱勔等人大搞花石纲,横征暴敛,搜刮无度,使人民群众陷入苦难深渊。青溪一带地处山区,盛产漆林,童贯主持的造作局每年向这里搜刮大量生漆,许多人被逼得无以生存。方腊深切同情广大农民遭受的苦难。官逼民反,方腊决心发动起义,反抗当政者的残暴统治。

当时,两浙地区流传着一种"吃菜事魔"的秘密宗教。参加者不喝酒,不吃荤,对穷苦人率财相助,故许多贫苦农民参加了这一秘密组织。方腊就利用这种秘密宗教组织农民,准备起义力量。在清溪一带还流传着这样的民谣:

> 十千加一点,
>
> 冬尽始称尊。
>
> 纵横过浙水,
>
> 足迹在吴兴。

"十千"是"万","万"加一点是"方"。"冬尽"便是"腊"。"称尊"就是王,坐天下。

还有的地方传说:"粮食空场,官府抢","石塔露水腊为王"。

宣和二年(1120)十月,大地主、里正方有常发现了方腊的秘密活动,派人把方腊关押在自家的谷仓内,叫儿子方世熊立即到官府报案。

事不宜迟。方腊机智地逃出方家,当机立断,决定提前起义。十月九日,方腊率领民众手持竹枪杀死了方有常,宣布起义。

起义民众来到帮源峒。这里地处浙皖边界,山势险要,林密路窄,易守难攻。方腊在这里举行了誓师大会,自称"圣公",改元"永乐",建立了农民政权,并率众一举攻下青溪县衙。在这之后,方腊率军分路出击,不到三个月时间,就先后攻睦(今浙江淳安)、歙(今安徽歙县)、杭(今浙江杭州)、婺(今浙江金华)、衢(今浙江衢广)、处(今浙江丽水)等6州52县,打死制置使陈建、廉访使赵约和宋将郭师中,队伍迅速扩大到近百万人,使东南地区受到极大震动。

宋徽宗闻知,大惊失色,决定征集大军前往征讨。十二月二十一日,令童贯为江、淮、荆、浙宣抚使,谭稹为两浙制置使,王禀为统制,率领京师禁军及秦晋番兵15万前往东南镇压。

童贯临行时,宋徽宗赵佶亲自出城送行,握着童贯的手说:"东南方面的事情全部交付与你了。倘若情况紧急,你可以拟诏书行事。"宣和三年(1121)正月,童贯率军开赴东南,血腥镇压起义军。同时,宋徽宗又玩弄两面派手法,进行政治诱降,下诏说:"两浙地区一向平安,不见兵戎已有二百余年。如今有些盗贼凭恃山险,反对朝廷,一些不明真相的人也被迫参加,如果你们能缚身自归请降,或者向官府报告消息,皆可免除罪过,既往不咎,如果稍有立功,还有优厚奖赏。何去何从,望慎择而行。"但方腊起义军对朝廷的引诱嗤之以鼻,不予理睬,皇帝的诏书成了废纸一张。起义军仍攻州克城,所到之处锐不可当,官军都望风披靡。

童贯率大军渡过长江,到达苏州后,了解到这次农民起义是由于百姓不堪花石纲的骚扰才引发而起的,起义爆发后,花石纲仍然没有停止,民众十分恼怒,如果不在花石纲上做点文章,恐怕要平息起义是非常困难的。于是狡猾的童贯就令幕僚董云代徽宗作了一篇罪己诏,说:"从前朝廷在东南收买花石竹木,都从国库支付钱物,按市场价格收购。只是由于奉诏办事者没能遵承朝廷的意旨,借为朝廷购物之名,大肆骚扰百姓,这并不是朝廷的本意。如今朝廷了解到这一情况,下令罢黜苏杭造作局,停止'花石纲'。谁再敢以贡奉为名骚扰百姓,皆以违抗圣旨论罪。"并下令罢免了朱冲、朱勔父子的官职。这些做法欺骗了一部分群众,使宋军在舆论上取得了一定的主动权。

童贯一方面在政治上耍弄花招,借以麻痹人民群众的斗志;另一方面在军事上加紧调兵遣将,对起义军进行血腥镇压。他先派官军屯守金陵和镇江,扼守长江,防止起义军沿江西上,然后集中精锐分两路进兵,分别由王禀、刘续带领,向杭州、歙州开来,企图在睦州会合。

宣和三年(1121)正月二十四日,义军首领方七佛率部按预定计划攻打秀州(今浙江嘉兴),再北上攻取金陵。由于秀州统军王子武纠合地主武装拼命抵抗,义军攻打数日不

克。二十八日，从镇江南下的童贯军增援秀州，夹击义军，由于双方力量悬殊，方七佛经过一夜血战才冲出重围，退回杭州。

二月七日，童贯率官军主力抵达杭州城下，分水陆两路围攻，气焰极为嚣张。当时，守卫杭州的义军有方腊率领的6万余人和方七佛撤回的2万余人，与官军相比，还是势单力薄，且城内由于战乱，粮食奇缺。义军虽装备简陋处于劣势，但不畏强敌，决心血战到底。

杭州战役是从北关堰争夺战开始的。北关堰是杭州城外的重要据点。双方经过激烈战斗，义军伤亡很大，北关堰失守。官军占领北关堰，打开了通往杭州的门户。义军退守杭州城内，方腊等义军首领日夜巡视在城头，指挥义军一次次打退官军的进攻。经过十多天的激战，城内弹尽粮绝，义军在方腊率领下突围转移到清溪。二月十八日，童贯占领杭州。

阴险狡猾的童贯在围攻杭州的同时，令驻守金陵的刘镇、杨可世带兵进入皖南，偷袭义军的根据地。三月初，刘、杨进攻泾县，得手后又合兵攻歙州。歙州义军失利，撤出州城，退走帮源。另一支官军又在辛兴宗、杨惟忠率领下围攻睦州。三月二十七日，睦州失守。四月二日，官军又攻陷衢州、婺州。义军战败，北撤帮源。

帮源是方腊起义军的根据地。各路义军失败后，余部纷纷向帮源一带集结。这里山峦起伏环绕，地形复杂，义军可利用熟悉地形的优势同官军周旋，以便保存力量，寻求发展。

童贯率官军在睦州会合后，立即传令围攻退守青溪帮源峒的义军。方腊等退入帮源后，重兵守卫各个山口，官军多次进攻，都未成功。童贯见强攻不能取胜，改用偷袭。一面虚张声势进攻北山口，一面暗中派人向帮源南面箭门山偷袭，结果成功，官军打开了通往帮源的通路。四月二十四日，官军全力围攻帮源，纵火为号，大肆屠杀，经过整整一天惊心动魄的肉搏战，一万多名义军壮烈牺牲。入夜，激烈的厮杀还在继续，起义军在愤怒喊声，震动山谷，但终因敌众我寡悬殊，又有7万义军战士血洒疆场。方腊打得满身血污，衣甲破裂，最后率余部转移到帮源东北的岩洞中。尾随而至的官军四处搜查，都没有任何线索。

四月二十六日，一直身处方腊左右的方京，被官军收买，供出了方腊农民军的最后据点。方腊和他的妻子邵氏、儿子方豪，及部将52人不幸被俘。方腊一家被押到汴京，徽宗又命童贯劝降方腊"归顺"。方腊怒气填膺，慷慨陈词，面斥童贯："尔等都是些龌龊奸佞之徒，只知玩歌舞美女，营造豪华宫殿楼阁，迎合皇帝老儿的骄奢淫逸。今既遇难，要杀要剐，尽管从便。"八月廿四日，方腊等被童贯押赴刑场，慷慨就义。

在镇压方腊起义的过程中，童贯下令军中，杀一人赏绢7匹。大批无辜的青溪居民甚至来往行人都惨遭杀害，"流血丹地"。据《青溪寇仇》记载，官军共屠杀平民百姓不下200万。童贯纵容官军惨绝人寰的血腥屠戮，使被花石纲弄得遍地疮痍的东南地区，变得更加残破不堪了。童贯因镇压起义军有功，加封为太师，封楚国公。

镇压方腊起义后，徽宗颇有厌兵之心。蔡京时已奉诏致仕，宰相王黼在朝进言道：

"目前辽已将亡,我若不敢,燕云必为女真所有,中原故地,从此无归还之日矣!"徽宗乃决意出师,遂命童贯为陕西、河东、河北路宣抚使,勒兵15万,北上燕云,策应金军。

宣和四年(1122),金军连接攻下辽的大定府(今辽宁宁城),辽天祚帝逃往夹山(今内蒙古呼和浩特西),留守燕京的耶律淳自立为帝,辽的败亡已成定局。

宋朝君臣都怀着必胜的心理来处置这件事。童贯临行前,徽宗还煞有介事地亲自制定了"御笔三策"并与童贯:"若燕人能望风而降,收复故土,是为上策;耶律淳纳款称臣,甘作大宋藩属,是为中策;若辽人抵抗,挥师进攻,大胜而还,是为下策。"幻想不战而胜,坐收渔利。

似乎胜券在握的童贯,率大军浩浩荡荡来到高阳关(今河北高阳),他不是精心部署战事,而是招摇过市,虚显恩威。他们四处张贴黄榜,悬挂大旗,宣扬"吊民伐罪"的意旨,并立下悬赏规格,宣布谁能献上燕京,就任命谁做节度使,完全以一副受降者的姿态出现在结局仍胜败未卜的战事面前。对童贯这种视军事为儿戏的行径,都统种师道十分不满,因而与童贯发生了矛盾。

种师道,名将种世衡的后代。童贯在西北御夏时,种师道在其部下任职。当时,童贯兵权在握,翕张威福,见者皆跪拜,只有种师道长揖而已。于是童贯对种不满。

这次出兵燕云,种师道从童贯为都统,拜保静军节度使。种师道对童贯说:"此次出兵,好像强盗闯入邻居家,我们不能相救,却想与强盗分赃,这恐怕行不通吧。"童贯不理,遂使张宝、赵忠持劝降信送至辽主耶律淳,说:"先前吴越钱俶、后蜀孟昶归属我朝,世世子孙不失富贵。何况辽邦与大宋欢好百年,你如能举国投降,我朝定会恩宠尤加。若执迷不悟,拒兵相抗,我朝届时大兵压境,只怕你死无葬身之处。"耶律淳见信大怒,下令斩杀张、赵二人,命大将耶律大石和肖于出击宋军。宋将辛兴宗兵败,种师道退居雄州(今河北雄县)。

此行与辽初战,宋军就失利了。辽朝为避免两面受敌,仍遣使臣赴宋营议和,说:"女真背叛辽朝,宋朝应该感到可恶。如今为什么却要贪图一时之利,遗弃百年之好,与虎谋皮,贻留后祸呢?况且,救灾恤邻,古今通义,还望大宋国能慎重考虑。"童贯听后无言以对。种师道乘机劝言童贯许和。童贯旧怨又生,非但不听,反而密奏朝廷,说师道阴结辽邦,阻止用兵,是这次兵败的根本原因。宰相王黼是童贯的同党,在徽宗面前祖护童贯,诋毁种师道,结果种师道被罢官。徽宗听说前线失败,急令班师。童贯原乘兴而来,现却败兴而归。

不久,辽主耶律淳死,肖干等秘不发丧,用武力奉皇后肖氏为皇太后,全权处理军国大事,国内人心浮动,政局混乱。消息传至宋廷,童贯再度要求出兵北伐。此时,辽涿州留守郭药师见辽朝大势已去,宋军将至,就对部下说:"天祚失国,宋兵压境,燕京以南看来必归中国。"于是,率部众8000人,带了涿州、易州的版图,到童贯驻营乞降。童贯大喜,立即上表奏捷,有诏授郭药师为恩州节度使。

宋将刘延庆奉童贯军令,从雄州出发,以郭药师为前驱,领兵渡过白沟(今拒马河,当时为宋、辽界河)。宋兵纪律很差,戒备不严,行至良乡,辽肖干率部赶到,宋军接战,随即

败退。刘延庆带兵无方，进驻芦沟，被肖干出截粮道，连护粮将领也被擒去。后来，宋军又中计败退。童贯只好退到雄州，北伐又一次失败。

童贯两次失败，无法图燕，恐怕徽宗诘责，于是又生一计，密遣人去金国约请夹攻燕京。双方约定：一是宋给辽币一年40万转金邦；二是每年加给燕京代税钱100万缗；三是彼此贺正旦生辰，置榷场交易；四是燕京及山前六州（蓟、景、檀、顺、涿、易州）归宋，燕云十六州余者，归金国。宣和四年（1122）四月，金兵在宋军配合下，攻占了燕京。

金兵占领燕京后，为燕京归属问题宋金双方进行了多次交涉。按"海上之盟"的约定，应当将燕京归还北宋，但金朝内部以完颜宗翰为首的大将坚决反对归还。有人向金太祖完颜阿骨打献诗劝谏说："君王莫听指燕议，一寸山河一寸金。"几经交涉，金朝才同意将燕京及其所属六州归还宋朝，条件是宋必须把给辽的岁币和代税钱如数交给金朝。徽宗诏令童贯等入燕京办理交割手续。不料，这时燕京城里的所有官民子女玉帛统统被金人掠去，其他归宋的六州城内也都如此相似。北宋付出了巨额代价得到的只是几座空城而已。而童贯竟恬不知耻，向赵佶奏称："燕城老幼，伏道迎谒，焚香称寿。"徽宗闻言后十分高兴，对童贯等人大加褒奖，童贯解节钺为真三公，加封除、豫两国，并立"复燕云碑"纪功。后又晋封童贯为广阳郡王。宋徽宗和童贯之流竟如此昏庸荒唐，自欺欺人，实属古今罕见。

其实，在童贯北伐之前，辽国国势已逐渐衰败，对宋朝构不成重大威胁了。真正令人可虑的倒是处于上升时期的野心勃勃的金国。当时，宋朝不少文臣武将已看到这一点，并且提出了劝诫，可宋徽宗赵佶和童贯之流鼠目寸光，只顾眼前利益，并无远虑，以致赶走了狼，又招来了虎，埋下了亡国的祸根。

恶极伏诛

徽宗君臣自"光复燕云"后，便陶醉在所谓"胜利"之中，以为天下从此太平无事，可以高枕无忧了。

金朝在和宋朝的交往中，却逐渐了解到宋朝内政混乱，兵备空虚，社会动荡，民不聊生，不堪一击，所以野心大大地膨胀起来，故在灭辽后，便把侵略目标转向宋朝。

宣和五年（1123），辽旧臣张觉在平州（今河北卢龙）起兵反金。宋徽宗得陇望蜀，竟想以高官厚禄招降张觉，得到平州地区。后张觉被金兵打败，逃到燕山府（今北京市），宋徽宗写给张觉的信被金人查获，金兵问罪北宋政府。北宋无奈，只好杀死张觉，将其头颅交给金人。这时另一辽降将郭药师说："金人要张觉，朝廷就给张觉；金人若要我郭药师，想必朝廷也定会给的。"郭药师所部有3万余人，是一支能征惯战的军队，金人对之颇为惧怕。张觉事件发生后，一些辽降将被搞得寒了心，开始与宋廷离心离德了。

这时辽天祚帝已逃至夹山。宋徽宗派人前去招降，许诺以兄弟相称，答应在汴京为其造千间房屋，选300美女供其享乐，并派童贯为使到太原迎接。天祚帝不肯，招降失

败。但宋徽宗的这些举动，却为金兵南侵找到了借口。金人数次派使者找童贯索要辽帝，态度傲慢，出言不逊。童贯害怕得罪金人，于是派将士四处搜寻天祚帝，下令道："只要遇到形迹可疑的辽人，别问是谁，就把他杀了交给金人。"

宣和六年(1124)十一日，童贯派马扩出使金国。马扩使金返回太原，向童贯报告说金朝在扩充军队，在飞狐(今河北涞源)、灵丘(今山西灵丘)增兵布防，劝童贯加强边防，以备不测。童贯却不以为然，说道："金人建国不久，人心未附，怎敢如此轻举妄动？"此时，河东、河北边境上不断发来金朝正在征发丁壮、收积粮草、调动军马的探报。金兵南侵的形势已很明显，就连赵良嗣也认为，和议至多可保三年。但徽宗与童贯、王黼等却不信，不认真设防。宣和七年(1125)二月，辽天祚帝被金人俘获。接着，金朝借口宋廷破坏协约，先发制人，发动了对宋的侵略战争。

十月，金人分兵两路，大举南侵，西路由完颜宗翰率领，进取太原，东路由完颜宗望率领，进取燕京，两军相约在宋朝京城开封会合。十一月，东路军连下檀、蓟二州，郭药师以燕山府降金，燕山府州县全部陷落。十二月，完颜宗翰派使臣到太原见童贯，态度极其傲慢无礼，童贯却低声下气笑脸相迎，热情招待。等看到使臣递交上来的战书，童贯才大吃一惊，支支吾吾地说："这样的大事，为什么不早来告诉我呢？"金使说："大军已经出动，告诉你又有何用？倘若要我国退兵，条件就是速速割让河东、河北，宋、金以黄河为界。这样才能让我们宋朝生存下去。"

童贯听了这话，不知所措，吓得魂飞魄散。事后心想：眼见金兵就要攻打太原，不如溜之大吉。他遂决定，以向徽宗禀告此事为借口，逃回开封。太原知府张孝纯劝阻道："金人违背盟约，大举入侵，你应当召集各路将士，全力抵御。现在你一走，人心必定惶惶不安，这样就等于把河东送给了金人。河东丢了，河北还能保得住吗？希望你能暂时留下，共图大计，报效国家。再说太原地势险要，城池坚固，金人未必能攻破它。"内战内行、外战外行的童贯，在金人面前胆小如鼠，在属下面前却气壮如牛。他恼羞成怒地大声呵斥道："我是接受任命做宣抚使，不是来此守城池的。你一定要把我留下来，那么又要军队的将帅干什么？"只管自顾逃跑了。张孝纯长叹一声，说："平常童太师作威作福，名冠天下，谁知今日临战畏缩，抱头鼠窜，有何面目去见天子？"童贯狼狈逃跑后，张孝纯率太原军民全力固守，打退了金军的数次进犯。

童贯作为国家的重臣，执掌兵权，身系社稷安危，在外敌进攻之前，不能消除内奸，消灭隐患，在外敌进攻之时，不能号令三军，组织抵抗，反而畏首畏尾，临阵脱逃，只顾苟全生命，毫无廉耻之心，更谈不上半点民族气节了。

金军推进迅速，西路军十二月初出兵，相继占领朔州(今山西朔县)、武州(今山西神池)、代州(今山西代县)。十八日，进围太原。东路军以降将郭药师为向导，长驱直入，势如破竹。二十二日越过中山府南下，离开封只有十日路程。军报传来，宋朝君臣慌作一团，徽宗不得已下罪己诏，号召勤王。罪己诏说："多作无益，侈靡成风。利源酷榷已尽，而牟利者尚肆诛求。诸军衣粮不时，而冗食者坐享富贵。""追惟己过，悔之何及。"又说："望四海勤王之师，宜三边御敌之略。""岂无四方忠义之人，来徇国家一日之急。"罪己诏

下后，徽宗并无抵抗之意。他想放弃京城，逃往位于长江南岸的金陵(今江苏南京)，遭到李纲、吴敏等朝臣的反对。吴敏请徽宗三天内传位于太子，革新政局，组织抗金，否则就太晚了。金兵越逼越近，徽宗惊慌懊恼，拉着奸相蔡京之子蔡攸的手说："没想到金人会这样！"说着气塞昏迷，跌倒在床前。群臣赶忙灌药急救，徽宗苏醒后，索要纸笔，用左手写道："皇太子可即皇帝位，我以教主道君退处龙德宫。"其子赵桓即位，改明年为靖康元年(1126)。赵桓就成了北宋最后一个皇帝，史称钦宗。

当童贯从太原逃回东京开封时，宋钦宗已经登基。他任命童贯为东京留守，筹备东京的防务。童贯知道接受这个职务就等于把自己拴在这里了，而自己怎么敢和金军对垒呢？于是迟迟不去上任。

此时，金东路军已相继占领庆源(今河北赵县)、信德(今河北邢台)等地。守卫在黄河北岸濬州(今河南浚县)的守军，是宋朝的"禁旅"，即所谓的精锐部队。但是，却缺乏训练，士兵多不会骑马，上马后，两手死死抓住鞍子不放，惹得老百姓发笑。带兵的将领在此也只知饮酒取乐，任何防御措施也没有。靖康元年(1126)正月初二，金兵突然出现在黄河北岸，宋军2万多人四散奔溃。黄河南岸守桥宋军见金兵旗帜，也烧桥而遁，无一人迎敌。金兵在河边寻到几只船，花了五天工夫，才渡完骑兵，步兵还在北岸。金兵渡河时，队伍混乱不堪，叽叽喳喳议论说："南朝可谓无人。如以一二千人守河，我怎能得渡？"这时，守卫河南滑州(今河南滑县)的2万宋军也不战自溃。

消息传来，京城开封一片惊慌。危难之中拒绝受命的童贯此时却主动亲率2万亲军，护送太上皇赵佶连夜出通津门逃往东南方向的镇江(今属江苏)。这支亲军是由童贯在西北边疆专门招募的身材高大的青壮年组成，平时就带在左右，起名为"胜捷军"。当宋徽宗逃走过浮桥时，北守禁军卫士看到国家即将灭亡，而太上皇等人却只管自己逃命，禁不住悲愤异常，拉住他们乘坐的轿舆，放声痛哭。童贯怕走慢了逃不了身，竟丧心病狂地下令亲军放箭，中箭倒下的禁军就有百余人，情景使人惨不忍睹。

童贯的罪恶行径引起了人们的义愤，谏官、御史及国人的议论蜂起，纷纷指责童贯的罪行。以陈东为首的太学生，连续上书，历数童贯等六贼的罪恶。

陈东，镇江丹阳(今属江苏)人，字少阳。宣和七年(1125)，他曾上书请诛童贯、蔡京等六贼，以谢天下。靖康元年(1126)正月底，童贯令胜捷军箭射禁军卫士，陈东等人再次上书钦宗说："童贯等人劫持太上皇南去，他们假借威势，为所欲为，恐生祸端，请陛下追还童贯等人以正典刑，另选忠厚诚实之人随从太上皇左右。童贯树党植羽，盘根错节，又有亲随'胜捷军'，南渡后一旦乘机振臂发事，控制长江天险，占据东南沃壤数千里，后果将不堪设想。诚请陛下明察。"

童贯等拥随宋徽宗逃跑到镇江，听说开封被金兵围困，不但不设法声援，反而把南方各路的勤王兵马扣留下来。人们众口纷言，说童贯另有所谋。宋钦宗赵桓为了稳固皇位，笼络人心，只好对童贯等人进行处理。

靖康元年(1126)二月，宋钦宗贬童贯为左卫上将军，命他谪居池州(今安徽贵池)。四月，又将童贯贬为昭化军副节度使，流放到吉阳军(今江西吉安)。此时，在外无靠的赵

佶,表示愿"甘心守道,乐处闲寂",不再"窥伺旧制",又返回了开封。七月,群臣又上奏议论童贯罪恶云:

"处理任何事情都应借鉴历史教训。汉末诛杀董卓后,没能及时赦免董卓在凉州的部下李傕、郭汜,导致汉室之祸,这是当赦不赦带来的祸害。唐德宗时,泾原在京师哗变,未能及时诛杀朱泚,结果朱泚僭道称帝,这是当诛不诛造成的恶果。如今阉臣童贯,手握兵权二十余年,破坏祖宗军政,造成边患,祸及华夏,罪在蔡京、王黼之上,而对童贯的处理却轻于蔡京、王黼。童贯久握兵权,私市恩惠,党羽遍于朝野,一旦有变,悔之何及? 请诛杀童贯,昭示其罪,以谢天下,以绝群小之望。"

"祖宗在天下无事时,斩杀误国害民之人,只是为了惩戒后世。如今为乱天下,危害国家的人却得不到惩治,这并不是祖宗的志愿。况且宦官在国初只是备扫除而已,岂能担任国家重臣。童贯身为刑余之人,手握兵权几十年,大奸大恶,断不可纵容。童贯养兵于家,倾甲于库,这是图谋不轨的先兆。农夫耕田尚且除去禾苗附近的杂草,治理天下更该铲除君主身边的奸臣,请诛杀童贯,以厚天下之望。"

面对群愤,七月十三日,钦宗下诏,命令监察御史张澄沿流放路线去追赶童贯,将他就地正法。张澄知道童贯诡计多端,怕他不肯伏法,便派一个属下先行一步,稳住童贯。那个小官吏在南雄州(今广东南雄)赶上童贯,拜见道:"有圣旨将到,赐给您茶药,还要召您回京,任命您为河北宣抚使。我等特地先赶来向您祝贺,明天中使就到。"童贯听后又得意起来,捻着下巴上仅有的十几根胡须说:"看来,少了我还不行!"旋即停下来整理行装,等候中使。第二天中午,御史张澄果然赶到,童贯急忙整衣出来迎接,张澄让他单独听诏。诏书中历数童贯十大罪状,刚要念完,昨天先赶来的那个小官吏从外边快步驰入,说时迟,那时快,抽出刀来,割下了童贯的首级,用水银和生油浸泡以后用牛皮包好,送往京师,挂在大街上示众。

童贯死后不到九个月,金兵攻下开封,钦宗和徽宗父子被金兵所俘,北宋王朝灭亡。

千古奸相

——秦桧

名人档案

秦桧:字会之,江宁(今南京)人。中国历史上十大奸臣之一,因以"莫须有"的罪名处死岳飞而遗臭万年。

生卒时间:1090~1155年。

性格特点:拨弄是非,造谣离间,言语不多,却很毒,一意孤行,排除异己。

历史功过:摧毁国防,败坏军力。秦桧当国,把南宋之初在与金人的长期抗战锻炼出来的良将劲卒尽加杀害和驱逐。由于秦桧的卖官鬻爵,新上任的军官根本不会治军,只会捞钱,"为将帅者,不治兵而治财,刻剥之政行,而附摩之恩绝;市井之习成,而训练之法坏。二十年间,披坚执锐之士,化为行商坐贾者,不知其几。"(《系年要录》卷189)。这些人整天朝游暮宴、安富尊荣、醉生梦死,南宋初年军队的抗敌锐气,经秦桧主政二十年间,丧失殆尽。秦桧是宋体字的创始人,但由于人们厌恶他的人品德行,虽然应用他创立的字体,却改称宋体字。

名家评点:卖国求荣的秦桧,在中国几乎是家喻户晓、人人皆知的奸佞之臣。他在宋、金战争中,勾结宋高宗赵构,玩弄权术,丧权辱国,屈膝投降,坑害忠良。他干尽了坏事,不知给国家和百姓带来了多少深重灾难。他的罪恶罄竹难书,他的名字遗臭万年。他是中国历史上一个阴险狡诈,卖国求荣的奸佞之徒。

投机钻营

秦桧(公元 1090~1155),字会之,建康(今江苏南京)人。出身于仕宦之家,父亲名学敏,曾先后任湖州(今浙江湖州市)安吉县丞,信州(今江西上饶市)玉山县令等官职。秦学敏有四个儿子,秦桧排行第三。南京初年的奸相汪伯彦未发迹时,曾在当地开馆教学,秦桧和他的兄弟都拜他为师,在他的学馆读书。秦桧自小就天资狡险,秉性诡诈,此时,又受教于善于钻营的汪伯彦门下,从而学到了一套玩弄权术、投机钻营、欺世骗人等本领,即使在他念书的时候,对同学也阴一套,阳一套,拨弄是非,挑拨离间,同学们发觉他有这种两面派的劣迹后,都瞧不起他,很少有人和他为友,称他为"秦长脚"。

公元 1115 年,即北宋政和五年,秦桧中进士,任蜜州(今山东诸城市)州学教授,后又中宏词科,凭借他善于阿谀奉承,溜须拍马的一套手法,得到奸臣李邦彦的青睐,被荐入馆职,他便挤入宋朝官场。从此青云直上,官运亨通。

北宋宣和七年,金兵大举南下,长驱直入,所向拔靡,北宋王朝的官僚、地主统治集团,如惊弓之鸟,异常恐慌,纷纷往南逃离。靖康元年(公元1126)一月,金兵渡过黄河,包围了汴京(今河南开封)。宋钦宗几次派人到金营求和,由于金人的议和条件苛刻,再加之李刚等人的坚决反对,使议和搁浅,未能达成。

秦桧当时任太学政官职,他见有机可乘,便写了一封奏章,提出了几点议和建议,主张割地求和。因此,深得钦宗的赏识,被任命为职方员外郎,并奉诏为割地使,前往河中(今山西永济市)办理割地议和事宜。但由于主战派首领李刚率领汴京军民积极抗金,将士奋勇杀敌,而且各地支援的宋军不断地增加,金兵恐孤军深入,不敢久留,便乘机北撤。秦桧等人也只能到达河北,就又返回了汴京。

秦桧回京后,又和主和派翰林学士吴玕相互勾结,企图实现他卖国求荣的美梦,经吴玕的鼎力推荐,秦桧任殿中侍御史,后又升为左司谏。秦桧的官位越来越高,权力也越来越大,阴险狡诈的面目也就越来越暴露,于是他又主张再次向金人乞和,卖国求荣。

公元 1126 年(靖康元)十一月底,金军再次包围了汴京,不久攻破京城。金兵纵火烧杀抢掠,城内金银财宝洗劫一空。金人扣押了钦宗、徽宗及许多大臣,立宰相张邦昌为傀儡皇帝。众官不服,弃官、辞官者有数十人之多,他们坚决反对奸相张邦昌为帝。

秦桧这时官为御史中丞,他看见文武百官的反对态度,也听到监察御史马伸等人的慷慨陈词,自己作为御史台的长官,当然也不能不有所表示,他玩弄了惯用的两面派手法,一方面要在众官面前表明自己不是投降派,另一方面又要讨好金人,与之求和,所以就独自写了一纸状文送到金营。其状词的开头,首先表明,他写此状的目的,并不是完全为了尽忠于赵宋王朝,而是为金王朝着想,并帮助你们权衡利弊,采取较好的方法解决立帝的问题。秦桧在状文中还奴颜婢膝,卖国求荣的说,我要提醒金王朝注意的是,赵宋建国已有一百多年,统辖地区辽阔,子孙繁衍众多,号令统一,张邦昌是"附会权幸之奸臣,

共为蠹国之政客"。老百姓对他恨之入骨，如果把他立为皇帝，天下的英雄豪杰，必然会起而诛之。最终还是不能成为金朝的屏障和藩属。金朝如果不顾一切，一定要立张邦昌为帝，那么就会出现"京师之民可服，而天下之民不可服；京师之宗室可灭，而天下之宗室不可灭"的局面。所以，他衷心地希望金王朝要深思熟虑，权衡利弊，最好还是恢复钦宗的皇位，这样，既能说服朝廷文武百官，又能继续统治朝野百姓，这对大金王朝就有万世之利。这就是秦桧后来在文武众臣面前一再吹嘘和夸耀的临危不惧，尽忠赵氏的事实真相。实际上秦桧在状文中也用了一些反对张邦昌为帝的词句，所以在当时也真迷惑了许多人，在一些人心目中，认为秦桧能尽忠宋朝，反抗金人，是一个难得的忠臣，永垂青史的贤良，后人还有诗赞叹："倘使当时身便死，一生真伪有谁知？"由此可见，秦桧当时玩弄的权术，施展的诡计，技术高超，遮人耳目，不露破绽，得到了一个贤良忠臣的美名。当时秦桧为金朝出谋划策，卖主求荣的建议，虽然没有得到金人粘罕的采纳，但粘罕对他能为金王朝的江山着想，绞尽脑汁，煞费苦心的献计献策，则已产生好感，称他为金朝的忠良。

金朝为要灭宋，于公元 1127 年（靖康二）三月，就扶立投降派的头目张邦昌为大楚皇帝，命他统治黄河以南的宋朝管辖区域，至此，统治了 168 年的北宋王朝全部覆灭，同年四月，金人北撤，掳走了徽、钦二帝，后妃、亲王、宗室、文武百官共三千多人，还运走了搜刮得来的大量金银珠宝、古器、图书，以及技师、僧道、医卜等人，满载北去。这就是历史上所谓的"靖康之祸"。

金朝立张邦昌为傀儡皇帝，也只是权宜之计。他们打算先巩固对黄河以北地区的统治后，再兴师南侵，所以在他们北撤时，还掳走了秦桧及太学生三十多人。应当指出的是，当时粘罕之所以特别指名要秦桧前往，表面上是说他"怀有疑虑，不归顺金朝，故取之"。但实际上是粘罕看了秦桧先次写的状文后，有了好感，至为赏识，"心嘉其"对金人之"忠"，所以"与之俱归"。将会对金朝的统治，定有很大用处。同时，使粘罕对秦桧产生好感的还有一件事，就是粘罕怕宋朝他日复兴，要来个斩草除根，但又顾虑到赵氏宗室太多，搜寻不尽，又该如何办时，投降派莫俦就向粘罕献计，要他到宗正寺，取回玉牒（皇族的家谱），玉牒上有名者，全都除根，这样才能做到斩草除根，不留后患。当时秦桧在旁，他便献媚说，莫俦这个计谋不好，因为有的人宗族繁多，大家虽有宗族之情，但情谊却很疏远，如有的虽然是同一姓氏，但他们的恩情还比不上异性亲密，他们平时都不共享富贵，一旦有了祸患，就想株连九族，斩草除根，恐难服众民。秦桧的确是老谋深算，奸诈诡谲，乍听起来，他不同意莫俦的意见，而其实他是婉转地指点粘罕，想单纯根除宗室的办法，是不可能防止赵氏复兴的。粘罕当然也听懂了他的意思，所以夸奖秦桧说："你说的话对极了。"从此粘罕对秦桧特别器重。

秦桧过去在表面上反对过立张邦昌为帝，但实际上这些都有他自己不可告人的目的，当他一旦成为俘虏，受到严峻考验的时候，也就脱掉伪装，原形毕露，他到了金国后，变为金朝的狗奴才，粘罕本来就看中了秦桧，秦桧这时更加奴颜婢膝，阿谀奉承，因而更加得到了粘罕的信任，秦桧受到了其他俘虏所不能得到的待遇，由于粘罕的推荐，金太宗对秦桧极为赏识，倍加关怀，在流放徽、钦二帝及其他大臣时，唯秦桧交上好运，不仅不与同往,并将他赐给金太祖的堂弟挞赖。秦桧得到这样的知遇,自然受宠若惊,感恩戴德,便卑躬屈膝地完全投靠了金朝,恭顺的为他们所用。金太祖的四太子兀术还专门宴请秦桧,而左右侍酒的人也都是金朝王宫的姬妾。秦桧变节后,和金朝统治者的关系打得十分火热,当上了一名受到特殊宠爱的降臣,他们主奴之间的一场可耻的政治交易就这样开始了。

自从金兵北撤以后,张邦昌的傀儡政权遭到了人民的唾弃,无法支持下去,未被金兵俘房去的北宋臣僚,仍然希望重建一个赵氏政权,可是在汴京的宋朝皇帝都被俘走,只有徽宗的第九子康王赵构,此时还在济州(今山东巨野县),他是北宋皇朝中仅存的宗室,北宋臣僚们当然也就把他看成赵氏皇位的合法继承人,张邦昌在强大的舆论下,自行退位,于是仅存 33 天的傀儡政权,在一片唾骂声中垮台。公元 1127 年(靖康二)五月,赵构在南京应天府称帝,重建赵宋王朝,改号建炎,也就是后来继续了 132 年的南宋王朝的第一个皇帝,史称为宋高宗。

高宗即位的消息传到金朝,徽宗得知后,非常高兴。他在被俘北去的途中,就希望康王能重建赵宋王朝的政权,他还写了密信放在衣领中,交给金人曹勋,要他秘密地从小道去找康王,要康王能够登上帝位,来救父母于水火之中,现在他得知这一消息后,就企图以此为资本,再次向金朝统治者乞和,于是,他便乘机写信给金左副元帅粘罕,要与金人求和,徽宗的这封求和信,是由秦桧代笔书写的,秦桧后来也供认不讳。在这封求和信中,秦桧以历史上的契丹为例,说明契丹攻入汴京,灭掉后晋宗室北迁,这样做的结果,反而使契丹守不住中原地区,而得利益的倒是刘知远,使他建立了后汉。秦桧要金朝统治者,从这一历史事件中吸取经验教训。最好的办法还是派一名被俘的宋朝旧臣南归,带着徽宗的亲笔信,劝说宋高宗向金朝称臣纳贡,这样才是金朝对待赵宋王朝的万全之策。金朝统治者虽没有接受徽宗的求和,但对代笔人秦桧能这样竭智尽虑的出谋献策,却非常赞赏。所以粘罕大喜,赐钱万贯,绢万匹,重赏秦桧。这对一个降臣来说,不能不说是特别的宠爱,也是秦桧甘心投敌的铁证。

为金效命

南宋建炎三年(公元 1129)十月,金朝又以兀术为统帅分兵数路,大举南侵,挞赖带兵攻取淮东。过去秦桧为御史中丞,对南宋的情况极为熟悉,挞赖就利用这条走狗,偕同前往,挞赖特地任命他为军事参谋兼随军转运使,秦桧不满足独身随军,还想带他的妻子王氏一同前去,但又摸不透金将挞赖的底细,夫妻俩便假装吵架,王氏故意大声嚷道"大金国任用了你,你就把我丢弃在这里吗?"因挞赖的住址与秦桧的住址相邻,挞赖的妻子听到后便过来相问,王氏把争吵的缘由告诉了她,挞赖的妻子安慰她,不用顾虑,并说金朝的制度,可允许家属随军,然后她把这一情况又告诉了挞赖,挞赖要利用秦桧,对他的态度当然不同于南宋的一般降将,也用不着扣留他的家属作为人质,因此就准许了王氏随

军而行,所以秦桧和他的妻子就一并为挞赖侵宋卖力。

公元1130年(建炎四)八月,挞赖以重兵攻打楚州,兵锋甚锐,楚州形势,十分危急,但全城军民在宋将赵立的指挥下艰苦战斗,誓死保卫楚州,挞赖围城,久攻不下,也万分着急,奸贼秦桧则替他想办法。秦桧以自己贪生怕死之心,来度量楚州军民之腹,认为城中粮尽援绝,劝降必定可行,于是他为挞赖写了一道"檄文",妄想劝说楚州军民投降,但楚州军民誓死不降,他们决心战斗到底,与城池共存亡,继续血战到底。城中军民,一直坚持到九月底,终因寡不敌众,城被攻陷。楚州军民在抗金斗争中,宁死不屈的高贵品质,与秦桧卖身求荣的丑恶行径形成了鲜明的对照。

兀术这次起兵南侵,而南京军民的奋起抗金斗争的事实,又使他们认识到单凭军事力量,是不能征服南宋的。于是有人提出:只有派遣在金的宋臣先归,对南宋进行威吓,使之归顺,才是上策。大家觉得这个计谋很好。经过反复考虑,认为秦桧恭顺可靠,于是,粘罕竭力推荐秦桧充当南归的内奸。

秦桧自卖身投靠金朝后,的确不断用实际行动表明他是真心实意为其主子卖命的。在攻打楚州时,秦桧为挞赖劝降的目的虽未达到,但他的行为却表现了对金国主子的忠心。金朝统治者在经过多次对秦桧的考验后,认为秦桧忠实无欺,俯首帖耳,唯命是从,是豢养的一条好走狗。同时,他们还认为秦桧在靖康末年,给金朝上书请存赵氏业绩,在南宋朝廷里也留下了"忠义"的美名。有了这件美丽迷人的外衣,送秦桧回去,就容易掩盖其内奸的真相,能很快取信于南宋朝廷。所以,他们就把决定告知了秦桧,要他南归充当内奸,从内部破坏南宋的抗金事业。秦桧当然乐意接受,欣然奉命,结果金朝统治者就把他"纵之南归"了。

为了使秦桧能安全回宋,金朝统治者还做了一番筹划。首先把秦桧岳父王仲山在济南的一部分财产赐给秦桧,其次还替秦桧准备好船兵;让秦桧乘船只全家厚载而归。建炎四年十月,秦桧带着妻子王氏,小奴砚童,小婢兴儿以及一帮亲信等人,浩浩荡荡,乘船满载着丰厚的财宝,从楚州入涟水。恰好被南京的巡逻兵捉获,于是秦桧编了一套谎言,说他是杀了"金人监己者,夺舟而来"。把自己打扮成一个英雄好汉的架势。但当地有些宋将对他的南归非常怀疑;宋金两军对立,他怎么能带着全家和这么多的财物回来呢?认为他可能是金朝暗中派来的奸细,应予杀掉。另外,也有人认为,秦桧是钦宗时的御史中丞,如果杀了,朝廷归罪下来,是担当不起的,于是将他送交朝廷。

秦桧到南宋朝廷后,很多朝臣和百姓对秦桧归来,深有怀疑,但是大臣范宗尹和李回向来与秦桧要好,他们不但极力替他辩护,而且还竭力在高宗面前"奏其忠,荐其才"。高宗和其父兄一样,对金朝畏之如虎,一心只想乞和。此时,当听见被金朝俘虏了四年的秦桧回来了,肯定对他的乞降大有用处,于是不管群臣对秦桧存何怀疑,即亲自接见了他,秦桧对高宗给予他这样的破格礼遇,当然也就感激得五体投地了。为了实现他投降金朝的主张,他一见高宗,就露骨地说:要想天下太平无事,就必须"南自南,北自北"。也就是说,应当把北方领土让给金朝,取消抗金斗争,实行南北分治。同时,为了迎合高宗急于求和的心理状态,秦桧还当面呈上自己早已写好的给金将挞赖的求和书,并表明他自己和挞赖有着特殊的私人关系，可以担当沟通议和的角色。因此，高宗在接见秦桧后，就非常高兴地对大臣们说：秦桧比谁都"忠实"，朕见之"喜而不寐"。朕现在既知道了二帝和母后的消息，又得到了一位难得的"佳士"。此后，他对秦桧非常信任，马上就任命他为礼部尚书的官职，而且对他的生活待遇，也关怀备至，特赐银二百两，绢二百四。同时，对于随从秦桧回来的人员，也一一地封官晋爵，连秦桧的儿子秦熺也封了一个不小的官职。

秦桧对于高宗的封官和赏赐，还假惺惺地加以推辞，说自己才疏学浅，又从敌方逃走回来，还没回到家乡，就来禀奏二帝的消息，现在承蒙皇上召见，我的志愿已毕，请求高宗准许他辞官回乡。高宗当然不准许他辞官，而且在诏书中还大肆夸奖秦桧，赞扬他为宋朝社稷竭尽全力，忠心报国，被俘北去，犹如汉使苏武在匈奴，保持了高尚的民族气节。正因为秦桧竭力把自己扮成一位尽心于赵宋王朝的大忠臣，得到高宗的极大信任，所以，到绍兴元年二月，也就是秦桧被任命为礼部尚书三个月之后，他又被高宗提升为参知政事（副宰相）了。

秦桧虽然做了参知政事，但实际上他还嫌权力太小，并不满足，于是又伺机谋取宰相的职位。当时的宰相是范宗尹，秦桧在表面上也很尊敬他，可是在暗地里又在想方设法排挤他，踹上一脚，自己爬上去。平时范宗尹找秦桧商量朝政大事，秦桧虽然看出有问题，但却不吭声，而在暗地里却告诉高宗，以致高宗对范宗尹产生了恶感，结果，不久范宗尹被罢相。这充分暴露了秦桧翻手为云、覆手为雨的两面派态度。

范宗尹被排挤下台后，在相位久虚的情况下，秦桧便实行了谋取相位的进一步计划。他制造舆论说，朝廷不可一日无相，否则国家大事无法处理。后来他干脆赤裸裸地对高宗说，若用我为相，就会把国家治理得很好，会干出耸动天下的大事，是什么"耸动天下的大事呢"？秦桧提出了两项计策，"一则与南北士大夫通致家问，一则纠率山东、河北诸郡之人还之北方"。前者是指让南方士大夫在金朝那里当官的和北方士大夫在南方当官的互相书信往来，也即是默许了在北方当官的宋朝旧臣的投敌行为。后者是指把不堪金朝统治者的残酷压迫而渡江南来的坚持抗金斗争的北方官兵和忠义之士遣回原籍，重新接受金朝统治者的奴役。这两条毒计完全是按金朝统治者的旨意提出来的，目的是为了破坏抗金斗争，为金朝吞并南宋铺平道路。可是高宗听后很高兴，极力赞赏。于绍兴元年（公元1131）八月，任命秦桧为右仆射，同中书门下平章事兼枢密院事（即右相），并再次夸耀秦桧说："巍巍真社稷之臣，奕奕盖庙堂之器。"从高宗任用秦桧为相以及对他的赞美之词，不仅可以看到高宗对秦桧的无限信任，把朝政大权都交给了他，而且还可以看到高宗也期望他能迅速地与金朝达成议和条件。这样，秦桧这个内奸终于爬上了仅次于高宗的高位。

坑害忠良

秦桧为相后，便排斥异己，结党营私，培植私人势力，把其亲信安插在重要部门，又唆

使其党羽向高宗建议,把左宰相吕颐浩排挤出京城,让其专事军旅。秦桧为相后的这种胡作非为,不仅使朝官群臣极为不满,而且,在宋金媾和的问题上,秦桧也没有能够像高宗原来所期望的那样,迅速地达成议和。因此,使高宗也大失所望,加剧了和高宗专制统治者的矛盾。南宋广大军民对他的两项计谋也纷纷反对,有鉴于此,在绍兴二年九月,高宗便罢去秦桧的相位,把他闲置于温州,表示"终不复用"。但是,当乞求的宋使首领到金营时,金将一再质问秦桧,为什么被罢相,挞赖还特意交代宋使说:"本朝事体秦桧皆知,若未信,且当问之。"这显然是对高宗施加压力,是要他重新起用秦桧。绍兴六年八月,高宗迫于形势,又任命秦桧为醴泉观使兼侍读、行宫留守、参决尚书省枢密院事,于是秦桧又得以参与朝政。不久,由于宰相张浚的推荐,秦桧被任命为枢密使。

秦桧任职后,便利用手中所掌握的权力,蒙上骗下,拨弄是非,施用种种阴谋诡计逼使张浚离开相位,此后,他又阿谀奉承新上任的宰相赵鼎。这实际上是为自己重新篡相夺权踢开绊脚石和铺平道路。果然,时隔不久,由于高宗为了急于和金朝求和,同时,也知道挞赖掌握着金朝的实权,而秦桧过去和挞赖又有特殊的关系,如今要和金朝求和,也就必须重用秦桧,因此,公元1138年(绍兴八)三月,高宗又把秦桧从枢密使提升为右相。

秦桧再居相位后,吸取了自己一度被罢黜的教训,一定要牢牢地控制住高宗,获得他的绝对信任,使他放手让自己办事。于是凭借他手中的权力,就更加有恃无恐,大搞投降活动。绍兴八年五月,金朝派使臣和南宋议和,但条件十分苛刻,文武百官议论纷纷,认为议和不可相信,高宗怒不可遏。秦桧见有机可乘,便倾轧和排挤左相赵鼎。有一次大臣朝见高宗毕,秦桧独自留下奏事说:"臣僚畏首畏尾,复持己见,此不足以断大事。若陛下决欲讲和,乞专与臣商议,勿许群臣干预。"高宗答复道:"朕独委卿。"秦桧早已掌握了高宗坚持议和的心理状态,但老奸巨猾的秦桧,对高宗如此爽快的回答并不放心,他为了尽快专持朝政大事,于数日后,秦桧又独身奏事,高宗再次表明了独委秦桧主持议和事项的决心。于是,秦桧更加肆无忌惮,便指使侍御史肖振上奏弹劾赵鼎,赵鼎迫于形势只得辞去相位,于是由秦桧独自专政。此时,朝中反对议和的浪潮很高,但秦桧便玩弄权术,施展阴谋,采用高压政策,终于在绍兴九年正月使议和正式达成,宋帝向金帝称臣,每年纳银二十五万两,绢二十五万匹。

这年秋天,金熙宗以谋反罪处死了挞赖,兀术等掌握了军事大权。绍兴十年五月,金人撕毁议和协议,分兵四路攻宋。金朝骑兵如暴风骤雨,很快占领了陕西、河南各州县。

自许"以诚待敌"、卖国求荣的秦桧,在屈膝求和的政策破产之后,受到南宋军民的纷纷指责,坐立不安。按照惯例,不引咎辞职是不行的。但是由于秦桧一贯的结党营私,秦桧的党羽此时已密布朝廷,对自下而上的弹劾,他是无须担心了。要不要被贬黜,关键是高宗的态度。经过一番密谋策划后,他让御史中丞王次翁首先向高宗进言:"事有小变,则更用他相,后来者未必贤于前人。"并说:"愿陛下以为至戒,无使小人异议乘间而入。"高宗深表赞许。秦桧还不放心,又派冯檝向高宗试探,假意建议高宗起用张浚,高宗怒气冲冲地回答:"宁至覆国,不用此人!"于是秦桧便高枕无忧了。实际上,即使没有王次翁的进言,高宗也不会罢免秦桧,因为议和之策,并非秦桧一人所为,高宗自己向来也极力

主和，是投降乞和的主谋。

在全军大举进犯的情势下，群情激愤，举国沸腾。秦桧也深谙"识时务者为俊杰"的格言，极力抢夺抗金的招牌。于是他文过饰非、摇身一变地说："德无常师，主善为师。"过去求和是善德，现在主战也是善德，把自己又乔装打扮成一个主战派，并大言不惭地说："愿先至江上，谕诸路帅同力招讨。"

兀术在乘胜挥师继续南侵的过程中，受到了岳飞率领的军队的坚决抵抗，他先后攻克了颖昌、蔡州、洛阳等地。接着他亲自率领五万轻骑驻在郾城。兀术带领金军最精锐的拐子马到郾城决战。岳飞指令将士手持刀斧，冲入敌阵，上砍敌人，下砍马足，大败金兵，取得了历史上有名的郾城大捷。兀术郾城失败后并不甘心，又率领二十万大军进迫临颖，岳飞随即亲自督军迎战，兵分左右两翼包抄杀敌，大败金兵。兀术再次狼狈而逃。与此同时，韩世忠的部将王胜也收复了海州，张俊的部将王德也收复了亳州；在敌人后方的忠义民兵也收复了不少城池，并相约以"岳"字旗为号，等待岳家军过河起兵。这些胜利，形成了对金军的大包围，切断了敌人的后路。

宋军的大胜，使军民振奋、信心满怀。但高宗和秦桧却惶惶不可终日。对于高宗来说，对战争前途心存两怕，一怕全胜，二怕大败。如果全胜，则武将权重，功高震主，会威胁皇权，后果不堪设想。倘若战争失败，则高宗可能成为阶下囚，南宋政权也会遭到灭顶之灾。但是现在，宋军既然取得了空前的胜利，已能保住偏安的政权，与金人重新议和也有了资本，要是再继续打下去，或者全胜，或者又败，都与他不利，所以他给岳飞的手诏中一再叮咛，要避免与兀术大军决战，"金军为上"，"以保万全"等阻止宋军进攻之词。

内奸秦桧的心理状态和高宗并不完全一样。一方面，他从来就是不断地在破坏南宋的抗金斗争，尤其是在金朝危难的现在时刻，更是要千方百计地破坏这次胜利在即的岳飞北伐，来为其主子效力。另一方面，他在南宋朝廷中，正因为有金朝主子作后台，与金人勾结起来，决心主张议和，才取得了高宗的宠信而久居高位。如果这次宋军抗金北伐取得了胜利，金朝政权势必垮台，这就使自己随之而失去一切，甚至连身家性命也难保。这种结局秦桧绝对不能让其发生，所以他就千方百计地破坏这次宋军的渡河北进。

为要达到这一目的，他当然也知道，首先，必须牢牢地掌握住权力，清除掉敢于和他抗衡的势力，因赵鼎此时虽然被罢相，但在金人败盟南侵时，有被复用的可能，这自然是秦桧的眼中钉、肉中刺，必须首先拔掉，于是指使其党羽御史中丞王次翁诬告赵鼎："逼近行期，阴幸有警，规图复用，门下党羽，往来于临安，撰造事端，鼓惑众听，以摇人心。"因而赵鼎再次受到贬官降职。

其次，秦桧严密地控制朝野舆论，不许朝廷百官上书陈抗金之事。他一而再地逼害赵鼎，就在于要"先窜赵鼎，而人无敢言矣"。可是，当时的右承事郎监潭州南狱庙陈鼎又上书高宗，要高宗发兵攻打金朝，乘胜前进。秦桧知道后，大为恼怒，立即把他降官贬职，以图惩一警百。

第三，是要在军事上破坏抗金。首先他把在顺昌战役中屡立战功的陈规调离，后又把积极抗金的刘锜由北调到长江以南的太平洲。再而又把张俊所属全军撤回淮南。秦

桧使用的这些调虎离山的手段非常毒辣,他完全知道当时能与兀术金军对峙的,只有中线战场的岳飞、刘锜和张俊三大将。现在先把刘、张的军队调走,势必造成岳飞孤军深入,这样就可以借刀杀人,假金兵之手,来消灭岳飞的军队。但他的这一罪恶阴谋,并未得逞。岳飞虽然孤军作战,但仍把金兵打得落花流水,四处逃窜,取得了几次战役的辉煌胜利。

秦桧一计不成,又生一计。他唆使台官向高宗奏请说:"现时兵微将少,民困国乏。岳某若深入,岂不危也? 愿陛下降诏,且令班师。"高宗听了,正合心意,立即降旨要岳飞"措置班师"。岳飞一时摸不清高宗和秦桧的用意,还又极力陈奏说:现在正是功及垂成,"豪杰向风,士卒用命,时不再来,机难轻失",请求朝廷增兵添粮,以便一鼓作气,收复故土。高宗、秦桧不但置之不理,而且用十二道金牌传送诏旨,令岳飞班师。

宋代最快速的马递叫作"金字牌",这是一尺多长的朱漆木牌,上有金字:"御前文字,不得入铺。"用马匹接力传送,不得入递铺稍事停留。凡皇帝发下的急件,用金字牌传递,日行五百余里。岳飞正在朱仙镇,准备进攻金军,却在一天之内,接连收到十二道金牌的班师诏旨。这十二道诏旨全是措辞严峻、不容改变的急令:大军班师,岳飞本人去临安朝见皇帝。岳飞悲愤已极,不禁啜泣而言:"十年之力,废于一旦!"

岳家军一退,本已准备撤离汴京的金兀术大肆反攻,刚刚收复的颍昌、蔡州等地又相继被金军攻陷。秦桧为要替主子金朝效力,于是便积极地与他的党羽王次翁、范同等密谋。经过反复策划后,范同向秦桧献计:应把张俊、韩世忠、岳飞三大将都调入朝廷任枢密使和副使,明升其官职,实"罢其兵权"。秦桧采纳了他的建议,密奏高宗,以酬赏抗金之捷为名,召张俊、韩世忠、岳飞同赴行在,高宗完全同意。

张、韩、岳三人到达后,高宗立即下了一道诏令,任张俊、韩世忠同为枢密使,岳飞为枢密副使。高宗还假惺惺地说,他对三人无比信任,无比荣宠,不但给你们升了官,而且还把枢密府掌兵的大权都交给了你们。但实际上,是以此种名义,解除了他们的兵权。

在张、韩、岳三人中,张俊是个贪功嫉贤之辈,对岳飞非常嫉妒。高宗和秦桧利用这个矛盾,图谋陷害韩世忠,再加害岳飞。绍兴十一年五月,高宗、秦桧派张俊、岳飞去楚州检阅韩世忠原来率领的军队。临行前,秦桧要他们搜集韩世忠的过错,罗织罪状,却遭到岳飞的痛斥,而张俊却恭顺地服从。从此,秦桧认定,岳飞不仅是他从事议和的重大障碍,而且是他实施其他阴谋的绊脚石,非置他于死地不可。而高宗也因岳飞功高望重,对他的疑忌越来越深,故与秦桧一样决定除掉岳飞。

但是,要谋害岳飞还必须有借口。这时,张俊已与秦桧串通一气,他造了一个谣言,说岳飞提议高宗放弃楚州,退兵保守长江。秦桧马上以此为"罪状",指使他的同党右谏议大夫万俟卨和御史中丞何铸等上奏章弹劾岳飞。欲加之罪,何患无辞。高宗见了万俟卨的奏章,不做任何调查,就肯定了岳飞的"罪状"。秦桧乘机火上加油,也附和帮腔说:"飞对人之言乃至是,中外或未知也。"他的其他党羽也跟着上奏章弹劾岳飞。岳飞遭此不白之冤,有口难辩,遂上奏请求辞职。这正中高宗、秦桧的下怀,于同年八月,高宗革去了他的枢密副使官职。

在岳飞取得颖昌大捷后不久，金兀术就曾写信给秦桧，以杀害岳飞作为议和的条件。绍兴十一年九月，兀术又传话宋廷，表示可以重开和局。这样，谋害岳飞的事又提到高宗和秦桧的面前。要和金人议和，就得杀害岳飞，这是既定的策略。但是，要诛杀岳飞，单凭万俟卨等人所诬告的几条罪状还是远远不够的，只有再加罪名，才能杀戮。于是，秦桧又以极其恶毒的手段，捏造了岳飞"谋反"的罪名。秦桧与张俊秘密策划后，买通了岳飞部下的王贵、王俊等人，写了"首告状"告发岳飞。由于谋害岳飞是高宗本意，因此他立即下旨捉拿岳飞归案。

负责审理这一案件是御史中丞何铸。何铸本是秦桧的亲信，这次谋害岳飞，开始时态度十分坚决，但后来，他认真地审阅了案件，觉得谋反证据不足，"察其冤"。于是，他就把自己的意见告诉了秦桧。秦桧见何铸反为岳飞鸣冤，非常恼怒，便改命万俟卨来审理。万俟卨一面令狱吏严刑拷打岳飞和同时被抓的岳飞之子岳云，逼使他们招供；一面进一步罗织岳飞"谋反"的罪名。但一连两个月，没有人愿意出来作证。韩世忠得悉后非常气愤，当面责问秦桧，要他拿出岳飞"谋反"的罪证来。秦桧恬不知耻地回答说，岳飞父子的案子"虽不明，其事件莫须有"。莫须有即也许有的意思。韩世忠听后更为愤慨地质问："相公，莫须有三字何以服天下？"秦桧瞠目结舌、无言以对。十一月底，秦桧亲自将所定岳飞狱案上呈高宗，高宗赐岳飞死刑，为了斩草除根，并把原案所定岳云的徒刑改为按军法论斩。就这样一代抗金英雄被高宗、秦桧冤杀了。高宗是杀害岳飞父子的罪魁祸首，秦桧是残害忠良的最大帮凶。

死有余辜

岳飞被害后，高宗为了表彰秦桧，加封他为太师、魏国公。未久，又晋封为秦、魏两国公。高宗又应秦桧的要求，封其母为秦、魏国夫人。后高宗又封秦桧的妻子王氏为韩、魏国夫人。秦桧的儿子秦熺也不断地得到升迁，几年之内被升为资政殿学士、提举万寿观兼侍读。连秦桧的三个孙子，也封官晋爵。高宗还亲自为秦桧父亲的坟墓写碑文，下诏为秦桧盖家庙等，高宗对秦桧的恩宠真是无以复加。

秦桧得到高宗如此宠信后，为了保住自己的权势，实行对金朝的投降政策，又大肆清除异己，消灭政敌。凡是与他持不同政见的，不是被罢官，就是被放逐，其中不少被迫害致死，株连九族，连他的亲信也不放过。赵鼎被秦桧挤出朝廷后，谪居潮州，秦桧又指使其党羽，迫赵鼎于死。故将辛永宗不肯屈从议和，也遭到秦桧的打击残害，悲愤交加，死在肇庆。张俊和他合谋杀害了岳飞，排挤了韩世忠，但因他掌握军权，秦桧对他也不放心，后来终于将他罢了官。万俟卨在帮助秦桧谋害岳飞的活动中立下了汗马功劳，但因他在高宗面前没有编造谎言来夸耀秦桧，因而触怒了秦桧，被罢去参知政事的官职。

秦桧干了这么多坏事，自知难以为后世所容。于是他利用权力，篡改历史。他以宰相身份监修国史，又命其子秦熺为秘书省少监撰修国史和编纂高宗在位以来的日历，还

命其孙秦埙撰写实录。在史馆中参加修史的人，大都是秦桧的子弟和其党羽。为了掩盖其罪恶历史，他们便恣意地褒贬和篡改历史。他捏造和隐瞒了自己被俘变节、认敌作父、助金为奸的历史；极力给岳飞等主战派的战功抹黑；并无中生有地编造了许多颂扬自己功德、给自己贴金的历史。总之，在秦桧当政时期，由其父子把持史馆所修的日历、实录和国史等，多为失实之作。正如史家徐度所说："凡所记录，莫非其党奸谀佞谄佞之词，不足以传信天下后世。"秦桧既想欺世盗名，又做贼心虚，所以他在绍兴十四年奏请高宗严禁撰写野史，大兴文字狱，对写野史、笔记、诗文的人大肆迫害，使不少学者惨遭杀害。

秦桧还收买高宗侍医王继先，窥视高宗旨意，以便随机应变，献媚固宠，保持权势。他独相十八年，凡易副相二十八人，无一人不唯秦桧之命是从。他位至太师，王封国公，官高权重，开门受贿，富珍异宝，死犹及门。

秦桧在其相位期间，无恶不作，罪行累累。人们都极端痛恨这个卖国求荣的奸贼。连"天下之儿童妇女，不谋同辞，皆以为国之贼"。绍兴二十年（公元1160），殿前司后军有一个小武官施全，为了惩办这个国贼，手拿锄刀伏于暗处，待秦桧退朝回家时，他跳出来砍杀秦桧，但刀为轿子所隔，没有砍中，不幸被捕，被秦桧凌迟处死。

绍兴二十五年（公元1155），秦桧病重。他想让儿子秦熺接替相位，奏请高宗准许，未被答应。秦桧虽已病入膏肓，但还不死心，把其亲信党羽召至卧室，赠以黄金，托他们扶助秦熺为相。

同年十月二十二日，秦桧终于断了气。死讯传出后，"四方士民相欢庆"。群臣也拍手称快，纷纷上奏章揭露他的罪恶。高宗迫于形势，也恢复了一些受到秦桧迫害的大臣的官职，并罢免了他的党羽数十人。但高宗毕竟是宠信过秦桧的，和金朝的议和大计也是二人一起决定的，他不能忘了秦桧的"功劳"，因此追赠他为申王，谥号忠献。开禧二年（公元1206），宁宗下诏，追夺秦桧王爵，改道谬丑。

权相奸臣

——严嵩

名人档案

严嵩：号勉庵、介溪、分宜等，他是明朝重要权臣，擅专国政达20年之久，累进吏部尚书，谨身殿大学士、少傅兼太子太师，少师、华盖殿大学士。为中国历史上著名的权臣之一。

生卒时间：1480~1565 年

性格特点：贪贿揽权，两面三刀。能伸能屈，使用苦肉计。

历史功过：严嵩为官专擅媚上，窃权罔利，并大力排除异己，还吞没军饷，废弛边防，招权纳贿，肆行贪污，激化了当时的社会矛盾。晚年，为明世宗所疏远，抄家去职，两年而殁。

名家评点：《明史》称严嵩"无他才略，唯一意媚上，窃权罔利。"

谈迁在《国榷》（卷64）中予以很高评价："世庙起正德之衰"，"厘正诸儒，严迪德之选；革藩镇之诸阉，废畿甸之皇庄，夺外戚之世封，抑司礼之柄用，⋯⋯"朝政为之一新。其最大成就莫过于果断革除镇守中官，正如《明史·张忠传》所言："（世宗）尽撤镇守内臣及典京堂仓场者，终四十年不复设，故内臣之势，惟嘉靖朝少杀云。"

钤山磨剑

明孝宗弘治十八年(1505)，在明政府最高等级的科举考试中，来自江西分宜的一名考生中了进士。此人年方二十四岁，身材修长、眉宇之间透着灵气、声音洪亮，他就是一意媚上，窃权二十年的奸相严嵩严惟中。

科举入仕是当时士子们的唯一出路，但是初入仕途的严嵩却颇不顺利：他刚刚被授以翰林院编修（正七品）之职、正待继续攀登，却被一场始料不及的恶疾折磨的卧床难起。没有办法，他只得向朝廷乞请病假。谁知这病假一休就是十几年，因为在他归家休养的时候，明朝历史上出现了一个只知沉溺享乐的皇帝。

严嵩考中进士的当年，三十六岁的孝宗病死，十五岁的皇太子朱厚照继位，是为明武宗。武宗登基的第二年（1506），改年号为"正德"。

朱厚照自幼顽劣，只知玩乐；做了皇帝之后，仍是一天到晚游山玩水，拿朝政当儿戏。他十分讨厌父亲临终前寄以辅君之任的顾命大臣们，反而喜欢服侍自己的太监。于是乎一夜之间，刘瑾、马永成、高凤、罗祥、魏彬、丘聚、谷大用、张永这八名太监蒙武宗提拔把持了各个要害部门。他们为非作歹，被当时世人称作"八虎"。

"八虎"之中，刘瑾最受宠爱。他读过书，多少有所见识，能说会道，是太监中的人才。为谋私利，他大投武宗所好，每日领着这个不知学习上进的顽童不是击球走马、就是追鹰逐兔，要么就是耗费巨资在皇宫之中修建"动物园"。有时候武宗白天玩儿的不尽兴，晚上就彻夜接着玩儿。一个为了游玩儿连觉都懒得睡的人，又哪里会理会什么百官和万民呢？所以武宗不仅将大权交付给刘瑾，还不许他前来请示——起初刘瑾尚无胆量为所欲为，遇大事还跑去向皇上报告报告，但这使武宗非常生气，武宗训斥他说："我要你是干什么用的，你竟然还敢来麻烦我！"于是刘瑾就干脆当起了二皇帝，把群臣的奏折都拿回家里独自阅览，最终大权独揽，成了"小太祖"。

刘瑾春风得意时，对其他七"虎"态度强硬，引起了同类的愤恨。张永就曾经在武宗面前殴打刘瑾，打完架后两人谁也不理谁，还是武宗叫谷大用出面为二人设宴才解决了矛盾，但是张永一直暗记在心。正巧正德五年（1510）四月庆府成化王朱寘镭以"诛瑾"为名反于宁夏，张永和督御史杨一清率兵平叛之后，二人就合谋攻讦刘瑾。武宗心态不稳，说变脸就变脸，竟将刘瑾"乘木驴往来剐于东西市"了。

但是刘瑾死后，武宗又将大权交给佞幸江彬、钱宁，自己或在宣府行宫之中淫乐，有时假扮强盗在夜里袭击民居、抢夺民女的游戏，乐不可支。为限上臣下阻止他，他还正儿八经下旨告诫大小官员："我在宣府之中吃的饱、穿的暖、玩儿的也好，非常高兴。你们干好自己的工作，不许来打搅我、惹我生气！"正德六年（1611）六月，他又突发奇想，给自己刻了一枚文为"大庆法王西天觉道圆明自在大定慧佛"的金印，封自己做"大庆法王"！

在江彬等人的撺掇下，武宗又想到江南游玩儿，为此他于正德十三年（1518）忽然下了一道圣旨说："加镇国公朱寿为太师、威武大将军，派他南下出差"。群臣想尽办法，也想不出谁是镇国公朱寿，后来有人突然想到宣府行宫名为"镇国府第"，大家这才恍然大悟——原来"镇国公"就是皇上自己！身为一国之君竟同臣下这样嬉戏，引起了大臣们的愤慨，他们纷纷上疏劝阻。武宗大怒，将反对派一百四十人关押、罚跪、廷杖，其中十一位大臣被打死，其余人被贬斥。

武宗失道，朝政大乱。正德十四年（1519）六月，徙封南昌的安化王朱宸濠趁机兴兵。他称"奉太后密旨，令起兵入朝"，企图谋反。武宗闻报后不知忧国忧民，反而非常高兴，

觉得自己南下有借口了,就又下了一道圣旨,让"威武大将军朱寿"南下平叛。其实在武宗南下的途中,提督南雄的督御史王守仁已传报臣基本平定叛乱;等他抵达涿州时,王守仁已平息叛乱并抓获了朱宸濠。但是武宗怕朝臣借机劝谏自己归朝,就扣住捷报,不让朝臣知道战况,他自己则继续南下。

武宗每到一处,都扰得鸡犬不宁,一会儿抢夺女孩子,吓得有女儿的人家到处逃匿;一会儿又要捕捉飞鹰,让居民们挎弓持箭扮作猎人。为了显示自己的"威武",他竟然想把朱宸濠扔到湖中,然后自己再跳下去将其捞上来!随行人员怕皇上有什么闪失,拼命劝阻,武宗才不高兴地走了。但他并不甘心,到了正德十五年(1520)八月,又让王守仁重新报捷,自己身着戎装,在旧都南京的广场上先放了朱宸濠,再伐鼓鸣金而擒之、给其戴上枷锁,这样就说明"亲自"平了"叛乱"。

这年的十月,武宗在群臣的极力劝阻的情况下不得不班师回朝。归途之中,他仍是不安心平淡地回去。路过清江时,他非要泛舟积水池中,说要钓鱼;钓鱼时又非要手舞足蹈,结果失足落水。群臣赶紧抢救,武宗虽然保住了性命,但大冬天在凉水中扑腾了那么久,不可避免地染上了重疾。

勉强回到北京后,武宗身体极度虚弱,但仍不思改过。他不愿静养,而急着举办大规模的祭祀仪式,向祖宗天地再显"威武"。可是仪式还没完,他就呕血于地。正德十六年(1512)二月,这个"大庆法王""威武将军""大明皇帝"三位一体的怪物葬身于他生前精心修建的"豹房"。

朱厚照一生祸国殃民,沉溺享乐。他在位的十六年间,忠良难敌奸佞、大臣斗不过宦官。朝中的大小官员毫无作为,徒伴食虎狼而已。远在江西的严嵩面对险恶局势不能不有所顾虑,所以正德一朝,一直隐居十余年。他在家乡的钤山堂中刻苦读书、读书破万卷。当朝野混乱的时候,严嵩已经打下了深厚的古文功底、以一手漂亮的诗词文章而享誉天下了。

但严嵩磨剑十年,并不是为了以善属诗文之誉而甘于隐居。他一直想要实现自己昔日的抱负,因此他一直密切注意时局的变化,等待时机。

这机会终于等来了。

明武宗死后无子嗣位。又没有亲生的兄弟可以继承。

国不可一日无君。经杨廷和等顾命大臣共同商量、皇太后张氏(孝宗皇后)批准,英宗的嫡孙、孝宗的亲侄、武宗的叔伯弟弟、兴献王的独子朱厚熜继皇帝位,这就是明世宗,年号"嘉靖"。

朱厚熜在安陆的兴献王府长大,无论对宫中太监还是对朝中大臣都很陌生。不熟悉难免就不信任,不信任难免就不重用——这种情况下他势必重新招兵买马,选拔新人培植亲信。严嵩看准了这个形势,觉得机会到了。

严嵩初还朝时,也遇到很多阻力。他被派往旧都南京,先在翰林院任侍讲、后在国子监任祭酒。无论是侍讲还是祭酒,均为学官,品秩不高:前者正六品、后者从四品。但是此时明廷出现了"大礼议"之争,这"大礼义"于严嵩而言,真可谓"好风凭借力,送我上青

云”。

朱厚熜虽是以孝宗之“子”、武宗之“弟”的身份继承的王位，但他极力提高自己生身父母兴献王朱佑杬杬夫妇的地位。从安陆入京时，他就不听大臣劝谏、拒用皇太子的仪式人文华殿、坚持到奉天殿继位，表面上看来很谦逊，事实上是因为他根本不把自己看作孝宗的“皇太子”；即位后第五天，他就将兴献王的崇祀问题提上了日程。下令让百官讨论——他觉得自己的父亲活着没能做“太上皇”，死了也应该追封“太上皇”。

诏令一下，百官议论纷纷，以杨廷和为首的一派大臣坚持“为人后者为之子”，认为世宗既已承了大统，就不应再尊崇自己的生身父母顾念私情；主张尊孝宗为“皇考”（“考”在此意同“父”）、尊兴献王为“皇叔考”。以观政进士张璁为首的一派“小”臣却认为世宗是以兴献王世子的身份继武帝皇帝统，而不是作为孝宗后嗣，因此主张世宗应以兴献王为考而不应以孝宗为考，否则就是人为地使兴献王本来有儿子却变成了没儿子，世宗本来有生父却变成了没生父。双方争论不休，僵持不下，史称这一场争议为“大礼议”。

虽然世宗对杨廷和的建议不高兴而对张璁的说法很赞许，但杨廷和等人坚持自己的主张，并拉出慈寿皇太后张氏做招牌，只同意世宗称其父母为兴献帝、后。世宗也坚决主张尊自己生父，也托皇太后之名在帝、后之前加“皇”字。杨廷和对此心怀不满，正巧嘉靖元年（1522）正月世宗完成郊祀仪式后清宁宫后殿起火，杨廷和趁机说这是因为世宗强尊父母为皇帝皇后的做法触怒了神灵。世宗无奈，被迫去掉“皇”字。“大礼议”的这一阶段，杨廷和一派似乎占了上风。但杨廷和固执己见，还打击异己、提拔与自己意见一致的人，引起世宗强烈愤慨，找个借口将他调走，最终被削职为民。

杨廷和罢去不久，张璁联合南京刑部主事桂萼、吏部员外郎方献夫等人又再次提起此事，建议世宗称兴献王为“皇考”、称孝宗为“皇伯考”。尽管杨廷和旧部激烈反对，世宗还是采纳了张璁等人的主张，于嘉靖三年（1524）称父母为“本生皇考恭穆献皇帝”“本生母章圣皇后”，不久又去掉“本生”二字，引起群臣反对：一百多名朝官闻讯后在左顺门外静“跪”示威，要求世宗收回成命。世宗两次降旨劝退，大臣们无动于衷。世宗非常生气，就命锦衣卫将为首的大臣捕入诏狱，想给群臣一点颜色看看。不料群臣铁了心坚持他们的主张，还一起大哭，哭声惊天动地。世宗这回决定动用武力，遂命捕一百三十四人下狱，然后将参与这次“示威”活动的四品以上官员扣俸禄、五品以上官员打板子，同时兴师动众地迎兴献王灵位于京，奉于“观德殿”，尊称“皇考恭穆献皇帝”。

“大礼议”虽然有人情的因素在其中，但它牵扯到统治阶级内部的争权夺利，是以世宗为首的新势力和以杨廷和为首的旧势力的一次初步交手。双方都打出“礼”“孝”的旗号，其实各有主意：杨廷和是武宗临终的顾命大臣、维系孝宗、武宗的系统才能显示他的“顾命”作用；世宗则想趁此抑制当时身居要职、大权在握的内阁首辅杨廷和，同时也想选拔一批同自己一条心的新“干部”。较量的结果，世宗取胜。

“大礼议”中拥护世宗的人大部分为中下级官吏，他们希望能借此机会能够向上爬并且很多人也的确达到了目的，严嵩就是其中最典型的一个。

严嵩早就以他涉猎群书的慧眼看穿了“大礼议”的实质，也预见了“大礼议”的结局，

但苦于地位较低且距京师较远,干着急也没用。嘉靖七年(1528)七月,严嵩忽然红运临头——他竟然有机会以礼部右侍郎的身份奉世宗之命到安陆去祭祀兴献王的陵寝!他欣喜若狂,知道升迁的机会终于来了。于是就处心积虑,想出了一个讨好皇上的好办法。

严嵩极其认真、虔诚地完成祭祀礼仪之后,马上给世宗写了一份言辞恳切的上书,详细地汇报了祭祀的全过程。在这份上书中,严嵩写下了对他一生而言至关重要的话:

"臣下完全按照陛下的意思举行祭祀恭穆献皇帝时,天气非常的合乎人意,需要下雨时就下雨、需要晴时就晴了。并且在祭祀前后、石产枣阳,群鹊集绕;碑入汉江,河流骤涨。这一种神秘而又吉祥的现象,分明是上天对陛下偏爱之情的流露,请求陛下令大学士们撰写文章记载这些瑞兆,然后刊之于石,以示天下。"

一番胡言乱语,却直说得世宗心花怒放。世宗下令严嵩立刻官至南京吏部尚书、秩阶正二品——这才只是他得宠的开端。

"近水楼台先得月",严嵩饱读诗书,对这个道理再熟悉不过了。虽然他已是二品大官,可是远离皇上,这对他升迁极为不利。故而他又开始决定设法调到北京。

嘉靖十五年(1536),严嵩以给皇上拜寿为由抵达京师,这一来他寻机留了下来。等了些日子果然又等来些机会:当时朝廷正想集中人力重修《宋史》,而严嵩工于古诗古文的名声早已享誉京师,所以大学士们就请求皇上留下严嵩协助办理此事。刚好过了不久礼部尚书夏言又入内阁,礼部尚书空缺,严嵩得以就任礼部尚书兼翰林院学士,正式留任北京。

嘉靖十七年(1538),"大礼议"之争重又提起,世宗想进尊恭穆献皇帝称宗,入太庙配天,并想将其陵寝显陵的规格提高到与长陵(朱棣之陵)同样的规格。大臣闻言群起反对,严嵩起初也觉得这个要求有反常情,所以也稍示反对。但看见皇上怒气冲冲,又想到自己的位置还不稳,态度马上就转了个一百八十度的大弯儿。他不仅尽改前说,还亲自动手,仔仔细细条画了世宗所需整个祭祀过程的礼仪规章。世宗非常高兴,对严嵩大加赞赏,还赐给他许多银币。世宗的一番奖赏,是使严嵩更坚定了一心媚上的信念。祭祀过程完成后,严嵩又故作神秘,向皇上报告说行礼的时候他看见天下有祥云片片,这必是上天对皇上的恩赐,并建议群臣因此恭贺皇上。群臣本来就糊里糊涂,但凡人多有虚荣和虚伪本性,看到这种情况,大臣们也就推顺水之舟,假装也看见了"祥云",一起恭贺皇上。随后严嵩又施展自己熟读诗书的才华,挥毫泼墨,写下了洋洋洒洒的《庆云赋》和《大礼告成颂》,纪念世宗的"功德"。世宗看后更是欣喜,还命将两文交付史馆刊印发行。

严嵩接连做的这几件事情皇上都很满意,所以不久就被加官太子太保(从一品),连皇上巡幸外地时都得以跟随左右,而得到的赏赐也与"辅臣"没有差别。

入阁拜相

世宗表示对严嵩的喜爱时就赏赐给他与辅臣相当的东西,可见世宗的心中,辅臣是

相当重要的。其实所谓辅臣，就是内阁大臣。

明初太祖朱元璋因嫌丞相权力太大，所以在惩处结党营私、专权跋扈的丞相胡惟庸之后即罢设丞相而分其权于户、吏、礼、工、刑、兵六部。但是朱元璋还是觉得有必要设立辅政大臣，于是仿宋制置殿阁大学士来供顾问。当时殿阁有华盖殿、武英殿、文华殿、文渊阁、东阁；各殿阁大学士官秩不过五品，且有明文禁止他们参与国政。明成祖朱棣继位后，命近幸之臣"并直文渊阁，预机务"，从此阁臣的设置成为常例。这些阁臣们的办公地点在皇宫内的文渊阁，每日前往办公，饭菜则由宫中供应；他们常侍天子殿阁之下，"为避宰相之名，又名内阁"。

明宣宗朱瞻基死时，太子朱祁镇（后来的英宗）年仅七岁零两个月。宣宗担心群臣欺英宗年幼，即在遗诏中说明："家国政务，必禀明皇太后（仁宗皇后）、皇后（宣宗皇后）行之"，事实上就是让皇太后和皇后垂帘听政。但是当时的皇太后不愿违背祖训中关于后妃不得予政的明文禁令，就将政事交给内阁，要求一切大事都交由内阁决定，自己只负责审批工作。因此当时内阁大臣大权在握、阁权开始重于部权。当时阁臣最大的权力所在就是"票拟"，即草拟对臣僚各种奏章的处理及皇帝诏书，握有此权，就如同掌握了处理国家大事的权力。

明中叶起，阁臣中资格最老、最受皇帝宠信的大学士称为首辅，其他的称为群辅。

世宗上台后，先借机调走了老首辅杨廷和，之后将大礼仪中支持自己的张璁等人先后委以首辅之任并扩大了内阁的票拟之权。内阁权重，故而入阁成为严嵩暂时奋斗目标；他依靠的仍是"媚上"。

世宗做皇帝时仅仅十五岁，可是他极端迷信神灵、崇尚道教。嘉靖二年的时候，他就在宫中设坛斋醮（所谓斋醮，就是僧道设坛祈祷）；后来又先后将龙虎山道士邵元节及其道友陶典真召进宫中，加封他们为"致一真人""秉一真人"，大肆设坛建醮。建醮时需用一些祷祝词，这些祷祝词要用朱笔写在青藤纸上，故又称"青词"。世宗热衷祈祷，自己又写不出多少青词，就特意找一些大臣住在宫中夜以继日地办好这件事。青词的内容很是空洞无聊、荒唐可笑，例如一篇青词写道：

"洛水玄龟初献瑞，阴数九、阳数九，九九八十一数，数通于道。道合元始天尊，一诚有感。

岐山丹凤两呈祥，雄鸣六、雌鸣六，六六三十六声，声闻于天。天生嘉靖皇帝，万寿无疆。"

但是其形式却要求对仗、华丽，没有些文采，很难写得出来。

严嵩看出门道以后，马上致力于青词的写作。有钤山的十余年苦读，写这种东西对他而言实在是小菜一碟。他只不过略施小才，就把诸多同仁的作品淘汰下来。世宗也很快就发现在所有收上来的青词之中，有严嵩所著最为可意，所以对严嵩非常器重。

除了写作青词，严嵩还另辟蹊径，他为秉一真人建造了一座富丽堂皇的府第，用来讨秉一真人的欢心。秉一真人一高兴，就免不了到皇上面前说上几句好话。那秉一真人是何等人物！他在世宗的心目中简直就是神仙的化身，连他都说严嵩的好话，世宗免不了

就对严嵩更是加官晋爵！

眼看事态按计划进展，严嵩入阁有望，但是内阁首辅突然出面阻拦了。

夏言是严嵩的同乡，正德十二年（1517）中的进士。虽然夏言中进士比严嵩晚了十二年，但因一直在朝做官，且"性警敏、好属文"深得世宗喜欢，所以官职始终处于严嵩之上。严嵩心里很不服气，可是表面上却对夏言非常恭敬，言必称其为"先进"。夏言自视甚高，根本就瞧不起严嵩，同时见他善于讨好皇上，升职迅速，就对他有了戒备之心。夏言本来在内阁之中说一不二，其他阁臣都对他百般顺从，他才不想让严嵩这个可能超过他的人呆在自己身边，有道是卧榻之侧，岂容他人鼾睡！

严嵩也深知"乡党"的用心，行事就处处小心谨慎。一天他准备了丰盛的饭菜，亲自跑到夏言家想请他吃饭，谁知夏言听到仆人通报之后，不仅拒绝了严嵩的请求，甚至连严嵩的面都不肯见。严嵩恨得咬牙切齿，看起来却没有丝豪恼怒、毫不在意，还跑回家把酒菜送到夏言府上一字排开，然后跪坐在那里恭恭敬敬地等夏言入席。从此夏言虽然更加看不起严嵩，但他判断失误认为：这个小人真的很敬畏自己。于是就对严嵩放松了警惕。轻敌往往是导致失败的重要原因，夏言虽以警敏著称，却未能识破严嵩的诡计——严嵩如此下贱的目的，正是要让对手更加看不起自己，更不屑留意自己以便掉以轻心；只有这样，自己才能攻其不备。就在夏言毫无准备的情况下，严嵩找到了下手的机会。

世宗最喜欢臣下顺从自己的心意，但是严嵩发现夏言有两件事做的令世宗很不满意——一是世宗明令阁臣们入宫时可以以马代步，这本来已经是一种特殊待遇了，但夏言不善骑马，总是坐在轿子进进出出，自己优待自己；二是皇上不喜欢旧式帽子，就命匠人制作了几顶香叶道冠，不仅自己戴在头上、还赏给那些善写青词的大臣们表示对他们的宠信，但夏言觉得身为人臣头戴这种稀奇古怪的帽子有些不合礼仪，所以不戴。两件事情都不称帝心，世宗嘴上虽未说，但严嵩早已猜到皇上心里去了。刚好严嵩也得了香叶道冠，他立刻就戴上去见皇上——不仅是戴上，还精心加工、在上面又罩了一层薄纱以示爱惜。皇上看见后非常高兴，觉得自己终于遇到了一个"知己"，就特意将严嵩留下闲聊。言谈之间，严嵩忽然垂下泪来，忍不住抽泣起来。世宗大惊，不知道这老头儿好好的为什么忽然落泪。细问之下，严嵩才一把鼻涕一把泪地诉说了夏言对自己的种种凌辱。世宗本来就对夏言有些不满意，闻言暴怒，马上令下革了夏言的职，将他赶出了朝廷。

夏言被赶出内阁后，在嘉靖二十一年（1542）的八月，严嵩终于达到被拜为武英殿大学士、兼以礼部尚书的身份入直文渊阁。此时的严嵩，已经六十一岁了。

人往高处走，严嵩入阁之后是不会满足于做普通辅臣的一员，而是要做内阁的首辅。可惜初入阁门，他资历尚浅。夏言虽罢，还有早已入阁的翟銮，所以翟銮先以次序当上了内阁首辅。面对这种情况，严嵩并不急于夺权，而是等候机会的到来。

严嵩首先要做的事情，仍是继续讨皇上喜欢。他入阁时虽已年过六十，但精神抖擞、一点也不服老。他主动辞去礼部尚书的职务，一门心思到内阁的值班室，每天都从早忙到晚，甚至创下几个月不回家梳头洗脸的历史记录。世宗对此大为惊叹，觉得从来都没有见过如此孜孜于政事的大臣，就专门赏赐给严嵩一枚文为"忠勤敏达"的银记，并加官

太子太傅(从一品)表示嘉奖;另外还亲自给严嵩家中的藏书楼和奉玄阁分别题名为"瑶翰流辉""延恩堂"以示宠信。很快严嵩享受到的"圣"遇远远超过翟銮。"忠勤敏达"的同时,严嵩特别注意翟銮的举动,找机会排斥他。在入阁的第二年,他终于揪住了翟銮的小辫子。

嘉靖二十二年(1543),翟銮的两个儿子在会试中双双上榜。会试是中央级的科举考试,翟銮"二子登科",自觉荣耀非常、欣喜异常。可是一直找寻机会的严嵩却从翟家的这件大喜事中思考出了问题,他到处散布谣言,一家在会试中同时考中两个人真是少有啊!里面肯定有问题说不定就是翟銮利用职权从中舞弊。翟銮正高兴的忘乎所以,忽然听到这样的谣言,自然气急败坏。他马上上疏申辩并请求立即复试。殊不知严嵩等的就是翟銮这样做,因为翟銮被气昏了头忘记了世宗定下的规矩,严嵩的记性却很好——世宗早就规定了大臣被劾时不许上疏辩解,而应先自己好好反省,再听候圣裁。违反皇上规定肯定会惹恼皇帝?果不出严嵩所料,世宗一见翟銮之疏就大发脾气,怒斥翟銮不候旨而辩,一气之下就削了他的职。翟銮一退出内阁,这内阁首辅一职,舍严嵩其谁!

初任首辅的严嵩还是比较谨慎的。他本想独揽票拟之权,但随后入阁的吏部尚书许瓒和礼部尚书张璧却极力阻止,许瓒还大发议论,指责严嵩"何夺我吏部,使我旁睨人!"严嵩见自己资历尚浅,为防有什么变故,就假意求皇上说:"凡有宣召,乞与成国公朱希忠、京山侯崔元及瓒、璧偕入"。成国公朱希忠和京山侯崔元是当时内阁之外最有权势的朝臣。

世宗早就一门心思"玄修",根本不想见那么多大臣,自然没有同意严嵩的要求,但心里却对严嵩的这一举动大为感动,这一激动就给了严嵩升官的机会严嵩升为吏部尚书、谨身殿大学士,少傅兼太子太师。结果严嵩通过这一他本来就料定不会被批准请求,不仅讨了皇上的欢心,获得同仁们的支持,讨了阁外重臣的欢心,与夏言的独断专行形成鲜明的对比,严嵩借此升了官加了俸,还堵住了以前以后说自己揽权的那些人的嘴——我本想同大家一起处理政事,但皇上只让我一个人去听宣召,我怎么敢违抗圣旨呢? 这一箭何止是一箭双雕!

有诗云"子系中山狼,得志便猖狂",其实得志猖狂在更大的程度上说是人的本性。严嵩原本一直非常谨慎地向上爬,爬到这种程度之后,就难免有些得意。一得意就容易忘形,一忘形难免将其真实意图暴露出来。他忍不住日渐骄横,引得世宗的很不高兴。同时他忽略一个重要的隐患,那就是夏言虽罢,但却并没有死。

夏言免职归家后,一直都不甘心,一直也在寻找机会。他当初亦因青词获宠,见世宗仍斋醮不已,就重操旧业,想靠此技艺绝处逢生。并且每逢年节和世宗寿辰,他就亲自写好祝贺的表,自署名为"草土臣",意思是说自己虽已无官职、身在草野,却不忘皇恩,仍当自己是皇上的臣子。久而久之,世宗也被感动。恰逢此时许瓒因年老多病而退休,张璧也已病死,内阁已是人去阁空,就是一个严嵩在那独掌大权,所以嘉靖二十四年(1545)十二月,世宗下令重新起用夏言为内阁首辅。

尽管世宗为了宽慰严嵩又给他加了一个少帅的头衔,但将被他排挤走的上司重又任命为他的上司,这还是令严嵩在很长一段时间里活的并不轻松。

夏言官复原职以后,又像从前那样目中无人,在严嵩面前也更加盛气凌人。他一手握定了阁中大事,大小事都不让严嵩插手;他甚至耻于与严嵩同吃一锅饭——本来阁臣的"工作餐"均由宫里提供,夏言为了鄙视严嵩,就总是自己带饭上班。到了吃饭时间,他就故意坐在严嵩的对面,将家人准备的丰盛饭菜摆满桌面,故意气他。严嵩对这一切毫无办法,只得暂时忍气吞声。

夏言要对严嵩做的事情当然不只是气他夏言始终牢记前仇。他入阁不多久就查到严嵩之子贪污的恶行,想要借此惩治严氏父子。严嵩知道后非常惊慌,赶快领着儿子去找夏言求情。到了夏言的家门口,被门拦阻。没办法严嵩只好拿出银两贿赂了门卫,然后溜进夏家,一直找到夏言的卧室。夏言见了严嵩就马上躺到床上闭目养神,严嵩则跪在床边痛哭流涕,很长时间。到夏言觉得已将严嵩侮辱够了,这才傲然表示可以放过他的儿子。此后严嵩对夏言恨之入骨,为了避免这种局面的再现,他从戒备进入了暗斗。

严嵩知道夏言最大的弱点就是目中无人、骄傲自大,所以自己在这方面就格外注意。两人都是近臣,世宗有时会叫小太监到各人家里去传达点事儿。夏言见了这些小太监们不是不理不睬,就是厉声呵斥,非常不礼貌。可这些小太监到了严嵩府上则会受到盛情款待,严嵩一定会拉着他们的手留他们吃东西喝茶,走时还会在他们的袖子中塞点银子。于是小太监们回到皇上身边都极力夸赞严嵩,说夏言的不是;同时皇上若有什么行动,小太监们也会连忙跑去向严嵩通风报信。

严嵩和夏言都是因写青词获宠。一天世宗突然想试探这两个笔杆子得宠后是否还像从前一样"忠心",就决定派人去试探试探。严嵩这边早早就得到了消息,可夏言却毫无所知。所以每当"侦察兵"在夜里潜入夏言家时,就发现夏言正睡大觉;而潜入严嵩家里,则见严嵩正秉烛夜战——不是端肩耸眉做沉思状,就是伏案做奋笔疾书状。世宗知道后,心思就又偏向了严嵩。后来再向二人要青词,严嵩信手就拈来一篇好稿子,而夏言则因年纪大了(其实他同严嵩一样大)变得很懒惰,不想再绞尽脑汁写这种劳什子,就拿出多年前的作品糊弄世宗。哪知世宗在这种事情上记性极好,夏言的以旧代新每次都被他发现,因此他就更厌恶夏言,而加严嵩为华盖殿大学士。夏言处境危险,自己却一点儿也没觉察。

严嵩见夏言的媚上手段比起自己来差远了,就从暗斗进入了明争。他打听到锦衣卫督都陆炳遭人弹劾后到夏言家行贿求情时也被罚跪了很长时间,就把这个人请来,一起密谋算计夏言。

嘉靖二十七年(1548)正月,督御史曾铣上疏建议收复明宪宗成化年间被蒙古人抢占的河套地区,对此极力支持,夏言并奏请皇上赐曾铣可以诛杀节帅以下的尚方宝剑。世宗开始赞同这一建议,但不久又因澄城山崩,京中大风而疑神疑鬼。严嵩趁机攻击夏言擅权自用,好冒边功;同时又指责曾铣不负责任,异想天开;并表示夏言欺人太甚,自己无法再与之共事,请求辞职。他当然知道世宗是不会让他走的——他要是走了,谁写青词呢?果然世宗对他宽慰几句,将夏言狠批一顿后勒其退休,同时派锦衣卫缇骑捕捉曾铣。

这一次严嵩想可得置夏言于死地了，不然夏言还会报复，自己的这个对头又会骑到自己脖子上！所以曾铣被捕之后，他马上授意陆炳向世宗汇报说夏言因受了曾铣的贿赂，所以才帮助曾铣。世宗又记起夏言索要尚方宝剑的事情，非常生气，于是下令捉拿夏言。

夏言被迫辞职只好踏上归途，在半路上，就被从半路上抓回了京师。他上疏竭力辩冤，诉说自己是被严嵩陷害，但此时的世宗只信严嵩，不信夏言，根本听不进他的辩解，还将他作为曾铣的同党论斩了。夏言的妻子也受到牵连，被流放到广西"支边"。

夏言一死，严嵩在内阁中一手遮天。内阁大权，悉归严嵩。

窃政抓权

有了一次首辅之权的争斗后，严嵩从中吸取了一个教训，那就是无论如何在皇上面前都要小心谨慎，因此他开始更加恭谨地事奉世宗。世宗也就真的被他糊弄了，在嘉靖二十九年（1550）八月，又加其为上柱国。严嵩竭力推辞，说："尊无二上。'上'这个字只能陛下专用，人臣哪里配称。太祖虽设了这个官职，但当时人臣之中功列第一的开国元勋徐达也只不过封为左柱国，因此臣恳请陛下不要让臣担任这个职务。"——如此"谦逊知礼"的大臣，除严嵩之外，还有谁呢？从此以后，世宗在心里对严嵩只有赞赏，更加无比地信任。

奸臣与昏君总是相伴而生。秦二世淫暴，赵高遂指鹿为马；汉哀平闇弱，王莽则改汉为"新"。因为唐玄宗醉心享受，李林甫才得以欺上瞒下；因为宋高宗醉生梦死，秦桧才能里通外用。由此可见要有奸臣，须先有昏君；昏君是奸臣生长的温床、奸臣是昏君掌国的必然产物。到底是奸臣害君、还是君害奸臣谁也说不清。但是有一点是可以肯定的：奸臣窃政，是奸臣与昏君共同"合作"的结果。严嵩虽然处心积虑，但最终还是在世宗宥护下才位极人臣；而世宗的特殊癖好和性格缺陷，又为严嵩窃政提供了诸多便利条件。

世宗自幼迷信，且与日俱增，一直迷信到无以复加的地步：他连自己的一只猫死了，都要令大臣撰词以醮，一大臣想出"化狮为龙"的妙语，他才转悲为喜；他经常盼望着天降祥瑞，一太监在夜里偷偷地在空果盘中放了一只桃子，等他起床后告诉他是天上掉下来的仙桃，他也不会怀疑的。

世宗还醉心于道，渴望长生不老、得道成仙。早在嘉靖九年（1530）的时候他就开始"玄修"，很少接见大臣；十三年（1534），他又以身体不适为由，要从此"专一摄养、以候大报"。十九年（1540），时值壮年的世宗就表示要让皇太子监国，以便自己"静摄"。此言一出，朝廷顿时不知所措。太仆寺卿杨最上疏，劝谏世宗说："皇宫内静养玄修的皇帝自古有之，但哪里有一个人白日升天做了神仙呢？"世宗非常生气，立即下令杖其一百。杨最年老体弱，打到半途，人就死了；世宗却觉得仍不解恨，又下令杖尸五十。大臣们面面相觑，各自都出了一身冷汗，以后谁也不敢劝谏皇上"成仙"。

要想成仙,仅玄修、静摄、以青词建醮是不够的,最重要的是服食仙丹。道士们介绍给世宗的仙丹,不过是用小女孩的经血练制的一种红色药丸。这经血的来源自然是诸多的宫女。明末文人王世贞曾写过一首《西城宫词》描述这些可怜的宫女:

两角丫青双结红,灵犀一点非曾通。

自缘身作延年药,憔悴春风雨露中。

终于有一天她们不堪凌辱,起来进行反抗。

嘉靖二十一年(1542)十月的一天,世宗醉卧西宫,以杨金英、苏川英为首的十几名宫女想借此机会除掉这个昏君,她们先用一块抹布捂住世宗的脸,然后按肚子的按肚子、压腿的压腿,杨金英则拿了绳子往世宗脖子上套。忙中出乱,杨金英不小心将绳子打成了死结,怎么也把世宗勒不死。危急关头,一名叫张芙蓉的宫女临阵脱逃,飞报皇后。结果十几名宫女遭到惨死,但世宗当时也被折腾的气息垂绝,鼻孔出血,很长时间才醒过来。

宫婢之变之后,世宗便深居西苑万寿宫中,不肯再回大内,不见朝臣。

世宗的这种举动甚合严嵩的心意:移居西苑,使日夜在西苑中内阁值班室办公的严嵩更利于与皇帝联络;不见朝臣,更使严嵩成了他与大臣之间的传声筒——这传声筒的作用可非常大,若想欺上瞒下,只靠他的那张嘴。

伴君多年,严嵩还看透了世宗的为人,摸透了世宗的脾性。他发现世宗自以为很聪明,刚愎自用;很果决,又颇护己短;还喜欢故意得出与众不同的结论。据此他总结出一套经验:首先要顺从皇上的心思说话办事。其次是只要君宠在身,就不要怕群臣攻劾自己——皇上喜欢维护宠臣,攻击他的宠臣岂不是同攻击他一般?再次就是要对付某人,得先在皇上面前夸他一两句,然后再给他安上一个皇上深恶痛绝的罪名;想要任用某人,得先在皇上面前挑他的几个小毛病,然后再说说他所"具备"的皇上喜欢的地方。这一套方法,严嵩多次得逞,从未失手。

在世宗的眼里,严嵩是个难得的"忠臣",但他太过宠信严嵩以至没有意识到,正是这个"忠臣",在他的庇护之下,利用他的信任和弱点,窃取了他的大权。

严嵩窃政的主要表现之一,是把自己变成了独掌大权的地地道道的丞相。

朱元璋在罢黜丞相之后曾立下毒誓,规定后人不许再提设相之事,否则"本人凌迟,全家处死"。严嵩虽无宰相之名,事实上却权同丞相,他利用票拟之权和经常面圣的条件,把手伸向各个政府机关、总理百官。百司奏折,先由严嵩过目,后报世宗,一时内阁门前,官来吏往,热闹非凡。而阁内同事,也被他挤兑的无人敢发一言。因此多数大事,都由他一人决定。

严嵩窃政的主要表现之二,就是任意处置百官。这其中只有一个原则,那就是:异我者贬,同我者擢。

由于严嵩并无治国才干,依靠奉迎皇上而得以居高官,同时又被发现有贪污恶行,所以引起了许多大臣的不满,他们接连上疏弹劾严嵩,这些人就是严嵩要贬黜的主要对象。虽然他们的疏奏是上给皇上,但是严嵩足以抵挡这种局面,更何况又那么善于糊弄皇上。如严嵩初入阁时,御史谢瑜、给事中童汉臣等就曾弹劾严嵩,结果严嵩跑去世宗处一不申

辩，二不说上疏之人的坏话，只是装作很纳闷的样子对世宗说：太平盛世，怎么会出大奸呢？言下之意，就是暗示世宗只有昏君当道才会有大奸出现，谢瑜等人是在说世宗不是好皇帝。世宗一听，对谢瑜等人非常愤慨，结果，谢瑜、童汉臣的下场是奉"旨"回籍去做老百姓。之后又有给事中历汝进上疏弹劾严嵩奸恶被贬官、削籍；刑部郎中徐学诗论严嵩奸恶被逮捕入狱拷问、削职为民；御史赵锦请罢严嵩被捕入狱、削籍。

后来严嵩觉得这样一个一个地"收拾"也不是办法，就干脆另想妙计。刚好明朝有考核官吏的制度，严嵩就将考课京官的权力收归己手，利用这个权力严嵩打尽了无数异己——甚至不仅是异己，连同异己们沾点亲带点的故的都可能遭他暗算，如徐学诗的哥哥徐应丰就因弟弟的缘故，被削去中书舍人之职。

都说是"男儿膝下有黄金"，但是男人之中也有很多的软骨头。严嵩一手遮天，使许许多多没出息的士大夫争相拜倒在他的面前。严嵩也借机结党营私。

赵文华是严嵩的旧交：严嵩在国子监任祭酒的时候，赵文华还是一介书生，两人也就成了师徒。赵文华中了进士后被授以刑部主事之职，可他很是不争气，在考核官员中因不合格而被贬谪。他却善于巴结奉迎，见严嵩官运亨通，就赶忙前来投靠，双膝一软，做了严嵩的义子。严嵩看不停有人弹劾自己，也就顺势把赵文华安置到通政司做了右通政。通政司专掌内外疏奏封驳之事，"凡四方陈情建言、申诉冤滞、或告不法"等疏奏尽入于此，在这里安插亲信就等于安了一个千里眼顺风耳。只要有奏章弹劾他，那么在奏章还没被皇上看见，他就会知道其内容、作者，这样他就可以早做准备，从容应付。因此他非常器重赵文华。

仇鸾本是一名犯罪军官，弃置不用。他见严嵩权重，也疏通关系，跪在严嵩脚下，做了人家的干儿。这样一来摇身变成了宣府、大同的总兵。镇守重镇、手握兵权，为以后的挟寇自重、居"功"邀宠打下了基础。

鄢懋卿因深倚严嵩而被任为总理两浙、两淮、长芦、河东四运司的盐政大臣，这种情况绝无仅有（大臣理盐政，无总四运司者），尽握了天下利柄。钱多有用文锦装饰厕所，用白金装饰尿盆。

吴鹏、欧阳必进、高耀、许论均因仰杖严嵩而得任各部尚书；文选郎中万寀和职方郎中方祥更被称为严嵩的"文武管家"；严嵩所到之处，常有百官点头哈腰、奔走往来，办公地点更是热闹非凡。后来吏部尚书李本的手中有一张京官的清单，单上共列一百余人，其中上等官三十余人多为严嵩的亲子干儿，中等官三十余人多为其爪牙鹰犬，下等官三十余名多为有才学之上——他们有许多触怒了严嵩而遭罢贬。

严嵩引置私人的目的，是要结党营私，必要的时候帮助自己。这些人若是违背自己的意愿，严嵩照样对他们不客气。

赵文华本是倚靠严嵩才发了家，但他羽毛稍丰后，就想不通过干爹这一层直接同皇上联系。知道世宗一直梦想长生不老，赵文华就瞒着严嵩给皇上献了一瓶百花仙酒并附疏说："这种酒的酿制方法是臣下从一个仙人那里讨要的，喝了以后可以不死。严嵩也知道这个配方，他都那么老了每天还能够精神很好就是这酒效的活例证。"世宗见疏后就对

严嵩有些不满,他跟身边的太监咕哝说:"严嵩早就知道了这个秘方却不呈献,只会自己享用!"严嵩得到消息后马上面圣,声明自己从来没有喝过什么药酒、至于狗命为什么这么长自己也不知什么缘故。直说得皇上转怒为喜,他赶忙回去找赵文华算账。

把赵文华叫到内阁之后,严嵩对他严加责问。赵文华起初装傻,做出一脸不知情的样子,说自己什么也没有给皇上献。等严嵩拿出了他的密疏,他才知道自己闯了祸,赶快跪在地上一边哭一边认罪一边请求宽恕。到阁臣们实在看不过去一齐替他说话,严嵩厉声叫他"滚"。

赵文华一心想干爹消气,就一直透过门缝上观察严嵩的脸色。过了好一会儿,他想再进去解释解释,谁知腿刚迈进去,严嵩就叫左右将他拖了出去。赵文华大窘之下,只好去找干娘通融。女人心软,欧阳氏见这个"儿子"哭的那么悲伤,就答应安排时机,替他们"父子"调解。

一天严嵩回家休息,夫人准备了宴席。众义子们都陪坐在旁边,唯有赵文华听从欧阳氏的安排躲在一边眼巴巴地看。等严嵩喝得差不多了,欧阳氏就故意问:"今天举家在座,怎么不见文华呢?"严嵩气呼呼地说:"那个奴才辜负了我的栽培,怎配坐在这里!"欧阳氏借机就劝严嵩,说人非圣贤,孰能无过,有了错误不要紧,改了就好吗……说了很多开脱的话。

看严嵩的脸色有所缓和,赵文华飞跑过去跪趴在严嵩脚前痛哭流涕。严嵩没有防备,一下了被他弄得不知怎么办才好,只好留他入席。从此之后,赵文华再也不敢对严嵩有一点违背。

仇鸾得志后也是忘恩负义,他靠着皇帝宠信想同严嵩平起平坐,但严嵩还是把他当儿子看,这令他十分地恼火。他开始寻找机会到世宗面前诋毁严嵩,一度还真说的世宗不大搭理严嵩了。有一次严嵩如同平日进西苑面圣,走到西华门门口,却破天荒第一次被门卫拦住了,门卫竟然问他要圣上召他的手谕!他站在那里不知什么原因,眼看着其他阁臣——一入内,气的老泪纵横。后来查到是仇鸾在捣鬼,就决定给这个"逆子"点颜色看看。正在他寻机报复的时候,仇鸾却忽然病死了。他不仅不觉得天公作美,反而为这个家伙没死在自己手上甚感遗憾,于是他又指使陆炳状告仇鸾私盟边寇、诱敌引入,是卖国贼,终于激怒了世宗,使仇鸾死后也躲不过严嵩的惩治——被从棺材里拉出来戮了尸。

看到赵文华的经历和仇鸾的下场,严嵩的私人们只有更加听主子的话、谨慎服侍严嵩,严嵩的势力也就愈加巩固了。

明王朝建国之后虽将蒙古人赶回大漠,但北方边境地区也时常发生战事;同时南方沿海,又常有倭寇作乱。"南寇北房",始终是明廷的边患。

明世宗继位后,北方边疆吃紧。蒙古人时常骚扰北方,总是来去无常、为患不久;但自从他们抢占了河套地区,形势对大明非常不利。河套包括今天内蒙古及宁夏境内的黄河沿岸,三面临河、土质肥沃、宜耕宜牧,蒙古以河套为基地,策划南下进犯。嘉靖年间,蒙古俺答部以要求明政府开边互市为名,经常往来套区、扰乱边防。三边总督曾铣目睹边民苦难,就上疏请战,说"套贼不除,中国之祸未可量",建议收复失地、将河套收复。世

宗接疏后颇壮铣节，同意了曾铣的请求。曾铣一面率军突袭套区俺答部下，一面与手下将领商讨复套方案。不料曾铣的努力稍有起色，就大祸临头，这祸源就是夏言。

其时严嵩正与夏言闹矛盾，见夏言支持曾铣，马上为私忘公。他为害夏言，先害曾铣，在世宗耳边说些诋毁的话"北虏难以尽除，河套也根本不可能收复。师出无功，还要花费许多财力。其中大臣们都明白这个道理，只不过因为曾铣勾结夏言，大家畏惧夏言不敢说罢了"。曾铣最终成了严夏斗争牺牲品，他本人被斩首弃市，妻子也被流放到两千里多外。曾铣死后，没人敢提复套之事，而俺答则继续犯边——严嵩为营私报怨，使北边边境岁无宁日，终于酿成了"庚戌之变"。

嘉靖二十九年（1550），俺答率大军南下，先犯大同。当时的大同总兵正是严嵩一手提拔的仇鸾。仇鸾一见蒙古兵浩浩荡荡，不可抵挡，怕打了败仗受到处罚，慌忙向俺答摇尾乞怜。他偷偷派人送过去很多金银珠宝，求俺答放过自己去打别人，并保证不与俺答交火。俺答收了贿赂，十分高兴，移兵东去，然后由蓟镇长驱直下。仇鸾在事先侦察到俺答去向的情况下，假装自己有先见之名，欺骗世宗，说据他"估计"京师将有危险，并回兵勤王。果然不久俺答就带兵打到北京城下，仇鸾因此成了世宗的新宠，官至大将军。

俺答一到北京城外，就先掳去八名守城将士，让他们受罪几日后给世宗带回一封书信，信中非常傲慢的要求世宗下令开放边境以促成双边贸易、发展蒙汉经济。

世宗接信后不知如何是好，就向老爱卿严嵩问计。严嵩根本就没有一点儿治国安邦的才略，见了这种阵势，早已不知对策。听皇上问自己该怎么办，急忙推脱责任，说"外交事宜都是由礼部负责的，陛下还是去问礼部吧。"说完后又觉得这样说太显得自己无能，就又自作聪明地给世宗壮胆，说："蒙古人不过是饿极了来讨点吃的，等他们吃饱了自然会退兵。"世宗在严嵩的怂恿下，准备用皮币珠玉向俺答乞和。

礼部尚书徐阶、司业赵贞吉等人闻讯大惊失色，他们费尽口舌，晓之以理、动之以情，总算阻止了世宗的昏聩举动。他们还提出退敌之策，建议世宗先假意答应俺答的请求，稳住对方，然后召兵勤王。世宗转忧为喜，全部采纳他们的主张。

相比之下，严嵩觉得自己很没面子，便心生嫉恨。回到内阁正独自一人生气，赵贞吉却偏偏又跑来找来商议犒军之事。严嵩心烦，就闭门不见。赵贞吉本来就对严嵩的无能大为不满，见他态度又如此恶劣，就更加生气。恰逢此时赵文华也前来探望干爹，见状很是幸灾乐祸，就嘲讽赵贞吉说："你快算了吧。天下大事都得慢慢商议，今天谈不成，以后再来吧。"赵吉贞当即大骂文华："你只不过是权贵门前的一只狗而已，哪里配得上提什么天下大事！"严嵩在里面听见了，就决意报复。后来他有意推荐赵贞吉负责犒赏城外守军，暗地里却指使私人从中作梗。赵贞吉在得不到户部、兵部等部门协助的情况下，只能"孤军奋战"。等他费尽周折、雇佣民车总算把赏银送到士兵手中时，俺答已经因得到满意的答复而退兵了。于是严嵩立即弹劾赵贞吉，说他延误工作、办事不力，并将他廷杖九十、谪往外地。

为了阻挠徐阶、赵贞吉等人的主张，严嵩还下令私人仇鸾和兵部尚书丁汝夔等不抵抗，告诫说如果在边境打了败仗还可以隐而不报，但是在京郊打了败仗就会包藏不住。

结果二人严守主子的命令，听由蒙古兵烧杀掠夺，坚营不战。他们的行为引起众人的反抗，俺答退后，臣民纷纷上疏告状。当时仇鸾恃宠还能安然无事；丁汝夔可是难敌众矢，被收押于狱。严嵩见状生怕丁汝夔会咬出自己，就决定丢卒保车。他派人去告诉丁汝夔："天塌下来有严大人替你担着，你不必担心，但不要乱说话，只等着重见天日就是了。"丁汝夔信以为真，就放宽了心在狱里呆着，毫不知为自己辩解。到狱卒打开牢门要将他送往刑场处斩时，他还非常兴奋，以为自己被无罪释放了。死到临头，他才回过味来："严嵩骗我！严嵩害我！"

由于严嵩的无能和私心，俺答的这次进犯使明朝蒙受了巨大的损失。蒙古兵在京郊耀武扬威了八日之久，不仅大肆欺侮百姓、满载而归；还大灭了明军士气，使明廷威严扫地。因为这一年是农历庚戌年，历史上称为"庚戌之变"。庚戌之变之后，北边边境之乱更加没一处安静了。

北乱未平，南乱又起。倭寇对南方沿海地区的肆虐在嘉靖时期已登峰造极。他们时常窜入内地，焚烧民舍、驱掠少壮、挖坟盗墓。抓着孕妇，就猜男卜女，然后剖腹验证，以此行酒；逮住婴孩，就绑在竿上，然后浇以沸汤，听其哭号，以此笑乐。百姓遭受了巨大的折磨，他们不甘做人鱼肉，奋起自卫。朝廷也派出军队，联合地方，共同抗倭。这种情况下，严嵩却私毫不为国分忧，反而觉得有利可图。他先后将自己的孙子严效忠、严鹄送往南方军中，然后让人假报军情，一会儿说他们奋勇迎敌，一会儿说他们斩首七级，两个儿子都因此得了官职。兵部郎中周冕对这种冒领边功的行为予以揭发，竟被严嵩以"挟私"的罪名下狱削籍。

严嵩不仅让孙子沾尽抗倭之光，对义子也是百般呵护。赵文华对兵事一窍不通，但很想逞一逞统率军队的威风，严嵩就答应他的请求，将他派往南边祭祀海神、督察军情。赵文华到任之后只顾耀武扬威、不知抗敌。他见总督张经对自己好像很不恭敬，就接连上疏诬告张经不敢作战、贻误战机。就在这个时候，张经率军取得了抗倭以来最大的胜利——王江泾大捷。见状赵文华又赶忙将这次大捷归于自己门下。可怜张经本立大功，却因严嵩与赵文化的里内外合而最终被置于死地。

杀了张经，赵文华继续凌辱官兵、贪污受贿、无恶不作、牵制兵机。文武将吏们都排着队去向他交纳财货以表"忠心"，军心涣散。他还极善抢功，不论哪位将领打了胜仗，他都有本事将功劳拉扯到自己头上。世宗身在西苑、足不出户；多数军情，都由严嵩报禀。结果赵文华被世宗视为一个难得的人才，官加少保。赵文华当然也不会忘记时不时奉承一下严嵩，他将抢来的功劳又往严嵩头上扣，告诉世宗："臣下所做的一切，都是恩师所教"——严嵩将边事搅的一塌糊涂，结果，反而因"功"受宠！

谗陷忠害

自古以来，哪个奸臣都放不下权、钱二字。

严嵩当然也不例外。在他刚刚迁至京师、任礼部尚书时，就开始利用手中之权大肆搜利钱。当时他总理重修《宋史》事宜，此项工作需选译字诸生，入选者光荣无比，说不定又可得一官半职，所以应选的人很多。选择权由严嵩一人掌管，而严嵩的意思又全在于钱。于是大家都争先恐后地前往严府送礼行贿，致使严嵩，大发横财。

世间行贿之人在行贿之时也懂得衡量得失，高官能给人的利益总是比低官更多一些，所以高官受贿就比低官方便。随着地位的提高，严嵩索贿的对象和数额自然也有了变化。甚至一些宗藩乞封之时，也要向严嵩纳贿；所纳之贿，更是无数。

嘉靖二十年（1541），交城王绝了后，当时辅国将军表柛想袭承王位，就派遣校尉任得贵至京活动活动，将黄金、白银共三千两送入严家；永寿共和王的庶子惟熵和嫡孙怀燨争立时，也以白银三千两贿嵩。事情暴露之后，其他受贿官员都被贬谪、戍边，严嵩却因青词之功一点事也没有。

严嵩入阁之时已经六十有余。老年人的贪财在严嵩身上表现的则是超常明显。他索贿的借口越来越多，不仅升官要交钱，犯了事儿也要交钱——他是根据罪行大小与交钱多少相结合的原则来决定对“犯人”如何进行处理，如张经入狱后行贿五千两银子最终还是被处死，而另一个叫王汝孝的官员失律后行贿三千两银子就得以免死戍边。

明庭国难当头，严嵩想不出方法固边防敌，索贿的本领却很高，范围扩至边疆：时北边有“臊子在门前、宰相还要钱”之谣；南边则有赵文华为他出面大肆搜刮——他回朝时带给干爹的礼物是珍宝数万。

虽然老话说“无官不贪”，但严嵩在此方面则达到登峰造极的态度少见。严嵩在任期间回老家探亲时，满载家资的交通工具竟然有“辎车数十乘、辁车四十乘、楼船十余艘”。也许他觉得如此规模实在太吓人，就将这些车船之上打上官署的封识，欺骗沿途各处。他不仅在北京购置院落三四个、人工湖数十亩的豪华府第，在江南的扬州等风景如画的名城也各有“别墅”。他的家中到处是金银财宝，女孩子们都穿着龙凤绣衣、满身珠宝金玉，甚至连一个仆人严年都拥有家资数十万！严嵩的儿子一次喝醉后口吐狂言，曾说：“朝廷无我富”，到严嵩事败后人们才知此言并非虚诳，因为官府从其家抄出黄金三万余两、白银二百零五万五千两，其余珍宝服玩也是数不胜数！

严嵩富可敌国的家产看似刮自百官，其实百官是不会掏自己腰包的，它们说到底是来自民间。百姓不堪其挠、愤而作谣：

> “介溪介溪，好不知几。
>
> 福祸到头终有报，只争来早与来迟！”

（“介溪”是严嵩的别号。）

严嵩窃政误国、独揽大权，许多有正义感的大臣都忍不住犯颜直谏。对这些人严嵩毫不留情。窃皇上之权削夺他们的官职都算是对他们的优待；其中一些不知退却的勇士，更被严嵩谗言构陷，含冤而死。

嘉靖三十二年（1553）正月，兵部员外郎杨继盛上疏揭露严嵩的十大罪、五大奸，将严嵩的恶行尽列其上。疏中说：

"如今国家混乱，内外交困，外贼是俺答、内贼就是严嵩。攘外必先安内，要除俺答，必先灭严嵩。严嵩的罪大恶极、世人共睹，大臣们屡屡上疏陈述；连上天都显示征兆，告诫皇上。例如去年春天，雷久不声，占卜的结论是'大臣专政'；冬天时太阳下边又有大片红色云团出现，占卜后得知是'下有叛臣'。方今之时，除了严嵩，还有哪个大臣有能力专政，叛君呢？况且严嵩也早有专政、叛君的行为，他行丞相大权、窃陛下大权、掩陛下功治、怠票拟职责、冒领朝廷军功、引用悖逆之臣、滥行陟黜之权、祸国殃民、流媚结之毒于天下。不仅如此，他还将陛下左右侍者加以小恩小惠，让他们为己通风报信、把陛下的纳言之官都变成了自己的鹰犬、把厂卫之臣变成自己的姻戚、把中小官吏视作奴仆、把一些才望出众的人变成自己的门客。

严嵩的确已是天地难容，希望陛下降旨将他正以国法。陛下如不相信臣下所言，可以向裕王朱载垕、景王朱载圳查问。"

杨继盛字仲芳，河北徐水人。他七岁时就死了母亲，后娘进门后对他百般虐待，让他整日与牛相伴。

每天早晨杨继盛牵着牛从村里走过时，都会看见别家孩子结着伴儿去私塾上学。杨继盛非常羡慕他们，有时实在太想读书了，拴好了牛就跑去私塾趴在窗户外面偷听先生教书。后来他实在很想上学，又不敢求父亲，只好去求哥哥。哥哥看他年幼，也没太在意，就说他："你这么小一个小孩子，要读什么书呢？"继盛委屈万分，就反驳哥哥："我为什么就不能呢，都可以放牛就不能读书吗？"哥哥看他实在想读书，就到父亲处替他说话。父亲最终答应他一边放牛，一边读书。

一直到十三岁的时候，杨继盛才有机会实现读书的愿望。他知道家里穷，能供自己读书很不容易，就更加发奋攻读。后来乡试中了举人，得以进入当时的最高学府——国子监。在国子监中，他也是很有才华的学生，深得学官们的赏识。

嘉靖二十六年(1547)，杨继盛又中了进士，被授以南京吏部主事一职。官位虽不高，他却一心报国。庚戌之变中，他对仇鸾的行径十分鄙夷，怒火中烧。他上书极言议和辱国，使仇鸾大恨。仇鸾在世宗面前将着袖子大骂继盛，说："这小子根本没有亲眼看见蒙古人的厉害，所以才把退敌之事想得那么简单！"严嵩也在一旁帮腔。杨继盛一片忠心，最后贬官狄道典史。

狄道地处偏远，汉番杂居，民人多无文化。杨继盛到任之后，积极开办学校，实行教化。学生多来自贫寒之家，杨继盛联想到小时候自己家境贫寒，就常常资助他们，为此甚至卖掉了自己的坐骑和妻子的衣服。深得当地百姓敬重，爱之如父，也呼其为"杨父"。

仇鸾奸露之后，世宗忽然想起了曾上疏力争而被贬杨继盛，先将他迁至山东诸城做知县、又使他官复原职，不久又升他为刑部员外郎。

严嵩当初虽有意培植仇鸾，但后来又与仇鸾执仇。他看杨继盛也是仇鸾的仇人，就想借刀杀人，并将其升作兵部员外郎。谁知杨继盛一是眼里揉不进沙子，二是不肯见利忘义。他耳闻目睹严嵩的恶行，是不会与严嵩为伍的。他的妻子总是劝他，说"当初一个仇鸾就要你贬谪千里，现在的严嵩要比一百个仇鸾还凶恶。还是不要惹是生非了吧。"但

是继盛不听，刚刚赴任，就上了这份揭奸之疏。

严嵩得报后虽然震怒，但不久就想出了对策。他奏禀世宗说：这杨继盛一直忠心报国，现在怎么开始编造谎言、挑拨君臣关系。他疏中说我罪大恶极，说上天都示了警，皇上还不惩罚我，这分明是暗示皇上有眼无珠；矛头并不指向我一人，还把二王抬出来，也不知什么意思，二王贵为亲王，岂能随便牵连？

一番话果然激怒了世宗，他立即下令将杨继盛杖打一百，送往刑部处置。

一百大杖非常人所能承受。有同情杨继盛的人偷偷给了他一枚蚺蛇胆，告诉他说服后可受杖不死。杨继盛谢过此人，却没有接受，说"我自己有胆，还要这蚺蛇之胆干什么？"遂毅然受刑，面无惧色。

杨继盛入刑部之后，犹羊入虎口。刑部侍郎王学益和尚书许论都是严嵩私党，他们当然知道严嵩的意思，于是将杨继盛定罪，罪名是"诈传二王令旨"。当时刑部郎中史朝宾曾想说句公道话，他指责贼党说："杨继盛疏中只说二王可证明严嵩奸恶，哪里有半句二王令旨？国家的法律岂容如此践踏！"如此一来，史朝实也难逃严嵩的毒手，严嵩知道他的言论后竟将他贬往高邮市去做了一个小小的判官。

世宗起初并无意定杨继盛死罪。杨继盛即被严嵩系于牢狱，严刑拷打。杖刑之后，他满身创痕；肉腐于身，伤势不愈。一夜杨继盛被剧痛惊醒，见身上都是腐肉，就打碎瓷碗，以碎片截去腐肉；见腐肉系于筋膜，又割断筋膜。狱卒听到动静后提灯来到牢房，见此情景吓得连灯都拿不住了，但杨继盛却神态从容、意气自如。

杨继盛的遭遇和气节得到朝官们赞赏。每逢他上堂受审，刑部大堂下面站得都是前来观看的大臣。好多人在堂下窃窃私语，说："此人乃是天下义士！"又见他伤痕累累、刑具加身，都义愤填膺，起哄说："拿起刑具砸扁严嵩老儿的头！"还有些大臣相约想营救继盛出狱。

严嵩的爪牙们探到这些消息后赶快通报严嵩。严嵩自谓不能养虎遗患，就下定了杀心。刚好此时张经为赵文化所诬，严嵩揣知皇上必杀此人，就将杨继盛的名字悄悄地写在张经的辩疏后面一起上奏。世宗像往常一样不加细看，只大笔一勾就将疏中之人判了死刑。

杨继盛之妻张氏听到判决结果后伏阙上疏，疏中写道：

"臣的丈夫谏阻议和，被仇鸾所陷，贬谪狄道，幸得昭雪，一年之内四次迁官，他衔此重恩故图上报。他是因为误听了市井庸人、无用书生们的议论方写了那些胡言乱语呈献皇上。幸亏皇上宽宏大量，不令杀他。他虽有罪过，但杖后入狱，肉烂筋断、日夜刑具加身，已经备受苦楚。自他入狱之后，家里贫困交加，臣只能昼夜纺织才能维持生活。他两次上疏获罪都因皇上的恩德而免于一死。如今他却被严嵩混入张经一案，要奉旨处决。如果皇上真的觉得他罪不可赦，臣甘愿代夫送命。臣死不足惜，只要丈夫能活世上，他必有一日可以执戈持矛、杀敌报国。乞请皇上能给他一个机会，让他日后战死疆场！"

此疏字字血泪，且用词谨慎——既给世宗戴了高帽子、又申明了冤情，若能顺利抵达世宗手中，杨继盛可能也不会死。可惜它先到了严嵩手中，而严嵩也知其威力，于是压下

阉海权宦

不报。

嘉靖三十四年(1555)十月,杨继盛终于被枭首示众,时年刚满四十。他临刑前慷慨赋诗:

> "浩气还太虚,丹心照千古。
> 生平未报恩,留作忠魂补。"

天下之人无不为之落泪,痛惜忠志之士。

以前严嵩一直善于伪装,其所攻杀的夏言,也不过是夺利争权的小人,所以百姓还不知其心肠毒辣。杨继盛一死,严嵩诬害忠良的恶名立刻世人皆知,他也索性就此大挥屠刀。

杨继盛死后两年,沈炼又做了严嵩刀下之鬼。

沈炼,字纯甫,浙江会稽人。嘉靖十七年(1538)进士,官任锦衣卫经历。他为人刚直,善恶分明。

庚戌之变中赵贞吉力主抗战,令沈炼对他十分敬佩。赵贞吉被贬之后,沈炼仍然念念不忘他当日的对敌策略,引起严嵩爪牙、吏部尚书夏邦谟的不满。夏邦谟一日终于发作、训斥沈炼:"区区小官,整日还妄谈什么国家大事!"沈炼不服,当即反驳:"正因为大官不谈,小官才谈!"并上疏要求朝廷"以万骑护陵寝、万骑护通州军储,而合勤王之师邀击其(指俺答)惰归,必大捷。"但当时这些奏折是根本不会传到世宗手里的,都被严嵩扣压不报。沈炼听说后就直接将矛头指向严嵩,上疏指责他虽受国重任,毫无才能,只知贪财,不知治国安边,只知全家保妻子;并历数其大罪,请求皇上杀掉严嵩。当时严嵩已不可一世,世宗又只知护短,所以沈炼白撞了一个钉子,被暴打一顿、谪往保安。

沈炼到达保安后,当地百姓知道了他被谪的前因后果,都非常敬重他,还把孩子都送到沈炼处求教诗书。沈炼就以忠义大节教育这些孩子们,常举严嵩为反面教材。孩子们为了给老师出气,每天都骂严嵩是坏蛋。沈炼还制作了三个草人,在他们身上分别贴上李林甫、秦桧和严嵩的名字,将这些"奸相"作为射击的对象。

严嵩知情后简直要气炸了肺。他的私党杨顺、路楷二人则按照严嵩的授意肆意诬告沈炼"阴结死士、击剑射击";并让一个白莲教的叛徒把沈炼的名字写进白莲教徒的花名册中,诬其通匪。奴才们设计好计谋以后,严嵩即以"通叛"的罪名将沈炼逮捕抄家。嘉靖三十六年(1557)十月,沈炼被严嵩杀害,他的两个儿子也被杀。

日落西山

严嵩一生中最宠爱他的独子严世蕃。

严世蕃别号东楼,他长得身体肥胖、脖子粗短,还是一个独眼龙。但他在其父的教导下颇通国典、晓畅时务,聪明过人。

虽然媚上和写青词一直都是严嵩的拿手好戏,但票拟答诏和处理政事他却赶不上自

己的儿子。世宗崇"玄",其所下手诏亦往往是"玄"不可言,令严嵩挖空心思也看不出所以。但世蕃却能够"一目"了然,他指点父亲,常中帝意。严嵩对此当然十分高兴,干脆把各个部门的文件都拿到家里去让儿子批改,遇事常说"等我和儿子商量后再作打算"。时人称他们为"大丞相、小丞相"。可惜严世蕃天生就是个坏痞子,只能使严嵩的名声更坏。

严世蕃经常做的事情就是玩弄父亲从皇上那儿偷来的权柄。他熟谙京城内外各类官职的价值所在,因而明码标价,公开卖官鬻爵。一时不肖之徒纷纷奔走其门,用来装礼品的箩筐经常在严嵩的府宅前一排一排的。因贪虐被革职在家的仇鸾最初就是通过重贿严世蕃才跟严嵩搭上的线,而后被重新起用的。

严世蕃就靠着其父的大树为所欲为。抗倭名将总兵俞大猷为人耿直、直来直去,不知道去阿附世蕃,惹恼了世蕃,就令手下诬其作战不利、将其罗至狱中。后来朝臣们可惜俞大猷是一员骁将,恐他被严世蕃所害,就一起凑了三千两银子送给严世蕃,俞大猷才免了一死,但仍要削职为民前往大同戍边。总督侍郎王忬藏有古画,严世蕃想霸归己有,就派人前去索要。王忬不忍割爱,拿了一幅仿制品出来。谁知严世蕃是这方面的专家,一眼即识破真伪,大怒之下,又令人诬陷王忬守边不力;而后严嵩替子出气,将王忬下狱致死。

严世蕃从未参加过科举考试,但凭借父亲的关系一路扶摇直上,从尚宝少卿迁为太常少卿、从太常少卿迁为太常卿,最后当上了正三品的工部右侍郎。虽然身居高官,严世蕃却不具备一点点高官应具备的素质,他的生活散漫、放荡不经。他每日拥娼抱妾、与狐朋狗友们在家里纵酒;有时身居要职的官员或父辈官员有事前来,他也不讲礼节,拉住他们就灌酒,直至灌醉了才罢手;有时心烦,还会在同事的脸上画上五颜六色以取乐。他每日纵情享乐,公然叫嚣:"朝廷哪有我快乐!"

狗仗人势,严世蕃的仆人爪牙们也个个如狼似虎,他们时常在主子的怂恿下打家劫舍,欺男霸女,无恶不作。

严世蕃的诸多恶行引起许多正直的大臣的不满,时常有人上疏控告他。虽然严嵩弄权,每一次都能使事情不了了之;但是目睹儿子如此肆无忌惮,欧阳氏还是感到痛心疾首。她多次提醒严嵩,说"你难道忘记了我们一家从前在钤山堂度过的那些日子了吗?那二十年中生活虽然不如现在,但何等的清静安闲啊!"严嵩回首往事,也有些惭愧,但是再要想管制住已被溺爱坏的严世蕃,为时已晚了。

严嵩并没有想到,自己和儿子的命运早已紧紧相连;自己对儿子的溺纵,已种下了失败的苦果。

嘉靖四十年(1561),严嵩已近八十高龄了。已是风烛残年,有时难免会有些精力不济。从嘉靖二十一年入阁到这会儿,他已经叱咤风云二十年。但是从这一年的新年伊始,他的人生运程也就呈日落西山之势了。

这年正月,世宗和宠姬在西苑放烟火,不想火势蔓延,烧毁了万寿宫。

自宫婢之变以来,世宗就一直居于万寿宫中;万寿宫烧了,他一时无处可去。但他仍不想搬回大内,只好先将就着住在西苑另一宫殿——玉熙宫中。玉熙宫很小,世宗住得

很烦闷,急召阁臣商讨对策。

严嵩心里只想着皇上不愿回住大内,就奏请皇上移居离宫,但他疏忽了一个细节。正统年间(1449),蒙古军队大举进犯,明英宗在太监王振的挟持下亲征被蒙古掳去,他的弟弟监国郕王朱祁玉被主战派大臣拥立为帝。次年英宗南归,但朱祁玉拒不让位。为防英宗与大臣合谋复辟,他就将英宗监禁在离宫。虽然英宗后来还是复辟成功了,但是离宫总归给人一种不祥的感觉。所以听了严嵩的建议,世宗听了很别扭。

此时的内阁之中,有一个很值得人注意的人物,他就是庚戌之变中堪称帝意的徐阶。徐阶人很聪明,他入阁之后自忖不是严嵩的对手,就一面谨慎地事奉严嵩,一面大写青词以邀帝宠。但他遇事比严嵩机警。看到严嵩的建议未被接纳,他就奏请立即重修万寿宫。世宗听后非常高兴,马上准奏;徐阶也马上行动,次年三月,万寿宫就重新建成了。世宗当然十分感激徐阶,加其官为少师;而对严嵩,不过多发了一百石俸禄而已。两人在世宗心里的位置,在悄悄地发生变化。

恰好这二年严嵩的妻子又去世了。按照封建礼制,这时严世蕃应该护送母亲的灵柩回归故土安葬,但严嵩此时根本离不开儿子了——儿子一走,他就失去了一个有力的帮手。所以他就乞求皇上说:“我这么老了,只有这么一个儿子。希望陛下允许他留下来陪伴我,让我的孙子替他归丧。”世宗也不清楚严嵩的真正意图,以为严嵩真的是因为老了,需人陪伴,就同意了他的请求;但因世蕃正服母丧,不得入内阁板房。无奈严嵩每拿了手谕,只得差人飞送回家找世蕃商定。

而这时的严世蕃已被溺纵地连父母都不放在眼中了。虽然在服母丧,虽然知道父亲需要他,他却只管同姬妾们饮酒作乐,对送回来等候自己批改或定夺的文件并不放在心上。往往是严嵩耐着性子等了好半天,也等不来儿子的只言片语。有时负责传送手谕的太监等得不耐烦,就不停地催逼严嵩。无奈之下,严嵩只好硬着头皮随便应付一下。好多次文件都已送回去了,严嵩又忽然想起来写错了东西,又追到皇上那儿索要回来重新改过。世宗对此非常恼火,此后军国大事全都同徐阶商定;交给严嵩的任务只是斋醮符箓而已。

严嵩也觉察到皇上对他已大不如从前了,但因年龄太大,再无心无力与人斗智斗勇。他念及自己当权二十年中所做的错事太多,怕日后终会身败,也想笼络徐阶,给自己留一条后路。他在家中置宴,请徐阶前往。酒酣之时,他将家人全都喊出来,同他们一起向徐阶蒲伏下拜,然后喟然长叹,说:“我说死就要死了。我的这些家人,还要仰仗先生照顾。”徐阶表面上对严嵩大加劝慰,并指天发誓,说“没有严大人的提拔就没有我的今天。我若是忘恩负义与严氏作对,天打五雷轰!”但心中也知道除奸的时机已经到了。

不久宫里来了一个名叫兰道行的道士,占卜很灵验,因此甚得帝宠。一天世宗忽然想占卜辅臣贤否,兰道行就摆开阵势作了一阵法,然后得出结论说“严嵩父子弄权”。世宗听了半信半疑,就问:“如果真是这样,那上玄为什么不除掉严嵩还让他活了这么大岁数呢?”兰道行随机答道:“上玄要将他留给皇上正法。”世宗想起二十年来严嵩辅政的种种情状,还是决定不了,默然良久。刚好这一天忽降大雨,御史邹应龙因事外出未带雨

具，就跑到一名内侍家中避雨。听内侍讲了这件事情，他就想借机除掉严嵩。

当夜邹应龙做一奇梦，梦见出猎时一高山挡道，拔箭张弓，屡射不中；山的东面有一座小楼，楼上覆草、草上有一堆屎。醒后他仔细想了半天，终悟其意："高山"，嵩也，射之不中，说明劾他无功；东楼，世蕃也，草屎在其上，言其易败。于是邹应龙立刻上疏弹劾严世蕃贪污受贿等各种罪行；对严嵩之过，仅提到"植党弊贤、溺爱恶子"。并保证说"如臣言不实，愿斩臣首悬之篙竿，以谢世蕃父子。"

疏上，世宗心动。他虽然有所庇护严嵩，但对严世蕃的种种劣迹早已不满，因此降旨将严世蕃捕入诏狱。对严嵩的处理，只是让他退出内阁，每年还要给他发禄米百石。

严世蕃骄纵惯了，入狱后并不恐惧。严嵩的私党鄢懋卿、万寀等也极力为他解脱，最后定罪时，说他贪污的赃银才不过八百两。严世蕃因此被遣戍雷州。

严嵩离阁后，世宗却不高兴。他想起两个二十年的"交情"总是有些伤感，甚至流露出要传位太子从此做太上皇的糊涂心思。严嵩听说后知道皇上心中没有完全抛弃自己，连忙表达自己的忠心——皇上生日时他专门到道观中找道士为皇上建醮乞寿，并精心写了一篇《祈鹤文》同搜集到的各宗秘法一同献给世宗，同时不停地向世宗汇报自己如何思君及日常起居。此时严嵩的这等苦心已不再是为再上官场，他的目的是想让远在雷州的爱子重新回到自己身旁。看世宗开始下诏安慰自己并赐给自己许多银币，他就上疏乞怜：

"臣已经八十四岁了，但儿孙却都远戍千里之外。臣已是风烛之年，说死就死，到时候把身后之事托付给谁呢？惟愿陛下可怜臣老来孤苦无依，降旨把严世蕃放回来，伴臣了此残生。"

世宗接疏后就恩准因受父亲严世蕃牵连也远戍在外的严鸿回京。在严嵩的苦心经营下，孙子终于回来了，这也是努力的成果。严嵩满怀信心，正准备设法将严世蕃调回。不料严世蕃却开始自取灭亡。

严世蕃未到戍所，在半路上就逃跑了。严嵩闻讯，大惊失色，连呼"儿误我多矣！"但世蕃潜回家中后，他还是非常高兴。

严世蕃逃跑的同时，与他一起戍边的爪牙罗龙文也半路逃脱，潜入深山，招纳亡命之徒，占山为王，推严世蕃为主，扬言要取邹应龙和徐阶的人头。徐阶此时已继任首辅，他闻报后一面严加防备，一面开始着手准备对严氏父子彻底清查。

严嵩这时候却正为父子团聚而其乐融融，竟糊涂地忘了媚上和防敌。严世蕃也不知收敛，照旧作威作福，他一卜子雇佣了四千工匠大造房屋，抢占公地、强拆民房、为害地方，甚至还唆使工匠们用石砾瓦块投掷路过的地方官吏。地方官员将情况反映到世宗那，世宗再度诏捕严世蕃和罗龙文。

严世蕃真是不知天高地厚，再入牢笼后仍旧气焰嚣张，振臂高呼"任他燎原火，自有倒海水"，他仍将希望寄托在父亲的身上。但是这一次他低估了徐阶的能力。这会儿徐阶已是今非昔比，他已下决心要将严世蕃置于死地。仔细筹划后，徐阶最终利用皇上痛恨倭寇的心理，诬奏严世蕃和罗龙文通倭、谋反并企图逃往日本，使世宗终于下决心杀掉严世蕃。

嘉靖四十四年（1565）三年，严世蕃被斩首于西市。是日百姓互相庆祝，沈炼的学生将沈炼官、名书于布帛之上，举于头顶，前往观看行刑。

同年同月，严嵩终被削籍、抄家。

严嵩把持朝政整整二十年，可谓家财万贯，但到头来却失子丢官，一无所有，只得寄食于故旧之家，两年以后老病而死。真是善恶终有报！

不可一世的"九千岁"

——魏忠贤

名人档案

魏忠贤:原名李进忠。明朝末期宦官。北直隶肃宁(今属河北)人。出身于市井无赖,后为赌债所逼遂自阉入宫做太监。

生卒时间:1568 年~1627 年。

安葬之地:崇祯在李自成攻进北京前夕,不知何故突然想起魏忠贤之功绩,遂在太监曹化淳建议下,收葬其遗骸于魏当年选定的墓地香山碧云寺。康熙年间御史张瑗巡视北京西城时发现魏忠贤墓依然"峻宇缭墙,覆压数里,郁葱绵亘,金碧辉煌",据此进言称帝京周围不应"留此秽恶之迹",于是到康熙四十年终被夷平。

性格特点:不甘寂寞,敢想敢干,本性憨直,待人热诚讲义气。

历史功过:魏忠贤与皇帝乳母客氏沆瀣一气、狼狈为奸,极受宠信,被封为"九千岁",自己也在民间养了不少"义子",如什么"五虎""五狗""十孩""四十孙"等。在其全盛时期,各地官吏阿谀奉承,纷纷为他设立生祠。1627 年崇祯帝朱由检登位以后,遭到弹劾,被流放凤阳,在途中畏罪自杀。

自阉入宫

封建专制时代,属于皇帝专权、独揽朝政大权的时代。但是皇帝个人的精力总是有限,即使是再英明的皇帝,总也有疏忽的时候,更何况明朝中后期绝大多数皇帝都是平庸之辈。当皇帝大权独揽,却不能正常地行使职能时,皇帝身边的人就会擅用皇权作威作福,于是发生了外戚专政、宦官专权。朱元璋建立明王朝以后,虽然绞尽脑汁,采取了许多措施,但也没能阻止宦官专权的历史覆辙。明代中后期的宦官乱政,比历史上任何一

个王朝都过之而无不及,魏忠贤就是这些乱政的太监中最著名的一个。他气焰最嚣张的时候,竟然被一些无耻的官员公开称呼为"九千岁",只比"万岁"少了"一千岁。"历代功臣宿旧加王晋爵,但从来没有在皇帝"万岁"面前敢于称呼"九千岁"的。魏忠贤无任何功绩于国家社稷,气焰却如此嚣张,可见当时宦官专权的程度之深。

　　魏忠贤是直隶河间府肃宁县人,原名魏进忠,小名魏四。他出身贫寒,家徒四壁。后来父亲犯了罪被发配到边疆地区服役,魏四的日子就更加难过了。由于缺乏大人的管教,他和一些市井无赖混在了一起,常常做一些偷鸡摸狗的事情。有一次,他去附近的一户人家偷鸡,半夜里被人发现,这户人家并没有把他送到官府。但魏忠贤见这户人家女儿生得漂亮,第二天竟然厚颜无耻地带着聘礼前来求婚。魏忠贤当然被拒之门外,但是他软硬兼施,白天带着礼品死磨硬泡,晚上就带着一帮狐朋狗友恐吓威胁。最后那户人家被迫把女儿嫁给了他,妻子给他生了一个女儿,可是后来因为他实在不成器,魏忠贤整天只顾吃喝玩乐,不事生产,妻子毅然携女儿离家出走。从此他孤家寡人更是无牵无挂逍遥自在了,也更为猖狂地为非作歹。

　　魏忠贤在终日胡混当中,却也练得了两件本事,一个是酒量大到千杯不醉的程度;另一个是善于骑射,弓马娴熟。这些成为后来他发家的资本。魏忠贤嗜赌如命,有一次,他和人赌博输了钱,血本无归,但他贼心不死,又借了许多银子想去翻本,不料又全输了进去,还欠了一屁股债。魏忠贤还不起债,被人满街追着跑,以至于走投无路。这时正好皇宫里招太监,魏忠贤就一咬牙举刀阉割了自己,当了太监。

"傻子"投机

　　在宫中,魏进忠给自己取了个新名字——魏忠贤。他每天的工作就是早起时倒前宫的马桶。这恰好正遂了他游手好闲的本性,剩下的时间他就在赌博喝酒中混日子。从此,他淹没在底层太监之中一连十几年,这段时期从哪个角度也看不出这个人日后会成为左右大明帝国的风云人物。在宫中飞黄腾达需要三个条件,一是识文断字;二是富有心机;三是有强烈的野心。而这三条魏忠贤无一具备:魏忠贤没上过学,进宫多年依然大字不识一个;说到心机,人们对他的评价是"憨",他待人热情,真诚,合群,敢作敢当,却独独与"心机"两字毫不沾边,在与太监们喝酒赌博的日子里,他也经常被那些奸猾的太监耍弄,时间一长竟得了一个"傻子"的外号;至于野心,他更是绝缘,他进宫的目的,不过是为了丰衣足食,最多是连带着一家人衣食不愁而已,何况当认清了自己在智力、能力上与别人的巨大差距后,他就更没有什么痴心妄想了。实际上,以他的能力,即使做到这一点也已经很不容易了。

　　但实际上,他并非没有一点心机,只不过没人发现这点罢了。经过长时间的观察,魏忠贤看出后宫最有权势的是司礼秉笔太监王安。此人陪伴皇长子朱常洛在青宫苦熬多年,为人正直忠诚。魏忠贤自认为自己目前的地位不可能接近王安,便巴结王安手下

的太监魏朝,并与他结为兄弟。在魏朝的推荐下,魏忠贤获取了王安对他的信任,得以从甲字库调为皇长孙母王才人的典膳。

光宗即位不久便一病不起,魏忠贤感觉到了这位多灾多难的皇帝后面的日子已屈指可数。他清楚地知道一旦光宗归天,皇长子朱由校便是理所当然的继承人。于是他开始把投机的目标转到皇长子的身上。经过观察,他发现朱由校对其乳母客氏格外依赖,言听计从。而这位客氏又恰恰是结拜兄弟魏朝的"对食"(指宫女与宦官相好),魏忠贤表面上仍与魏朝密切交往,暗地里却借机与客氏秋波暗渡。客氏也是水性杨花的女人,见魏忠贤比魏朝年轻貌伟,便马上投入了魏忠贤的怀抱。在客氏的引荐下,魏忠贤得入东宫跟随朱由校。为了讨朱由校的欢心,魏忠贤又别出心裁,制出各种奇珍异玩,供朱由校玩耍戏乐。朱由校亦视二人为心腹。

不出所料,光宗很快驾崩,熹宗朱由校继位。魏忠贤的政治投机果然奏效,熹宗登基不到一月,便封客氏为奉圣夫人,升魏忠贤为司礼秉笔太监。魏忠贤目不识丁,却入司礼监秉笔,全凭客氏在熹宗面前巧言美语。魏忠贤知道单凭皇帝的宠爱是不可能在风云变幻的政坛上站稳脚跟的,必须拥有实力,培植忠心于己的党羽,大权在手之后,才能保住荣华富贵。于是他便开始精心设计,一步步施展其争权阴谋,从此开始了他惑乱朝纲、祸国殃民的罪恶行径。

魏忠贤首先把注意力放在宫内。结拜兄弟魏朝,此时已失去了利用价值,并且还经常为客氏与魏忠贤争风吃醋。魏忠贤与客氏串通密谋,借熹宗之口逐走了魏朝,并矫旨将其害死在戍所。正直忠诚的王安,因不满客、魏相互勾结、为非作歹,奏请熹宗逐客氏出宫,并谴责魏忠贤。客、魏二人怀恨在心,谗言陷害王安,将其逼死,而以心狠毒辣的王体乾取代王安,还将王安的旧属全部除去,安插自己的爪牙李永贞等担任宫内要职。从此后宫中成了客、魏的天下,宫人无一敢得罪他们的。

情形还不仅仅如此,贵为皇族的妃嫔及其子女也都开始受制于客、魏而不能自保。光宗的遗妃赵选侍,平素与客氏不合,魏忠贤竟矫旨赐她自尽;熹宗裕妃张氏,因无意间言语触怒客氏,也被害死。此后妃嫔中只要有敢惹魏、客不高兴的,都会惨遭迫害。皇后张氏端庄严明,由于对魏、客二人专擅后宫十分愤恨,常常在熹宗面前陈明二人的罪恶。魏、客知道后以计使张后流产,又在宫中散布流言,说张后是罪人之女,罗织了张后父亲的诸多不法事,鼓动熹宗废后。熹宗认为皇后无过,废后一事最终没有答应。魏忠贤不顾祖宗成宪,令宫人演练"内操",一时间宫中炮声震天。史书说熹宗的长子未满月竟被惊死,连熹宗本人也差点被炸伤,搅得整个后宫乌烟瘴气,腐乱不堪。

魏忠贤势力不断增长,他已经不再满足于宫内发号施令,而欲总揽朝纲,左右朝政。当时外臣主要分为两大阵营,一是以东林党为主体的正直派朝官,他们为辅佐熹宗登基立下了汗马功劳,受到熹宗重视。赵南星、叶向高、杨涟、左光斗等东林名士都官居要职,一时间出现了"东林方盛""众正盈朝"的局面。他们从挽救统治危机的立场出发,主张整顿吏治,罢黜弊政。另一派是以浙、齐、楚、昆、宣诸党为主体的官吏。他们在与东林党的门户斗争中势力渐弱,正欲寻找机会向东林党人反扑。魏忠贤看准了这些官吏与东林党的矛盾,便开始有意给予扶持;而诸党势力也看中了魏忠贤是"可以依靠"的新主人,双方因此一拍即合。顾秉谦、魏广微等纷纷投靠魏忠贤,与东林党人展开了你死我活的斗争。

登峰造极

东林党很早便对魏忠贤的干政强烈反对,从熹宗登基开始,便写有很多奏疏要求逐客氏出宫,揭露魏忠贤结党营私、包藏祸心。熹宗不但不听,反而责罚劾奏者。天启三年(公元1623),魏忠贤得提督东厂,把顾秉谦和魏广微安插进了内阁。

有皇帝撑腰,魏忠贤更加肆无忌惮。为打击魏氏的嚣张气焰,天启四年(公元1624)六月,杨涟上奏弹劾魏忠贤二十四大罪,要求将魏忠贤"敕刑部严讯,以正国法"。不久又有上百余奏章弹劾魏忠贤,声援杨涟。魏忠贤大为恐惧,便内使客氏为其开脱,外令魏广微等阻塞众议,总算逃脱了惩罚。此后,魏氏与东林党更加势不两立。从下半年开始,魏忠贤便发起了对东林党人的疯狂迫害。他指使爪牙,罗织一些莫须有的罪名,杖死了万燝,逼走了内阁中首辅叶向高,罢黜赵南星、高攀龙、魏大中等,又将杨涟、左光斗削籍。不久,继任的内阁首辅韩爌、朱国桢也相继遭到魏氏集团的排挤。

在排挤正直朝臣的同时,魏忠贤开始在朝中遍植死党。继顾秉谦、魏广微之后,贾继春、于绍微、阮大铖、崔呈秀等奸佞之徒纷纷被魏忠贤安插进政府的主要部门,势成"内外大权一归忠贤"的局面。内有李朝饮、王朝辅等三十余人为其效命,外有文臣崔呈秀、田吉、吴淳夫、李夔龙、倪文焕等"五虎"为其谋划;又有武臣田尔耕、许显纯、孙云鹤、杨环、崔应元等"五彪"为其"主杀戮"。此外还有所谓"十狗""十孩儿""四十孙"等爪牙,"自内阁、六部至四方总督、巡抚,遍置死党",一时权势熏天。为了协助魏忠贤有效地打击东林党,顾秉谦、魏广微编《缙绅便览》,崔呈秀进《同志录》,王绍微进《点将录》,罗织东林党人的黑名单,以方便魏忠贤及时"按名黜汰"。

经过一番紧锣密鼓的准备,魏忠贤向东林党人发起了残暴的围剿。天启五年(公元1625)再次逮捕汪文言,捏造供词,株连杨涟、左光斗、魏大中、袁化中、周朝瑞等六人,将六人害死狱中,史称"六君子之狱"。次年二月,又逼迫苏杭织造太监李实上奏弹劾高攀龙、周宗建、缪昌期、李应昇、周顺昌、黄尊素、周起元等七人,这七人除高攀龙自杀外,其余均被下"诏狱"拷打死,史称"七君子之狱"。魏忠贤的残忍暴行激起了人民的极大愤慨,在苏州和常州,爆发了当地市民反对逮捕周顺昌和黄尊素的斗争。市民们纷纷自动组织起来,声援东林党,声讨"阉党"。尽管这些斗争最终都被镇压下去,但它宣告了魏忠贤乱政是有背民心的。

看到东林党在群众中的声望如此之高,魏忠贤感到仅从肉体上消灭东林党是远远不够的,还应该从精神上消灭他们。在他的授意下,内阁首辅顾秉谦亲自出马,组织力量编撰《三朝要典》,从"阉党"的立场出发,篡改"三案"的事实,借"三案"攻击东林党"污皇祖""负先帝""为罔上不道"等等"大逆不道"的行径,企图从"对君不忠"的思路败坏东林

党的名声。

魏忠贤的残酷迫害，令东林党人遭受了前所未有的灾难。据统计，"毙诏狱者十余人，下狱谪戍者数十人，削夺者三百余人，被革职贬黜者不可胜计"，所有正直的官吏几乎都受到了打击。

正直的官吏纷纷被排挤出朝廷，魏忠贤的权势几乎达到了登峰造极的地步。天启五年（公元1625），他世荫都督同知；次年正月，又荫都督佥事；不久，又进上公，加恩三等。魏忠贤肆意昌功滥赏，为自己亲属攫取高官厚禄。其侄魏良卿被晋封为"宁国公"，连尚在襁褓的从子魏良栋等也被封为东安侯、少师，其族人也得到了都督、佥事等高官。为了巴结魏忠贤，那些寡廉鲜耻的"阉党"走狗也争着向魏忠贤献媚。顾秉谦在内阁，凡朝廷有喜事，一味地"拟旨归美忠贤，褒赞不已"，甚至还有人请以忠贤配孔子，各地的地方官争先恐后地在地方为魏忠贤建生祠，"穷极工巧，攘夺民田庐，斩伐墓木"，弄得民怨载道，却无人敢诉。甚至有的官吏还称魏忠贤为"九千岁""九千九百岁"，这就是中国历史上最黑暗的朝代——大明朝的特色，纵观中国历史，没有比明朝中后期更加荒唐的朝代。

魏忠贤采取了两种策略拯救自己，一种是继续大肆渲染美化自己，一种是培植特务组织，残忍地镇压反对者，以至于草木皆兵。明代的特务组织历史闻名，这是由于明朝皇帝大多具有病态的好奇心，喜欢窥视臣民们的隐私，明朝为此建立了一个庞大的特务组织，由东厂和锦衣卫组成，人数多达数十万。天启三年，魏忠贤出任提督东厂太监，在这个位置上，他真正发挥了自己的才干，把特务工作干得有声有色。由于意识到自己统治的不合法性和社会上巨大的反对力量，所以他把特务组织的力量发挥到了极致：一方面，为了在全社会制造一种普遍的恐怖气氛，让所有的人都畏惧；另一方面，则用无孔不入的卑劣侦察手段深挖潜在的政敌，防患于未然。

"道路以目"的故事广为人知：朋友四人在密室饮酒，其中一人喝多了，大骂魏忠贤。另三个人不敢附和，仅瞠目而已。这时，东厂的特务便如天兵天将般出现，他们破门而入，当即把四人抓到魏忠贤处。骂人者被活活剥皮，其他三人因为没有附和而得到了奖赏。这个故事突出了魏忠贤时代的社会恐怖气氛，真实情况相去无几。"道路以目"这个词用于描写当时的社会氛围已不是虚指。

天启六年，一苏州官员因事进京时，将入都途中及京城内外的见闻写成《北行日谱》一卷，极其生动地反映出当时社会恐怖的情状。他入京途中和在客店内都遭到了特务突如其来的检查，行李被翻了好几遍。进京后，他连续走了几家朋友，求住一宿，没有一个人敢答应他的。其中一人见他上门竟失声道："此乾坤何等时，兄奈何自投此地？"可见当时恐怖气氛深刻之至。

在全社会都战战兢兢的恐怖气氛中，有一个声音却越来越响，那就是对魏忠贤的颂扬。这种颂扬变得荒唐之极。在魏忠贤授意下写成的谕旨中，充满了对他本人的褒奖颂扬：他称赞自己"一腔忠诚，万全筹划。恩威造运，手握治平之枢；谋断兼资，胸涵匡济之略。安内攘外，济弱扶倾"，还无耻地说自己"独持正义，匡挽颓风，功在世道，甚非渺小"。

大学士冯铨在为魏忠贤祝寿的诗中，竟然把他说成是"伟略高伊吕，雄才压管商"，简

直是古往今来第一伟人。后来，国子监监生竟集体上书，要求魏忠贤与孔子并祀，并说他"复重光之圣学，其功不在孟子下"，文盲魏四恐怕做梦也想不到自己居然取得了与孔孟并尊的地位！对这类乖张的溢美之词，魏忠贤竟然全都欣然接受，而且对谀颂者大加奖赏。常言说：上有所好，下必甚焉。到后来，这场空前的崇拜运动发展到了这样的地步：全国各地纷纷为魏忠贤造起了生祠。各省为了讨好魏氏，造成的生祠之壮观，远过于什么岳庙关庙。河南省城开封为了建造生祠，强拆了民房两千多间，建成后前后九重，乃天子之数。延绥的"祝恩"祠，完全是皇帝专用的黄琉璃瓦为顶，祠内都是沉香木雕成的魏忠贤像，门口贴着这样的对联：至圣至神，中乾坤而立极；多福多寿，同日月以长明。各地总督巡抚还要到祠中三叩五拜，口呼九千岁。没有哪一个活着的皇帝能受到过这样的尊崇，更别说一个太监了。如此荒唐的闹剧，不完全是因为魏氏一人的头脑简单，还反映出了封建士大夫在精神层面上的进一步劣化。

上吊而死

如此繁多的颂扬使魏忠贤对自己的身份地位处于一个五彩的幻境当中。他几乎没有意识到，自己的权力是建立在冰山之上的，如果没有皇帝的支持，他实际上什么也不是。他从来没有想到冰山融化之后，自己将会面临什么样的命运。他只是被本能和虚荣所支配，就像一个喝醉酒的车夫，胡乱驾驶着大明王朝这驾马车，向灭顶的深渊歪歪斜斜地奔去。

魏忠贤横霸朝政所依赖的，不过是熹宗皇帝的宠信。宦官专权不过是高度发达的君主专制制度下君主专权的另一种形式。他不可能彻底取代皇权，一旦失去皇权的支持，便会粉身碎骨。天启七年（公元1627）秋，熹宗因病驾崩，崇祯皇帝继位，从而宣告了魏氏集团政治后台的彻底崩塌，其末日已经来临。

但是，魏氏集团内的聪明之辈意识到了魏氏权力基础的致命缺陷：皇帝总有一天会死的，何况明代皇帝大多短命，一旦皇帝去世，魏氏王朝很可能土崩瓦解。因此，他们便向魏忠贤献策，劝其趁现在魏氏势力全盛之时，代君自立，只有如此才能确保魏氏集团的长远利益。然而再多的颂扬吹捧与明智提醒也改变不了魏忠贤目光短浅的现实。一听到这样的建议，魏忠贤立即惊得面如土色，他严厉警告谋士以后不要如此说话，他魏忠贤是大忠之人，怎么能存大逆不道之心？他在谕旨里夸自己"一腔忠诚""赤心为国"，这都是实际情况，像他这样的"伟人""忠臣"，怎么会做出这样不齿于人类的悖逆之事？就像当初魏忠贤轻而易举获得权力一样，命运停止在他身上的试验也是如此的突如其来。谁也没想到，天启七年，年仅23岁的皇帝突然得了重病。这年五月，他开始腰疼，发烧，后又浑身浮肿，大限将至的迹象已经呈现。从症状上判断，他得的大概是急性肾炎。

60岁的魏忠贤住进了懋勤殿，日夜侍候皇帝起居。他为了挽救皇帝的性命，想出了无数办法：请来巫师，给皇帝驱邪；在宫中发放金寿字大红贴裹，要用一片金色红色的喜

庆气氛驱赶病魔。看到皇帝的病情日渐加重,他多次暗自垂泪。

一切都归徒劳无益,三个月后,天启皇帝去世,魏忠贤哭得昏天黑地。他对天启帝情近父子,皇帝的突然驾崩,对他的打击可谓无法想象。以至于他一心一意地沉浸在悲痛之中,丝毫没有意识到危险正悄悄聚集在他的周围,随时都能轻而易举地吞掉他。他也知道新帝登基后,不会像先帝那样信任自己,自己不会再有这样大的权势。但他自认为凭自己的忠心,后路也不至于坏到哪儿去。这个曾经精于心机之人,在政治上竟然迟钝到如此地步。

熹宗由于无子因病驾崩之后,故由其弟弟朱由检继承了帝位。新皇帝崇祯"心乐读书,十余龄即好静坐",对政治有着强烈的兴趣,一心一意要挽大明于危难之中。对魏氏集团的胡作非为,他早已痛恨到了极点。起初,他对魏忠贤还敬畏有加,慑于魏氏的巨大权势,暂时没敢有任何动作。然而,经过一段时间的观察,他发现这个庞然大物其实根本不堪一击,即位两个月之后他就决定动手割除这颗毒瘤。他首先示意臣下弹劾魏忠贤,长期以来聚集的反魏能量一泄而出,弹劾魏氏的奏折铺天盖地。天启七年十一月初一,崇祯帝发布文告,宣告魏氏乃大恶之人,"本当寸磔,念梓宫在殡,姑置凤阳"。

然而皇帝的"姑置凤阳"只不过是句客气话,算是给先帝留个面子,他怎么会真正地养虎遗患?何况中国封建专制政治历来讲究斩草除根,在魏忠贤面前毫无疑问只剩下死路一条。十一月初六,得知皇帝要取他性命后,魏忠贤便在南行路上上吊而死。魏忠贤的尸体最初被草草埋葬在阜城,后来为了昭示国法,又被挖出来处以凌迟之刑,并在他的家乡枭首示众。魏氏的贤子魏良卿也被处死,其他家庭成员全部被发往南方烟瘴地区永远充军。

河北肃宁大魏庄的一些气势轩昂的层楼叠院刚刚建成几年,有的建筑还没有最后完工便被一一查抄没收、拆毁。显赫威扬多年的魏氏家族,顷刻土崩瓦解,不可一世的魏氏公侯们,一日之间成了被人踢来踏去的刑场上的尸首。

惊世巨贪

——和珅

名人档案

和珅:原名善保,字致斋,钮祜禄氏,满洲正红旗二甲喇人。曾兼任多职,封一等忠襄公,任首席大学士、领班军机大臣、兼管吏部、户部、刑部、理藩院、户部三库,还兼任翰林院掌院学士、《四库全书》总裁官、领侍卫内大臣、步军统领等等要职,为皇上宠信之极,官阶之高,管事之广,兼职之多,权势之大,清朝罕有。他还是皇上的亲家翁,其子丰绅殷德被指定为皇上最宠爱的十公主之额驸。后被嘉庆皇帝赐死。

生卒时间:1746~1799 年。

安葬之地:历史之谜。

性格特点:擅长于揣摩帝意,迎合君旨,玩弄权术,贪婪爱财。

历史功过:

乾隆死了,巨贼和珅也罪有应得了,但政治腐败、积重难返的大清并没有因此而根本改观;尽管嘉庆帝后来费了九牛二虎之力,元气大伤的大清还是在动荡之中无可挽回地走向下坡路。和珅的危害真是太大了。

少年从学

清乾隆十五年(1750),在北京的一个普通的四合院里一个小男孩诞生了。孩子的父亲姓钮钴禄氏,名常保,满州正红旗人。他的祖先噶哈察鸾在清初就投降了努尔哈赤,以后,历代祖先都立过战功。常保的曾祖尼雅哈纳曾在一次围攻战中率先登上城楼,被赐予"巴图鲁"(满语:"勇士")的称号,并被授予三等轻车都尉世职。后来,他的先辈又以佐领的身份,参加过平定准噶尔的战争,到常保时追叙这一战功,加授了一等云骑尉的爵

位。这样的家庭在旗人中司空见惯。常保虽在外做官,家境却并不宽裕,同那些权贵富豪相去甚远。

孩子出生了,常保对孩子寄予厚望。想到先祖们均未因战功博取高官厚禄,他觉得以"武"难以获取功名自己是武职官员,才疏学浅,处在倾轧的官场只是安分自保而已。孩子应该比自己有出息,将来不光能自保,还要善于自保。这就要让孩子勤学苦读,成为知书达理、聪明机智的人。想到这里,常保决定给孩子起名"善保"。孩子的字叫什么呢?应该有书香气。左思右想最后定了"致斋"二字。好了,"文"能上就上"文","文"不起来,将来世袭武职也不会是呆笨角儿。常保对自己起的名字很满意。

善保渐渐长大了,模样俊俏,聪颖机敏,人见人爱。在童年时代,他和弟弟在家接受一位私塾先生的启蒙教育。有了一定基础后,小兄弟俩又被送到咸安宫官学就读。这所学校最早是雍正帝提议创办的,原来主要是培养内务府的优秀子弟。到乾隆年间,除继续招收内务子弟外,更多的是招收八旗官员俊秀子弟入学。官学有强大的师资力量,教师都是进士、举人出身,学生的待遇也不错。要进这样的官学就读,常保生怕儿子的名字因没有文采而成为别人的笑柄,于是他请塾师给两个儿子重新起个好一点的官名。塾师说:"两位公子天姿聪慧,实堪造就。我看就叫和珅、和琳吧!这'珅'和'琳'都是'玉'意,这'和'即有'和气,热情'之意,又暗用'和氏璧'之典,意思是说二位公子将会是国家难得的可造之才。"

常保听后连连称赞:"先生学识渊博,老夫佩服。"

塾师出于对主人的礼貌,自然不无恭维之意,但他也对这两个学生表明了他的看法。"珅"意指一种玉。"琳"意指美玉。他对和珅是没什么把握的,但对和琳,他却是胸有成竹。和珅比和琳机敏,但比和琳浮躁好强,过于机敏,虽可长于应变,也容易欺瞒。和珅的浮躁好强心使他难安分守常,他的机敏又给他的取巧提供了条件,有了取巧之心,便难堵投机之路了。

常保希望儿子能改变门风,和珅也慨然任之,但他看不起父亲的循规蹈矩。他在天姿上是胜过父亲的,他能过目成诵,书中的许多经验告诉他实干不如巧干,所谓"一窍不得,少活几百。"他要走一条通往官场的捷径。在官学里有许多贵族子弟,把官场中的虚伪、倾轧及种种传闻,当作新闻来贩卖。和珅对官场的了解日益深刻,什么圣贤书,不过是官场里应酬的工具,有谁对它亦步亦趋,全是装门面罢了。不过谁的门面装得越好,谁就越有机会升官。看来这升官,还非得要用圣贤书这块敲门砖不可。聪明的和珅一旦觉悟,便用心读书,用圣贤之道,君子之礼规范自己的言行,咸安宫官学学习期间,他不仅背熟了《四书》《五经》,而且满汉文水平突飞猛进,另外他还掌握了蒙文和藏文。同时,他还拜吴省兰、吴省钦等名人为师,学会了作诗填词。这些准备,对他以后的发迹做好了准备。他的学业和"谦和",很赢得了一些人的赞许。当时的著名学者袁枚曾称赞和珅兄弟二人知书达礼,聪明机智。

和珅虽出身官僚家庭,但父亲长年在外做官,开销较大,加之母亲去世,继母对兄弟俩不好,生活很拮据。因此在学习期间,兄弟二人曾与家人刘全四处借钱,来支付在官学

的花费。权势富豪人家的作威作福,"一文钱难倒英雄汉"的难堪,借钱时别人的眉高眼底,都使他耿耿于怀。好强的和珅暗暗发誓:有朝一日时来运转,我和珅要让你们观老爷我的颜察我的色!恁聪明,凭才华,老爷不比你们差,我就不信混不到你们上面去!

少年时代,和珅在官学苦读十年。乾隆三十四年(1769),和珅年方二十,风度翩翩,仪表堂堂,被身居高位的英廉看中了。和珅英俊的模样、"谦和"的态度以及聪敏机警的性格深得他的喜欢,他将自己的宝贝孙女冯氏嫁给了他。英廉是内务府镶黄旗人,雍正十年(1732)中举,当时任刑部尚书兼户部侍郎和正黄旗满洲都统。这样的靠山使和珅如虎添翼。这一年,他承袭了父亲的爵位。

第二年(1770),和珅应举未中。不久,英廉一手策划,使他成为协同管理皇帝銮舆、仪仗的侍卫。这差使虽然地位不高,但能接近皇帝,一旦得到垂青,便可飞黄腾达。这个差使正符合他投机取巧的个性,他心满意足,他自信凭自己的才学和机敏一定会博得皇帝的好感。英廉也很满意,他坚信自己出类拔萃的孙女女婿在皇上跟前是会走好运的。事实也确实如此,銮仪卫侍卫成了和珅青云直上的起点。

得宠乾隆

和珅的得宠有一个戏剧性的开场。

有一次,和珅等随从乾隆皇帝出宫,起行之际,仓促间找不到御用的黄龙伞盖。乾隆很生气,借用《论语》上的一句话发问:"是谁之过欤?"在场者面面相觑,不知如何回答。

"典守者不得辞其责。"一个清亮的声音朗声答道。大家一看原来是和珅。

乾隆帝很吃惊。因为《四书》上对上句话的注解是:"岂非典守者之过邪?"这里,和珅变通的自然贴切。他回头看了看这位年轻人,只见他唇红齿白,相貌俊美,举止合体,看上去机敏灵活,心中不觉喜欢起来。

"你是什么出身?"乾隆和颜问道。

"文员。"和珅回答。

"你下过场吗?"

"庚寅曾赴举。"

"何题?"

"孟公绰一节。"

"能背你的文章吗?"

和珅飞快地背了下来。

乾隆帝说:"你的文章也可以中得了,这个差使未免委屈你了。"

乾隆帝便令他紧随左右,有问必答,句句称旨,引得龙心大开。随后就让他总管仪仗队,不久,又升为御前侍卫兼副都统,管理宫中的琐碎事务,如仪仗排列,护从派遣,车马准备及膳食等事宜。和珅每日形影不离地跟随在乾隆帝左右。

和珅凭着自己的机灵聪敏,留神观察,细心揣摩,对乾隆帝的脾气、心理、好恶等,了如指掌。据说有一次顺天府乡试,题目照例由皇帝"钦命"。和珅通过宫内太监,得知乾隆帝在命题时翻着《论语》,当第一本快翻完时,忽然似有所悟,立即提笔命题。和珅据此揣摩了一番后说:"这次肯定要考《乞醯》这一章。"考题发下果然如此。原来这一年是乙酉年,"乞醯",两字中正好包含"乙酉"两字。由于和珅费尽心机地去把握迎合乾隆帝的心理,乾隆帝对他大加赞赏,嘉他勤勉忠心。

和珅还有一个善于诙谐的本领。一次,王公、大臣们在乾清宫演礼,其中有些涂脂抹粉的少年,和珅笑着说:"今天正如孙武子教演女儿兵矣。"又有一次,安南向清朝进贡金座狮象,和珅发现座底是空的就故作惊讶地说:"惜其中空虚,不然可得黄金无算也。"他讲的这些市井谑语,常常引得龙颜大悦。为已入老年的乾隆帝排遣了不少寂寞。

和珅的机敏能干、忠心诙谐深得乾隆帝的欢心,他想把这位青年人培养成一位自己倚重的得力大臣。

乾隆早年,培养了不少人才,他曾得意地说:"从前当大学士鄂尔泰在之时,朕培养陶成一讷亲;讷亲在之时,朕培养陶成一经略大学士傅恒,皆几经教导,几经历练,而后及此,人才难得,固非一朝一夕所能造就。"乾隆虽在表白事必躬亲,但自己日理万机,国家大事毕竟要依靠军机大臣,尤其是满旗的军机大臣。鄂尔泰、讷亲、傅恒都是乾隆倚重的人物,他们文武兼备,出将入相,对乾隆盛世的形成功不可没。

乾隆三十五年(1770),傅恒病逝,乾隆开始重用军机大臣于敏中。于敏中是状元出身,也很能干,但他是汉人,把大权全部放给他有损满人的自尊。乾隆帝一直在物色一个满族人来帮助自己处理日常政务。和珅在此时头角崭露,令他欣喜不已。他决心有计划地培养和珅。

乾隆四十年(1776)和珅被提为御前侍卫,第二年正月又升为户部侍郎。这一年二月乾隆以平定两金川、告成阙里为由开始他的第四次东巡,新任侍郎和珅为开路先锋,监视一切奉供,所到之处的好坏全由和珅说了算,迎接官员都求和珅在皇上面前美言,私下馈送甚多。由于和珅深知上意,安排得周到细心,场面隆重热烈,乾隆摆足了盛世之主的威风,龙心大悦,以为和珅办事干练,三月,即升其为军机大臣。待四月份返京,又让和珅兼任总管内务府大臣;八月,调任镶黄旗副都统;十一月,授国史馆副总裁,戴一品朝冠;十二月,兼任总管内务府三旗官兵事务,赐紫禁城骑马。至此,这位普通的京城青年进入了乾隆的权力中心,成为乾隆的左膀右臂。和珅只有二十五岁多就当上军机大臣,一般官员钻营一辈子也不过如此,这在论资排辈的封建官场简直不可思议。

乾隆四十二年(1777),和珅又任吏部左侍郎兼署右侍郎,并兼步兵统领。

四十三年(1778)兼任崇文门税务监督,总理行营事务,补镶蓝旗满洲都统;不久又授正白旗都统,领侍卫内大臣。

这样一来,这些位高权倾的职务都让他一个包了。即便如此,乾隆觉得对这位赤胆忠心肝脑涂地的知己臣子还不足以示恩宠,于是在乾隆四十四年(1779)又亲赐和珅长子名丰绅殷德,并赐嫁爱女固伦和孝公主。从此君臣关系更加亲密。和孝公主未嫁时,见到和珅就称他为"丈人"。有一天,和珅陪同乾隆及孝和公主在同乐园的买卖街游玩时,乾隆看见一买衣服处有大红夹衣一领,便对公主说:"向你丈人要去。"和珅花了二十八两银子买来送给了公主。君臣的亲密关系可见一斑。

乾隆四十五年(1780)云贵总督李侍尧贪污案发,和珅受命查办。他同李侍尧较量的胜利,使乾隆对他的办事能力深信不疑。

李侍尧是汉军镶黄旗人。他是远近闻名的清朝开国元勋二等伯李永芳的四世子孙。李永芳的妻子是世祖努尔哈赤的孙女。李侍尧的父亲李元亮当过户部尚书,李侍尧才恩敏捷短小精悍,能言善辩,智慧过人。凡是他读过的书或者批阅过的文件案宗,都终身不忘。他善于识人,寥寥数语,就能立即辨别出对方的才能。他经常高谈阔论治所的肥瘠利害,成僚属私下的一些勾当,好像亲眼看到的一样。因此,心中有鬼的人都害怕他那双眼睛。他的才干深得乾隆帝的赏识,曾被破格授满洲副都统。二十年(1755),李侍尧署广州将军,以后历经两广总督,湖广总督等职。三十八年(1773),他已官至武英殿大学士。四十二年调任云贵总督。在二十来年的仕途生涯中,李侍尧政绩比较显著。乾隆对他有这样的评价:李侍尧由将军用至总督,历任各省二十余年,"其才具尚优,办事明干,在督抚中最为出色。"不少大臣赞扬他:"历任封疆,实心体国,认真办事,为督抚中罕见。"这样一位被朝野鹊誉的军国要臣竟是一个贪官,怎能不令乾隆帝痛愤交加。

李侍尧自恃位高权重,资历深厚,对很多大臣都傲慢无礼,对皇上近来宠信的后生小子和珅竟"儿畜"视之,极大地伤害了和珅的自尊。这次李侍尧案发,和珅大喜过望。他把李侍尧的情况添油加醋地渲染了一番,加之乾隆帝想借这个棘手的"能臣"检验一下他的才干,于是他就委派他去查办此案。

由于李侍尧特别精明,为了办案顺利,乾隆帝在南巡途中先发了这样一道引人注目的上谕:

"现派侍郎和珅、喀宁阿驰驿前往贵州省查办事件,沿途驿站尤应稽查严密,以防透漏消息之弊。李湖人尚结实,该省为贵州必由之路。着传谕李湖于该省往来经由首站,派委干员,严密稽查。如有私骑驿马由此往南者,即系透漏消息之人。该抚即行截拿,审讯来历,一面据实具奏。将此由六百里加紧传谕知之。"

贵州全省官员满腹狐疑,不知谁犯下了滔天大罪。和珅到达贵州后,又一道上谕到来,传谕和珅立即同贵州巡抚舒常一道赴云南,查办云贵总督李侍尧。贵州文武官员这才如释重负。

李侍尧看不起和珅等,觉得他要同自己交锋还太嫩,因而思想麻痹。没想到这次竟载在他的手里。

和珅也有过目成诵的本事,也非常机敏,他只一招"釜底抽薪"。李侍尧就翻了船。和珅一行到云南后,首先审讯李侍尧的家人张永爱、连国雄等人,将李侍尧贪污情况基本弄清。待审问李侍尧时,由于证据确凿,李侍尧无法抵赖,不得不一一交代贪赃罪行。这位自视甚高的要员终于栽在了和珅手里。

根据和珅的审讯结果,李侍尧贪赃索贿银粗略统计就有三万多两,数目庞大,手段恶

劣。和珅等人还报告乾隆，由于李侍尧勒索下属，贪赃狼藉，致使"云南通省吏治废坏，闻各州县多有亏空之处"，影响极坏。

乾隆帝虽痛恨李侍尧的贪赃枉法，但念及他世祖对大清的功业，特别是他一生的"勤干有为""才能出众"，因此有意从宽处置李侍尧。他以为李侍尧虽可恨，但人才难得，其人固然要惩戒，其才还是要用的。这和他早年对贪官惩治的严厉判若两人。进入暮年的乾隆大概因为精力不济，只想靠一些有"才干"的臣子维护统治，对所贪污的几万两白银已不那么看重了。

按照清朝法律规定，贪污一千两银即处死。但善于察言观色的和珅在对李侍尧定罪后，即提出判李侍尧斩监候。而大学士九卿复议改为斩决，前者为死缓，后者为立即死刑。《大清律例》中又有"八议"的规定，即议亲、议故、议功、议贤、议能、议勤、议贵、议宾。符合其中一项，即可减刑。乾隆从中找到了为侍尧减刑的根据，采纳了和珅的意见。一年以后李侍尧又被赦罪起用。

在查办和处理李侍尧的案件中，和珅表现出了他的精明干练，并且在案件的处理上，使乾隆对自己培养的这位以后要大加倚重的"人才"非常满意，更有一层只能心领神会的原因，满洲"能臣"制服汉人"能臣"，压汉人一头，满足了作为满人的乾隆帝的自尊心，这也是讨他欢心的原因之一。在和珅办案完毕回京的路上，乾隆即任命他为户部尚书兼议政大臣。回京后，和珅又向乾隆面陈了云南盐务、钱法、边防等方面的问题，并直抒己见，深得乾隆的赞赏，于是又任命他为御前大臣兼都统职务。不久又任和珅为《四库全书》馆正总裁，兼理蕃院尚书。两年之后，和珅又兼署兵部尚书，管理户部三库，加太子太保，充任经筵讲官。乾隆四十八年（1783）任国史馆正总裁。乾隆四十九年（1784）授一等男。乾隆五十一年（1786），三十六岁的和珅被乾隆任为文华殿大学士，官居一品。而另一深受乾隆信任、战功卓著的军机大臣阿桂在六十岁时才当上大学士。乾隆五十三年（1788）授和珅三等忠襄伯。乾隆五十五年（1790），和孝公主同和珅长子丰绅殷德结婚，乾隆御赐大量财物。据当时在北京的朝鲜使臣记载："宠爱之隆，妆奁之侈，十倍于前驸马福隆安时。自过婚翌日，辇送器玩于主第者，粗略估计它的价值，大概超过了几百万两黄金。二十七日，皇女于归，特赐帑银三十万。大官之手奉如意珠贝，拜辞于皇女桥前者，无虑屡千百。虽以首阁老阿桂之年老位尊，亦复不免云"。君臣关系之亲密，恩遇之隆显而易见。

在乾隆晚年、嘉庆初年和珅任首席军机大臣兼领吏、户、刑三部；嘉庆三年（1798）封为一等公爵，成为军政财大权集于　身，总揽　切的权臣。和珅担任的职务还有文渊阁提举阁事、清字经馆总裁等职。

和珅得到乾隆的宠信，不仅因为他幽默诙谐，机敏过人和长相俊美，也由于他是乾隆最喜爱的皇十女固伦和孝公主的公公，同时他也确有才学、善揣上意，善于逢迎，并对皇上的起居生活关照有佳。乾隆帝是位聪明过人的英主，那些蠢笨的逢迎者是不会得到他的好感的。只有像和珅这样聪明机敏的逢迎者才会逢迎出水平，博得这位英主的欢心。乾隆帝喜欢吟诗作赋，和珅就经常奉和，和珅的集子《喜乐堂诗集》中就有不少应制奉和之作。清代诗歌评论家钱咏评他的诗格律妥切,频有佳句。和珅对书画也颇有研究。另外,他不仅精通满、汉文,而且通晓蒙、藏文,并能用蒙、藏文为皇帝拟诏书。当时的满汉大臣,像他这样通晓四种文字的凤毛麟角。如果和珅没有一定的才能,是很难胜任那么多的职务的。"德胜才为君子,才胜德为小人"。小人并非无才,只不过,有才的小人在欺骗和蒙蔽方面更加技高一筹罢了。

和珅青云直上的秘诀全在于他能恰到好处地讨好乾隆,唯皇上所欲是为。乾隆皇帝是位英主,但他不愿只做"有道明君",他还要做"快活天子"。他私生活的风流是尽人皆知的。和珅在他南巡途中,作为近臣曾成就他的风流事。乾隆喜欢游乐,讲究享受,和珅都竭尽全力。他用长期主管户部和内务府掌管钱财之便,扩建圆明园和避暑山庄供乾隆享乐。扩建后的圆明园方圆三十里,拥有一百五十多所精美的楼殿,40个风景区,是乾隆十分满意的娱乐休闲之所。和珅成就了他做"快活天子"的愿望。和珅在生活上对乾隆更是无微不至。乾隆年岁较高,偶感风寒便咳嗽。朝鲜使臣曾看到,当上朝遇到乾隆咳嗽,身任宰臣的和珅便在金殿上亲手为皇帝捧唾盂。正因为这样,皇帝对和珅的宠信,甚至超过了对自己的四位皇子,以至于后来乾隆退位当太上皇,新登基的嘉庆也不得不让和珅三分。

对于和珅获宠的原因,野史里有另一种解释。说是乾隆为太子时,对其父雍正皇帝的一位妃子特别着迷,由于他戏耍该妃,被母后误解,该妃立被赐死。他想不出救活她的办法,就用手指在她脖子上印上红色的指痕,并且说:"是我害了你,死后有灵,待二十年后,你能和我再相聚吗?"等到乾隆三十八年见到和珅时,他觉得似曾相识,一下子又想不起在哪里见过,但却久久难忘。回宫后,追忆少年到壮年时期的往事,才明白和珅与自己着迷的那位妃子有些貌似。于是密诏和珅进来,让他跪进御座,低头看他的脖子,果然有一个分明的红指痕,因而心里认定和珅是那位妃子转世,便倍加宠爱,对和珅后来的贪恣睁一眼闭一眼。乾隆将要退位时,对和珅说:"我和你有宿缘,所以能像这样相处,后人将不会这样容忍你的。"

这种解释虽有迷信成分,但因貌似而移情是可能的,和珅的倍受恩遇不能排除他是乾隆的男宠这个原因。这仅仅是和珅始终受宠的原因之一。如果设想和珅仅仅因为相貌同乾隆着迷的那位妃子相似,而无其他可取之处,我们是很难想象他到五十多岁乾隆帝还对他宠信不衰。

植党排异

奸人为人处世以自己为重,其所做所为都以满足自己的私欲为目的,因此目光短浅,心胸狭窄,奸诈狡猾,手辣心狠,对妨碍自己利益的人,必除之而后快,至于他人利益和国计民生则漠不关心,甚至置之脑后。与此相反,贤人为人处世则上不负天,下不负地,中不负人,凡事替他人着想,因而心地坦荡,胸怀开阔,正道直行,刚正不阿,他若是做臣子

的肯定会忠心为国，每天心怀国家人民，所作所为只想利国利民，对那些害国害民的奸佞小人恨之入骨，亦必除之而后快。像和珅这样只求媚上邀宠、饱一己私欲、误国害民在所不顾之人，必然会遭到忠臣的反对，同时也会受到同他一样企图邀宠的佞臣的威胁。为了使皇上对他宠信不衰，必须千方百计保持自己"一枝独秀"的局面。而要达此目的，则一方面排除异己，使皇上听不到反对自己的声音，另一方面则培植亲信，树立私党，已摇旗呐喊，大肆吹捧，这样便会使皇上对自己的宠信不断巩固、不断提高。奸诈狡猾的和珅自他得势之日起就在这方面锲而不舍。

据乾隆晚年住在北京的朝鲜使臣说："阁老和珅，用事将二十年……内而公卿，外而藩阃，皆出其门。纳赂诣附者，多得请要。中立不倚者，如非抵罪，亦必潦倒。"

和珅的弟弟和琳同和珅一样是生员出身，沾和珅的光，才先后任过杭州织造、湖广道御史、吏科给事中、工部左侍郎、工部尚书等职。乾隆六十年（1795）贵州、湖南两省爆发苗民起义，和琳前往镇压，嘉庆元年（1796）病死于军中。死时任光禄大夫、兵部尚书兼都察院都御史、四川总督数职。

景安是和珅的族孙，凭借和珅的权势升任河南巡抚，在各省清军配合镇压白莲教起义时，率兵四千驻扎在南阳，表面上算是发兵，其实吃喝享乐，遇义军过时龟缩在城中，不敢迎战。手下的士兵，奸淫掳掠，扰害百姓，景安也不过问。景安之所以敢这么为所欲为，无非因为朝中有和珅这个靠山。

满洲旗人苏凌阿是乾隆六年的举人，平庸无能，在官场上很不得意，晚年他成了和琳的亲家。和珅便对他特别提拔，先后任兵部、工部、户部侍郎，后又升为户部尚书、两江总督。在两江总督任上，苏凌阿公开索取贿赂，接见属员时珅明目张胆地说："皇上厚恩，命我这老头子来捞点棺材本。"嘉庆二年（1797），已年逾八十、老态龙钟、连走路都要人扶的苏凌阿，竟然被和珅推举为东阁大学士。直到和珅东窗事发他才退休回家。

曾为和珅的老师的吴省兰，因依附和珅，被任命为学政，并担任乡试的主考官。嘉庆初年，他被和珅安排到皇帝身边录诗稿，充当和珅的密探，无资历又无学识的明保是和珅的舅舅，借和珅之力当上汉阳知府，气焰熏天，当地官员对他退避三舍。乾隆接见他时，对其庸碌无能满腹狐疑，当向和珅问起他的出身等情况时，和珅胡编了一套蒙混过去。

一些想保官升官的佞人见和珅受到乾隆宠信，便主动投靠他，与之狼狈为奸。就连家世十分显赫的福长安也难脱俗。他的父亲傅恒是乾隆的重臣、孝贤纯皇后之弟，任大学士及军机大臣长达二十三年。他的三位哥哥福灵安、福隆安、福康安在乾隆时都是身居要职、手握重权的大臣。他的妻子是皇族之女。由于他也长相俊秀，深得乾隆喜欢，由侍卫渐升至军机大臣。他是与和珅在军机处共事时间最长的大臣之一，但却没有发现他反对和珅的任何记录。他看到和珅得势，就趋炎附势任其摆布，和珅曾举荐他代理自己户部尚书的职务，两人狼狈为奸干了许多勾当。和珅事发，嘉庆帝知道他对和珅贪赃枉法的事情知道得最多，便启发他，希望他能将和珅平日的所作所为，和盘托出，但他却始终掩饰，佯作不知，甘充和珅的死党。由于福长安和和珅的这种特殊关系，连口齿不清的福长安的小舅子湛露，也被和珅安排了个知府。在一次考核官吏政绩时，和珅竟将其列为"保送一等"。

当时，趋附和珅的官员数不胜数。当和珅去公署时，京官们争先恐后地在路旁迎送，人们称之为"补子胡同"。有人写了首诗嘲讽这种奇景。

> 绣衣成巷接公衙，
>
> 曲曲弯弯路不差。
>
> 莫笑此间街道窄，
>
> 有门能达相公家。

外省的官员入京，都以能谒见和珅为荣，但不是所有的官员都能如愿以偿。据说山东历城县令到北京，想见和珅一面作为回去炫耀的资本，花了两千两银子给和珅的看门人。和珅回官邸时，历城县令恭敬地跪在门前，呈上自己的手版，和珅从轿中呵斥道："县令是什么畜生，也来叩见！"一时间成为京城士人茶余饭后的谈资。

和珅为巩固自己的地位，在培植亲信、树立私党的同时，坚决打击那些不肯依附自己的正直大臣。

和珅为了达其专权的目的，在衙署私自设立办公场所，时任御史之职的钱沣上本弹劾道：

> 国家所以立衙署，盖欲诸大臣共集一堂，互相商榷，佞者既明目共视，难以挟私；贤者亦集思广益，以济其事。今和珅妄立私寓，不与诸大臣同堂办事，而命诸司员传语其间。即有私弊，诸臣不能共知；虽欲参议，无由而得，恐启揽权之渐，请皇上命珅拆毁其寓，遇事共同办理，无得私自处判。

乾隆正宠信和珅，觉得这也无关紧要，只命钱沣进入军机处监督，没让拆毁私设的寓所，和珅依然在里面办公。过了一年，这位在军机处监督和珅的钱御史竟突然暴病而亡，永远闭上了嘴巴。

乾隆三十九年(1774)王伦在山东临清发动起义被镇压，民间盛传王伦未死，已潜伏他乡。有一个叫董二的人上告说王伦藏匿在山西某县。和珅嘱山西巡抚罗长麟办理此事，说："不管真假，务必定为逆党，我和你就能一同到皇帝那领赏了。"长麟回到山西一调查，原是董二与某家有仇，想以此陷害，于是便判董二为诬告罪。长麟因此得罪了和珅，和珅不久便借故将长麟"谪戍西域"，予以报复，查访王伦的事并没有结束。和珅的仆役想讨好和珅，自告奋勇往山东查访王伦的踪迹，和珅便派其秘密前往。该仆役到山东博山县，仗势欺人，被博山县令武亿擒获。仆役亮出和珅属役的身份，武亿看签票上只有二位公役的名字，但结伙而行的却二十五人，于是责备该仆役，仆役蛮横无理，根本没把小小县令放在眼中，武亿因此大怒，命县役对该仆役一顿狠打。仆役回京将此事添油加醋，向和珅告状，和珅大怒："县令疯了！竟敢打我的仆役？"便让山东巡抚找个借口将武亿罢官。

临察御使谢振定有一次带兵士巡视京城时，命士兵将坐在豪华马车中招摇过市、横冲直撞的和珅的妾弟从车中拖出，并痛加鞭打，并当场将马车烧毁，围观的市民拍手称快。和珅闻讯，几天之后便指使亲信捏造罪名参劾谢振定，罢免了他的职务。

在打击的所有异己中,对付曹锡宝的那一次要算是最具"威慑力"的一次。

乾隆五十一年(1786)六月,陕西道监察御史曹锡宝上疏乾隆:"和珅家人刘秃子,本系车夫,兼管家务,服用奢侈,器具精美。如果不是侵吞克扣了主人的财产,或借主人名目招摇撞骗,怎么能这样呢!"他请求查办刘秃子。

曹锡宝在上奏之前,曾和他的同乡侍郎吴省钦商议此事,不料吴省钦竟快马加鞭赶到避暑山庄,向正在陪同乾隆的和珅告了密。和珅忙令刘秃子拆毁那些与他的身份不相称的房屋,隐藏那些超分逾制的衣服、车马。

当乾隆询问和珅时,和珅从容答道:"刘秃子,名全儿,并无秃子之名,本系世仆,有旗档可查。因家人众多,宅内没那么多住所,所以命他在宅西附近兴化寺街居住。一直派在崇文门税务上照管一切。素昔尚为安分朴实,平时管束家人甚严,向来未闻其敢在外间招摇滋事。也许因为我外出的时间越来越多,无人管教,渐有生事之处,也说不定,请旨饬派严查重处。"

和珅这番巧妙地回答,使乾隆从感情上更加欣赏为皇上不辞劳苦却疏漏家事的宠臣,反使得职位不高职责有限的陕西道监察御史有吹毛求疵、不识大体之嫌。总之,乾隆对和珅的话深信不疑,而对曹锡宝则有些讨厌,甚奎对曹锡宝的动机着实怀疑了一番。他认为,和珅的家人刘全既然长期在崇文门替和珅管理税务,有点积蓄也无可厚非;如果有招摇撞骗擅自加税额的事自应治罪,但曹锡宝应有真凭实据,不能凭空给人定罪。他进一步推测道:"或许是曹锡宝及亲友有应交税的事,刘全多索税银,或者刘全不肯将其免税放行,曹锡宝因此借机报复。

在处理这个问题中,乾隆完全站在了这位"忠心体国,与己分忧"的宠臣的立场上。他断定曹锡宝弹劾和珅却又不敢明言,因此以家人为由,"隐约其词,旁敲侧击"。他还推测曹锡宝的弹劾肯定是受与和珅有私怨的人的指使。因此,他叫王大臣详细盘查曹锡宝,曹锡宝竟由原告变成被告。

当曹锡宝被盘问时,他说他与刘全素不相识,只是听人说刘全的住房服用非常华美,在路过其家时留心查看,房屋果然高大;他认为一个家奴若能住这样的豪宅,怕是借主人的名义招摇撞骗的事,因此具奏。

针对曹锡宝的解释,乾隆说,刘全代和珅管理税务,有点积蓄,造数十间房屋,也是人之常情。并说,现在内外旗员大臣中,其管事家人的住房与刘全的住所不相上下的,谅也不少。他还说,扬州盐商都是平民;因其富有,他们的居屋园囿无不华丽崇焕,难道也要以其华侈富厚而治罪吗?他最后说:"朕任用大臣等办事,而大臣等亦不能无驱使之仆。"总而言之,只要能忠心办事,奢华一点不足为怪;他要保护和珅这位宠臣,也就要保护他的家人,不能死抓小节而让大臣伤心。

由于已从和珅那里知道刘全"确无奢华之举",为表示他能一视同仁,乾隆还是让绵恩带领步军统领衙门司官一员,与曹锡宝同往刘全家核查房屋的情况,若刘全家有"高楼广厦"即治其罪,若只是比平常百姓的稍强,也难以律定罪。他还让曹锡宝等人看完刘全家房屋之后,再去看阿桂等大臣的家人的房屋,如果阿桂等各家管事家人的住房有超过

刘全的,就要问问曹锡宝为何对他们不予参劾。

其检查结果可想而知,曹锡宝这次去后看到的仅是与普通百姓一样的房屋,更不见什么华服车马,只得"自认冒昧"。乾隆据此认为曹锡宝因今年为乡试年,想借此奏获得他的赏识,以便能外放做考试官,说他的想法真卑鄙。"吏部的意见要将曹锡宝降两级调用。曹锡宝既已"认罪",乾隆也不深究,并宽宏大量地说,曹锡宝身为监察官员,上书奏事本是他分内之事,这次没能查清虚实,姑且免其实降,改为革职留任。

曹锡宝不但被同乡出卖,一片忠君忧国之心又让乾隆误解为邀赏谋私,受此打击,心中郁愤难平,没几年就去世了。

乾隆皇帝在统治末年常将揭发和珅的材料交由和珅自己处理。陕西的一位读书人上书揭发和珅贪赃枉法,和珅得到材料后,竟让党羽将他的全家杀害。

曹锡宝和其他人弹劾的失败,给人们发出这样一种信息:在乾隆看来,他最可信赖的大臣和珅掌管多方面的权力,难免得罪了不少人;任何想参劾和珅的人,都很可能是挟私报复。加之和珅非常狡猾,许多正直之士鉴于曹锡宝的教训也只冷眼旁观,不敢上言了。一些不愿阿附和珅的重臣也不得不为"韬晦之计"。

乾隆对和珅的袒护,打击了正直之士,助长了小人们的趋炎附势之风,为和珅通向人臣权力的顶峰制造了条件,使他专权独断之心日益膨胀,越来越气焰嚣张,肆意妄为。

有一次,和珅建议将官厩里的马分给兵丁饲养,让八旗大僚讨论,大家都表示同意。而一位参领海秀却指出这种做法的种种弊端,表示反对。和珅沉着脸骂道:"你是什么龌龊官,竟敢反对乃公意见?"其独断专行可见一斑。

大学士梁国治在军机处与和珅同僚时,和珅以其懦弱可欺,经常嘲弄他,甚至用佩刀割掉梁国治的头发来取笑,梁国治敢怒不敢言,只得脸露笑容让他割。乾隆年间担任内阁大学士职务较长,也较稳定的有阿桂、嵇璜、和珅、王杰。阿桂虽以元勋上公为枢府领袖,并兼军机大臣,但实际上大部分时间受命在外,真正在京的时间寥寥无几。因此,他虽鄙视和珅的为人,但也无可奈何,只是对他持严峻的态度,不同他同室办公,上朝也对他敬而远之,和珅过来同他说话,他漫不经心地应着,脚步连动也不动。嵇璜是以河督入相,在乾隆四十五年九月任文渊阁大学士。他对于治河业务很有一套,对朝廷大政则很不擅长,加上他并非军机大臣,没什么实权,为人老实,既不愿趋附和珅又不愿与之抗争,所以只好委曲相安。王杰于乾隆五十二年正月入阁,任东阁大学士,兼任军机大臣,有一定权力,为人也正派。当时和珅气焰嚣张,遇事专数,同僚隐忍不言,王杰对和珅所做的一些不应该做的事,敢于据理力争。由于乾隆非常了解王杰的为人,和珅虽很讨厌他但却拔不掉这个"肉中刺"。王杰讨论完政事,常默然独坐。有一天,和珅抓住他的手说:"你的手保养的真好呀!"王杰正色道:"王杰手虽好,但不能要钱耳!"和珅被说得面红耳赤。可见王杰还是敢于同和珅针锋相对的。但其资历比和珅浅,虽有抗争也无济于事,有时反受和珅压制。

乾隆毕竟算是一位英主,他虽宠信和珅,但并不认为和珅是个全才。譬如乾隆四十六年(1781)暴发撒哈拉族回民起义时,和珅作为钦差大臣先于指挥全局的阿桂赶到甘肃

前线,急于立功。由于他不懂打仗,让清军急进,被起义军打得落花流水,所有将领拒听其指挥。阿桂到后向和珅询问失败的原因,和珅说将帅傲慢不听指挥。第二天,阿桂召集将领,让和珅坐在旁边观看,所有调拨,诸将领皆遵其命。布置完毕,阿桂问和珅:"怎么没见谁傲慢呢?"把和珅弄得非常尴尬,随即打发他回京。这件事乾隆很清楚,和珅不是全才显而易见。同时他也清楚,维护统治是需要各种优秀人才的。因此,对于一些确有才能的大臣,乾隆也是保护的,并不是一味无条件地偏袒和珅,有时甚至斥责和珅对这些大臣的诋毁。但是随着像阿桂这样的老大臣的相继谢世,加上和珅对其他大臣的压制,整个朝堂之上,只显得和珅"资深望重,一枝独秀"。晚年的乾隆虽禅位嘉庆,但继续"乾纲独揽",而他已衰老健忘,精力不济,在他看来和珅在满洲大臣中是独一无二的,于是更加重用他,让他任首席军机大臣兼领吏、户、刑三部,集军政财大权于一身,几乎成了乾隆的全权代理。和珅终于登上了人臣权力的峰巅,在整个争夺权力、排除异己的过程中,他的成功似乎别无选择了。不过中国的哲人说过一句话:"物极必反,盛极而衰。"这位不可一世的权臣最终也没能幸免。

私欲膨胀

和珅的青云直上直至大权独揽,一个最重要的秘诀就是他善于媚上邀宠。他不靠操劳国计民生,不靠战功和政绩,只凭一套讨好皇帝的逢迎本领,就轻而易举地功成名就。而那些忧国忧民的直臣却没有一个能像他这样幸运,有的一辈子都对他望尘莫及。自身的经验告诉他,要做官须会逢迎,国计民生并非当务之急。这种人做官只是相通过迎合皇帝的欲望来满足自己的私欲。他们立身不正,岂望行事能端? 正因为如此,所以随着权力的膨胀,他的贪欲也日益膨胀。如果说身居高官可以满足他的虚荣心,使个人意志得到最大限度的自由,那么大量的财富则可以最大限度地满足他的物质享受。高官和财富对这种私欲浓烈的人来说,缺一不可,因此随着官位的步步高升,和珅摄取财富的手也越来越有力,当他位极人臣权力的峰巅时,中国有史以来最大的贪官也就诞生了。

和珅私欲的急剧膨胀是和乾隆密不可分的。乾隆早年励精图治,严惩贪官,通过几十年的努力,大清出现了乾隆盛世的新局面,国库积蓄甚丰。晚年的乾隆满足于已有的功业,企图通过一些大肆铺排的巡游,和前无古人的"壮举"来炫耀自己的功业,陶醉在一片歌舞升平之中。他不再像早年那样克己勤政,兢兢业业,而是宽缓纵贪,接受大臣的礼物,一味享乐,只求能维持这种"盛世"局面。如果早年的乾隆重在做一个"有道明君",那么,晚年的乾隆则重在做一个"快活天子"。乾隆对个人生活享受的追求为和珅聚敛钱财提供了许多可乘之机;而他姑息纵贪,则无疑使和珅的贪欲受到鼓舞,并迅速膨胀。在和珅当权的二十年间,他用种种手段聚敛起数额惊人的财富。

以权谋私是和珅敛财的主要手段。和珅曾担任过户部侍郎、户部尚书、内务府大臣等职,又兼任过崇文门税务监督,并长期管理户部三库(银库、缎匹库、颜料库)。这些全

都是肥缺。

内务府负责宫廷使用、食物、武装守备等方面的事务，内廷和皇帝的一切开销都由它负责。各地朝贡的礼品首先得经过和珅这一关。据野史之中的有关记载，乾隆末年，各省的贡品，和珅私吞了十之八九，只有十之一二进宫，以至于和珅家中拥有的珍宝多出内宫好几倍。他家所藏的一颗大珠比乾隆御用的冠顶还大。

有一次，和孝公主的异母兄弟七阿哥不慎打碎了一个碧玉盘，这个盘子直径一尺多，是乾隆帝的珍爱之物。七阿哥怕父皇怪罪，吓得不知所措。七阿哥的弟弟成亲王让他去找和珅想办法。和珅听完哥俩诉说，勉为其难地说道："此物世间稀有，我又有何办法？"七阿哥一听这话，竟害怕得痛哭流涕。后来和珅答应想想办法。第二天，和珅一见面就拿出一个盘子，比打碎的那个更大，色泽更精美。

凡是和珅所喜欢的宝物，他会想方设法得到它。有一次，两广总督孙士毅出使安南（今越南）回来，在宫门外候旨时撞见了和珅。

"你手中拿的是什么？"和珅问。

"是个鼻烟壶。"孙士毅回答。

和珅走过去拿来一看。原来这个鼻烟壶是用一个大如雀卵的明珠雕琢而成的。和珅看了爱不释手，便说："你能否割爱……"

孙士毅面露难色："可惜昨天已奏知皇上了，过会儿就要敬呈，怎么办呢？"

和珅有点扫兴，说："开个玩笑，何必当真！"

没过几天，和珅又碰见孙士毅，得意地说："昨天我也得了一个珠壶，看看怎样？"

孙士毅一看，正是自己进献的那个，就说："陛下将我献的那个珠壶给大人了。"

和珅笑了笑。

过后，孙士毅经多方打听才知皇上根本没把珠壶赏给和珅，是和珅串通同党从宫内盗出来的。

崇文门税务是清政府一个重要的税源，同时，也是和珅的一个重要财源；至于户部，主管全国财务，更为和珅侵吞大开方便之门。和珅利用掌握财权的便利为乾隆的巡游、祝寿等各种活动大肆铺排，并扩建园林供乾隆享乐，以满足这位皇帝做"快活天子"的愿望。在划拨经费的同时他大肆侵吞。只要事事让皇帝满意，还可得到大量赏赐，至于花费的大小，已达"盛世之治"的乾隆不以为然，更不去过问他宠信的这位臣子。据记载，乾隆五十三年（1788）乾隆帝一次就亲自从张家口赋税收入中拨出三千万两白银由和珅自由支配。这些银两大都流入了和珅的私库。

和珅不仅利用职权，大肆贪污，而且索贿、纳贿。在清代中央政治机构中，内阁大学士声望最高，军机大臣权力最大，御前大臣和内务府总管大臣与皇帝最接近。这四项关键职务和珅都担任了，而且还兼任了吏部尚书和户部尚书，把持了用人权和财政权。他曾行文各省，要各省把给皇帝的奏折先向军机处提交副本，这无形中剥夺了各地大员向皇帝直接奏事的权力，将他们直接控制在自己手里，使得他们不得不对他俯首帖耳，唯命是从。有敢违逆和珅意志的都会受到排挤或被除掉。这样一来，从朝廷到地方，内而公

卿大臣，外而督抚藩臬，为了保住自己的官职，纷纷投到和珅门下，争相进贡，讨好和珅。即便例行公事，如不贿赂，他也会故意刁难；至于升官，则更需以钱铺路。在和珅那里大小官职都有定价，出多大价做多大官。盐政总督、河道总督当时是两个最大的肥缺，标价也最高，想得此职者必须以"巨万纳其府库"。

由于乾隆帝喜欢游山玩水、每次巡游都穷奢极欲，挥霍无度，再加上连年用兵、大兴土木，国库渐渐空虚，国家每年正常的财政收入已是入不敷出，对此，掌握财政大权的和珅想出了一个"计划外"开支的办法：议罪银。议罪银主要是为皇帝聚财的措施，又称罚银或自行议罪银，主要针对各省督抚、盐政、织造、税关监督等大员而设。他们一旦犯罪，就必须交出罚银，以免于查处。罚银的数额视罪状的轻重而定。这些罚银归皇帝私人支配。和珅作为议罪银的主要负责人，除使部分议罪银落入自己腰包外，还可以借此索贿受贿。许多官员担心自己被议罪而罚以巨款，便早早向和珅行贿，以防不测。这样，一旦获罪，和珅从中周旋，就会大事化小，小事化了。

乾隆五十五年，皇帝八十大寿，和珅负责筹办庆典，皇宫内外焕然一新。从京城到圆明园，楼台歌榭一律用金珠翡翠装点，假山上还设有木偶和尚，转动机关，便自行舞蹈。和珅又行文各省，令其进献宝物贺寿。乾隆陶醉于自己的文治武功，并不予阻止，他以为富商巨贾，奢侈程度比王公大臣毫不逊色，治成"盛世"富有一国的他享受一下也无可厚非。不料，庆寿刚完，内阁学士尹壮图上得一本奏疏，内称：现督抚犯法，处罚交银数万两，督抚借口缴纳罚银勒索州县官员，造成州县亏空，大大有损于廉政，请永停罚银之例；各省督抚声名狼藉，吏治败坏，商民皆蹙额兴叹，各省风气大抵皆然；请简派满洲大臣，密往各省盘查亏空。一向比较自信的乾隆见有人如此诋毁他的"盛世之治"，反对为他的享受筹集资金的措施，一时勃然大怒，他简直对这样的忠言忍无可忍，下旨道：

朕自御极以来，迄今已五十五年，寿跻八秩，综览万机，自谓勤政爱民，可告无愧于天下，而天下万民亦断无泯良怨朕者。兹据归政之期，仅有数载，犹恐年耄倦勤，稍有弛懈。唯日孜孜，冀仰答昊苍鸿贶。每于召见内外大小臣工时，以朕办理庶务情形，时加谘访，佥称朕精神强国，办事日益勤励。若如尹壮图所奏，则大小臣二等皆虚词贡谀，面为欺罔。而朕五十年以来竟系被人蒙蔽，于外间一切情形全无明察，终于不知矣。著尹壮图将所奏直隶等省亏空者何处？商民兴叹究系何人？月选官议论某缺亏空若干又系闻自何人传说？逐一指实复奏。若果查询得实，朕从不肯颟顸混过，自有办法。尹壮图不可徒以空言无实，自蹈欺罔之咎也。

总之，乾隆不相信他的"盛世之治"竟会招致民怨；不相信大小百官都谎言奉承，唯独他尹壮图是实言相告；他也决不相信自己五十年来是是非非不明，受人蒙蔽。因此，言语之间对尹壮图充满不信任，对尹壮图上疏的动机深表怀疑。由此可见，和珅把持朝政之黑暗和乾隆所受蒙蔽之深。晚年的乾隆不知道和珅已耗虚了国财，只给他维持着一个"盛世"的空架子。这一点和珅当然不能让尹壮图向乾隆捅破，也不能容忍他否定自己当政的"功绩"，因此，理所当然地要阻挠密查，保护那些同他狼狈为奸的贪官，以达到继续蒙蔽皇上的目的。

乾隆要尹壮图拿出真凭实据来，尹壮图说各省都有亏空，愿随钦差大臣一同盘查。和珅对乾隆说，皇上不能只相信尹壮图一面之词，而怀疑自己精心挑选的大臣。于是奏请派他的爪牙侍郎庆成为钦差大臣。乾隆准奏，就让庆成与尹壮图先往山西盘查亏空。为了发泄他对尹壮图的私愤，乾隆说，尹壮图是自请前往，不能算是公务，应自己负责旅费开销。庆成本来就是个贪官，到山西后，按和珅的授意，并不急于盘查，先暗中送信，玩乐宴饮以拖延时日，等地方官把府库亏空填补充足，才去开库检查。这样一来，所查之处皆无亏空，尹壮图不得不承认自己的奏疏"实为过当"，恳请"回京待罪"。但乾隆还不肯就此罢休，定要他同庆成再往直隶、山东、江南各省盘查。其结果自然是"所查皆无亏空"。乾隆又寄谕尹壮图，问他在途中是否看见"商民皆蹙额兴叹"。已知违背上意，处境极为难堪的尹壮图不愿再做无谓的挣扎以激怒乾隆，于是奏折中写道："所过淮、扬、常、镇以及苏州省会，正当新年庆贺之时，大街小巷擦肩摩踵，人们纷纷提鱼买酒，老少怡然自乐。"

在这次反贪斗争中刑部以"挟诈欺公妄生异议"的罪名判处尹壮图斩决。不过还是乾隆宽宏大量，只要尹壮图在"事实"面前服软，承认他的大清帝国还是盛世，乾隆就满足了，放心了，严厉地处置尹壮图并不是目的。况且尹壮图所言并非全无道理，只是不如他所说的一片漆黑，他所奏只是过当，可是并非没有根据。这样想着，乾隆便将尹壮图从轻发落，将死刑改为革职留任。

尹壮图反贪的失败同曹锡宝弹劾和珅家人的失败如出一辙，此次斗争使反贪人士心灰意冷，一直到乾隆去世，再也没人敢像尹壮图那样出来公然反对了。另一方面，以和珅为首的贪官却大获全胜。这次斗争和珅不仅通过他的爪牙在保护各地贪官的同时中饱私囊，而且更重要的是反贪人士的噤言使他以后的索贿、受贿更加有恃无恐。从此以后，和珅的索贿、受贿变得明目张胆，各地贪风日炽，政治更加腐败。

由于把持朝政大权的是贪官和珅，只要舍得花钱，不但官能做稳，而且不愁升迁，甚至犯罪后也可以得到这尊大神的周旋保护。因此，各级官吏更加肆无忌惮地搜刮和贪污，争先向和珅进贡。这样一来，和珅受贿的价码也水涨船高。两淮盐政征瑞一人，先后就贿赂和珅四十万两银子。有的官员则不惜高价购买奇珍异宝，投其所好。和珅每天早晨都服用一粒珍珠，以延年益寿，增强记忆。江苏吴县有个珍珠商得知这一情况后，突发奇想，他把每个珠子用赤金包裹成丸状，增加了珠子的价值，大粒2万金，次者万金，最便宜的也有八千金。尽管价格昂贵，但为了讨好和珅，官员们仍争相购买，生怕买不到。

向和珅行贿的官员不计其数，以至于出现行贿无门的情况。有一个山西巡抚派他的属下带二十万两银子专程到京城给和珅送礼，和府无人接待，这个人问明情况后，以五千两银子作"小费"求见，结果只出来了一个年轻仆人，张口就问"黄的（指黄金）还是白的（指银子）?"态度十分傲慢无礼。当听说是白的时，他便让手下人收入外库，然后给了送礼人一纸便条，说："拿这个回去为证吧。"随即返身入内。送礼人一打听，这个年轻奴仆原来只是个门子。送了二十万两银子竟连和珅的面也没见上，见个门子就花了五千两，他不由得长叹道："侯门深似海，和府财如山。"

为了能有大量财富向和珅行贿并供自己挥霍，各级官吏除向百姓搜刮外，还有恃无恐地大量动用国库，各省的亏空日益严重，吏治更加腐败。有的因后任不肯接受前任的亏空，上司要从中周旋；有的虽接受前任亏空，离任时照旧亏欠；有的本来没有亏空，离任时将库中银两席卷一空，名曰"做亏空"。这样一来，搞得处处亏空，且数字骇人听闻。由于这些官吏们将负担最后都转嫁到人民头上，使国计民生受到严重影响，从而激起民变，各地起义此起彼伏，社会动荡不安。大清帝国从此元气大伤，渐渐地衰落下去。

与国库亏空财政告急的情况迥然不同的是，和珅家的仓库虽然一个又一个地盖，仍然不够用；有时不得不"夹墙藏金""地窖藏银"。

和珅通过贪污受贿聚敛起大量的奇珍异宝，虽说他已有了个人大肆挥霍的物质生活基础，但难以自圆其说。因为仅凭俸禄和皇帝的赏赐是难以支撑那种挥霍无度的物质生活的。狡猾的和珅，用他库藏的赃银或其他手段大肆置办产业，不仅以此作为他巨额收入的冠冕堂皇的借口，还可由此再增加一些收入。

根据清代官方档案记载，和珅拥有的土地共计十二万六千六百亩，主要集中在直隶、热河及京津地区。这些田产有的是乘人之危低价买进的，有的干脆就是向有求于他的人直接索取的。另外，和珅还用相当一部分钱财去放债，并开有当铺、银号、钱庄，以赚取更多钱财。他的当铺有七十五座，银号、钱庄有四十二座，共计本银三千零四十万两。和珅还涉足工商业，他开有粮店、酒店、瓷器店、灰瓦店、旅店等。总之，凡是有利可图的行业，他都不放过。在经营中，他倚仗自己的权力排斥同行，垄断市场，从中牟取暴利。尽管这些产业的收入也相当可观，但比起他的贪污和受贿所得，那是小巫见大巫，不足为奇的。

总之，在当政的二十年里，和珅通过种种手段聚敛起无法统计的财富，他不仅爬上了人臣权力的顶峰，而且成为当时天下的首富。

身居高位

小人终生营谋也不过为满足自己的私欲。身居高位的和珅，不以社稷安危为重，更不念黎民百姓之疾苦，每天以蒙骗阿谀为首要任务，维护着乾隆对自己的宠信，把持着朝政，他对下颐指气使，张扬个人意志，过足了"官"瘾，同时，又"靠官吃官"，大量受贿，榨尽民脂民膏，聚起惊人财富，过着奢靡的腐朽生活。史书说他的生活食用"豪侈富丽，拟于皇室"，这绝不是夸大其辞。

和珅曾为内务府大臣，各处进贡的山珍海味，稀有特产，无不经过他手，他从中大量侵吞，皇上桌上有的，他桌上自然也有。后来，他大权独揽，皇帝又宠信无比，各级官员对他的奉迎胜过对皇帝本人，因而和珅桌上所列珍味，皇帝老子的御膳未必能比得过。美味佳肴，勿需细述，单道一事，亦可想见和珅平日食用之一斑。和珅为增强记忆，益寿延年，每天要服用上好的新鲜珍珠一粒。而这些珍珠是各地达官贵人以每粒八千至二万两银子的不等价格买来进贡给他的。我们曾在前面提到过这件事。和珅每日所食，且不说

珍味价值多少,即此一项,不知就需要耗费多少百姓一年的血汗钱。

饮食如此奢侈,衣着也华丽非凡。和珅当政时,人们只见和府男女轻裘锦绣,难知其详。后来和珅被诛,在清查他家产的账单上,单貂皮就有一千五百多张,狐皮一千多张,其他各种上等皮毛数不胜数,另外,他还有绸缎库两间,各种衣服五千三百多件。和珅的衣服质地考究,他有一件衣服的钮扣全部是精致绝伦的西洋小钟表做成。又据说和珅患有腿病,每逢夏秋换季就会发作。不知谁献了一方,建议和珅每天上朝前让家人杀一条狗,用剥下的热狗皮包在膝盖上,然后乘轿或肩舆入宫以减轻痛苦。有多少狗因和珅而丧命,无人统计。

随着和珅职位的升高,财富的剧增,和府规模日益宏大,修造也日益豪华。和珅的宅第在当时京城权贵中是首屈一指的。它北临前海(今什刹海),南近北海,周围河渠纵横,风景秀丽。和府分左、中、右三路建筑。中路建筑的两侧是各有四五进院落的两路住房,两路建筑的最后一进院落连在一起,其中的五间正房号为"锡晋斋",该房主要是用名贵的楠木建筑而成。三路建筑最后是后花园。园内有假山、亭阁、戏楼,还有仿长城的建筑物。整个宅第还有一处别具一格,就是它安有路灯数十对,陈设太平铜缸五十余个。这两样东西连同楠木建筑是只有皇宫才能享用的。

可供和珅玩乐的花园有三处,但豪华富丽的程度能与皇宫媲美的是淑春园。淑春园是乾隆帝赐给和珅的。这个园位于今北京西北郊海淀一带,大约从乾隆初年开始修建。乾隆晚年,精力不济,对大权独揽的和珅尤其器重,为了酬劳他的这位宠臣和亲家,特将此园赐给和珅。和珅得此园后,将其改名为"十笏园"。这个园名,既可以表明皇上依任之重,宠遇之隆,也可以道出他政务之劳,辛苦之甚。同时,我们从中也不难看出他的炫耀,及他对此园"受之无愧"的巧妙说明。和珅拥有此园之后,不惜重金重新修整全园,内部的建筑完全仿照圆明园中的蓬岛、瑶台。新园遍种名花异草,房屋式样均仿照大内宁寿宫的建筑,富丽堂皇,华贵雍容。园内一共有房屋一千零三间,游廊楼亭三百五十七处;另有马圈一处,共有房四十五间。修园所花经费无法算清,光是园内的一尊太湖石,据说就花了数千金才运来。耗费之巨可想而知。除此之外,和珅在热河避暑山庄附近及其他地方还有不少住宅。一些王公大臣非常艳羡和珅的府第。庆僖亲王永璘,是乾隆的第十七个儿子,他对争取储位漠不关心,对和珅的府第却念念不忘,他曾说:"天下至重,怎么敢存非分之想,只希望圣上他日能将和珅邸第赐我居住就心满意足了。"后来嘉庆亲政,没收了和珅住宅,随即赐给庆僖亲王一处,满足了他的愿望。

乾隆五十五年(1790),和珅的儿子丰绅殷德同乾隆最喜爱的皇十女固伦和孝公主喜结良缘之后,和珅将丰绅殷德夫妇安排在淑春园的西半部分居住,和珅自己和他的妻妾们则住在东半部分。

和珅的妻子冯氏,在和珅受诛的前一年离开了人间。当时葬礼十分隆重,出殡时,王公大臣争相送殡,一时间车马为之拥阻,真是盛况空前。和珅除正妻之外,姬妾成群。里面有商人、下属送给他的美女,也有内廷中遣出的宫女,还有别人遗留下的侍妾。姬妾到底有多少,当时的人难以说清。这里只说一件事,大家可以去推想。据说有一次庆典,光

给姬妾们买花和珅就用了数万钱。所有姬妾中,最受和珅宠爱的有两个,一个是被府中称为二夫人的长二姑,另一个是苏州女子吴卿怜。吴卿怜美丽端庄,外秀慧中,十五岁时被浙江巡抚王亶望纳妾。后来,王亶望因贪污罪受诛,吴卿怜为侍郎蒋锡棨所得,后又被蒋作为讨好的礼物送给了和珅。和珅十分迷恋吴卿怜,同她常在一起饮宴、吟诗。为讨她欢心,还特地给她建了一座小楼,取名"迷楼"。后来和珅被赐死,吴卿怜也自缢身亡,且留下一首悲凉的诗:

> 晚妆惊落玉搔头,
> 家在西湖十二楼。
> 魂定暗伤楼外景,
> 湖边无水不东流。

权倾朝野、位极人臣的和珅竟也落了个家破人亡的结局。几度适人的吴卿怜对未来彻底绝望了。自己会渐渐地人老珠黄,若再适人,此人再败,还能依靠何人? 再说,所依之人未必如和珅那样宠爱她。人活百年,总须一死。与其委屈求全所适非人,凄惨度日,还不如一死,早为解脱。何况和珅不论怎么说对她有"知遇"之恩,她自己心中也不忍割舍。思想至此,心灰意冷的吴卿怜,在抄家的人进门时,悬帛自尽,一缕芳魂寻和珅去了。

为了服侍一家大小,和珅大量使用的家奴和婢女,并且还利用职权大量使用公役人员,步军统领巡捕营在和府供役的就有一千多人。这些奴才也仗势欺人,欺压良民,敛财挥霍。那些不知耻的达官贵人也巴结他们,进献财物,甚至与之联姻。和珅的大总管刘全拥有房宅一百多间,规模不亚于王公大臣的官邸,他的家产有二十余万。和府还有一个管家呼什图,时称"内刘",家资也有十余万,他为他的三个弟弟分别捐纳了知州、守备、州同等官衔。

和珅虽位极人臣、富甲天下,但他毕竟是人臣,这一切都是靠察言观色、阿谀逢迎得来的,并且还要靠这一手去维持,他的身心受到巨大的压抑,他的种种欲望也无疑受到种种限制。人的欲望是无限的,特别是和珅这种贪得无厌的人更是如此。他常常采用曲折的方式满足自己,打破种种限制的束缚。为了过"皇帝瘾",每至夜深,和珅就在灯下穿戴起皇帝的龙袍,把朝珠悬挂在脖子上,对着一面大镜子或走或停或说或笑,发号施令,颐指气使,品味身处人世权力顶峰的虚假的"快乐"。待过足了瘾,他才若有所失地取下朝珠、脱去龙袍。这一切和珅是偷偷摸摸去做的。

在人世,和珅所享受的荣华富贵达到了一个人臣所能达到的极限。在他看来,他的后代即使不去做官,偌大的家业,也够他们消受的了。对于子孙的未来,他基本是放心的。可恼的是人总有一死,他和珅也不例外,已进入老年的他不能不考虑这个问题。他太留恋人世的荣华富贵了,他舍不下这一切。在去地府之前,他要安排好自己的后世,他想把这人世的豪华奢侈带进地府去。假如他知道将转生何处,他也一定会妥为安排,以求生生世世永享此荣华富贵。可惜他只知道人死之后要进地府,其他则不得而知。和珅在蓟州选了一大块土地,预建地府宅第,即所谓生坟。该坟蔚为壮观,外围墙长二百丈,内围墙长一百三十丈;里面有石门楼一座,石门两扇,前面开凿了隧道;盖有正房五间,东

西厢房各五间,正房称亭殿,厢房称配殿,大门称宫门。在坟的周围,还建有大批阳宅,计房屋二百一十九间,是十几户守坟家奴的位所。当地人称这座坟为"和陵"。坟的规模和建制超越了规定。亲王墓地的周长不过百丈,而和珅比亲王的还长了一倍多,简直是想同皇帝老子一比高下了。不幸的是和珅辛苦所营竟成徒劳,死后终未居身其中。

荣耀无比

古人有言:玩火者必自焚,玩水者必自溺。权相和珅怙宠贪恣,滥施淫威,祸国殃民,埋下了大清帝国社会危机的祸根。晚年重在做"快活天子"的乾隆没有想到他留给子孙的已不是什么"盛世",而是满目疮痍,伤痕累累且已开始动荡的大清帝国,一个由此开始走向衰落的大清帝国。月圆则亏,封建社会虽说有其自身难以克服的矛盾,但人事方面的影响也至关重要,至少它对国家的治乱兴衰会起到一种延缓或加速作用。大清帝国落得这般田地,乾隆与和珅负有不可推卸的责任。然而,历史对他们的惩罚却迥然不同。以"十全老人"自命的乾隆,做着"功德圆满"的好梦安然崩逝。葬礼也很隆重。至于作恶多端、积怨太深的和珅,在扰乱了大清的同时,也毁掉了自己,落得一个亡身破家的结局。

乾隆在位时,和珅地位尊贵又极度受宠,有泰山之安,平日只顾哄这位老态龙钟的皇帝开心,从不担心像样他这样的宠臣和重臣会受到什么威胁。但在公元1795年,和珅的内心却被大大的震动。

这一年,乾隆八十五岁,在位已六十年。他决定正式公布密立的储君,并于明年禅位于新君。和珅从乾隆那里已猜测出这位储君为十五阿哥嘉亲王颙琰。乾隆的这一做法还是使和珅吃惊不小。春风得意、气焰嚣张、为所欲为的和珅一下子从对自己权势的陶醉中清醒过来:乾隆帝已是风烛残年的老人了,这个靠山如即将崩溃的冰山,很快就会付之东流。他无权阻止一位老皇帝建立储君,他将要面对一位自己并不十分了解,心中毫无把握的新君。这是一个不可否认的事实。明年老皇帝就要禅位,他还没做好接受新君的思想准备,新君如何待他,更是不得而知。他从来没有像现在这样切切实实地感到自身受到了一种严重的威胁。

乾隆决定的禅位时间,对于还未巴结好新君的和珅来说简直太仓促了。他巴不得老皇帝多在位些时间,虽说面对新君是迟早的事,但老皇帝在位一天,他能心安一天,至少可以赢得从容巴结新君的时间,为继续受宠于新君,保住自己既得的一切打好基础。想到这里,和珅向乾隆启奏道:"内禅的大礼,史书上虽然常有记载,也没有多少荣耀的地方。只有尧传舜、舜传禹算是旷古盛典。帝尧传位时,已在位了七十三年;帝舜六十一岁开始登上帝位,在位三十九年才传位于禹。当时,尧舜的年纪,都已到一百岁左右,皇上老当益壮,一定会比尧舜还要长寿,再在位一二十年,传给太子也不算迟。况且四海之内仰皇上若父母,皇上多在位一日,百姓也多感恩戴德一日,奴才等受尽皇上的恩惠,尤愿皇上永远庇护。连马还知道留恋他的主人,难道我等还不如马吗?"

从前，和珅伺乾隆喜怒，所言无不被采纳，不料这次却难以劝转，只听乾隆说道："爱卿只知其一，不知其二。朕二十五岁即位，曾对天发誓，如果能在位六十年，就传位给太子，不敢超过皇祖在位六十一年之数。蒙上天保佑，甲子已周，初愿已实现，怎敢再生奢望？皇十五子颙琰，克肖朕躬，所以朕将公开宣布他为皇太子，明年禅位。如果怕他刚登基时经验不足，出什么差错，这时朕躬尚在，自然会随时训政，不劳爱卿忧虑。"

和珅听后无言以对，但又不甘心，于是又暗中运动和硕礼亲王永恩等人联名上奏，请乾隆帝暂缓退位。乾隆帝仍不改初衷。和珅见事情不可挽回了，不得不另作打算。不过，乾隆虽说明年禅位，但也明确表示"随时训政"，并未彻底放权，禅位只是个形式问题。这一点让和珅心里又有些底了。话又说回来，乾隆已是风烛之年，他必须抓紧老皇帝在世的时间，搞好同新君的关系，以便能继续受到宠信，一如乾隆在时。否则的话，怕将来乾隆驾崩，新君亲政，会给他和珅带来灭顶之灾。他现在觉得自己须立即行动起来，积极去消除自己所感到的威胁以及由此带来的不安。

基于自己得宠的经验，和珅为邀新君欢心，依然决定采用那套已炉火纯青地讨好逢迎的手段去达此目的。在乾隆帝于当年（1795）九年初三日宣布册立颙琰为皇太子的前一天，和珅为了表明自己对新君的"拥戴"，手捧一柄表示吉祥、喜庆的如意，来到颙琰府上进献，暗示喜事就要来临，他先表祝贺。和珅想通过泄露机密取悦颙琰，为将来在他手下站稳脚跟做好铺垫。

嘉亲王颙琰聪敏好学，性格内敛，且以仁孝见称，他得以成为皇太子是和他这些自身条件息息相关的。和珅今天前来预先透露消息，对于大清的状况以及自身的处境十分清醒的颙琰的心情却是难于言表的。他知道父皇交给他的将是一个急待整顿的烂摊子，但在父皇的有生之年他却不能有所行动，否则，自身之位难保，整顿大清也将成为一句空话，他只能顺从父皇之意，等待这位老人归天之后再行整顿；再者大清这种日渐衰落局面的形成，奸佞和珅有无法推卸的责任，他真想早除此贼，但又不能，确切地说，父皇在世之日他不能有所动作，因为他知道父皇对和珅的信任无人能比，他得罪了和珅，同样会威胁到自身的位子，对于和珅，他目前也只能不露声色，且谨慎以待。见和珅以泄密来邀"拥戴"之功，颙琰既不表特别的感激，也不表特别的冷淡，不温不火，喜怒不形于色，让狡猾的和珅摸不着底细。以常理相推，知自己将为皇太子岂能不高兴？知某人拥戴岂能不感激？善于察言观色的和珅却从颙琰脸上看不出个究竟来，只得以为他就是这么个性格罢了。

乾隆六十年九月三日宣布册立颙琰为皇太子，第二年（1976）正月初一举行归政大典，乾隆将象征皇权的"皇帝之宝"亲授给皇太子，自己称太上皇，本年即称嘉庆元年。归政之后，乾隆继续执掌国家要务，用人行政，非他莫属。他才不愿做一个形同虚设的太上皇，使自己像历史上曾有的一些太上皇那样受制于人。嘉庆名义上是皇帝，但在乾隆心中，他始终也没有高出皇太子的地位。不过，岁月不饶人，乾隆的精力是越来越不尽人意了。始终不肯彻底放权给嘉庆的乾隆，只能依靠宠臣和珅替他处理政务，和珅得意非常，也狂妄非常。虽然如此，他丝毫不敢怠慢嘉庆，相反，对这个让人摸不透的嘉庆，他是警

惕的。他不能让新皇帝培植私党，另起炉灶，和自己做对；他要让新皇帝任用他就像老皇帝一样，他要想尽一切办法控制这位新皇帝。

归政后，乾隆想把正在两广总督任上的朱珪召为大学士。这对和珅震动极大，因为朱珪不是别人，而是嘉庆帝的老师。朱珪和嘉庆帝感情非常好，嘉庆帝十分敬重他。这人若被召为大学士，他和珅的位子还能坐稳吗？善于保护自己、深谋远虑的和珅，在自己不知道谁将被密立为皇太子时，早就注意伺察过每位皇子的过失，作为将来控制他们的资本，正所谓"闲时备下，忙时用。"他这一具有"远见"的工作这时派上用场，不但排挤了朱珪，也使嘉庆帝险遭阴沟翻船。

原来乾隆五十五年，既是乾隆八旬大寿，又是朱珪花甲之年。颙琰情不自禁，竟毫不忌讳地在贺诗中把父皇与老师联在一起。诗中写道：

> 圣主八旬岁，鸿儒花甲年。
> 三天德凤著，五福寿为先。
> 律转浃辰纪，辛占二百前。
> 芝颜驻丹景，艮背贯渊泉。
> 鹤下瀛洲树，花摇海岳烟。
> 千春桃结实，十丈藕成船。
> 论道心追洛，传家族茂燕。
> 吏铨资重任，台鼎待名贤。
> 文笔超韩柳，诗才贯道禅。
> 早锤爪飐盛，不使葛滕牵。
> 设醴诚难螯，尊师独敬尊。
> 期颐长颂祷，如阜更如川。

这首诗，和珅早就盯上了，不过，到现在它才派上了用场。和珅偷偷把这首贺诗给乾隆看，说嘉庆早就想"市恩于师傅"。乾隆大怒，准备治嘉庆的罪，多亏董诰劝谏才作罢；但对朱珪，不久就借故降为安徽巡抚，并谕令"不得内召"。

嘉庆帝经此一挫，对和珅更加小心，装出很器重和珅的样子。遇有需要上奏太上皇的事，就托和珅代言。一些近臣认为这样做不好，嘉庆说："朕正依靠相公处理天下事务，你们这些人怎么可以轻视呢？"和珅还不放心，又推荐他的老师吴省兰给嘉庆抄录诗稿，以便监视嘉庆，嘉庆对和珅的用意心知肚明，吟咏中却一点也不露出对和珅的不满。这样，和珅才安了心。

此时的和珅任首席军机大臣，并兼管吏、刑、户三部事务，是精力日益不济的乾隆处理政务全力依靠的得力大臣。太上皇的过分宠信和倚任以及新皇帝的隐忍退让，使把持军政财大权、总揽一切的和珅自言：老皇帝一点也离不开他这个国家重臣，特别是现在，这个感觉是真实的；他又有一个感觉，即不如他的父亲、缺乏经验的稚嫩的新皇帝，也会倚重他这个老皇帝曾倚重二十年的能臣，这是一个错觉。对这个错觉，他有一套"合理"的解释：嘉庆以仁义孝顺晋称于世，他父亲倚重的，他难道能不倚重？自己有"拥戴之

功”,嘉庆哪能不心存感激？嘉庆无理政经验,岂能不需要他这个曾兼数职、熟悉国家事务的国家重臣为自己效力？这样看来,他和珅真是为新老皇帝所共重的"国宝"了。

和珅春风得意之余,难免得意忘形。老皇帝在圆明园召见和珅,和珅竟然骑着马直进大门,过"正大光明"殿至寿山口,全然不顾君臣之礼,一派无父无君的气势。八十几岁的老皇帝身体不佳,批折里有些字笔画不清楚,和珅胆敢说:"不如撕掉,"并且另行拟旨。训政期间,乾隆的很多谕旨是由和珅传达出来的。和珅的专权比以前有过之而无不及,虽然人人侧目,却无可奈何。

嘉庆三年(1798)和珅被封为一等公爵,荣耀无比。但他怎么也没想到这是他人生历程的"回光返照"。不动声色的嘉庆郁积的怒火正在待机喷发,准备烧毁他这个祸害大清的恶魔。

嘉庆四年(1799)正月初三日上午,已经八十九岁的乾隆帝驾崩,嘉庆帝终于挣脱了束缚。他虽有丧亲之痛,但更多的是解脱之后的轻松和除奸之急切。他三年多的隐忍难道不正是为等这一天吗？对父皇留下的内创累累、积重难返的残破局面,他必须迅速挽救;而要整饬内政、挽救危机,必须从铲除大奸和珅入手,这一点他早已成竹在胸了。

嘉庆帝现在对和珅简直是忍无可忍了。再说和珅手握重权,若有迟疑,可能会有不测之事。为先发制人,嘉庆帝不惜在大丧之日动起手来。乾隆帝驾崩的第二天,嘉庆就剥夺了和珅军机大臣、九门提督两职,责令他同其死党福长安昼夜守值殡殿,"不得任自出入"。这实际上是将两人软禁起来,让其无法作乱。当天,又发了一道上谕,明揭种种积习流弊,为顾全父皇的体面,尽力将各种责任下移,说"伊等之意,自以皇考高年,唯将吉祥之语入告"。将矛头直指和珅。

政治嗅觉比较灵敏的官员们从嘉庆帝的言行中看出了诛除和珅已迫在眉睫。乾隆帝的去世使和珅失去了政治上的靠山,正式亲政的嘉庆帝的所作所为使和珅始料不及,他非但不重用他这位"老臣",而且对他发起了咄咄逼人的攻势,使他方寸大乱,不得不任其摆布。和珅的"威势"已经倒了。早就想铲除和珅的真正的大臣和曾依附和珅的政治上的投机分子都明白时机已到,纷纷揭露和珅。

正月初八日,嘉庆帝命给事中王念孙、御史广兴等列款纠劾,宣布夺大学士和珅、户部尚书福长安职,下狱治罪。特命皇兄仪亲王永璇、成亲王永瑆前去传旨,由武备院卿、护军统领阿兰保监押执行。同时,嘉庆帝又当即令钦差查抄两人家产。所查和珅家产的清单如下:

赤金首饰共三千六百五十七件,东珠八百九十四粒,珍珠一百七十九挂,散珠五斛,红宝石顶子七十三个,祖母绿翎管十一个,翡翠翎管八百三十五个,奇楠香朝珠六百九十八挂,赤金大碗五十对,玉碗十对,金壶四对,金瓶两对,金匙四百八十个,金盆一对、金盂一对,水晶缸五对,珊瑚树二十四株,玉马一只,银杯四千八百个,珊瑚筷四千八百副,镶金象箸四千八百副,银壶八百个,翡翠西瓜一个,猞猁狲皮八十张,貂皮二百六十张,青狐皮三十八张,黑狐皮一百二十张,玄狐皮一百八十张,海虎皮三十张,海豹皮十六张、西藏獭皮五十张,绸缎四千七百三十卷,纱绫五千一百卷,绣蟒缎八十三卷,猩红洋呢三十疋,哔叽三十疋,各色布四十九捆,葛布三十捆,各色皮衣一千三百件,绵夹单纱绢衣三千二百件,御用纬帽二顶,织龙黄马褂二件,酱色缎四开裰袍二件,白玉玩器六十四件,西洋钟表七十八件,玻璃衣镜十架,小镜三十八架。铜锡等物七千三百余件,纹银一百零七万五千两,赤金八万三千七百两,钱六千吊,房屋一千五百三十间,花园一所,房地契文五箱,借票二箱,杂物不计。

清单共计一百零九号。除金银铜钱外,其中的二十六号,当时估价,已值白银两亿两千三百八十九万两。另外八十三号,还没有估价。如果按近人梁启超的说法,和珅的全部家产差不多能有八亿两。当时清政府全年的收入才七千万两白银,当权二十年的和珅的家产竟比清政府十年收入的总和还要多,难怪在正月十七宣布这些查抄清单后,全国震动,以至当时在民间流传起"和珅跌倒,嘉庆吃饱"的民谣。历史上曾有的巨富王崇、石恺根本不能和和珅同日而语,就是皇帝老子恐怕也没有过这种大家私。和珅作为中国有史以来的头号蠹国肥私的大贪污犯是当之无愧的。

正月十一嘉庆帝又发了一道上谕:

和珅受大行太上皇帝特恩,由侍卫拔擢至大学士。在军机处行走多年,叨沐殊施,无有其比。朕亲承付托之重,猝遭大故,苫块之中,每思三年无改之义,皇考简用重臣,断不肯轻为变易。今和珅情罪重大,并经科道诸臣列款参奏,实有难以刻贷者。是以朕于恭颁遗诏日,即将和珅革职拿问,胪列罪状,特谕众知,除交在京王公大臣会审定拟外,着通谕各督抚,将指出和珅各款,应如何议罪?并此外有何款迹?各据实复奏。

各省督抚多是指斥和珅一番后,请求将其处死。正月十五日嘉庆将和珅的二十大罪状公布于世:

朕于乾隆六十九年九月初三,蒙皇考册封为皇太子,尚未宣布谕旨,而和珅于初二即在朕前先递如意,漏泄机密,居然以拥戴为功。其大罪一。

上年正月,皇考在圆明园召见和珅,伊竟骑马直进左门,过正大光明殿,至寿山口,无父无君,莫此为甚。其大罪二。

又因腿疾,乘坐椅轿抬入大内,肩舆出入神武门,众目共见,毫无忌惮。其大罪三。

并将出宫女子娶为次妻,罔顾廉耻。其大罪四。

自剿办教匪以来,皇考盼望军书,刻萦宵旰。乃和珅于各路军营递到奏报,任意延搁,有心欺蔽,以致军务日久未竣。其大罪五。

皇考圣躬不豫时,和珅毫无忧戚,每进见后,出向外廷人员叙说,谈笑如常,丧心病狂。其大罪六。

昨冬皇考力疾披章,批谕字划间有未真之处,和珅胆敢口称不如撕去,竟另行拟旨。其大罪七。

前奉皇考谕旨,令伊管理吏部、刑部事务,嗣因军需销算,伊系熟手,是以又谕令兼理户部题奏报销事件。伊竟将户部事务一人把持,变更成例,不许部臣参议一字。其大罪八。

上年十二月内,奎舒奏报循化、贵德二厅,贼番取众千余,抢夺达赖喇嘛商人牛只,杀

伤两命，在青海肆劫一案。和珅竟将原奏驳回，隐匿不办，全不以边务为事。其大罪九。

皇考升遐后，朕谕令蒙古王公未出痘者，不必来京。和珅不遵谕旨，令已未出痘者，俱不来京，全不顾国家抚绥外藩之意，其心实不可问。其大罪十。

大学士苏凌阿两耳重听，衰迈难堪，因系伊弟和琳姻亲，竟隐匿不奏。侍郎吴省兰、李璜、太仆寺卿李光云，皆曾在伊家教读，并保列卿阶，兼任学政。其大罪十一。

军机处记名人员，和珅任意撤去，种种专擅，不可枚举。其大罪十二。

昨将和珅家产查抄，所盖楠木房屋，潜侈逾制，其多宝阁及隔断式样，皆仿照宁寿宫制度，其园寓点缀，竟与圆明园蓬岛、瑶台无异，不知是何肺肠？其大罪十三。

蓟州坟茔，居然设立享殿，开置隧道。附近居民有和陵之称。其大罪十四。

家内所藏珍宝，内珍珠手串，竟有二百余串，较之大内多至数倍，并有大珠，较御用冠顶尤大。其大罪十五。

又宝石顶并非伊应戴之物，所藏真宝石顶有数十余个，而整块宝石不计其数，且有内府所无者。其大罪十六。

家内银两及衣服等件，数逾千万。其大罪十七。

且有夹墙藏金二万六千余两，私库藏金六千余两，地窖内并有埋藏银两百余万。其大罪十八。

附近通州、蓟州地方，均有当铺钱店，查计资本，又不下数十余万，以首辅大臣与小民争利。其大罪十九。

伊家人刘全，不过下贱家奴，而查抄资产，竟至二十余万，并有大珠及珍珠手串，若非纵令需索，何得如此丰饶？！其大罪二十。

其余贪纵狂妄之处，尚难悉数。

经刑部严刑审讯，和珅对上述指控大多供认不讳。大学士、九卿等文武人员及翰詹科道官员经过会议之后，请求皇上将巨贼和珅照大逆律凌迟处死，将福长安照朋党律斩首，并请立即正法。这时，便轮到嘉庆帝做最后的裁决了。

和珅亡身破家已成定局，皇妹和孝固伦公主无论怎样求情，也无法使皇兄饶恕他的公公犯下的罪孽。无可奈何之下，只求能保全和珅的家眷，以及和珅的肢体。为了顾全父皇及皇妹的体面，嘉庆帝作了一些非实质性的变通。正月十八他下达上谕：

和珅种种悖妄专擅，罪大恶极，于法实无丝毫可贷。因思圣祖仁皇帝之诛鳌拜，世宗宪皇帝之诛年羹尧，皇考之诛讷亲，此三人分位与和珅相等，而和珅之罪尤为过之。从前办理鳌拜、年羹尧皆蒙恩赐令自尽，讷亲则因贻误军机，于军前正法。今就和珅罪状而论，其压搁军报，有心欺隐。各路军营，听其意指，虚报首级，坐冒军粮，以至军务日久未竣，贻误军国，情罪尤为重大，即不照大逆律凌迟，亦应照讷亲之例，立正典刑。此事若于一二年后办理，断难宽其一线。惟现当皇考大事之时，即将和珅处决，在伊固为情真罪当，而朕心究有所不忍。且伊罪虽浮于讷亲，究未身在军营，与讷亲稍异。国家本有议亲议贵之条，以和珅之丧心昧良，不齿人类，原难援八议量从未减，姑念其曾任首辅大臣，于万无可贷之中，免其肆市。和珅著加恩赐令自尽。此朕为国体起见，非为和珅也，至福长安受皇考厚恩,即居和珅之次,且与和珅朝夕聚处,于和珅罪状,知之最悉,……乃始终并无一语,是其有心扶同徇隐,百喙难辞,……即照大学士等所请按例办理,实罪所应得。但科道中并未将福长安指款参劾,而所抄资产,究不及和珅十分之一二。和珅现已从宽赐令自尽,福长安亦著从宽改为应斩监候,秋后处决。并著监提福长安前往和珅监所,跪视和珅自尽后,再押回本狱监禁……

在这道上谕下达之前,因在刑部大狱中的和珅预感到大势已去,时日无多了。他触景生情,把自己对嘉庆的怨恨以及对往昔岁月的眷恋,写进了他的《狱中对月》诗:

> 夜色明如许,嗟余困不伸;
>
> 百年原是梦,廿载枉劳神。
>
> 室暗难挨晓,墙高不见春;
>
> 星辰环冷月,缧绁泣孤臣。
>
> 对景伤前事,怀才误此身;
>
> 余生料无几,空负九重仁。

在这种诗中没有和珅对自己罪行的反省,而更多的则是他对嘉庆的怨恨,这种怨恨在他临死前所写的绝命诗中,变成了一种隐晦的诅咒:"他时水泛含龙日,认取香烟是后身。"

正月十八日黄昏,执法官到监狱公布了嘉庆帝的圣旨,和珅领旨后,留下了文章开头提到的四句绝命诗。然后对儿子和福长安说:"我们一起为先帝效命很久,本来应当一道同归。今皇上已有钟爱之臣,我们已经没有存在的必要了,我就先走了。"说完,挂好白练,将脖子套入,福长安等跪在一边眼睁睁地看着和珅气绝身亡。此时的和珅不但丢掉了他的阳宅,连在蓟州营建的阴宅也被全部拆除。他的儿子丰绅殷德只得在原墓地附近寻了一块地方将他草草掩埋。曾经气焰熏天的和珅,曾经富甲天下的和珅,终于同他的富贵荣华一起烟消云散了。

和珅死后,于嘉庆元年(1796)病死于"剿"苗军中的和琳,也被削夺所赐公爵,撤出太庙,拆毁所立专祠。丰绅殷德因皇妹和孝固伦公主的原因,仍留袭伯爵,但只能在家安住,不许出外滋事。丰绅殷德后来慕道,向方士们学习养生之道,结果得了喘痰,号咳了几十天后死掉了,死时还不到不惑之年。大学士苏凌阿系和琳姻亲,和珅引他入相,年逾八十,老态龙钟,强令退休回家。侍郎吴省兰、李璜、太仆寺卿李兴云等,统是和珅所引用,黜革有差。真是树倒猴狲散,恃人不久长。

慈禧宠监

——李莲英

名人档案

李莲英:名叫李进喜,进宫 14 年后才由慈禧起名莲英。出生在直隶河间府,今河北大城县臧屯乡李贾村人。

生卒时间:1848~1911 年。

性格特点:十分聪明乖巧,善于揣摩主子的脾气和爱好,千方百计地讨主子欢喜,还能时时处处谨慎小心。

历史功过:李莲英作为阉宦势力的代表人物,活跃在清末政治舞台上,长达半个多世纪。

名家评点:墓志铭中说他"事上以敬,事下以宽,如是有年,未尝稍懈。"

童年凄苦

大清道光二十八年(1848)十月十七日,直隶河间府大城县李贾庄一贫苦的农家又添丁了。家境贫困的李老头为给孙子起个叫得响的名字,一大早起来,拎着 20 个鸡蛋、二斤桃酥,冒着风寒到三里地外私塾张先生那儿去请讨名字。张先生摸着雪白的胡须沉吟了良久,徐徐地对李老头说:"当今天下大乱,内有奸臣当道,外有匪夷入寇,英雄含泪,百姓思治,就让他叫个'英泰'吧。"傍响,李老头如同奉了圣旨,一溜小跑回了家,给老伴、儿子胡胡里(因会拉二胡,故名)和儿媳曹氏报信儿,于是,这个男孩就成了李家祖孙三代中第一位有名有姓的人了——大号"李英泰",小名"灵杰",取人杰地灵之意。

俗话说:"3 岁看大,7 岁看老"。小灵杰 3 岁时发生过一件鸡毛蒜皮的小事,后来被人附会成为李莲英净身入宫做太监的本原。是否如此,且姑妄听之吧:

一天,母亲曹氏抱着小灵杰在院子里拉屎,刚好,一条小黄狗摇着尾巴跑过来,看见地上的一摊屎，晃悠晃悠地就过来吃了个干干净净，吃完了，那条小黄狗伸伸舌头舔舔嘴唇，仿佛还不过瘾。曹氏于是把小灵杰的屁股蛋凑上去让小狗舔。小黄狗正专心致志地舔着，这时刚巧李老太太从外面进来，一看这情景，就大惊失色地训斥曹氏说：

"哎呀！这可不行。你想让小灵杰去当老公呀！"

说着抄起一把扫帚朝小黄狗打去，小黄狗痛得"嗷嗷"叫着一瘸一拐地跑走了。李老太太意犹未尽，拿平常从未有过的语气对曹氏喋喋不休地进行训导：

"你们这些年轻人呀，就是粗枝大叶，摆弄孩子可不像干地里活，功夫到了自然能有好收成。小孩子的事可就难办多了。你没听说西庄那个狗咬老公吗？就是小时候他妈把他拉屎，叫小狗过来舔屎，让小狗把'小鸡巴'给咬去了，长大讨不着媳妇。只好去当老公，闹了个断子绝孙，断了张家那一支香火……记住，以后可千万不能这样了……"老公是这一带对太监的俗称，曹氏自然明白。打这以后，她再也不敢在孩子拉屎时把狗唤过来了。

这事按说没什么大不了的，但后来，小灵杰跟着父亲背井离乡来到北京城时，有一个算命先生给他算过一卦，一口就算出了小灵杰小时候的这件事，并说就是那条小黄狗坏了李莲英两腿之间的"风水宝地"，虽然日后也能安享荣华富贵，飞扬跋扈，但却只能去当太监了。算命先生是否有真才实学抑或是信口开河瞎猫碰了个死老鼠，我们也无法下断语，反正小灵杰最终是走上净身入宫之路，那就权当其跟此事有关吧。

秋去春回，寒来暑往。转眼几年过去了，小灵杰已经7岁了，虎头虎脑，机灵活泼，成了全家人的宝贝。这小灵杰一落地便在举手投足之间显示出那么一点特别，他在离开娘胎之后没像其他孩子那样手舞足蹈大哭不止，仅仅象征性地哭了一下，似乎是表示对母体的那种眷恋，然后便安详地躺着了。经过些世面的老太太当时就说，这小子不同常人，日后说不定会成大气候。

天有不测风云，人有旦夕祸福。活蹦乱跳的小灵杰不知什么时候膝盖旁长出了个疮，不几天就肿得像柿子那么大，疮口上有大小七个窟窿眼，有两个还向外沁着浓水。小灵杰躺在炕上，几天工夫就瘦得脱了相，脸也走了形，神志不清，痴痴呆呆地喃喃自语。小灵杰的父母如热锅上的蚂蚁，急得团团转。可家贫如洗，无钱求医，只得东跑西颠，到处寻土方找验药，可都不奏效。儿是娘的心头肉。曹氏看着儿子病成了这个样子，无计可施，坐在炕边暗自垂泪。

这天，忽听外面一江湖郎中吆喝，心想：江湖野医见多了，凡这号人，大多凭一张能将稻草说成金条的嘴，说得你晕头转向，然后装模作样地给你一味药。等你不见效再去找他时，他已经跑得无影无踪了。所以听着也没去理会。忽然，小灵杰睁开眼，气息微弱地冲着她说：

"妈，你去把这个先生请来吧，说不定能治好呢！"

听着儿子的恳求，曹氏也就动了心，反正是有病乱投医，保不准就碰巧能治好儿子的病。于是曹氏来到门外。定眼一看，是个道士，不自觉地产生了一种希望。她一面把道

士往屋里让,一面讲述儿子的病情,道士只是颔首微笑,进屋看过伤口,道士面色一下子沉成潭水,叹气说:"这孩子长的是'人面疮'啊!治倒是能治,可是疮怕有名,病怕无名,这疮可是难治得很……"曹氏以为道士在卖关子多要钱,急忙地说:"道长,你开开恩救我儿一命,多少钱,我们做牛做马也凑给你!"道士连忙摆手:"女施主误会了,出家人向不谈钱,耻于谈利,跳出三界,不在五行,女施主这么说分明是折杀贫道。"说着话,道士从布袋摸出一粒黄澄澄的丹药,让曹氏以无根之水在夜里天交子时给小灵杰服下,即可痊愈,并信口吟出二句偈语:

"若要逢凶化为吉,不入空门入皇门。"

又是几天过去了,小灵杰喝了由无根之水冲服的丸药,病情渐觉好转,而这在李家人的心里无疑又加重了那句"不入空门入皇门"的话的分量。

事也凑巧。小灵杰的疮病传到曹氏娘家,亲戚们也都很着急。她的一个表兄沈玉兰在宫中是个内监管家,侍候太后。这几天,正好探亲在家,听说后,就拿出了五两银子打发人送到了李家。

这五两银子对过惯凄苦日子的李家来说,简直就是天上掉一个金元宝,从来连想也未敢想过,全家人高兴得几乎昏了头。小灵杰听着大人的议论,眼里顿时有了神采,冲着他爹说:

"爹,当老公这么有钱呀?我想去当老公!"

小灵杰的话说得轻描淡写,可在父母听来,不啻是晴天霹雳,当头棒喝。

这时,小灵杰想的是什么呢?

他倒觉得当老公没啥子不好,相反,好处是大大的有,穷苦人家出身的孩子要想有个出息赚大钱,仔细想想也无别的出路。当老公吃皇粮虽然不敢确保一定能混的出人头地,可到底有一半的希望。俗话说,三十年风水轮转。历朝历代的皇上换了那么多代,没有哪一代的皇上不用老公。按理说老公也该算是三百六十行的一行,三百六十行,行行出状元,小灵杰认为不管在哪一行只要干出名堂,就能捞到实惠,只要捞到实惠,就能过得舒服,只要你过舒服,管别人看得起看不起呢?别人看得起你,难道你就能比谁多长一块肉?难道天上能凭空掉下个金元宝让你捡?该穷还是穷,该填不饱肚皮还是填不饱,看得起能顶个屁用!就说看不起,你走过去之后,大家伙纷纷对着你脊梁骨吐唾沫,背后骂你祖宗十八代,骂吐不都是白扯,淹不死你也骂不死你。这样的好事,何乐而不为之。对老爹老妈那套所谓对得起良心的论调,小灵杰越来越觉得不合心意。可到底怎样才能说服爹妈改变想法呢?

一天傍晚吃饭时,小灵杰突然刷一声从裤腰带上拔出一把匕首,用力往桌上一插,匕首还在不停地颤动,他就冲着爹妈说:

"爹、妈,我再次说一遍,我一定要去做老公。我意已决,谁要再敢劝阻我半个字,我言出必践,就用这把刀把我自己捅死。你们可以防备我一时,可终究不能防我一世!"说完,饭也不吃,鞋也不脱,和衣上炕躺下睡觉去了。

一连几天，家中火药味很浓。小灵杰却一如往日，嘻嘻哈哈。他觉得这一回合爹妈是输家，他是赢家。因为，爹妈肯定不希望他去死，再说，当老公后若有发迹，他又不会忘记爹妈，会尽量让他们锦衣玉食，颐养天年。有了这一点心理支撑，他简直觉得爹妈现在就是受再大的苦都值得，因为总有一天他们会苦尽甘来！

果然不出所料，曹氏夫妇终于服了输。他们输的时候完全平静下来了，对小灵杰说："你想咋办就咋办。"神情平淡自然。他们也不愿意让儿子这么跟自己苦熬一辈子。他们之所以不愿意给儿子灌输关于荣华富贵的理论，只是因为他们认为那些东西不属于他们，那个世界也不属于他们。他们自己生来就是苦命人，就得苦一辈子。他们这一辈子完了，并不希望儿子都像他们那样一辈子抬不起头来。有时他们也想帮助儿子脱离苦海，但他们没有这个本事。现在儿子执意要去当老公，也不一定就是坏到底的事。依眼下看来，要想出人头地也似乎只有当老公这一条路可行得通了，走别的大路，对他李家来说，都只是可望而不可即的。像他们这样穷苦的平民百姓，如何能让下一辈过得富足华贵，不是没想过。而且是经常地想，只是那时还有空门一个选择。现在儿子以死明志，帮他们走完了这个进退维谷的历程，使入皇门的种种长处又在与出家入空门的对比中放出了光彩。

下一步，该开始张罗着准备送小灵杰净身了。因为李家是头一次干这种事，具体有些什么环节、要求、必备品等都不晓得，向外人打听又不好意思，而且也说不明。所以胡胡李决意过年前去京城一趟，按沈玉兰留下的地址去找他详细询问。

一切准备停当。

咸丰六年二月十八日，胡胡李、曹氏和儿子小灵杰来到京城，住在了沈玉兰给安排的屋子里。

这一夜是最难熬的一夜。

他们三人聊了半夜。爹妈又重说了许多嘱咐的话，让儿子不要在名利场中丧失自我，不要一进皇门就忘了爹娘，忘了做人的道理，等等。胡胡李躺下后一个劲儿翻身。曹氏一夜未合眼，跪在香案前祈祷到天亮。小灵杰睡了一会儿，他觉得一切都顺理成章，无所谓害怕与恐惧。早上起来后，他发现老妈的眼泡红肿，他喊老妈，老妈根本不理他，甚至连头都懒得回，看都不看他一眼。

十九日，这是卜择的良辰吉日。胡胡李找了辆排子车，拉着儿子和应送的东西，在鸡叫头遍时就出了门，开始了本文开头的那一幕情景。

一朝发迹

咸丰六年(1856)八月十三日，紫禁城。

仲秋气候最为宜人，太阳斜斜地滚动在紫禁城的面栋雕梁上。

在一个老太监的引导下，小灵杰等三十个大大小小的充作太监的人一律穿着宽大的蓝袍子进入皇宫，站成一排。

不一会，只听远处一阵珠落玉盘的欢笑渐渐逼近，正前方走来了一群旗装丽人，为首的正是懿贵妃叶赫那拉氏。是年22岁的懿贵妃于三月间生下了后来的同治帝载淳，倍受咸丰皇帝宠爱，对她的要求大都依从，这次就是她亲自向咸丰皇帝提出要来挑选童监的。

懿贵妃走近队前，翻着名册，轻声地喊道："李英泰!"这时初进皇宫的小灵杰脑子一热，忘了老宦官教他的对答时应用："奴才'在'或'扎'，不自禁地答道："嗯——哪"!这是河间府人晚辈对长辈教诲恭听时的谦词，可在此处是断然行不通的。只见懿贵妃把粉脸一寒，"哪儿来的小野种，给我掌嘴!"这时，冲出两个年轻的宦官，其中一个抓住他的脖子，另一个左右开弓。"噼哩叭啦"一顿耳光，足足有二十多下，才听见懿贵妃幽幽叹了气："算了，乡下人不懂规矩，饶他一次吧!"两个太监一松手，又把他结结实实地扔到地上，摔得他头晕眼花，金星乱冒。此时又听到懿贵妃说：

"李英泰!"

"嗯——哪!"

"这个没教养的土包子，再给我掌嘴!"

两个年轻的宦官走上前如前法炮制，又是二十多个大耳光子。小灵杰觉得自己脸肿了，胀得难受，火辣辣的，嘴角似乎流了血，他不敢去擦，因为那两个宦官这次把他又掼到了懿贵妃脚下，他的鼻子尖离那双玲珑乖巧的小脚仅有一指长，他看到懿贵妃的鞋尖上镶着一颗硕大的珍珠。

"李英泰!"

"奴才在!"小灵杰终于找到了感觉。

"好! 还不是榆木疙瘩! 小安子，记下来这个小子我要了!"这个被称为"小安子"的，就是太监总管安德海。

小灵杰大喜过望，忙不迭地磕头谢恩，懿贵妃却再也不理他，又往下点了一串人名，一个也没相中。小灵杰趴在地上不停地磕头，懿贵妃临走前终于发现了这个头磕得梆梆响的小人，她似乎感到有些好笑，后边有几个侍女已经吃吃地笑出声来，懿贵妃说：

"李英泰——这个名儿咋那么别扭，我给你改个名儿，以后你再别叫英泰了，叫莲英吧!"

小灵杰又是鸡啄米般一阵磕头，环珮叮当渐去渐远，他也全然不知，那个引他来的老太监把他从地上扯起来，小家伙抬头一看，懿贵妃早已没了人影，只有浓郁的香气挥之不去，仍丝丝沁人心脾。他呆了半晌，老太监摇了摇头，意味深长地对他说：

"懿贵妃看得起你，这是你的福分。慢慢混吧! 前途无可限量啊!"

……

从此，小灵杰的大号成了李莲英。

是时，懿贵妃住在长春宫，李莲英工作地点也就在长春宫。因他年龄小，重活干不大动，再加上他又是资深老太监沈玉兰的同乡，故当班的宦官都给他派的是轻活，如洒扫庭院，擦拭摆设，浇花喂鸟，坐更值夜等。可让一个9岁的孩子，一天到晚把全部精力消耗在这重复繁杂的机械劳动中，那也并不是好忍受的，可对他来说，除了忍受是别无选择的。不久，沈玉兰又和李莲英做了一次长谈，因是老乡又加上沾亲带故，所以沈玉兰说的也是语重心长、推心置腹了。他说："眼下，你就得当奴才，要想出人头地，首先得学会当奴才，首先得学会怎样讨主子欢心。这门学问很深，要有灵气才行，否则深宫禁地，奴才的命去一个还不如你在外面踩死一只蚂蚁值钱。今儿还好好的，明儿说不定就得受气毙。大清圣明皇上体恤咱们已挨过一刀，对太监没有制定挨刀的刑罚，只有气毙，就是用湿草纸蒙脸，让你没法出气憋死。

当小太监要往上爬，必须得眼明、手快、心灵。进宫后，得先认一个老太监为师傅，能当师傅的都是地位、年纪大的太监，在深宫锤炼了几十年，里里外外都是拿得起放得下的人。俗话说，一日为师，终身为父。徒弟跟师傅学习礼法，师傅就可以名正言顺用徒弟做自己的仆役。这是礼法，这时候你就得聪明些，尽量把师傅侍候好。

内庭之中到处都隐藏着刀光剑影，妃嫔争宠，数宫争端，不管因何而闹，也不管闹成啥样子，有一个结果是一样的，也就是谁败下来谁的太监就得做替罪羊而丢掉性命。所以，宫廷之中对任何人来说都是时时处处存在陷阱，你只能小心翼翼地往前试探着走，一步也不许出错，一步错了之后，你以后就再没错的机会了，就只有死路一条。自大清开国以来，有名有姓的太监能活着出宫的屈指可数。因而，这就存在一个择主而事的问题。如今大清的皇宫里，比较厉害，能弄权，有眼光，日后不难控制局势，可助你飞黄腾达的，恐怕就数懿贵妃了。安总管当初投靠懿贵妃时，懿贵妃还是一个小小的秀女，他们俩也算是同舟共济、同甘共苦了。安总管为人不管怎样，他能混到这一步天地绝对与他的深远眼光有关。你能被懿贵妃选上，说明你有了从天而降的大好时机，一定要好好抓住这个机会，多看、多想、少说话、多做实事，要善于从一件不起眼的小事中分析出一个天大的窟窿来。

要在宫内安身立命也不容易，你需把自己培养成一只笑面虎。笑是为了保护自己，不得罪人，让人对你放松警惕，让人觉得你不值一提或说不会威胁他的利益。虎咬死别人，说到底，主动进攻去咬死别人的目的还是为了保护自己。在皇宫内，防人之心不可缺，害人之心也不可缺，仅仅学会防人远远不够，防御的最佳手段就是主动进攻，要想往上爬就得一步步清理掉绊脚石。先下手为强，后下手遭殃，成功和失败之间的差别有时往往就决定谁先动手的那短短的瞬间。要想治人，不能心慈手软，不留后患，斩草务必除根。

细微的事还很多，诸如称呼、犯讳、请安、说话、斟茶、倒水、摆膳、递物等都各有各的规矩，半点也马虎不得。

在皇宫里我混的年数也不少，总认为自己缺些什么，要是等有棍子敲到头上时才忽

然明白,那就什么也晚了。

总之,人心隔肚皮,你想想出人头地,就得有高人一筹的本事,你好生体会吧!"

两人一直坐到天快黑时才出屋。沈玉兰显然是动了感情,说得眼圈发红,声音呜咽。李莲英先是吓了一头汗,之后他又觉得大内皇宫整个成了阴风惨惨的白日鬼城,最后反思了一下自身,后悔自己许多言行,说不定以前的这段时间里已有不知多少次都踏上了死亡陷阱的边缘,幸亏没有掉进去。

……

光阴荏苒,日月如梭。

不知不觉中李莲英已在皇宫里呆了十个年头。这十年,他严守宫禁,小心谨慎地侍候师傅,尊敬长者,手脚勤快,一言一行都特别注意。又因为他诙谐幽默,能说会道,再加上善于见机行事,所以不但在师傅眼里红得发紫,就是周围一些本来很不以他为然的大小太监,也不得不对他刮目相看,认为这小子是个人才,以后有前程,因而大家都称呼他为"小李子"。小李子知道这些太监对他高看,但他仍旧兢兢业业,尊老助幼。于是大伙越来越对他另眼相看,连师傅也不得不常常向他讨些主意。因为他的主意不但多,而且妙。你能想出来的他不想,往往另辟蹊径,却又一矢中的,用来指导办事干净利索。他的主意往往出人意料,你听他说后会觉得自己就差一丁点儿也就想到了,可问题就差在这一丁点儿上,分出了高低。不服不行,小李子就是技高一筹。

俗话说:"跟着好人学好人,跟着巫婆学跳神。"聪明伶俐的李莲英也从阅历中很快就悟出了一个道理,要出人头地,首先必须讨得主子的欢心,受到主子的宠信。所以,他四方窥测,寻找一切可能的机会去接近有权有势的人。可尽管李莲英苦思冥想,机会却一直与他无缘。

正当李莲英一筹莫展、无计可施时,命运之神却主动向他垂青。

当时,长春宫的主人懿贵妃叶赫那拉氏,因生皇子载淳是咸丰帝的独子,母以子贵,所以懿贵妃在宫中地位越来越高。懿贵妃有一头长长的黑发,散下来如小瀑布一般,她对那头黑发特别珍爱。这一珍爱不打紧,专司负责给她梳头的太监就吃不消了。因每次梳头,她都找碴揍人,所以梳头房的太监个个都不愿去给懿贵妃梳头。

一直在宫中打杂的李莲英从师傅那里听到此事后,认为这是天赐良机,必须抓住不放。于是他向师傅请示说:

"让我去试试给主子梳头。您看行不?"

"小李子,这事可不是闹着玩的。主子的为人你又不是不晓得,万一有个差池……"没等师傅说完,李莲英似已胸有成竹地说:

"师傅,您栽培我多年,还不了解我?我想过了,世上无难事,只怕有心人。只要你能给我一个月的工夫到外面学一学,我定会让主子满意。"

看着李莲英那十分有把握的样子,师傅也就同意了。

俗话说:"馋做买卖懒出家,想看媳妇卖绒花。"这话一点儿也不假。不过李莲英看的不是媳妇，而是烟花女子。他深知女人里面最会打扮的应该首推她们，因为这是职业的需要，于是，他出宫后，找个杂货店买了一个小竹篮，篮里装了些生发油、宫粉、胭脂、绒花、通草之类的闺秀梳妆之物，从此叫卖于八大胡同的花街柳巷，出没于妓院粉头之中。功夫不负有心人，二十几天下来，城内妓院里的各种梳头样式差不多都让他看了个遍，学了个遍，李莲英也很快掌握了梳发技巧。一个月后，李莲英请求师傅推荐自己为懿贵妃梳头。师傅知道懿贵妃性情阴诈，不好侍奉，万一推荐的不当意，主子首先要惩罚的是他，所以就劝李莲英还是不去为好。可李莲英心意已铁，非去不可。师傅无奈。在向懿贵妃请安时，乘机推荐了李莲英，懿贵妃正为梳头的事烦恼伤心，听到有人推荐新人，也就十分高兴地允诺了。于是李莲英入梳头房供事，负责给懿贵妃梳头。

李莲英入梳头房后，察言观色，处处更为谨慎，一次，他仿照先前在妓院观察到的新发型，小心翼翼地把懿贵妃的头发分成左、右两把，然后相交在头的前部，并让它高高突起，光泽明亮，既蓬松，又自然。后面两缕头发分开，垂于脑后，如同燕尾，前面两鬓，头发略微向前弯，犹如凤尾低垂。再加上懿贵妃的凤眼丹唇，越发显出秀中生媚。梳理完毕，懿贵妃对镜相照，只见一点一式恰到好处，既有青春浪漫之气，又不失雍容华贵之福态，懿贵妃左顾右盼，十分高兴。不久，李莲英就被升为梳头房小头目。从此，开始了他的发迹史。

割肉疗亲

咸丰十年（1860）八月十三日。

英法联军攻陷大沽，天津失守，进逼北京，咸丰帝以巡幸为名出逃热河。那拉氏、李莲英等也随同前往。

咸丰到热河后，感到体力不支，经常痛泄呕血，而他本人又纵于声色，花天酒地，病情日渐加重。

咸丰十一年（1861）七月十六日，热河避暑山庄烟波致爽殿。

奄奄一息的咸丰帝把怡亲王载垣、郑亲王端华、协办大学士肃顺、御前大臣景寿、军机大臣兵部尚书穆荫、吏部左侍郎匡源、署礼部右侍郎杜翰、太仆寺少卿焦祐瀛等8人召致榻前，传授遗诏，立皇长子载淳为皇太子，任命载垣等8个为"赞襄政务王大臣"，辅佐载淳。次日，咸丰病死，年仅6岁的载淳即位，是为同治帝。皇后钮祜禄氏被尊为慈安皇太后，载淳生母那拉氏被尊为慈禧皇太后。

咸丰帝一死，原已露出端倪的权力之争立刻公开而全面地爆发出来了。载垣、肃顺等"顾命八大臣"以前曾和咸丰帝谋议废除懿贵妃，故慈禧对载垣、肃顺等人掌权十分不满和担心。因此，双方开始了一场你死我活的争夺最高权力的殊死大搏斗。在这场大搏斗中，两方都需要寻求并获得第三种力量的赞助和支持。在这关键时刻，慈禧想到了留

守北京的奕䜣。恭亲王奕䜣是咸丰帝的异母兄弟，道光皇帝的第六子，时称"六爷。"在道光皇帝的遗诏中，除立奕䜣为皇帝外，奕䜣是唯一被封为亲王的皇子。论能力才智，奕䜣是高于咸丰帝的，因此咸丰帝对他多有戒备和防范。又由于载垣、肃顺等人在咸丰帝面前屡进谗言，因此，奕䜣长期以来郁郁不得志。但奕䜣的势力是强大的，他掌握着清王朝的外交大权，得到外国列强的支持。在内阁和军队中，也有他的众多同党。慈禧正是看准了这一点，决定利用奕䜣与载垣、肃顺等人之间的矛盾，借助奕䜣的势力，以铲除自己的敌手。此时，奕䜣正在北京办理外交事宜，慈禧便让李莲英赶赴北京联络奕䜣。据说，为怕泄露消息，慈禧把密诏藏在李莲英的头发里，让他到京后亲自转交奕䜣。李莲英冒着砍头危险顺利地完成了任务。奕䜣看到密诏，正中下怀，在北京做好了政变的准备。

九月二十三日，小皇帝载淳恭奉咸丰帝梓宫回京。两太后与载淳间道先行，载垣、端华、景寿、穆荫等人随从，让肃顺跟随梓宫后行，并让慈禧的妹夫醇亲王奕譞与肃顺同路，以便监视。二十九日，慈禧先于咸丰皇帝的梓宫回到北京，立即同奕䜣进行了密谋，次日，载垣、端华等辅政大臣到宫中军机处办公时被伏兵逮捕；护送咸丰帝灵柩的肃顺也在回京途中的密云被抓获。十月初六，颁发上谕：载垣、端华被赐死，肃顺问斩，其余五位均被发配边疆充役，肃顺势力被慈禧彻底摧垮。慈禧、慈安两宫太后"垂帘听政"，改年号为"同治"，意为慈禧、慈安两宫共同治理国政。是年为农历辛酉年，故史称"辛酉政变"或"北京政变"。又因载淳即位时拟用"祺祥"为年号，故又称"祺祥政变"。

在这场争夺最高统治权力的殊死斗争中，李莲英为太后垂帘听政立下功劳，故倍受慈禧宠信。不久，就成为敬事房首领，御前近侍。李莲英自此也跻身于慈禧面前的红人之列。经过长期的观察揣摩，李莲英为自己确立了两条处事标准：凡是主子喜欢的，就尽力为之；凡是主子不喜欢的，要尽力戒备之。他要让慈禧看他顺眼，听他说话顺耳，用他办事顺心。而且，更重要的是，要让慈禧感到他李莲英是她时刻不可离开的人，否则，自己充其量也不过是一条无所作为的叭儿狗。

在李莲英看来，慈禧爱美、爱表现、爱虚荣、爱听好话，心胸狭窄，嫉妒刻薄而且爱报复别人。她有一句名言："谁叫我别扭一阵子，我叫他别扭一辈子。"对此症下药，李莲英决定逆来顺受，巧为周旋，把准那两条原则不放，对她奉若信主，毫不懈怠，不着影子的马屁拍得山响。

慈禧感到李莲英这小子狡猾刁钻，工于心计，说瞎话不眨眼睛。她正是用人之际，牢牢抓住这个小李子用心培养，以后肯定会独当一面，比小安子（安德海）应该只有过之而无不及。

李莲英的逐渐走红，引起了大总管安德海的不满。安德海可是跟着慈禧打过天下的。当初慈禧还是兰贵人时，他就为兰贵人出谋划策，为虎作伥，不计生死，披肝沥胆，才有今天的地位。而李莲英这个乳臭未干的毛小子，竟然平步青云，看来似有取代他之势，安德海自然不服。李莲英深知自己有多大斤两，作为一个新贵他要暂避安德海的锋芒。等到有一天自己羽毛丰满，权柄到手，别说一个安德海，就是十个绑在一起，也仅是十个狗肚子装不下二斤油的料。李莲英自认为干倒他安德海是小菜一碟。所以他要忍耐,寻找时机。

可惜的是,安德海没有活到被李莲英干掉的那一天。

同治八年(1869),安德海公然违背"太监不得在外招摇生事"的祖制和禁令,在慈禧的默许下,到江浙一带织办龙衣。他耀武扬威地携带歌姬美女、童男童女多人,出京后,一路上招摇过市,敲诈勒索,鱼肉乡民,作威作福,结果,由于山东巡抚丁宝桢参劾,奕䜣、慈安与同治帝共同商议,背着慈禧密下谕旨,将安德海捕获于山东泰安境内,就地正法。时慈禧太后闻知消息后,持诏书飞马去救,沿路跑死数匹快马,还是晚了一步。慈禧虽然心里难过,还找慈安他们几个大哭大闹了一场,安德海毕竟是活不过来了。再说,慈禧也日渐发现,安德海确实不是将才,鼠肚鸡肠,无容人之量,又鼠目寸光,现既死也就拉倒吧。但她需要一个助手心腹为其争权夺利,自然而然,李莲英成了首当其冲的人选。

"桃僵李代。"早在同治四年(1865),慈禧就授意安德海举荐李莲英"行走谨慎,为人诚实",然后亲自批准李莲英晋升为首领太监,并赐予六品顶戴花翎。安德海死后不久,慈禧就对李莲英说:"小李子,以后咱娘们还得多长点心眼,耳朵放长点。他们既然敢杀安德海,不知什么时候会把刀放在你的脖子上,别等死了还不知是怎么回事。"又说:"你是我看着长大的,眼下你的本事也不比小安子差多少,以后还是咱娘们靠紧些,相依为命吧!我本想把你晋升为内廷大总管,可是,太后、亲王、大臣们动辄就搬出祖宗家法来。迟早有一天我要把祖宗家法全推翻。小李子,只好委屈你了,暂且当个内廷副总管吧!"这是公开的相互勾结,明目张胆地纵容李莲英干政。所以,就在安德海被捕杀后不久,李莲英便当上了太监副总管,官职也由六品晋升为四品。这样一来,李莲英不费吹灰之力,捞了个内廷二总管,大权在握,自谕龙骧虎步,高下在心,对慈禧更是忠心耿耿,愿为之赴汤蹈火,万死不辞。

1874年,冲龄即位的小皇帝同治因外出寻花问柳而沾染性病,医治无效而殡天。十二月初五,年仅4岁的载湉即位,是为光绪皇帝。光绪即位时也是个不懂事的小孩子,自然没法争权夺利。再说光绪是外人,不如自己的亲生儿子用起来得心应手,慈禧太后决定主动出击,消除障碍。同治帝死后,她先是逼死了正直善良的同治帝的皇后。然后,斗争的矛头便指向了东宫孝贞皇太后——慈安。慈安太后一向恬静隐忍,一味退让,故没有酿成大的冲突。可卧榻之侧,岂容他人安睡?尽管慈安是一个手无缚鸡之力而且心慈手软、菩萨心肠的懦弱女人,慈禧也坚决要把事实上的两宫太后主政变成自己大权独揽。然而,慈安一日不死,一日就是两宫太后主政。慈禧不需要有实无名,她要有名有实。当然,慈禧发动进攻赖以倚仗的左右臂便是内廷二总管李莲英。

光绪七年(1881)二月,虽说时已近春,而西北风依旧刮个不停。慈安太后偶感风寒,竟几日卧床不起。宣御医诊治,服药数剂,却不见起色。慈禧太后闻讯,一反常态,屡屡亲临探问,殷勤备至。这日探望慈安太后回来,刚进宫门,只见李莲英急匆匆地跑过来,趴在地上,神秘地说:"太后,奴才想到了个好法子。'东边'近日身子欠佳,太后难道忘了

'割肉疗亲'的故事?"说着,李莲英诡秘地眨眨眼,站在慈禧太后耳边嘀咕了起来。慈禧太后边听边点头说:"这法子不错,你要亲自去办。"

不大工夫,只见李莲英端了碗"人参臂肉汤"直奔慈安太后住所钟粹宫而去……

不知是太医药的作用,还是慈禧太后送的那碗"人参臂肉汤"起的效果,慈安太后多日不愈的病居然大有好转。

这日清晨,慈安太后觉得浑身轻松,遂下得床来,准备梳洗再上朝听政,忽然宫监入报说慈禧太后来到。两太后落座,互相捧茶递烟,忽然慈禧太后左臂不慎碰到茶几上,只听她"哎哟"一声,立即双眉紧缩,倒吸了一口气。慈安太后闻听急忙上前握住她的胳膊,却见一条白布露于袖外,上面殷殷有些血迹,忙问:"这是怎么回事?"

"没什么,没什么。还是等姐姐身体痊愈了,妹妹再告诉您吧,免得姐姐您……"

"这究竟是怎么回事?今日我已无甚病了,妹妹快告诉我,不然我会闹出病来的!"

慈禧故意深吸了一口气说:

"自先帝驾崩二十余年,你我姐妹患难与共,情同手足。姐姐有病,我心急如焚。平日读史书常见割股疗亲之事,因此妹妹我就……就割臂肉一片,与参汤共煎。看到姐姐病已见轻,我也就放心了。"说着眼眶里流出几滴泪水。

慈安太后闻听,就要上前解那白布,慈禧太后怕露出马脚,于是急忙阻拦说:"姐姐不必看了,怪吓人的。而且太医说了不要让风吹着。其实这点事算得了什么,姐姐不必记在心上。好了,您好好歇着,妹妹上朝去了。"其实慈禧哪会舍得自割臂肉,那是李莲英令手下人逮的一条大蛇和着从御膳房取来的一只大王八合熬的汤。

望着慈禧渐渐消失的背影,忠厚善良的慈安太后被深深地感动了。她想:咸丰帝的顾虑真是可笑。既然这样,还留着遗诏干什么?万一泄露出去……

事的起因正在于此。那又是怎么回事呢?

20年前。

慈安太后还是皇后身份,而慈禧太后的封号是懿贵妃。

"皇后,朕看来不久就要见祖宗去了。"面色枯黄、双颊显得异常清瘦的咸丰皇帝说:"临去前,朕要安排一件大事。"

听到这里,皇后眼里的泪水像断了线的珠子一样流下来,悲泣地说:"皇上不要说这样的话,只要静心安养,定会康复的。"

"你别拦我,这不仅仅是你个人的事,它是关系到我大清江山命运的大事。"咸丰帝用嘶哑的声音说:"懿贵妃越来越不成样子了!这阵子我倒觉得肃顺的话不错,他曾不止一次劝我行钩弋夫人的故事……"

"什么是'钩弋夫人'呀?"皇后问道。

"她是汉武帝晚年的爱妃,曾为武帝生了个皇子叫刘弗陵。武帝晚年特别钟爱这个儿子,最后还把皇位传给了他,就是汉昭帝。"

"那他的母亲就是太后了?"皇后又问。

"不然。武帝在驾崩前就把她处死了。"

皇后大惊:"这是为什么呀?"

"自古以来,幼主在位,母后掌权,一定骄淫乱政。这就是所谓'女祸'。"咸丰说到这里,郑重地看着皇后说:"你应当明白朕的意思了。朕决不会杀她。不过不能不提防着点,这个你拿着,一定收拾好。"说着,咸丰帝从贴身的衣袋里掏出一个折子,上面写着:

咸丰十一年三月初五谕皇后:朕忧劳国事,致撄瘤疾,自知大限将至,不得不弃天下臣民,幸而有子,皇祚不绝;虽冲龄继位,自有忠荩顾命大臣,尽心辅助,朕可无忧。所不能释然者,懿贵妃既生皇子,异日母以子贵,自不能不尊为太后;惟朕实不能深信其人,此后如能安分守法则已,否则著尔出示此诏,命廷臣除之。凡我臣子,奉此诏如奉朕面谕,凛尊无违。钦此。

......

后来,李莲英探知慈安太后手中有咸丰帝的遗旨,向慈禧做了汇报,搅得慈禧终日茶饭不香。不久,慈安太后患病,主奴两人合谋"割肉疗亲"之计。慈安太后一时动了感情,便当着慈禧的面,将咸丰帝这一遗旨拿出烧掉了。慈禧也终于解除了这块硕大的心病。

事隔不久,慈安太后刚睡过午觉起身,李莲英就使手下的太监小顺子提着一盒克食来到钟粹宫内,说:"奴才给太后请安,这盒子里的克食,是外臣呈进来的。我们太后说挺不错,让奴才送盒给太后您品尝。"慈安太后揭开盒盖,只见漆黑的大瓷盘中盛着十块鲜艳无比的玫瑰色蒸糕,松仁和枣泥的香味扑鼻而来。慈安太后忍不住就拈了一块放入口中,细细地咀嚼起来。不一会,慈安太后就觉得昏昏欲睡,内侍又把她扶到床上躺下,这时,只见慈安眼中的泪水和额上的汗水直流,面色惨白,口鼻之内涌流鲜血,不等太医赶到,便魂归瑶池。时在光绪七年三月初十。

这是李莲英为慈禧太后谋立的又一次"丰功"。

巡军藏锋

李莲英作为一个太监,竟作威作福近半个世纪而不倒,在这一点上,是他的任何先辈都弗与能比的。他集聪明伶俐、狡诈阴险于一身。善窥人意,处处迎合慈禧太后的心意,终由散役小太监历升为二品花翎顶戴,内廷大总管。举凡翰纲国政,无不参与。慈禧太后对其言听计从,从之必果,使得李莲英权势遮天,权倾朝野。

他之所以能够终生不失宠信,凌驾于诸王公大臣、文武官员之上,其手段莫过于迎合、谄媚慈禧太后的专横跋扈,揽权夺势,而投其所好罢了。李莲英常向其徒弟们传授这样一句"心经":要想做人,先学做狗。

光绪十二年(1886)四月,李鸿章筹建的北洋海军建成,奏请朝廷派钦差大臣校阅。慈禧太后命醇亲王奕谡前往巡视各海口。奕谡深知太后对他巡军不是那么放心,所以在

面见太后时,他提出说:"总管李莲英为人谨慎,品质高尚,请求派他一同前往。"以此来减轻西太后的猜忌。太后听后,正中下怀,当即允许。

消息一传出,朝野无不为之震惊,派个太监去阅军,这岂不是唐监军之祸复见于今日吗?但众人都慑于慈禧太后的淫威,不敢多说什么。消息传到天津,李鸿章可真是又喜又忧。喜的是这次醇亲王奕譞亲自来检阅,经费问题可望有着落;忧的是不知道慈禧太后葫芦里卖的什么药,居然派李莲英随从检阅。李鸿章深知李莲英是慈禧太后的宠监,醇亲王阅兵,让他随行,这是祖宗之法所不允许的,慈禧太后之所以这样做,必定有什么重要事情,故而整日提心吊胆。醇亲王还好应付,可对李莲英他却不得不加倍小心提防。李莲英的厉害,他可是领教过的。

那还是光绪初年。李鸿章接旨进京议事,一路风尘仆仆,抵京后稍做整理便匆忙进宫。这时李鸿章乃直隶总督,权高位重。李莲英本想他一定会给自己备份厚礼,可谁知李鸿章两手空空,于是懒洋洋地说了句:"喔,李中堂大人呀,实在抱歉,太后这会正歇着,没法通报。"一连三天,李莲英依旧是那句话,李鸿章气得浑身哆嗦,顿足捶胸。第四天,慈禧正在养心殿与恭亲王议事,心生疑惑:怎么李鸿章迟迟不进京呢?奕䜣冷冷说了句:"恐怕没带盘缠吧,李中堂三日前就已进京了。"慈禧一听,心里就明白了怎么回事,一语未发,写了道懿旨,立传李鸿章进殿议事。李莲英本想再难为李鸿章,一看太后的这道懿旨,只好作罢。第二天,李鸿章议事完返回天津,心中怎么也平静不下来:我李鸿章为大清名臣,竟被个阉官如此捉弄,太窝囊了。不行,哪怕是丢掉这顶戴花翎,也要杀死这个狗奴才。当下,就提笔写了封信,约李莲英赴天津述情,以消京城误会。

李莲英接信,心花怒放,心想可趁此去外边风光风光,于是去向太后呈报。慈禧见信中语言诚恳,便对李莲英说:"小李子,你上次也太过分了,李鸿章毕竟是咱大清的功臣,既然他这么说了,你去趟,向他赔个不是。可要牢记,路上别给我再惹出事端来。"

当下李莲英便带着小太监出了京城。一出京城,李莲英便把慈禧的叮嘱抛到九霄云外,一路上吃喝玩乐,好不威风。当他正痛快之际,慈禧太后却派人快马加鞭赶来让他立刻回京。李莲英就是一百个不情愿,也不敢不听,只好返回。慈禧见李莲英垂头丧气的样子,说:"你呀,平日里那么机灵,怎么这会糊涂了!你也不想想,李鸿章是好惹的人吗?你莫非忘了小安子是怎么死的?"经慈禧这一指点,李莲英方恍然大悟,想起来真有点后怕,差点中了人家调虎离山之计!

再说李鸿章,他听说李莲英出了京城,内心不由一阵窃喜,心想这下可让你知道我李鸿章的厉害。两天后,方知李莲英被慈禧追回,吓得心惊肉跳,深知此计已被太后识破,不知下步如何对付?急忙令人唤来儿子李经方商议。李经方还真不愧留过几年洋,脑子一转便想出了主意:李莲英不是贪财吗?那就修书一封,叙叙交情,再送些银两了事。于是,李经方就替父李鸿章修书一封。大意是:京师拜见以后,本想邀津一晤,略述友情,迩闻朝中公务繁忙,不能脱身,甚感遗憾。今差人送上白银20万两,为数微微,请勿见怪。太后面前,还望总管多多关照,他日赴京,定登门拜访。

看了李鸿章之信,李莲英嘴角露出一丝微笑:堂堂的一品大员,却被我李莲英治了个服服帖帖。恐怕这也是李鸿章一生中,感到最耻辱的事情了。

有了这段苦衷,李鸿章能不加小心提防吗?

四月十三日早晨,李鸿章率北洋水师及天津地方官员亲赴河口迎接钦差大臣。中午时分,醇亲王、李莲英一行浩浩荡荡抵达天津。

夜幕降临,醇亲王一行登船出海,坐的是北洋舰队最大的一艘军舰"定远"号。醇亲王的卧室就是总兵衔补用副将、定远舰管带刘步蟾的专舱。其次一间,就是留给李莲英用的。李莲英在房里转了转说:"莫非船上舱房都如此宽敞明亮?怎的这间与王爷的竟差不多呢?"陪同李莲英进房的天津海关周馥说:"船上最好的一间是王爷住的,再下来次点的就是李总管的这间了。"

"那李中堂呢,他在哪儿?"

"李中堂用的一间比你用的这间小些。"

"那怎么成",李莲英摇头说道:"李中堂是主人,乃高品大员,为咱大清驰骋疆场,名扬四海,咱家岂能与他相提并论?你替我换个地方。"

"总管不必客气,这都是李中堂吩咐的。"

"李中堂是敬其主而尊其仆!咱家岂能没个轻重分寸?周大人,如没地方换,我看王爷舱边那间套房倒蛮不错,咱家就住在那得了。"

李莲英为啥这般客气?原来这次出京前,慈禧太后一再叮嘱他要格外小心谨慎,他也唯恐一着不慎,落个安德海一般的下场!

再说周馥听了李莲英的话,直想笑掉大牙。原来那个套间是个"洋茅房",李莲英不识白磁抽水的"洋马桶",竟要在那里下榻。当然,周馥没敢明说,否则李莲英的面子怎么丢得起呢?只好答应找李鸿章请示一下。李鸿章听后,不由得大笑起来,但旋即便止,但就这一点看,李莲英远非安德海能比。第二天早上,李莲英又忙开了,只见他又是端水,又是送饭,有条不紊,醇亲王内心佩服不已,便说:"莲英,歇着吧。你也是李中堂的客人,不必为我费神了。"

"老佛爷交代过的,让奴才侍候王爷。"李莲英笑着说:"即使老佛爷不交代,奴才也是应该这么做的。"

"行了。你也是奉太后旨意出来的,何必讲这些礼教!"

经醇亲王劝阻,李莲英才歇手,但依旧守着他的规矩,悄悄肃立在门口。见到李鸿章也照样请安,一点都没有往日作威作福的样子。醇亲王心中纳闷:莫非平日里对其传闻有假?

四月十五日,至奉天旅顺港,十八日驶抵山东威海卫,十九日抵烟台,二十二日又回到天津。五月一日,醇亲王奕澴奏报巡阅情形,复命交差完毕。因为李莲英随同巡阅,并有种种传闻,引起很多大臣的议论。御史朱一新上奏说:今夏巡阅海军,太监李莲英随行,道路哗传,士庶惊愕,阅军大典本是威严之举,而让一个太监入中,是破坏祖训,应按

制严惩。

慈禧太后见到朱一新奏折后，极力为李莲英洗刷。奕谡也巴结李莲英说："总管太监此行沿途小心侍应，与其他随从无异，绝对丝毫无干预外事。御史朱一新奏文纯属危言耸听。我朝廷优礼大臣，让宫廷太监赍送往来系常有之事，此次该亲王巡阅洋面，朝廷派太监及御史随行，是出于对大臣的关怀和体恤，于公事毫不相干，御史朱一新不了解内廷规则，才说出如此不负责任的话来。"因此事，朱一新被革职回籍。

慈禧太后此举无疑给李莲英干预朝政、玩弄权术开了方便之门。自此，李莲英更是鼻孔朝天了，朝中大员、外省督抚，为保其高官厚禄，无不仰其鼻息。

自"辛酉政变"后，慈禧太后便爬上了统治全国的宝座。同治、光绪年间，更是一直处于尊贵显赫的太上皇地位。这样高贵的地位，只有皇帝的父亲才能享用。所以，慈禧太后就用尽心机，让光绪皇帝对她以男子的称呼叫她"爸爸"。光绪本是醇亲王福晋所生，而醇亲王福晋叶赫那拉氏是慈禧太后的亲妹妹，因此，慈禧太后就厚着脸皮让光绪叫她"亲爸爸"。之所以加上一个"亲"字，就是为了排除亲生的嫌疑。

对慈禧太后的这一心思，李莲英岂能不晓？而如何能让主子更高兴，这才是李莲英之所思。

一年，正月十五日，宫内一片喜气洋洋景象。午后，王公大臣都接旨进宫到永和殿戏园听戏，点的是《长生殿》。可幕一拉开，却跳出两个搽脂抹粉、身穿五彩衣的小丑来。一帮王公大臣们呆了，心想怎么会出这种差错，这不存心惹太后发火吗？可转眼望去，慈禧这会却正喜笑颜开。因为她认出来了，台上那两人就是李莲英和他徒弟。只见他俩在台上跳跃翻腾轻松自如，忽的只见两人身子一错，分开时手里已多了个横幅，上书十个大字："祝慈禧老佛爷万寿无疆"。看着那黄灿灿横幅上的大字，慈禧太后不由得心花怒放，激动得热泪盈眶。

你知道为什么？原来女真族早年游牧于白山黑水之间时，对首领称为"满注"。"满注"是佛号"曼殊"一词转化而来，汉语的意思是"佛爷""吉祥"。清王朝建立以后，将"满注"一词译成汉语"佛爷"，从此便成了清代历朝皇帝的特称。前边又冠之个"老"字，岂不是"太上皇"之意了吗？

慈禧太后早就想让人称自己为"老佛爷"了，但却一直没人这么称呼，虽说她权势通天，可总不能厚着脸皮让别人称自己老佛爷呀。这会李莲英把自己多年积压的心思说了出来，能不高兴吗？自此，"老佛爷"遂成她的专称了。

李莲英的值班房离慈禧太后住所不远，慈禧高兴时也偶尔去李莲英房中坐一坐，每次坐的不一定是同一把椅子，这种事谁也不会留意，可李莲英"独具慧眼"，发现这里面大有文章可做。因此，每次慈禧太后走后，他就用黄缎子把太后坐过的椅子包罩起来，不准他人再坐。李莲英房内有十把座椅，其中八把被包上黄缎，慈禧闻知后高兴得合不拢嘴，连声说："好，好！"也难怪，如此细心的奴才，哪里再能找出第二个来？

光绪二十年（1894），是慈禧太后六旬大寿，在颐和园举行了隆重的祝寿活动。李莲

英为讨好主子，是颇费了一番心机的。为了昭显太后的功德，举行了"放生"活动。在万寿山智慧海殿前摆好了许多鸟笼，有黄雀、画眉、百灵等各种小鸟一万只。慈禧轻移莲步，走上前示范性地放了几笼，余者由太监代劳。一时间满天叽叽喳喳，好不热闹。然而，这些鸟儿始终不曾飞远，在空中盘旋一阵后又回到笼中。慈禧还是头一次见到这么多鸟返归，认为很有趣，就问李莲英何故？李莲英脸有得意之色说："回禀老佛爷，这些鸟儿一定是被老佛爷的皇恩大德所感动，它们感恩戴德，故不忍离去。老佛爷德及禽兽，才有这吉祥佳瑞之兆出现。恭贺老佛爷万寿无疆！"

慈禧太后并不是笨蛋，这会她怎能不晓得鸟是早已驯熟了的？她早年还是小家碧玉作"姑奶奶"的时候就见过这些玩意儿。当然，她晓得此乃李莲英讨好她的一番苦心。但在众目睽睽之下，倘若将这过于明显的恭奉之词笑纳，岂不被众人嘲笑？于是，故意沉下脸来训斥道："大胆奴才，怎敢在光天化日之下愚弄于我？"跟随太后几十年的李莲英，对她的秉性能不了如指掌？只见他从容地跪在太后面前道："奴才有几个脑袋敢愚弄老佛爷？这实实在在是老佛爷皇恩如海，恩泽山川，拳拳之心乃于禽兽，方使得天降吉祥。老佛爷不信，请在放鱼时再验证，有驯熟的鸟儿，总不会有驯熟的鱼儿吧？"

湖畔，一百桶大鲤鱼正待放生，但见金鳞红翅，鲜活蹦跳，惹人喜爱。慈禧太后走上前去，细细看了一遍，说了声："放！"那一百桶鲤鱼一一倾倒在昆明湖中。

众人站在岸边，眼睁睁地盯着水中的鲤鱼，只见那一条条鲤鱼逃生之后，好不快活，尾巴一摇，疾疾游去。不一会那些金色大鲤鱼像听了什么命令一样，摇头摆尾，整整齐齐地排列在湖边的石阶下，不肯离去。岸畔的人都看惊了，慈禧更是喜不自禁。这时，李莲英满面春风，急步上前，跪倒在太后面前说："老佛爷洪福齐天，放鸟鸟不远飞，放鱼鱼儿朝拜，这可是古今未有的祥瑞啊！"在场的其他太监、宫女也一齐跪下，高呼万岁。听着众人的恭维，慈禧太后喜得如醉如痴，当即摘下自己那挂108颗的翡翠朝珠，当众赏赐给了李莲英。

鱼儿朝拜又是怎么回事呢？原来李莲英为了讨好太后，事前将鲤鱼装在清水桶中饿了好几天，然后将鱼虫装在布袋中，固定在湖边的石阶下面，鱼虫可以从纱布袋内慢慢游出，当清水桶内的鱼倒进昆明湖时，被饿了几天的鲤鱼见到鱼虫就要美食一顿，当然不肯离去。为讨得慈禧欢心，李莲英可真是绞尽脑汁，无所不用其极了。

在慈禧太后祝寿活动中，李莲英乘机发了横财，许多人给太后送礼都是通过李莲英引荐的，当然是少不了李莲英的一份。大臣孙毓汶从洋人手中购得一台自鸣钟，这座钟走时准确，造型美观。打钟点时，上面就会出来一个小人，手中擎着一个条幅，上面写着"万寿无疆"四个字。报完时，小人自动退回。孙毓汶不知太后是否喜欢这样的座钟，事前找李莲英了解。李莲英看罢，认为其中条幅的"万寿无疆"四个字很合祝寿之礼，太后也一定会喜欢。但李莲英眼珠一转，又对孙毓汶说："这钟倒是不错，可若万一机器失灵，只出现'万寿无'三个字，那岂不闯了大祸吗？"孙毓汶听后，连忙称是，感谢总管的指点，后又低价将钟卖出。李莲英暗中派人将钟买下，又将"万寿无疆"改为"寿寿寿寿"四个

字,这样无论机器出什么故障,都不会影响祝寿之意。李莲英将改修后的钟又高价卖给了孙毓汶。孙毓汶明知上当,却也无可奈何,只能是哑巴吃黄连了。

一生臭名

李莲英越发得到慈禧太后的宠爱,权势日重。慈禧太后最喜欢得到李莲英的侍候,而且也只有李莲英最知慈禧太后的脾气,对慈禧侍候得最好。

一年,慈禧传染上了恶性疟疾,一连四五天,忽冷忽热,吃不成饭睡不好觉,整个皇宫从光绪帝到侍女都急得团团转。李莲英日夜不离储秀宫,守候在慈禧左右,这个把脑袋系在主人裤腰带上的奴才,急得四下寻求良药。正当人们都束手无策时,庆亲王奕劻送来从德国公使馆里讨到一种专治疟疾的特效药芬泰克。慈禧拿着这个装着白色药片的极精致的琉璃小瓶,细细地端详。她没看出什么破绽,就对身边的御医说:"你们下去找个人试试去吧!"慈禧吃药总让别人先尝一尝,一是检验药物是否掺进有毒性的东西,二是检验一下药物本身是不是有毒性。

"就让我来试吧。"困倦的两眼红肿的李莲英抢先说道:"别人试也不一定能说出个真实的滋味来。"

"小李子,这怎么行? 这几天你已很辛苦了,还是让别人来试吧。"

"莲英,这万使不得,你还要侍奉老佛爷呀!"庆亲王接着慈禧的话在旁说道。

"还是由我试吧,我主意已定。"李莲英想了一下又说:"我是小事,老佛爷的身体是大事,国家离不了老佛爷啊!"

庆亲王在旁听了李莲英的话,不禁暗暗佩服起他来,也似乎悟出了一点李莲英为什么一直在慈禧太后面前得宠的原因了。

李莲英根据要求服了药,没有异常感觉。几天内,慈禧也不间断地进药,病情渐有好转。不多日子,身体慢慢地完全恢复了健康。慈禧觉得自己大难不死,全靠李莲英的百般侍候和不顾危险亲自尝药,因此,对李莲英更是千般信任,万般宠爱了。

李莲英受宠得意,趾高气扬。为了显赫权势,在自家大宅院门口挂了一块十分醒目的牌子,上书"总管李寓"。一次,慈禧到恭亲王奕訢家,途经李莲英门口,看到"总管李寓"几个大字后眼睛一怔。这一微小的神态变化被李莲英看在眼里,心里就犯嘀咕了:老佛爷这样看着这个招牌,肯定有不合她心意的地方。不行,得赶快命人摘下。到了恭王府,李莲英便找机会向慈禧太后请了一会短假,心急如焚地赶回私邸,命人拿下牌子,又急匆匆地返回。

"奴才在宫中当差总不回家,家人又不懂规矩,擅自挂出总管字样的牌子,奴才刚才回家叫人把它拿掉了,并将挂牌的太监交内务府惩办。"李莲英气喘吁吁地向慈禧太后跪禀道。慈禧听后,说:"你做得很好,别太招摇了,就像小安子似的,得不到好的下场。凡事都得小心点,别让人算计了自己。"这件事后,李莲英在慈禧太后面前也就更加小心谨慎了。

光绪十四年(1888),17 岁的光绪帝该册立皇后了。一天,慈禧在储秀宫谈议此事,说:"皇帝大婚后就要亲政,我就得完全归政,不找一个亲近的人看着皇上我放心不下!"

"老佛爷说的是。奴才认为老舅公家的小女最合适。"

李莲英说的"老舅公",指的是慈禧太后的弟弟、副都统袭承恩公桂祥。此人平庸而没出息,坐支廷里给的俸禄,一天到晚躲在东城方家园老家抽大烟,他的女儿就是慈禧太后嫡家的内侄女。

"这恐怕不行吧,她长得丑,怕过不了皇帝的眼。"

"这有什么关系。皇帝是听老佛爷的,只要老佛爷稍给一点暗示,皇帝还敢不听?"

"说的也是,也只有这么办了。"慈禧坚定地说。

光绪十五年(1889)正月,光绪帝大婚,册立叶赫那拉氏为隆裕皇后,同时立侍郎长叙的两个女儿为妃嫔,长女立为瑾妃,次女立为珍妃。光绪帝不喜欢皇后和瑾妃,只有珍妃伶俐活泼,又积极支持皇帝的主张,所以,深得皇上宠爱。

李莲英有个很貌美的妹妹,他很想让她成为光绪帝的妃嫔,这样,他就可以当国舅爷了。他把妹子接入宫中,陪伴慈禧,又让妹子向光绪暗送秋波,可光绪无动于衷,此事后来不了了之。这使李莲英十分懊丧,于是,他更加忌恨光绪帝了。

光绪帝不过是慈禧太后的傀儡,在整个光绪朝时期,李莲英仗势欺人,专横无忌,对光绪帝十分不敬。

光绪二十四年八月初六(公历 1898 年 9 月 21 日),天刚亮,慈禧太后带着李莲英赶回紫禁城,气冲冲地闯进光绪帝的寝宫,咬牙切齿地对光绪帝说:"好大胆子! 你 4 岁入宫。我立你为帝,把你抚养成人,至今 20 年了。如今你翅膀硬了,变法变到我头上了。你忘恩负义,听信小人之言,妄图加害于我。你想想,对不对?"边说边抹眼角涌出的眼泪。光绪帝跪伏在地,又气又怕,不知说什么才好。慈禧长叹了一声说:"我想,你命薄,没有福气当皇帝。"说着转过身来朝李莲英说:"传我的旨意,就说皇上病了,今后不再理事。朝政仍由我处理。"

站在旁边的皇后、瑾妃听罢,都吓得脸色煞白,木然不知所措。唯有珍妃早已泪流满面,不忍皇上受气。她冒死上前跪下说:"母后息怒,皇上变法是为了大清社稷,若有过错,望太后饶他。"慈禧本就讨厌珍妃,认为光绪变法,有她教唆的一份。见她竟敢为光绪帝辩护,大怒,骂道:"不知害臊的东西,你也配跟我讲话吗!"珍妃干脆一不做二不休,放开胆子说:"皇帝为一国之主,太后怎能随意废立!"慈禧一听,气得话也说不出来,抢起胳膊,一个耳光打在珍妃的脸上。然后朝着李莲英一努嘴,上来两个太监把珍妃拖了下去。从此,被打入冷宫,不见天日。软弱的光绪帝被慈禧令李莲英带到瀛台幽禁起来。变法失败了。这就是历史上著名的"戊戌政变"。

光绪二十六年(1900),河北、山东和京津一带的义和团运动风起云涌,帝国主义惧怕

引起殖民统治的动摇。五月初六，俄、美、英、法、日、意、德、奥八国组成联军，开始进犯大沽炮台。七月二十日（公历8月14日）攻破北京。慈禧连夜召见军机商议，决定离京逃走。她脱去旗装，叫李莲英把头发梳成汉族人模样，边梳边对李莲英说："想不到我65岁了，竟有如此遭遇。"李莲英劝道："老佛爷不必伤心，就权当是出外散散心嘛。"慈禧又吩咐李莲英，把光绪、皇后、瑾妃统统扮成村民、村妇模样。完了，又特别吩咐把珍妃带过来。珍妃拖着病躯由两个太监扶到慈禧面前跪下请安。慈禧说："我本想也带你同去，但途中危险，你年龄轻轻，恐遭污辱。我看，你还是自裁为是。"珍妃听罢，双目流泪，恳求道："皇上应该留在京城。"慈禧大怒道："你死到临头，还废什么话！"光绪帝忙跪下为珍妃求情，慈禧哼了一声说："不用你求情，让她去死吧！"说罢，向李莲英使了个眼色。李莲英一摆手，一个太监扯住珍妃离去。珍妃边哭边回头张望光绪皇上，惨不忍睹。不一会儿，太监回报："禀老佛爷，奴才已将珍妃推入水井之中了。"光绪听罢，差点晕倒。慈禧命令："扶皇上上车。"说毕，她和其他数人也登车坐好，端王载漪骑马跟随，从神武门一路而去。先逃到太原，后又逃至西安。由于《辛丑条约》的签订，光绪二十七年十一月二十八日，出京逃亡的慈禧太后、光绪等又返回了离别一年多的京城。李莲英此行更是名利双收：随驾出逃，出生入死，保护太后、皇上，到西安后又尽心给太后找乐趣，甚至让宫中妇人扮作牧猪奴的游戏来取乐。给太后出谋划策，对老佛爷的关心，那就更不用说了，所以深受太后的信任、夸奖，这是李莲英骄傲的资本；另一方面，从出逃到回銮，所到之处，官员无不给李大总管送礼、纳贡，所以，东西南北的奇珍异宝，李莲英可是应有尽有，这不是名利双收吗？

　　一天午后，慈禧正坐在太师椅子上衔水烟袋解闷，李莲英扑通跪在慈禧面前，拿出荣禄交给他的奏折，双手举过头顶呈上。慈禧看过奏折皱紧眉头，问："你从哪儿拿来的？"

　　"是荣中堂让奴才呈给老佛爷的。"李莲英回答道。

　　"这可是大事，可不能说废就废，说立就立。这些御前大臣们也不好好想想。"

　　"老佛爷，御前大臣们这样做，都是为您老人家想。这大阿哥已经十六七岁，在西安这一年性情顽劣，不服管教，您老人家也都看到了。尤其是他父亲端郡王现已被充军新疆，为人子者，岂能不记此仇？他日做了皇帝，惩处昔日惩处其父之人，岂不使朝纲大乱？最可怕的是，他是拳首之子，老佛爷以他为大阿哥，洋人对此肯定不瞒，若因此再惹起事端，那岂不是得不偿失？"李莲英见慈禧没有作声，静静地坐思，就又接着说："从前圣祖仁皇帝为了立储大事，改易至再，后来并没有什么异议。况大阿哥品行恶劣，老佛爷心如明镜。乘此废立，一来可想见慈明，二是可敦重友谊，真可谓一举两得了。"

　　就这样，载漪之子大阿哥溥隽被废了。慈禧、李莲英、荣禄等人，也都消除了后顾之忧。

　　光绪三十三年（1907），袁世凯50寿辰，清廷赏赐甚厚，文武百官、王公达贵都前往祝寿。寿宴之后，来客告辞。袁世凯独留下李莲英密谈，向李莲英打听慈禧太后的情况，并向李莲英叩谢敬钱。李莲英假惺惺地说："我李某是何人，竟敢受您的叩谢、赐银。"袁世

凯回答说："老公您侍奉老佛爷左右，事事都知道圣心，见您就如同见到老佛爷。所以我要拜您。"李莲英听后也故作架势，慢条斯理地说："老佛爷对您十分信任，您会不断高升，望您好自为之。"袁世凯连忙称谢，并说全仗老公鼎力斡旋。两人密谈深夜尽欢而散。不久，袁世凯就内迁主持外交，复入军机处。

光绪三十四年（1908）十月二十一日，38岁的光绪皇帝在中南海瀛台涵元殿病逝。次日，慈禧太后也归天而去。树倒猢狲散。慈禧太后死后，李莲英的地位受到严重威胁，不久即被解除了太监大总管的职务，隆裕太后赐他南花园，李莲英从此离开了他生活了53年的清宫大内。

宣统三年（1911）二月，李莲英死于家中。

阉宦干政之事，在清朝曾绝迹了200年之久，何以到安、李时又死灰复燃？

明代阉官作乱，殷鉴未远。清初统治者制订了一系列旨在限制宦官势力滋长的制度，对宫中的太监进行了严格管理。一方面抄录顺治帝所铸"铁碑"上的敕谕，广为张挂，警戒太监不得忘乎所以。上谕曰："皇帝敕谕，中宫之设虽自古不废，然任使失宜遂贻祸乱，近如明朝王振、汪直、曹吉祥、刘瑾、魏忠贤等，专擅威权，干预朝政，开厂缉事，枉杀无辜，出镇典兵，流毒边境，甚至谋为不轨，陷害忠良，煽动党类，称功颂德，以致国事日非覆败，相寻足为鉴戒。朕今裁定内官御门及员数，职掌法制甚明。以后但有犯法干政，窃权纳贿、嘱托内外衙、交结满汉官员、越分擅奏外事，上言官吏贤否者，即行凌迟处死，定不姑贷。特立铁碑，世世遵守。"一方面又针对太监中发现的问题，颁布了一系列的《治罪条例》。诸如《太监犯赌治罪条例》《逃走太监分别治罪条例》《太监私藏军器治罪条例》《太监偷窃宫物治罪条例》《随园太监讹诈治罪条例》《太监轻生将首领分别治罪条例》《逃走太监越省远扬治罪条例》等。以后，又综合上述各项治罪条例，制定了《宫中现行则例》并在《则例》中的"处分"条下，制订了详细的处分细则。所以，在清朝前期的150年间，虽仍然使用阉宦，其人数也有增长，但宦官势力的发展却受到了严厉地压抑和遏制，因而基本上杜绝了宦官干政的途径。

乾隆以后，随着清王朝政治上的日趋没落与腐败，清朝统治者对宦官的态度也开始起了变化。

嘉庆初年，仍能秉承乾隆旧制，注意对宦官的势力发展进行遏制。如吴天成、常永贵等宦官，都因内外交结，骄纵无度，滥保罪犯等受到严厉的制裁。嘉庆十八年（1813），林清在京畿一带利用天理教组织民众，准备武力进攻紫禁城。他发展的教徒中，就有宫中太监刘德财、刘金等人。后起义失败，清廷不仅处死了参与起义的宫内太监，同时也加强了对太监的约束和管理，特别是对入宫的太监，进行严格审查把关。嘉庆帝规定：今后凡入宫太监，除须内务府大臣负责验看外，还须地方官行文，查明"实因家道贫寒，在籍并无为匪不法情事"者方准入选进宫。

此后，由于两方面的原因，使防范与抑制宦官的政策有所松动：一是由于各地方官不愿为太监出具证明印结，对太监入宫，采取消极抵制的态度，加之宫内太监因处罚严厉多

有逃亡,结果造成太监大量缺额,因此,嘉庆廿一年(1816)十二月颁布谕旨:"嗣后凡招募太监,由内务府验看后即行交进,不必取具该太监原籍地方印结。"二是嘉庆帝晚年对太监的管束主观上也有所放松,对太监的违制寻衅等事,或不加惩处,或从轻发落。这样,就为尔后宦官势力的滋长与骄纵开了方便之门。

道光、咸丰两朝,不仅内忧外患频仍,而且在宫廷生活方面,道光昏昧于前、咸丰则糜烂于后。道光年间,宫中太监凡仪表俊伟、眉清目秀者,无不受到道光帝的爱宠,甚至为他们娶妻成家,将太监及其妻室豢养于宫内南府中。受道光帝宠爱的太监,骄横无度,每每要挟道光帝同意他们的非分要求,道光帝则"悉涵容之"。按定例,太监官位不得超过四品,而南府太监却坚持要求道光帝为其加秩晋爵,并赐予相应的服饰顶戴,"宣宗既以情不可却,又不敢擅更祖制,乃特创一种白玉顶戴,凡幸御各监,均得用之。"(徐珂《清稗类钞》第一册)消息传至宫外,一时舆论哗然。道、咸两朝,封建帝王独断朝纲,权不他移。阉宦势力的发展滋长只在暗中进行,处于隐蔽状态,不敢公开干预政治。咸丰帝殡天于热河,同治帝冲龄即位,急于夺权篡政的母后派和顾命大臣相互斗争倾轧,清廷内部的最高权力斗争顿时激烈化、尖锐化了。这一时势,终于使羽翼渐趋丰满的阉宦势力得到了一个公开进行干政的绝好机会。李莲英就是在这样一个大背景下,作为阉宦势力的代表人物,活跃在清末政治舞台上,长达半个多世纪。

中华名人百传

兵圣武将

王书利⊙主编

导　读

历代兵圣武将有的智勇双全，胸怀大志，驰骋疆场，所向披靡；有的精通战略战术，指挥千军万马，临敌不乱，运筹帷幄，决胜千里；有的忠心耿耿，保家卫国，马革裹尸，无怨无悔；有的怀才不遇，报国无门，命运多舛，几经沉浮……

我们脚下的锦绣河山，并非自古皆然，与生俱来。国土的形成过程，与中华民族发展的过程是一致的，与之相伴的主题始终是征服、被征服，入侵、反入侵。试想，如果没有白起、乐毅、王翦、韩信等人的赫赫战功，当时的中华大地，该不知有几人称帝，几人称王？如果没有李广、卫青、霍去病、郭子仪等运筹帷幄，决胜千里，哪里有辉煌的汉疆和唐土？本卷《兵圣武将》精选了中国古代具有代表性的将帅，通过介绍兵圣武将的生平，展现了他们在治军方面的见识作为、在运筹决胜方面的深谋远虑，他们以其卓越的军事才能和丰富的战争经验，创下的彪炳史册的不朽业绩。

兵学鼻祖

——孙武

名人档案

孙武：字长卿，后人又尊称孙武子，齐国乐安人，汉族。与孔子同时代。

生卒时间：不详。

性格特点：聪慧睿智，机敏过人，勤奋好学，善于思考，富有创见，特别尚武。

历史功过：其所著的《孙子》一书，被尊为"世界第一兵书""兵学圣典"，被定为武学的教范。自先秦以来，中国历代的君主帝王、文臣武将、学者隐士等，都研读、注疏《孙子》，从中吸取思想营养、谋略智慧，至今仍兴盛不衰。《孙子兵法》传世，不仅对中华民族，甚至对世界文明都产生了深远的影响。

名家评点：孙武被尊为"百世兵家之师""东方兵学鼻祖"。

苦读兵书

　　孙武所处的时代，大致与孔丘（前 551~前 479 年）同时，其生卒年月不详，主要活动在吴王阖闾（前 514~前 496 年在位）时期和吴王夫差（前 495~前 473 年在位）的前期。

　　孙氏家族的祖先，是陈国的公族，本姓妫。

　　公元前 705 年，陈厉公有了个儿子，取名叫完。公子完出生的时候，正逢周天子的太史因事路过陈国。陈厉公得了儿子，有了后嗣，心中甚是高兴，就请这位"善知天命"的太史，给自己的儿子占卜，看看这孩子将来的命运如何。太史见陈厉公正在兴头上，扫兴的话当然不能讲，好听的话也不宜说过了头，便模棱两可地解释卦辞说："恭喜陈侯，此卦大吉。贵公子将来是要做国君的，不在陈国，就在别国；不是他本人，就是他的子孙。"陈厉公听了太史的一番恭维，居然十分高兴，除盛宴招待太史外，还厚赐其金帛。这位被周太史预言为前途远大的公子完，就是孙武的直系远祖。

后来，陈完长大以后，为了回避宫廷斗争，便举家来到了齐国，并在那里定居下来，并改姓田，这样他又被称为田完。100多年以后，田氏家族不断发展，地位也越来越显赫。田完的后代不少人身居要职，田氏成了齐国后起的一大家族。

田完的四世孙田无宇，英勇无比，深得齐庄公(前553~前548年在位)的信任。齐景公(前547~前490年在位)时，田无宇的一个儿子田书，做了大夫。他懂军事，因为领兵伐莒有功，齐景公在乐安(今山东惠民)封给他一块采邑，并赐姓孙氏。因此，田书又被称为孙书。孙书的儿子孙冯，做了齐卿。这个齐卿孙冯，就是本书主人公孙武的父亲。

孙武生活在齐国的时候，正值齐国内部矛盾交错，危机四伏。齐景公初年，左相庆封灭掉了右相崔杼。接着，田、鲍、栾、高等四大家族又联合起来，赶走了庆封。后来，内乱日甚一日，齐国公室同四大家族的矛盾，四大家族相互之间争权夺利的斗争，错综复杂。当四大家族勾心斗角，争权夺利愈演愈烈之时，田氏的支属孙氏，担心田氏宗族一旦失势，会殃及自身，便离开齐国，投奔吴国去了。

吴国占有今天江苏大部和安徽、浙江的一部分。它东临大海，南同越国接壤，西与强楚为邻，北与齐、晋各国相望。在东周列国中，它立国很早，但十分落后，直到公元前584年，晋国为了牵制楚国，在楚国后院点火，才派大夫巫臣出使吴国，教吴乘车，教吴战阵，教吴叛楚。这样，吴国才开始同中原各国有了交往。

春秋之际，封国林立，一些失意或是落难的士大夫，往往因故出走，离开自己的侯国，到他国去谋职。孙武来到吴国的前后，还有两个楚国人，一个叫伍子胥，一个叫伯嚭，因为祖父无辜被楚王杀害，都相继逃到吴国，想凭借吴国的力量，替父辈雪耻。

伍子胥经过千辛万苦，来到吴国以后，很快便投在公子光的门下做了宾客。公子光是吴王僚的叔伯兄弟。他雄心勃勃，不愿久居人下，便六招贤士，等待时机，取吴王僚而代之。伍子胥发现公子光居心叵测，不愿卷入吴国内部的斗争，便寻个借口，到边邑去务农去了。为了给自己留条后路，伍子胥物色了一位名叫专诸的勇士，推荐给公子光。

这时候，孙武也在边邑过着隐居的生活，他一面灌园种地，一面苦读兵书，写作兵法。孙武生活在一个战争频繁兼并激烈的时代，身处有着悠久历史的军事传统的齐国。他的父祖既是卿大夫，又是有名的将领，这些都是他能够写出兵法的有利条件。孙武是一个痴迷战史的人。早在少年时代，每当遇见老一辈的人，他总是要打听昔日的战争情形。如果遇到曾经亲历过战争的人，一定请他讲一些实战的经验。久而久之，他渐渐认识到打胜仗有打胜仗的理由，打败仗也有打败仗的原因，并非像人们传说的那样，一切都是命中注定，个人无能为力。

孙武常常把自己的心得体会写在笔记簿上。此时离纸张的发明尚有600多年。所谓笔记簿就是在竹片或木片上以小刀刻字或者用漆书写，然后串在一起。至于作战地图，他则绘在大张的帛布上，注明军队或车船的配置及移动情况，标出战争的原因、经过和结果，有时还要加上自己的论断。潜心研究的结果，渐渐形成了他独特的军事思想。

经过长时间的资料搜集，脑子里有了初步概念之后，他又前往战场实地考察。这项工作在交通条件相当落后的当时，是极为辛苦而麻烦的。然而他却乐此不疲，前后竟持续了20年之久。

孙武研究战争、战略和战术，目的不是去游说诸侯从而获取高官厚禄。他没有名利之欲，完全出于个人的兴趣。他只希望自己能够平平安安地度过一生。然而，许多事情并不像预料的那样一帆风顺，命运偏偏和孙武开了一个玩笑。早先来到吴国的伍子胥对孙武的才干和学说十分欣赏，他认定孙武是个人才，迟早有一天会脱颖而出，干出一番轰轰烈烈的大事来的。正所谓："大鹏一日冲天起，扶摇直上九万里。"因此，他拜访孙武，共同探讨一些军事问题，如此一来二往，时间一长，两人竟成了莫逆之交。

旷世奇才

周敬王四年（前516年），楚平王去世，年幼的楚昭王继位。第二年春天，吴王僚看准楚国国君幼小又忙于治办丧事的机会，任命胞弟公子盖馀、公子烛庸为将，统领大军，兴兵伐楚。二公子求胜心切，领兵贸然深入，结果被楚军切断了后路。

公子光见大军被困在外，国内兵力不足，便把专诸找来计议说："机不可失，时不再来，不举大事，君位难得！"于是，由公子光谋划，让专诸在酒席上刺杀了吴王僚。公子光夺得了王位，称为吴王阖闾。阖闾是一位奋发图强励精图治的君主，他决心要使落后的吴国赶上中原各国，摆脱长期以来遭受楚国压迫的屈辱地位。为此，他"食不二味，居不重席，室不崇坛，器不彤缕"，不迷恋安逸，不贪图享受，不追求玩好，立志要振兴吴国。因此，吴王迫切希望聚集人才，以佐自己成就富国强兵的伟业。

阖闾即位之初，既怕国人不服，又担心诸侯不相信自己。为了保住王位，他一面施恩行惠，笼络人心，一面礼贤下士，网罗人才。阖闾首先选中了伍子胥，任命他做了行人。

行人本是掌管朝觐聘问的官，伍子胥这个行人却不同一般。吴王器重他的内政外交才干，经常同他探讨军国大事。有一次，吴王问道："我国地处偏远，蜗居东南；地势低湿，江海为害；国无城防守御，民无衣食之藏。这种贫弱状况，如何改变？"

伍子胥沉默片刻，回答说："凡是想图霸称强的君主，必须修城郭，设守备，练士卒，广积蓄。"

吴王很赞同伍子胥的意见，并委托他去依次处理。国都在姑苏（江苏苏州）建成以后，吴王还特意把西向的"阊阖门"称为"破楚门"，以示自己伐楚的决心。

吴、楚两国势不两立，是世代的仇家。吴王有心派伍子胥、伯嚭率军伐楚，又对他俩放心不下，怕他们到时只顾公报私仇、滥杀无辜，误了自己的大事。一天，吴王站在宫苑中的高台上，望着远方，慨然长叹。群臣都不解其意，唯有伍子胥心中明白，这是吴王在为选将而忧虑。于是他趁机向吴王推荐孙武，并向吴王介绍了孙武的家世、人品和才干，认为孙武是个文可安邦，武能定国的旷世奇才。可是，孙武自从来到吴国后，一直忙于勘

察战史,隐居著书,吴王从未听说过孙武,甚至认为一个农夫不会有多大的本事。伍子胥奏道:"此人精通韬略,有鬼神不测之机,天地包藏之妙。诚得此人为军师,虽天下莫敌!何况楚国?"尽管伍子胥极力举荐,吴王仍然无动于衷,反而转变话头,同伍子胥谈论起军旅之事。伍子胥一边应对,一边找机会举荐孙武。整整一个上午,伍子胥借论兵之机,前后七次向吴王推荐孙武。到后来,吴王不耐烦了,便嗔怪说:"我看你是以举荐人才为名,实际上是想呼朋引类,结党营私,以加强自己的势力和地位!"伍子胥见口说无凭打动不了吴王,便将孙武写的兵法拿来,呈给吴王看。

吴王将孙武的竹简兵书放在几案上,逐简翻阅。每看一简,吴王便情不自禁地叫好。他越看越爱看,兴致盎然。从《始计篇》《作战篇》《谋攻篇》《军形篇》《兵势篇》《虚实篇》《军争篇》《九变篇》《行军篇》《地形篇》《就地篇》《火攻篇》,一直看到《用间篇》,一字不漏,看到一些名言警句时,还击节赞叹。吴王看了兵法之后,感到非常满意,便急不可待地要见其本人。伍子胥奏道:"孙武此人不轻易进仕,非寻常可比,必须以礼聘请,方肯来见。"吴王答应,命取黄金十镒,白璧一双,使伍子胥驾车前往,接孙武前来一见。

孙武杀姬

伍子胥乘车来到孙武住处,寒暄之后,恭恭敬敬地做了长揖,带着亲切的微笑问候他的起居饮食,然后取出礼物送给孙武。见孙武十分高兴,伍子胥又转达了吴王准备聘请他为将军的意思,激励他说:"先生饱学,满腹韬略,弃之乡野,岂不太可惜了吗?"

孙武非常冷静:"我研究兵法只是一种爱好,并非想借此荣登官场,享受荣华富贵。而且就我个人而言,我是一个拙于辞令的人,怎能担当大王的重任呢?"他婉拒了伍子胥的好意。

不料伍子胥完全掌握了他的心态,并不急于求成,以更温和的口气说:"先生的清廉我向来钦敬,您不愿出仕为官也在我的意料之中。不过吴王求贤若渴,一心礼聘先生,如果我将先生的话转达吴王,他也未必相信,反会认为我办事不力。还是先生辛苦一趟,如果您要拒绝,请当大王之面禀告。希望先生体谅我的苦衷。"

孙武无言以对,遂和伍子胥一起前往吴都。

一日早晨,孙武正在客馆等候召见,没料到吴王亲自来登门拜访。

见面以后,吴王对他十分赞赏说:"先生的兵法,寡人已经逐篇拜读,实是耳目一新,受益匪浅。"

孙武谦谢道:"草野之民,学疏才浅。承蒙大王错爱,实不敢当。"

吴王说:"先生不必过谦,你的兵法确是前所未见,博大精深,但不知实行起来如何,可否为孤王小规模地实验一番,让我们见识见识?"

"可以。"孙武回答。

"先生打算用什么样的人去演练?"吴王问。

"随君王的意愿,用什么样的人都可以。不管是高贵的还是低贱的,也不论是男的还是女的,都行。"孙武对此充满信心。

吴王想给孙武出个难题。便问道:"用宫女可以吗?"

"可以。"孙武坚定地回答。

吴王大笑道:"先生是在和寡人开玩笑吧? 天下岂有妇人女子,可使其操戈习战的?太可笑了!"

孙武激动起来,站起来斩钉截铁地说道:"大王如果信得过臣,请将后宫的宫女交给臣,如果不能使其操戈习战,臣愿受欺君之罪!"

吴王即将后宫美女180人组织起来,把王宫变成了训练场,自己和群臣兴致勃勃地坐在望云台上观看。

孙武征得吴王同意后,将吴王的两个宠姬左姬和右姬充作队长,然后要求说:"军旅之事,必须号令严明,赏罚分明。虽然是训练,也是应该有的。请立一人为执法官,二人为军吏,负责传达命令;二人负责击鼓;力士数人,充作牙将,拿上各种兵器,列于坛上,以壮军威!"吴王下达命令在王宫卫队中选用。孙武更换戎装,头戴兜鍪,将宫女分为两队,右姬统领右队,左姬统领左队,全部换上戎装,右手操剑,左手握盾,表面看来也还算整齐。

准备完毕,孙武宣布命令:"一不许混乱队伍;二不许笑语喧哗;三不许故意违反军令。"然后亲临场地画好绳墨,布成阵势。命令传令官授予二队长每人一面黄旗,执之为队伍前导,众宫女跟随队长之后,五人为一伍,十人为一总,步伐要整齐,距离有标准。听从军鼓来决定进退,左转右转,寸步不乱。孙武把命令讲完之后,问众宫女:"听明白没有?"众宫女们嘻嘻哈哈,参差不齐地回答:"明白了。"

接下来,孙武下令说:"听到第一遍鼓时,两队要一齐前进;听到第二遍鼓时,左队要右转,右队要左转;听到第三遍鼓时,所有将士都要挺剑持盾做出争战之势;听到锣声,左队和右队即回复原地。"宫女们觉得新鲜而又好玩,皆掩口嬉笑。

鼓吏禀报:"鸣鼓一通。"

宫女或起或坐,参差不齐。

孙武站起来严肃地说:"约束不明,法令不严,这是将领之过,是我的不是。"遂命令军吏再一次地宣布军法、军令,强调说,如果再有不听从命令的,就要斩首示众。

鼓吏再次击鼓。

宫女们倒都站起来了,但东倒西歪,嘻嘻哈哈。

孙武亲自拿起鼓槌,再次重申军法和军令,并用力击鼓。

左姬、右姬和宫女们看见孙武那副认真的样子,觉得甚是好玩,倚仗吴王对自己的宠爱,更加放肆,甚而索性趴在地上不动。

孙武见此情景,心想,如果再不来真的。眼下的局面将难以收拾,我也将被天下耻笑。于是两目圆张,大怒道:"执法官安在?"

执法官立刻走上前来,跪下听候命令。

孙武厉声说道："约束不明，军之大忌，既已再三约束，士兵不听从命令，那就是士兵的过错了。军法上是怎样规定的？"

"当斩！"执法官回答说。

孙武说："士兵难以尽诛，可将二位队长斩首示众。"

执法官见孙武严肃认真，不敢违令，便将左、右二姬绑上，准备行刑。两位宠妃见孙武要杀她们，刹时间魂飞天外，号啕大哭，众美女全都大惊失色，惊恐万分。

哭声惊动了吴王阖闾，他见孙武真的要斩自己的两位宠妃，忙派人急驰校场，命令孙武道："寡人已经相信将军用兵的能力了，但左右二姬甚合寡人之意，如果二姬有所不测，寡人将食不甘味，请将军手下留情！"

孙武坚定地回答说："军中无戏言。臣已授命为将，将在外，君命有所不受。如果我徇私而释放有罪者，何以服众？"命令左右："速斩二姬！"然后将二姬之首示众。

孙武另选二位宫女担任队长，继续鸣鼓操练。宫女们个个打起精神，再不像刚才那样嘻嘻哈哈，嬉笑打闹。全场肃穆异常，一鼓起立，二鼓转侧，三鼓合战，鸣金收兵。左右进退，回旋往来，中规中矩，毫发不差，自始至终，井然有序，寂然无声。

孙武派遣一位军吏，向望云台上的吴王报告说："训练已经完毕，请大王亲临检阅，这群女兵已可以听命于大王，赴汤蹈火也在所不辞！"

由于宠妃被杀，吴王非常不高兴，但又不便发作，只好强忍怨气，对军士说："你去告诉孙武，他很辛苦，回去休息吧，我也不想去检阅了。"

坐在一旁的伍子胥连忙躬身说道："臣曾听说过，军中最重要的是军律，军律不严明，兵法就无法执行。戏而起兵，没有不失败的。希望大王前去检阅，成大业的人不能偏执于儿女私情，请大王明察。"

吴王听了伍子胥的一番谏诤后，恍然大悟，于是率领群臣前去检阅。宫女们娇艳的面庞，此时却变得十分严肃，君王驾临，仍然目不斜视，聚精会神地听着孙武的号令，动作协调一致，丝毫不敢苟且，真的变成了一群军纪严明，赴汤蹈火也在所不辞的勇士了。

检阅完毕后，吴王带着孙武和伍子胥来到王宫，连声夸赞道："孙先生，今天看到您优异的表现，真是大开眼界，不愧为难得的将才啊！"

孙武先是向吴王谢罪，接着便申述杀姬的理由。他说："令行禁止，赏罚分明，这是兵家取胜之本，为将治军之通则。用众以威，责吏从严，只有三军遵纪守法，听从号令，才能克敌制胜。"听了孙武的一番解释，吴王不再恼怒，便丢掉杀姬之恨，拜孙武为将军。在孙武的严格教导下，吴国很快便成为一支纪律严明，训练有素的部队。

君臣应对

在伍子胥、孙武的精心治理下，吴国的内政和军事都大有起色。吴王极为依重二人，把他们视同自己的左右臂、股肱之臣，经常在一起商讨经国治军的大计，议论古来帝王治

国平天下的经验教训，分析当时各国政事的利弊与得失。

吴王也挺喜欢军事，对如何治军，饶有兴趣。他从《孙子兵法》上看到治军有道，便想做进一步的了解。

有一天，吴王同孙武讲论起治军之道，孙武说："远古的时候，黄帝坐镇中央，四方首领为非作歹。黄帝先是与民休息，广积粮谷，赦免罪犯，取得了天时、地利、人和三方面的有利条件之后，才南伐赤帝，东伐青帝，北伐黑帝，西伐白帝，四战四胜，天下平定。后来，商汤王（商朝开国君王）伐灭夏桀（夏朝末代君王，荒淫残暴），据有九州；周武王铲除商纣，一统天下。这一帝二王，都是因为据有天时、地利，顺应民心，才得以一统天下。"

又有一天，吴王同孙武议论起晋国的政事。吴王问道："晋国的大权掌握在范氏、中行氏、智氏和韩、魏、赵广家世卿手中，他们各自掌管晋国的一块地方，相互争权夺利。依将军看来，长此下去，六卿之中谁先灭亡，哪个家族能够强大起来？"

孙武沉思片刻，说道："依臣浅见，六卿之中，范氏、中行氏两家会最先败亡。"

"将军凭什么做出如此判断？"吴王问：

"臣下是凭借他们亩制的大小、收取租赋的多少以及士卒的众寡、官吏的贪廉做出判断的。以范氏、中行氏来说，他们以一百六十平方步为一亩。六卿之中，这两家的田制最小，收取的租税最重，高达五分抽一。公家赋税沉重，人民累死沟壑；官吏众多而又骄奢，军队庞大而又屡屡兴兵。长此下去，必然众叛亲离，土崩瓦解！"孙武回答。

吴王见孙武的分析切中两家的要害，十分中肯，就又接着问道："范氏、中行氏败亡之后，又该轮到哪家呢？"

"根据同样的道理推论，范氏、中行氏灭亡之后，就要轮到智氏了。智氏家族中的亩制，只比范氏、中行氏的亩制稍大一点，以一百八十平方步为一亩，租税却一样严苛，也是五分抽一。智氏与范氏、中行氏的病根几乎完全一样：亩小，税重，公家富有，人民穷困，吏众兵多，主骄臣奢，又好大喜功，结果只能是步范氏、中行氏的后尘。"孙武回答。

吴王继续追问："智氏家族灭亡之后，又该轮到谁了呢？"

"那就该轮到韩魏两家了。韩、魏两家以二百平方步为一亩，税率还是五分抽一。他们两家仍是亩小，税重，公家聚敛，人民生活艰难，吏兵众多，急切好战。只是因为其亩制稍大，人民负担相对较轻，所以能多维持几天，亡在三家之后。"孙武回答。

孙武不等吴王再问，接着说："至于赵氏家族的情况，和上述五家不大一样。六卿之中，赵氏的亩制最大，以二百四十平方步为一亩。而且，赵氏收取的租赋向来较轻。亩大，税轻，公家取民有度，吏兵寡少，在上者不致过分奢侈，在下者尚可温饱，苛政丧民，宽政得人。赵氏必然兴旺发达，晋国的政权最终会被赵氏篡取。"

孙武论述晋国六卿兴亡的一番话，就像是给吴王上了一堂治国平天下的课。吴王听了之后，深受启发，高兴地说道："将军论说得很好，寡人明白了。君王治国的正道，就是要爱惜民力，爱民如子。"

又过不久，吴王认为伐楚的时机业已成熟，召集君臣商讨伐楚大计。伍子胥欣喜万分，盛赞吴军为精锐之师，士气如虹，定能扫荡荆楚，称雄中原。群臣亦都激奋不已，认为定能大获全胜,大功告成,吴王见孙武沉默不语,便征询他的意见。

孙武站起来说道:"伍卿和诸位所谈固然不错,吴国现在兵强马壮,士气昂扬。但战争必须知己知彼,方有胜利的把握。以我看,楚国诛杀了奸臣费无忌,大获民心,愤怨之情已经消失,附庸之国尚未与它离心离德,国势也未衰微到不堪一击的程度。再说,"他看了伍子胥和最近由楚逃到吴国的伯嚭一眼,顿了一下,接着说道。"伍卿和伯卿皆为楚之亡命客,楚吴两国可能会有人认为这是出自两卿报宿怨之心,这样只会激起楚人仇恨,其斗志也会更加旺盛,吴兵也未必肯于卖命,这对我们是十分不利的。兵乃凶事,不可轻举妄动。我认为,必须在交战前就有胜利的把握,不打无准备之仗,不打无把握之仗。"

孙武侃侃而谈,对敌我双方实事求是的分析,入木三分,条理分明,吴王和群臣听了无不信服,最后他说:"目前我们应该做的,一是加强我国的国势,训练好士卒;二是离间楚与其附庸国之关系,使其归附于我,为我所用;三是想办法使楚国上层发生内乱,特别是对骄横的令尹囊瓦,应尽力纵其气焰,令其内乱,待其后院起火,我们再乘虚而入,可一举成功。"

吴王及群臣听了孙武一番精辟的分析,无不为之折服。于是便按孙武的意见,对内励精图治,富国强兵,对外行动活跃,离间楚国上层及楚与其附庸国之间的关系,为下一步灭楚奠定基础。

兴师伐楚

吴王是个有见识、有雄心的君主,又有伍子胥、孙武两员重臣,真是如鱼得水,如虎添翼,不上几年功夫,吴国便由一个贫弱的小邦,一变成为府库充实、兵强马壮的国家。吴王凭借不断增长的政治、经济和军事实力,开始同强楚争夺东南之地。

阖闾即位时,领兵在外的公子盖馀和公子烛庸,分别逃到徐国(在今安徽泗县)和钟吾国(在今江苏宿迁东北)避难去了。公元前512年(吴王阖闾三年)夏,吴国派出使臣,责令徐国和钟吾国交出二公子。二国依仗有强大的楚国作后盾,抗命不从,私自放走了二公子,让他们去投奔楚国。楚国十分得意,立即派出大员隆重迎接二公子,楚昭王下令,请二公子在养地(在今河南沈丘县)暂住。接着,又命令莠尹然、左司马沈尹戌重修养城,把养城东北边的城父、东南边的胡田两块地方封给二公子,企图利用二公子为害吴国。

徐国和钟吾国的放肆行为,楚国的挑衅行动,大大激怒了吴国君臣,给吴国出兵提供了口实。这年冬天,吴王派孙武、伍子胥兴师伐讨。钟吾国国小民贫,一触即溃,很快灭亡。吴王即以得胜之师,回兵伐徐。徐国君臣一面固守城池,一面火速派人向楚国求援。楚国当即派沈尹戌率兵救徐。孙武主张兵贵神速,他见强攻一时难以取胜,怕日久天长,楚兵来援,于己不利,便下令士卒日夜修筑堤防,堵截山水,灌淹徐国。楚国救兵还未赶到,徐国城池已被大水冲泡,徐国军队迅速灭亡,国君章禹领着夫人和近臣向吴军投降。

孙武旗开得胜,马到成功,连灭二国。吴王得意忘形,想乘势移兵伐楚,扩大战果。孙武认为不妥,进谏说:"楚军是天下的一支劲旅,与徐国和钟吾国不可同日而语。我军已连灭二国,人马疲劳,军资消耗巨大,不如暂且收兵,养精蓄锐,再等良机。"吴王听从了孙武的劝告,下令班师。

大军回国之后,吴王向伍子胥征求伐楚的策略,伍子胥献计说:"楚国政出多门,意见分歧,难以统一,谁也不愿承担责任。假如把我军分成三支,轮番去骚扰它,彼出我归,彼归我出,楚军必然疲于应付。待楚军疲惫之后,我们通过外交、间谍等途径影响他们的决策,造成他们的失误。然后再大举伐楚,定会大获全胜。"吴王采纳了伍子胥"疲楚误楚"的计谋,并责成伍子胥、孙武去具体实行。

吴王阖闾四年(前511)秋,吴军用一支人马围攻楚国六(今安徽六安县北)、潜(今安徽霍山县南)二城。楚国闻讯,马上派沈尹戍率大军救援。伍子胥、孙武估计楚国救兵快赶到了,便主动撤兵。楚军扑了空,白跑一趟,将潜城人迁到南岗(今安徽霍山县北)以后,只好回军。

楚军人未解甲,马未下辕,吴军的第二支人马又包围了弦城(在今河南息县南)。楚昭王大怒,命令左司马戍、右司马稽两员大将领兵出征。楚军连夜奔赴前线,才赶到豫章地区,离弦城还有一段路程,吴军就已自动撤走,楚军再一次赴空,士兵怨气很大。

吴军两次袭扰楚国,都曾请求越国助战。越国一向与楚国交好,根本不予理会。吴王打算伐越国,又担心一支人马兵力单薄难以取胜。正在吴王踌躇的时候,孙武对吴王说:"兵在精而不在多。依臣愚见,一支人马就足够了。越军虽众,我们可以用计谋使之分散,他们兵力再多也于事无补。"在孙武的策划下,公元前510年(吴王阖闾五年)夏,吴王又取得了伐越的胜利。

公元前508年(吴王阖闾七年)夏,桐国(在今安徽桐城市北)背叛了楚国。桐国的北面,原来有个小国叫舒鸠(在今安徽舒城县),很早以前就被楚国吞并了,因此,舒鸠人对楚一直怀恨在心。于是,吴国派出间谍,唆使舒鸠人说:"如果你们想办法诳骗楚军来攻打我国,我军便佯装惧怕楚军,假意代楚伐桐,使楚对我不存戒心,这样就可以寻找机会消灭它。"

舒鸠人为了报复楚国,便听从了吴国的误楚之计。他们故意散播假消息,去蒙骗楚国。楚国君臣利令智昏,竟然听信了舒鸠人的谎言,在这年秋天,派令尹(楚国的最高官职,掌握军政大权)囊瓦(字子常)率大军伐吴。囊瓦得报吴军战船摆满桐国以南的江面,便误以为吴军胆虚,想用伐桐来讨好自己,于是把大军屯驻在豫章地区,坐等时机。这时吴军却在巢城(在今安徽淮南市南)附近暗中集结,等待时机。楚军从秋天一直驻扎到冬天,日子一长,士气便日益低沉,防备也松懈下来。孙武抓住时机,指挥吴军发起突然袭击,在豫章地区大败楚军。吴军胜利而归,又顺手牵羊攻其不备,楚国守卫巢城的大夫公子繁胜也只好束手就擒。

班师回吴后,吴王阖闾说:"这次虽然挫败楚军,但未拿下楚都,功劳不足挂齿。"

伍子胥说道:"这次虽未大败楚军,但臣等做梦都想拿下楚都。只是楚乃天下劲旅,

不可轻敌。令尹囊瓦虽丧失了民心，但其他大臣尚很贤良，尚未引起诸侯的痛恶。听说囊瓦贪得无厌，日久必招致众叛亲离，诸侯反目成仇，届时再乘机西进，楚都可下。"遂使孙武在长江下游演练水军，同时派人终日打探楚军消息。

吴楚大战

楚昭王即位以后，楚国江河日下。内部奸人专权，忠良被害。外则兵祸连年，东困于吴。楚的附庸时有叛离，各国诸侯也纷纷打楚的主意。

公元前 506 年（吴王阖闾九年）夏，晋国支持蔡国吞并楚的附庸沈国（在今河南汝南东南）。这年秋天，楚国发兵围攻蔡国，为洗雪国耻。

蔡国同吴国交好，吴王打算借此机会大举伐楚，便去征询伍子胥、孙武的意见。

吴王问道："当年寡人主张伐楚，二位认为时机未到。经过这五六年的准备，现在出兵，二位认为怎样？"

伍子胥、孙武回答道："楚将囊瓦贪婪无道，得罪了不少诸侯，唐、蔡二君对他深恶痛绝，君王如果想大举攻楚，要得到唐、蔡二国的帮助才行。"

吴王赞同他们的意见，便派伍子胥去联合唐、蔡。唐成公、蔡昭侯一口答应，一致表示要鼎力相助。原来唐、蔡二国都是楚的属国，岁岁朝贡，按时觐见。有一年，蔡昭侯带着一双晶莹的玉珮和两件华贵的皮袄去朝楚。蔡昭侯将一件皮袄和一块玉珮奉献给楚昭王，令尹子常见物眼开，向蔡昭侯索要剩下的玉珮和皮袄。蔡昭侯对子常的贪得无厌，十分愤恨，不肯答应，结果被软禁起来。不久，唐成公骑了两匹名贵的宝马，也去朝楚。子常又贪婪地向唐成公索要名马，偏偏唐成公也是个倔性子，不吸取蔡昭侯的教训，硬是不给，结果也被囚禁起来。但是毕竟不是对手，三年后，还是二君服软，交出了名马宝物，才被释放。归国途中，蔡昭侯指着淮河发誓说："寡人不报此仇，誓不为人！"

蔡侯归国之后，曾经联晋、宋、齐、鲁、卫、陈等国，以晋国为首，共同伐楚。其间因路遇大雨，连绵不断，晋国首先班师归国。晋国一走，其他国家亦无心恋战，也纷纷归国，伐楚计划不了了之。蔡侯失望之际，想到吴国，遂约会唐国，共同投靠吴国，希冀三国并力，共同破楚，以雪昔日之耻。

这一年的冬天，吴王阖闾亲自出马，拜孙武为将军，伍子胥、伯嚭为副将，胞弟夫概为先锋，征集全国兵力，并联合唐、蔡二国，总计数百辆战车，3 万多兵马，数万随军民夫，浩浩荡荡出师伐楚。

孙武采取"攻其所必救"的战略方针，大军北上，溯淮河西进，有意给楚军造成吴军救蔡的假象。吴军越过了蔡国，孙武传令："军士登陆，徒步前进，将战船尽留于淮水弯道。"伍子胥问其故，孙武道："兵贵神速，战船逆流而上，速度太慢。这样会给楚军充分的时间，让其得到准备，如此，则楚不可破矣！"伍子胥觉得很对。于是吴军舍舟登陆，人衔枚，马摘铃，昼夜兼程，向楚国东北边境急速前进。

楚国得知吴军大军来犯，马上召集大臣举行紧急军事会议，商议选将御敌。有的主张任命公子结为将，有的认为令尹子常合适，双方争论不休，没料到，这一绝密军情被吴国的间谍获知，吴军大营立即做出反应。伍子胥在楚多年，深知二人的情况，于是放出风声说："如果让公子结为将，我们就等着取他的人头，让令尹子常率兵，我们只好退避三舍。"楚国得知后，果然中计，拜贪婪无能的令尹子常为将，而不用有勇有谋的公子结。

子常统辖沈尹戍、部将史皇、武城黑等战将，指挥20万大军，星夜赶赴前线。楚军刚刚在汉水南岸驻托下来，哨探即来报告说，吴军已经在汉水以北出没。

孙武见楚军已经作了应战部署，不敢贸然渡水强攻，便略施小计，调动楚军。他特地卖个破绽，下令全军在豫章地区安营扎寨，休整待命。

楚将子常原来断定：吴军千里远征，军资接济十分困难，最利速战速决，最忌持久恋战，没料到，吴军却按兵不动，跟自己隔河相持。子常一时摸不清吴军的作战意图，不知吴军葫芦里卖的什么药，只得命令部队暂时扎营，处处设防，严加戒备。

正在子常犹豫之际，左司马沈尹戍前来献策说："兵法上说，千里馈粮，士有饥色。吴国远征，重在速战速决。现在孙武按兵不动，正是犯了兵家之大忌。孙武这一失策，乃是上天保佑楚国。将军在此暂拖住吴军，使他们不敢冒险渡河。末将率领本部兵马，绕道吴军后方，征调方城以外民众，烧毁他们的战船，然后我即扼守大隧（今鄂豫交界之九里关）、直辕（今鄂豫交界之武胜关）、冥陌（今鄂豫交界之平靖关）三关。等吴军疲惫不堪之时，将军再迎头痛击，末将从后掩袭，使其首尾不能相顾。这样，吴军进退两难，插翅难飞，我军必大获全胜。"

二人计议妥当，左司马沈尹戍立刻分兵行动。孙武故意显露自己的"失误"，本来就是为了引诱楚军中计，促使楚方分散兵力，造成军力对比上有利于己的变化，然后再趁机发起进攻。

左司马沈尹戍领兵走后，武城黑进见子常说："吴军战车纯用木料做成，久经风雨。我军战车外包皮革，用胶固定，遇到阴雨天，胶化筋脱容易损坏。相持不下，对我军不利，不如速战。"

武城黑刚走，部将史皇又悄悄来到帐中，悄悄对子常说："国人憎恶将军，爱戴左司马。假使左司马此去毁舟成功，那就等于是他独自战胜吴军。将军定要赶在左司马行动之前行动，不然的话，难免出师不利。"

令尹子常听了二位部将的话，觉得有道理，遂不顾与左司马沈尹戍之约定，倚仗自己兵多势众，下令立即强渡汉水，在大小别山一带，连营数十里，摆出一副大战的架势。哪知一着不慎，全盘皆输。

楚军的错误行动，正是孙武梦寐以求的。吴军早就秣马厉兵，准备厮杀。孙武乘楚军立足未稳，先声夺人，击鼓进兵。吴方前有大军堵截，后有包抄的军队，正是陷于"死地"，所以个个奋勇冲杀，无不以一当十。楚方背水作战，也想死里求生。双方在大小别山地区，大战三次。楚军人数虽多，然而素质却低，指挥无方；吴军虽少，但却训练有素，指挥得当。故而吴胜楚败。主将子常见首战败北，心无斗志，无心恋战，想要临阵脱逃，被部将史皇劝止。

楚军且战且退，向西退到柏举（在今湖北麻城以东）。子常在柏举重新集结兵力，企图孤注一掷，同吴军决一死战。两军相持数日，先锋夫概向吴王请战说："楚将子常不得人心，他的部下皆无斗志。如果我军先声夺人，发起进攻，楚军必乱，而后我军再大举进攻，必能取胜。"吴王阖闾认为，楚军虽败，实力尚存，不同意夫概的意见。

夫概回到自己的营帐，对部下说："君王既然任命我做先锋，我就有权调动本部军士。军事以利为上，我趋利而动，随机应变，见机行事，君令有所不受！"于是，夫概亲自率领自己的5000劲卒，乘楚军尚未开饭之机，发起突然袭击。楚军早已成了惊弓之鸟，见吴军突然杀来措手不及，被杀得不辨东西。孙武见夫概突击得手，当即指挥大军掩杀过去。吴军以排山倒海之势，呐喊着冲进楚营。鼓声震天，人喊马嘶，车毂交错，刀光剑影，血肉横飞，两军在柏举展开了一场轰轰烈烈的鏖战。吴军攻势凶猛，楚军抵敌不住，纷纷奔逃。子常见败局已定，也乘乱逃命。楚军失去主帅，成为一盘散沙，结果一败涂地，部将史皇死于乱军之中。

吴军乘胜追击，在柏举西南的清发水（今湖北安陆西的涢水）追上了楚军。大败而逃的楚军，正在抢舟夺船，争相渡河逃命。吴王正要下令发起攻击，夫概说："困兽犹斗，何况人呢。楚军见我急攻，知道只有死路一条。必然死里求生，与我拼死一战，我军未必能胜。如果给那些先渡河的楚军一条生路，没有渡河的楚军便士气低靡，只顾逃命。我军乘其半渡发起攻击，定会大胜。"吴王听从了夫概的建议，乘楚军半渡之际发起猛攻，在清发水又大败楚军。楚军死伤很多，溺水者不计其数，河水为之变赤。

侥幸过河的楚军，饥饿无比，慌忙埋锅造饭。饭刚造好，吴军又已追赶而至。楚军只得丢下做好的饭食，忍饥逃命。吴军饱食一顿，继续跟踪追杀。

楚军残部一直向西南败退到雍澨（在今湖北京山县西南）。这时，前有波涛汹涌的汉水，后有吴国大军的威胁，楚军饥肠辘辘，疲惫不堪，眼看就要全军覆没，成为吴军的俘虏。正在这千钧一发之际左司马沈尹成领兵赶到，见楚军败得如此凄惨，便不顾长途跋涉的疲劳，鼓起勇气，奋力击退了吴军的先头部队，救出了大批人马和车辆。

原来，左司马沈尹成领兵潜行到息城（在今河南息县西南）时，忽然得报子常战败。他不敢怠慢，立刻回师增援，一路上马不停蹄，连夜赶路，正好赶到雍澨救急。他杀退吴军先头部队后，又赶忙收集子常残部，准备迎战吴军主力。等孙武大军赶到后，双方在雍澨又三次交战。楚军终因军心涣散，士无斗志，人困马乏，又被吴军打败。左司马成见大势已去，心如死灰，乃自杀身亡。

至此，楚军全线崩溃，兵败如山倒，溃兵如潮般涌向郢都（在今湖北江陵北）。汉水天堑失守，郢都亦没有依靠的天险，完全暴露在吴军面前。

孙武指挥吴军不给楚军一点休息的机会，迅速抢渡汉水，直捣郢都。郢都的左右各有一个属城，即表城和纪南城，三城互为犄角。孙武率兵攻打纪南城。

孙武引兵过了虎牙山，转入当阳阪。这时孙武望见漳河之水滔滔而过，水势汹涌。纪南城地势低下，距离纪南城不远的郢都地势亦低下。孙武看在眼里，记在心里，命令吴

兵在高处驻扎，然后准备畚锸等工具，限一夜之间，掘开深壕一道，直逼纪南城。天明时深壕已经掘好，孙武下令凿开漳江河堤，江水进入壕沟，一泻千里，泻到纪南城中。守城将领还以为江水暴涨，遂命城中百姓向郢都逃命。不料江水浩大，连郢都城下都是一片汪洋。

孙武命人在山上砍竹造筏，吴军乘筏，以势如破竹之势杀到郢都城下。

郢都人心惶恐不安，十分恐惧，各自逃生。楚昭王知郢都难守，只带爱妹乘舟从西门逃走，向西北方向狼狈逃去。孙武派人堵住漳江决口，又使人掘开水坝，放水归江，重兵把守郢都四郊。这时伍子胥已经攻下麦城的捷报传来，吴将簇拥着阖闾进入郢都。

在这场吴楚大战中，孙武指挥吴国大军，在大小别山地区初战得势，在柏举取得了彻底的胜利，在清发水大败楚军残部，在雍澨消灭了左司马沈尹戍的回援部队，以3万精兵，击败楚军20万大军，五战克郢。经此一战，吴国声名显赫，楚国受到了立国以来最沉重的打击。后来秦国出兵，帮助楚国收复了郢都。楚国君臣唯恐吴军再来，便将国都迁到鄀城（在今湖北宜城市东南）。

归隐田园

阖闾大会群臣，论破楚之功，首推孙武，并要加官晋爵，光耀门第。然而孙武却坚辞不就，并且提出了辞官还乡的请求，"臣本一介平庸之士，承蒙大王厚爱，一定要臣出仕，在无法推辞的情况下，只好勉强从命。十几年来，臣竭尽绵薄为大王效力，如今大王的霸业已成，声名显赫，各国诸侯，无不慑服，这都是大王无与伦比的威德所致，臣亦与有荣焉。无奈臣体弱多病，年事已高，处理政事，感觉力不从心，为此日夜焦虑，诚惶诚恐，恳求大王准臣辞官还乡，以终老天年。"

阖闾非常惊讶，马上派伍子胥亲往孙府，劝他打消这个念头。孙武不改初衷，说："您不知道，当初出仕并非我的本意，完全是大王恩宠和您的友情所致。弹指一挥间已经做了10多年官，有这么长的时间让我有研究、实习兵法的机会，我已经很满足了。这是我的兴趣所在，功劳是不敢当的。如今，我的健康和能力已经一天不如一天，我恳托您，替我在大王面前说明原委，完成我的夙愿，我将感激不尽。"

孙武去意已定，已经没有回旋调和的余地，伍子胥无奈，只得如实向阖闾汇报。阖闾也不好再勉强，同意了他的请求，为了酬答他在奠定吴国基础和伐楚争霸大业中所建立的功勋，把邻近越国的一个叫作富春的地方赠送给他，作为他世居的领地。

孙武终于如愿以偿，归隐田园。对于兵法的研究渐渐地淡下来了，大部分时间用来务农和处理家务。当年出仕的时候，他只有几根白发，为官十几年，虽然也只有50多岁，却已满头银丝了。他对世俗的功名利禄之所以如此淡泊，是因为他对官场生涯有着清醒而深刻的认识。尔虞我诈、阿谀逢迎，嫉妒和憎恨、阴谋与权变，如履薄冰，战战兢兢，稍有不慎就可能身败名裂，实在是太险恶了。特别是阖闾登基为王和伐楚胜利后那种残

忍、骄横、奢侈的做法，使他不寒而栗。急流勇退是最佳的选择，否则前景不可预料。

孙武的妻子死去后，孙武听说越王允常去世，他儿子勾践即王位，阖闾趁越国丧的时机，准备发兵伐越。孙武皱起了眉头，喃喃地自言自语："乘人之危乃不仁之至，上天绝不会助佑的，子胥为什么不谏诤呢？"他真想去找伍子胥，让他说服阖闾息兵，让老百姓休养生息。但转念一想，自己已经退出政界，还是不要再去参与了。

吴国终于召集了数万大军，向南开拔，勾践亲自带兵迎敌，在醉李双方交锋，展开了一场大战。阖闾被越国大将灵姑浮砍断脚趾，不久死去。因太子波已死，阖闾死前把王位传给了夫差。夫差是个轻浮、傲慢而薄情的人。孙武为子胥的命运担心忧虑。

三年后，伍子胥专门到富春来拜会孙武。寒暄过后，子胥说出了来意。夫差俟大孝三年期满，准备大举伐越，以报醉李之仇。夫差和伍子胥等人多次商议，拟请孙武再次出山，借他的智力和才华击败越国。

"孙先生，"子胥真诚地说，"想当初，我们一同辅弼前王，把吴国建设到了今天这样的成就，如果前功尽弃，不但百姓涂炭，您就忍心吗？大王夫差及其宠臣一心急于报仇雪恨，却又没有一个切实可行的作战计划，一旦失利，后果不堪设想啊！"

孙武感叹于子胥这样一个聪明人，却又终日摆脱不了名利权势之争，反而对人生最重要的事情视而不见，于是委婉地说："我是个过时的人物了，好比四季所穿的衣服，春有春装，夏有夏装，如果夏天却穿皮裘，不是太荒谬了吗？我只希望把世事忘得一干二净，也希望世人把我忘得一干二净。聪明的人不但要合乎时宜，还要尽量把个人和世界接触的范围缩小。"孙武所说的是真心话，同时也在暗示子胥，要他隐退林泉，终享天年。然而子胥一门心思要动员孙武出山，并不理会他的这些话，只是一个劲劝说他为国效力。

孙武已经看出子胥态度的坚决了，强行拒绝似乎于公于私都不太好，于是建议说："再度出仕可能性不大了。不过，既然您专程来到富春，我就贡献一点伐越的战策吧，好吗？"

子胥无奈，只得答应。

孙武想了想，慢慢地说："夫差为了征越而锐意练兵，越王勾践肯定会有所防备。勾践年少气盛，又在三年前击败了吴军，一定心骄气傲，不以为意，不过越国的大夫文种、将军范蠡却都是聪明绝顶的人物，他们又一定会阻止勾践轻举妄动而以固守为其策略。问题的关键是要千方百计地激怒勾践，使文种、范蠡的约束失败。我有一个办可以达到这一目的。"

他沉默了片刻，然后继续说："我们可以派出一支轻骑兵，人数不要很多，五六千名即可，先从太湖渡船南下，在越的西北方登岸，不断地向越军挑衅，转战南北，灵活机动，意在惹恼勾践，即使文种、范蠡谏止，他也会出击的。只要勾践离开越都会稽，我军主力则由东直驱南面，轻取会稽。不管勾践是否回师往救越都，我军那支轻骑队伍都要不断地扰乱他们，当双方主力接触的时候，骑兵队可在敌人后方鼓噪呐喊，使他们惊慌失措，并不断地突击，这样，越军首尾受敌，加上吴军本来就比较强大，胜利是有把握的。注意不要堵住越兵的退路，不要把他们逼到绝路做困兽之斗，而是让他大败而逃，然后趁机追

赶,务必全歼敌军,以绝后患。"

孙武喝了一口水,最后强调说:"这次战役有三个要点,其一为首先以骑兵队为诱饵,其二为不塞住敌军退路,其三为穷追不舍。我的这些策略,只是纸上谈兵,仅供吴王和您参考吧。"

后来的战争进程,果如孙武所料,吴军取得全面胜利,越王勾践夫妇被作为人质带到吴国为奴。只是由于伯嚭受越人贿赂,没有对越"穷追不舍",并说服夫差放越国一马,以致 10 年后越又灭吴并称霸于世,发生了翻天覆地的巨大变化。

夫差获得大胜,凯旋回国后,派伍子胥前往富春酬谢孙武,然而孙武已不知去向。空留一座缥缈的山庄,静静地矗立在青山绿水之间。

对于孙武的一生,西汉大史学家司马迁在《史记》中曾经写过这样的话:吴王阖闾深知孙武能用兵,终于任命他为大将。在孙武的指挥下,吴军西向击败强楚,五战克郢,北向威震齐、晋两大中原强国,使吴国称霸于列国诸侯。这一切都同孙武的功劳有直接的联系! 吴国任用孙武为将,申明军法,严格赏罚,军力强大,终于称霸诸侯。

常胜将军

——白起

名人档案

白起：郿（今陕西眉县）人。也叫公孙起，号称"人屠"，战国四将之一（其他三人分别是王翦、廉颇、李牧）。中国历史上孙武、吴起之后又一个杰出的军事家、统帅。

生卒时间：？～公元前257年。

性格特点：为人精明强悍，很有智略，善于用兵，却不理权谋，配不上"枭雄"二字。

历史功过：白起为秦国攻取六国七十余座城池，为秦国称雄天下立下赫赫战功。但常胜将军白起每战都杀人过多，尤其是秦赵长平之战，诱骗坑杀赵军四十万人之众，留下恶名。白起拒绝领兵再次围赵，其被秦王赐死的悲惨结局可谓是对其杀人如麻的一种报应吧。

名家评点：中国历史上战功最辉煌的将军，战国时期最为显赫的大将，征战沙场三十余载，六国军队只要听说是他带兵来战吓得望风而栗。《史记·范雎蔡泽列传》上记载：所有的国家都不敢与秦战，后面加了一个注释，就是因为秦人有此将军！一个将领到了这样的一种地步，这在战争史上是很少见的。他为秦国的统一大业立下了不世之功。他的战绩创造了中国兵法的最高实战典范——战神——武安君白起！

初创奇功

白起生活在战国末期，当时社会剧烈动荡，群雄争霸不休，那些驰骋沙场，能征善战的将领脱颖而出。白起的父亲曾经随秦军四处征战，建立过不少战功。自从有了儿子，他便给儿子起名为"起"，希望儿子将来能够像战国名将吴起那样所向披靡，屡立战功。

小时候，白起就经常听他父亲讲述历史上的英雄人物的故事，尤其爱讲司马穰苴、孙武、吴起、孙膑的故事。当白起长大以后，父亲就把他送进军营，使他从小就受到军旅的熏陶。白起不负父望，从小就酷爱军事，加上他有军事天分，喜欢研究各家兵法，又长期生活在军旅之中，积累了丰富的实践经验，久而久之，便逐渐精通了军事这门艺术，成了一位用兵如神的杰出将领。

公元前294年，秦昭王任命白起为左庶长，统率秦军进攻韩国。白起在这次战役中初步展示自己军事才华，精心策划，突出奇兵，以迅雷不及掩耳之势一举攻占了新城（今河南伊川西南），使魏国大惊。捷报传回秦国，秦昭王大喜，下令嘉奖白起。此后不久，经丞相魏冉推荐，昭王又命白起为将，带兵与韩、魏联军大战于伊阙（今河南洛阳南）山下。

当时，韩魏联军将多兵广，而秦军还不及他们一半。但韩魏联军表面上联合，实际上各怀心思，都想把对方推到前面迎战秦军，而自己退居后面隔岸观火，坐收渔利。白起抓住敌军的心理，先设疑兵麻痹韩军，然后派精兵猛攻魏军，魏军大败，韩军自然也不战自溃。白起乘胜追击，杀敌24万，死尸遍野，还俘虏了魏将公孙喜，攻陷五个城池。白起打了一个漂亮的大胜仗。战斗结束，白起因功官至国尉。伊阙之战，是韩魏两国遭到最大损失的一次战役。

韩、魏地靠秦国，按照秦国远交近攻的策略，二国是秦国"蚕食"的首要目标。所以，在秦昭王十五年（前292），秦国又向韩、魏发动了进攻。这次秦昭王仍派白起为将，攻下了魏的垣（今山西垣曲县东南）。由于白起多次立功，被秦昭王提升为大良造（战国时秦的最高官职，掌握军政大权，也是尊贵的爵位）。第二年，白起率军攻占了中原重镇韩国的宛（今河南南阳），同时宛还是重要的产铁基地，又是冶铁业中心。与此同时，秦昭王派马错占领了韩国另一炼铁基地邓（今河南孟州市西）。宛、邓的被夺取，对秦国有重要的经济、军事价值，大大增强了秦国的国力，尤其增强了秦国的兵器制造工业，为秦最后统一天下打下了物质基础。

秦昭王十七年（前290），韩、魏两国在秦国大军连续不断的打击下，畏于秦的强大攻势，遂被迫向秦割让土地以求苟安。在多方筹商后，韩国割让武遂（今山西垣曲东南黄河以北地区）200里地给秦，魏割让河东400里地给秦。韩、魏割地求和，更加刺激了秦国的雄心，加速了秦国向外扩张。

秦昭王十八年（前289），白起再次率领大军浩浩荡荡杀向魏国，一路势如破竹，连下蒲阪（今山西永济市蒲州镇）等61城，使魏国再次遭到沉重的打击。

至此，秦国认为韩、魏已不堪一击，对秦国已不构成威胁。决定改变策略，把主攻方向改向北方的赵国和南方的楚国。

在加兵赵国、楚国之前，秦国于公元前284年，曾联合韩、赵、魏、燕五国军队大败齐军。在白起统帅下战必胜，攻必克，震撼邻国，东方的齐国在齐湣王统治下也大力发展，国力强盛，打败了南方的楚国，杀死楚国将领唐眛，在西边于观津（今山东观城）摧毁了三晋的官兵，之后又与三晋联合攻击秦国，帮助赵国灭了中山国。公元前286年，齐湣王又挑起战端，攻破宋国，宋偃王逃奔到魏国，死在温城（今河南孟州市）。

这时的齐湣王,在屡屡胜利下,雄心大增,攻楚、击三晋之后,目标直接指向已分裂为二的周王朝,扬言要把周天子赶下台,由他来做天子。大臣孤姐因指责他而被绑到街市上斩首。陈举规劝他,齐湣王又把他绑到临淄(齐国都城)东门处决。齐湣王的倒行逆施,使齐国民怨沸腾。

燕昭王得知齐国臣民对齐王的怨恨,认为机会来了,日夜加强战备,准备伐齐。燕昭王向乐毅咨询伐齐的事。乐毅说:"齐国是霸王的后代,地广人多,以我们燕国的兵力,单独攻击,不容易成功。要想成功,就必须与赵国、楚国、魏国联合起来,共同出兵。"于是,燕昭王就派乐毅前往赵国联络赵惠文王,再派其他使节分别出使楚国、魏国,又请赵国去联络秦国,向秦申明伐齐的理由,承诺事成之后分给秦国一定的利益。秦昭王心想,如能借此机会击败齐国,秦国不是可以坐收渔翁之利吗。这对今后秦国争霸,并进而吞灭六国,统一天下也就更容易,于是便很痛快地同意了使者的请求。其他各国因受齐国侵略,早已对齐湣王的蛮横自大恨之入骨,早想联合起来讨伐齐国。他们听说强大的秦国也加入了讨齐的行列,更是欢欣鼓舞,跃跃欲试。

公元前284年,燕国派出全国的兵力,跟秦、赵、魏、韩军队会合,乐毅兼任五国联军总指挥官,以泰山压顶之势向齐国发动进攻。齐湣王急忙调兵遣将,在济西(今山东阳信)与联军会战。齐将触子见联军势大,不知如何是好,一战就下令退兵,只身逃走,齐军大败。部将达子统率余部,继续与联军作战,于秦周(临淄雍门)又战败,达子战死。至此,齐军败局已无可挽回,乐毅见胜利在望,遂请秦军、韩军先行班师,请魏军前往占领原来宋国的领土,请赵军前往夺取河间(今山东高堂、堂邑)。乐毅亲自率领燕国远征军,深入齐国国土,迅速占领了齐国首都。

破齐成功,秦国将进攻的矛头改变。秦军班师不久,即把进攻的矛头指向楚国。在进攻楚国的战斗中,白起一马当先,所向无敌,为秦国立下了汗马功劳。

为给进攻楚国创造有利的外部环境,消除后顾之忧,公元前279年,秦昭王与赵惠文王在河南渑池相会,两国修好停战,秦的北面得到了稳定。外部工作做好之后,秦国便集中优势兵力,着力对抗楚国。

攻下鄢城

秦军兵分两路,一路由白起率领主力部队,由汉北地区南下,先夺鄢之后再夺楚都郢;另一路由蜀守张若率领侧翼部队,由四川出发,进攻巫、笮、黔中一带,然后沿长江东下,配合主力部队,牵制楚国兵力,使楚军顾此失彼,首尾无法接应,同时夺取楚国西部地区。

白起率领秦兵包围鄢城后,遭到楚国军民的奋力抵抗,使战斗一时无法向纵深发展。鄢是楚的别都,距离楚国都城郢很近。鄢是郢的西大门,鄢城失守,郢将不保,楚国竭尽全力守卫鄢城。楚王为了保卫京师,派精兵良将,加强守卫。白起深知鄢城战略地位的

重要,他决心攻下鄢城,以打开进军楚都的通道。

身经百战,具有丰富作战经验的白起仔细思量,寻找破城方略,他详细审查了鄢城附近的地理形势后,断然决定实行水攻的策略。

原来鄢城西有一条鄢水,发源于荆山与康隰山之间,向东南注入汉江。白起就命士兵在鄢城以西修筑堤堰,拦截鄢水,积水为湖。待水升到一定高度时,他就下令决堤放水。滔滔洪水,一泻而下,一下子就吞没了鄢城。大水从城西灌入,从城东北角溃出。楚国军民猝不及防,一时阵脚大乱。被大水淹死的达数十万。尸体流入河中,时值夏日,尸体腐烂,臭气冲天,人们把那里称为臭池。

白起以水淹之计击溃楚军,顺利地占领了鄢城。又乘胜疾进,攻下安陆(今湖北安陆)。接着乘胜迅速占领了楚都郢。楚军狼狈溃逃,秦军穷追不舍,一直追到洞庭湖边,并占领沿湖地区。秦兵过西陵(今湖北宜昌市)时,将楚先王之墓夷陵烧毁。楚王在秦军的重创之后,把国都迁往陈(今河南淮阳)地。公元前 278 年,秦设置了南郡,治所郢,管辖新占领的地区。白起因这次攻楚立了大功,被秦昭王封为武安君。

白起拔郢胜利,楚国已成日落西山之势,楚国从此失去了强国的地位,已不再作为秦国的强劲对手而存在了。白起为秦国最后统一天下奠定了又一基础,其功劳是很大的。

秦国打败楚国之后,进攻目标指向赵国和魏国。赵国是秦国进行兼并战争中所剩下的唯一强敌。秦昭王三十四年(前273),白起率军长途奔袭,一路急行军,与赵、魏联军大战于华阳(今河南郑州南)。秦军不顾长途行军的疲劳,以迅雷不及掩耳之势猛攻敌阵。赵、魏联军听说与之对阵的是料敌如神、百战百胜的武安君白起,先已怯了三分,在秦军的迅猛攻击下,落荒而逃。秦军乘胜追击,俘虏魏军三名将领,斩首 13 万,乘势占领华阳,随后,白起指挥军队进攻贾偃率领的赵军。赵军失去魏军的支持,顿失信心,毫无斗志,与秦军交战不久,即大败而逃。秦军穷追不舍,结果使 2 万赵军溺毙水中。

长平之战

秦昭王四十一年(前266),秦相魏冉命白起为将,率军远征齐之刚、寿,扩充地盘。恰在这时,魏国人范雎来到秦国,针对秦相魏冉舍近求远、劳师远征、得不偿失的做法,他对秦王说道:"穰侯(魏冉封号)命武安君为将,越韩国、魏国而攻齐之刚、寿,其计差矣。齐地离秦甚远,中间夹有韩、魏二国。出兵太少,则不足以害齐,若出师太多,则对秦不利。昔日魏越赵而伐中山国,既克其地,旋即为赵占有。为什么呢?因为中山国与赵相连而远离魏国也。如今伐齐若不克,则为秦师之大辱;若伐齐而克,秦军班师,则所克之地就会被韩、魏所占,如赵之占中山也,于秦有何好处?"接着,范雎向秦王建议道:"于今之计,莫如远交而近攻。远交以离人之欢,近攻以广我之地,自近而远,如蚕食叶,渐渐地,天下不难归秦矣。"

秦王听了范雎的巧言相对,龙颜大悦,乃细问如何施行远交近攻之策略。

范雎答道："远交莫如齐、楚，近攻莫如韩、魏。既得韩、魏，齐、楚能独存乎？齐、楚已下，则燕国唾手可得，天下归一矣。"

秦王更是拍案叫绝，即拜范雎为客卿，号为张卿。不久又拜范雎为丞相，以代魏冉之职，号为应侯。听从范雎的建议，决定东伐韩、魏，命白起伐齐之师回朝。

在范雎"远交近攻"总原则指导下，公元前264年，秦昭王命白起率军攻韩，斩首5万，攻占了韩国重镇陉城（今山西曲沃）等5座城池，一路又占领了晋南大部地区。在接二连三的克敌制胜的情况下，白起再接再厉，把他的军事指挥艺术发挥到了顶点，指挥了他一生中最重要的一次大战，也是我国古代军事史上的辉煌一笔——长平大战。

秦赵长平之战，是战国史上最大也是最著名的一次战争。这次大战的第一仗，是上党之战。

公元前262年，白起攻韩，势如破竹，迅速攻占了野王城（今河南沁阳），切断了韩上党郡（今山西东南部）与韩国都城（今河南新郑）的联系通道，使驻守上党的韩军成为孤军，引起了韩国上下的恐慌。

上党守臣冯亭见大势已去，急中生智想出一条"嫁祸"之计，企图把秦国大军引向他国，自己坐收渔翁之利。他对上党军民说道："秦军占据野王，则上党非韩所有。与其降秦，不如降赵。一旦上党归赵，秦怒赵得地，必移兵于赵。赵受秦兵，必与韩结好，韩、赵同盟，共抗强秦，或许可以取胜。届时再见机行事，上党也许能再回到韩国手里。"这条建议得到了军民的支持。

于是冯亭便派遣使者持书并上党地图，献于赵孝成王。

一日，赵孝成王做了一个奇怪的梦，梦见自己身穿一件左右异色的新衣，正好有一条飞龙自天而降，来到自己身前，赵王乘之，龙就向天上飞去。正飞之际，自己突然从龙身掉了下来。落地之后，原以为必死，不料一点事都没有，睁开眼睛一看，见两旁有金玉两座大山，光彩夺目，闪着耀人的光辉。赵王正得意之际，不料梦醒，即召大夫赵禹，把异梦告诉了他。赵禹听后，对赵王说："左右异色者，合穿也。乘龙上天，有升腾之象。坠地者，象征得地也。金玉成山者，象征货财充足也。大王眼下必有扩地增财之喜，此梦大吉。"

赵王听后非常高兴，但又不敢完全确定，又召专管卜筮的官吏敢来解梦。敢对赵王说："异衣者，残也，乘龙上天，不至而坠者，事多中变，有名无实也。金玉成山，可观而不可用也。此梦不吉，请大王谨慎从事。"

赵王因崇信赵禹之言，对筮吏之言并没放在心上。三日之后，上党太守冯亭派使者携书至赵。使者说明出使的意图，将书信呈给赵王，赵王打开书一看，书中略曰："秦攻韩急，上党将入于秦矣。其吏民不愿附秦，而愿附赵。臣不敢违吏民之愿，谨将所辖十七城，再拜献之于大王。惟望大王辱收之！"

赵王看完后，非常高兴，说："赵禹所言广地增财之喜，今日验证矣！"

平阳君赵豹谏阻道："臣闻不劳而获，无故受利，必遭祸殃，请大王三思，接受韩国之礼一定要谨慎。"

赵王随声道:"上党之人惧怕强秦而心向赵国,故而来归,怎么能说无故受利?"

赵豹对道:"秦蚕食韩国土地,攻占野王城。断绝上党与其国都之道,遂使联系中断。秦眼下自视上党为掌中之物,唾手可得。一旦上党为赵所有,秦干戈苦心经营数年,岂容他人坐收渔利,一定要对赵发动进攻。此臣所谓'无故受利'也。且冯亭所以不纳地于秦,而纳于赵者,企图嫁祸于赵,以解韩之困也。惟大王详察。"

赵王再召平原君赵胜商量,赵胜乃战国四大公子之一,平生最喜结交贤士、广收门客,门客最多时有数千人,他对他们始终待之以宾客,深受门客的欢迎。然而在这件事上他却十分疏忽,使赵国招致灭顶之灾。

他对赵王说道:"以前我们率领大军,浩浩荡荡,去攻打他国,经岁历年,甚至得不到一城一地。如今我们不费一兵一卒,不战而得十七城,这样的好事,千载难逢,此时不得,更待何时?"

赵王道:"君之言,正合寡人之意。"

乃使平原君赵胜率兵 5 万,前往上党领取土地,封冯亭以三万户,号华陵君,仍为上党太守。其县令 17 人,各封以三千户,皆世袭称侯。

平原君来到冯亭府前,稍做停顿,让人通报冯亭。不料冯亭闭门而泣,拒见平原君。平原君不明其中缘由,坚决要求相见,冯亭让人传话道:"吾有三不义,不可以见使者。为主人守地未死即降,一不义也;卖主人之地而得富贵,二不义也;未得主人命令,擅自做主,将地献给赵国,三不义也。"平原君叹道:"冯亭真忠臣也!"遂在其府前等候三日,不肯离开。

平原君的诚意感动了冯亭,乃出来与之相见。见面时,犹垂泪不止。平原君对之抚慰一番,劝其保重身体,莫太内疚。冯亭表示感谢,并提出交出土地,辞去官职,请另选良守。

平原君竭力挽留道:"君之心事,胜已知之,胜深钦佩君之为人。除君之外,无人能孚上党吏民之望。故请君莫再推辞,仍为上党之守。"

冯亭见无法推辞,只得再领太守之印,但辞去了华陵君封号。

过了数日,交割手续了结,平原君将要离开回国。临别之际,冯亭对平原君说道:"上党所以能投降赵国,是因为上党韩军力量太小,抵挡不住秦军的进攻。公子回国,还望奏闻赵王,速发大军,急遣名将,方为上策。"

平原君道:"请太守放心,我回到邯郸后,马上便向赵王奏请,请求发兵来上党。"

平原君回报赵王,赵王高兴万分,遂大摆筵席,一为平原君接风洗尘,二为赵国兵不血刃,不战而得韩国之地庆贺。他哪里料到,大祸即将降临到赵国头上了。

秦王得知冯亭投奔赵国,大怒,即命王龁率军进兵上党,下令一定要拿下上党,生擒冯亭。冯亭率上党军民,与秦军激战两个月,期待赵军前来增援。然赵军迟迟未至。最后,韩军最后支持不住,冯亭遂率残部向赵国方向退去。上党遂为秦军占领。

这时,赵王才拜廉颇为上将,率兵 20 万来援上党。行至长平关(今山西高平市境),遇见冯亭,才知上党被攻破,秦兵已紧紧追来。廉颇乃命在山下列营扎寨,东西各数十

个,如列星之状。又分兵1万,使冯亭守光狼城(在高平市南25里)。再分兵2万,派都尉盖负、盖同分,守东西二鄣城,又使裨将赵茄探听秦军消息。

赵茄领军5000,出长平关向西20里,正遇秦军先锋司马梗,同时到达。赵茄见司马梗兵少,便催马上前与之搏斗。双方激战之际,秦军第二哨探张唐率兵赶到。赵茄见秦兵又至,一时心慌手慢,不知怎样为好,被司马梗一刀斩于马下。秦兵见主将得胜,士气大增,奋勇向前,乱杀赵兵。赵军四散溃逃。

廉颇闻报,知秦兵眼下正因胜利,锐不可当,不可与之争锋,遂传令各营:"用心把守,勿与秦战!"同时命士卒在营中掘上很深的土坑,并注满水,军中将领都不明白这是什么意图。

王龁大军赶到,距赵营所在金门山10里下寨。王龁先分军攻二鄣城,赵军盖负、盖同分别出战,接连失利,守东西鄣城之赵军全部投降。王龁乘胜攻光狼城,司马梗一马当先,大军随后掩杀。冯亭出兵与战,没有多久,即败下阵来,只得率残部奔金门山赵营而来,投到廉颇营中。

未几,探马来报,秦兵又来攻垒,廉颇传令:"出战者,虽胜亦斩!"王龁久攻不入,便把秦军大营向前推进,距赵营,仅5里左右。王龁又派秦兵前往赵营挑战,并百般在赵营前辱骂。但任凭秦兵如何,赵兵不为所动。正所谓:你有你的千条计,我有我的老主意。秦兵按捺不住,图血气之勇想一举冲破赵营,还没靠近营寨,即被营内赵军弓弩手射杀一大片,只得退回,王龁见此,叹道:"廉颇老将,久经沙场,其行军持重,无隙可乘,未可破也!"

偏将王陵建议道:"金门山下有条小河,名曰杨谷,秦赵两军都从此河中取水饮用。赵、秦两营分在河之南、西水势自西而流向东南。若能断绝此水,使水不东流,断绝赵军水源,用不了几日,其军心必乱。届时乘乱击之,可破赵军。"

王龁听后,非常赞同,遂命军士将河水阻绝,改流他方。谁知廉颇事先预掘深坑,早已储蓄了足够的用水。王龁绝断河水,静等赵军缺水自乱。不料等了四个月,赵营依然如故,秩序井然。后来得知廉颇预掘深坑,有储积的水,乃大骂王陵,钦佩廉颇老谋深算,有先见之明。没办法,只得派人将情况入告秦王。

秦王接到报告,急忙召范雎商议对策。范雎道:"廉颇乃赵国良将,老谋深算。他知道秦军眼下士气正旺,不敢与之争锋,所以暂且避之。他以为秦军跨国远征,深入异地,不得地利,又失人和,粮饷、武器、兵源供应不上,故最利速战速决,最忌双方僵持。只要深沟高垒,待秦师力穷气竭,便可徐图之。依臣之见,此人不去,赵军难破矣!"

秦王道:"卿有何计,可以去廉颇?"

范雎悄声对秦王说:"要去廉颇,须用反间计,如此恁般,非费千金不可。"

秦王大喜,派人取千金交付范雎。范雎乃派其腹门客,从间道入邯郸,先买通了赵王左右,让其到处传言,曰:"赵将惟马服君(赵奢)最善统兵打仗,闻其子赵括勇过其父,若使赵括为将,定能打败秦军。廉颇年老胆怯,屡战屡败,失亡赵卒三四万,今为秦兵所逼,不久将要投降秦国。"

赵王先闻赵茄等被秦兵斩杀,连失三城,使人往长平督促廉颇出战。廉颇坚决主张

以守反攻,不肯出战,赵王被流言所惑又怀疑廉颇胆怯。遂召赵括问道:"卿能为我分忧,击败秦军乎?"

赵括似胸有成竹地说道:"秦若使武安君为将,尚费臣筹划,如王龁乳臭未干,不足道矣。"

王赵道:"为何?"

赵括道:"武安君白起为秦军名将,先败韩、魏于伊阙,斩首24万。再攻魏,取大小61城,又南攻楚,拔鄢、郢,定巫黔。又复攻魏,走芒卯,斩首13万。又攻韩,拔5城,斩首5万。又斩赵将贾偃,沉其卒2万人于河。战无不胜,其威名远播,军士畏其英名。臣若与对垒,胜负居半,故尚费筹划。如王龁新为秦将,乘廉颇胆怯,故敢于深入。若是臣,如秋叶之遇狂风,吾当速破秦兵!"

赵王听后,非常欣赏赵括,即刻拜赵括为上将,赐黄金彩帛,派赵括代替廉颇。同时再拨20万兵卒给赵括,命其率军前往长平。

赵括受封之后,归见其母。其母说道:"你父亲临终嘱咐,告诫你切勿为将,你难道忘了? 还不快去向赵王辞之?"

赵括说道:"不是我不愿辞将,无奈朝中无人能胜任!"

赵母见劝不了儿子,乃上书谏曰:"我儿赵括徒能读其父之书,但缺乏变通。绝非将才,愿大王不要重用他。"

赵王召见其母,问其根由。其母对道:"括父奢为将,所得赏赐,尽赐予军吏。受命之日,即从于军,从不问及家事,与士卒同甘苦。每事必咨询大家,不敢独断专行。今赵括为将,所赐金帛悉归私家,为将岂能如此? 其父临终曾告诫我曰:'括若为将,必败赵兵!'我未敢忘其遗言,愿大王别选良将,切不可用括!"

赵王道:"寡人意决,请勿复言。"

赵括母道:"大王既不听我言,倘将来兵败,请免我一家连坐之罪。"

赵王答应赵母的要求。赵括遂引大军出邯郸,直向长平而去。

范雎所派门客,早已在邯郸打探消息,得知赵括向赵王所说之语,赵王已拜其为大将,择日起程,日夜兼程奔回咸阳报信。秦王与范雎商量道:"秦赵僵持长平,非武安君不能了结此事!"于是秦王委任白起为上将,王龁为副将,传令军中秘密其事,严令:有敢泄漏武安君为将者,立斩不饶!"

再说赵括率军来至长平,廉颇看到代替符节后,即将军籍交付赵括,领亲兵百余人,回邯郸去了。赵括接掌帅印,尽改廉颇的做法,军垒合并成大营。时冯亭在军中,固谏不听。不仅如此,赵括又以自己所带将士,易去旧将。严令秦兵若来,一定要争先出战,如果得胜,便行追逐,务使秦军一骑不返!

白起来到军中,听说赵括更改廉颇之令,先派3000秦兵出营挑战。赵括马上派出大军来迎战,秦兵大败而回。白起登高远望赵军,对王龁说:"我知道如何胜赵军了!"

赵括胜了一阵,不禁心中大喜,忘乎所以,使人至秦营下战书。白起使王龁批:"来日决战!"于是命退军10里,把大营扎在王龁旧屯之处。赵括哪知秦军退后是计,相反,笑道:"秦军害怕我矣!乃命杀牛置酒,犒赏军中将士。同时传令:来日决战,定要生擒王龁,让白起为人耻笑。

为了进一步迷惑敌人,滋长赵括的轻敌思想,白起向诸将发令:先命王贲、王陵率万人列阵,与赵括轮番交战,假装敌不过赵括,引得赵兵来攻秦营,便算一功;命大将司马错、司马梗二人,各引兵一万五千,从间道绕到赵军之后,绝其粮道;命大将胡伤引兵2万,伏于间道,只等赵军开营追击秦军,便立即杀出,务将赵军截为二段;命大将蒙骜、王翦,各率轻骑5000,接应前军。白起与王龁坚守老营。部署完毕,白起脸上露出一丝常人不易觉察的微笑,他要设计擒赵括。

再说赵括吩咐军中,四鼓造饭,五鼓收拾行装,平明列阵前进。行不到5里,便遇见秦兵,两军对垒。赵括派先锋傅豹出马,秦将王贲接战。大战约30余合,王贲假装不敌败走,傅豹不觉中计,纵马追之。赵括再命王容率军帮助,又遇秦将王陵。王陵略战数合,即败走。赵括见赵军连胜,乃亲率大军来追,企图一举击败秦军。上党守冯亭固谏道:"秦人多诈,恐怕是计。请元帅勿急于追赶!"赵括不听,急追10余里,直至秦军大营。

王贲、王陵绕营而走,秦营不开。赵括传令,一齐攻打,定要攻破秦营。连打数日,无奈秦营坚固,秦军亦顽强坚守,赵军死伤累累,秦营竟丝毫未损,稳如泰山。

赵括急派人调后军,移营齐进。正在此时,只见赵将苏射飞骑来报:"后营被秦将胡伤引兵杀出阻断,不得前来!"

赵括不禁怒火中烧道:"胡伤如此无礼,吾当亲往讨之!"

赵括派人再探听秦军行动,回报道"秦军西路军马甚多,东路无人。"赵括遂命令大军向东进攻。

行不上二三里,大将蒙骜率军从斜刺里杀出,大叫:"赵括小儿,你中了我武安君之计,还不下马投降!"

赵括大怒,挺戟欲战蒙骜,偏将王容说道:"无须劳驾元帅,让我前往建功!"王容便接住蒙骜厮杀。

正在双方击战之际,王翦大军又至,与蒙骜合兵一处,共杀赵兵,赵兵尸横遍野。

赵括见秦军勇猛,无力应敌,乃鸣金收军,就近择水草处安营。冯亭又谏道:"我军虽一时失利,但元气尚存。倘与秦军力战,或许还能冲出重围,回到大营。若在此扎营,腹背受敌,后果不堪设想,请元帅三思!"赵括固执己见,命士兵筑起高垒,坚壁自守,一面派人飞奏赵王求援,一面催取后队粮饷。但粮道已被司马梗引兵截断。白起大军遮其前,胡伤、蒙骜等大军截其后,秦军每日传武安君将令,招赵括投降。赵括此时方知白起真在军中,吓得魂不附体。

武安君捷报传到秦王那里,知赵军数十万人马被围在长平,乃亲自来到河内(今河南沁阳一带),命令当地凡年满15以上的男丁,皆须从军,以补充秦军之不足。同时让各路人马,配合主力行动,断绝赵军粮道,使赵军后继无援。

赵军被秦军围困了46日,军中粮草断绝,士兵自相残杀以食,赵括屡禁不止。赵括见援军不继,再这样下去,无须秦军动手,自己就会消耗殆尽。与其坐以待毙,何如拼死

突围，或许有一线希望。赵括乃把军队分为四队：傅豹一队向东，苏射一队向西，冯亭一队向南，王容一队向北。吩咐四队一齐鸣鼓，夺路杀出。如一路打通，赵括便招引其他三路随后跟走。哪知，白起早到料到赵括有此计，吩咐四面八方预埋弓箭手，凡见赵营中冲出来者，一律射杀。故而四队兵马冲突三四次，都毫无结果。赵括无奈，只好下令停止突围。这样又熬过了一个月，一月之内，赵军士卒残杀相食者不计其数。赵括不胜其愤，乃精选身强力壮者 5000 人，号称敢死队，皆穿重型铠甲，乘坐骏马。赵括握戟一马当先，傅豹、王容紧随其后，企图孤注一掷，冒死突围。王翦、蒙骜二将见状，率军前往迎战。大战 30 余合，赵括力不从心，忙虚晃一戟，掉转马头，向赵营奔去。不料马失前蹄，自己亦从马背上摔了下来，秦兵见状，一齐射箭，赵括霎时乱箭穿身，一代"纸上名将"，就这样丧命在太行山下。

赵军群龙无首，傅豹、王容亦相继战死，赵军大乱。苏射引冯亭共走，冯亭道："我数谏赵括而不从，今至于此，天意亡我。又何逃乎？"乃自刎而死。只有苏射，乘混乱之时，硬是杀开一杀血路，向北投靠胡地去了。

白起见赵军已无力抵抗，乃在高地上竖起一面招降旗，赵军见旗，弃甲丢兵，跪拜三呼"万岁！"白起招降了赵兵，乃使人割下赵括之首，往赵营招抚。此时赵营中士卒尚有 20 余万，见主帅被杀，纷纷投降，一时间，甲胄器械堆积如山，营中辎重悉为秦有。白起与王齕计议道："前不久我军拔野王，上党在我掌握中，此地军民不愿降秦，而愿归赵。今赵卒先后投降者，总计将近 40 余万，倘一旦哗变，准何处之？"白起乃下令将降卒分为 10 营，使 10 将分别看管，配以秦军 20 万。同时向赵降卒赐以牛酒，声言："明日武安君将筛选赵军，凡上等精锐能战者，给以器械，带回秦国，听从征用；其老弱不堪或力怯者，俱遣回赵国。"赵军大喜。是夜，武安君密传一令于 10 将："起更时分，但是秦兵，都要用白布一片裹首。凡首无白布者，即为赵卒，当尽杀之。"

秦兵奉令，杀首无白巾者，降卒既没器械又没准备，只好束手受戮。有逃出来的，又有蒙骜、王翦等引军巡逻，见了就砍。40 万赵军，一夜俱尽。血流成河，杨谷（当地的一条河）之水皆变为丹色，改名为丹水。武安君命收取赵卒头颅，聚于秦营之前，谓之头颅山。通计长平之战，连同王齕先前投降士卒，前后斩赵卒约 45 万人，只存年少者 240 人未杀，放归邯郸，使宣扬秦国之威。

赵王初闻赵括捷报，心中大喜。再后闻赵军困于长平，还没有来得及派军救援，赵括已战死，40 万赵军全部降秦，被白起一夜坑杀，只放 240 人还赵。赵王大惊失色。群臣哀叹异常。一时间，邯郸城里一片哭声几天几夜不绝。惟赵括之母不哭，自言："自托为将时，我已知道他必败无疑，难以生还了。"赵王因括母有言在先，没有受到牵连，反赐粮食绸缎以安慰她。又派人到老将廉颇家致歉感谢，表示悔不当初。

赵国还沉浸在悲伤惊恐之中时，边吏又报："秦王攻下上党，17 城尽皆降秦。今武安君亲率大军前来，声言直逼邯郸。"赵王急召集群臣，问道："谁能为寡人退秦兵？"群臣面面相觑，无以应对。

平原君回家，遍问门客，门客也无人能应，恰好苏代此时亦在平原君门下为舍人，闻知此事,乃对平原君说道:"代若至咸阳,必能止秦兵不攻赵。"平原询问对策,苏代乃将自己的详细计划相告,平原君赞同苏代的计划,便告知赵王,赵王也认为可以,于是厚赐金币于苏代,让他前往秦国活动。

苏代连夜兼程,迅速到达咸阳。往见范雎,范雎揖之上坐,问道:"先生为何而来?"

"为君而来。"苏代回道。

范雎心里非常纳闷,不知对方何出此言。既然对方千里迢迢而来,定有其根由,我不妨问他个究竟,乃问道:

"苏先生何以教我?"

"武安君已杀马服子乎?"苏代问道。

"是的。"范雎道。

"今日欲围邯郸乎?"苏代又问。

"是的。"范雎回答。

"武安君用兵如神,身为秦将,攻夺70余城,斩首近百万,虽伊尹、吕望之功。也不过如此。现在又乘胜围攻邯郸,邯郸必破,赵必亡矣!赵亡,则秦成帝业,秦成帝业,则武安君为头等功臣,如伊尹之于汤,吕望之于周。君虽然权势很高,但只能甘于其下。"苏代抓住范雎的心理,说道。

范雎一听,不觉一怔,乃倾身向前问道:"以先生之意,我该如何是好?"

苏代不急不忙,继续回答道:"君不如允许韩、赵割地以求和于秦。韩、赵割地,则为君之功劳,又解除武安君之兵权,如此一来,在秦国,谁也不能跟你相比,你的地位,稳如泰山了。"

范雎心中大喜,盛宴款待苏代。到了第二天,即对秦王说道:"秦兵在外征战已久,兵疲力尽,宜休养一段时间。现在不如使人晓谕韩、赵,命其割地以求和。"

秦王道:"既如此,那就劳烦相国办理此事。"

范雎于是赠给苏代大量金帛,使往说韩、赵。韩、赵二王惧秦,巴不得割地求和,所以苏代此行非常成功。韩许割垣雍一城(在今河南原阳境内),赵许割六城,并各遣使求和于秦。秦王初嫌韩只一城太少,韩使者说:"上党17县,都是韩国的土地,如今都归秦有。"秦王当然非常高兴地接纳了。同时下诏将白起召回。

赐剑自刎

正当白起连战皆捷,乘长平胜利之势,挺进邯郸,欲扫平赵国,为秦国再立新功之时,忽闻班师之诏。初还不信,待接到诏书,方知是真。白起初怨秦王不知时势,不想退师,但君命难违,白起不得不班师回国。待后来得知班师乃是范雎的馊主意,便怒不可遏,说道:"赵自长平大败,人心已摇,邯郸城中一夜十惊,如惊弓之鸟,惶惶不可终日。若一鼓作气,长驱直入,最多不过一个月,邯郸城指日可破。可惜应侯(范雎)不知时势,主张班

师,机会丧失,真不知他是怎么想的!"

此话传到秦王耳中,秦王懊丧不已道:"白起既知邯郸可拔,何不早奏?"乃再次任命白起为将,欲使其重新伐赵。白起此时因病在身,一时难以痊愈,故不能承命。秦王无奈,便命大将王陵率10万秦军伐赵,往攻邯郸城。

赵王自长平大战惨败后,敲响了警钟。他吸取往日的教训,再次启用老将廉颇,使廉颇为将,负责邯郸城的守卫工作,抵御秦军。廉颇从各地迅速招募新兵,严加训练,又以全部家财训练了一批敢死队员。这些敢死队员常常乘夜下城偷袭秦营,秦军疲于应付,屡吃败仗。

情况传到咸阳,秦王见王陵难以迅速攻占邯郸城,想让白起往代王陵。虽然白起病已经好,但不主张现在攻城,奏道:"邯郸此时实不易攻也。前者赵军长平大败之后,百姓震恐不宁,如再接再厉,乘胜往攻,让赵国攻也不是,守也不是,用不了多久,即可拿下邯郸。今二岁有余,其已有了充分的准备,双兼老将廉颇,老谋深算,非赵括可比。再者,诸侯见秦刚刚许赵割地求和,今又复攻之,会认为秦不可信,必将合纵,而来救赵,我看秦取胜恐怕是很难的。"

秦王不听,强令其行,白起坚辞不受。秦王复使范雎往请,武安君因恨范雎前阻其功,拒见范雎。范雎吃了个闭门羹。

范雎回来复命,秦王问范雎:"武安君真的病了吗?"

范雎道:"是否病了不知道,然武安君不肯前往攻打,其志已坚。"

秦王听了,命范雎斥责白起说:"以前楚国地方千里,兵士百万,你率领数万秦军入楚,攻破鄢、郢,迫楚迁都,东至、东徙而不敢西向,那是何等的英勇啊。秦和韩魏在伊阙交战,你所将之兵不及韩魏的一半,却大破二国之军,流血漂橹,斩首24万,使韩魏至今都称藩臣服,你功不可没。如今赵国之军在长平之战中已死了十之七八,国内空虚,而我军人数几倍于赵,你过去能以少击众,取胜如神,何况现在以强击弱,以众击寡呢?"

白起说:"那时楚国恃其国大,政治不理,而群臣又互相妒忌,内部矛盾重重,良臣受斥,小人受用,百姓离心,城池不修。在既无良臣,又无守备的情况下,我才能引兵深入,大胜建功。伊阙之战时,韩魏面合心离,都想避兵锋保实力,所以我得以设疑兵,以待韩军,集中兵力对付魏军。韩魏相继败溃,乘胜逐北,因此建功。这些功勋的建立,皆是天时、地利、人和的因素所造成,自然而然,何神之有? 秦破赵军于长平后,没有乘胜消灭赵国,却让赵国有了休养生息的时间,更何况现在赵国已经君臣一心,上下同力,众志成城。今若伐赵,赵必固守;挑战其军,必不肯出;围其国都,必不可克;攻其列城,未必可拔;掠其郊野,必无所得。兵出无功,诸侯生心,外救必至。与其动用国家财力、物力,打一场毫无把握的战争,何如就此休兵罢战,等待下一次机会,再作打算。

秦昭王怎么劝说,白起就是不肯受命。

秦王见白起如此抗拒王命,很不高兴,说道:"白起居功自傲,目中无人,他自以为秦国别无良将,非他莫属。昔长平之胜,初用兵者王龁也,王龁难道不如他吗? 寡人之所以这样三番五次请他,是看在他曾有国于功。他既然不愿出征,我们也不必再请他,就让王龁去好了。"

于是秦王又增兵 10 万,命王龁往代王陵。王陵归国,秦军免其官。

王龁率军围攻邯郸,5 个月不能拔之。武安君白起闻之,对客人说:"我早就预言邯郸不易攻下,秦王不听我言,现在又怎么样呢?

有人将白起的话泄漏给范雎,范雎又报告秦王。秦王听后,非常恼怒。亲自面见白起,强行要白起挂帅出征,并强调:"如君不行,寡人恨君,后果不堪设想。"

性格耿直的白起见秦王动怒,依然坚持己见,不愿出征。他对秦王说:"我知道这次出征,无功也不会受罪,如果不出征,无罪也要受诛。但我宁肯伏罪受诛,也不愿为辱军之将。"

秦王无奈,只得另作他计。

秦王将白起免职革官,并命令其迁居阴密(今宁夏固原),因为生病,暂时未行。

秦王既贬白起,复发精兵 5 万,令范雎的恩人郑安平为将,往助王龁,下决心攻下邯郸。赵王听说秦国又增加兵力来攻邯郸,心存畏惧,乃遣使分路求救于诸侯。平原君赵胜说:"魏国是我的亲家,平素与赵国亲善,魏国肯定会来相救。楚国大而距离远,除非用'合纵'游说之,否则楚救兵难来,我当亲往游说。"

于是,平原君在其门下食客中,想找文武兼备者 20 人同往,不料三千门客中,选来选去,只得 19 人,不足 20 之数。平原君叹道:"我养门客数十年,竟然选不出 20 位文武兼备之士? 话刚落地,但见门客中有一人站出,自荐道:"像我这样的人,不知可以充数乎?"平原君问其姓名,对道:"臣姓毛名遂,大梁人,在君门下当食客三年矣。"

平原君笑道:"贤士处世,犹如锥之处于囊中,其颖立露。今先生在胜门下三年,胜未有所闻,难道是先生文武一无所长乎?"

毛遂道:"以前没机会展示,今日臣请处于囊中。假使早处囊中,臣将尽脱而出,岂特露颖而已。"

平原君见毛遂言辞非凡,便让他凑足 20 人之数。当天率众贤士离开赵国,往陈都(时楚都于陈)进发。

来到陈,先拜见于春申君黄歇。黄歇平素与平原君交厚,便替平原君向楚考烈王求情。平原君黎明入朝,相见礼毕,楚王与平原君坐于殿上,毛遂与 19 人等均立于阶下。平原君陈述联合退秦的策略。

楚怀王道:"'合纵'之事,最先发起者是赵国,后来因受张仪游说,'合纵'之事渐渐淡弱。起初楚王为'纵约长',攻秦未成功;后齐湣王复为'纵约长',因齐湣王想做霸主,诸侯遂背叛了他。由于上述原因,至今列国忌谈'合纵',此事说来话长,三言三语难以说清。"

平原君说:"自苏秦倡议'合纵',六国约为兄弟,在洹水会盟,共抗强秦,将秦兵遏止在函谷关以西 15 年,其后齐、魏受犀首(公孙衍)之欺,与秦国结好共同伐赵,怀王受张仪之欺,与秦共同伐齐,故而'纵'约渐解。假使齐、魏、楚三国坚守洹水之誓,不受秦欺,秦国又能将六国怎样呢? 齐湣王名为'合纵',实欲兼并他国,争做霸主,是以诸侯背之,这

难道是'合纵'之错吗?"

楚王道:"今日之势,秦强而列国俱强,各扫门前雪,安能有所作为?"

平原君说:"秦国虽弱,分制六国则不足;六国虽弱,团结起来,合制秦则有余。若各图自保,不思相救,一强一弱,秦国就可各个击破,全皆不保!"

楚王又道:"秦兵一出而拔上党 17 城,坑赵卒 40 余万,合韩、赵二国之力,却战胜不了一个白起。今又进逼邯郸,楚国僻远,即便出兵,能解决问题吗?"

平原君道:"赵王任用赵括,致有长平之败。今王陵、王龁 20 余万之众,屯于邯郸城下,三年有余,却不能损赵之分毫。若救兵一集,必大挫秦军,从而换来数年之安也。"

楚王道:"秦新通好于楚,我要发兵救赵,秦必迁怒于楚,是代赵而受怨也。"

平原君说:"秦之通好于楚者,是欲专心解决三晋问题。三晋既亡,楚国能免除秦国的进攻吗?"

楚王因有畏秦之心,虽然觉得平原君讲得在理,但也没做最后打算。毛遂在阶下顾视日晷,见已当午,乃按剑沿阶而上,谓平原君道:"'合纵'之利害,两言可决。今自日出入朝,到现在还没有决定下来,这是为何?"

楚王怒问道:"他是何人?"

平原君道:"此臣之门客毛遂。"

楚王道:"寡人与平原君议事,你为何在此插言?"当下将毛遂赶走。

毛遂向前,按剑而言道:"'合纵'乃天下大事,天下人皆得议之!平原君在此,不用你呵斥!"

楚王态度稍缓,问道:"你有何言,请讲出来。"

毛遂道:"楚地五千余里,自武、文称王,发展到现在,号为盟主。一旦秦人崛起,数败楚兵,怀王囚死。白起竖子,接连攻占鄢、郢,被逼迁都。此百世之怨,三尺童子犹以为羞,大王难道忘记了吗?今日'合纵'之议,是为楚而不是为赵国也,大王难道不想趁此以雪前耻吗?"

楚王道:"有道理。"

毛遂道:"大王之意已决乎?"

楚王道:"寡人意已决。"

于是歃血为盟,推楚王为纵约长。

楚王既许"合纵",即命春申君黄歇率 8 万人救赵。平原君归国,叹道:"毛先生三寸之舌,强于百万之师!胜鉴别人才多年,今失之于毛先生,自今之后胜不再鉴别天下人才矣。"

自此平原君以毛遂为上宾,凡事都向毛遂征询意见。

说话间魏王遣大将晋鄙率兵 10 万救赵。秦王闻诸侯救兵将至,亲至邯郸督战。使人谓魏王道:"秦攻邯郸,指日可下。诸侯有敢救之者,秦国就先进攻他!"

魏王摄于秦国力量强大,遣使者追上晋鄙军,让暂停救赵,就地待命。晋鄙乃屯军于邺下。春申君见魏军不进,亦屯兵于武关,观望不进。

这时,邯郸城士兵翘首企盼诸侯救兵。眼看秦兵猛烈进攻,城中军民精疲力竭,许多人提出了投降。赵王心急如焚。这时,有个叫李同的舍人对平原君说:"邯郸百姓日夜守城,而您却在家里安享富贵,长此下去,没人愿守此城。您若能令夫人以下所有之人,编于行伍之中,为守城尽绵帛之力,再将家中所有财帛,发给将士,将士在危困艰苦之际,易于感恩,重赏之下,拒秦必竭尽全力。"

平原君从其计,拿出自家财产,募得敢死队员3000人,由李同带领出城,乘夜袭营,杀秦兵千余人。王龁大惊,不得不退兵30里下寨。城中人心稍定。李同因伤而亡,平原君恸哭不已,命厚葬李同。

再说信陵君无忌见魏王惧秦,不会发令救赵,乃令人窃得虎符,连夜来到邺下,见过晋鄙,说道:"大王因将军长期在外,体恤将军之苦,特遣无忌前来代劳。"说罢,使随从朱亥捧虎符交与晋鄙验证。

晋鄙接符在手,不禁产生怀疑,想道:"魏王以10万之众托我,我虽愚陋,但没有打败仗。今魏王无尺寸之书,而公子只是手捧虎符前来,代将此事,岂可轻信?"乃对信陵君说道:"公子暂请消停几日,待某把军伍造成册籍,明白交付,如何?"

信陵君道:"邯郸形势垂危,应立即赴救,岂能耽搁时刻?"

晋鄙道:"实不相瞒,此军机大事,我不敢私作主张,还需再次请示,方敢交军。"

说犹未毕,朱亥大声呵斥道:"元帅不奉王命,便是反叛了!"晋鄙刚回问道:"你是何人?"只见朱亥袖中出铁锤,重40斤,向晋鄙当头一击,晋鄙一命呜呼。

信陵君握符,命令各将领道:"魏王有命,使我代晋鄙将军救赵,晋鄙违抗命令,今已诛死。三军安心听命,不得妄动!"营中肃然。

等到卫庆到达时,信陵君已杀晋鄙,统帅魏军了。卫庆见信陵君救赵之志已决,便想辞去。信陵君道:"君已至此,看我破秦之后,请回报魏王也。"卫庆无奈,就先设法密报魏王,自己遂留在军中。

信陵君首先赏赐三军,下令:"父子俱在军中者,父归;兄弟俱在军中者,兄归;独子无兄弟者,归养父母;有疾病者,留下就医。"裁汰了十分之二的军队,得精兵8万人,整齐队伍,申明军法。一切准备完成之后,信陵君乃亲率宾客,身先士卒,猛攻秦营。

王龁面对突然而至的魏兵,仓促应战。魏兵奋勇向前,平原君亦开城接应,里应外合,一场厮杀。王龁折兵一半,向汾水大营奔去。秦王见败局已定,乃下令秦军解围而去。郑安平以2万人扎营于邯郸东门,为魏兵所阻,不能撤回。无奈之下,他想起自己原是魏人,遂投降魏军。春申君所率之楚军,见邯郸之围已解,秦师已退,率军返回楚国。韩王见秦师已退,也乘机收取上党之地。

秦军丧师失地,损兵折将,秦王心中郁闷,乃迁怒于白起。遂命白起马上出发,不得留在咸阳城中。白起接到王命,叹道:"范蠡有言:'狡兔死,走狗烹'。我为秦攻下70余城,故当烹矣!"于是带病出城,至于杜邮这个地方,暂歇以待行李。

范雎对秦王说道:"白起此行,肯定心存积怨。其托病非真,一旦被他国任命,肯定是秦的祸患。"秦王一惊,马上派人赐利剑一把,命白起自裁。

白起伏剑自刎时说："我何罪于天而至此哉?"良久,又说:"我固当死。长平之战,赵卒降者数十万人,我诈而尽坑之,是足以死。"(《史记·白起王翦列传》)于是自杀。白起死时,是秦昭王五十年(公元前 257 年)十一月。白起死非其罪,秦人很怜惜他,乡邑地方都祭祀他。

　　善始者未必善终,白起功高遭忌,最终死在了自己人的手里,俗话说:"飞鸟尽,良弓藏,狡兔死,走狗烹",白起如此,伍子胥、李牧皆是如此。

西汉战神

——韩信

名人档案

韩信：汉族，淮阴（今江苏省淮安市淮阴区码头镇）人，楚王、上大将军。今淮安镇淮楼东侧建有韩侯祠。西汉开国功臣，初属项羽，后归刘邦。中国历史上伟大军事家、战略家、统帅和军事理论家。中国军事思想"谋战"派代表人物。被后人奉为兵仙。"王侯将相"韩信一人全任。

生卒时间：前228~前196年。

安葬之地：在西安和山西灵石各有一个韩信墓。

性格特点：忍辱负重，性格放纵，不拘礼节。

历史功过：韩信熟谙兵法，自言用兵"多多益善"，为后世留下了大量的军事典故：明修栈道、暗度陈仓，临晋设疑，夏阳偷渡，木罂渡军，背水为营，拔帜易帜，传檄而定，沉沙决水，半渡而击，四面楚歌，十面埋伏等。其用兵之道，为历代兵家所推崇。作为军事家，韩信是继孙武、白起之后，最为卓越的将领，其最大的特点就是灵活用兵，是中国战争史上最善于灵活用兵的将领，其指挥的井陉之战、潍水之战都是战争史上的杰作；作为战略家，他在拜将时的言论，成为楚汉战争胜利的根本方略；作为统帅，他一人之下，万人之上，率军出陈仓、定三秦、擒魏、破代、灭赵、降燕、伐齐，直至垓下全歼楚军，无一败绩，天下莫敢与之相争；作为军事理论家，他与张良整兵书，并著有兵法三篇。

名家评点：（宋）司马光："世或以韩信首建大策，与高祖起汉中，定三秦，遂分兵以北，擒魏，取代，破赵，胁燕，东击齐而有之，南灭楚垓下，汉之所以得天下者，大抵皆信之功也。"《资治通鉴》卷十二《汉纪》四

（宋）苏轼："（韩信）抱王霸之大略，蓄英雄之壮图，志吞六合，气盖万夫。"

（明）唐顺之："孔明之初见昭烈论三国，亦不能过。予故曰：淮阴者非特将略也。"

（明）王世贞："淮阴之初说高帝也，高密（邓禹）之初说光武也，武乡（诸葛亮）之初说

昭烈也,若悬券而责之,又若合券焉!噫,可谓才也已矣!"

（元）杨维桢:"韩信登坛之日,毕陈平生之画略,论楚之所以失,汉之所以得,此三秦还定之谋所以卒定韩信之手也。"

（明）董份:"观信智略如此,真有掀揭天下之心,不但兵谋而已也,所以谓之'人杰'。"

（明）李贽:"信与沛公初见,凡说项羽处,字字拿着沛公,沛公卒受其益。"

（清）王鸣盛:"观信引兵法以自证其用兵之妙,且又著书三篇,序次诸家为三十五家,可见信平日学问本原。寄食受辱时,揣摩已久,其连百万之众,战必胜,攻必取,皆本于平日学问,非以危事尝试者。信书虽不传,就本传所载战事考之,可见其纯用权谋,所谓出奇设伏,变诈之兵也"。

（明）茅坤:"太史公传淮阴,不详其兵法所授,此失着处。"

（清）王志湉:"气盖世力拔山,见公束手,歌大风思猛士,为之伤怀。"

（清）徐经:"史公为淮阴惜,实不仅为淮阴惜。"

（明）茅坤:"予览观古兵家流,当以韩信为最,破魏以木罂,破赵以立汉赤帜,破齐以囊沙,彼皆从天而下,而未尝与敌人血战者。予放曰:古今来,太史公,文仙也;李白,诗仙也;屈原,辞赋仙也;刘阮,酒仙也;而韩信,兵仙也!然哉!"

胯下之辱

秦始皇嬴政年代,在江苏淮阴区韩家村,有位少年姓韩名信。幼年时家中虽贫寒,但父亲是个勤劳明理之人,节衣缩食也要供韩信读书识字。韩信聪明好学,他不辜负父亲期望,对所学知识都牢记于心。他的勤奋好学深得老师的器重。一次,老师对其学生言道:"我一生所教的学生中,唯有韩信日后能成大器,有所作为。"可惜韩信12岁时,其父因劳成疾,不幸早逝。韩母身染重病,家中渐渐一贫如洗。韩信15岁时母亲病故,他不得已而辍学。从此他孤苦无依,孤苦伶仃,靠在河边钓鱼谋生。他生性喜爱武功,便向村里一位武师学了点拳脚剑法,师父看他是个可塑之材,便将自己的佩剑赠送于他,他非常感激,便常常佩戴在身上。

韩信16岁时,秦皇暴政、民不聊生。又因淮阴天旱无雨,河水下降,水中鱼少。他常因钓不到鱼、而没钱买饭吃。一日,他头顶烈日在河边钓鱼,由于既饿又热不觉倒在河边,昏了过去。在下游不远处,一位面目清秀的中年妇人带着她14岁的女儿紫娟在河边为人洗衣,当洗完最后一件衣服时,紫娟姑娘站起理了理秀发,忽然发现饿昏在岸边的韩信。

中年妇人是靠洗衣为生,大家都叫她漂母,她顺着女儿手指的方向望去,见河边倒着一位少年,急忙和女儿跑到韩信身边,紫娟姑娘连声呼喊:"这位大哥你醒醒。"韩信仍昏迷不醒。紫娟又对娘说:"娘,看这位大哥咋了?"

漂母扶起韩信看看脸色道："想必是饿昏了，没关系，灌点粥就会好的。快将他搀扶到我们家中。"漂母与紫娟将韩信搀扶到自己家中。韩信躺在床榻上，漂母一勺一勺地给韩信灌进米粥。韩信渐渐苏醒，睁开双眼，见眼前一位面目慈祥的妇人和一位年轻姑娘，便问道："我这是在哪儿？"紫娟见韩信苏醒，十分高兴。韩信非常感激地说："好些了，多谢伯母、小姐的救命之恩！""不必客气。你姓啥，家住何处，因何饿成这样？"漂母问道。韩信惭愧地讲述了自己的身世。漂母起了怜悯之心，又见韩信英俊年少，质朴淳厚，便收留了韩信。

韩信见这茅屋虽然简陋，但屋内收拾得非常整洁，又见漂母善良热情，便点了点头说："多谢伯母厚意，信若日后得志，滴水之恩当涌泉相报。"

从此，韩信就寄食在漂母家中，帮助漂母干些体力活。漂母待韩信如亲儿子一般。

有一年冬天，他打完一担柴火准备回家，忽然抬头见一老翁鹤发童颜，正在忘我地练习武功，他不由自主放下柴担走到老翁跟前观看，老翁剑术已登峰造极，利剑上下飞舞，分不清是雪还是剑影。韩信情不自禁地喝彩："好剑法！"老翁闻声立即收剑，抬头见是一少年后生，便转身要走。韩信慌忙上前跪拜在老翁脚下："请求老翁收我为徒！"

老翁上下打量着韩信，见他眉清目秀，眉宇间透着一股英气，心中已有几分喜欢，沉思片刻问道："你喜爱武功？"韩信见老翁发问，急忙答道："我自幼喜文爱武，但家中贫寒，因此习武造诣不深。今日有幸巧遇高人，请师父收我为徒，不然我就跪到天黑。"老翁微微一笑："嗬！你真有诚意，那你习武是为了什么？"韩信沉思片刻："为了将来报效国家，除暴安良！"老翁诧异地望望韩信，心中思量："他年龄不大，志向却不小，竟有如此雄心，日后必是国家栋梁之材。"便答应收他为徒。老翁又道："你先起来，今日先挑柴回家，等三日后来此等候。"言罢转身而去。韩信望着老翁的背影消失后，才起身挑起柴担下山。途中，见好友南亭慌慌张张跑来，韩信急忙问道："南亭兄，何事如此惊慌？"

南亭与漂母是邻居，和韩信结为好友，因他长韩信9岁，韩信称之为兄。他告知韩信，秦皇选美，紫娟、文娟已被抢去，漂母被踢成重伤。

"啊！"韩信大吃一惊，放下柴担与南亭飞奔下山……

官兵掠走姊妹俩后，南亭夫妇急忙跑进漂母家中将漂母扶在榻上，南亭飞奔上山去找韩信。韩信急忙赶回，见漂母已昏迷不醒。

南亭妻在一旁催促道："信弟，伯母伤势不轻，得赶快请医生来治啊！"韩信赶忙跑出门请来一位山村郎中，郎中给漂母包扎好伤口，又给漂母诊脉，并不时摇头叹气。开好药方交给韩信，韩信送走郎中再伸手一摸，怀中竟无分文了，他毫不犹豫地从墙上摘下宝剑对南亭夫妇说道："烦兄嫂在此照料，我去去就来。"

韩信匆匆来到淮阴街头，因无钱抓药，只好手捧宝剑在街头插草卖剑。日迫西山仍无人问津。韩信心急如焚便满街叫卖，他来到小河桥头，一班浪汉恶棍竟挡住他的去路，其中县令恶少快步上前趁韩信不备，强行夺去韩信怀里抱着的宝剑。又交于另一浪汉，并且双手叉腰喊道："你这穷汉，在哪偷的宝剑在此叫卖，你若缺钱老子给你，不过，你得从我胯下钻过，如若不然你这剑嘛，休想拿回，我拉去见我爹，告你个偷盗之罪，你看怎

样?"

这班浪汉望着韩信哈哈嗤笑,韩信大怒,紧握双拳欲想动手痛打恶少,但为了给重伤在床的漂母治病,他只好强忍怒火,沉思片刻说道:"好!拿钱来,这把剑就算卖你。"

恶少从怀中取出一锭银子,却提出一个过分要求:"剑算我买了,不过得从我胯下钻过。"说着双腿一叉,嘻嘻地望着韩信,韩信忍辱伏身在地从恶少胯下钻过,然后站起来取过恶少手中银子,匆匆去街上药铺抓药。他抓好药飞奔到家,将药煎好倒在小碗里,吹凉端到漂母床前,南亭夫妇搀扶起漂母,韩信轻声喊道:"伯母,请喝药!"

漂母微睁双眸,强打精神说道:"我怕不行了,信儿……你与紫娟是天生一对,你……你一定设法救出她啊!并……并一定要找到文娟,我……我把她俩托付……你了!"漂母嘱完不幸身亡。

"啪",韩信手中药碗落地,他扑在漂母身上失声痛哭:"伯母,您死得好惨,信一定替您老人家报仇雪恨,不忘您的嘱托。"南亭夫妇也十分伤心,并帮助韩信安葬了漂母。

第三日韩信来到漂母坟前,摆好酒肉焚香祭拜,祭奠完毕,韩信来到南亭家中,向南亭夫妇告别,然后含着悲痛进山跟着师父学习文韬武略。

几年以后,韩信已是满腹经纶的青年,他踌躇满志告别师父下山。就在韩信学艺几年里,秦王朝却发生了翻天覆地的变化。公元前209年,秦始皇在巡游途中于沙邱驾崩,少子胡亥与奸人赵高狼狈为奸,取得帝位,称为二世皇帝。胡亥是个昏庸无能之辈,朝中之事全委托赵高处理,结果导致天下大乱,百姓苦不堪言。陈胜吴广无法忍受二世苛法,在大泽乡揭竿而起,点燃了反秦烈火。随后楚将后裔项梁项羽叔侄在会稽起兵反秦,刘邦在沛县起兵反秦。两支队伍在反秦浪朝中很快崛起,秦王朝危在旦夕。

韩信下山后,闻听项梁大将军率军渡淮,怀着满腔热忱与南亭一起仗剑从戎,楚军有战将百员,项梁鄙视韩信,只是给了个"薄秩"之职,(薄秩是押粮运草帮助记账的士卒)。一次韩信随项梁攻打定陶时,他见楚军连连取胜,已有傲气,又洞察到秦军连日增兵,志在定陶决战,当晚便进账斗胆向项梁献计,让项梁提防秦军章邯夜晚偷袭。然而未得到项梁重视,结果遭秦军夜袭,项梁阵亡。项羽继承叔父项梁之职,依然没有重用韩信,只是升了个持戟郎中(就是给项羽抬戟的卫士)。项羽统兵百万在巨鹿大败秦军主力,迫使大将章邯投降,歼灭秦军主力。刘邦不久也率军攻占咸阳,秦王朝覆没。然而刘邦人马只有10万,寡不敌众,便封府库,闭宫室,与民约法三章,退守咸阳城郊灞上,以待楚军项羽到来。项羽率雄兵百万到了咸阳,屯兵鸿门,号令天下,自封为西楚霸王,然后又大封诸侯。刘邦被项羽封为汉王,然而刘邦雄心勃勃,对此非常不满,因此楚汉相争开始。

投奔汉王

关中平原的鸿门镇,连日来楚军大营大摆筵宴,三军将士开怀畅饮,庆贺胜利,韩信心绪烦乱,走出帐外,站立在夕阳下,凝视着远处咸阳城中火光闪闪,他心情显得沉重,按

剑伫立,凝目苍穹。

阿房宫,金碧辉煌,雕梁画栋,奇山异石,百花争艳。自从楚军进入咸阳城后,连日来成千上万的楚兵烧杀抢掠。韩信与偏将南亭入宫见到如此情景,大为不满,紧锁双眉退出阿房宫,来到宫外,见项庄又押着一批批宫女及一车车财物运回楚营,此时项羽在项伯、钟离昧等众将佐簇拥下来到广场之上,项羽身后跟着十几名高举火把的士卒,项羽望了望金碧辉煌的阿房宫,傲慢地把手一挥;"烧!"韩信见此情况顾不得许多,上前"扑通"一声跪在项羽面前:"大王这不能烧啊!"项羽一怔:"嗯!为何不能烧?"韩信眼含热泪:"它是人民智慧和血汗的结晶!""大胆!一个小小持戟郎中也敢在大王面前多言!"项伯大声呵斥。项羽见是韩信阻拦不由大怒,抬起一脚将韩信踢倒:"滚开,这阿房宫乃是犬地狼窝,将它焚尽方解吾恨!"韩信爬起又跪前几步:"大王,这万不能烧啊,纣王罪满天下,武王灭商也不曾火烧纣宫;吴王恶遍越国,越王勾践也不曾尽焚吴台。是人犯下的罪恶,而不是物!"项羽轻蔑地望了一眼韩信,然后把手一挥:"给我烧!烧!"举着火把的楚兵立即涌进阿房宫、上林苑、万人厅。片刻后烈焰冲天,火光四起。项羽望着这冲天大火,得意忘形,并高声说道:"秦始皇你万没想到吧,你强暴一世,兵踏六国,享尽了人间荣华富贵,你儿孙们却拜倒在孤王脚下,今日孤王烧了你的宫,还要掘你的陵,这样方能平六国百姓之怨,解孤王心头之恨。"韩信望着熊熊烈火心里掠过一丝悲哀。项羽率领众将离去,南亭走来劝慰道:"贤弟你这是何苦来!""唉!"韩信长叹一声思绪万千。自从从戎以来随着楚军东征西杀,终于推倒暴秦,没想到项羽竟骄横跋扈,倒行逆施,一把火把阿房宫烧个精光,真乃以暴易暴也,如此下去会失掉民心;而汉王刘邦先入咸阳却封府库、闭宫室、与民约法三章,比项王技高一筹啊。

韩信正在沉思,楚将钟离昧走来。这钟离昧与韩信同乡,比信早入楚军,现已被项羽擢升为将军,他带着几分醉意跟跟跄跄来到韩信跟前,拍了拍韩信肩头:"贤弟为何不在帐中饮酒,而在此发愣?"韩信转身见是钟离昧,苦笑道:"噢!原来是钟离将军,信给你施礼了。""别,别这样,贤弟见外了,你我同乡,又都在楚营多年,何必拘礼!贤弟看你好像有心事?""唉!你我虽是同乡,可你已是大王驾前上将军,而我从军多年,至今还是无名小卒,言无人听,计无人用,可叹我韩信报国无门。"钟离昧微微一笑:"贤弟胸中抱负昧怎能不知。贤弟虽职微卑小,可文韬武略何人能比。"韩信伤感地说:"唉!那有什么用!""贤弟日后凡事万不可太直。走,听说大王近日情绪高昂,常在黄昏时在底邸庭院中习武,你我今日不妨前去观看一下。""这万万使不得,大王庭院习武韩信岂敢前往。""嗬!大王虽然遇事有些暴躁,但平日里常能与士卒同乐,也不计较君臣礼节,因此百万将士都愿随他东征西战。近日大王心情舒畅,士卒们常去庭院探望,大王从未怪罪。贤弟不必多虑,随我前往就是。"韩信无奈,只好跟随钟离昧来到项羽府邸。二人进入庭院见项羽舞动大戟上下挥舞,戟在空中发出呼呼风声。庭院旁美貌温柔的虞姬腰挎佩剑坐在几案旁观赏,几名侍女相陪,左右站立着范增、项伯。庭院四周围满将士个个看得发呆了。韩信被钟离昧带进人堆。见一把沉重的大戟在项羽手中挥洒自如,钟离昧忍不住高喊一声:"好!"

项羽听见喊声一怔,顿时收敛,钟离昧知道自己太冒失了,失声叫了出来,慌忙上前跪拜赔礼:"末将冒昧,请大王恕罪!""哦,是钟离昧,你何罪之有,快快请起。"项羽放大戟乐呵呵说道。"谢大王。"钟离昧起身吞吞吐吐说道:"大王,末将常听众将议论说您在会稽常单手举起千斤顶,可惜从来没有显露出来过,今日能否……?""哦!"项羽哈哈大笑:"好,孤王今日就让尔等开开眼界。"言罢项羽看见庭院石阶旁一对大石狮子,每个足有千斤。项羽走到右侧石狮旁,用右手抓住石狮一条腿,单手一交力大喝一声:"给吾起。"石狮被项羽举过头顶,又在庭院中走了三圈然后轻轻放下,仍然不动声色,顿时众人目瞪口呆。片刻,才一阵掌声、一阵喝彩声:"大王神力,大王神力也!"

韩信与钟离昧心中十分佩服,项羽走到虞姬身旁,虞姬起身深情地献上一条绵帕,项羽接帕揩了揩脸。侍女献茶奉上,项羽接茶呷了一口,然后转身对钟离昧说道:"钟离昧,孤王今日高兴,你来与孤王比试比试如何?""这万万不行,为臣哪敢与大王比武!""钟离昧,看把你吓的,孤王刚才已说过,孤王今日高兴,咱们是切磋武功,让众将士们娱乐娱乐!"钟离昧无奈只好拱手:"末将遵命。"两人便在庭院之中对打比武,十几个回合下来,钟离昧已累得没有招架之力了。正在此时,项羽一脚扫来,钟离昧躲闪不及,"扑通"一声被项羽踢倒在地,众人一阵掌声,项羽十分快慰,项羽环顾四周对众将士问道:"何人愿与孤王一比高下?"众人都不敢答应。突然,钟离昧施礼:"大王,持戟郎中武功不错,让他与大王一比。"

项羽此时才注意到韩信,乐呵呵地说:"哦!原来是孤王的持戟朗中,好吧!请过来与孤王决一高低。"韩信连连摆手:"不行,不行,韩信职位卑贱,怎敢与大王交手,这岂不罪该万死吗?""持戟郎,今日与孤王切磋武功,不论职位卑贱,孤赐你无罪。"钟离昧将韩信推到庭院之中,项羽开始与韩信比起武来。项羽拳脚快如闪电,还带有呼呼风声,韩信身体敏捷,翻转腾挪如狸猫一般,项羽虽武艺超群,但始终打不着韩信,韩信也无法靠近项羽。二人,一个如猛虎下山,一个如出水蛟龙,俩人越比越激烈,越比越勇猛,众人早已看得眼花缭乱。

丞相范增一旁暗暗吃惊:"听人讲韩信才能卓著,并有远见卓识,没想到武功还十分了得,凭武艺他略逊项羽,凭智慧项羽不及韩信,此人不能小觑,等待时机,我一定举荐此人。范增正在着想,两个比武之人已战几十回合,同时二人额角汗下,韩信已显出力量不及项羽。韩信决意退出,他倒退几步后跳出圈外,向项羽一抱拳:"小人韩信败输,大王不愧为天下无敌大将军。"项羽高兴地哈哈大笑:"嗯,没想到孤王的持戟郎中都有两下,更不用说孤王的众位武将了。"项羽见天色已黑,便对众人说道:"好了,今日就到此吧!"众人便纷纷散去。范增趁项羽高兴,便对项羽说道:"听人说韩信有勇有谋,今日又见他武功非凡,大王何不重用此人。"项羽听罢细细思虑,一旁项伯却插话说道:"我常听人讲,这韩信少时寄食漂母,受辱胯下,却是个十足的懦夫,他有何谋略。"项庄一旁也插话道:"是啊大王,像韩信这样的懦夫,如得到重用,岂不让三军将士耻笑!"范增不以为然,语重心长地说道:"用人岂能看出身贵贱,用贤方才是立国之本!"项伯见范增有讥讽之意心里很不痛快,他反唇相讥:"一个懦夫就因与大王比试几下武功就得以重用,那这百万之众都

兵圣武将

与大王切磋几下武功,那都得擢升吗?"这……"范增被项伯抢白了一番。"好了,不必争持,孤王自有主张。"项羽阻止道。范增想了想:"既然大王不愿重用此人,那依我之见,不如将他杀掉免得落入他人之手。"项羽点点头:"好吧,等机会杀掉就是!"

韩信自从与项羽切磋武功后,军中将士无不称赞,可韩信心事重重,南亭见状,便拉韩信到鸿门镇饮酒消闷。

韩信与南亭饮罢酒回到大营,韩信思绪万千便独自一人到了楚军临时大殿。韩信来到大殿帷幕处静听,众文武大臣已各抒己见争论不休,项羽最后说道:"常言道,富贵不归乡,诚如穷浪荡,孤王还是以大多数众臣意见,还是返回故乡,定都彭城吧!""大王英明。"多数文臣武将异口同声地回答。韩信在帷幕后犹豫再三,还是冒险掀帘进殿单腿一跪:"大王,韩信不才愿敬一言。"项伯见是韩信厉声喝道:"大胆!一个小小持戟郎中竟敢谈论军国大事,来人!"两名武士走上前来。"拉下去砍了。"项伯命令道。"慢!"范增一摆手向项羽施礼:"大王,韩信虽职位卑小,今日他斗胆进言,必有见解,不妨让他讲出。"项羽表示同意,说:"讲!"韩信站起从容不迫道:"大王,关中依山傍水,四塞险阻,土地肥沃,乃长治久安之地,若就此建都,便好建功立业。""哼!"霸王心中十分不快,用鼻子哼了一声。韩信全然不理继续说道:"秦地定都进可以八方出兵,称雄天下,守可以四面挡敌,牵制诸侯。秦始皇久居此地,其中自有道理。""呸!"项羽十分气恼,将几案一拍:"什么始皇,建都咸阳二世已亡,难道汝辈想让孤和他一样吗?来人!"两名武士走上大殿,项羽厉声喝道:"推下去重责20军棍。"两名武士押着韩信出殿。

韩信被责回到帐中,南亭知晓便找一农舍让韩信疗伤。由于南亭精心照料,没过几日韩信伤已基本痊愈。

一日,韩信与南亭在街上闲逛,邂逅张良,张良也早听说韩信之才,寒暄数语,张良对韩信说道:"良禽择木而栖,良臣择主而事,足下一腔热血,满腹经纶,为何要屈就于项羽手下?"韩信道:"古人云:贤臣不事二主,信既事项王,怎么能改变呢!"张良微微一笑:"足下所言差唉!臣若所事为暴君,岂不是助纣为虐吗?项羽的残暴不亚于二世,他虽骁勇号令天下,而终必灭;汉王刘邦忠厚豁达,礼贤下士,足下若投身汉王,定能受其重用,成就一番事业。"韩信低头不语,张良接着道:"吴起在鲁不为鲁用,弃鲁投魏而被魏封为大将,足下虽有雄才伟略,而项羽弃之不用,这岂不埋没可惜吗?"韩信想了一下:"这……我将如何去投奔汉王?"张良从袖中取出写好的信绢一条递与韩信:"这里有信绢一条,将军可带上去汉中面见汉王,汉王见此信绢,一定委以重任。"韩信接过信绢,放入怀中,张良起身告辞。

赦免死刑

夜深,月明。韩信骑着马风驰电掣般在关中平原上疾驰,后面喊声震天,楚军十几名将士穷追不舍,荡起满道黄尘。

晨光初照,薄雾缭绕,巍峨的秦岭,山峦重叠,含翠欲滴,韩信一个人骑马越过山梁、峡谷、河沟,后面追兵被已抛去很远,在一岔道口韩信跳下马,将马拉到右道口狠抽几鞭,那马飞奔而去,韩信从左道而走。后面追兵来到岔道口犹豫不决,一将佐在右道口见有马蹄印,用手一指:"给我向这边追!"追兵向右道追去。韩信躲过追踪,翻山越岭,终于来到汉中。

来到汉中以后,韩信受到刘邦手下大将夏侯婴的热情款待,经夏侯婴举荐,韩信在汉军中任连敖之职,管理军中粮草。

自从韩信在汉营任连敖之职后,顶风冒雨、日夜守卫粮库。一日樊哙与郦食其带着几名挑筐的内侍,进了大门直奔粮库,韩信率领几名士卒正在持刀守卫。他见樊哙统军走来便客气地拱手施礼:"樊将军,今日来此有何公干?""哦!是韩连敖,郦大人讲,后宫曹妃娘娘要摆筵宴,需要些粮食酿酒,你给他发 15 石粮食。"樊哙吩咐道:"郦大人,樊将军,这军粮乃是军旅之本,怎能拿去酿酒。"郦食其不耐烦地:"你吃粮不多,管事倒不少,你管他什么粮,后宫要用粮酿酒,你得快些取,少在这儿啰唆。"韩信不畏权势,坚定地拒绝道:"不行,没有大王及丞相手谕,小人不敢擅自做主,乱发军粮。"樊哙不耐烦地说:"我是统军,这些军粮属我管辖,不需什么手谕,你快些开门就是。如果出事由我担待。""樊将军,你让我们做下属的为难呀,大王有旨,萧丞相有令,没有他们的手谕,任何人不得擅动军粮。"韩信耐心解释道。樊哙恼怒道:"怎么,老子今日非取不可,看哪个敢拦,来人!把这库门给我打开。""不行!"韩信把刀一举也大喊一声:"来人!"十几名守粮士卒应声而到,握着长戈在粮库门前站成一排。"大胆!"樊哙又气又恼:"你……你们竟敢与我对抗!"说完眼看双方就要打起来,就在这时韩信急忙从腰间取出一块银牌,举到樊哙面前厉声说道:"丞相有令在此,敢私自动用军粮者,斩!"郦食其与樊哙瞥了那银牌一眼,嚣张气焰逐渐落了下来,樊哙咽下一口气:"好!咱们以后走着瞧!"郦食其把手一挥:"咱们走!"转身带领众人狼狈不堪地离去。

韩信拒粮一事很快在军内传开,夏侯婴也禀报了丞相萧何,萧何十分赞赏,于是就与夏侯婴步行前往韩信住处探望他。他们推门一看,韩信不在屋内,可不远处却传来阵阵操练声。萧何、夏侯婴便向操练声走去,站在一高处举目一望,只见一草坪上,韩信带着他管辖的几十名士卒在操练。韩信在前做示范,士卒跟他动作练习,韩信还不时走入队列认真检查指导,直到士卒记熟时,才满意地点点头,萧何、夏侯婴对望一眼,满意地笑了,萧何说道:"百闻不如一见,韩信果真有奇才!"夏侯婴赞同道:"我汉军将士如由他来操练,一定能战无不胜的了。""看来,这个儿正是我要寻找的人,真是上天帮助汉,我一定要在大王面前保举他,走,下去和他见上一面。"萧何和夏侯婴来到韩信等人身旁,夏侯婴彼此介绍一番,萧何将韩信双手紧紧握住。

萧何自从见到韩信操练士卒后,心里十分高兴,他想等有机会一定在大王面前推荐这个人。突然夏侯婴慌慌张张跑进府来禀告,说韩信等一十二人被樊哙和郦食其扣押,言称韩信聚众谋反,大王已经批准在武门外断头台将他们砍头处死。萧何立刻大吃一惊,问其原因,夏侯婴讲道:"韩信与一帮士卒晚上在屋内谈论兵法,一名士卒因对樊哙不满,发了几句牢骚,恰巧被樊哙及郦大人听见,他们记恨上次拒粮之仇,便污蔑韩信等人是图谋不轨,聚众谋反,便将韩信等人关入大牢,由于大王面前又有曹妃娘娘进谗言,大王便立即降旨要斩韩信等人。"萧何听完,急忙上马与夏侯婴飞奔武门外。

武门外,断头台汉军戒备森严,郦食其、樊哙高坐监斩台,韩信等人被五花大绑跪在断头台上,刽子手怀抱大刀站在一旁,围观的群众议论纷纷。郦食其走下监斩台,来到韩信身旁,不冷不热道:"韩连敖,死到临头还有何话可说?""请问,我等身犯何罪?""聚众谋反!""证据何在?""这还需要什么证据!我与樊统军亲耳听到,亲眼目睹,你们聚众藐视大王,污蔑樊将军,樊将军与大王是裢襟,大王妹夫,你们污蔑樊将军,就是污蔑大王。"被绑的士卒道:"这都是我一人所说,与连敖无关,你把他们都放了,要杀要剐由我一人承担。"郦食其冷冷一笑:"说得轻巧,你们聚众谋反,一个也不能饶恕。""哈哈哈!"韩信藐视地大笑道:"看来汉王的疆土也就是这汉中区区弹丸之地了!""狂妄,狂妄!"郦食其边走边喊,走回监斩台坐下。"时间已到,行刑!"樊哙一声令下。"唉!"韩信仰天长叹一声:"我韩信不辞辛苦千里迢迢离开楚国,投奔汉国,未能死在楚军,今日却死于汉军之手!子房,这就是你讲的弃暗投明,辅佐英明的君主吗?"正在此时,几声马嘶,只见两匹快马飞奔而来,萧何、夏侯婴飞马来到,并高声喊道:"刀下留人!"两名刽子手刚举起大刀,抬头见是丞相萧何与统军、太仆夏侯婴,忙放下大刀退于一旁。郦食其见萧何来到,气得把脚一跺:"唉,他怎么来了。"樊哙见状迎上前道:"丞相,末将是奉大王谕旨行刑,请勿干涉。"萧何冷冷一笑:"夏侯婴你在此看着,不许任何人行刑,待我去面见大王,讨回赦令。"

萧何上马飞奔汉王宫,他见着汉王刘邦直言不讳:"汉王朝刚刚建立,不能乱杀无辜的人,天下人都听说大王以礼待贤士,求贤若渴。韩信刚千里迢迢弃楚投汉,今日斩了韩信等人,岂不叫天下有志投汉之士寒心?大王日后靠谁来完成统一大业?郦食其与樊哙私动军粮,被韩信拒绝,他们怀恨在心,昨天晚上韩信是聚集士卒一起谈论兵法战策,并非聚众谋反,请大王明察!"刘邦疑惑地望望萧何:"真是这样吗?"萧何点点头:"臣以项上人头担保。"刘邦沉思片刻:"好吧,既然如此,传孤谕旨,赦免韩信等人死刑,韩信恢复连敖之职。"萧何摇摇头:"大王,不可!""萧卿!这是何意?""大王,据臣所观察,韩信有胆有识,熟习兵法,连敖之职实在浪费了人才。"刘邦沉思片刻:"既然丞相保举,他管理粮草有功,那就提升他为治粟都尉吧。""大王,这怕不妥当吧?""萧卿就不必多言了。"萧何只好答应:"臣遵旨!"接旨后转身离宫,上马直奔武门。

统管三军

韩信等人虽得萧何力保获赦,又经萧何推荐升为治粟都尉,但这治粟都尉还是管粮草的小官,韩信雄才大略根本不能发挥出来。时隔多月,汉军中却悄悄发生变故,汉营中大多数是山东人,他们都思念家乡,不愿久居汉中,因此近月来将士三三两两地逃跑无数。这一下可急坏了汉王刘邦,他想发兵东进,可自己势力比较单薄,军中又没有才能的

大将统领,万一起兵东向被楚霸王项羽知晓,必发大兵拦截,那时岂不自取灭亡。因此近日显得闷闷不乐。丞相萧何更是心急如焚,他思虑多日,认为韩信可胜任大将率领大军向东进发,因此与汉王刘邦发生了意见分歧。他认为汉军要想东征,必须启用韩信统军东征,否则必是徒劳无疑,因此决意再次推荐韩信。时逢八月十五夜晚,汉军将士望月皆歌,思念故乡,汉军已人心涣散。萧何再也不能沉默下去,便入宫求见刘邦,再次推荐韩信。汉王因近日心情不爽,曹妃娘娘特意在八月十五夜备了歌舞让刘邦赏月观舞,以解心中烦闷。汉王在后宫亭院中正与曹妃、郦食其、周苛二文臣赏月,闻萧何求见,便令请进。萧何进宫后,向汉王参拜,又与郦食其、周苛互相问安。刘邦摆手示意他坐下。萧何扫视四周景色,又抬头望望皓月若有所思地:"啊!中秋之夜,月色真迷人!""哦!"刘邦不解其意:"萧卿为何不与夫人在府邸赏月?""臣哪有心赏月啊!"萧何淡淡一句。旁边的郦食其慢条斯理问道:"立国数月,国泰民安,丞相有何忧虑之事?"萧何端起茶水淡淡一笑:"人无远虑,必有近忧。""哦!"刘邦一怔:"萧卿何出此言?""大王可知将士聚集一起望月而歌,盼望东归吗?""朕已知晓!""大王何不趁众将士盼望东归的急切心情,发兵向东进军,与楚争夺天下!""唉!"刘邦长叹一声:"朕何尝不想发兵向东进军,与楚争夺天下。但楚强汉弱,项羽有雄兵百万,良将千员,项羽又有万夫不当之勇,何人是他的对手,朕军中如果有孙膑、吴起之类的人那就太好了。"萧何微微一笑:"孙膑、吴起之类的将才我军已经有了,就怕大王不肯重用。"刘邦大笑:"汉室之地哪有像卿说的孙、吴之类的将才!"郦食其阿谀逢迎道:"大王一向求贤若渴,知人善任,如有孙、吴之人,大王怕早已重用,让他统领三军了。"萧何微微一笑摇摇头:"非也!郦大人,世上不缺金马良驹,缺的是伯乐啊!"刘邦惊奇地望着萧何:"萧卿,哪里有如孙、吴之人?""就在汉营之中!"萧何答道。刘邦一怔:"噢!是哪一位!萧卿快讲!"萧何这个人不慌不忙道:"淮阴人,有雄才大略,好似孙、吴,却至今仍屈居小小治粟都尉。"刘邦离座哈哈大笑,倒背双手眼望皓月:"朕当萧卿所谈何人,原来却是指韩信。"萧何上前几步力争道:"据臣详细考察,又亲自与他交谈,韩信确是当今英雄豪杰,文足智多谋,武勇冠三军,有安邦定国之才,万望大王早日重用,令韩信率军东征。"刘邦沉默不语,郦食其却插话道:"听说韩信年少之时寄食漂母,受辱胯下,这样一个懦弱之辈,能有何作为!""哦!此话当真?"刘邦疑惑地追问道。"现在三军上下谁不知晓,韩信少时缺衣少食,游手好闲寄食漂母,投奔楚营也只不过是扛戟的郎中,有何大才!"郦食其补充道。"萧卿,如此一个懦夫担任我汉军大将,岂不荒唐!"刘邦很不高兴地说道。"大王,自古寒门出英豪,从来纨绔少伟男,说起来,大王与众臣也都是出身寒门!"萧何力争道。郦食其冷言冷语道:"大王!这与楚争雄之人事并非儿戏哟!"刘邦听罢郦食其所言心里主意已定:"萧卿,朕看在你面上,已饶恕韩信等人死刑,又加封为治粟都尉,一些将士至今仍有些不服,今日怎么能够再加封于他,更何况三军主帅,一个胯下懦夫有何大才。"萧何诚恳地说:"身为贤明的君主,广泛招揽贤才是第一重要的事,大王千万不要仅凭一时一事来看一个人,否则将误汉统一大业。"

刘邦拂袖怒斥道:"荒唐!"周苛见状上前来到刘邦身旁低语道:"大王,丞相所说有一定的道理,依臣之见,不妨暂任韩信为帅,先试一试,也不负丞相一片苦心。""不!不!"刘

邦连连摇头：“丰沛将士随孤王多年，身经百战，立下汗马功劳，一个受辱胯下的懦夫，岂能封他为帅，众功臣老将岂肯服顺，三军将士岂不说朕赏罚不明吗？”萧何此时心情激动，激昂道：“三军将士，功臣老将，虽有战功，但无一人能比得上韩信的才能，韩信乃人中之杰，臣了解并深信韩信才屡劝大王重用。大王如愿长居汉中称王，那就无须用韩信，如欲东向一统天下，非用韩信不可，切望大王三思！”刘邦沉默不语，踱步思索，又连连摇头道：“不！不行！不行！”萧何痛切地说：“怎么不懂得千军万马很容易得到，而一名良将却是很难得到的道理呢？”周苛劝解道：“大王，丞相乃是肺腑之言，不可不听。”刘邦仍然沉默不语。郦食其向萧何拱手道：“丞相！下官有一事不明，丞相为何不断地推荐韩信？下官听说韩信常入相府，众臣在背后对此可是议论纷纷啊！”萧何冷冷一笑：“郦大人，为人臣者，贵在光明磊落，背后非议他人恐怕不是君子的所作所为吧！”郦食其尴尬地不知所措：“这……这。”继而又含笑道：“丞相何必多心，下官也是听他人所言嘛！”“哼哼！”萧何冷笑两声，转向刘邦说道：“大王既然听取意见却不采纳，为臣告辞了！”刘邦也生气地拂袖道：“回宫！”内侍高喊：“大王起驾回宫！”刘邦愤然而走，众人纷纷紧随。周苛上前关切地对萧何说：“萧何兄怎么如此直言，唉……”又紧追刘邦而去。萧何紧锁双眉，忧心忡忡，缓步走出后宫……。

　　萧何与刘邦的争论在朝野上下掀起轩然大波，众文臣武将议论纷纷，樊哙闻知更是恼怒，心想为了这个韩信，使君臣不和，樊哙决心找韩信较量一番。一日黄昏，韩信正在一块空地上独自练拳，他练完一路拳脚刚收起架势，早已躲在树后的樊哙走了出来，他嘿嘿冷笑几声：“都尉拳法不错嘛！”韩信抬头见是樊哙忙答道：“在下露丑了，让樊将军笑话。”樊哙把双眼一瞪，挑衅道：“听说丞相在大王驾前保举你做三军主帅，不知你有何本事，今日想领教领教！”韩信谦让道：“在下不敢！”“那你还想升官。”樊哙冷冷一笑，“今日你若胜我，算你真有本领，你若让我打倒，就快点给我滚开，当你的粮官去吧，别不识相让丞相为你说情，让汉室君臣不和。”“怎么丞相为我与大王发生了争持！”韩信惊讶地问道。“你别装蒜！”韩信心里一阵内疚，他深深感到对不起丞相萧何，他想立刻去找萧何，劝他不要为了他而使他们君臣不和，可樊哙以为韩信害怕他，又进一步挑衅道：“怎么害怕了，想走哪有这么便宜的事！”他将外衣一脱，捋起内衣袖子，朝韩信当胸一拳。韩信嗵嗵倒退几步，并不还手，转身想走。樊哙却得寸进尺，把双腿一叉讥讽道：“想当年你不是从别人胯下爬过去吗，今日你既不敢交手，就也从我裤裆下爬过，今日本将爷便饶恕于你。”“樊哙！”韩信勃然大怒：“你也欺人太甚，我是不愿与你相斗，并非害怕你！”“嗬！”樊哙冷冷地一笑：“你小子也如此狂妄，胯下小儿看招吧！”他说着便劈头盖脸地朝韩信打去，韩信不慌不忙闪身让过，樊哙见他未被打着，便连连发招，韩信实在忍无可忍，接招还击。两人打了10来个照面，樊哙已招架不住，汗流浃背。韩信左手进一虚招，樊哙躲过，韩信右手又迅速打来，樊哙慌忙一闪，韩信下路一脚踢来，樊哙再无法躲过，“扑通”一声被韩信踢了个仰面朝天，韩信轻蔑地一笑，掸了掸脚上的尘土，大踏步走开。

　　夜幕降临，韩信回到住地，有几十名士卒悄悄来到他房间向他告别，说不愿长久地停留在汉军，要弃甲归田，问他是否一同走，韩信思虑片刻，对众人说道：“你们先走一步，我

还有一事要办，待我办完此事，便离开汉营，弃甲归田永不从军。"众人也不好再说什么，又怕奸人告密，便会一个也走不掉还会丢了性命，因此趁着天黑便悄悄三三两两离去。韩信决心向丞相辞别，免得为了他而使丞相在中间为难，汉王已把自己当成平庸小卒，我何需留在汉营，不如弃甲归田算也！他从怀中取出张良信绢，泪水夺眶而出，"嘿嘿嘿"他一阵冷笑："子房你骗我也！萧丞相多次举荐，汉王都不肯采纳，更何况你的一条信绢！看来我韩信命中注定不能实现胸中抱负！要它有什么用呢！"韩信想到这将信绢在灯上点燃，信绢在火中慢慢化为灰烬。他起身大踏步向萧何府邸走去。

萧何书斋，皎洁的月光从窗口射入，满屋晶莹。窗外竹影摇曳，秋花掩映，萧何正无限忧郁地坐在琴旁弹琴，琴声清韵，旋律起伏，侍女秋菊端茶进入书房;静听一会儿，便把茶奉上："相爷，请用茶。"萧何停止弹琴转身说道："秋菊，天色已晚，告诉夫人让她早点安歇!""相爷近日茶饭不思，夫人十分忧虑，已在厨下亲自给相爷做了点可口膳食。""告诉夫人，让她不要忙碌，今晚我不想用膳。""饭菜已做好，夫人正等着相爷共进晚膳呢!""唉!"萧何长叹一声："天下未定，国事未安，多少黎民百姓颠沛流离，诸侯豪强暴虐无道，我身为汉室丞相不能辅佐大王一统天下为民谋福，心感惭愧呵!""从相爷弹奏的旋律中，小女已从琴音中听出相爷那忧国忧民之情!""哦! 你懂音律!""相爷忘了我是从秦宫投奔汉营。""哦，我差点忘了，你能否弹奏一曲?"秋菊点点头坐到琴旁，抬腕轻拨，弦下滑出一脉清韵，娓娓如诉往事万千，萧何屏息倾听，秋菊边弹边吟唱:

以暴易暴楚吞秦，豪强割据乱纷纷，

何日挥戈兴大汉，扫除无道济苍生。

萧何听罢歌声激动地问道："你……你是哪里人氏，如何……?"秋菊停奏回答道："小女原名李文娟，家住淮阴城外，10年前秦宫挑选美女，将我姐妹抢进秦宫，那时我刚刚8岁，被送入后宫练歌习舞、弹奏音乐，受尽了虐待，汉军兵马攻入咸阳，我才与几个姐妹逃出秦宫，投奔汉王军营，又随军入汉中，被安排到相爷府中照料夫人。"萧何听完感慨万分："不除暴政，天下割据，百姓怎能安居乐业，我一定全力辅佐大王完成一统大业，可叹大王听不进我肺腑之言，真叫老夫忧心。"萧何正在沉思，秋菊催促道："相爷，不可忧虑过度，现夫人已将膳食准备好，请相爷到厅堂用膳。"萧何点点头走入厅堂。秋菊走到琴旁坐下，抬腕刚欲弹奏，家童领着韩信来到书房，家童问道："秋菊姐! 相爷哪去了?""相爷今日茶饭未进，适才刚去厅堂用膳，不知你找相爷有什么事?""韩都尉求见!"秋菊起身抬头见韩信走来，她不觉又惊又喜："哦! 原来是救命恩人，上次竟忘记问你姓名，原来你就是韩都尉，请坐! 我去给都尉沏茶。"韩信落座，秋菊端茶递与韩信："都尉请用茶。"韩信接茶时瞧见秋菊右手腕上的一只玉镯不觉一怔："请问，秋菊姑娘家住哪里，家中还有些什么人?""小女家居淮阴县，家中有一位老母和一个姐姐。""你姐姐叫什么名字?""李紫娟!"韩信一听又惊又喜忙接着问："你还有什么名字吗?"我原名叫李文娟。8岁那年被抢入秦宫，起名秋菊。"韩信激动地说："文妹，我可找到你了!"秋菊惊讶地："你是……?""我是韩信，你韩大哥呀，你8岁时我还教你识文断字，你怎么忘了?"秋菊泪水盈眶一下子扑到韩信怀中，热泪顺颊而下哽咽道："大哥，我娘她还好吗?""唉!"韩信心酸地长叹一声：“自你姐妹被抢走以后不久，她老人家就离开了人世！”文娟听到这失声痛哭，又问：“大哥，秦王朝已灭，你可曾见到我紫娟姐？”韩信从怀中取出一只玉镯交给文娟，痛苦地说：“她……她为了我，死于楚将项庄的箭下。”说完，韩信也潜然泪下。秋菊双手颤抖地接过玉镯，泣不成声：“娘！姐姐！你们死得好惨啊！韩大哥，你文武全才，可一定要为我娘和姐姐报仇啊！”韩信扶着文娟：“文妹不必太伤心，我正是为了替天下百姓申冤，为你娘和姐报仇，才投军从戎，推翻暴政的秦王朝，又千里迢迢弃楚投汉，本想汉有所作为，唉！谁料大王无意东归，我又被小人陷害，险些丢掉性命，若不是丞相全力相救，恐怕我早已作了刀下之鬼。”秋菊擦擦脸上泪水，说道：“相爷多次提到韩都尉很有才华，据我所知，他多次在大王面前举荐于你。”韩信感慨地：“人生在世，遇一知己足矣！相爷为了我生了不少气，真让我于心不忍。”“是啊！”秋菊叹气道：“相爷整日长吁短叹，茶饭不思，他还为举荐大哥多次与大王发生争执！”韩信倒背双手紧皱双眉陷入沉思：现文娟妹已找到了，我心愿已了，她在萧丞相府中我也就放心了。秋菊见韩信沉默不语，忙说：“韩大哥，你想什么呀，相爷刚去用膳，待我去禀报一声。”韩信急忙阻拦：“文妹不必了，既然相爷正在用膳就不打搅相爷了，我走了！”韩信转身离去，秋菊恋恋不舍地说：“大哥你常来呀！”韩信走到门外又反身对秋菊嘱托道：“丞相为国为民呕心沥血你要好好照顾他。”“嗯！”秋菊眼含热泪点点头。

　　韩信已离开多时，秋菊仍站在门口呆呆地发愣，萧何与夫人用罢晚膳轻步走来，夫人见秋菊问道：“菊儿为何站在这儿发愣？”秋菊猛然清醒，转身忙施礼：“相爷，夫人！”慌忙摆椅让座。萧何爱抚地问道：“菊儿怎么眼含泪水？”秋菊擦了擦两眼热泪慌忙答道：“没……没什么，刚才我韩信大哥来过，不知找相爷有什么事？”“怎么韩信是你大哥？”萧何又惊又喜。“他少年时在我家居住，我娘如亲人一样对待他，他时常教我识字，待我如同亲妹。”萧何若有所悟道：“噢！我明白了，别人说他寄食漂母，就是住在你家中喽？”“当时我娘靠洗衣为生，人称漂母，韩大哥住在我家，帮我们做了不少重活，怎么能说他寄食我家，一些流言蜚语就是可恨！”萧何理解地点了点头又对屋外喊道：“童儿，掌灯与我到韩都尉营中。”家童应声：“是！”夫人急忙阻拦道：“慢，相爷，此时已深夜，有事明日再讲不迟。”萧何沉思片刻：“也罢！明日我要与他好好谈谈，韩信实在是难得的人才，汉室要一统天下，非用韩信不可。明日早朝我再尽力保举，大王若再固执己见，我就交出相印。”“你呀，什么时候才能改掉那牛脾气。”夫人微笑地说道。秋菊对萧何道：“相爷、夫人时候不早了，还是早点安歇吧。”夫人点点头，挽着萧何姗姗走入寝室。

　　夜深人静，约四更时分，萧何与夫人睡得正香，忽然窗外一阵急促喊声：“相爷！相爷！”萧何被惊醒，掀被坐起问道：“谁呀，何事这样惊慌！”家童在窗外说道：“禀报相爷，刚才守城军校来报，说昨晚韩都尉骑马出了北门，至今未归。”“啊！”萧何吃惊地急忙更衣又连声问道：“为何此时才报？”家童说：“军校讲，昨晚一更时分韩都尉要出北门，军校问他，他说去城外巡哨粮仓。但至今不见回城，近来离营逃走的将士不少，怀疑韩都尉也是外逃，因此特来禀报相爷。”萧何慌忙起身走出寝室，向家童说道：“童儿快去备马！”家童迟疑地说：“相爷，现在还是深夜要上哪去？”“去追韩信，追韩信！”萧何心急如焚地喊道。

"相爷，我也和你一同前往！"萧何点头答应："嗯！快！"萧何出了相府大门，家童已从马厩牵出了两匹好马，萧何与家童翻身上马，打马扬鞭直奔北门，守城军校听说丞相要出城门，哪敢怠慢，立即开了城门，一名将佐随口问道："丞相要去哪里？"此时萧何心急如焚，哪有时间理会便狠抽马股，两匹快马飞奔出了城门。

秦岭山麓，留坝境地的寒溪河畔，一轮明月徐徐而起，月光给整个山麓披上一层银辉。韩信骑马已奔走一天一夜，感到人困马乏，当行到寒溪河边，见河水猛涨，水深浪急。韩信已知上游暴雨发洪，很难蹚水过去，便下马停步，他捧河水勉强喝了几口，坐在一块大石上吃干粮歇息，一位樵夫走过，他急忙上前探问道路，樵夫告诉他河水猛涨，只有等到水位下降才能蹚水过河，北上翻越秦岭，他无可无奈只好叹气在此歇息。樵夫走远，韩信陷入深思，偌大天地怎容不下我韩信一人，我堂堂七尺男儿，空读圣书，又习武艺，徒有雄心壮志，现报国无门，他想到这，起身向汉都南郑城方向单腿一跪，自言自语道："丞相承蒙你多方关照，信实难留于汉地，辜负了你一片苦心，韩信在此遥向拜辞，望恩相多多保重！"言罢，韩信起身牵马沿河而上，他刚走两步，忽然听见几声马嘶，一阵阵马蹄哒哒声由远及近，只听马上之人高声喊道："前面之人请留步！"韩信吃惊地回头一望，只见两匹快马飞奔而来，来人渐渐清楚，竟是萧何丞相！萧何在马上看见韩信，顿时喜出望外，放声高喊："都尉留步！"韩信闻声止步，萧何污衣垢面来到韩信跟前，下马气喘吁吁拉住韩信双手："都尉……！""丞相……！"韩信泪水夺眶而出。家童也下得马来说道："我们相爷闻知都尉离汉营而去，急忙起身连夜追赶，还好总算在此地追上，一天一夜可把相爷累坏了。"韩信内疚地说："丞相！让你受累了！"萧何爱抚地说："你我一见如故，要走，也得告诉我一声嘛！"韩信"扑通"一声跪下痛哭道："丞相，请恕罪！""都尉请起，请起！"萧何扶起韩信："男儿有泪不轻弹！横枪跃马洒热血，方才是英雄本色。"韩信抹去眼泪："我本想在汉军中干一番大事业，辅佐汉王统一天下，可是汉王偏信谗言、视我如草芥，虽丞相几次犯颜保举，但大王充耳不进，我又恐再连累丞相，故决心离汉，弃甲归田永不从军！"萧何微微一笑："都尉所言差矣！都尉满腹经纶，武艺不凡，何不建功立业，做番大事流芳百世，怎能想出这样不好的策略，私离军营，更何况还要弃甲归田！"韩信沉默不语，萧何又说道："都尉年轻，万不可荒废岁月，虚度年华，空怀一身才能而不用呵！当今天下，能做成大事者，只有汉王刘邦，凡是总有个前因后果，都尉若轻易而远走，将来会遗恨千古呵！"韩信迟疑不决道："这……汉王嫌我出身贫贱，留下来又有什么益处呢！""大王十分器重人才，只是还不了解你，老夫可做担保。""唉！"韩信长叹一声："丞相多次为我，可结果大土他……？"萧何含笑道："伍子胥七荐孙武，孙武方被吴王所用，我也不过才三荐都尉啊！"见韩信犹豫不决，萧何又说道："都尉不必再犹豫，跟我速回军营，这次大王若再固执己见，一意孤行，不重用都尉，本相愿随你一道弃甲归田，不知都尉意下如何？"韩信心被说动，他激动地拔剑向天盟誓："生我者父母，知我者丞相，我韩信如若不能全力辅佐汉王统一天下，誓不为人！""好！"萧何称赞道："你我同心协力辅佐大王共建大业。"家童心里也十分高兴，将马牵到萧何、韩信身旁，他们翻身上马扬鞭催马向汉营飞奔而去。

韩信随萧何回到汉营，萧何进宫再荐韩信，由于萧何再三陈述，刘邦终于想亲自试试韩信才能，韩信讲了时局和楚汉的优劣，如若汉王起兵东向顺应民心，先夺关中，关中被夺下，汉便以秦为根据地，然后再图天下，统一大业便可成功。刘邦得到韩信一番陈述，顿时茅塞顿开，但又一想通往关中的栈道已被烧毁，他愁容满面地又问如何能先夺三秦。韩信来到刘邦身旁只悄悄低语几句，刘邦开怀大笑："妙妙妙！"他赞不绝口："真是与张良所献火烧栈道计策珠联璧合！"他拉着韩信手惭愧地说道："都尉果是奇才，只恨以前自己糊涂。"刘邦立即封韩信为大将，萧何急忙阻止，言道千军易得，一将难求，汉室封大将军，应该筑坛拜将才是。刘邦采纳了萧何建议，便立即筑坛，于汉远年八月的秋天，乙未时刻拜韩信为东征大将军，统管三军人马。

平定三秦

汉王刘邦自拜韩信为大将后，三军经韩信操练一月有余，兵马已基本操练精熟，士气高昂，刘邦非常高兴，与韩信、萧何商量后，决定选择时日向东进发。

在大将韩信府内大厅，今日聚集着汉室各文臣武将。汉王刘邦坐于上首之位，左萧何、右韩信两旁相陪，韩信精神焕发，身穿金甲玄衣英气勃勃，下首各文武大臣伫立两旁。刘邦春风满面地高声说道："我汉室将于明日起兵东征，韩元帅早已策划好进兵方略，望众卿细听！"众人都鸦雀无声默默细听，韩信望了众人一眼，见个别武将还怀有轻蔑的眼光，他只是微微一笑对众人说道："近一个月来已将人马操练一番，我又遣三千将士修筑栈道。众人定会疑问，这秦岭山中栈道已经烧毁，这三千将士修复得需要多少年月，明日如何起兵东征。这遣兵修筑栈道只不过是掩人耳目麻痹章邯而已。我离开楚军投奔汉王时经老猎人指点出一条捷径，此道虽然难行，但只要稍加修铺可以直捣陈仓。这叫明修栈道，暗度陈仓，奇袭章邯。"众人听罢这才放下心来，人人显出敬佩之情。并齐声回答："谨遵帅命！"

在雍王宫后殿，饮酒赏舞一夜的雍王章邯，太阳升起老高才慢腾腾晃悠悠地从寝室内走入后殿，他刚坐下，一名侍女端来人参银耳汤奉上。章邯接汤刚喝一口，一内侍慌慌张张跑来禀报："启禀大王，大事不好！""哦！"章邯吃惊地问："何事如此惊慌失措？""探马来报，汉王刘邦已准备东征，数日前派千名士卒修复秦岭山中栈道。"章邯听罢满不在乎说道："区区小事也值得如此惊慌，山中栈道那么多，他何年何月才能修好，还不给我退下。""是！"内侍默默退下。章平又慌张进殿禀报道："大哥！据探马来报，刘邦已拜韩信为大将，号称15万大军，要夺我秦地。"章邯冷冷一笑："刘邦真是痴心妄想。哦！韩信是什么样的人物！""禀大哥，韩信就是楚军霸王麾下的持戟郎中。"章邯听罢哈哈大笑："嗯，却原来是一个胯下受辱，毫无志气的懦夫。刘邦如此糊涂，怪不得他行为乖张荒谬，前烧栈道已是失策，今又修复栈道，只派遣千名士卒，看他何时能修通，不必理睬。"章平劝慰道："大哥，还是防备为好！"

　　章邯略一思索："好吧，贤弟就带上5万人马，在陈仓道上把守，孤王再令其他将佐率领人马在秦岭道口修筑堡垒，料他插翅也难到我废邱都城！"章平很是称赞："大哥，不愧久经沙场，布防有理，妙！妙！"

　　秦岭山中褒斜道上，汉军将士汗流浃背地铺设栈道。有两匹快马飞奔而来，一名将佐下马来到统军周勃、灌婴身旁高声喊道："韩元帅有令，周勃、灌婴监督修筑栈道不力，革去监工之职，带回汉都听候发落！"说罢，冲他们挤了挤眼。周勃心里明白此意就假意发着牢骚："他娘的，干了这苦差事难道还要伏罪不成！"另一名将佐拿出韩信令箭："将他二人拿下，带回营中，此处由我二人监工，继续加紧修复栈道。"

　　夜晚，韩信带领一支大军悄悄离开南郑，向北挺进并留下标记。后边大队人马随后紧随在韩信留下的标记也向北进发。天刚拂晓，陈仓道上雍军章平的营寨隐约可见，韩信率领着3万人马翻山越岭，披荆斩棘经过几天的行军，终于顺利走出秦岭，来到章平营寨之前，韩信一声令下，汉军人马以排山倒海之势攻入敌营。一片喊杀声，惊醒了还在睡梦中的章平，他慌忙从寝室内跑出中军大帐，见到处都是汉军人马，吓得魂不附体，他盔甲未穿就慌忙从后账中牵出战马，慌不择路匆匆而逃。经过激战，雍军死伤无数，溃不成军，纷纷投降。汉军人马大获全胜。韩信从一士卒怀中取出3只白鸽，拴上信绢，放于空中，3只鸽子在蔚蓝的天空盘旋一圈，然后向汉中方向飞去。韩信命周勃、樊哙速带2万人马乘胜向废邱雍都进发，围困雍宫，歼灭章邯。

　　汉都南郑城内，一只鸽子落入汉王府庭院内，一内侍见着捉住鸽子，从鸽子腿上解下小竹筒，急忙进宫献于汉王面前，汉王刘邦从竹筒内取出丝绢展开一看顿时心花怒放，他立即对内侍下旨："快，速传孤王旨令，宫内准备向秦地进发！"丞相府一只白鸽落入文娟手中，文娟从鸽腿上解下信绢，急忙向丞相萧何献上，萧何一看满意一笑命令道："准备起程！"军中夏侯婴也从一只鸽子腿上取下信绢，哈哈大笑道："元帅果然奇才，来人，立即拔营起寨，三军向秦地进发。"第二天清晨汉王刘邦率领着汉军人马及后宫、辎重、粮草缓缓向秦中而去。

　　废邱城，雍王宫主殿，龙灯凤烛香烟袅袅，章邯左右依坐着红裙舞女，翠袖歌姬，在悠扬的乐声中饮酒观舞。一将佐进殿禀报："启禀大王，汉军修复栈道又增加不少兵士百姓，已修好一处。"章邯冷冷一笑："几百里栈道才修好一处，他何年何月尚能修好，看来韩信真是一个无能之辈！不必理会，陈仓道已有章平把守，汉军就是插翅也难飞到我废邱城！"就在这时忽然殿外一阵凌乱的脚步声，章平垢面污衣与几名逃回的将佐跌跌撞撞冲进大殿，跪伏于地，失声痛哭。章邯大吃一惊，他一挥手令众舞女退下，乐声也戛然而止。章平战战兢兢说道："大王，陈……陈仓……！""陈仓怎么啦！"章邯追问道。"陈仓……失守！""啊！"章邯差点惊晕过去，他怒掷酒杯："你……你如何把守，又是如何被何人夺去？"章平哭泣道："是韩信所率汉军人马！""啊！难道汉军兵马是天兵下界不成？栈道尚未修好，汉军从何处而来，难道他们真能插翅高飞吗？"一将佐道："大王，汉军并没有走栈道，是抄一条小径暗度陈仓，现汉军已直奔废邱城而来。"章邯此时心急如焚，又一军吏慌张进殿禀报："启禀大王，汉军兵分三路已杀到城下，将城池团团围困。"章邯急忙登城察雍城外。韩信率领几万将士猛攻雍城，号角阵阵，杀声连天，雍兵抵抗不住，纷纷败退城内。

章邯在大殿内心急如焚，他令一名军校抬刀备马，决心与汉军决一死战。他刚出大殿，一将佐慌慌张张跑来禀报："大王，大事不好，不知从城外哪里涌进大水，已淹死我兵马无数，汉军已驾起船舟攻进城内。"章邯大惊失色，断定是韩信先堵截了河水，后又放水淹了城池。

汉军杀进城内，双方将士展开激烈的格斗，雍军又死伤无数。章邯、章平带领着百名士卒向城北仓皇出逃。他们刚出北门，一队人马拦住去路，为首一员大将金盔铁甲，手持长枪在阳光下更显得英气夺人。左有周勃、曹参，右有樊哙、灌婴。章邯一见，吓得魂魄俱散。韩信在马上高喊道："章邯，本帅在此等候多时了，快快下马投降吧！""胯下小儿，孤王久经沙场，不想今日败在小儿你的手里，今日孤王与你拼了！""哼哼！"韩信冷冷一笑："章邯你恶贯满盈，今日便是你魂归地狱，休想逃，看枪！"说罢，横枪跃马直奔章邯而来。章邯见势不妙，与韩信两个回合，便虚晃一枪拨马向城内逃去。百名雍军士卒被汉军杀死杀伤，不少人跪地投降，章平被樊哙生擒。章邯逃回城内躲进宫中，韩信随后率领人马杀到，章邯又逃入大殿，韩信持剑追入大殿，后面曹参、周勃、樊哙、灌婴等将佐齐拥进殿内。韩信怒斥道："章邯匹夫，看你还想往哪里逃！"章邯见无路可走，前后左右均被汉军将士团团包围，遂拔出利剑自刎而亡。此时夏侯婴也赶到，他向韩信禀报道："启禀元帅，我汉军已分扎雍地各处，汉王及丞相和后队人马明日就可到达。"韩信大喜："好！我军大获全胜，夏侯将军，速禀告大王，雍地全部平定。"随后，韩信又部署军马，兵分两路夺取塞地栎阳城和翟地高奴城，全部占领秦地。

一个月后，汉王刘邦率军进入废邱城。这时韩信扫平塞地、翟地，司马欣、董翳二王也相继投降，三秦全部平定，韩信班师回朝。

东拒北征

公元前206年底（汉一年），韩信夺取三秦后，刘邦在秦地栎阳城建都，开放秦林苑，奖励耕种，减轻赋税，大赦罪犯，改秦社稷为汉社稷，关中得到治理，出现了一片清明景象，汉王朝从此崛起。同时谋臣汉军师张良在老母病故后，从韩国返回汉室。项羽听说三秦丢失，决心发起大军讨伐，无奈三齐田荣举旗谋反，首先背叛楚国，于是项羽先率大军攻打齐都，正在他与齐军打得不可开交之时，张良又用一计，写书一封送与项羽，陈述时局利弊，信中写道："霸主项羽陛下，张良我只是一个小小的草民，虽跟随刘邦，但能深明事理。汉王虽然失职，但只收复三秦，按照以前的约定不再兴兵占领他地，在三秦称王就很满足了，不再向东进发。只有三齐背叛楚国，妄想灭楚称霸天下，故寄书阐明汉王之意，请霸主见谅！"范增知道这是张良施计，便请项羽暂且放下齐都不攻，先举兵攻打刘

邦。无奈项羽固执地认为不灭三齐，不杀死田荣，气难咽下。刘邦虽夺三秦，并没举旗反楚，因此先平定三齐后伐刘邦。谁知，这样一来，便使刘邦在关中站稳了脚跟。使汉室有了喘息之时机，刘邦采纳韩信的策略，迅速在三秦大地招兵买马扩大实力。三秦得到大规模的治理，百姓安居乐业，只等夏收后起兵东征。刘邦此时思念家乡丰沛居住的父亲、妻子和儿女，便想派一支大军迎取。韩信已料范增必然派楚军监视汉王眷属，若汉遣兵接人，只怕人没有被接来，太公、吕雉和一双儿女命会丢了！刘邦心急如焚，韩信建议派两名熟悉丰沛地理的心腹乔装成商人去丰乡悄悄地接太公和吕雉。张良也赞同这个计谋。刘邦无奈，只好派薛欧、王吸二位偏将去丰乡接取家眷。

关中平原今年夏粮遇上了大丰收。汉室粮仓均已堆满，三秦百姓丰衣足食，人人笑逐颜开。汉王宫主殿内这几日讨论事情非常激烈，经过韩信、张良多方争执和议论，刘邦才决心东征。但汉王刘邦决意亲自统领大军前往，关中大地交于长子刘盈据守。上次太公及吕雉因楚军监视很严未能接到关中，只把长子刘盈偷偷接走。长子刘盈年幼，让曹妃娘娘辅佐他，丞相萧何辅佐据守栎阳城。

此时楚军项羽正讨伐三齐相持不下，汉军才乘此机会东征，汉军从临晋渡黄河入河南，殷王司马卬率军阻拦，韩信略施小计破了殷军，活擒司马卬，汉军浩浩荡荡直捣洛阳。此时楚军项羽遣都尉陈平率军援助殷军，在途中获知殷军大败，司马卬被活擒，陈平恐怕被项羽治罪，便独自一人丢弃金甲到洛阳城投汉。刘邦见陈平面如冠玉，相貌非凡，委派他担当重任。陈平降汉后献上一计，让汉军乘项羽忙于尚在千里之外攻打三齐，何不乘隙攻下楚都彭城。刘邦非常高兴，便决意亲统大军前往，让韩信据守洛阳。韩信多次谏阻，刘邦不听，他怕韩信再夺彭城立功，功高震主，故让韩信据守洛阳。汉军一路所向披靡攻下楚都彭城。此时项羽已攻下齐都，杀了田荣，立田假为齐王。当项羽听说刘邦偷袭了彭城，立即率领大军杀回彭城。刘邦做梦也没想到项羽会率大军悄悄杀回，汉军大败，死伤无数，汉王刘邦还差点丢了性命，多亏太仆夏侯婴拼死保驾才得以逃回。韩信听说汉王刘邦大败，便亲统人马前往荥阳救驾。刘邦被救回，可汉军元气大伤，多亏韩信在荥阳多次击败楚军追兵，汉军才得到喘息的机会，否则项羽会一鼓作气直追杀到三秦栎阳城中。在关中栎阳城中，丞相萧何闻知汉军大败，便征来新兵数万和筹来粮草数十万，让长子萧平与文娟亲押荥阳城中，汉军及时得到补充，军威才开始大振。

荥阳城。韩信巡城刚回到府邸，进书房御下金甲，一名侍卫献茶放到案上，韩信端茶刚呷一口，忽然听见一女子喊声。韩信不由自主地转身一看，见门口站立一人，心中一征，然后喜出望外："小妹！你何时来的，快进来坐。"文娟进房内假意生气道："我前日与萧平就到了荥阳城，今日又到府门等候多时，难道大哥有意躲着小妹。"韩信歉意道："哪里，大哥近日十分忙碌，昨日听说小妹已到荥阳，却没空去看望，望小妹多多原谅！大哥在这里给你赔礼了！"文娟"扑哧"一声笑出声来："谁让你赔礼！你为汉室江山日夜操劳，鞍马劳顿，小妹怎么能不知道！"韩信上前一步握住文娟双手："你们将人马粮草送来得太及时了，真不知怎么感谢。小妹，当你回到关中时请代我向丞相及夫人问好！"文娟含情脉脉地望着韩信那饱经风霜的脸颊，不由一阵心酸："小妹真想变成一株株小草，随大哥战马驰骋,任大哥双脚踩过,就是碾成灰,也能落到大哥身边。小妹这次早就想好,不回栎阳,永远侍奉大哥。""傻妹子,你说哪去了,想我韩信自幼孤身一人,幸好遇上小妹一家好人,我才有今日,我何曾不想有个贤妻做伴,呼儿唤女?然国不宁,心难以平静,兵荒马乱,天下不一统,纵有娇妻爱子,也难享天伦之乐。况且丞相与夫人身边需要你去照料。小妹还是回到栎阳去吧,大哥怎么有忍心让小妹流血沙场……"文娟被感动,深情地点了点头。此时一名侍卫进来:"启禀大将军,大王驾到。""哦!"韩信一怔:"大王今日亲自来上门拜访,肯定有大事,传令!府门列队迎驾!"侍卫离去,文娟也起身告辞。韩信急忙整衣出府门迎驾。

此时刘邦在张良、郦食其、周苛等人簇拥下慢步而来。韩信率众武士列队相迎。刘邦在众臣簇拥下来到厅堂上首落座。众臣分别站立两旁,二侍卫急忙上前奉茶。刘邦呷了一口茶水,然后歉意地对韩信说:"彭城进兵,朕没听韩卿良言,至今悔恨莫及。现各地诸侯趁势倒向楚而反对汉,汉被孤立,现又兵力不足,朕的宏伟大业恐难实现。不知韩卿有何高见?"韩信微笑说道:"大王可曾记得昔日在汉中起兵东征之时,你我君臣商议的大策?"刘邦淡淡一笑:"这孤王怎能忘记。但是现在形势已发生变化,我汉军已遭挫败,如何能与这强楚争雄?""大王,楚国虽然强盛,但不是不可以击破。争夺天下不能凭一时强弱而定。汉军虽弱,只要分兵两路,采取东拒北征方略一定能够夺取天下!"刘邦一听,顿时兴奋地从座位上站起:"何为东拒北征?"韩信说道:"大王可差遣一部人马,从荥阳起兵,向北挺进,先夺取魏,再入赵夺燕,然后从燕入齐平定北方,扫除楚的两翼。等北方平定,都归属汉之时,然后北、东二路南下会师,合击楚军。"刘邦满意地点点头:"嗯!那东拒……?""就是坐镇荥阳牵制楚军西进,防备楚夺我关中,与楚在荥阳周旋,使楚无力照顾到北方。等北方平定,两路夹击,何愁不击破楚军?""嗯,这个策略不错!"刘邦转念一想:"可是北征谈何容易……?"郦食其也插话说道:"北征兵马太少,另外路途遥远,山路崎岖不平,给养供应非常困难,任重道远,何人能率军平定北方?"韩信思考了一会儿:"大王!臣愿率一部分人马平定北方!""这……!"刘邦有些犹豫不决。张良急忙提醒:"大王!北征非大将军莫属!"刘邦猛然醒悟:"哦,对!对!北征非韩卿莫属,朕封你北征大元帅职位,即日就起征。"韩信急忙起身施礼:"谢大王!为了汉室一统大业,臣就是赴汤蹈火,也在所不辞!""好!"刘邦高兴地说,"朕等候韩卿好消息,朕亲统一部分人马东拒楚军。"此策就这样定下了。刘邦率众臣回到行宫,韩信分了一部人马待命出发。

荥阳城外。校军场上,旌旗飘飘,北征兵马个个精神抖擞,威武雄壮。一面帅字旗在队列前迎风飘扬。将佐曹参、灌婴骑马立于队前,韩信在两名侍卫跟随下身穿金甲玄衣向队列方向走来。曹参急忙下马来到韩信面前施礼:"启禀元帅,北征兵马准备完毕,待命出发。"韩信点点头,然后拔剑向空中一举,号令三军:"北征将士,同盟一心,不负众望,扫平北方!"众将士齐声振臂高呼,呼声震天。刘邦在众臣簇拥下慢步而来。韩信迎上前去。刘邦拉着韩信手来到队前,望了望汉军阵容,满意地笑道:"韩卿不愧具有孙膑、吴起之将才,朕有韩卿,何愁天下不统一!"韩信向刘邦道:"臣以为,北征虽说不易,东拒更不可小看。荥阳城中三军人马全靠敖山粮仓,千万不能丢失这个粮仓。请大王切记!"刘邦

淡然一笑："韩卿放心,敖仓有周勃将军据守,不会有失。卿即起程,勿负朕望。"

于是,韩信率兵马踏上了北征的路程。

背水列阵

韩信率军北征,大军到了临晋渡口,望见对岸全是魏兵,不敢轻易渡河,选择地势安营扎寨,赶办船只,与魏兵隔河相望,暗中却派士卒探察上游形势,不多时探马来报,上游的夏阳地方魏兵把守非常少。韩信听后,便已想出一击破敌人的策略,他令曹参带领人马入山,砍伐木料,不论大小运到军中。曹参领令走后,韩信又令灌婴带领将士分别前往市中,购买瓦罂,并且每瓦罂须容纳二石,购买千数,灌婴领令去办。几日之后,曹参、灌婴统统回来缴令,分别将木料瓦罂一律办齐。二将心中纳闷,便直言问韩信:"元帅,用木料及瓦罂做什么呢?"韩信微微一笑从怀中取出两条信绢:"你们二人分别拿出一条信绢来,看后自然明白!"二将接信绢在手,出了大帐,展开一看,原来元帅是让他二人制造木罂。这木罂造法,都画在信绢上,原来是用木料夹住罂底,四周缚成方格,把千罂分做数十排。韩信让二将制好以后再行请令。灌婴对曹参道:"元帅葫芦里卖的什么药,渡河船只已经备齐,造这木罂有何用?"曹参微微一笑:"想元帅定有妙计,我们大家只依法制做罢了!"二将日夜赶造,不到数日,已将木罂制齐,前来缴令,韩信满意地点点头:"待至黄昏,灌婴你带领数千名士兵,只准摇旗呐喊擂鼓助威,并守住船只,不得擅自命令渡河,违令者斩!""是!"灌婴领令出帐。韩信又对曹参道:"曹参与本帅率军搬运木罂,连夜运到夏阳,就将木罂放入河中,每罂内装载兵卒两三人渡河,不得有误!"曹参领令出账后,立即行动。曹参率军将木罂运到夏阳。韩信与曹参一同率军乘坐木罂划到对岸。那魏将柏直只是死死把守临晋津。不让汉军渡河即可,哪里能想到韩信用木罂渡军。夏阳平日守军非常少,见河面没有船只,只是放心睡觉。天色已亮,汉军人马全部渡过。曹参挥刀拍马直杀向魏营,魏兵尚在梦中毫无抵抗,纷纷投降,魏将柏直被杀。汉军直杀到魏都平阳,魏王豹闻听惊慌失措,不得以亲自率军出城迎敌,他既无韬略,又无本领,未战几回合,被韩信曹参将帅活擒,魏兵见魏王豹活擒纷纷弃甲投戈跪降。魏地很快被平定。韩信令人把魏王豹及家眷囚入槛车运往荥阳听候汉王发落。

再说项羽自从在彭城大败汉军之后,心里十分高兴。本可乘胜追击直捣关中,无奈被韩信率军在荥阳拦阻,只好班师回朝。这一日早朝,项庄启奏:"启奏陛下,据探马来报,汉大将韩信率军北征,已夺取魏地,活擒魏王豹。"项羽大惊,问众臣道:"汉军上次在彭城被我军打败,死伤无数,已经元气大伤,他怎会有兵力北征? 这韩信胯夫真不简单,当初悔不该没有采纳丞相良言,使胯夫小儿弃楚投汉。"丞相范增急忙出班启奏:"陛下不必忧虑,汉军此次能北征说明兵援已补上,但汉不会有多少兵力,韩信北征,荥阳城内肯定兵力不足,何不将计就计来个马踏荥阳城,乘势活擒刘邦,灭了汉军,看他韩信又能如何?"项羽点头称赞:"丞相所言正合我的心意。"项羽立即下令,发倾国之兵马踏荥阳。

再说汉王刘邦闻知韩信取胜,魏地已平,又见魏王豹及眷属押到,心里十分高兴。他见豹妾薄姬颇有几分姿色,想纳她为妃,又恐怕大臣们有异议,他只好把近臣郦食其召入后宫商议,郦食其已摸透刘邦心意,便说道:"大王既然看中还怕他人闲言碎语,纳入后宫便是,至于魏王豹等人愿意投降的就让他们在营中作为奴仆,不愿降者杀掉就是。"汉王刘邦满意地点点头。郦食其手捋胡须进谗言道:"常言道:害人之心不可有,防人之心不可无,韩信北征率精兵远去,难道大王就没忧虑?将在外,君命有所不受哟!"刘邦微微一笑:"朕赐两名心腹侍女,卿不懂朕的用心?""臣虽猜出一二,可是大王据守荥阳,万一项羽发大军围困荥阳……?"刘邦淡淡一笑:"朕已考虑过兵来将挡,水来土围,朕坚守荥阳,项羽奈何不了!""如果项羽先夺取敖仓,断我军粮草岂不……?"郦食其又说道:"周勃几万人马能否抵挡楚军大兵压境。""这个……"刘邦有些张口结舌。"依卿之见何如?""速调曹参、灌婴二将精兵协同周勃据守敖仓,如果不这样的话荥阳将会……!"郦食其不再向下说。刘邦心里明白,立即传旨。速调曹参、灌婴两支精兵回兵据守敖仓。

且说韩信以平阳为根据地,正筹备讨伐赵国,此时汉王使命到,韩信立即接旨,原来是调曹参、灌婴两支精兵班兵回师荥阳,据守敖仓。韩信遵旨,只好让曹参、灌婴率军离去。曹参、灌婴二将本是韩信左右臂,这一离去兵力减去大半,使韩信显得沉闷压抑和无奈,他独自一人在书房内来回踱步,此时来到窗前推开窗户,眼望那乌云翻滚的天空,不由长叹一声,陷入沉思。从他那布满血丝的双眼中,可以看出他那难以言状的痛苦和焦灼。此时两名偏将靳歙、陈豨走进轻声道:"元帅!"韩信慢慢转过身来:"二将请坐。"靳歙眼含泪水:"元帅,大王对咱们也太……!""别说了!"韩信苦笑道,"大王定有他的难处,虽然调走曹参、灌婴两支精兵,但也是为了荥阳安危,万一敖仓失守,后果将不堪设想,这关系到大王及众臣的安危!""那我们北征继续进军吗?"陈豨不满地说道。"才刚刚夺取魏地,就将人马抽走一半,这伐赵还伐不伐?""要伐! 不但要伐,还要取胜!"韩信坚定地说道。"这人马粮草从何而来,如今咱们北征军只剩下 1 万多人,这……"陈豨又忿忿不平地说道。"不是本帅让你们抓紧四处募兵吗?""刚招募的新兵,又能如何征战!"韩信坚定地微微一笑:"只要我等抓紧操练,指挥有方,新募兵丁仍可以驰骋疆场,奋勇杀敌,最后取得胜利。"韩信接着又说:"此时此刻要以大局为重,咱们将帅要团结一心,努力北征胜利,走,咱们到募兵处看看!"陈豨与靳歙点点头跟随韩信来到募兵处。远远就见募兵处三五成群的青壮汉子踊跃报名参加汉军,一个个穿戴汉军服装笑逐颜开。又走到另一处,见四方百姓肩担、背扛着粮草纷纷交售给汉军,将士一一付清银两。韩信望着一切与靳歙、陈豨互相对视一会儿地笑了,靳歙高兴地问道:"元帅,何时起兵伐赵?"韩信果断地答道:"再过几天,粮草筹齐,新兵操练精熟,择日起兵直驱赵都。"

且说赵王歇闻知韩信伐赵,慌忙令赵相陈余率军在险要处固守,阻住汉军。赵有一谋士广武李军左车,向陈余建议道:"韩信乘胜远来,锋不可当,我听说他新近招募兵士,粮草又匮乏,他敢远道至此,一定想速战速决。好在赵国门户,有井陉口为险阻,车不能通行,马不成列队,他若从此处进兵,势难兼运粮草,所有辎重定在后面,请丞相给为臣 3 万人马,由悄悄埋伏在中途,突然袭击他,截取汉粮,丞相深沟高垒,不要与他交战,韩信

前不得战,后退不得还,荒野中得不到粮草,汉军不出十日,必然自乱,那时微臣便将韩信首级交于麾下!否则,虽有险阻,不足长远对峙,恐反被韩信所擒。"陈余本是书生出身,没有什么好的见识,又不崇尚计谋,他怎能采纳李左车之计,立即喝退左车,使之离去。

再说韩信率领大军行至井陉口,天色微明。他吩咐靳歙、陈豨如此这般授以密计,令他们分头去办,二将领令而去。韩信令裨将分给干粮,叫全军暂时果腹,传谕将士道:"今日便好破赵,待成功后,再吃饭也不迟。"将士都很惊疑,但又不敢细问,只好按令行事。韩信又挑选精兵万人。令其渡过泜水,背着河岸,列阵等待。赵军望见汉军背水列阵,禁不住偷偷地取笑,就是汉军将佐也惊讶疑惑。但都知元帅平日善于兵谋,往往令人不测,所以依令照行,不敢违抗。韩信率军渡河到了对岸,见赵兵据险立营不肯出战,便令将士扬旗示众,击鼓助威,并大模大样率军闯入井陉口。

此时早有赵军士卒禀报陈余,陈余大开营门,麾兵出战。赵兵仗着人多势众,蜂拥而来要包围韩信,韩信传令撤兵,并令将士抛下帅旗,掷下战鼓,一齐返身回奔,驰还泜河营寨。陈余部众一时得胜,更加不顾一切奋力追击,还有居守营内的赵兵,也想乘势邀功,赵王歇也拥了出来,掠取汉军旗鼓。韩信率军撤退到泜河边,陈余率赵兵追了上来。泜河岸边本有汉军列阵等待,见韩元帅回寨,立即出兵拒陈余兵马,韩信立即下令全军将士与赵军决一死战,退却者斩。元帅令下,个个奋勇,人人争先,一场激战就此展开,赵兵死伤无数。陈余见时已中午,将士人人都已饥肠辘辘,不能再战,便令撤兵。不料辙退途中,望见赵营寨中旗帜已变颜色,仔细辨认,才看清是汉军旗帜,不由得魂不附体,闻风丧胆,心惊肉跳。正在慌张之时,突然斜刺里杀出一军,乃是汉左骑将靳歙、傅宽引兵杀来,陈余急忙率部对阵。突然又一路汉军人马杀来,当头拦住,为首者陈豨、张苍。吓得陈余不知所措。三路人马合击,赵军大败,陈余被杀,赵军将士纷纷跪地投降。汉军大获全胜,韩信升坐大帐,靳歙押一个俘虏推入帐中禀报:"启禀元帅,汉军大获全胜。末将已活擒赵王歇,前来交令。"韩信大喜,令人推出帐外枭首示众。赵王歇被斩,赵地扫平。汉军进入代郡城歇息休整。

韩信率军驻扎代郡城后,他又在帅府内伏案查看燕、齐地形图,侍女翠珠献茶置案,靳歙、陈豨、傅宽等将佐抬着一坛酒,带领十几名偏将径直走进帅府门,来到屋内喜气洋洋跪拜朝贺:"恭喜元帅,贺喜元帅,祝元帅身体安康!"韩信抬头一笑:"众位!这是为何,快快请来!"众将起身,靳歙倒满一杯酒呈上:"我军讨伐赵国大获全胜,今日我等特备薄酒一坛,以表我三军将士敬佩之心,请元帅先干三杯!"韩信无奈只好盛情地接杯连干三杯。众将齐声称道:"好!"陈豨高兴地上前几步施礼道:"元帅,众将士至今不明白,特来请教元帅!""哦!"韩信惊喜地问,"众将有什么事不明白?"陈豨很敬重地问道:"元帅大战赵军20余万,背水列阵,乃是兵家大忌,竟然大获全胜,这是何原因?"韩信望望众人微微一笑:"你等虽阅读兵书,却未得其中的奥妙,所以生疑。兵法云:置之死地而后生,就是讲的这个意思。请想,我军新旧夹杂,本帅又无分身之术,促使将士奋勇杀敌,只有身陷绝境,才能使众将士投身奋力而战。然后才勇气百倍,无人可挡。这又如兵法所言,驱市人为战,不能不用此术也!"众将听罢无不佩服。此时一士卒进来禀告:"启禀元帅,赵

谋士李左车捉拿到，等候元帅发落！""哦！"韩信又惊又喜："上次井陉口大战，让他走脱，此人非同一般，将他带进来！"李左车五花大绑地被两名士卒押了进来。他立而不跪，韩信一拍几案："李左车，你因何见本帅不跪。"哼！"李左车心里不服，"可惜赵王、陈余昏庸君臣，不采纳我良言，要不怎能丢失赵地，成你阶下之囚。"韩信微微一笑："本帅知你很有智谋，可惜你错保了昏庸无能的赵王歇。常言道："良禽择术而栖，良臣择主而事。你竟然不懂这个道理，所以成为阶下之囚。""唉！"李左车长叹一声："李某空有满腹经纶，竟落了个国破家亡，做个刀下之鬼。今已被擒要杀要剐，悉听尊便，给个痛快就行。"韩信离案来到李左车身旁上前亲自为他松绑："汝是条好汉，本帅赦你无罪，请坐！"李左车感激涕零："谢元帅不斩之恩，在下早已敬仰元帅的雄才大略，如若元帅不嫌弃，在下甘愿在元帅帐下听令！"韩信大喜，立即令人备酒给李左车压惊，众人见元帅收服李左车，人人都敬佩离去。翠珠献茶置案。李左车落座问道："不知元帅平赵后如何计议？"韩信一笑："本帅考虑向北攻打燕国，然后向东讨伐齐国，不知李将军以为如何？"李左车思虑片刻："元帅名扬天下，威震四海，无人不敬佩。可是汉军经久征战，将士兵卒俱已劳疲，元帅不如令汉军歇息休整，镇守并安抚赵地百姓，再选一名善辩说客前往燕都向燕王讲明利害关系，劝他投降，燕王惧元帅声威，不敢不降。待燕已降，齐处于孤立处境，元帅再起兵东向伐齐。这个计策很好也！"韩信十分称赞。"不过遣谁去燕说降合适？"李左车自告奋勇道："元帅，在下不才，愿去燕都劝降！"韩信大喜，立即委派李左车前往燕都。李左车到了燕都，阐明利弊，果然燕王愿意投降于汉。燕地全部属汉。

四面楚歌

　　韩信率军一路所向披靡，涉西河，虏魏王，擒夏说，诛成安，毙赵王，名扬天下，威震四海，燕王投降，韩信便挥师向东讨伐齐国，不出三个月便灭了三齐，收城池 70 余座，齐地土地辽阔，韩信驻军三齐安抚百姓，可韩信手下有一谋士蒯彻能言善辩，他蛊惑将士上表韩信，让韩信请命汉王加封韩信为假齐王，以便更好地镇守三齐大地。韩信在众将恳求下违心地写了奏表送与汉王。与此同时汉王刘邦被楚军困在荥阳城中，敖仓失守粮草困顿。张良、陈平用离间计，使项羽怀疑丞相范增、钟离昧等忠臣良将，项羽果然中计。撤了钟离昧将军之职，范增见项羽不信任自己，便提出要告老还乡，项羽恩准，范增离楚后一路忧郁成疾，终于在回彭城的途中患病身亡。后来项羽醒悟过来，便恢复了钟离昧等人的将军之职，派人去接丞相范增，未料到范增途中已死，项羽十分悲伤，便令人厚葬了范增，再次围困荥阳。汉军被困荥阳粮绝，无计可施只好打开城门，假意投降，汉偏将纪信假扮汉王刘邦乘坐龙凤辇，在汉御史大夫周苛陪同下，开了东门趁着天黑假降，汉王刘邦与张良、陈平等臣假扮妇人混在妇女之中，开了北门趁天黑而逃。项羽在东门见了龙凤辇非常高兴，以为刘邦真降，令将士将刘邦托下车来，没想到竟然是纪信假扮，大怒之下烧死纪信与周苛，攻进荥阳城中，汉军大败死伤无数。汉王逃出荥阳来到成皋，与英布

兵合一处,项羽闻知刘邦逃到成皋便挥师来攻成皋。汉王料知成皋难守,又带夏侯婴等众臣北向修武来找韩信,此时韩信率军刚平定赵地,说降燕王,准备讨伐齐,正在此时刘邦驾到,急忙出帐迎接。汉王刘邦到了韩信大帐才长长喘了口气,他令韩信部将兵马分出一半给他,他率人马驻扎修武打算图谋收复荥阳,另一半令韩信率领东向伐齐。韩信伐齐大捷。汉王刘邦率军在彭越、英布两军协助下又攻下荥阳。项羽因害怕彭越偷袭彭城,故与彭越、英布大战,荥阳城内兵将较少,被汉王巧妙夺取。项羽又杀回荥阳来围困汉王。此时韩信差的吏弁送奏表到。汉王本因爱臣郦食其贪功前往齐都去劝说齐王降汉。可韩信没有接到汉王不准攻打齐国的旨令,便发大军攻齐,齐王大怒,立即将汉王派的使臣郦食其烹入油锅。刘邦对郦食其死而十分悲痛,已怨恨韩信不该贸然进兵攻齐,此时接到奏表,展阅后顿时拍案大怒:"韩信小儿胆敢想做假齐王,说什么这是为了镇守三齐,实可恨!"一旁张良急忙低声劝阻:"大王,如今汉方处于不利境地,怎能禁止韩信为王,如果韩信叛变,汉统一大业则毁于一旦!"刘邦甚也聪明,立即停住骂声便令人刻好王印,使张良亲赴齐地加封韩信为真齐王。韩信封王后正准备择日起兵伐楚。此时,项羽在谋臣献策下,也派遣楚国说客侯武涉前来离间韩信,给韩信王印,黄金万两,让韩信自立为王,楚、汉、韩信三足鼎立。如果韩信帮助汉,则汉将取胜;如果韩信帮助楚,则楚将取胜。若汉胜,日后必危及元帅性命,楚胜必不致威胁到元帅性命,请韩信三思。韩信驳斥了武涉所言并说道:"我韩信从前侍奉项王,只不过做了个执戟郎中,项王不听我言,不采纳我计谋,所以才弃楚归汉。汉王授我大将军印,托付我数十万将士,解下衣服给我穿,送来食品给我食,我背负汉王仁德,天理不容,我誓死从汉,决不自立。请汝复告项羽休想做美梦。"武涉无奈只好收起王印、黄金叹气而去。武涉回到楚营,回禀了项羽,项羽无奈只好依谋士所言派遣两名刺客趁天黑来刺杀韩信。是夜韩信熟睡,房上两条黑影轻轻落下,他们身穿夜行黑衣,蒙着面,手执钢刀轻步来到韩信寝室窗口。轻拨窗栓,掀窗翻身跳入室内。同时另有一个黑影人也从房顶落下跃身自窗口而入。两个蒙面人借着窗口微光,蹑手蹑脚来到榻前,一人掀开帷帐,另一人刚把刀举起,突然屋内有人高喊:"有刺客!"这一声刺破夜空,犹如晴空一声霹雳,二刺客大吃一惊,话音未落,只见一黑影人窜上猛刺一剑将举刀人的刀架住,脚下一个扫膛腿,将举刀人踢倒,另一蒙面人举刀便向黑影人砍来,黑影人一架,二人厮杀在一起。

此时韩信惊醒翻身跃起,从墙上拔出利剑便来战那个被踢倒的蒙面人。二贼见势不妙,一前一后从窗口窜出,黑影人随后紧追。同时门口守卫士卒也被惊醒,大声喊叫抓刺客,随着喊声十几名侍卫举着火把,拿着兵刃纷纷向庭院起来,两个蒙面人窜到庭院,脚跟未稳,后面黑影人紧跟着举剑便刺,三人厮杀起来,韩信也追到庭院与二贼厮杀,一蒙面人虚晃一刀,翻身窜上房顶而逃,另一蒙面人刚想逃窜,被黑影人一剑刺伤大腿,蒙面人大叫一声扑通栽倒在地,过来几名侍卫将刺客捆绑起来。韩信向黑影人深施一礼:"多谢壮士救命之恩!"黑影人摘下头顶黑纱轻声细语道:"元帅不必客气!"这燕语银声使韩信一愣,借着火光定睛一看,韩信又惊又喜:"瑞娘,原来是你!""让元帅受惊了。"田瑞娘淡淡一笑。韩信高兴地问道:"自从那年清明紫娟坟上一别,已有数载,不知姑娘因何也

来到齐都临淄城中，又怎么知道刺客要行刺于我，便深夜相救。"瑞娘嫣然一笑："自从与将军一别，我便随师父浪迹天涯，做些行侠仗义之事，近来与师父来到临淄，见汉军已夺取三齐，又见元帅将临淄治理得井井有条，心中十分敬佩。我与师父投宿在客栈中，见这二贼行踪诡秘，便起了疑心，跟踪探听方知是两名刺客，今晚又见一个楚国使臣与这二人在屋内窃窃私语，我便窥视细听方知是来刺杀元帅，因此便尾随二贼到此。……"韩信深情地挽留道："姑娘是女中豪杰，我军中正是用人的时候，姑娘能否留在军营，为国效力？"瑞娘再三推辞，说从不过问政事，况且师父尚在客栈等候。韩信只好让瑞娘到房中歇息饮杯水酒，小叙一场，并差人将她师父一同接来饮酒致谢！不多时差人回来带一书信，说瑞娘师父已走，留一书信让交于瑞娘。瑞娘展开一阅便潸然泪下，原来师父让她留在帅府，为国出力做一番事业。瑞娘无奈只好留在了军营。

再说楚霸王项羽派刺客杀韩信没有成功，便发倾国之兵三困荥阳，并将丰乡掠虏的刘邦父及妻女押到荥阳城下，架起油锅要挟刘邦开城投降。刘邦却反唇相讥："项羽汝辈，你我同侍义帝，结盟约兄弟，我翁便是汝翁，汝欲烹汝翁，还请分我一杯羹！"项羽气得哇哇直叫，搭弓捻箭向刘邦射去，刘邦中箭受伤。楚汉在荥阳又僵持数月，刘邦无计可施，只好派使臣去楚营议和，从此化干戈为玉帛，愿划荥阳城外一条鸿沟为界，沟东属楚，沟西属汉，从此罢兵互不侵犯。项羽心想，帐中缺粮，如果再僵持下去，楚军难免吃亏，便答应了刘邦请求。楚汉双方各遣使臣签订了停战合约。项羽便撤军返回彭城。此时汉谋士劝说刘邦，请刘邦下令速调韩信兵马半路拦截楚军，执行韩信北征时献的大计，北、东二路南下会师合击楚军。刘邦醒悟便立即传旨，又亲率大军追击。楚军以为议和后不再起争端，将士们个个兴高采烈偃旗息鼓，慢悠悠向彭城撤退，刚行至灵璧垓下，突闻韩信率汉军拦住去路，又闻刘邦率军随后追击。项羽气得暴跳如雷，他立即传令在垓下安营扎寨，仗着楚军还有十几万人万，自己勇力过人，还惧怕韩信娃娃？便立即准备迎战。

此时刘邦在军师张良劝说下，再次委任韩信为三军大元帅，调度诸军，有违令者斩！汉军各路人马都由韩信统一指挥后，声威大振。韩信平素了解到项羽骁勇，无人能敌，便将各军分作10队，各遣将率领，分头埋伏，回环接应，再请汉王刘邦守住大营，韩信亲率3万人马出营挑战。项羽单靠勇力，不擅长兵中谋略，一听说韩信率军逼营挑战，立即拍马舞戟来战韩信。韩信率军且战且退，引诱项羽率军深入连环圈套，项羽果然中计猛追汉军，约莫追了几里。韩信见楚军已进入埋伏之中，便鸣放号炮，唤起伏兵，先有两路杀出，与项羽交战。项羽毫不退却，鏖战多时，杀开一条血路又追韩信。韩信一举令旗，第二声炮响，又有两路伏兵杀出，截住项羽，再加厮杀。项羽杀得性起，仍然有进无退勇猛无比，接连又是几声炮响，伏兵迭起。项羽杀开一重又一重，杀到七八重时，部将已经七零八落，楚军死伤无数。项羽也自觉疲乏，渐渐想退却下来。哪知韩信又举令旗，十面埋伏一齐发出，都向项羽马前围裹而来。所有楚兵，好似鸡犬一样纷纷四窜，只靠项羽一杆画戟，怎挡百般兵器。项羽此时悔恨莫及，只得令钟离昧、项庄、季布等人断后，自己当先杀开一条血路逃回垓下大营。

自从项羽起兵以来，从未经过这般挫折和侮辱。韩信用十面埋伏之计杀败项羽，把

楚军十多万精兵击毙三四万,投降三四万,剩下三四万败逃回营中。汉军大获全胜,韩信黄昏升坐大帐,张良、陈平左右相陪,各武将下首伫立,韩信扫视众将一眼,严肃地说道:"本帅用十面埋伏之计击败楚军,今晚定将楚军一举歼灭,曹参、周勃听令!""末将在!"二将出班。韩信从案中取出两枝令箭:"令你二人带上两万人马,埋伏在乌江口岸,当项羽逃到此地之时,你二人按照上面所写的计策行事,不是有误!""遵令!"二将接令退下。韩信又抽出第二枝令箭:"其他众将严阵以待,今晚二更点燃篝火一齐高唱楚歌,再请些民间女子围坐篝火一同吟唱楚歌。楚歌由子房、陈平下去教你等唱,然后各级领教会士卒,不得有误!"樊哙犹豫再三还是出班不满地问道:"元帅,这是哪一种兵法,末将还从未听说唱歌能把敌军唱败!""嗯!"韩信把脸一沉。"樊哙休得无礼,违令者,斩!"众将都默默无声,樊哙只好退下。

项羽疲惫而沮丧地回到大帐中,爱妃虞姬秀丽聪慧,急忙迎上劝慰:"胜败乃兵家常事,愿大王不必过分忧虑!"项羽摇摇头:"你等妇人不知道今日战事利害,我项羽从未遇此恶战!"虞姬急忙令人盛上酒肴给项羽解闷,项羽与虞姬落座对饮,由于项羽身心疲惫,未饮几杯便睡眼蒙眬,虞姬将项羽搀扶到榻上,项羽和衣入睡。虞姬守候榻旁,感觉非常不安。二更时分,忽然隐隐约约从帐外传来阵阵歌声,男女声夹杂,如怨如慕,如泣如诉,仿佛鹤啼鸿哀。虞姬忍不住潸然泪下,回头看着项羽却是鼾声如雷,不由自主走出帐外,一阵阵凄婉、深沉的歌声传来:

战云千重兮田园荒,妻儿在野兮母在堂。

鸿雁传出兮飞不度,征人何日兮返故乡……

项羽突然也被阵阵歌声惊醒,翻身坐起大声喊道:"虞姬!虞姬!"虞姬闻声急忙进账,项羽惊疑地问道:"为何四面八方都传来楚歌声?"虞姬潸然泪下:"陛下,这歌像从汉营传来!""汉营中哪有这么多楚人,难道朕军中已经哗变?或者楚地已被汉军占领?"项羽正在惊疑,钟离眜慌慌张张跑进大帐:"陛下,大事不好,军中将士都四处逃散,现只剩下八千江东子弟!"项羽跳下床榻一把抓住钟离眜衣领:"你……你说什么?那项庄、项伯等众将何在?"钟离眜吞吞吐吐回答:"都已逃走,听一士卒讲项庄在逃离时被汉军擒住被斩首示众,现首级已挂在桅杆之上。项伯听说已投降汉营。""无耻之辈!"项羽十分恼怒地急忙走出大帐,环顾四周,只见楚军大营的账包东倒西歪,项羽进入几顶营帐内查看,都已经空空荡荡,心中掠过一丝悲凉,再出帐远眺,见汉军大营篝火通明,身着楚军服的士卒三五成群都凄楚地唱着楚歌,项羽又回到大帐,见虞姬已哭成泪人,自己也落下几滴悲伤的眼泪,便抓起酒壶"咕咚咚"一气喝下。此时钟离眜出帐牵来项羽坐骑乌骓马,项羽瞧见顿时挥泪唱道:"力拔山兮气盖世,时不利兮骓不逝。骓不逝兮可奈何,虞姬虞姬奈若何?"虞姬听罢项羽悲歌,心如刀绞,泪如泉涌,也随声和唱:"汉兵已略地,四面楚歌声。大王意气尽,贱妾何聊生!"虞姬拔出佩剑向脖颈抹去,顿时鲜血飞溅。项羽急忙拦阻已是不及,遂抱尸痛哭:"虞姬,是朕害了你呀!"钟离眜与几名士卒牵来乌骓,扛着大戟挥泪走进大帐:"陛下,乘着天色未明,还不快带领八千子弟冲出重围!"项羽强忍悲痛拔出佩剑,挖土与钟离眜等人掩埋好虞姬尸体,然后跨上乌骓,手持大戟,带领八千亲兵,冲

向汉营地,经过一场艰苦的血战终于杀出重围。

时过中午,项羽率领着残兵败将疲惫不堪行到乌江口岸,突然一阵锣响,顿时杀出两路汉军人马,为首曹参、周勃各领一队人马拦住楚军去路,楚军吓得魂飞魄散,乱作一团。汉军霎时杀到,双方展开一场短兵鏖战。楚军又死伤无数。项羽拼命厮杀,冲出一条血路奔向乌江口岸。他回头一望跟随他到江边的只剩钟离昧徒步一人,他望着滔滔江水失声仰天长叹:"苍天哪,苍天!难道楚国注定要灭亡吗?我什么时候触犯苍天?"此时江面一叶扁舟驶来,钟离昧瞧见大声喊道:"船家快来救霸王。"小舟驰到岸边,船公自我介绍道:"我是乌江的亭长,是陛下臣民,如今听说陛下在垓下被打败,特驾舟到江边巡视接应。"项羽闻听又悲又喜。船公催促道:"在这江面上只有我这一舟,快请陛下上舟,过了此江不远便是江东会稽!"项羽听到会稽二字,顿时感到一阵天旋地转,差点跌倒,钟离昧眼疾手快急忙搀扶:"陛下,您怎么啦?"项羽长吁一口气:"天已经灭了我,我何必过江,我和江东子弟八千余人,渡江西行,今独我一人生还,我还有何面目去见江东父老兄弟。钟离昧你牵上我的乌骓上舟去吧!"此时汉军已杀声震天,蜂拥至江边,钟离昧泪如雨下:"陛下,我怎能苟且偷生,抛下陛下独自一人乘舟,生死我都要与陛下在一起!"项羽大怒,把脚一跺:"钟离昧你还不快走!"他将钟离昧推到舟上,把乌骓拉上小舟,然后转身拔出佩剑,复入敌群。汉军将士知项羽骁勇无比,人人吓得连连后退。此时船公长叹一声驾舟离岸,驶向江心。那乌骓望着项羽一声悲鸣,"扑通"跳入江中而死。项羽瞧见,心如刀绞,他大吼一声挥剑连砍几十名汉军,汉军无人敢靠近他半步,项羽望着面前汉军一员将佐面熟,便哈哈一笑说道:"你不是朕的同乡吕马童吗?汝主刘邦悬赏万金,封万户侯要朕人头,朕就送汝辈一个人情,拿吾头去领赏去吧!"说完,把利剑向脖颈一抹自刎而亡,终年32岁,自此楚国灭亡。

诱捕回京

公元前202年初,长达5年的楚汉相争,终于以楚亡汉兴而告终。同年二月刘邦登基,尊为高皇帝,史称汉高祖,暂时定都洛阳,国号汉,华夏九州再次统一。

洛阳南宫大殿,刘邦黄袍玉冠,气势威严地在四名宫女、四名内侍簇拥下,步履迟缓地进殿上首高坐。君臣一齐叩拜:"吾皇万岁,万岁万万岁!""众卿平身!"刘邦扫视群臣微微一笑。群臣起身分立两旁。刘邦开始大封群臣:"韩信听封!"韩信急忙出班跪下:"微臣在!"刘邦扫视韩信一眼微笑道:"韩卿为汉室立下十大功劳,劳苦而功高,朕赐你有特赦大权,见天,见地,见兵器三不死。"韩信感激得热泪盈眶:"谢陛下隆恩!群臣望着韩信羡慕和敬佩不已。刘邦又说道:"如今天下已经平定,四方太平,不再兴师四处征战,应该休养生息,故请韩卿交还军符、帅印。""这……"韩信心中不快,但只好勉强应声道:"微臣遵旨!""韩卿出生、成长于楚地,熟悉楚风土民情,因此改封为楚王,镇守淮北,荣归故里,衣锦还乡。定都下邳,择日起程上任。""臣遵旨!"韩信起身回班。刘邦又一一加封了

彭越、英布、张良、萧何、曹参等等文臣武将，并尊太公为太上皇，封吕雉为皇后，刘盈为太子，大赦天下罪臣，颁旨以告示天下。

第二天黄昏，韩信闷闷不乐来到洛阳城外小河旁散步，此时张良散步迎面走来拱手施礼道："恭贺贤弟封为楚王，不日就要启程还乡，光耀祖宗。""子房兄，真会取笑人。"韩信苦笑一声。"帅印、军符都已经交还上去，你说我这做大将的心里……唉！子房兄，你为何只肯请封个留侯？"张良眼望夕阳余晖："金钱、功名地位，乃是身外虚有之物也，不可以贪念这些也！辅汉成功，吾愿已经实现了，有块留邑之地，足以颐养天年了。"韩信心中一惊，若有所悟："子房兄视功名如粪土，我惭愧不如你呀！"张良一阵大笑："知足者长乐也！"韩信也开怀大笑。二人择一草坪席地而坐，韩信说道："记得当年我在楚国时，苦苦劝谏楚王项羽，让他定都关中，项羽不采纳良言，结果事败垂成。关中依山傍水，土地肥沃，左有崤函，右有陇蜀，三面据险，一面临河，河能运漕，真乃帝王之都。洛阳虽然居险而立，但中区狭窄不广阔，不过百里平原，楚汉相争数年，满目疮痍，土地荒芜，田地瘠薄。吾不日就要离京，请子房兄转告陛下请他迁都关中。""贤弟真是栋梁之材也！"张良敬慕地说道。"前日也有一位西戎卒名叫娄敬，千里赶来求见陛下，也是劝说陛下迁都关中。""那陛下的意愿呢？""还没决定，并且朝臣们都不乐意西移！""那子房兄之意……？""你我所见略同，不过常言道水到渠成，凡事不可强求，若陛下问起移都之事，我会直言上谏的，你就放心吧！"韩信信任地点了点头。

几个月之后韩信回到了楚地定都下邳，他将楚地治理得井然有序，百姓安居乐业、丰衣足食。一日他心里怀念故乡，便带领属下李佐车、田瑞娘一班侍卫前往淮阴旧地重游。街上百姓听说楚王韩信要回故里，都争先恐后观看，人人赞叹不已。韩信等人来到早年他胯下受辱的小桥街头。韩信触景生情，便对李佐车、瑞娘讲述了当年他为给漂母抓药卖剑，胯下之受辱的经过。李佐车抬头碰巧瞧见小桥桥头柱上刻着"胯下桥"三字大怒道："来人，将那小桥柱上三字给我铲掉，改为将军桥。"韩信阻止道："佐车没有必要，让那'胯下桥'留着醒世后人吧！"一侍卫来到李佐车面前低语几句，李佐车厉声呵道："将那恶少带上来！"四名武士押着昔日县衙恶少来到韩信面前，恶少早就吓得瑟瑟发抖，跪着叩头连连求饶："楚王爷饶命！小人有眼无珠，以前冒犯楚王，求楚王爷饶命！""你这条昔日县衙恶棍，不知欺压过多少黎民百姓，今日我为百姓除害！"田瑞娘说完拔剑就要刺杀过去。韩信急忙阻拦："瑞娘且慢！"瑞娘一怔收剑："楚王你……！"韩信环顾四周，见围观的百姓像潮水一样涌来，思虑片刻："得饶人处且饶人，他昔日虽仗势欺人，羞辱过我，但如今只要他能悔过自新，知错必改也就算了！""楚王你这是何意？"瑞娘生气地说道："昔日胯下之耻，你蒙受多年，如今正是报仇之时，你却变得心慈手软。"韩信微笑着对众人说："他虽然有许多过失错误，但是没有犯过死罪的错误，将他放了！"两名武士给恶少松绑，恶少感激涕零，伏地连连磕头，声泪俱下："小人该死，你杀了我吧……"韩信转身背对恶少："汝辈起来，今饶你不死，回去好好悔过自新，争取重新做人。""谢楚王！"恶少谢恩起身。韩信对属下一挥手："咱们回府邸歇息吧！"众人随韩信离开了淮阴街。

不久，韩信与瑞娘便喜结良缘。

这日,楚王府门前张灯结彩,洋溢着一片喜气,四名家丁守卫两旁,一位布衣素士,头戴斗笠腰佩宝剑,短衣破衫来到门前施礼:"请问这是楚王韩信府上吗?"家丁不屑一顾道:"是啊,你这要饭的,楚王新婚三日,已赏出不少银两,现还剩几两,赏赐给你,拿去快走吧!"说着就将碎银抛地。布衣素士并未拾银说道:"承蒙仁兄向楚王通报一声,就说同乡好友求见!"家丁上下打量了他一番,见他虽衣衫破旧却气度不凡,便应声道:"好吧!"转身走进府内。

新婚宴尔才三天的韩信夫妇身着新装,正在厅堂饮茶,叙家常,家丁走进禀报:"启禀楚王、夫人,在府门外有一衣素士,自称是楚王旧友、同乡求见!"瑞娘温柔贤淑、深明大义知书达理,她轻声细语道:"楚王多次告诫你们,凡是楚王同乡、旧友求见、不必通禀,直接请他们进来就是!""是!"家丁转身离开厅堂,不大一会领着那位布衣素士进来,瑞娘起身走入里屋。布衣素士进厅堂施礼道:"楚王一向可好,仁兄有礼了!"韩信听着声音耳熟,凝视片刻疑惑地问:"你是……?"布衣素士回顾左右,韩信明白其中必有隐情,急忙呵退左右:"你等都先下去吧!"众人退下。布衣素士摘下头上斗笠:"钟离昧叩见楚王!"韩信急忙起身搀扶着钟离昧:"真是钟离兄。"他又惊又喜,将钟离昧拉到案前落座。但又皱起了双眉:"你……如何到流落到此地? 如今万岁传下谕旨,四处张贴你的画像缉拿于你,你来府中万一让陛下知道,吾可吃罪不起!""看把贤弟吓成这样。"钟离昧冷冷一笑。"堂堂一个楚王,竟然如此胆小如鼠?""唉! 你哪知我的苦衷。"韩信苦笑道:"陛下耳目很多,你还是投案自首或躲到别的地方去吧!"钟离昧哈哈一笑:"楚王,算我钟离昧有眼无珠,错看你了,我不需要去投案自首,只要你一声令下将我推出府门砍了就是,我何需死在他人之手?""这……"韩信有些为难。他沉思片刻苦笑道:"好吧! 知恩不报非君子,昔日受人滴水之恩,今日应当涌泉相报,你就留在府中住下吧,千万别四处乱跑,免得惹出祸端。"钟离昧深施一礼:"谢楚王!"

阳春三月,风和日丽,杨花絮柳,百花盛开。高祖刘邦在张良、萧何劝说下已经把都城迁到关中,萧何奉刘邦旨令,在秦的兴乐宫基础上重新筑建起规模宏大的汉都长安城。一日刘邦在吕后、审食其、曹妃陪同下来到后宫御花园散步赏花。几只小鸟在一树枝上叽叽喳喳叫个不停,吕后听着鸟声有些心烦于是皱起了眉头,审食其立刻心领神会,在地上拾起小石子向小鸟投去,顿时群鸟四散飞蹿,乐得高祖刘邦哈哈大笑,吕后也淡然一笑道:"这群小鸟,好似楚兵,垓下一战便四处溃散。"刘邦一怔,猛然想起往事道:"项羽手下均已分别擒获或投案自首,唯独朕最憎恨的钟离昧,为什么到现在还没有捉拿住他呢?"吕后也气愤地说道:"这个十恶不赦的钟离昧,他率军掳掠我与太上皇去楚营,使我们受尽凌辱,吾终身不忘此辱,即使将他碎尸万段也难解我心头之恨!"吕后望着身边的审食其:"辟阳侯,让你查访钟离昧下落查得怎么样了?"这审食其是吕后家中的奴仆,只因吕后被楚掳入楚宫,他也一同掳去。他对吕后殷勤照顾,吕后念其功劳,便劝说高祖封他为辟阳侯,他为人奸诈毒辣,又平素与吕后私通,只可惜高祖不知内情。他见吕后问他急忙奴颜婢膝地回答道:"回禀娘娘,臣已查到一二,不过……微臣不敢讲。"刘邦一怔:"有何不敢讲,有朕做主。但讲无妨!"审食其诡秘一笑,奴颜媚骨地上前一步:"陛下忘记赐给

韩信身旁的两名侍女吗?""怎么此事与她二人有关?"审食其淡淡地一笑:"据翠莲差人密报,钟离昧正躲避在韩信的府邸中!"刘邦大吃一惊。"真有此事?""臣绝无半点谎言。"刘邦疑惑道:"他难道真敢违抗朕令,私藏朝廷通缉要犯,而不顾虑王法?"审食其一翻老鼠眼夸大其词道:"陛下,据密探禀报,楚王威仪冠绝天下,下邳城下,淮阴街头,百姓纷纷蜂拥观望,众将鹄立两旁,军乐鼓砍旌旗翻飞;楚王身着黄金甲,肩披黑斗篷,跨着大白马顾盼风生,'踏踏'而行,身后紧随楚府将佐谋臣,铁骑千匹,'嘀,啊呀呀。'众人纷纷赞叹,比当年秦始皇在南方巡游时的气势还要大……!""住嘴!"刘邦气得咬牙切齿大声吼道:"来人! 宣张良、陈平来后殿见朕。"然后拂袖回到后殿。内侍进殿禀报:"启禀陛下,张良说身体患疾不能前来侍驾,陈平立即就到。"刘邦生气地猛拍几案:"自朕登基称帝以来,张良屡屡推疾不来上朝议事,与朕不再同心同德,他不来算了,宣陈平!"陈平进殿后,刘邦说道,"韩信身为楚王,竟敢违抗圣旨不遵法度,私藏朝廷重犯钟离昧在府中,蓄谋反叛,朕想立即举兵讨伐,以解吾心头之恨!"陈平心中明白,韩信决不会谋反,定是奸人在陛下面前进谗言,他急忙阻止:"陛下万万不可举兵讨伐,此事只能慢慢计议,不可操之过急。""此事岂能从缓?"刘邦动怒道:"韩信与钟离昧若率先起兵反叛,那后果不堪设想,钟离昧一天不捉拿到,朕一天心里得不到安宁。"陈平思虑片刻:"若韩信未反,陛下举兵讨伐,岂不是逼迫韩信举兵谋反,况且朝中上下何将能敌韩信? 所以臣以为此举不可!"刘邦听罢紧皱眉头气恼道:"这……难道就没有别的好计策了吗? 你平日里能说会道,朕总认为你足智多谋,可用你之时却想不出半个良策,朕要你何用?"陈平十分尴尬,脸色通红,犹豫良久道:"古时天子巡狩,必大会诸侯,臣闻南方有一云梦泽,陛下何不出游云梦,遍召诸王,云梦与楚相连,韩信闻知陛下出游云梦,定然前来谒拜,陛下趁韩信前来参拜之时,只需一声令下便可将韩信擒拿。"刘邦大喜,立即传令去南方巡游。

再说韩信听说高祖率领群臣云游梦泽,心中忐忑不安,宣来谋士佐车在书房商议,李佐车叹气道:"唉! 楚王你不该收留钟离昧这个祸根,陛下本来对你就有猜忌,钟离昧是朝廷重犯,你私藏府中,哪有不透风的墙。陛下名义上是来游云梦,实际上是冲楚王而来。"韩信听罢更是惶惶不安:"那怎么办呢?"李佐车沉思片刻想出一策,让韩信立斩钟离昧去云梦泽献昧首级谢罪,陛下念你斩昧有功肯定不会怪罪于你,这样方保平安。韩信感念钟离昧对他有恩,不肯如此行事,李佐车无奈只好自己将昧带到厅堂晓以利害,言道:"因你而牵连了楚王。"钟离昧知事已败露,汉高祖云游梦泽肯定是因他而来,便蛊惑韩信与他联手谋反,并说道:"高祖所以不发兵攻楚,还恐昧与楚王联手同心抗拒,若斩昧献首级,今昧死,楚工明日也必定死。"韩信只摇头不肯反汉,并说;"韩信决不做那不忠不孝,不仁不义之事。"钟离昧见事情已到这一地步,怕再连累韩信,便拔出利剑自刎厅堂,韩信大叫一声:"昧兄,信对不起你呀!"扑倒在钟离昧尸体上失声痛哭。李佐车割下钟离昧首级,与韩信驱车前往云梦向汉王谢罪。

刘邦在云梦泽行宫歇息许多天,诸王都已前来谒拜过,只有韩信还没有前来谒拜他。正在思量,突闻韩信与谋士李佐车捧钟离昧首级前来谢罪。刘邦令韩信一人进后宫参拜,韩信捧着首级刚入宫门,刘邦一声令下,韩信束手被擒。韩信长叹一声:"果如人言,

狡兔死，走狗烹，飞鸟尽，良弓藏，敌国破，谋臣亡。天下已定，我固当烹。"宫门外樊哙带领众武士将李佐车一班人等全部缉拿处死。刘邦看见诱捕韩信成功，非常高兴，立即命将韩信打入囚车押回京都。

惨遭陷害

京城牢狱中，一盏油灯在风中闪烁不定，昏暗的灯光下，韩信衣衫单薄，发髻凌乱，披枷戴铐，背对狱门，凝视窗外。就在这时牢门"哐当"一声被打开，一位老狱吏领着一位姑娘提着食盒走进来。"楚王，有人看你来了！"老狱吏喊道。韩信慢慢转过身来，姑娘扑了上去："大哥！"刚喊完泪水便夺眶而出。韩信睁大双眸激动地说："文娟小妹！"一股热泪像断了线的珍珠滚落下来。文娟把韩信搀扶着在床榻上坐下："大哥究竟犯了什么罪，他们把你……?""唉！"韩信叹气道："我自弃楚投汉以来，六年戎马倥偬，随陛下征战南北，而今天下已定，我已是个多余的人了。他们要杀我，竟然诬蔑我们反叛朝廷。"文娟惊诧地说："反叛朝廷？天塌地陷、江河倒流，小妹我都能相信，可我绝不相信大哥会反叛朝廷，大哥肯定是被奸人诡言所陷害，明日我定找丞相，为大哥辩驳洗刷罪名。"韩信摇摇头："大哥不愿连累丞相，小妹，大哥这一去，希望你经常去家里看看你瑞娘嫂，让她别悲伤……!"文娟点点头。韩信又说道："小妹，你能原谅大哥吗?"文娟抱住韩信失声大哭："韩信哥你就别说了。"韩信抚摩着文娟秀发："大哥是为你好，所以才与你嫂子完婚。小妹，你看萧平如何?"文娟羞涩地脸一红低头轻声道："大哥用意小妹了解，请大哥放心。"韩信满意地一笑："只可惜大哥喝不上你们的喜酒了。""不会的。小妹明日再去求留侯张良，让他设法搭救大哥。"韩信微微点了点头。

韩信被擒入狱后朝中上下议论纷纷，评议不断。早朝高祖刘邦环顾群臣："有本启奏，无本散朝。"陈平赶忙出班启奏："启奏陛下，北疆匈奴国现已崛起他们十分凶悍，气焰嚣张，屡屡侵扰我边关。"高祖惊诧地问："哦！匈奴紧连代地，代相陈豨在边关据守，为什么没有看见奏表告急。周勃速抓紧操练兵马。增援北疆边关。"周勃出班："臣遵旨！"刘邦扫视众臣问道："众卿还有何本奏?"张良出班："陛下，臣承蒙皇恩，封为留侯，微臣请陛下恩准辞去朝臣，前往封地留邑居住。"高祖脸色阴沉显得非常不高兴的样子："自朕称帝以来，你屡次推辞身体欠佳，不来早朝议事，今日上朝，却要告辞，朕也不强迫你，随你自便！""谢主隆恩！"张良跪拜谢恩，然后起身又启奏道："陛下，恕臣直言，韩信念起旧情，虽收留钟离昧有错，但能知错必改，杀死钟离昧并割下人头向陛下谢罪，如果韩信有谋反的意思，一定会违法放走钟离昧，让他逃之夭夭，只恐昧至今不能被擒获，韩信虽有招摇过市之错，但毕竟没有显露出反状，韩信为汉室立下十大功劳，臣恳请陛下饶恕他这次过失！"萧何、夏侯婴、周勃等一班忠臣也一起跪下为韩信求情，高祖沉思片刻，起了怜悯之心："好吧！既然众卿均已讲情，朕就赦免他这次，不过要革去他楚王的爵位，降封淮阴侯，留在京城随朕伴驾。"众臣谢恩起身。

韩信出狱被降封淮阴侯后，家眷均已接到京城，他很少出府门，心情显得比过去更加压抑沉闷。一日早朝完毕，忽然匈奴使臣上殿奏表，要求高祖将长女鲁元公主下嫁给匈奴王，匈汉和亲永结世好。高祖勃然大怒，将匈奴使臣轰出殿外。朝臣们对此事争议不绝，有的主张派兵攻打匈奴，有的赞成通婚和亲。韩信出班直言不讳说道："陛下，天下刚刚平定，将士兵卒劳累太久了，若两国兵戎相见，汉必兴师远征，这不是一件轻易的事，这匈奴国以游牧为生，习性刁野，非一时半会武力所能征服，不如和亲，使他子孙臣服。若公主嫁给匈奴王，将来生子，必立太子，匈奴王就是陛下女婿，死后子为王，是陛下外孙，天下岂有做了外孙，敢与外爷抗礼，这样就使他子子孙孙畏服，不来侵犯我大汉边关，这岂不更好吗？"高祖听后顿时怒气暂消，点头同意和亲之策。各大臣也都赞同。没想到早朝散后，高祖回到后宫，吕后娘娘知道这件事之后，大骂韩信出的坏主意，哭闹几日执意不肯把自己长女远远嫁给匈奴人，她立即做主将长女鲁元公主与张傲完婚。因答应了匈奴使臣和亲，这下使高祖很为难，在万般无奈下，只好在后宫找了一位嫔妃所生女子假称她为长女鲁元公主而下嫁匈奴王。并传旨让代相陈豨速来京城迎嫁长女鲁元公主。陈豨此人远在边关早就有野心，因而他趁机到京城后主要想探个虚实，想日后谋反起事。陈豨原是韩信属下，对韩信非常佩服，他想拉韩信入伙，与他一起谋反，便约韩信到渭水河边一叙。韩信不知陈豨险恶用心，便按时赴约，二人相见寒暄几句后，韩信生气地说道："陈将军这就见外了，既然专程为护送鲁元公主远嫁匈奴，到京城已经有半个多月了，如何不到我府中一叙，却约我来这河边？"陈豨奸诈地一笑："元帅请别生气，一是因为我公务繁忙，二是因为见陛下喜猜忌下臣，又见吕娘娘结党营私，擅权行事，万一我这边关守将去你府上拜见，让陛下知道了会猜忌于你，岂不连累元帅吗？元帅为汉室立下汗马功劳，却屡屡遭贬，还被囚禁，甚至还差一点儿丧失性命，日后我陈豨下场还不知怎样？"韩信一怔惊诧地说："将军为何如此悲观失望？"陈豨诡秘一笑："我不是悲观失望，我实为元帅叫不平。""你这话是什么意思呢？"韩信疑惑不解道。"凭着元帅文武全才，因何要寄人篱下，为何不独竖一帜，称雄天下呢？我陈豨甘愿鞍前马后为元帅效劳。""陈将军不可胡言乱语。"韩信很不高兴道。"我陈豨并非胡言乱语，只要你我联手，我在边关起事，你在京城振臂一呼，咱们里应外合，一定会夺得天下？"韩信摇头道："我韩信若有异心，早在楚汉相争之时就独竖一帜了。""元帅因何如此死心塌地，甘愿受他人摆布，天下又不是一个人的天下，谁都可以据之！""陛下对我有恩，我岂能干这反叛朝廷之事，就是日后我遭小人诬陷，陛下治罪，丞相等众臣也会替我韩信辩白，评个是非曲直！"陈豨仰天大笑："元帅如此愚昧，据我多年观察，萧何这个人办事奸诈圆滑，日后元帅若真遇不测，他会考虑自身利益，未必肯挺身站出替你辩白说情……！""陈豨！"韩信大怒。"不许你胡言乱语诬蔑丞相，今日吾看在你跟随我征战多年的分上，要不早就拿你上朝问罪，治你蓄谋反叛。""元帅恕我直言。"陈豨轻蔑一笑。"你如今不是当年的三军主帅，不能随便拿人治罪的，而今我陈豨已是守边大将，护送公主远嫁重臣，你以为陛下能听信你吗？"韩信顿时感到天旋地转，差点跌倒，他用颤抖的手指着他忿然而说："你……你我从此情意两断，告辞！"言罢韩信愤然离去。陈豨尴尬地望着韩信背影冷笑一声："真是个愚昧地效忠他人之悲，

死到临头不知悔悟！我陈狶不做个轰轰烈烈的英雄豪杰，便当个朝廷的叛臣，决不做个碌碌无为之辈。"韩信走上河岸，突然抬头见岸边树林中有个人影一晃，转眼不见了，韩信一怔，心中暗想："好像府中家丁栾说，他来这个地方干什么？难道监视我吗？"又否定地摇头："不！定是我眼睛看花了。"韩信来到林中解开马缰，牵马出林，无精打采回到府中。

再说高祖刘邦，因在宫中闲得无事，便想到四处巡游，以炫耀汉朝宏伟大业，大显国威。他带上最美貌、年轻、温柔的爱妃戚姬，在夏侯婴、周勃等武将护卫下来到赵地。驸马赵王张傲与王后鲁元公主出城迎接父皇，并备好丰盛酒宴为高祖接风洗尘，驸马张傲又特意请来赵地有名歌伎为高祖助兴。高祖在女婿赵王张傲陪同下在大殿饮酒赏舞，高祖因为高兴多贪了几杯酒，不一会儿便酩酊大醉，被内侍宫女搀扶着入寝内安歇。赵相贯高对高祖一直心怀不满，今日见高祖到赵地，当夜又饮得大醉，便有心要刺杀高祖，三更时分贯高入高祖寝室行刺没有成功。被夏侯婴、周勃等众武士擒拿。高祖刘邦被惊醒后大怒，立即传旨将赵王张傲、女儿鲁元公主一起缉拿带回京城，严加审讯。高祖回到京都长安十分气恼，没想到连自己女儿、女婿也想谋害自己，日后这朝中还有什么人可以信赖，他传旨让廷尉史严加拷问贯高是受到什么人的指使，贯高大小酷刑都用遍了，打得贯高体无完肤，却一口咬定与赵王张傲、公主无关，实属他一人所为。这个案子在吕后干预下，高祖无奈只好传旨处死贯高，驸马与公主无罪释放，降封驸马张傲为宣平侯，封戚姬所生如意儿为赵王。高祖又下一道谕旨，凡全国各地，都封刘氏为王。从此高祖更加疑忌下臣。

却说陈狶自从护送公主远嫁匈奴后，仗着自己有功劳，就暗中勾结各爪牙，广养食客，联合韩王信、燕王卢绾准备二年起兵谋反，已夺汉城 20 余座。高祖闻报，勃然大怒，立即传旨发大兵讨伐。韩信自降封淮阴侯后，心灰意冷，郁郁寡欢，经常称病告假，不来上朝议事。陈狶谋反，高祖本想令韩信前往征讨，见信不问朝事，便亲自统领大军前往平叛，将大权交于吕后。临行之时高祖在后宫中对吕后说道："娘娘，朕明日便要率军平叛，这朝中大事，就请娘娘费心，好好辅佐太子掌管好朝政。"吕后妩媚一笑："谢陛下信任，太子虽然生性懦弱无多大主见，不过做母后的怎能不辅佐他管好朝纲？"刘邦沉思片刻捋了捋须髯："娘娘，朕离京后你要多加留心，京城中朝野上下，朕最不放心的只有一人！""你是说淮阴侯韩信？"吕后猜着道。刘邦点点头，"此人文武双全，朝中无人能与之相比，三军上下多系他的属下，他如果有什么动静，这京城恐怕难以保住，因此望娘娘多加提防，万不可掉以轻心。"吕后频频点头，又微微一笑："陛下请放心，妾早已收买了一名他府中舍人栾说，而且还有陛下设的隐线翠莲，他若稍微有点风吹草动，妾即刻就会知道！"刘邦满意地一笑："上次钟离眜之事还多亏翠莲姑娘秘密上奏，只可惜翠珠姑娘却死于暴病，不能为朕效力。"刘邦显得有几分惋惜。吕后愤然道："翠珠死丫头是她不听我的旨令而导致这样的下场。"刘邦听罢沉默不语。吕后望望刘邦安慰道："陛下只管放心征讨，谁若存有异心，妾只要抓到一点蛛丝马迹，定会严惩不贷！"刘邦心里一颤："未想到娘娘城府如此之深，朕自愧不如呵！"吕后嫣然一笑："谢陛下夸奖！"

自高祖率军平叛离京多月，朝中平安无事，却淮阴侯府发生一事。这一日黄昏时分

淮阴府内后花园,假山石背角处,家丁栾说与侍女翠莲坐在条石之上亲亲搂搂调情骂俏。

瑞娘因近日心情不痛快,独自一人向假山上散步。当她走到假山处听到假山后有窸窸窣窣声音,不禁暗暗吃了一惊。瑞娘顿时警觉起来立即拔出佩剑,厉声呵道:"什么人在那里,快些出来?"二人听见瑞娘声音,吓得哆哆嗦嗦衣裤不整地爬出。"啊!"瑞娘一见大吃一惊。"原来是你这两个狗男女,在此做那苟且之事,辱我侯府门风。"二人哆哆嗦嗦地站起,来到瑞娘跟前"扑通"一声跪下连连讨饶:"夫人饶命!"然后二人又抬手打自己脸颊:"我们不是人。"忽然珍珠与翡翠从翠莲怀中掉出。瑞娘一见顿时大怒:"好你这两个不知羞耻的狗男女,不仅在此做那辱没门风的苟且之事,竟然还偷了我的两件珍物,我怎么能饶你,来人!"几名侍卫、家丁闻声跑来,二人吓得伏地不断地磕头求饶,瑞娘怒声呵道:"将这对狗男女推到后院乱刀砍了!"几名侍卫应声上前将栾说、翠莲捆绑起来朝后院推去,两人浑身颤抖高喊求饶:"夫人饶命! 夫人饶命!""夫人这里出了什么事?"此时韩信也闻声赶了过来。二人见着韩信"扑通"跪在韩信面前磕头高呼:"侯爷救命! 侯爷救命!"韩信摆摆手,侍卫松手,韩信望了望瑞娘:"夫人这是怎么回事?"瑞娘生气地说其中的因由。韩信望着这对狗男女气愤地说:"栾说、翠莲你二人在我府中多年,竟然干出这些肮脏之事,按理应当问斩……!""侯爷饶命,小人再也不敢,请侯爷饶恕我们,我俩世世不忘侯爷大恩大德。"二人像鸡捣米似的不断地磕头求饶。韩信见二人泪流满面,心中起了悲悯之心说道:"念你二人年轻无知,就宽恕你二人这次,不过死罪饶恕,活罪不能免除,重责20羹出府门,永不留用。""侯爷! 这不是太便宜这对狗男女,按汉朝王法这二人犯的是死罪呀!"一侍卫愤愤不平道。"唉!"韩信长叹一声。"夫人你看……?"家丁拾起珍珠项链和翡翠交于瑞娘。瑞娘沉思片刻:"既然侯爷不忍心处死他二人,那又何必要责打他们。算了! 让他们滚吧,永远不许再踏进府门半步。"侍卫上前解开二人绳索,栾说、翠莲急忙伏地连连叩头:"谢侯爷! 谢夫人不杀之恩!"然后从地上爬起,一溜烟狼狈不堪地跑出府门。

吕后这数月心里总有些忐忑不安,自高祖率军平叛走后,一直没有胜负消息,今日早晨栾说、翠莲慌慌张张地跑进宫密报,说韩信与叛贼陈豨曾在渭水河边密谋过,还说日后陈豨起兵,韩信在京城做内应。吕后听完栾说编造的谎言后,便信以为真,恐京城有变,立即传旨,招来亲信审食其、妹夫樊哙、兄长吕泽、妹妹吕媭在后宫秘密商议。吕后阴沉着脸,无不忧虑紧张地说:"陛下率军胜负尚无一点消息,京城又很空虚,有人告发韩信与陈豨原本是一党,想里应外合夺取汉室基业。现趁韩信还没有动手之前,请各卿速想良策除掉韩信。"吕媭微微一笑满不在乎地说道:"姐姐,除掉韩信这个背叛逆贼有什么难的? 只要姐姐降道谕旨,令宫中御林军重重包围淮阴府,杀掉淮阴侯明日再布告天下。"吕泽摇摇头:"不可! 韩信不是一般人物,且在朝王威望甚高,那是军中大帅,三军将士均是他的属下。他要闻讯,振臂一呼;宫中御林军还没有到他府中,你我就先做了他刀下之鬼。"樊哙不高兴道:"我就不信他韩信有那么大的威力,我愿带御林军围剿淮阴府。"吕后摇摇头:"妹夫不可鲁莽行事,兄长说得很有道理,淮阴府侍卫家丁非常多,这宫中御林军那是他们的对手,这岂不是以卵击石嘛? 还是想个万全之策才是。"吕泽在宫内踱步沉思片刻:"有了,要想除掉韩信不难,只能用巧计擒拿,不可死力硬拼,臣倒想好一策。""兄长

快讲！"吕后急不可待地说。吕泽慢条斯理说道："娘娘只要派遣十几名心腹侍卫，假扮陛下平叛军校，晚上趁天黑悄悄出城去北方绕上一圈，再风尘仆仆大张声势地复入长安，只说由陛下遣来传递好消息，陛下已将陈豨叛贼诛灭，朝臣不知有诈，便来宫中祝贺，宫廷中埋下刀斧手，只要韩信来宫中祝贺，踏进宫门一步，娘娘一声令下便立即将他拿下，推到宫外立即斩首。""嗯！还是兄长足智多谋，不过万一韩信他不来朝贺，岂不功亏一篑吗？"吕后又无不担心地说道。吕泽微微一笑："请问！韩信在朝中最信赖何人？""当然是丞相萧何。"审食其抢先答道。"这就对了！萧何曾对韩信有知遇之恩，若让萧何登府去请，并一同入宫祝贺，岂不……"吕泽狡猾地一笑。"如若萧何不去请韩信前来那怎么办呢？"吕后疑虑地说。"那就看娘娘您了！"吕泽望着吕后狡黠地一笑。吕后沉思片刻："嗯！有了，我亲登丞相府门，诱使萧何去请韩信。"审食其拍手称赞："嗯！娘娘不愧为当今女中英杰，这样韩信一生，成也萧何，败也萧何。"

顿时从后宫内传来一阵阵奸笑。

萧何年已六旬有余，年迈体弱，陛下平叛离京，萧何日夜操劳地忙于处理政务，并且已经积劳成疾。今日刚有好转，在府上闻听陛下平叛告捷，心中十分高兴，忽又闻吕娘娘亲踏府门前来拜望。萧何受宠若惊，慌忙更衣领夫人及家丁前往府门迎驾。吕后在十几名内侍宫女簇拥下乘坐龙凤辇缓缓而来。到了相府门前见萧何及夫人一班人相迎，吕后下了龙凤辇在宫女搀扶下来到相府厅堂落座。厅内早已备好水果茶点，君臣互相问候以后萧何在下首落座。吕后假意关心地说道："丞相年事已高，身体要多多保重，不可过多操劳，陛下平叛告捷，明日宫中恭喜庆典，丞相如有不便可准予你不必前往了吧。""这哪成！"萧何感动地说，"平叛告捷乃是朝中庆典大事，我这一朝之相，岂能不去庆贺。"吕后微笑着点点头："嗯！难得丞相一片忠心！明日庆贺这满朝大臣都去，这淮阴侯怕有好几个月没来上朝吧？我还真有些惦念他。""淮阴侯是多月没去上朝，不过他有病告假可是陛下恩准的。"萧何解释道。"是吗？不过病虽有点，但主要怕是心情不畅吧！我看他对陛下误解太深，这样下去怕不太好吧？"吕后端起茶呷了一口，望望萧何。萧何也叹了口气："唉！都是钟离昧一案，把他牵连进去，不过他对汉室还是忠心耿耿的。"吕后心里很不痛快，心中暗骂萧何老糊涂虫，但表面仍装出微笑："明日宫中庆贺平叛告捷，他若能来那该有多好，就是陛下回朝，闻知此事定能与韩信解除些隔阂。"萧何心里明白，这是娘娘让他邀韩信明日一同前往，萧何立即表明："请娘娘放心，明日庆贺大典，臣邀韩信随我一同前往就是！""那真是太好了！"吕后高兴地说。"你们将相同乐，我做娘娘的也感到高兴，待陛下回京，我一定让他们君臣消除隔阂团结一心，共创太平盛世。"萧何高兴地也频频点头。吕后见事已至此，又闲谈一会便起身告辞回宫。

萧何送走娘娘，回到厅堂，夫人望着萧何说道："相爷，你不觉得吕娘娘今日前来有些异样？"萧何不以为然地说："这……这有何奇怪，她亲踏府门探望为臣，这是娘娘对微臣的关心。""我看不是这样。"夫人淡淡一笑。"娘娘一贯心胸狭窄，心黑手辣，做事专横，她让相爷请韩信入宫一同参加庆贺，这有没有别的意思？"萧何激动得热泪盈眶，深情地说："夫人大有长进啊！吾何曾不知娘娘此人，可是这圣命难违呀！陛下已将大权交于她在

掌管,吾怎敢不从命。""依我看明日你就不要去请淮阴侯。"夫人担心地说道。"妾以为娘娘想借相爷之手,实现这些奸佞之徒的阴谋。""唉!"萧何长叹一声:"夫人,娘娘专权你又不是不知,我若抗命不遵,萧府将有灭门之灾,做臣的只能宁可君负臣,不能臣负君。"那明日你一定要邀韩信一同前往,去宫庆贺不可了?"夫人担心地问道。萧何点点头:"如果娘娘并没有恶意,的确是为陛下平叛告捷,宴请群臣进宫庆贺,而韩信没去庆贺,一来老夫违抗了圣命,二来使娘娘与韩信之间又加深一层怨恨和猜忌,日后陛下回京知道此事,势必对韩信不利,我作为一国丞相,怎能不为君臣和睦着想。"夫人忧虑地说:"嗯!去请不好,不请也不好,还真让人为难!"萧何倒背双手,在厅内踱步沉思片刻:"依老夫之见,臣不能背负君,明日还得相邀韩信一同进宫,即便娘娘是真的出计谋害韩信,可韩信为汉室立下十大功劳,而且自从钟离昧之事以后,韩信深居简出,并没有犯什么错误。当年陛下曾亲口赐赏他三不死,有陛下金口玉牙许诺,娘娘她也不能把韩信怎么样!况且满朝文武大臣在场,她敢违抗陛下诺言行事?"夫人听罢放心地点点头。

第二天清晨萧何穿着一新,亲去韩信府邸邀请。再说韩信很长时间没去上朝,也没多问朝中大事,昨日突收宫中一份请柬,说陛下平叛告捷,明日在宫中大殿宴请群臣,共庆大捷,请大将韩信前来恭贺。韩信内心十分高兴,庆幸陛下终于平了叛贼,从此天下太平,他本想今日前往,可转念一想自己多月不去上朝,陛下和娘娘与他都有隔阂,万一娘娘设下圈套,自己不慎再顶撞娘娘,岂不冒犯娘娘而犯下大罪。因此他又不想前往,正在踌躇之时恰巧萧何满面春风地前来邀请,他碍于情面,不好推辞,便与妻子瑞娘告别前往宫中。瑞娘见韩信多年都闷闷不乐,今日高兴要随丞相去宫中,她也没好阻拦。另外加上有恩相陪伴,韩信决不会再闯祸端。因此,她放心地给丈夫换了新衣,夫妇二人微笑告别不想这将是他们诀别。

未央宫前,张灯结彩,锣鼓喧天,一班内侍伫立两旁,一班宫女在乐声中载歌载舞,朝臣们都陆续进入未央宫大殿。一派喜庆气氛。

在宫门前大道上,萧何与韩信并肩而行,俩人谈笑风生。韩信手里拿着贺词,萧何满面春风地说道:"贤弟可曾记得当年登坛拜将时的情景?"韩信感慨道:"何止记得,历历在目,恍若昨日之事。想起往事感到时光如梭,眨眼汉已立国10年有余,你我都显老了。""贤弟正年富力强,怎么说老了? 这汉室繁荣昌盛今后还靠你们,我已年迈体衰该退居临下了。"萧何若有所思道。"这汉室江山,少我韩信可以,但没有丞相是万万不行!"萧何被说得乐呵呵地:"贤弟一席勉励之言,好似我萧何年轻许多。"二人都乐得哈哈大笑,谈笑风生携手走入大殿。

大殿内,刚满15岁的少年太子刘盈与母后吕雉高坐在龙椅上,朝臣陆续进殿伫立两旁。萧何、韩信兴高采烈地跨入大殿。就在这时两扇宫门突然关闭,群臣一片哗然。吕后一拍龙案厉声呵道:"来人! 将叛贼韩信拿下!"埋伏在两旁的刀斧手蜂拥而上,韩信猝不及防,被这班人擒住并捆绑起来。此时韩信才如梦方醒怒声问道:"娘娘,臣身犯何罪?"吕后冷笑一声:"狂徒淮阴侯,自称天下枭雄,竟敢与陈豨合谋反叛,今被人告,汝有何话可说? 带证人!"栾说、翠莲这对狗男女猥猥琐琐从后殿走出。萧何还在那疑惑不解

地问："娘娘,不是韩将军与本相奉旨前来贺喜大捷的吗?怎么……?""萧丞相你先站一旁。"吕后严肃地说道。萧何只好畏惧地退在一旁。栾说、翠莲跪下施礼:"叩见娘娘和太子殿下。"吕后严厉说道:"你们俩当着众臣之面,讲清楚韩信如何勾结陈狶密谋反背叛朝廷?""是!"栾说翻着老鼠眼望了望韩信,又扫视了众臣一眼,昧着良心说道:"回禀娘娘,陈狶来京城时与韩信在渭水河边密谋了许久,这是我亲眼看见的。他们曾有密约,陈狶从边疆起兵反汉,韩信在京可做内应。当时我就想禀报娘娘,可又一想并没抓到他们真凭实据,因此没有前来禀报。这次陈狶果真起兵谋反,我这才想起那日之事,我若不禀报娘娘,只怕韩信在京城起兵,那咱们汉室江山岂不完了吗!因此才来禀报娘娘。"吕后大喝一声:"韩信你还有什么话可说?""无耻!"韩信冷冷一笑。"这分明是栽赃陷害!"翠莲一旁假惺惺劝慰道:"侯爷你就承认了吧,娘娘已经全知道了!""呸!"韩信愤怒地说道:"你这两个狗男女,前几天做的好事被捉住,我怎么就不宰了你们!"吕后一拍龙案:"大胆!你这个反贼,陛下已将陈狶捉拿,陈狶已经供认不讳,汝还想抵赖?"吕后将假书信举起晃了晃:"陛下书信在此,汝还有何说。"韩信仰天哈哈大笑,这笑声在大殿中久久回荡,大殿中显得阴森恐怖。韩信收住苦笑怒吼道:"我这才明白,什么平叛告捷,全是阴谋,阴谋,……"吕后在恐慌中清醒:"来人!快,快给我把反贼韩信推出宫门外砍了。"

4名武士来推韩信,韩信愤怒地说:"慢着!我韩信为汉室立下十大功劳,陛下赐我三不死,见天不死,见地不死,见兵器不死,你有什么权力来杀我?""好!"吕后冷笑一声。"今日就不违背圣上许诺。来人!将韩信推入殿旁钟室,门窗遮掩,不让他见到天日,地上铺上地毯,不让他踏着地,不要拿兵器,用菜刀将他斩首。"萧何大吃一惊上前扑倒在地,泪如雨下,乞求道:"娘娘……!"栾说从怀中取出一把早已准备好的锋利菜刀,4名武士来推韩信,韩信长叹一声:"唉!我昔日不听人言,今果遭人暗算,中刁妇诈计。"韩信昂然地被推进钟室。刚被推进钟室栾说趁其不备举起菜刀猛力向韩信脖颈砍去,顿时韩信血溅钟室,倒地身亡。栾说、翠莲割下韩信人头用盘托出,走出钟室来到大殿:"回禀娘娘,韩信已被斩首。"太子瞧见顿时被吓得用袍袖掩面。萧何大叫一声,昏倒在地。众臣一见也是凄然泪下。吕后得意地一笑:"审食其,樊哙!""微臣在!"二人出班。吕后严厉地说:"令你们率宫中御林军前往淮阴府,灭韩信三族,不要留下任何一个活口!""臣遵旨!"二人神气十足地接旨走出大殿。

审食其、樊哙,率领御林军包围了淮阴府,并杀气腾腾破府门而入。此时瑞娘正在书房看书,听到院内杂乱脚步声,她起身跨出书房同时深感不测,但还是猝不及防被御林军包围捆绑。审食其提剑在手冷笑一声:"韩夫人,久违了。"说着一剑将瑞娘刺死。府内顿时大乱,哭声一片,审食其、樊哙率御林军在府内任意砍杀,尸体成堆,血流成河,淮阴府内100多口无一人生还。府门被查封。一代名将,就这样屈死在吕后等奸诈小人的阴谋之下。历史又重演了一幕悲剧。

龙城飞将

——李广

名人档案

李广：先祖是秦朝名将李信，将门世家出身。汉文帝十四年（前165年）从军，死于汉武帝元狩四年（前119年）。

生卒时间：? ~前119年。

安葬之地：葬于天水市城南石马坪。

性格特点：据《史记·李将军列传》记载，李广身高过人，猿臂善射，爱惜士卒，深得士兵的爱戴。李广为人廉洁，《史记》记载"得赏赐辄分其麾下，饮食与士共之。终广之身，为二千石四十余年，家无余财"。李广关外狩猎时射石虎的故事家喻户晓，使得李广成了后世神射手的代名词之一，但李广一生都没有被封过侯。汉文帝曾说李广："如令子当高帝时，万户侯岂足道哉！"意思是说他的胆略才能出众，如果是在汉高祖战事频繁的时期，当上万户侯又算什么。

历史功过：一生与匈奴交战四十余年，大小七十余战，匈奴人畏其英勇，称之为"飞将军"。

名家评点：司马迁在《史记》中对李广评价很高，曾用"桃李不言，下自成蹊"两句话来赞美李广。卢纶在《塞下曲》中则描写了一个传奇故事："林暗草惊风，将军夜引弓。平明寻白羽，没在石棱中。"

明代黄淳耀评论："李广非大将才也，行无部伍，人人自便，此以逐利乘便可也，遇大敌则覆矣。太史公叙广得意处，在为上郡以百骑御匈奴数千骑，射杀其将，解鞍纵卧，此固裨将之器也。若夫堂堂固阵，正正之旗，进如风雨，退如山岳，广岂足以乎此哉？淮南王谋反，只惮卫青与汲黯，而不闻及广。太史公以孤愤之故，叙广不啻出口，而传卫青若不值一钱，然随文读之，广与青之优劣终不掩。"评价李广虽为名将，却非良将。陈仁锡则

说："子长（司马迁）作传，必有一主宰。如《李广传》以'不遇时'三字为主，《卫青传》以'天幸'二字为主。"认为司马迁光仅从李广豪情飞扬的个人魅力方面着眼，过度抬高了李广，并且淡化了出身低贱、谦逊低调但真正有功于社稷的卫青。明代大儒王夫之则更是评论李广"获誉于士大夫之口，感动于流俗之心"。李广终生不能封侯，以至于被后人评为"数奇"（运气不好），其实和他治军不严、缺乏战略眼光导致军功不够是脱不了联系的。

匈奴扰边

　　李广出生的时间大约是在公元前184年前后，卒于公元前119年，他是西汉陇西郡成纪县（今甘肃静宁西南）人。陇西地处边塞，靠近西戎，民风强悍尚武，秦汉时期有"关东出相，关西出将"的说法。陇西出了不少优秀的将领，可以说是名将的故乡。李广的先祖叫李信，是秦始皇手下著名的大将。说起李信，还有一段故事。李信作战勇敢，有出色的指挥才能，曾率秦军消灭燕国，追获燕太子丹，但是在秦对楚的战争中碰了壁。秦王嬴政在进攻楚国之前，问老将王翦需要多少兵将，王翦说要六十万人，再问李信，李信夸口说二十万足够。嬴政就派李信带二十万人出征，结果遇上了楚国名将项燕的抵抗，秦军损失惨重。李信害怕嬴政追究责任，便偷偷逃跑，躲到齐国。不久，嬴政统一了天下，李信又成了通缉犯，被迫隐姓埋名，惨淡地度过一生。

　　有了李信这样的先祖，李广家族都有着从军为将的传统，并且拥有家传绝技射箭。李广一生，别无喜好，只好射箭，并且是百发百中，这是他戎马一生的看家本领。青年李广走上军旅生涯，是从抵抗匈奴开始的，从那时起，他一生都在与匈奴作战。

　　匈奴是我国历史上一个古老而又悠久的民族，与汉族一样，也是中华民族的一员。据司马迁撰写的《史记·匈奴列传》记载，匈奴人的祖先与汉人的祖先一样，都是建立中国历史上第一个王朝——夏朝的那个氏族——夏后氏的后代，名字叫淳维。夏朝灭亡后，他们这一支退居到北方的草原，从事狩猎和畜牧业，随水草而迁徙。他们善于骑马射箭，行动异常迅速。从西周时开始，就常常南下进行抢掠。在春秋以前，他们有过鬼方、昆夷、戎、狄等称号，战国以后称为匈奴。

　　到秦始皇时，曾有方士预言："亡秦者胡也"，这引起了秦始皇的警惕，他派了大将蒙恬领兵三十万去扫荡匈奴。匈奴人敌不过秦国的大军，加上匈奴内部正在为争夺单于的继承权展开一场厮杀，更是无暇抗衡秦朝，只好退到黄河北边的大漠里。蒙恬赶走匈奴后，一方面从内地大量移民到河套地区，开垦荒地，设置边郡，另一方面修筑长城，把旧时燕、赵、秦三国修筑的长城连成一片，东起辽东，西至临洮，以防止匈奴人再度卷土重来。

　　秦始皇死后，中原陷入战乱。此时匈奴王位已定于冒顿单于，各部落也归于统一，经过休整，重又恢复元气，养得兵精马壮。乘着中原农民起义、楚汉逐鹿，匈奴人卷土重来，一时间，昔日蒙恬所开拓的边疆尽落胡人之手。当时，在长城之外，东边的阴山，西边的祁连山，成了匈奴人的生息老巢。单于王廷设在阴山西麓，他的两位辅王中右贤王占祁

连山，左贤王占阴山东，由东到西，对汉朝构成威胁。

汉王朝建立之初，事实上的疆域已不是以长城为界同匈奴相分，当时的辽东、燕代（即今之冀晋鲁豫）早已成为匈奴兵马经常出入的地方；在陕北一带，也有匈奴楼烦、白羊部落的游牧，直接威胁关中。唯有汉王朝中心长安的关中之地和江淮一带是汉朝势力。汉高祖虽然在燕、代、韩、赵等地分封诸王，但那些封王大多只求自保，对时常光顾的匈奴兵马不敢抵抗，所以这一带的状况实际上是汉胡杂处。

汉高祖六年（公元前201年）秋天，匈奴冒顿单于指挥骑兵攻入马邑（今山西朔县），并向南越过勾注山（今山西原平北），进而围攻晋阳（今太原市）。第二年，汉高祖刘邦亲自率领三十二万大军迎战。匈奴先把精锐骑兵隐蔽起来，然后冒顿单于率兵边战边退，引诱汉军向北进至平城（今山西大同东），冒顿单于突然回兵，杀了个回马枪，预先埋伏下的四十万骑兵把汉高祖团团包围。当时汉军大部分是步兵，行动缓慢，一部分军队还在后面，没有跟上来，汉高祖只得把汉军集合到平城东面的白登山上。汉军被围困了七天七夜，粮尽援绝，形势十分危急，于是一面派使臣向冒顿单于赠送礼品，交涉讲和，用计缓和匈奴兵的攻势；一面挑选精兵，配备着架上双箭的强弩，在一个大雾弥漫的早晨，逃出了重围。当汉高祖从白登山回到平城时，汉朝的后续部队这才陆续赶到，可是匈奴骑兵已经迅速撤退了。平城之败成了汉高祖刘邦的一个奇耻大辱。

白登解围后，匈奴还是常常来骚扰，汉朝军事力量还不足以对匈奴实行大规模的反击，从汉高祖九年（公元前198年）起，只好采取了"和亲政策"，以忍让来换取边境的暂时安宁。高祖派大臣刘敬护送一位公主，嫁给冒顿单于，同时赠送大量金银、彩绸、米、丝绵、酒食等礼物，与匈奴结为兄弟，以缓和匈奴的侵扰。此后七八十年间，汉对匈奴都采取了和亲政策。

这以后，匈奴虽暂时退回关外，但左贤王对辽东、上谷、代郡，单于对雁门、云中、上郡，右贤王对北地、陇西等地的边关，还依然不时进行骚扰，掠夺牲畜、人口，霸占关市。并且，匈奴趁着汉势低落，又镇服了西域诸国，从西面对汉朝造成威胁。

汉朝自高祖定下和亲政策以后，吕后、文帝和景帝三朝都基本遵守。无奈匈奴毫无诚信，经常入关掳掠。汉文帝三年（公元前177年）五月，匈奴右贤王入居河南地，进犯汉朝的上郡（在今陕西北部），杀掠人民。汉文帝不得不令丞相灌婴发兵十一万余人，前往高奴（在今陕西延安东北），抵御匈奴。文帝自己也亲临太原。文帝曾派使臣前往匈奴，质问他们为什么不遵守约言，破坏和亲。单于蛮横无理地致信汉朝，威胁说："啊哈，你们这些住在土屋子里的人，只会种庄稼，打仗却一点办法也没有。请不要再向我喋喋不休地讲什么礼义吧，还是乖乖地把最上等的绸帛、丝绵、米、酒等物品送来，不然的话，秋天一到，我们马上派骑兵把你们的庄稼统统踏得稀烂！"单于的话充分反映了匈奴对汉朝军事力量极端的蔑视，也说明了汉朝如果在军事上无力抗御匈奴，仅仅是屈辱地赠送财物，解决不了匈奴对汉朝的威胁。

文帝和众臣看过单于的信后反复商议，觉得不战虽委屈，可战又未必能胜；胜固然好，不胜则怕从此汉朝永无宁日。更何况，汉朝内部的藩王矛盾也很激烈，一旦与匈奴开

战,就怕藩王乘机作乱,危及统治。所以,文帝想来想去,别无良策,只好同匈奴重约和亲。不久,冒顿病死,他儿子老上单于继位。文帝便把一个宗室的女儿嫁给他,以巩固和约。谁知,护送公主远嫁的一个宦官,名叫中行说,他对文帝派他远行怀恨在心,一到匈奴,便将汉朝内部的种种情况告诉单于,并劝单于不要满足于汉朝的"岁币"。单于听信了中行说的劝诱,对汉边进行了更加频繁的骚扰。

公元前166年冬,匈奴骑兵十四万人从朝那(现甘肃平原市西北)、萧关(现甘肃环县西北)一带侵入,杀人放火,掠去大批的人口和牲畜,北地那(现甘肃庆阳西北)的军事长官也被匈奴杀死。匈奴的军队很快打到了彭阳(现甘肃镇原东),派兵烧毁了汉朝皇帝的行宫,前锋一直挺进到了雍(现陕西凤翔)和甘泉(现陕西淳化)。长安的汉朝政府面临着严重的威胁,急忙调兵遣将,派出战车千辆,骑兵十万,保卫长安;并下令征集兵士,抵御匈奴。

强敌压境,国难当头,正是壮士报国的好时机。按照汉朝的制度,当兵的有两种人:一种是充军的囚犯,这种人当时叫作"谪戍",当兵是一种处罚的性质;另一种便是"良家子"。"良家子"就是一般人家的子弟,他们可以当兵,也可以做皇帝的卫士。李广就以良家子的身份,踊跃应征,从军入伍。在这次抗击匈奴的战斗中,李广冲锋陷阵,表现英勇,引起了朝廷的注意。战斗结束后,汉文帝论功行赏,委任李广做中郎(皇宫中的卫士),不久又提升为武骑常侍(皇帝的侍从官)。

作为皇帝的侍从官,李广得以常常伴随文帝外出射猎,由于他精于骑射,身手敏捷,深得文帝的赏识。文帝曾叹息说:"可惜啊!你没遇到时机,如果让你正赶上高祖打天下的时代,封个万户侯那还在话下吗?"

孤胆退敌

文帝死后,景帝即位。李广任陇西都尉,不久又改任骑郎将。

西汉初年,刘邦在消灭异姓王国的同时,又分封了一些同姓王国。随着他们势力的壮大,这些王国同汉中央政府之间的矛盾日益尖锐。汉朝建国五十年以后,各王国对中央的威胁一天比一天严重,景帝便采用大臣晁错的建议,削减封国的土地。这样一来,中央与封国的矛盾就更加尖锐,终于发展到武力冲突的地步。

吴王刘濞是汉景帝的叔叔,他在各封王中辈分最高,力量也最强。见削减封国的措施加到自己的头上,就下定决心以武力来对抗。公元前154年(景帝三年),刘濞联合楚、赵等七个王国,打着"诛晁错,清君侧"的旗号,起兵反抗中央,史称"七国之乱"。刘濞一方面把吴国十四岁以上、六十二岁以下的男子二十多万人编成军队,亲自率领向京城长安进发;另一方面,又命令赵王联合匈奴,从北方边境进攻,企图互相呼应,对汉朝形成夹击之势。

景帝命大将周亚夫率兵平叛,李广以骁骑都尉身份随从周亚夫出征。在昌邑一战

中，李广勇猛善战，一马当先，在城下夺取了敌人的军旗，从此名声大噪。一举成名本是好事，可是一不留神卷入了政治漩涡。景帝的弟弟梁王为了拉拢李广，私自把将军印授给李广。景帝和梁王是同胞兄弟，关系非常微妙。梁王桀骜不驯，景帝对他一直很警惕，但碍于母亲窦太后对梁王的宠爱，所以对这位弟弟一时也无可奈何。梁王把将军授予李广，对朝廷来说是很犯忌的。战争结束后，李广回朝果然遭到冷遇，朝廷封赏了很多有功之人，却唯独没有赏他。

七国之乱平息后，李广调任上谷太守。上谷郡与匈奴交界，匈奴骑兵经常前来挑衅，这对喜好战事的李广来说，真是英雄有了用武之地。他经常率兵与匈奴作战，在战争中找到了无比的乐趣。他的好战脾性令一些人非常担忧。典属国公孙昆邪跑到景帝面前哭着说："李广的本事，天下无双，但他太逞能，太爱表现自己，像他这样总是和敌人作战，恐怕要坏大事。"景帝也怕李广找麻烦，于是把他调到上郡任太守。以后李广转任边境各郡，曾任陇西、北地、雁门、代郡、云中等太守，每到一地，仍旧不改本性，整天骑射作战，名气很快传遍边境各郡。

在上郡任太守时，李广曾凭着胆量和智慧，成功地阻止了匈奴的一次大举来犯。

当时李广军中有一名皇上派来的宦官，随军学习军事。一天，这位宦官带领几十名骑兵，纵马驰骋，忽然遇到三个匈奴人，随即开始了一场战斗。不想那三个匈奴人虽然人少，但沉着镇定，骁勇善战，一通放箭，不但射伤了宦官，而且几乎杀光了他的骑兵。宦官见势不好，急忙飞马逃回，向李广求援。李广一听，立刻判断说："你们遇到的一定是匈奴射雕高手。"他迅速带上一百多名骑兵，急驰前去追赶，很快追上了三个匈奴人。原来那三个人没有骑马，而是徒步前行。李广命令他的骑兵左右散开，两路包抄。他亲自弯弓搭箭，射死了两个，活捉了一个，一问，果然是匈奴的射雕手。

李广命部下将俘虏捆绑上马，准备撤兵。就在这时，忽然远方隐隐出现了浩浩荡荡的大队人马，仔细一看，竟然是几千名匈奴骑兵！一看这突如其来的阵势，李广的百名骑兵大为惊恐，有的赶紧就想回马逃跑。

李广却十分镇定，他告诫部下说："我们离开大本营几十里，照现在这样的情况，我们只要一跑，匈奴就必然追击射杀，那样的话我们会立刻被杀光。如果我们停留不走，匈奴一定以为我们是一股诱敌部队，不远处埋伏着大军，疑惑之中他们必定不敢攻击我们。"

果然不出李广之所料。匈奴大军看到眼前这股只有百十号人的汉军，也猛地吃了一惊：莫非进攻计划被汉军识破？莫非这一百多的骑兵是敌人的诱兵？疑惑之中，匈奴大军停止了前进，远远地摆出了阵势。

千钧一发之时，李广向骑兵下令："前进！"百名骑兵依令齐刷刷地向前进发，到了距离匈奴阵地还有大约二里的地方，李广又下令说："全体下马，解下马鞍！"

手下有人说："敌人那么多，并且又离得近，如果有了紧急情况，怎么办？"

李广说："那些敌人原以为我们会逃跑，现在我们都解下马鞍，表示不逃，这样就能使他们更坚定地相信我们是诱敌之兵。"

看到汉军大摇大摆地在眼皮下行动，匈奴大军真的被弄迷糊了，终于不敢发动攻击。

这时，李广看到匈奴军阵中出现一名骑白马的将领，正在指挥部队。李广飞身上马，疾驰出阵，一箭射出，那位匈奴白马将领应声倒下。射罢，李广策马从容回到自己的骑兵队里，解下马鞍，并让士兵们都放开马，随便躺卧。

夜色逐渐降临，匈奴大军越来越觉得奇怪，越来越认为汉朝大军埋伏在附近，想趁夜偷袭他们。匈奴军终于顶不住了，在对峙中松懈下来，趁着夜色悄然撤兵。天亮后，李广率队安然回到军营。

从此，李广的大名伴随着一种传奇，传遍边塞。匈奴人对他十分敬畏，每次犯边，都尽量避开李广。

李广治军有自己的风格特点。他对士兵宽厚和蔼，治军用兵不拘小节。部队行军驻扎并无定规，遇到水草丰美之地便就近安营扎寨。夜间宿营，也不设置岗哨，不命人击刁斗，只让士兵人人自卫。至于幕府文书，更是能省就省。这种治军方法看上去似乎显得随意，但是外松内紧，敌人就是钻不了空子。当时和李广齐名的还有一位将领叫程不识，他的带兵之道与李广正好形成对照。程不识为人谨慎，治军用兵崇尚严格，有规有矩，无论走到哪里，必是三令五申，严明纪律，安营扎寨从来都是岗哨周密，不敢有半点疏忽，幕府文书也是条理清楚。敌人见程不识治军严整持重，也不敢轻易冒犯。相比之下，士兵们更喜欢李广，愿意跟他打仗。一来是李广神勇无敌，跟着他有安全感，二来是李广带兵宽和简易，跟着他不累，所以大家都乐意追随李广，而不愿跟随程不识。程不识的部下有时不免对自己的主将发发牢骚，程不识不得不对大家解释说："李将军带兵太宽松了，跟着他是轻松，可是假如敌人突然来犯，只怕仓促之际难以应战。咱们宁可严点儿，虽说麻烦点儿，累点儿，但敌人不敢轻易来犯，可保大家不会出事。"李广和程不识，两人各有千秋，都是享誉一时的名将。

兵败被擒

文景时期，虽然对匈奴采取了和亲政策，但为了抵御匈奴的侵扰，也做了一些防备工作。文帝曾采纳晁错的建议，改革了边防军轮换的制度，用免税、赐爵、赎罪等办法移民实边，增强了边防力量。汉高祖当年在白登山被围七天七夜，很重要一个教训就是汉军步兵多、骑兵少，军马的战斗力不如匈奴。文帝时期，便大力提倡养马，在西北及北部边境设立三十个牧马所，用官府的奴婢三万人从事牧养。景帝时仍然执行这一政策，并且在上林苑大量养马，扩大骑兵。

汉武帝即位后，形势与西汉初年相比已经发生了很大变化。随着诸侯势力被打垮，中央集权大大加强，已无内顾之忧；多年的发展已使国家的经济实力空前雄厚，反击匈奴的客观条件已经完全成熟了。

武帝元光二年（公元前133年），雁门马邑县有一个叫聂壹的人，上书向武帝建议：趁着匈奴正与汉朝和亲，对我不加防备，可设计以利诱之，埋伏重兵对其一举歼灭。武帝就

聂壹的上书询问大臣们的意见,御史大夫韩安国认为,从前高祖被围于平城七天七夜,以高祖手下战将的英勇善战,当时尚且不能对付匈奴,现在如果轻举冒进,无异于向虎口投食。不如仍然奉行和亲政策,维持现状。大行(负责内附民族事务的外交官)王恢不赞成韩安国的意见。他认为,战国初期,代国虽小,匈奴还不敢轻易侵犯它;现在全国统一了,反而边境不稳,军民死伤,这是十分令人痛心的事!王恢不但赞同对匈奴反击,而且提出了诱敌深入进行伏击的具体作战方案。汉武帝经过考虑,决定采纳王恢的建议。

这一年的六月,汉政府先派聂壹去引诱军臣单于。聂壹向匈奴单于说,他愿意出其不意斩杀马邑令丞,将整个城池以及马邑的财物全部献给匈奴。军臣单于听了十分高兴,决定按照与聂壹的约定行事。紧接着,汉武帝调集了战车、骑兵和材官(步兵)三十余万,由护国将军韩安国为总指挥,分两路设伏:以李广、公孙贺率领的主力部队埋伏在马邑的山谷中,准备等匈奴兵进入埋伏圈后予以歼灭;以王恢、李息率领的三万人马出代郡,插入匈奴后方,袭击匈奴辎重,断其退路。军臣单于率精兵十万如期进入武州塞(今山西左云县),行至距马邑百余里处,见到原野上到处是成群的牛羊,却无人管理,于是产生了怀疑。接着,匈奴兵又捉到了一个汉朝巡边的尉史(汉朝在边塞设置的下级武官),这个尉史泄漏了汉军诱击匈奴的军事秘密,军臣单于大惊,慌忙掉头退去。汉军兴师动众,却无功而还。这就是历史上有名的"马邑之谋"。这次伏击虽因被匈奴单于发觉而流产,但从此揭开了汉朝向匈奴发动大规模军事行动的序幕。

马邑伏击中,李广参加了行动,但当时是受护军将军韩安国的节制,四年以后,李广有了独当一面的机会。汉武帝派四路人马攻击匈奴,李广被任命为骁骑将军,作为四路大军中的一路,率军出雁门。匈奴的军臣单于探明了汉兵的情况,知道四路汉军中最难对付的是李广,就把大部分兵力集中在雁门,沿路布置好埋伏。开战前,单于放下话来,命令部下务必活捉李广。双方一接战,李广便纵骑赴敌,轻兵直进,匈奴人先是佯装败退,引诱李广部队进入设伏之地,然后突然四面杀出,将汉军困住。李广虽然神勇善战,手下将士同仇敌忾,奋勇杀敌,可终究寡不敌众,万骑汉军挡不住十余万匈奴大军的轮番冲击,终于被匈奴军冲散,李广势穷力竭,竟被匈奴兵生擒。

看到曾经威名远扬、让匈奴人闻风丧胆的李广竟然兵败被擒,匈奴人欢喜若狂,三军欢呼,以示庆贺。因为单于早有严令,捉得李广之后,一定要完好无损地送到单于帐下,所以匈奴士兵生怕碰坏李广一丝毫毛,看到李广受了重伤,于是连捆都没敢捆,而是找来一张网,用两匹好马拉开,再把李广放在网上,就这样向单于大营进发。

为了麻痹匈奴人,李广索性闭上眼睛装死,一路上不停地思量脱身之计。押送李广的匈奴兵开始还保持着警惕,不敢疏忽大意。后见李广双目紧闭,半晌都没动过,估计李广晕死过去,短时间内醒不过来,也就松懈下来。不知不觉走了十多里,李广斜眼看到他旁边的一个匈奴少年骑着一匹好马,他知道机会有了,蓦然间,李广从网子上腾身而起,纵身跳上匈奴少年的马,趁势把少年推下去,夺了他的弓,打马向南急驰而去。这一切都发生在顷刻之间,匈奴人简直不敢相信自己的眼睛,一个个惊得目瞪口呆。待李广跑出好远,他们才回过神来,放马去追。李广边骑边取下刚刚夺下的弓箭,回身射杀。每箭射

去,追在最前面的人立刻人仰马翻,引得后面的人一阵混乱。匈奴人素畏李广神箭,不敢全力向前。追出几十里,匈奴人便不敢再追,只得收兵回去。李广单骑南逃,渐渐遇到溃散的汉军,沿途收集,清点人数,一万大军已是所剩无几。只好回去请罪。

回到京城,朝廷把李广交给执法官吏。执法官判决李广损失伤亡太多,他自己又被敌人活捉,应该斩首,武帝觉得杀之可惜,特准李广可以出钱赎罪,免于一死。李广用钱物赎了死罪,削职为民。

重被起用

李广赋闲在家,过了一段逍遥的日子。他与前颍阴侯灌婴的孙子灌强一道隐居蓝田,终日饮酒骑射,很是快活。一次,李广带一名从骑入山巡游,遇到一处山户人家,山民淳朴好客,邀李广到家里饮酒,李广感其盛情,欣然前往。在山民家喝得高兴,不知不觉夜色已深。回归的路上,经过霸陵亭,正碰上霸陵亭尉也喝醉了酒。亭尉仗着酒兴,大声呵斥李广,教他站住。跟随李广的从骑连忙上前对亭尉说:"这是过去的骁骑将军,不得无礼!"亭尉一听,更火了:"什么过去的将军! 就是现任将军也不得夜行。都给我扣下!"硬把李广扣了一夜。这件事对李广刺激很大,想不到曾经令敌人闻风丧胆的将军,一旦失去了兵权,竟然要被一个亭尉来欺负!

不久,边疆战事吃紧,皇上又想起了李广。

李广赋闲在家期间,匈奴大举进犯渔阳,武帝以卫尉韩安国为材官将军,屯戍渔阳。韩安国率大军抵达之后,捕得匈奴俘虏,说匈奴人已经远去,韩安国便上书武帝,说匈奴既已远去,现在正值农忙时节,没必要屯留这多人马,请裁撤大部士卒,以免误了农时。武帝依准。哪知韩安国裁撤大部汉军才一个月,匈奴人便卷土重来,进犯上谷、渔阳。此时,韩安国营寨之中只有七百余名汉兵,见匈奴来犯,只有勉力整队出战。七百余人哪里是匈奴大军的对手,连韩安国本人也身负重伤,只得收拾残兵,退保营寨。匈奴人围住韩安国营寨,然后纵兵四处掳掠,抢走两千余名百姓及牲畜财物无数。汉军还探悉,匈奴人将大举进犯东方。武帝闻报,下诏谴责韩安国前番撤军之议,并调韩安国前往更东边的右北平镇守,意在让他戴罪立功。韩安国本是武帝即位之初格外倚重的大臣,为人通达,老成谋国,历任御史大夫、护军将军、行丞相事。此番失误,他深感惭愧,心中抑郁,排遣不开,竟然吐血而死。边塞有警,朝廷又痛失重臣贤将,武帝伤悼之余,想起了免职在家的李广。

武帝立即启用李广为右北平太守,让他去镇守东方。李广此时正在家为受霸陵亭尉的气而愤恨不已,不想时来运转,他又可以带兵打仗了。李广受命之后,马上提出一个要求,请皇上批准让霸陵亭尉随他从军。霸陵亭尉刚一到军中报到,李广即令军吏将他绑出杀了,以雪当日亭下之辱,然后上书自陈谢罪。武帝此时一心只想着让李广率兵靖边,哪里还顾得上一个小小的亭尉。所以不但没治李广的罪,反而赐书慰勉说:所谓将军者,

那是国家的爪牙。将军就是要统率三军之心,协同战士之力,一怒则千里惊惧,威震则万物归顺,就是要有威风,让敌人害怕。报仇除害正是我期望于将军的,您若叩头请罪,这岂是我所指望的!武帝这样一说,不但不是责备,倒分明是欣赏李广的做法。李广不但出了气,还得到了皇帝的鼓励,高兴异常,痛快率兵奔赴边疆。不过这件事从一个侧面也反映出李广的心胸狭窄。

李广的大名早已为匈奴人熟悉,特别是他飞马逃脱,箭法神奇,给匈奴人留下了深刻的印象,他们送李广一个美称——"汉之飞将军"。本来匈奴人听说李广被撤职,所以放心地来侵扰掳掠,这回却听说李广出任右北平太守,顿时一片惊慌,知道李广不好惹,纷纷避开右北平,好几年不敢来侵扰。所以李广在右北平任职期间,当地狼烟不起,风尘无警。

无仗可打,李广也不愿待在屋里。闲来无事,他常常到野外打猎。李广镇守右北平期间,不但匈奴不敢来犯,而且老虎也吓得无影无踪。原来,李广曾历任沿边诸郡太守,所到之处,只要听说有虎伤人,便亲自去捕杀。右北平地近东北,常有虎出没,伤害人畜。既然无仗可打,那就打老虎。李广成日拎着一张弓,遍射境内之虎,彻底为老百姓解除了虎患。有一次,李广外出打猎回来得很晚,带着几个随从乘着月色往回赶,忽然发现前方草丛中有一庞然大物,半蹲半卧着拦住了道路。李广透过夜色一瞧,只见风吹草动,影影绰绰,分明是一只猛虎!李广心中暗惊,他赶忙拉开弓箭,运足平生力气,照着老虎就是一箭。射完后,并无动静,再找老虎已是无影无踪。李广觉着蹊跷,第二天天亮之后,又来到原地,仔细寻找,发现草丛中有一块巨石,酷似卧虎,巨石的身上,插着的正是李广昨晚射出的那支箭。李广上前去拔那支箭,但箭已深深地陷入巨石,怎么也拔不出来。李广后退几步,照着巨石继续射了几箭,结果却是再也射不进去了。这段李广射石的故事,流传千古,为后人津津乐道,人们把李广射箭入石这件事,说成是"精诚所至,金石为开"。唐代诗人卢纶为此专门写了一首五言绝句《塞下曲》:

> 林暗草惊风,
> 将军夜引弓。
> 平明寻白羽,
> 没在石棱中。

冤屈自刎

李广戎马一生,一辈子在军营度过。他为人慷慨豪爽,平日同部下同吃同喝,打成一片,非常融洽。每当遇有朝廷的赏赐,他都毫不吝啬,统统分给部下。由于花钱大手大脚,不加节制,所以当了四十多年的将军,平均俸禄每年有两千石,但是最后还是身无余财。他带兵没有太多的繁琐方法,突出特点是关爱部下,每到一处宿营,部下没有水喝,他自己就不会先喝,部下没有东西吃,他自己就不会先吃。所以李广深得手下将士爱戴,大家都愿意为他赴汤蹈火。李广不爱说话，有时很长时间听不到他说上一句话，平时最主要的娱乐方式，就是和部下比赛射箭，输了就罚酒。他生得长身猿臂，生来就是射箭的好材料，别人都不是他的对手。在李广的训练下，他的部下全都成了射箭高手。在与匈奴的作战中，李广和将士们往往是持弓而待，等到匈奴骑兵冲到眼前几十步，然后才松手放箭，敌人应弦而倒。靠着这样过硬的军事本领和心理素质，李广的部队常常以少胜多。

　　但是命运之神似乎并不垂青李广。虽然他带兵和匈奴打了一辈子仗，令匈奴人闻风丧胆，但总是没有机会打大仗、立大功。公元前 123 年，李广被任为后将军，跟随大将军卫青的军队从定襄出塞，征伐匈奴。这本是一次难得的机会，但是不知怎么了，许多将领因斩杀敌人首级数符合规定数额，以战功被封侯，而李广部队却无功而返。又过了两年，李广以郎中令的职位率领四千骑兵出右北平作战，曾经出使西域、当时已是博望侯的张骞，率一万多骑兵协同配合。结果张骞部队走错了道，使李广部队孤军深入。匈奴左贤王见到李广军深入自己腹地已经数百里，又没有其他部队协同，就亲自率领四万多匈奴骑兵围歼李广。李广部队陷入一场恶战。士兵们一看匈奴人多势众，不免军心恐慌。匈奴军箭如雨下，李广部队顿时损失过半。关键时刻，李广派自己的儿子李敢率领数十人向匈奴军拼死攻击。李敢率几十名骑兵，飞奔直穿匈奴骑兵阵，又从其左右两翼突出，回来向李广报告说："匈奴兵没什么可怕的！"士兵们这才安心。随着两军相持，李广部队的箭矢很快就要用光了，李广布成圆形兵阵，面向外，下令所有人都拉弓搭箭，但是不准射击。李广亲自出手，操起大黄弩，百发百中，连杀几名匈奴副将，匈奴兵吓得不敢上前。坚持到晚上，几乎所有的人都觉得在劫难逃，但是李广依旧精神抖擞，不停地鼓励部队。坚持到第二天，张骞的一万军队终于赶来，匈奴见占不到便宜，只好悻悻撤兵。此战汉军虽然没有全军覆没，但是损失惨重。班师之后，张骞因贻误军机被判死罪，他出钱赎买免死，被废为庶人。皇帝念及李广父子拼死力战，来了个功过相抵，既不罚也没有赏，李广又错过一次立功的机会。

　　李广的堂弟李蔡，和李广同时从军，资历相当。到景帝时，李蔡因功做到了年俸二千石的官位。武帝时，做到代国的国相。后随大将军卫青攻打匈奴有功，被封为乐安侯。李蔡的才干、声名，比李广差得很远，然而李广得不到封爵和封地，官位没超过九卿，李蔡却被封为列侯，官位达到三公。看到和自己同辈的，比自己年轻的，包括许多曾经是自己部下的人都封了侯，李广心中颇为伤感。有一次，他找到一位懂得星象的叫王朔的人，说："自从汉朝攻打匈奴以来，我没有一次不参加。可是许多才能一般的人，都因为军功而被封侯。我李广不比别人差，却总是不能立功受封，这是什么原因呢？难道是我的命不好，天生就不该封侯吗？"王朔提醒说："将军自己回想一下，是不是做过什么值得悔恨的事？"李广想了想说："我在当陇西太守期间，羌人有一次反叛，我诱骗他们投降，投降的有八百多人，我用欺诈手段在同一天把他们都杀了。这件事直到今天想来都悔恨。"王朔说："这就是了。还有什么能比杀降的错更大！这也就是将军不能封侯的原因所在。"

　　李广的年纪慢慢大了，后起之秀卫青和霍去病声名日渐辉煌，汉武帝刘彻逐渐对他失去了兴趣，很少派李广领兵出战。卫青、霍去病是汉武帝时期的名将，两人与李广相

比,资历上固然相差很远,但在因功封侯这一点上,李广却是望尘莫及。由于卫、霍两将与武帝有着特殊的情分上的关系,都是一战建功,立即封侯,加之以后的数度出征,武帝都把李广置于卫青的属下,对此,李广心怀不平,但也是敢怒而不敢言,军令如此,只得执行。卫青对此心里当然明白,但对李广也无可奈何,只是在安排任务时,给李广制造些障碍。要么让李广作后军,替大军接受战俘或护运辎重;要么让李广去打牵制,掩护别人立功。为此,老将李广和这位权贵将军的关系日益恶化,两家家人也相互敌视。卫青曾经兵出朔方,一举击溃右贤王,收复河南之地。返朝后受武帝加封,并连同卫青三个尚在襁褓之中的孩子也一起封侯。为此,群臣踏破卫府的门槛而争相祝贺。唯独李广对之嗤之以鼻,并嘱咐家人过卫府也不许进去祝贺。后来此话传到卫青耳里,自然又加深了一层敌视。

在卫青、霍去病的连续打击下,匈奴元气大伤,汉朝得以收复河南、河西之地,武帝十分兴奋,决心痛快彻底地荡涤匈奴势力。公元前119年,西汉朝廷制订计划,把进攻目标直接对准匈奴单于的王廷,发动漠北战役。

匈奴因其右贤王连遭汉军打击,损失殆尽,所以,一面加紧对汉朝北平、定襄一带的袭击,一面听从汉朝降将赵信的劝告,将王廷迁到漠北。漠南只剩左贤王的人马驻扎在龙城。

汉武帝的漠北战役,计划兵出两路:由冠军侯霍去病率精锐汉骑五万出代郡进攻左贤王,由大将军卫青率精骑五万出定襄击单于本部。

但是此次出征名单上没有李广。战场和军队是李广的生命,李广不甘心就此退出沙场。他几次向皇上请求随行。武帝嫌弃他已年老,不愿答应,后来经不住李广的反复请求,终于准许他前去,让他任前将军。但是,汉武帝私下授意卫青:李广运气不好,不能让他担纲打主力。

李广很珍视来之不易的机会,高兴地随大将军卫青出征。军出边塞以后,捕到了匈奴军的士兵,经过审讯得知匈奴单于所在的位置,卫青遂决定亲率精兵直捣单于老巢,并命令李广和右将军的队伍合并,从东路出击。东路有些迂回绕远,而且水草稀少,不利两路大军行进。加上李广已意识到,此次作战可能是自己军旅生涯的最后一次机会了,所以他向卫青请求说:"我的职务是前将军,如今大将军却命令我改从东路出兵,况且我从少年时就与匈奴作战,到今天终于得到一次与单于对阵的机会,我愿做前锋,先和单于决一死战。"由于出征前大将军卫青曾暗中受到皇上的警告,知道皇上嫌弃李广运气不好,担心一旦让他当主力打头阵,恐怕不能实现俘获单于的愿望。加之,当时军中有个叫公孙敖的中将军,是卫青的朋友,刚刚丢掉了侯爵,卫青想给他创造机会立功,以恢复爵位,所以故意把前将军李广调开,让公孙敖跟自己一起正面与单于对敌。李广也知道这其中的隐情,但他实在不甘心让出这最后的机会,所以再三要求卫青收回命令。卫青拒绝了李广的请求,他命人拟好文书,以命令的口吻对李广说:"赶快到右将军部队中去,照文书上写的办!"看到卫青盛气凌人的样子,李广气得一转身拂袖而去。但是军令如山,他不能不服从卫青的调遣,只好率领本部兵马,与右将军赵食其合兵,从东路出发。东路果然难走，由于没有向导，部队经常迷路，结果落在前锋部队之后。卫青率前锋部队与匈奴单于交上火，展开了一场空前大战，单于战败而逃。卫青在凯旋回兵途中，才遇到了姗姗来迟的李广和赵食其的部队。李广也觉得十分尴尬，他前往大将军幕中拜谒之后，闷闷不乐地回到自己军中。大将军卫青要向皇上报告详细的军情，便派长史来到李广军中，询问部队迷路的情况。为了缓和气氛，卫青特意让长史带了些干粮和酒送给李广。李广本来不爱说话，加上心中有气，长史再怎么问他，就是一言不发。长史回来向卫青禀报，卫青命长史责成李广幕府的人员前去受审对质。李广终于说话了："校尉们没有罪，是我自己迷失了道路，我亲自到大将军幕府去受审对质。"

此时李广已是万念俱灰，想到自己一生所受的不公，他决心以死抗争。李广对部下说："我从少年起与匈奴打过大小七十多仗，如今有幸跟随大将军出征与匈奴单于军队交战，可是大将军又调我的部队去走迂回绕远的路，偏偏又迷失方向，这一切莫非都是天意！我已是六十多岁的人了，不能再去受那些刀笔吏的侮辱。"说罢，转身回帐，拔刀自刎，一代名将没有战死沙场，竟这样死于命运的不公，消息传开，军中所有将士都为之痛哭。百姓听到这个消息，不论老少，不论认识的或不认识的，也纷纷为李广落泪。

李广有三个儿子，分别是李当户、李椒和李敢，都曾做过朝廷的郎官。长子李当户和李椒都早死于李广。小儿子李敢作战很勇敢，与匈奴作战中曾勇夺匈奴左贤王的旗鼓，斩首众多，被封为关内侯，接替父亲为郎中令。李敢认为父亲的死是卫青造成的，对卫青心怀怨恨，后来两人相遇，李敢将卫青痛打了一顿。卫青本人也觉得李广死得冤屈，所以对被打一事也没有声张，但外甥骠骑将军霍去病得知此事后不肯善罢甘休。在一次随武帝到甘泉宫进行射猎的活动中，霍去病背后放箭，射死了李敢。当时霍去病正受汉武帝宠幸，汉武帝为了袒护霍去病，就谎称李敢是被野鹿顶死的，不予追究，只是厚葬了李敢，把此事掩盖过去。

在李广的孙子辈中，李陵是一个在历史上大有争议的名人。李陵颇有乃祖遗风，个子高大，仪表堂堂，有文才，能作诗，更善于骑射，带兵打仗时也很爱护士卒。汉武帝认为李氏世代为将，就封他为骑都尉，让他带领五千精锐之士，在酒泉、张掖一带练习骑射，同时防备匈奴。公元前99年，贰师将军李广利奉命率三万骑兵出酒泉（今甘肃酒泉市）攻击匈奴右贤王，汉武帝本想让李陵给李广利押运辎重，可李陵不干，他要求以自己的五千步兵独当一面。汉武帝认为李陵勇气可嘉，便同意了他的请求。李陵率兵深入匈奴大本营，与匈奴十余万大军大战十多天，重创敌军，但终因寡不敌众而全军覆没。李陵力战至最后，被迫向匈奴投降。一开始，李陵并不真心投降，而是想等待时机，东山再起。岂料汉武帝得知李陵投降匈奴后，一怒之下将李陵的母亲和妻子儿女满门抄斩。汉朝满朝文武大臣中，只有司马迁为李陵说了几句公道话，结果惹恼了汉武帝，司马迁因此受到宫刑。武帝的残酷无情彻底堵住了李陵的后路，他走投无路，只得死心塌地留在匈奴。匈奴右贤王早就听说过李陵是"飞将军"李广的后人，又见李陵一表人才，武艺过人，为了笼络李陵，便把公主嫁给了他，封他为右校王，并且赐姓拓跋氏。于是李陵生活在匈奴人中的后人，以后都不再用汉姓李氏，改用拓跋氏，而且一直与匈奴等少数民族通婚。

"君不见,沙场征战苦,至今犹忆李将军"。李广一生都在为国戍边、奋战疆场。他历经西汉文帝、景帝、武帝三朝,与匈奴大小七十余战,骁勇善射,令敌胆寒。他治军宽缓不苟,与士卒同甘共苦,深受士兵的爱戴。然而,这位战功卓著、备受士卒爱戴的名将,却一生坎坷,尝尽命运的不公。"冯唐易老,李广难封",唐朝著名诗人王勃《滕王阁序》中的这句话,道出了后人对这位名将的深深同情。司马迁在《史记》中评价李广时用了八个字:桃李不言,下自成蹊。李广虽然在他那个时代遭到了统治者的排挤和命运的不公正对待,但是千百年来,作为一代名将,李广走进了历史,永久地活在后人的心中。

中华名人百传

兵圣武将

兵圣武将

龙将武圣

——关羽

名人档案

关羽：字云长，本字长生，并州河东解县（今山西省运城市）人，汉族。据《三国演义》描写关羽身长九尺，《三国志》中无记载。一直是历来民间崇祀的对象。

生卒时间：160~219年。

安葬之地：尸首在洛阳，尸身在当阳。

性格特点：勇猛忠厚，过于自负。

历史功过：东汉末年刘备麾下著名将领，与刘备、张飞桃园结义。曾任蜀汉政权前将军，爵至汉寿亭侯。谥曰"壮缪侯"。在《三国演义》中被描述为蜀汉五虎上将之首，死后受民间推崇，又经历代朝廷褒封，被人奉为"关圣帝君"，佛教称为"伽蓝菩萨"，尊称为"关公"。被后来的统治者崇为"武圣"，与"文圣"孔子齐名。最后被封为"盖天古佛"。《三国演义》中，有"千里走单骑""单刀赴宴""温酒斩华雄"等佳话。

名家评点：三国志作者陈寿评曰："关羽、张飞皆称万人之敌，为世虎臣。羽报效曹公，飞义释严颜，并有国士之风。然羽刚而自矜，飞暴而无恩，以短取败，理数之常也。"

温恢："关羽骁锐。"

吕蒙："斯人长而好学，读左传略皆上口，梗亮有雄气，然性颇自负，好凌人。"、"今东西虽为一家，而关羽实熊虎也，计安可不豫定？"

诸葛亮书与关羽："孟起兼资文武，雄烈过人，一世之杰，黥、彭之徒，当与益德并驱争先，犹未及髯之绝伦逸群。"

郭嘉、程昱称关羽、张飞："万人敌"

刘晔称关羽、张飞："勇冠三军"

周瑜称关羽、张飞："熊虎之将"

傅干称关羽、张飞："勇而有义，皆万人之敌，而为之将。"

杨戏的《季汉辅臣赞》中赞关云长、张翼德："关、张赳赳，出身匡世，扶翼携上，雄壮虎烈。藩屏左右，翻飞电发，济于艰难，赞主洪业，侔迹韩、耿，齐声双德。交代无礼，并致奸慝，悼惟轻虑，殒身匡国。"

晋书刘遐传："晋刘遐每击贼，陷坚摧锋，冀方比之关羽、张飞。"

魏书崔延伯传："崔公，古之关张也。"

桃园结义

关羽少年时勇武有力，疾恶如仇。当地民间传说，关羽为打铁的，也有说是卖豆腐的，反正是出身于下层社会。还有传说关羽最早并不姓关，因他杀了人才更名改姓。那年关羽刚19岁，他从下冯村来到解州城，想求见郡守，陈述自己的报国之志。可是，郡守因他是无名之辈，拒不接见。当晚，他住在县城旅馆里，听到隔壁有人哭，一问才知这个哭的人叫韩守义，他的女儿被城里恶霸吕熊强占蹂躏。吕熊是个员外，勾结官宦，欺男霸女。当时，解州城由于靠近盐池，地下水是咸的，不能食用，只有几口甜水井散落在城里各处。吕熊叫手下人将城里的甜水井都填了，只剩下他家院里的一口甜水井。还规定了一条，凡是来挑水的人，只准年轻貌美的女人来，否则不许进。进来的年轻女人，不是被他调戏，就是被他奸污。大家气恨，但因吕熊财大气粗，谁也奈何不得。韩守义的女儿让吕熊霸占后，气得老人叫天不应，呼地不灵，只好独自悲泣。关羽听罢，怒火中烧，提着宝剑闯进吕家，杀了吕熊和他一家，解救了姓韩的姑娘和其他良家妇女。之后，他连夜逃往他乡。途中路过潼关时遭到守关军官盘问，情急之中他手指关口说自己姓"关"，以后就再未改变。

关羽流落到涿郡（今河北涿州市）后，正遇上东汉政府动员各地豪强地主组织武装，共同镇压黄巾起义。他在这里结识了当地正在聚众起兵的刘备和张飞，三人志同道合，一见倾心，友爱异常，亲如兄弟。后世传说，刘、关、张三人曾在桃园结义。《三国演义》则"演义"出他们的誓词："虽然异姓，既结为兄弟，则同心协力，救困扶危；上报国家，下安黎庶，不求同年同月同日生，只愿同年同月同日死。"这虽是小说家言，但由于符合了动乱频仍的时代中下层百姓的心态，所以影响巨大。后世好多农民起义，都效法结义的形式，来巩固队伍，加强团结。三人组织了一支武装力量，参与了进攻农民起义军的行列。关羽也就从此开始了他的戎马生涯。从中平元年（184年）一直到死，关羽始终忠心耿耿地追随刘备。

刘备起兵，参与镇压黄巾起义，关羽、张飞担当他的护卫，是他得力的左右手。中平元年（184年），刘、关、张带着刚刚组织起来的兵马，首先投奔涿郡的校尉邹靖。黄巾军打到涿郡,他们配合官兵出动抵抗,首战告捷,立了大功。接着,他们离开涿郡,前去投奔正在广宗(在河北省威县东)围攻黄巾首领张角的中郎将卢植。到广宗后,因卢植遭诬陷被押回京师,他们便决定返回涿郡。归途中,遇到黄巾军天公将军张角正在追击接替了卢植职务的董卓。关羽和张飞带领一支人马,突如其来地向黄巾军横杀过去,救了董卓。刘备后来投奔幽州军阀公孙瓒,因屡立战功长任平原相,关羽和张飞担任了别部司马,分统部曲。他们三人照样"寝则同床,恩若兄弟",关羽和张飞终日侍立刘备左右,保护刘备。

立功报曹

建安元年(196 年),曹操奉迎汉献帝迁都许昌(今河南许昌东)后,独掌军政大权,总揽朝政,皇帝成为傀儡。建安三年(公元 198 年),刘备被吕布打败,投靠了曹操。曹操表举他为左将军,拜关羽为中郎将(次于将军的武官)。时车骑将军董承接受皇帝衣带诏,与刘备及长水校尉种辑、将军吴子兰、王服等,密谋除掉曹操。

建安四年(199 年),刘备恐曹操猜忌,欲伺机脱离曹操控制,趁将军袁术溃败,主动请求跟大将朱灵前去截击。曹操谋士程昱、郭嘉、董昭等认为,不该放走心怀叵测的刘备,曹操立即派人去追,但已不及。袁术南逃寿春(今安徽寿县),朱灵班师回朝,十二月,刘备杀死徐州刺史车胄,以关羽代理下邳(今江苏睢宁西北)太守,自屯兵小沛,招兵买马,扩充实力,与朝中反曹势力遥相呼应。东海(今江苏郯城)变民首领昌稀等,及周围郡县纷纷归附刘备,刘备部队很快发展至数万人,又派使者与袁绍媾结联盟,形成对曹操的严重威胁。并击败了前来讨伐的司马长史刘岱和中郎将王忠,暂且取得徐州、下邳地区,作为休养和发展的基地。

建安五年(200 年)正月,车骑将军董承等企图刺杀曹操的计划泄露,董承、王服、种辑皆被屠灭三族,唯参与密谋的刘备侥幸逃脱,且势力越来越大。曹操亲自征讨刘备,刘备惊悉曹操军将至,亲率数十骑出城观察,果然望见曹军旌旗,只得仓促应战,被曹军击溃,刘备妻子被俘。曹操接着攻陷下邳,迫降了关羽。刘备则逃到邺城(今河北临漳西南)投奔了袁绍。

曹操赞赏关羽为人,拜其为偏将军,礼遇甚厚。不久却觉察关羽心神不定,无久留之意,便对与关羽关系甚好的张辽说:"卿试以情问之"。张辽去问关羽,关羽叹息道:"吾极知曹公待我厚,然吾受刘将军厚恩,誓以共死,不可背之。吾终不留,吾要当立效以报曹公乃去"。张辽将关羽的这番话转告曹操,曹操闻后,不但没有怨恨关羽,反而认为他有仁有义,更加器重他。

建安五年(200 年),官渡之战爆发,二月,冀州牧袁绍调动十多万人马进军黎阳(今河南滑县东北),征伐曹操并派大将颜良进围白马,攻东郡太守刘延,以保障主力渡河南进。刘延告急请援。四月,曹操为解除侧翼威胁,北救刘延。谋士荀攸建议:"今兵少不

敌,分其势乃可。公到延津,若将渡兵向其后者,绍必西应之,然后轻兵袭白马,掩其不备,颜良可擒也",曹操依行其计。袁绍闻曹兵渡河,果然分兵向西,挺进延津。曹操趁机引兵向白马疾进,及距白马10余里时,颜良大为震惊,仓促迎战。曹操派张辽、关羽为先锋,率部进击。关羽跃马阵前,远远望见颜良麾盖(大将所乘戎车,设幢麾、张盖),直冲过去,在万众之中刺死颜良,斩其首级而归,袁绍诸将"莫能当者"。曹操挥令大军冲杀,袁军大败溃散,遂解白马之围。

曹操备赞关羽的勇武,对他重加赏赐,封他为汉寿亭侯(汉寿,地名;亭侯,侯爵名)。关羽斩杀颜良后,曹操知其必去,遂重加赏赐。关羽把曹操屡次给他的赏赐都封存妥当,把汉寿亭侯的印绶挂在堂上,给曹操写了封告辞信,保护着刘备的家小,离开曹营,到袁绍军中寻找刘备。曹操将士闻后,要去追赶,曹操劝阻说:"彼各为其主,勿追也"。

镇守荆州

袁绍兴师南进,派刘备南下汝、颍,攻掠曹操后方,被曹操部将曹仁击溃。刘备逃回袁绍军中,受到猜忌,暗中打算脱离袁绍,于是建议袁绍跟荆州牧刘表结盟,以使曹操腹背受敌。袁绍信以为真,派刘备率领本部人马,再度南下汝南与黄巾军首领龚都等会合,兵力扩充到数千人,对曹操后方又构成威胁。是年七月,曹操为稳定后方,派大将蔡阳率兵讨伐刘备。刘备做了充分准备和部署,率部迎战蔡阳。两军激战,曹军大败,蔡阳被杀。建安六年(201年)秋,曹操统军进击刘备于汝南。九月,关羽随刘备投靠荆州牧刘表,龚都等部皆散。至此,刘备脱离袁绍,获得发展自己势力的机遇。刘表对刘备以礼相待,此后,刘备便在荆州屯兵。

从建安六年到十三年(201~208年),刘备在这八年中致力于礼聘人才,扩大军事力量。特别是在建安十二年(207年),他"三顾茅庐",请来了诸葛亮。关羽和张飞看到刘备和诸葛亮关系日益密切,心中不悦。刘备察觉以后,就严厉批评他和张飞说:"孤之有孔明,犹鱼之有水也。愿诸君勿复言"。关羽和张飞就再也不表示反对了。

建安十三年(208年),曹操亲率大军南征刘表。刘表死,继任荆州牧的刘琮投降曹操。刘备为避开曹军锋芒,便撤离樊城,向江陵(今湖北江陵)退去,并派关羽率领一万多水军,从水路往江陵会合。刘备军撤退到当阳长阪(今湖北当阳东北)时,被兼程追来的曹操骑兵打得大败,去江陵的道路被曹军截断,刘备只好斜趋汉津。关羽率水军前去接应,保护刘备退到了夏口。

据《蜀记》记载,当年刘备在许昌,与曹操一起打猎。关羽曾劝刘备乘人散混乱之际,杀掉曹操,以绝后患。可能由于形势不允许,刘备没有答应。这回在汉津会面,漂泊无依,关羽愤愤不平,说:"当年在猎场上,如果听了我的话,就没有今日的困厄之灾了。"刘备解释说:"当时,也是为国家着想,爱惜曹操是难得的人才。再说,如果天意辅助正人,又焉知今日的漂泊不是咱们的福分呢?"

曹操占领江陵后，气势更盛，大有吞没"无立锥之地"的刘备和消灭江东孙权之势。这就发生了孙权、刘备联军大败曹操的著名的赤壁之战。十一月，孙刘联军在赤壁(今蒲圻县西北)大破曹操。关羽所率的一万精锐水军是刘备的主力，在这场战役中起了重要作用。

赤壁之战后，刘备乘机攻占了武陵、长沙、桂阳、零陵四郡(都在今湖南境内)，刘备得了四郡，加上孙权借给他的南郡，终于在荆州站住了脚。然后刘备封拜元勋。关羽被任命为襄阳太守、荡寇将军，镇守荆州。

建安十六年(211年)十二月，刘备带兵入巴蜀，取益州，关羽留守荆州。益州既平，关羽得赐金五百斤、银千斤、钱五千万、锦千匹。

荆州包括南阳、南郡、江夏、武陵、长沙、桂阳、零陵七个郡，是曹操、刘备、孙权三方必争的战略要地。赤壁之战后，曹操还占据着南阳郡和南郡的北部，孙权占据着江夏郡和南郡的南部。所谓"借荆州"，就是孙权将自己占据的南郡南部借给刘备。刘备取得益州的第二年(215年)，孙权便派诸葛瑾为使去跟刘备商量，要求把荆州南部的几个郡归还东吴。刘备托词拒绝，孙权就派去一批官吏，接收长沙、零陵、桂阳三个郡。关羽坚决不让，将孙权派来的官吏全部轰了回去。孙权一怒，马上派吕蒙率领两万兵马用武力接收这三个郡。吕蒙夺得了长沙、桂阳两郡后，刘备急忙亲率五万大军下公安，派关羽带领三万兵马到益阳去夺回那两个郡。孙权也亲自到陆口，派鲁肃带领一万兵马扎在益阳，与关羽相拒。东吴的军队和关羽的军队都在益阳扎营下寨，彼此对峙。

鲁肃不愿意孙刘两家失和，就邀请关羽相见，双方各退兵马几百步，中间搭个供会谈用的帐篷。赴会的将军只准许带防身的单刀，不准带士兵。关羽接到邀请，带着随身的卫士周仓毅然赴会。这就是有名的"单刀赴会"。会谈一开始，鲁肃就责问关羽为什么不把长沙、零陵、桂阳三个郡还给东吴。关羽说："乌林之役(即赤壁之战，乌林在赤壁对岸，故有此说)，左将军(指刘备)亲自作战，与东吴共同破敌，难道说他夺下来的土地连一块也不应该得到吗？您怎么能说要把这些地方归还给东吴？"鲁肃说："东吴国土很小，只是体念刘豫州(指刘备，当时为豫州牧)兵马很少，又被曹军打败，才让给他一个安身之地。赤壁之战以后，又把南郡借给他。现在刘豫州已经得到了益州，就该把荆州还给东吴。我们并不要求全部荆州，也不要求退还南郡，我们只要求长沙、零陵、桂阳三个郡。要是连这一点也不答应，那就太说不过去了。"这时，周仓在一旁瞪着眼睛大声说："天下的土地，有德的人都可以住，怎么能永远归一家呢？"关羽手按在刀把上，给周仓使了个眼色，故意责备他说："这是国家大事，你懂得什么！快给我出去！"周仓会意，立即出去准备兵马接关羽。关羽也向鲁肃告别说："您的话，我一定转告左将军，再作商议。"鲁肃也就很有礼貌地把关羽送了出去。关羽回来后，派人向刘备汇报了这次单刀赴会的经过。刘备这时因为得知曹操正率大军进攻汉中，担心前后受敌，丢失益州，就主动向孙权请和，双方商定以湘水为界，平分荆州，湘水以东的江夏、长沙、桂阳归孙权；湘水以西的南郡、零陵、武陵归刘备。

赤壁之战后，据守荆州的关羽名为"襄阳太守"，而荆州的襄阳、樊城等重镇还控制在

曹操手中。为了实现诸葛亮和刘备在《隆中对》中所筹划的跨据荆、益二州,待时机成熟时荆州军队直下宛(今河南南阳)、洛,益州军队西出秦州(今陕西南部),完成统一大业的计策,关羽一直虎视襄、樊。

建安二十四年(219年),刘备在汉中大败曹兵,曹操不得不退出汉中。于是,在手下文武官员的拥戴下,刘备自立为汉中王。任命关羽为前将军,并赐他节、钺。

水淹七军

是年六月,刘备继取汉中后,派孟达、刘封攻占汉中郡东部的房陵、上庸等地,势力有所扩展。七月,孙权欲攻合肥,魏军大部调动淮南防备吴军。镇守荆州的关羽,抓住战机,留南郡(治江陵,今湖北江陵)太守糜芳守江陵,将军傅士仁守公安(今湖北公安西北),自率主力北攻荆襄。

襄阳、樊城隔汉水相对,互成犄角,是曹军抗拒南军北上的战备要地。时魏镇南将军曹仁驻守樊城(今湖北襄樊),将军吕常驻襄阳。他从汉中撤军到长安后,又派平寇将军徐晃率军支援曹仁,屯于宛城(今河南南阳)。樊城之战开始后,曹操又派左将军于禁、立义将军庞德前往助守,屯驻于樊城以北。

于禁不熟悉南方的气候地理。曹仁让他和庞德屯兵于樊城以北,和城中相互呼应,他竟未考虑该处地形低下的因素,便把所率领的七支人马都带到那里驻扎。八月,连降大雨,汉水暴涨,平地水深数丈。于禁七军均被水淹,只得率少数将士避到高阜之处。关羽乘战船猛攻,于禁欲退无路,被迫投降。庞德率的一部继续顽抗,誓死奋战,从早晨一直战到中午,箭尽矢竭,就短兵相接。将士有的战死,有的投降。关羽加强了攻势,同时,水势上涨更猛,土堤淹没,曹操部队都投降了。庞德想乘船撤回曹仁大营,但水势太大,船只倾覆,被擒,不屈而死。

关羽乘胜围攻樊城,并以一部兵力包围襄阳。樊城守军仅数千人,城墙因水淹多处崩塌,曹仁曾考虑放弃樊城,被辅助曹仁的汝南太守满宠所劝止。满宠认为:"山水速疾,冀其不久。闻羽遣别将已在郏(今河南郏县)下,自许以南,百姓扰扰,羽所以不敢遂进者,恐吾军掎其后耳。今若遁去,洪河以南,非复国家有也。君宜待之。"曹仁乃以必死决心,激励将士齐心协力奋勇抵御。

关羽军虽乘船猛攻,一时仍不能下。此际,魏荆州刺史胡修、南乡太守傅方,均降于关羽,陆浑(今河南嵩县东北)人孙狼等,亦杀官起兵,响应关羽,关羽声势一时"威震华夏"。

败走麦城

曹操感到威胁,一度准备迁都,被丞相司马懿及蒋济谏止。他们认为:"禁等为水所

没，非战守之所失，于国家大计未有所损，而便迁都，既示敌以弱，又淮沔之人大不安矣。孙权、刘备，外亲内疏，羽之得意，权所不愿也。可喻权所，令掎其后，则樊围自解。"

曹操采纳了这一利用矛盾破坏孙、刘联盟，以坐收渔翁之利的策略，派使者去见孙权。同时指令徐晃率军援救曹仁。徐晃进至阳陵陂（樊城北），曹操派将军徐商、吕建传令：必须待后续援军会齐后方可进击。时关羽前部屯郾城（樊城北约五里），徐晃佯筑长堑，示以将切断蜀军后路。蜀军惧被围，烧营撤走，徐晃军进据郾城，渐向围城蜀军逼近。

当初，诸葛亮在《隆中对》中说："若跨有荆益，保其岩阻，西和诸戎，南抚彝越，外结孙权，内修政理。待天下有变，则命一早将荆州之兵以向宛洛。将军（刘备）身率益州之众以出秦川，百姓有不箪食壶浆以迎将军者乎？"意思是刘备在取得荆、益二州建立基业之后，一定要外结孙权，形成巩固的联盟，然后才能北定中原。可见，孙刘结盟是刘备北定中原的基础。然而，这联盟却因为几个原因，出现了明显的裂痕：

一是在荆州的所有权问题上。荆州位于长江中游，北据汉沔，历经南海，东连吴会，西通巴蜀，对孙、刘、曹三家均有重要的战略意义。曹操曾想占据荆州，统一天下，但赤壁一战使他美梦成空；孙氏集团一向认为荆州是必争之地。因为荆州据上游之重，只要操在别人手里，自己则处于被动地位。赤壁之战结束，为了继续联刘抗曹，不得已，只好暂借荆州给刘备。可刘备取得益州后，却无归还荆州之意。

二是关羽缺乏对孙刘联盟的正确认识。他自恃勇武，对孙氏集团始终倨傲不敬。鲁肃与他单刀相会，讨要荆州，他尽管理亏，但仍然不肯从两家联合的角度着眼来妥善解决问题。孙权派使者为自己的儿子向关羽的女儿求婚，关羽不但不应许亲事，反而辱骂使者，双方关系越来越僵。

三是东吴臣子中，从大局出发，认为应与刘备集团修好、共拒曹操的鲁肃已经去世，而其他臣子，如代替鲁肃统兵的吕蒙，就认为关羽平素骁勇善战，且有兼并吴国的雄心，所以，要求出兵对付关羽。他说："且羽君臣，矜其诈力，所在反复，不可以腹心待也。"所以孙权得到曹操的信后，欣然允诺。他召吕蒙回建业，共商夺取南郡的计划。关羽也知孙刘联盟不巩固，这时既要夺取樊城，又得防备孙权偷袭荆州。他看到东吴大将吕蒙屯兵陆口，就再三嘱咐糜芳和傅士仁小心镇守荆州，并将大部分军队留在南郡，还沿江设防，二三十里设一个岗楼，建起烽火台。吕蒙探知关羽防守严密，无懈可击，就佯称病重，上书给孙权，要求回去疗养。孙权公开发布命令，调吕蒙回建业养病。吕蒙推荐陆逊代替自己。当时，陆逊年少多才却无名望，正任定威校尉。孙权便任命他为偏将军、右部督，接替吕蒙。陆逊到任后，派使者给关羽送去了礼物和一封信，信上恭维关羽水淹七军，功过晋文公的城濮之战和韩信的背水破赵，还勉励关羽发挥威力，夺取彻底胜利。关羽看到陆逊是个无名晚辈，对自己又如此恭敬、诚恳，就大胆放心，把荆州大部分军队陆续调到了樊城，打算趁徐晃的兵马还未赶到，大水又未完全退去，先攻下樊城。他亲自督战，加紧攻城，而曹仁依旧坚守。陆逊把关羽人马的调动情况详细地报告给孙权，且说明了自己的看法，认为关羽可一战而擒。

关羽在襄樊的兵马越来越多，加上新得于禁降军数万人，粮食匮乏。他责备南郡太

守糜芳和傅士仁的粮草运送跟不上，大怒说："还当治之"，二人于是存有叛心。后关羽为解燃眉之急，竟擅自强占东吴贮藏在湘关的粮食。孙权得知此事，觉时机成熟，便命吕蒙为大都督，发兵袭击关羽的后方。

是年十一月，吕蒙率军隐蔽前出，进至寻阳（今湖北广济东北），把精锐士卒埋伏在伪装的商船中，令将士身穿白衣，化装成商人，募百姓摇橹划桨，昼夜兼程，溯江急驶，直向江陵进袭，一切都进行得十分隐蔽和诡秘。驻守江防的蜀军士兵被伪装的吴军所骗，猝不及防，全部被俘虏，江陵城内空虚，陷入混乱。吕蒙先让原骑都尉虞翻写信诱降驻守公安（今湖北公安北）的蜀将傅士仁，又使傅士仁引吴军迫降守江陵的蜀南郡太守糜芳。二人平时就因为关羽对他们傲慢而心怀不满，这次又听说关羽回来要惩治他们，更是内心恐惧，于是在东吴大军兵临城下的情况下，献城出迎。吕蒙遂率大军进据江陵，从而，一举夺回蜀长期占据的荆州。吕蒙进占江陵后，尽得关羽及其将领的家属。他对他们加以优待和抚慰，并下令军中不得侵扰百姓，还对全城百姓表示关心，给有病的送医药，给饥寒者赐衣粮，使城内秩序迅速恢复。而骄傲轻敌的关羽，对吕蒙的袭击行动竟一无所觉。

曹操使者返回洛阳，带来孙权密信，说即派兵西上袭击关羽，但请保密，以防关羽得知有备。曹操部属多数认为应代孙权保密。谋士董昭独持异议，认为应佯允保密而暗予泄漏。关羽知孙权来攻，如撤兵回防，则樊城之围自解。关羽南返与孙权交战，两敌相斗，正好坐收渔利。若为其保密，使孙权得势，对我并不有利。再者，被围将士久不见救，担心缺粮产生恐慌，一旦发生意外，局面将难以收拾。故应以泄密为好。曹操采纳董昭意见，令徐晃用箭将孙权密信内容，分别射入樊城及关羽营中。被围魏军得信后，士气倍增，防守更坚；关羽得信后，则既恐腹背受敌，又不愿前功尽弃，同时判断江陵、公安城防坚固，吴军若真来攻，一时不可能攻克，因而处于徘徊犹豫、进退两难的境地。此时，曹操已率主力由洛阳进抵摩陂（今河南郏县东南），并已先后派殷署、朱盖等 12 营兵进至郾城，归徐晃指挥。关羽军主力屯围头，一部屯四冢。徐晃以声东击西战术，扬言欲攻围头，却出其不意突袭四冢。关羽恐四冢有失，自率步骑 5000 出战，被徐晃击败，当其退走营寨时，徐晃率军穷追不舍，紧随其后冲入营内。当时关羽营寨，外围深壕及鹿角十重，障碍设施极为严密，若从营外强攻极为困难。现乘其军陷于混乱之机，由内突袭，一举大破之，杀降蜀之胡修、傅方。时关羽惊悉江陵失守，遂撤围退走，樊城围解。曹仁部将多欲乘胜追击，参军赵俨认为，应保留关羽一定实力与孙权作战，不宜追击。曹仁同意赵俨看法，未部署追击。曹操得知关羽撤退消息后，果然派人传达命令，不许追击关羽。

当关羽撤军而回时，孙权已先到达江陵，派陆逊攻占夷陵（今湖北宜昌）、秭归（今湖北秭归），切断关羽入川退路。在回军途中，关羽多次派人到江陵探问消息。每次，吕蒙都礼待来使，并让使者周游城中。使者回到关羽军中，将士们知道家门无恙，斗志尽失，多数都半途而逃。关羽自知势孤，派人向驻扎上庸的蜀将刘封、孟达求援，二人以上庸新定为由，拒绝支援。关羽陷于进退失据，腹背受敌的困境，遂西走麦城（今湖北当阳东南）。这时，陆逊乘胜西进，夺取了宜都。关羽看到麦城东、西、南三面全是敌人，而援兵又迟迟不到，决定突围回西川。

　　吕蒙知关羽兵少,料到他要逃走必然走麦城北边的通西川的小道,就事先派兵埋伏。十二月,孙权派使者到麦城劝关羽投降。关羽提出叫吴军退兵十里,然后在南门相见。吕蒙果然退兵十里,等候关羽投降。关羽及其子关平趁机带着十几个骑兵,偷偷地出北门向西逃去,被吴将潘璋部司马马忠擒获,与其子关兴一起被杀,死时年约五十八岁。刘备追谥关羽为壮缪侯,其子关兴嗣。

威猛虎将

——张飞

名人档案

张飞:张飞,字翼德,涿郡(治所在今河北涿州市)人。历史上的张飞,是一个威猛无敌且又有勇有谋的大将之才。

生卒时间:?~221年。

安葬之地:尸体躯干被埋葬在阆中,头颅埋葬在云阳。

性格特点:勇武过人,粗中有细,重情义,性情刚烈,脾气暴躁,遇下寡恩。

历史功过:五虎大将之一,被封为右将军、车骑将军。少时即与关羽共事刘备。在长坂坡当阳桥头上一声吼,吓退曹操五千精骑,入川义释严颜,分定州市,率精兵万多人,击败张郃大军,刘备称汉中王后,拜为右将军,称帝后,拜为车骑将军,封西乡侯。公元221年为夺回荆州,同刘备起兵攻伐东吴。临行前,被部将范强(《三国演义》中误写作范疆)、张达刺杀,死时大约五十六岁。(《三国演义》中的说法)

名家评点:清代纪晓岚有一诗称赞张飞:慷慨横戈百战余,桓侯笔札定然疏;哪知拓本摩崖字,车骑将军手自书。

曹豹失下邳

张飞自幼性情刚烈,脾气暴躁,他父亲给他请了几位老师,都被他气走了,后来他舅舅特地推荐了一个叫王养年的老先生来教他。王老先生做过朝廷将官,兼有文武之才,鉴于朝政腐败弃官回乡,以教书为生。张飞对这位先生十分敬佩,在其指点下练文习武,十三岁时就练出一身好武艺,同时通过读书明白不少道理,越发对世道不满,立志要荡平

天下救百姓。王先生担心张飞惹出祸来，于是想出一个办法：教张飞练书法、画美人，以助于融化他的刚烈性格。三年下来，张飞的书画果然大有长进，特别是他的书法别具一格，大受乡人称赞。

汉灵帝光和七年(184年，是年底始改为中平元年)二月，黄巾起义爆发。张飞和关羽一起追随刘备起兵，讨伐黄巾，二人并称"万人之敌"。刘备和他们两人的感情深厚，他委任关、张二人为别部司马，分别统领部队。关羽、张飞和刘备"寝则同床，恩若兄弟"，但在大庭广众之下，则在刘备两旁侍卫，站立终日。张飞长期追随刘备，历经艰辛，忠贞不贰。在长达三十八年(184~221年)充满惊涛骇浪的岁月里，刘备曾屡遭挫败，丧师失地，最狼狈时甚至无立锥之地。但无论在何等艰难困苦的情况下，张飞始终追随刘备，不弃不离，不懈不怠，耿耿忠心，可对天日。

经过多年征战，刘备当上了徐州刺史。汉献帝建安元年(196年)，盘踞在南阳的右将军袁术与徐州刺史刘备争夺徐州(辖境相当于今江苏长江以南，山东东南部及安徽东北角)。刘备命张飞为司马驻守下邳(今江苏睢宁西北)，自己率军到盱眙(安徽盱眙县)、淮阴(江苏淮阴)与袁术周旋。袁、刘两军对抗多时，展开了激烈的拉锯战，互有胜败。

然而下邳城内则发生了意想不到的情况。下邳的相曹豹是原徐州刺史陶谦的旧部下，他跟张飞因一些事情发生冲突，张飞一怒之下要斩杀曹豹，而曹豹一看形势不对，一方面带本部人马坚守营垒，另一方面命人迎接吕布袭击下邳。最后，张飞与曹豹发生了争战，杀掉了曹豹，导致下邳城中一片混乱。袁术得到情报，见有机可乘，马上写信通知吕布，要他袭击下邳城，并许诺一旦得手，向他援助二十万斛军粮。本来，在公元195年，吕布被曹操击败后，已经投靠了刘备，当他读完袁术的书信后，大喜过望，认为有利可图，于是水陆并进，向下邳进发。刘备的部将、中郎将许耽派人向吕布表示投降，吕布连夜进击，在清晨到达下邳城下，许耽吩咐部下打开城门，迎接吕布。吕布派遣步骑兵四处纵火，大破张飞军马，张飞落荒而逃，刘备的妻子家眷、军需物资及刘备部下的家属全部被俘。

刘备急忙回军来救，但将士的家属都在吕布手上，引起军心浮动，当他到达下邳时，部下已经逃跑了一多半。刘备万不得已，回头再与袁术交战，结果又吃了败仗。在军粮耗尽、走投无路之际，刘备和张飞只好暂时向吕布投降。刚好吕布正为袁术忽然中断援助军粮之事而愤恨不已，于是接受了刘备的投降。随后吕布把刘备妻小还给了他，刘备收拾了残兵败卒后，驻兵小沛(今江苏沛县)。

刘备驻扎在小沛发展较快，不久便聚众万余人。然而，吕布把刘备看成是眼中钉，觉得不除掉刘备会不得安宁。于是在建安三年(198年)，吕布再次和袁术合作攻击刘备，刘备再一次大败，无奈之下投奔了曹操。曹操亲自率领大军征讨吕布，在下邳城擒杀吕布后回师许都，刘备带张飞随同入朝。曹操则任命张飞为中郎将。其后，刘备又叛离曹操，先后依附冀州袁绍和荆州刘表。

独退曹兵

从建安六年到十三年(201~208年),刘备在这八年中致力于礼聘人才,扩大军事力量。建安十二年(207年),驻军新野(河南新野县)的刘备听说卧龙先生诸葛亮大名,于是三次前往隆中,聘请诸葛亮出山相助。诸葛亮被刘备的真诚打动,他为刘备陈述了"三分天下"的构思,答应辅助刘备。刘备十分高兴,与他的感情越来越密切,张飞、关羽等人都不高兴,也多少表示出对刘备的不满。刘备说:"我自从有了孔明,就像鱼有了水,希望你们不要再多说了。"关羽和张飞才改变了自己的态度。

次年(208年),刘表病死,曹操率兵进入荆州地区。刘表的儿子刘琮投降,刘备向江南奔逃,另派关羽率船只战舰前往江陵(湖北江陵县)据守。曹操命军队紧急追击,一天一夜行军三百余里,终于在当阳长坂(今湖北当阳市东北)将刘备追上。刘备军队已溃不成军,他抛弃妻儿赶紧逃走,命令张飞带领二十名骑兵殿后,阻挡曹军。

张飞待刘备过河后,据水断桥。曹兵追到时,张飞在马上横矛怒目,大吼道:"我是张翼德,有胆量的可以上前和我决一死战!"曹军没有人敢向前逼近。刘备等人由此幸免于难。

抢回阿斗

建安十三年(208年),孙权与刘备联盟,与曹操在赤壁决战,曹军大败。刘备则率军南下,夺取荆州以南的武陵(湖南常德市)、长沙(湖南长沙市)、桂阳(湖南郴县)、零陵(湖南零陵县)四郡。他委任张飞为宜都太守、征虏将军,封新亭侯,后又转守南郡(治所在今湖北公安县)。孙权将自己的妹妹嫁给刘备,以便进一步巩固孙刘联盟,但是在争夺赤壁大战的胜利果实时,双方发生了矛盾。东吴大将周瑜上书孙权,认为刘备是一代枭雄,又有关羽、张飞作为爪牙,不会久居人下,他建议扣留刘备在江东,将关羽、张飞二人调离刘备身边,由周瑜统领,从而瓦解刘备势力,消除刘备的威胁。孙权认为曹操没灭,尚在北方威胁,当前需要招纳人才防备曹操,因而没有采纳周瑜的意见。

刘备回到自己的地盘后,结识到益州(辖境相当于今四川、重庆)牧刘璋的别驾张松,张松愿为刘备夺取益州做内应。其后,刘备采纳刘璋的军议校尉法正的建议,借援助刘璋讨伐汉中的割据势力张鲁(实则夺取益州统治权)之名,率军进入益州。

最初,东吴大将周瑜、甘宁等人屡次劝说孙权出兵夺取益州,孙权也派出使臣告诉刘备夺取蜀地的重要性,并打算攻取益州,希望他能出兵协助。但刘备表示要夺取蜀国很艰难,目前应该提防曹操,又说自己和刘璋同是汉室宗亲,他不忍心夺取益州。孙权不听,派部将孙瑜率军西进,在经过夏口(湖北汉口)时,受到刘备的阻挡,不让吴军通过。

他命关羽屯兵江陵(湖北江陵),命张飞镇守秭归(今湖北秭归),诸葛亮据守南郡(此时治所在今湖北公安县),自己则在孱陵(今湖北公安县)驻军,摆好要与西进的孙权军队决战的架势。孙权不得已,只好命孙瑜回军。

孙权听到刘备西进益州,大怒。他明白了刘备想独占益州,故此阻挠自己西进,于是派人乘船迎接妹妹孙夫人回东吴。孙夫人打算把刘备的儿子刘禅也携带到东吴娘家。张飞、赵云连忙带领兵将,紧急封锁长江出口,才抢回了刘禅。

爱敬君子

到了这个时候,刘备在益州受到阻滞:夺取益州的阴谋败露,刘璋诛杀张松,命部下抗拒刘备;刘备撕烂友好的脸皮,攻击刘璋,军师中郎将庞统中流箭阵亡,刘备军队和刘璋的军队胶着在雒城(四川广汉市),将近一年仍未攻克。

诸葛亮留关羽镇守荆州,与张飞分别统军沿长江逆流而上,进击沿途州郡,计划与刘备会师成都(四川成都)。张飞到达江州(今重庆市),巴郡太守严颜智勇双全,当年刘璋请刘备入川时,他便扪心而叹,说这无异于独坐穷山,引虎自卫。这次张飞兵来,他倚恃险阻,据住城池,严加守备,不肯投降。

严颜年事虽高,却精力未衰,善开硬弓,使大刀,有万夫不当之勇。他见张飞前来,便点起本部人马,准备迎战张飞。可是有人却向他献计说:"张飞在当阳长坂,一声喝退曹兵百万之众,勇不可当。今只宜深沟高垒,彼军无粮,不过一月,自然退去。更兼张飞性如烈火,专要鞭挞士卒;如不与战,必怒;怒则必以暴戾之气,待其军士;军心一变,乘势击之;张飞可擒也。"严颜听后,以为有理,乃令军士尽数上城守护。

张飞引军来到巴郡城下,先向严颜挑战,城内不仅无一人出战,反而严颜率众军于城上,百般痛骂。使张飞愤怒万分,几番冲到护城河边,均被乱箭射回。一连十余天,严颜不出战,张飞更无法通过,不由得心急如焚。猛然间,张飞思得一计,传下令去叫军士四出砍柴打草,寻觅间径,并不来挑战。严颜在城中,连日不见张飞动静,心中疑惑,就派遣十多个小卒,扮作张飞砍柴的士兵,悄悄出城混到张飞军中探听情况。当天外出打柴的士兵回到张飞寨中时,张飞正坐在寨中,暴跳如雷地大骂:"严颜老匹夫!枉气杀我!"当时几名士兵忙上前说道:"将军不必心焦,这几日打探得一条小路,可以偷过巴郡。"张飞故意大声叫道:"既有这个去处,何不早来说?"众人只说:"这几日却才发现。"张飞说:"事不宜迟,今天二更造饭,趁三更明月,拔寨都起,人衔枚,马去铃,悄悄而行,我自前面开路,你们跟着我依次而行。"

严颜安置在张飞营中的密探听得这个消息,都急忙赶回城中,报告给了严颜。严颜听后认为:这一定是张飞忍耐不住,想偷偷从小路经过,于是决定截住张飞后军粮草。当天夜里三更时,严颜亲率大军出城,埋伏在林中,只等张飞过去,以便劫粮。不久,果见"张飞"亲自在前,横矛纵马,悄悄引军前进。严颜暗暗高兴,待"张飞"去远后,车仗陆续

经过，严颜以为得计，乃令左右擂鼓，四下伏兵尽起。严颜正与众军抢夺车仗，忽然，背后一声锣响，张飞率大军一齐杀来，严颜见了张飞，举手失措，于是被张飞擒获。原来先过去的是假张飞，张飞故意声张要偷走小路，用来引诱严颜出城。严颜果然信以为真，赶出城来，而张飞又以假张飞行走在队伍前面，自己却藏在队伍后面，出其不意擒住了严颜。

张飞巧用计谋，率军攻陷巴郡（江州治所，今重庆市），生擒巴郡太守严颜。在军帐中，张飞厉声呵斥严颜："大军到达，为什么你竟敢抵抗而不投降？"严颜说："你们背信弃义，侵夺我们领土，卑鄙之极！我们益州这里只有断头将军，没有投降将军！"张飞大怒，命令左右将严颜推出斩首，严颜脸不改色，大声说："斩头就斩头，有什么了不起的！你发什么火！"张飞听了，十分佩服严颜的勇气和胆量，于是释放了他，把他奉为自己的座上宾，并使其归降，得以顺利赶到雒城，在危急中救得刘备脱险。

面对铁骨铮铮的严颜，张飞转怒为喜，将这位阶下囚变成了座上客。这绝不是一般的莽夫能够做到的。严颜甘作"断头将军"固然可敬，张飞"壮而释之"也十分难能可贵，这正是此事成为千古美谈的原因。但张飞爱敬君子也遭到过冷遇，刘巴就是其中一个。

零陵在汉代是荆州所属一个郡，位于今湖南与广西接壤处。刘巴是零陵人，字子初，祖父、父亲都曾做过太守，他年少时即以才学出名。当时的荆州牧刘表曾数次请他做官，他没答应。曹操征取荆州时，荆州士人纷纷跟随刘备南走，刘巴却北投曹操，做了曹操的属官。曹操让他回去招收长沙、零陵、桂阳三郡，正好刘备赤壁破曹后南征荆州之地，占领了这三郡，刘巴回不去也没法交差，于是南行至交趾（今越南），又转到蜀中，在益州刺史刘璋手下供职。刘璋让法正去邀请刘备入川，辅助自己，他极力劝谏不能这样做，说刘备来了一定是祸害。刘备入川后，刘璋让刘备去攻打威胁益州的汉中割据者张鲁，刘巴又进谏反对，说这是"放虎于山林"。后来刘备与刘璋反目，攻取了益州，刘巴不得不向刘备请罪。刘备从广揽人才出发，对刘巴不加责备，还派军队把刘巴家宅保卫起来，命令对刘巴不得加害。

刘巴确有文才，诸葛亮数次向刘备推荐，刘备遂封其为左将军（刘备当时以左将军大司马名义开府治事）西曹掾，负责文书工作。刘备称为汉中王，刘巴进为尚书。法正病故后，又代法正为尚书令。刘备称帝时所有文诰策命，全出自刘巴手笔。诸葛亮自谦在运筹划策方面不如刘巴。在当时，刘巴有"才智绝人"的"高士"之称。因为刘巴是个大才子，名气也很大，"爱敬君子"的张飞就很想跟他交往套近乎。一日，张飞主动去拜访刘巴，并提出在其府上住宿，没想到刘巴并不言语，没说可以也没表示不可以，让张飞遭受冷遇，大丢面子。这事大概发生在刘备初定益州之时。

《零陵先贤传》记载说："张飞尝就刘巴宿，巴不与语，飞遂忿感。"诸葛亮为此对刘巴说："张飞虽实武人，敬慕足下。主公今方收合文武，以定大事；足下虽天素高亮，宜少降意也。"刘巴说："大丈夫处世，当交四海英雄，如何与兵子共语乎？"

张飞造访刘巴，想在刘巴处住宿，以便相互交谈，本抱着一片诚意。正如诸葛亮所说，完全是出于敬慕刘巴，可刘巴不领情，竟然不予理睬，摆出一副高傲姿态，难怪张飞愤恨。刘巴拒绝张飞住宿连腔也不答，关键在于张飞是员武将。张飞在刘备集团的地位不

低,也算是个英雄,可在刘巴眼里只是个"兵子",没有共同语言,不屑与之交往。这太有些自命不凡,也太没有大局观念。诸葛亮对刘巴说的那番话,包含两层意思:一是说张飞造访求宿在于"敬慕足下",你不该拒绝;二是说刘备"今方收合文武,以定大事",从有利事业出发你也应该屈尊答应,少摆架子,其用意是很深的。实际上,是对刘巴不遵礼仪、不顾大局、不讲团结的一种批评。

刘备得知这件事后也很气愤,发怒说:"我想平定天下,而刘巴尽给添乱。"并说刘巴本想北还曹操处,假道于益州,他哪里想成就我的大事啊!像刘巴这样的人只有我刘备可任用他,除了我别人是不会重用他的。刘备之所以生气,主要也因为刘巴对张飞的态度不利于他的事业,是拆他的台。

张飞"爱敬君子"吃了刘巴的闭门羹,虽然气愤,但并没有因此怀恨在心,跟刘巴过不去。按张飞的地位,要想报复刘巴并不是做不到,但他没有这样去做。两相比较,"兵子"张飞的品质、器量,倒是"高士"刘巴所比之不及的。

其后,诸葛亮又命张飞攻占巴西(治所在今四川阆中市)、德阳(四川梓潼市),张飞每战必克,夺取了这两个地方,和刘备、诸葛亮、赵云等部队会师于成都。

这时,雒城已被攻克,西凉马超也归顺了刘备,刘备大军围困成都。成都城内的刘璋无计可施,只好出城投降。蜀境平定,刘备从此坐镇益州,中国境内也就大致形成三分天下的局面。

刘备进入成都,论功行赏,赏赐张飞金五百斤,银千斤,钱五千万,锦千匹,其余将吏分赏各有差别。又任命张飞为巴西太守,防备益州北方的曹操势力。

大获全胜

建安二十年(215年),曹操亲征张鲁,张鲁无法抵御,只好投降。曹操命征西将军夏侯渊为都护将军,统领张郃、徐晃等人镇守汉中(治所在今陕西南郑)。

同年十一月,曹操命张郃带领军队扫荡三巴地区(巴东,巴西和巴郡),打算将那里的居民强行迁往汉中,对益州局势构成威胁。刘备的代理偏将军黄权指出,魏军占汉中又攻掠三巴(益州北部三郡,巴郡、巴东郡、巴西郡),犹如将割断蜀的股臂。于是,刘备任命黄权为护军,率兵北上抵御曹军;派征虏将军张飞为巴西郡太守,抗击张郃。

张飞原准备盘马弯弓,大打出手。可是,不想张郃却来了个据山固守,并不出战,甚至连山头也不下。张郃军到达后,在八濛山一带安置三座大寨,一名宕渠寨,一名蒙头寨,一名荡石寨,全部占据险要,多置滚木礌石,坚守不出。张飞进兵,离宕渠十里安扎营寨,随即引兵前来挑战。张郃却只在山上吹号擂鼓,饮酒作乐,就是不肯下山交战。张飞气坏了,可又不敢上山强攻,只好回营。第二天,张飞的部将雷铜前去叫阵,张郃还是不出。雷铜气愤不过,上山强攻,被一阵滚木礌石打了下来,又遭荡石、蒙头两寨曹兵攻杀,大败而回。第三天,张飞又去挑战,叫士兵破口大骂,希望张郃经不起痛骂,下山来战。

可是张郃就是不上当,他也传令士兵在山上还骂。一时间,污言秽语你来我往,哪里还有一点战场的样子,倒像是泼妇骂街了。

如此相持五十余日,张飞眉头一皱,计上心来,索性就在宕渠山下扎起大寨,也不去骂阵挑战了,每日只是饮酒,喝醉了便坐在山前乱骂。

刘备派人犒赏部队,使者见张飞终日饮酒,急忙回来报告。刘备大惊,急问诸葛亮如何处理?哪知诸葛亮却说:"张将军既然爱喝酒,就让他喝好了。只是军中恐怕没什么好酒,成都的佳酿却极多,可以派出三辆大车,送五十瓮好酒至军中,让张将军喝个痛快。"刘备一听更急了,忙说:"张飞从来都是喝酒误事,军师你怎么还要送酒给他呢?"诸葛亮笑着说:"张飞与张郃相持已有五十余日,他每次醉酒之后便坐在山前辱骂,这可不是贪杯,而是他战胜张郃的计策。"刘备将信将疑,便派魏延前去送酒,到后也可帮助张飞。魏延领命,送美酒来到张飞军中。张飞拜谢收讫,便命令魏延与雷铜各领一军,作左右两翼,一旦看到军中红旗升起,便可进兵。同时又叫人把酒摆在帐下,让士兵们摇旗击鼓,痛饮起来。

这下张郃可受不了了。他登上山顶一看,只见张飞正坐在帐下饮酒,并让两个小兵在面前摔跤,用以取乐。张郃大怒,心想:"张飞你欺人太甚了,难道我还真的怕你不成?"随即传令,晚上下山去劫张飞的大寨,并命令蒙头与荡石二寨的曹军也前来支援。

这天晚上,张郃趁着微明月色,领兵从山侧下来,一直走到张飞寨前,只见张飞还在帐中饮酒。张郃大喊一声,领兵杀了进来。一枪刺去,却见张飞仍然不动,原来是个草人。张郃心知中计,急忙回马,猛听帐后数声炮响,一将领先杀出,豹眼圆睁,声如巨雷,正是张飞。当即二将便拼杀起来。打了三五十回合,张郃心急,心想蒙头、荡石两寨的救兵怎么还不到呢?他哪里知道,这两寨的救兵已被魏延、雷铜杀退,连大寨也被夺了。张郃正焦急之间,猛见宕渠山上火光通明,知道大寨已被张飞的后军夺了,连忙丢弃马匹,攀缘山崖,与亲随十余人从山麓小路逃走,一直退到南郑(陕西南郑),三万人马损失了两万。

张飞大获全胜,一战连夺三寨,派人去成都报告刘备。刘备大喜,这才相信张飞喝酒是计,只是要借此引诱张郃下山而已。此战过后,魏军再无力南侵,张飞对稳固刘备在益州的统治起了重要作用,并为刘备进取汉中创造了条件。

张飞打败了张郃,准备凯旋,忽听有将士议论:若能在这战地的崖壁上刻字记功,留传后世,多有意思。张飞望着众将士,思潮翻滚,心情激动,便命令:"快拿笔墨来!"随营将士回答:"行军匆忙,一时忘带了笔墨。"张飞看了看自己使用的武器丈八蛇矛,随即走到一块较平整的高大崖壁前,抓起长矛,对着石壁刺凿起来。不一会,"汉将军飞,率精卒万人,大破贼首张郃于八濛,立马勒铭。"两行瘦劲的隶书就呈现在八濛山的石壁上了。

建安二十一年(216年),曹操称魏王。次年(217年)冬,法正建议刘备夺取汉中,刘备采纳,亲率大军挺进汉中。他命令张飞、马超、吴兰等驻军下辨(甘肃成县西),威胁汉中西面的州郡县城。魏王曹操马上命都护将军曹洪阻截。

建安二十三年(218年),曹洪准备攻击吴兰部队,张飞当时驻兵固山(下辨附近),扬

言要截断曹洪的后路，曹洪不理会，继续进击，攻破吴兰军队，吴兰被杀。三月，张飞、马超领兵撤退。七月，曹操亲率军队前往汉中，增援汉中守将夏侯渊。

可是他还没有到达汉中前线，征西将军夏侯渊已经兵败被杀了。曹操到达后，与刘备对垒，相持一个多月。曹军士卒死伤严重，有不少人逃亡，曹操只得放弃汉中，撤军返回长安（陕西长安）。刘备于是占领了汉中。

建安二十四年（219年），刘备自称汉中王，进封张飞为右将军，假节（同时封关羽为前将军，马超为左将军，黄忠为后将军，赵云为翊军将军，诸葛亮为军师将军，法正为护军将军）。

此时，刘备的荆州前线发生了突变：前将军关羽率领庞大军团北伐曹操控制的襄樊地区，曹操命于禁、庞德增援据守樊城（湖北襄阳市）的曹仁。关羽利用地利和天时，水淹曹师七军，降于禁、杀庞德，威震华夏。曹操联结孙权，共同进取荆州，孙权大将吕蒙、陆逊用计偷袭荆州。关羽回军救援，兵败被杀。荆州从此落入孙权之手，孙刘联盟轰然倒塌，刘备势力受到严重的打击和削弱。

偏偏这时，魏王曹操也病死了。其子曹丕即王位，同年（220年）十月称帝，建国号魏，定都洛阳。

蜀中传言汉献帝刘协已被曹丕所害（刘协其实并没有被杀，他在公元234年与诸葛亮同年病死，享年一样，都是五十四岁），刘备于是在公元221年称帝，建国号汉，是为汉昭烈帝，定都成都，改年号为章武。以诸葛亮为丞相，张飞为车骑将军，兼任司隶校尉，加封为西乡侯。

刘备又立夫人吴氏为皇后，王子刘禅为太子，为刘禅娶张飞的女儿为太子妃。后刘禅即皇帝位。张皇后死后刘禅又娶其妹为皇后。蜀国灭亡，刘禅带小张皇后（权称小张，以示区别）迁往洛阳。

终酿祸患

公元221年夏，汉昭烈帝刘备痛恨孙权偷袭杀害关羽，决定对孙权进行灭国性的军事行动。张飞闻讯率领一万多人，自阆中（今四川阆中）出发，准备到江州与刘备会师，然后进击东吴。即将出发的当晚，张飞被他的部下张达、范彊刺杀身亡。张、范二人携其首级投奔孙权。张飞的部将连忙上表奏报刘备，刘备听到张飞的部将有表上奏，不禁惊呼："天啊，张飞死了！"

为什么刘备猜测得如此准确？原来，张飞雄壮威武，仅次于关羽，连曹魏集团的重要谋臣程昱等人都称赞他们两人为"万人之敌"。不过，他们俩都有致命的缺点：关羽能够关心爱护部下，却看不起士大夫（作者注：士大夫，随不同时代其含义有所不同，在我看来东汉末年的士大夫包括知识分子，及通过"举孝廉"等其他方法任职的在职官员，和已经离退休的官员，属于统治阶层）；张飞呢？他尊敬君子，喜欢和他们结交，但是却不体恤部

下,看不起地位身份低于自己的"小人"。

身为勇将,历经波折,性格暴躁一点,本不足怪;但驰骋疆场数十年,与士卒一起出生入死,甘苦与共,至少应该懂得善待部属这个起码的道理。然而,张飞却偏偏不懂这一点,对士卒极其粗暴,动辄鞭挞致死,这是一个致命的弱点。刘备就曾多次告诫张飞:"你刑杀太重,又经常鞭打下面的士卒,却偏偏叫他们在你的左右侍卫,这是为你自己制造祸患啊!"但是张飞却不能改变自己的作风,依然故我,还是动不动就拿部下出气,这当然要激起某些部下的不满甚至报复。

张飞"不恤小人"的致命弱点,最终被"小人"所算,导致身首异处,死时只有五十五岁。

蜀汉景耀三年(260年),后主刘禅追谥张飞为"桓侯"。

张飞的长子张苞,死得较早(史书上并没有记载他曾随同诸葛亮北伐曹魏)。张苞的儿子张遵,任蜀汉尚书。曹魏景元四年(263年)邓艾出奇兵突然出现在成都平原,张遵随同诸葛瞻到绵竹(四川德阳市)拒敌,兵败被杀。

张飞的次子张绍,官至侍中尚书仆射,诸葛瞻战死后,蜀汉君臣决定投降,刘禅命张绍带皇帝的印信,前往迎接邓艾大军。邓艾接受刘禅的投降。后来钟会、姜维、邓艾父子被杀,成都城内混乱杀戮多日,蜀国将士官吏死亡殆尽,随同刘禅迁往洛阳的官员中也找不到张绍的名字,因此极有可能他也死在乱兵之中了。张飞一族在三国史书上从此绝迹。

综观张飞英雄一生,只因"不恤小人"而终酿祸患,是够使人感叹的。《三国志》在评价张飞和关羽时说:"关羽、张飞皆称万人之敌,为世虎臣。羽报效曹公,飞义释严颜,并有国士之风。然羽刚而自矜,飞暴而无恩,以短取败,理数之常也。"实无虚言。张飞和关羽同为刘备手下重将,并称世之虎臣,然最后却不得善终,令人扼腕。后人有诗叹道:

安喜曾闻鞭督邮,黄巾扫尽佐炎刘。

虎牢关上声先震,长坂桥边水逆流。

义释严颜安蜀境,智欺张郃定中州。

伐吴未克身先死,秋草长遗阆地愁。

东吴名将

——周瑜

名人档案

周瑜:字公瑾,庐江舒县(今安徽舒城,一说庐江)人。东汉末年东吴集团将领,杰出的军事家。汉族。美姿容,精音律,长壮有姿貌,多谋善断。

生卒时间:175～210 年。

安葬之地:安徽庐江县城东 1 公里处。墓为圆顶,高 2 米,封以灰色麻布纹大汉砖,墓门朝东,墓周松竹环绕,墓前有明刻"吴名将周公瑾之墓"石碑一块。为明正统七年(1442 年)立。墓前有清代立《汉偏将军领南郡太守周瑜铭》。

性格特点:有强烈的进取精神和横行天下的抱负,性度恢廓,大率得人。

历史功过:公元 208 年赤壁之战中大败曹军,奠定三分天下基础。后图进中原,不幸早逝。

名家评点:孙权曰:公瑾雄烈,胆略兼人,遂破孟德,开拓荆州,邈焉难继,君今继之。……子明……学问开益,筹略奇至,可以次于公瑾,但言议英发不及之耳。

刘备曰:"公瑾文武筹略,万人之英,顾其器量广大,恐不久为人臣耳。"

谋无不成,规无不细。——三国·王朗

建独断之明,出众人之表,实奇才也。——西晋·陈寿

饬法修师,则威德翕赫。宾礼名贤,而张公为之雄;交御豪俊,而周瑜为之杰。彼二君子皆弘敏而多奇,雅达而聪哲,故同方者以类附,等契者以气集,江东盖多士矣。——西晋·陆机

公瑾卓尔,逸志不群。总角料主,则素契于伯符;晚节曜奇,则叁分于赤壁。惜其龄促,志未可量。

公瑾英达,朗心独见。披草求君,定交一面。桓桓魏武,外讬霸迹。志掩衡霍,恃战

忘敌。卓卓若人,曜奇赤壁。三光参分,宇宙暂隔。——东晋·袁宏《三国名臣赞序》

周瑜是个"青年团员",当东吴的统帅,程普等老将不服,后来说服了,还是由了他,结果打了胜仗。——毛泽东《青年团的工作要照顾青年的特点》

生逢乱世

周瑜,字公瑾,庐江舒县(今安徽庐江县西南)人,汉灵帝熹平四年(175年),出生在一个士族家庭。其曾祖周荣先后在东汉章帝、和帝两朝担任过尚书令的职务。堂祖周景、周景的儿子也就是堂伯周忠,皆当过综合管理军政事务的太尉,位列三公之首,掌握大权。周瑜的父亲周异也曾做过洛阳县(今河南洛阳市白马寺东)令。东汉末年万户以上的县的行政长官称为令,万户以下县称为长,周异的官在当时也算不小了,相当于一个实权派。

周瑜生逢乱世,东汉政权的统治正面临严重危机,政治腐败,经济凋敝,各种社会矛盾空前激化。在镇压黄巾起义过程中,统治阶级内部的各派势力乘机扩充军事实力。他们之间的争夺十分激烈,冲突日益升级。周瑜家族历来以廉洁奉公和学识渊博而著称,对子女的要求也非常严格,周瑜因此接受了较好的教育。面对暗淡的世道,家境富足的周瑜虽然仍可凭借祖上的荫庇升任官职,但他并没有和当时大多数官宦子弟一样走上游手好闲、斗鸡走狗等不务正业的道路。青少年时代的周瑜,英俊潇洒,姿质风流,但也没打算凭借俊逸的仪表去寻花问柳,占有女色。他自少年时代就勤奋好学,熟读各类经书,尤其喜读兵法,日常还爱练习武功。周瑜从小就精通音律,懂得曲谱,即使在酒酣之时,他也能察觉演奏者的错误,一经发现,他即回眸注视演奏者,所以当时有一句谣谚说:"曲有误,周郎顾。"但是在东汉末年天下大乱的动荡年代里,年幼的周瑜就已经认识到社会更需要的是有作为的政治家、军事家,因此他没有走上音乐的创作研究道路,而是一面攻读经史和兵书,练习武艺,一面注视着当时全国形势的变化,期望着有朝一日,能够用自己的政治和军事才能,辅佐一位贤明的人物,结束天下纷乱的割据局面,实现全国的统一和安定。

佐定江东

周瑜在少年时期就与孙吴政权的核心人物结交。中平六年(189年)汉灵帝死,外戚何进辅佐十四岁的刘辩即位。当时宦官的权力非常大,不但把持朝政,而且经常对其他势力打击陷害。为了对付宦官势力,何进召在陇西(今甘肃临洮)的土豪董卓进京。而董卓是一个很有野心的人,乘机拥兵进入洛阳,另立刘协为汉献帝,自任相国,夺取了军政

大权。董卓的专权引起地方军阀的不满。第二年，关东（一般泛指函谷关或潼关以东的地区）的一些郡州牧守联兵讨伐董卓。当时的长沙太守孙坚也出兵参加讨伐董卓的战争。孙坚是汉末江东豪族，勇猛刚毅，讨破黄巾军的时候所向披靡，后来又参加了镇压长沙义军区星，封为乌程侯。这时他参加了扬州的袁术集团。孙坚在动身赴洛阳作战之前，把家眷安置在庐江舒城。此时，周瑜正值少年，长得高大健壮，容貌出众，且为人豁达，慷慨大方，特别喜爱结交朋友。他早就对孙坚的英雄事迹有所了解，也十分敬仰孙坚的为人，听说孙坚把家安在了舒城就前去拜访孙坚的长子孙策。孙策也喜好交友，而且也在政治上有一番长远的抱负。周瑜恰与孙策同岁，两人一见如故谈得十分投机，周瑜即将一座路南的大宅院送给孙策。孙策将母亲搬来居住后，周瑜还去专门拜见了孙母以示尊重。周瑜与孙策为邻，共通有无，情同手足，结成莫逆之交，为他今后加入孙吴政权打下了基础。

　　讨伐董卓之后，各路豪强兴起，谁有兵有权，谁就能割据一方争夺天下。在这种乱世之中，社会经济萧条，人民生活更加困苦，但这种情况的确也为有才干、有抱负的人提供了展示自己的舞台。周瑜这时也开始思考自己的未来，如何才能实现自己当初的政治抱负。周瑜家族曾有两人做全国最高军事长官的荣耀，自己也具备很强的号召力，但父亲早逝，难以自成气候。在当时的社会背景下，周瑜只得投奔叔父丹阳（今安徽宣城）太守周尚。周尚有些部队，周瑜也就在这里开始了最初的带兵生涯。也就在这一时期，孙坚被袁术派往荆州征讨刘表，被刘表的将军黄祖射死。孙坚死后，长子孙策继承了父业，仍然带兵继续依附扬州军阀袁术。袁术是一个反复无常、不会用人的军阀，一会许愿封孙策为九江太守，过段时间又许愿要封孙策为庐江太守，但都食言。这使想有一番作为的孙策十分失望。兴平二年（195年），袁术派孙策率兵攻取江东。长江在流经九江以后改向东南，因此习惯上把长江下游江南一带称为江东，这里气候适宜，物产丰富，人民生活较为安康，拥有江东可为成立事业打下根据地。孙策因袁术不重用自己，决定利用这个机会召纳其父旧部，脱离袁术，称霸江东。渡江之前，他进兵历阳（今安徽和县），写信告诉周瑜，周瑜立即带领叔父周尚的一部分军队和大批舟船粮秣，从丹阳前去迎接。对于周瑜应邀而至，孙策大喜过望。见到周瑜，孙策高兴地说："有你的帮助，事情就有成功的希望了！"周瑜于是跟随孙策率兵渡过长江。孙策进击江东的军事行动，进展得十分顺利。在周瑜及江东名士程普、张昭等人的协助下，孙策攻打扬州刺史刘繇，占领牛渚营屯（在今安徽当涂西北），夺取了刘繇的全部粮草、兵器。接着，又攻下秣陵（今江苏南京，又称金陵、建业），占领刘繇大本营曲阿（今江苏丹阳），逐走刘繇，此时孙策的部众已扩展到几万人，他对周瑜说："我用这些部属攻取吴会（东汉时分会稽郡为吴、会稽二郡，合称吴会）、平定山越（古越人的后裔）已足足够用，请你回去镇守丹阳。"周瑜这才渡江北返，回到丹阳周尚的驻地。第二年，孙策攻占会稽（郡治在今浙江绍兴），自称会稽太守，也成为割据一方的军事势力。

投奔孙吴

在当时军阀混战、风云变幻的形势下，选择贤明的主子，是想有所作为的人非常重视的问题。周瑜牢记东汉名将马援的话："当今之世，非但君择臣，臣亦择君。"这次跟随孙策渡江攻取江东，使他对孙策有了更进一步的了解。他看到孙策为人豁达大度，善于用人，士民皆乐于为其效力，而且治军有方，纪律严明，所到之处，秋毫无犯，深得百姓的拥护。而且孙策本人英气勃勃，志向远大，是江东当地吴郡豪族，已经割据江东，又是少年密友，因此暗中下定了投奔孙策的决心。当时，周尚所依靠的袁术，是全国势力最大的两个军阀之一。周瑜回到丹阳不久，袁术以堂弟袁胤取代他叔父周尚为丹阳太守，周瑜无力对抗，被迫遵从袁术的命令，和叔叔一起离开丹阳，来到袁术的驻地寿春（今安徽寿县）。袁术见他与孙策攻取江东时颇能用兵，想任他为将，但他觉得袁术统治残暴、搜刮狠毒，而且目光短浅，骄横无知，认为他成不了大事，便婉辞谢绝，要求改任居巢县（今安徽巢县）的行政长官。居巢离长江很近，周瑜的目的是从居巢顺流而下直奔江东。袁术不知周瑜假途东归的用意，竟满足了周瑜的要求，任命他为居巢行政长官。在居巢，周瑜结识了临淮东城（今安徽定远）的豪族鲁肃。在他的劝说之下，鲁肃也决定放弃东城长的官职，背叛袁术，欲与周瑜结伴东渡。建安二年（197年），袁术不顾部下反对，擅称帝号，成为众矢之的，这种愚蠢的作茧自缚，更引起了周瑜的厌恶。而孙策却已陆续削平江南各郡的割据势力，夺占吴郡、会稽等地，既而又与袁术决裂，设置官府，委任长史，在江东初步建立了孙氏政权。建安三年（198年），周瑜便从居巢率众南下，渡江前往江东，投奔了孙策。孙策亲自迎接，授予建威中郎将，把两千名将士、五十匹战马交给他指挥，又给鼓乐队（这是当时一种很高的荣誉），整修了新的住所，命他出镇牛渚。孙策给予周瑜的赏赐之厚，是没有人能比得上的，孙策还在所发布的命令中说，今天的赏赐不足回报周瑜在关键时刻给予自己的支持。此时周瑜的年纪才二十四岁，仪容俊美，风流倜傥，功成名就，江东人都亲切地称他为"周郎"。

孙策以他为牛渚镇守，不久又改派为春谷长。牛渚、春谷与庐江郡一水之隔，两处都是扼守江东的咽喉要地。孙策考虑舒县周氏是庐江的名门望族，派周瑜为督，可以充分利用他所在家族的社会影响，以招募人马，延揽人才，扩大力量。建安四年（199年），孙策准备夺取刘表控制的荆州，他任命周瑜为中护军，兼任江夏太守，驻守巴丘（今江西崇仁境内）。接着，为报杀父之仇，周瑜即与孙策率兵前去攻打刘表的江夏（郡治在今湖北新洲）太守黄祖。正在这时，袁术死去，他的部下杨弘、张勋等拟率其众投奔孙策，却遭到庐江太守刘勋的截击，袁术的部众尽为其所夺。孙策害怕刘勋成为第二个袁术，决定设计消灭他。孙策先是劝刘勋攻取储积丰富的上缭（今江西建昌县城内），说自己愿出兵以为外援，并送给刘勋许多珠宝和葛布。刘勋果然中计，领兵攻打上缭。消息传来，孙策与周瑜正引兵西击黄祖，行至石城（今江西建昌境内），他们当即带领两万军队偷袭刘勋统

辖的皖城（今安徽潜山县），俘获袁术、刘勋的妻子及部众三万余人。刘勋听说皖城失守，回师援救，在半路被孙策的堂兄孙贲、孙辅击败，求救于黄祖，黄祖派五千人助战，又被孙策、周瑜打败，最后刘勋北上投靠了曹操。打败刘勋后，周瑜又随孙策继续领兵西击黄祖，经过几次大仗，孙策俘获对方士兵三万余人，战船七千余艘，实力大增。通过这次向西用兵，豫章（今江西南昌）、庐陵（今江西吉水西北）一带也尽归江东所有。战争结束后，周瑜以中护军、领江夏太守的职务（孙策授予周瑜这一职务是在取皖城之前）镇守巴丘（今湖南岳阳），防范占据荆州（今湖南、湖北）的刘表东侵。孙策在江东声势大振，东汉丞相曹操以汉献帝刘协的名义，任命他为讨逆将军，封他为吴侯。

曹操历来爱才，听说了周瑜的事迹后，非常欣赏，以为也可以通过游说诱惑拉拢周瑜来瓦解东吴政权，便秘密下令到扬州（今安徽寿县），派遣九江郡（同扬州治）最有口才、又是周瑜少年时的老同学蒋干为说客，去见周瑜。于是蒋干身穿布衣，头戴葛巾，以私访的名义去见周瑜。蒋干见到周瑜后，周瑜一眼就识破了蒋干的用心，宴请完了之后，便以有机密之事要处理为由，先让蒋干在旅馆坐了三天冷板凳。三天过后，周瑜领蒋干遍观军营，巡视仓库、军资、器仗，又设宴饮酒，展示自己的侍从、服饰和珍玩。不但如此，周瑜还直接告诉蒋干说："大丈夫立于世间，能遇上知己为主公实为人生一大幸事，我和孙氏外表看有着君臣之义，内里却又有骨肉亲情。主公对我是言听计从，祸福与共。就算是古时最著名的说客苏秦、张仪（战国时著名的策士，周游各国，向统治者陈说形势，提出政治、军事、外交主张，以求高官厚禄）再世，郦食其（楚汉战争时刘邦的谋士，常为说客，曾劝说齐王田广归汉，而韩信乘机袭齐，田广认为被他出卖，将他烹死）复生，我尚能拍着他们的后背而斥责他们，何况足下比起他们来是晚辈后生，哪能劝说我改变志向呢？"蒋干论才气，论口才，独步江淮之间，但在周瑜面前却连一次插嘴的机会也没有，只得不停地苦笑。蒋干回去复命，称赞周瑜有着高尚的品质，宽宏的度量，一心效忠孙策，用任何功名利禄来诱惑他都是枉费心机，也不是靠言辞就能离间周瑜和孙氏的，曹操只得作罢。在这天下大势变幻莫测、英雄豪强纵横捭阖的重要关头，周瑜坚定不移地站在孙策集团一边，对孙氏的事业忠贞不贰，为孙氏政权稳固人心、打牢基础起到了重要的作用，也赢得了天下人的赞誉。

周瑜不但在政治上全力拥戴孙氏，在生活上也跟孙家结成姻亲，两家人亲如一家。攻入皖城后，孙策与周瑜听说城中乔公有两个女儿天生丽质，容貌过人，派人前去求亲。乔公慨然应允，将大女儿大乔嫁给孙策，小女儿小乔嫁给周瑜。后来，周瑜又跟孙权结成儿女亲家。他的女儿嫁给孙权的儿子太子孙登，他的大儿子周循娶了孙权的女儿为妻，小儿子又娶孙氏宗室女儿为妻。周瑜到江东后，不仅受到孙策的重用，就连孙策的母亲太夫人对他也很器重。太夫人特地叮嘱他的儿子孙权，周瑜只比孙策小一个月，要孙权像对待自己的亲兄长那样对待周瑜。孙权是孙策的弟弟，此时已经位居将军。

周瑜还十分注重团结其他将领。孙策的老部将程普，曾随孙坚征战，讨黄巾、破董卓，"攻城野战，身被创痍"，见周瑜年纪轻轻，就得到如此特殊的礼遇，很不服气，便依着年长资深几次侮辱周瑜。但周瑜胸怀开阔，宽容大度，忍屈受辱，从不同他计较。后来程

普被这种宽容的气度所感动,对周瑜十分敬重,逢人就说:"同周公瑾结交,就像喝美酒一样,不知不觉地就被他陶醉了。"

辅佐孙权

建安五年(200年),孙策趁曹操与袁绍相峙官渡时,准备偷袭许昌,迎汉献帝,不幸被故吴郡太守许贡的门客杀死于丹徒(今江苏镇江),临死时指定弟弟孙权为继承人。这时孙权年仅十八岁。当时江东的孙氏政权只是初具规模,并不巩固。不但外有强敌曹操、刘表,境内的一些纵深之地还有很多小股的割据势力,统治营垒中不少人左瞻右顾,"以安危去就为意,未有君臣之固",形势紧迫,人心惶惶。这种局面直到周瑜率领大军从巴丘赶至吴(今江苏苏州)赴丧才有改观。周瑜强兵在握,但率先毕恭毕敬,用君臣的礼节对待孙权,其他人也就不敢再有什么异议。孙权把周瑜留下,与长史张昭共同掌管军事和行政事务。周瑜和张昭把一些琐碎的行政事务分管起来,全力支持和辅佐孙权,迅速安定了江东的局势。周瑜亲自出面挽留准备北行的鲁肃,把这位一直没有得到孙策重用的政治人才推荐给孙权。后来,鲁肃成了江东政治舞台上极为活跃的政治家。同时,周瑜与张昭团结程普、黄盖、吕蒙等将领,四出征讨,并网罗人才,发展生产,努力巩固东吴的统治。

就在孙策去世的那一年,曹操与袁绍在官渡(今河南中牟东北)展开一场决战,消灭了袁军主力。建安七年(202年),袁绍死去,其子袁尚、袁谭互相火并,曹操又乘机出击,基本上统一了北方地区。在这之前,他已把汉献帝挟持在手中,迁都于许(今河南许昌)。这时,曹操乘消灭袁绍、兵威大盛、势力大张之机,为试探江东的虚实下书江东,要求孙权派子弟去许都做人质。孙权召集群臣讨论对策,张昭、秦松等人见曹操兵威日盛,犹豫不决。周瑜坚决反对派送人质,孙权带他去见太夫人(孙权的母亲),他慷慨激昂地对太夫人陈辞:"往昔的楚国,开始受封于荆山之侧,不满百里之地,但后代贤能,广开疆土,立基于郢(楚都郢,即江陵),遂据荆、扬(占荆州、扬州,指今长江中下游一带),达到南海,传业延祚,九百余年。现在将军(指孙权)继承父兄基业,兼有六郡之众,兵精粮多,将士用命,铸山为铜,煮海为盐,境内富饶,人心安定,泛舟举帆,朝发夕到,士气高涨,所向无敌,为什么要送子于人呢?一送人质,就不得不听命于曹操,他一下命令,我们就不得不服从,那就要受制于人。听命于曹操,最多不过是授给 一颗侯印,仆从十余人,车几乘,马数匹,这能与南面称王相比吗?不如不派人质,看看天下如何变化再说。如果曹操能以道义治天下,将军再去投奔也不晚,如果曹操暴虐天下,那就将自取灭亡。将军韬勇抗威,以待天命,哪有给他送人质的道理!"吴太夫人听后连连点头,高兴地说:"公瑾说得太对了!公瑾与伯符(孙策字伯符)同岁,只小他一个月,我把他当成亲儿子看待,你(指孙权)要像对自己的亲哥哥一样对待他,多听他的意见。"于是孙权决定不给曹操送人质。当时曹操因忙于扫荡袁绍的残余势力,和袁尚、袁谭在黎阳作战,无暇再与孙权周旋,派送人质的事情也就不了了之。

　　建安十一年（206年），周瑜奉命督孙瑜等攻麻、保二屯（在陆口以东，陆口在今湖北嘉鱼西南）的山贼。这次战争十分残酷，周瑜将俘获的部落首领一律枭首示众，同时还把一万多人强徙到江东政权的腹地。不久，刘表江夏太守黄祖派部将邓龙引兵数千人，进攻柴桑（今江西九江西南），周瑜率东吴兵迎击，生俘邓龙而归。在周瑜与张昭的辅佐下，经过几年的努力，孙权的实力逐渐得到加强，江东的局势也日趋稳定了。

鏖战赤壁

　　留吴期间，周瑜曾多次奉命进攻刘表。孙权与刘表势不两立，一是因刘表占据的荆州（治所今湖北襄阳）与扬州毗邻，属于江东政权向西开拓的对象；二是因孙权的父亲孙坚死在刘表的部将黄祖手里，双方有世仇。孙权继承孙策的政策，不断地西进，其主帅常由周瑜担任。

　　建安十三年（208年）初，周瑜向孙权举荐刘表的降将甘宁。孙权接受甘宁的建议，亲自统兵进攻屯军夏口（今湖北汉口）的黄祖。周瑜被委派为前部大部督。孙权的意图是夺取荆州以确保江东，然后向辽南发展，再相机以夺取天下，统一全国。江夏太守黄祖派都督陈就领水军出战，两军进行了一场激烈的水战后，被孙权部将吕蒙所败，吴军乘胜追击。黄祖弃城出逃，被吴军追及擒杀，江夏遂由东吴所有。消灭黄祖，为孙权夺取荆州扫清了道路。

　　就在这一年，北方的曹操已经彻底消灭了袁氏的残余力量，并打败了三郡（辽东、辽西、右北平）的乌桓（东胡族的一支，又名乌丸、赤山）。他把被乌桓俘获的汉人十余万户和幽州、并州的乌桓三万余户迁入塞内，基本统一了北方。曹操自任丞相，"挟天子以令诸侯"，准备进一步统一全国。七月，他亲率步骑二十万，号称百万，南下荆州，准备一举吞并刘表，然后顺流东下，消灭孙权。曹军尚未到达荆州，刘表已先病逝，其子刘琮继任荆州牧。九月，曹军到达新野（今河南南阳市南），刘琮奉表迎降，其水军数十万尽为曹操所得。依附于刘表的刘备，在樊城得到消息，率部向江陵（今湖北江陵）退却，在当阳（今湖北荆门南）的长坂（当阳东北）为曹军追击，惨遭大败，逃往鄂县（今湖北鄂城）之樊口。曹操占据江陵，准备顺流而下，进兵江东，他写信威胁孙权说："今治水军八十万，方与将军会猎于东吴。"

　　曹军南下荆州，给江东政权造成严重威胁。特别是曹操得到荆州的大批水师战船，又据有粮食武器储备丰足的江陵（今湖北江陵），更使江东朝廷上下十分不安。九月，孙权亲临荆州前线。鲁肃力主联合刘备，共同抗拒曹操。他在得到刘表死讯时，自请以为刘表吊丧为名，前去荆州联络刘备。孙权采纳了他的主张，派遣鲁肃到长坂去见刘备，向刘备表明孙权与之结盟抗曹的意图。刘备正有此意，随即派诸葛亮随鲁肃去东吴，与孙权具体商议结盟之事。十月，鲁肃与诸葛亮返抵柴桑（今江西九江西南）拜谒孙权，此时

曹操的威胁信正好送到,事态严重,江东上下十分惊恐,孙权正召集群臣商议对策。没想到,张昭、秦松等文武大臣皆为曹操气势汹汹的兵威所吓倒,他们认为,曹军力量强大,并以汉相的名义,打着皇帝的旗号征讨四方。抗击曹军,在名义上便很被动。况且江东的优势在于凭借长江天堑,曹操得到荆州,收降刘表的水军,获取大量的战船,天险成为双方共有的东西,实力悬殊,江东只有迎降曹操才是出路。孙权见他的重要辅臣如此主张,感到很为难。鲁肃再次劝说孙权抵抗曹操,并建议他把派往鄱阳(今江西鄱阳)练兵的周瑜召回,共商大计。

周瑜接到孙权的调令,立即赶回柴桑,他完全支持鲁肃的意见,坚决反对张昭的主张。在大臣会议上,他对孙权分析敌我双方的形势说:"曹操虽然托名为汉朝丞相,其实不过是汉朝的奸贼。将军您以神武雄才,加以仰仗父兄之威望,占据江东,辖地数千里,兵精足用,士吏同心,当横行天下,为汉室清除奸贼;况且曹操这次是自来送死,怎么能去迎降呢?现在请让我进一步分析一下对方的兵力:如今曹操北方尚未巩固,马超、韩遂尚在关西,对他的后方,构成威胁;他又舍长就短,放弃骑兵,来同吴军进行水上较量;加以现在正值寒冬,马无饲料,北方部队,远来江南,不习水土,必生疾病。这些都是用兵之患,曹操却置之不顾而贸然进犯,此乃取败之道。我请求拨给我五万精兵,进驻夏口(今湖北武汉),保证为将军打败曹操。"孙权听后坚定了抗曹的决心,说:"曹操这个老贼想废汉自立,为时已久,他就是担心袁绍、袁术、吕布、刘表和我。现在数雄已灭,唯我尚存,我与老贼势不两立。你说应当起兵抗拒,正合我意,多谢上天把贤卿赐予我也。"接着,孙权拔出佩刀,狠狠地砍掉书案的一角,说:"诸位文武大臣,敢有再说向曹操迎降的,就和这张书案一样!"

开完大臣会议的当天晚上,周瑜又请求进见孙权,对他进一步分析曹操的实力,说:"各位大臣只看到曹操的信上说他拥有水军八十万,就被吓坏了,没有想想这种说法是否符合实际。今天我核实了一下,他所率领的北方军队,不过十五六万,并且长期作战,十分疲惫;收降刘琮的军队,最多不过七八万人,而且对曹操心怀疑忌。因此曹军数量虽多,并不足畏,只要有五万精兵,就可以击破它,希望将军不必忧虑。"孙权拍着周瑜的肩膀,再次对他表示:"公瑾所言,甚合我心。子布(张昭,字子布)、文表(秦松,字文表)等人,各顾妻儿子女,为自己打算,深失所望,只有卿与子敬(鲁肃,字子敬)与我同心,此上天以卿两人助我也。"由于一下子难以调集到五万士兵,于是孙权选拔水军三万人,并筹集了船粮兵器,任命周瑜、程普为左右督,鲁肃为参军校尉,前往荆州与刘备会师,共同抗击曹军。在确定迎击曹军之后,周瑜便积极进行部署,一是与刘备联合破营,二是利用曹兵骄傲麻痹的弱点,实施进攻,将曹兵击败。

周瑜率军沿江西上,在樊口的刘备派诸葛亮出使吴国未还,听说曹军南下,惶恐不安,每天派巡逻的吏卒探视江面,等候吴军的到来。有一天,一个巡逻的小吏看到周瑜率领的船队向附近的江面驶来,赶紧报告刘备。刘备问他:"你怎么知道不是曹操的军队?"小吏回答说:"从船只可以判断不是曹操的军队,而是周瑜的军队。"刘备急忙派部将糜竺携带酒肉前去慰劳,周瑜说:"我有重任在身,不得脱身,如果你家主公能屈尊相见,我就太高兴了。"麋竺回去一说，刘备对关羽、张飞说："既然他想见我，而我又想联吴抗曹，不去见他，就失去结盟的诚意了。"刘备立即乘着小舟去见周瑜。两人见面，刘备对周瑜说："现今联合抵抗曹公，实在是个好计策。不知将军带来多少将士？"周瑜说："有三万人。"刘备说："可惜少了些。"周瑜笑着回答说："这已经足够了，请豫州（刘备曾被曹操任命为豫州牧）等着看我攻破曹军吧。"周瑜统率水军船队，与刘备的两万军队会合后，继续溯江前进，在赤壁（今湖北蒲圻西北）与曹操的先头部队相遇。这时，周瑜的推测已成为事实，曹操的陆军不但不习水战，而且疫疾已在军中流行，生病的人很多，战斗力大受影响；曹操收降的刘琮水军久未作战，平时又缺乏训练，基本上也没什么战斗力。两军一交战，曹军就吃了败仗，撤回北岸，屯兵乌林（今湖北洪湖市东北，长江北岸邬林矶）。孙、刘联军屯驻赤壁，与曹军隔江对峙。

　　曹操初战失利后，一方面派蔡瑁、张允加紧操练水军，一方面为了解决北军不习水战的缺点，下令将战船用铁链和铁钉连锁在一起，首尾相接，以减少风浪的颠簸，避免士卒晕船。周瑜的部将黄盖见到这一情况，提出建议说："现在敌众我寡，难以持久。但是看曹军在舰船首尾连接在一起，可以用火攻的办法来攻破他们。"周瑜决定采纳这一建议，叫黄盖写信向曹操诈降，并事先约定投降的时间。然后命令水军挑选几十艘战船，装满干草，浇注油脂，再用红色的布幕遮挡严实，插上旌旗，每艘战船后面再系上一条快船，以备放火后撤退之用。曹操接到黄盖派人送去的诈降信，打开一看，只见信中写道："盖受孙氏厚恩，尝为将帅，待遇不薄。但是看天下大势，用江东六郡山越之人，以当北方百万之众，众寡不敌，这是海内人所共见的。东吴将吏，虽然没有愚智，但都知道无法抵抗百万大军的进攻，唯有周瑜、鲁肃浅薄鲁莽，看不到这点。归顺朝廷，这才是计之上策。周瑜人马不多，容易攻破，交战之日，我为前锋，当见机行事，为公效命。"曹操收到降书后，详细询问送信人，又经过反复研究，表示接受黄盖投降，并约定时间和信号，让黄盖驾船前来。建安十三年（208年）十一月十三日傍晚，到了约定的诈降日期，正好刮起东南风，午夜时风势稍急。黄盖率领十艘战船，其余船只随后，驶离南岸北上，行至江中，悬帆急进。在距曹营二里许，黄盖点燃火把给各船的将校发出信号，他们便让士兵齐声呼喊："投降啰！"曹操的将士都跑出营寨，站到江边引颈观望，丝毫不加戒备。黄盖率领的战船靠近曹军，各舰兵士同时点燃船上的干草，然后跳到后面的快船，解开连结快船和战船的缆绳。战船顺风飞驶，火烈风猛，船飞如箭，很快就靠上停在北岸的曹军船只。曹军战船首尾相连，分散不开，行动不便，顿时都着火燃烧起来。烈火迅速蔓延到岸上的营寨，浓烟滚滚，赤焰腾空，曹军乱作一团，四出逃命，烧死、溺死者不计其数。周瑜和其他将领率领孙、刘联军的舰队乘势擂鼓前进，杀过长江，冲入曹营，大败曹军。曹操猝不及防，无心迎敌，索性命人把未被点燃的战船和不便带走的军需付之一炬，带着残部向北败逃走。同时，刘备也自蜀山向乌林进攻。曹操带领残兵败将向华容（今湖北监利北）小道逃去，行至云梦（今洪湖一带）的大沼泽地，道路泥泞，坎坷难行。当时大雾漫天，迷失道路，曹军好不容易转出云梦，又遇上狂风急雨，辎重军械鞍马尽失，士卒饥寒，病疲不能支持的多死于途中。不得已，曹操只好命令体弱的士兵背草垫路，才使骑兵得以通过。经过长

途奔波,再加人马自相践踏,曹军死伤无数,只剩下三分之一左右的人马。刘备这时安排早已埋伏好的赵云、张飞、关羽各率军驾小船自州陵(今湖北沔阳)方面截击曹军,曹兵不能作战者多被俘虏。

周瑜、刘备水陆并进,向南郡(郡治在今湖北江陵)方向追击。曹军通过华容道后,在张辽、许褚等将的接应下,到达江陵。这时部队已伤亡散失大半。曹操不愿在荆州久留,遂派曹仁、徐晃戍守江陵,乐进戍守襄阳,自率余部返回邺城(今河北临漳西南)。

周瑜与程普带领几万军队追击曹军,至江陵,与曹仁隔江对峙。江陵城内粮草充足,加之曹仁防守严备,周瑜一直未能取胜。这时,刘备对周瑜建议说:"曹仁守江陵城,城中粮多,不易攻取,我派张飞带一千人马随你进击,你分二千人马给我,同我一道从夏水(古水名,故道由湖北沙市东南分江水东出,流经今监利县北,折东北至沔阳县治附近入汉水)截击曹仁的后路,曹仁听到消息,必然弃城而走。"周瑜便分兵二千给了刘备,并派甘宁领兵数百袭据江陵上游的夷陵(今湖北宜昌)。曹仁认为夷陵是战略要地,如果落入东吴手中,将威胁到江陵的安全,即分兵围攻夷陵。夷陵形势危急,甘宁派人向周瑜求援。周瑜的部将认为兵力太少,无法分兵,吕蒙对周瑜、程普提出:"可留下凌公绩(凌统,字公绩)守卫大营,我同你们二位一道前去救援夷陵,解围救急,估计时间不会太长,我保公绩在十天之内可以守住大营的。"他还建议周瑜,分派三百名士卒用木头阻断曹军退走的险要地段。周瑜采纳他的建议,与程普、吕蒙一道出兵驰援夷陵。周瑜行至中途,发现江陵到夷陵之间有一处险要的必经之道。周瑜再次接受吕蒙的建议,派出三百余人,用砍伐的树木将险道阻塞。周瑜赶到夷陵,当日即与曹仁在城下激战起来,围城的曹军被消灭一半以上。曹仁抵挡不住周瑜的攻势,又担心江陵有失,连夜撤往江陵。曹军行至险道,发觉陷入困境:前面有树木拦路,后面是周瑜穷追不舍。为了逃命,他们只好丢掉马匹,越过路障,步行遁逃。这一夜,周瑜截获曹军战马三百余匹。不久,周瑜在长江北岸建起营垒,准备长期围攻曹仁,集中力量攻打江陵。

刘备本来同周瑜约好带兵抄袭曹仁的后路,但他没有实现这一诺言,却引兵南下,乘机夺取长沙、武陵、零陵、桂阳四郡,从而减少了曹仁后方的压力,使曹仁得以在江陵固守。但周瑜不断发动攻击,仍然使曹仁遭到很大的损失。此后两军在江陵对峙了一年多的时间,双方进行过多次较量,彼此各有胜负。为彻底解决江陵问题,周瑜决定发动一次强攻,拔掉曹军在荆州的这个据点。建安十四年(209年)十二月,周瑜亲自跨马布阵,准备指挥军队出击,不料一支流矢飞来,射中他的右肋,他只好回营治伤。后来,曹仁听说周瑜伤势很重,卧床不起,挥师进逼,想乘机消灭周瑜的军队。在这紧急关头,周瑜咬紧牙关,忍住剧痛,提枪上马,巡视军营,激励将士,很快就布好战阵,准备反击曹军的进攻。曹仁一见周瑜出阵指挥,心中暗自吃惊,慌忙下令退兵。周瑜命令将士出击,乘势攻占了江陵。曹仁因屡战失利,损失甚大,加之江陵距北方甚远,而又孤立突出,很难长期固守,便撤军北返。

周瑜在赤壁之战中,亲临前线指挥,他针对敌众我寡的严峻形势,采取积极迎战、先机制敌、速战速决的方针,并利用曹军的弱点和吴军的长处,采用火攻战术,终于同刘备

的军队一起,取得了以少胜多、以弱胜强的胜利。赤壁之战后,曹操丢掉了已经到手的荆州战略要地,孙、刘乘机发展势力,从此便形成了三国鼎立的局面。孙权下令拜周瑜为偏将军,兼南郡太守,以汉昌、刘阳、州陵等地为奉邑,以表彰他的这一大功。

英年早逝

　　赤壁之战后,周瑜以偏将军兼南郡太守的身份屯聚江陵。此时,曹操集中力量,整顿内部,恢复力量,准备攻取关陇和巴蜀,暂时无暇南顾。孙权和刘备都想乘机扩张势力,双方又发生了矛盾。

　　孙权打败曹操后,夺取了荆州的南郡和江夏的南部,他想乘机夺取益州(州治在今四川成都),南取交州(州治在今广州)。但刘备另有打算,他除了占有荆州的四个郡外,还想继续扩大地盘,进而巩固他在荆州的统治,以此为基地图取益州。因此,他在建安十四年(209年)十二月,就建议汉献帝封孙权为徐州(州治在今山东郯城)牧,暗示孙权的发展方向应该是东方而不是西方。孙权为了维护孙、刘联盟,以防止曹操再度南下,也向汉献帝推荐刘备为荆州牧,并命令周瑜把长江南岸的零陵、桂阳、武陵、长沙四郡分给刘备。这四个郡其实已被刘备占有,孙权的命令等于承认了既成的事实。孙权还准备把自己的妹妹嫁给刘备,对他进行笼络。周瑜对孙权的这些做法很不赞成,认为这是养虎遗患,但因为是孙权的主意,他只好服从。

　　刘备在赤壁之战后,收集刘表的旧部,人马扩张了许多。他占据武陵、长沙、桂阳、零陵四郡,自号左将军、领荆州牧,设大营于油江口,易其名为公安。刘备为巩固同江东的联盟,于建安十五年(210年)十二月,亲自冒险东去京口(今江苏镇江)迎娶孙权的妹妹。见到孙权后,刘备又以周瑜所给的土地太少,不足以安置他的部众为理由,要求让他都督荆州,即要孙权把荆州的其他几郡也让给他。在借与不借南郡的问题上,江东政权的内部存在分歧。孙权和鲁肃等认为,增强刘备的实力有助于形成三国鼎立的局势,三者相互制约可保东吴的平安。而周瑜则认为应当与曹操形成南北两极对立,这样有助于今后统一中国。听到刘备来京口的消息后,周瑜即上书孙权,表示反对。周瑜认为刘备寄寓荆州,犹似养虎,将来必定成为东吴的主要威胁,不但不同意出让土地,而且主张把刘备软禁起来,吞并刘备所占地区。他在上书中说:"刘备是天下枭雄,又拥有像关羽、张飞这样的熊虎之将,必定不能久居人下,我认为应当把刘备徙置在东吴,给他修建豪华的宫室,多准备一些美女和珍玩,让他好好享受,再把关羽和张飞分开,各置一方,这样就可挟制刘备。现在割让土地去资助他,还让他们三个人聚在一起打仗,我担心那样一来,刘备就会像蛟龙得到云雨一样,不再是池中之物了。"彭泽太守吕范同意周瑜的意见,也劝孙权把刘备扣留下来。孙权觉得当前大敌主要是北方的曹操,应该多争取盟友,同时又担心把刘备扣留在东吴,将来难以控制,所以没有采纳周瑜的建议,把刘备放了回去。刘备听说此事,心有余悸地说,我险些死在周瑜的手里。

赤壁之战让周瑜举世闻名，但也成为对手的眼中钉、肉中刺。刘备将回荆州之时，孙权和张昭、秦松、鲁肃等十多人，举办盛大的宴会为刘备送行。刘备利用机会私下对孙权说："周公瑾文才武略，是万里挑一的英雄，看他的度量如此之大，恐怕不会永远做别人的臣子。"而曹操在回到北方以后，也写信给孙权说："我败走，并不感到耻辱。赤壁之战的时候，我正好患病，是我自己烧了船退走，却让周瑜虚得了胜利的名声。"刘备、曹操都是当世的豪杰，以他们的身份却都想以谗言诋毁周瑜，让孙权对周瑜不放心，足可见周瑜在当时的英名和作用。

周瑜在软禁刘备的意见未被接受后，又考虑对付刘备的新对策。建安十五年（210年）十二月，周瑜去京口（今江苏镇江）面见孙权，提出夺取益州的计划。益州在荆州的上游，相当于今四川省地区。这里形势险要，易守难攻，沃野千里，稻香鱼肥，素有天府之国的称号。周瑜认为割据益州的刘璋懦弱无能，内部矛盾重重，占据汉中一带的张鲁又屡次与刘璋发生战争，而曹操受到重大挫折后尚未复原，又有心腹之患，不敢轻易举兵南下，益州局势不稳，正好乘隙而攻。而刘备此时也在意图夺取益州。东吴应当抢先占据益州，后进而消灭张鲁，再与反曹的马超结盟，这样就形成了反曹的包围圈。而且东吴占有益州后，就可以把巴蜀与吴楚连成一片，不仅可以从两面对曹操形成包围之势，为将来与曹操争雄北方创造有利条件，而且也将使刘备局促于荆州一隅之地，使他难以发展势力，对东吴构成严重的威胁。周瑜对孙权辨明利害关系后说："现在曹操刚刚战败，内心十分忧虑，未能再发兵南下，与将军征战。请准许我与奋威将军（孙瑜）一起带兵攻取巴蜀地，兼并张鲁，然后留奋威将军在那里驻守，与凉州的马超结援，我再还守襄阳，与将军共同对付曹操，夺取北方。"周瑜还答应夺取益州后，他还镇襄阳（今湖北襄樊）对抗曹操。他甚至乐观地估计，如果这个计划能够实现，消灭曹操，统一北方都是可以办到的。孙权同意了周瑜的这个建议，命他回江陵做好出征的准备。

周瑜回江陵的途中走到巴丘（今湖南岳阳县），因箭伤复发而病倒。周瑜病危时，给孙权写了一封信，信中说："人生有死，我生就短命，诚不足惜，只恨志愿未遂，不能继续为您效命了。当今曹操在北，故事未息，刘备寄寓荆州，有似养虎，天下形势到底如何发展，还不知道。这正是文武大臣废寝忘食，主公日夜焦虑的关键时刻。鲁肃忠贞可靠，办事认真，可以替代我的职务。人之将死，其言也善，这些话如有可取之处，我就死而不朽了。"因医治无效，周瑜终于死在巴丘，年仅三十六岁。孙权听到消息，悲痛异常，流着眼泪说："公瑾有王佐之才，今忽短命，以后我依靠谁呢？"他亲自为周瑜素服节哀，使左右大为感动。因为周瑜的葬礼要回到吴郡举行，孙权又亲至芜湖（今安徽芜湖）迎接周瑜的灵柩，丧葬所需费用，全部由国家供给。程普死后，孙权又下令免除周瑜、程普所有田客今后的赋税和徭役。

周瑜短短的一生，以他敏锐的政治眼光和杰出的军事才能，为辅佐孙策、孙权建立和巩固东吴政权，做出了重大贡献。孙权有一次在与陆逊谈论周瑜时，说"公瑾雄烈，胆略兼人。"后来孙权称帝后，曾对公卿们说："要是没有公瑾，我就当不了皇帝。"《三国志》的作者陈寿也称周瑜与鲁肃"建独断之明，出众人之表，实奇才也。"这些评论，不为过分。

周瑜有两男一女。女儿被孙权聘为太子孙登之妃。长子周循娶公主,官任骑都督掌统羽林骑兵。他很有周瑜的品格风范,但早年就死了。次子周胤最初被授予兴业都尉,娶宗室的女儿为妻,率领军队一千人驻扎在公安。黄龙元年(229年),被封为都乡侯,后来因犯罪被流放到庐陵郡。赤乌二年(239年),诸葛瑾、步骘联名给孙权上书说:"已故将军周瑜的儿子周胤,过去曾受到表扬奖励,被封为统兵之将,他不能好自为之,思念报效国家,再立功劳,反而自纵情欲,招来罪罚。我们认为当年周瑜在世之时,备受信任,入朝是陛下的心腹,出朝为骁勇的战将。奉命出征时,虽身中流箭,仍然恪守臣节,为国效力,视死如归,所以才能在乌林打败曹操,在郢都败走曹仁,弘扬国家的声威和德政,使中华大地都为之震动。蠢尔蛮荆(此典出自《诗经·小雅·采芑》,有'蠢尔蛮荆,大邦为仇。方叔元老,克壮其犹。'咏方叔征蛮荆事。蛮荆,居住在荆地的民族。方叔,周宣王时的卿士,曾受命南征北战,战功卓著),没有不顺服的。即使是周朝的方叔,汉朝的韩信、英布,也比不上他。凡是抗击敌人,保卫国家的功臣,自古以来的帝王没有不重视、爱护他们的。所以汉高祖刘邦在封授爵位时作誓说,'使河如带,泰山若厉,国以永存,爱及苗裔'(黄河何时变为衣带,泰山何时变为磨石,只要国家永存,功臣的苗裔就会无穷无尽地延续下去。后以带厉,比喻永久),还给功臣颁赐传世免罪的丹书(用朱砂书写的文书),杀白马歃血作为盟誓,丹书收藏在家族的宗庙之中,代代相传,希望让功臣的后代能世世将爵位继承下去,以便报答他们的贡献,光显他们的功绩。同时勉励和告诫后人,让听命效力的人,虽死无憾。如今周瑜死后不久,他的儿子周胤就被降为平民,实在令人伤感。敬请陛下查考古代兴灭国、继绝世的古道,让周胤回来,乞求赦免他的罪责。还复他的爵位和职务,使失掉清晨的公鸡,能够再次鸣叫,让有罪在身的人,能够效力立功。"孙权回答道:"周瑜是我的心腹旧臣,功勋卓著,这是我不能忘记的。当年周胤年龄尚小,没有点滴功劳,就给了他精锐的军队,授予了侯爵和职务,就是因为追念报答周瑜的功勋而使恩惠施予到周胤身上。但周胤却有恃无恐,酗酒淫乱,恣意妄为,我多次告诫,他从不悔改。我和周瑜同你们和周瑜的情义一样,希望周胤能够建功立业,我怎么能不思念周瑜呢?由于周胤的罪过太大,现在让他回来还不合适,暂且使他受点苦、令他知道悔改。今二位先生殷勤恳切地援引刘邦的'河山之誓',我因此而为他惭愧。虽然周胤不是善良的人,但我的心情和你们也差不多,事情既然如此,所以我没有听从你们的建议。由于周胤是周瑜的儿子,况且现在二位先生又在中间斡旋,假如能够使他悔改,就没有什么可顾虑了!"诸葛瑾、步骘要求赦免周胤的表章屡次呈上,朱然、全琮也都为他求情,孙权这才同意了。不巧周胤这时病死。

周瑜哥哥的儿子周峻,也因为周瑜的功勋被授予偏将军的职务,统领属吏士兵一千人。周峻死后,全琮上表章要孙权任命周峻的儿子周护做将军。孙权说:"当年打败曹操,开拓荆州,都是周瑜的功劳,我对此念念不忘。我刚听说周峻的死讯时,也打算任用周护,后来听说他的行为不轨,任用他等于种下祸根,所以放弃了这一想法。我怎么能不怀念周瑜呢?"

勋高今古

——郭子仪

名人档案

郭子仪：华州郑县(今陕西华县)人，祖籍山西汾阳。唐代著名的军事家。武举出身。

生卒时间：697~781 年。

性格特点：忠勇爱国，宽厚待人。

历史功过：在其六十多年的军事生涯里，他历经唐玄宗、唐肃宗、唐代宗、唐德宗四朝。安史之乱时任朔方节度使，在河北打败史思明。后连回纥收复洛阳、长安两京，功居平乱之首，晋为中书令，封汾阳郡王。代宗时，叛将仆固怀恩勾引吐蕃、回纥进犯关中地区，郭子仪正确地采取了结盟回纥，打击吐蕃的策略，保卫了国家的安宁。郭子仪戎马一生，屡建奇功，以 84 岁的高龄才告别沙场。天下因有他而获得安宁达 20 多年。他"权倾天下而朝不忌，功盖一代而主不疑"，举国上下，享有崇高的威望和声誉。

　　名家评点：德宗皇帝赞誉他是"四朝柱石，功高千古"，史称"四朝宿将""护国老臣"。

生而逢时

　　郭子仪从小就喜欢读兵书、练武功，并严格要求自己在读书或习武时，全神贯注常常废寝忘食，练得一丝不苟。他非常欣赏孟子的一句话："天将降大任于斯人也，必先苦其心志，劳其筋骨……"

　　据说，郭子仪 20 岁时，在河东(今山西太原)当兵，曾触犯刑罚，按军律应该斩首。当他被捆着双手押赴刑场时，竟然昂首阔步，大步向前，毫不慌乱。正巧，在途中遇上当时著名的诗人李白。李白本来和他并不相识,见他年轻英俊,相貌非凡,临刑不惧,又听说他颇有才能,意志坚强,便赞叹地说:"这样的人,将来一定能为国家做出一番大事业,杀了多可惜啊!"李白为郭子仪感到惋惜,便立即到当地官员那里说情,最后以自己的官职做担保,把郭子仪救了出来。这样,李白和郭子仪成了莫逆之交。后来,李白参加永王李璘幕府,因受牵连下狱,郭子仪曾经请求替他赎罪,报答他当年的救命之恩。

郭子仪的青年时代是生活在国富民殷、繁荣昌盛的唐代中前期里,即所谓"开元之治"。这时期,以唐玄宗李隆基为首的唐朝政府,励精图治,扫除积弊,任人唯贤,政治清明,使得社会经济稳步发展,国力强盛。伟大的爱国诗人杜甫在他的《忆昔》一诗中写道:

忆昔开元全盛日,小邑犹藏万家室。

稻米流脂粟米白,公私仓廪俱丰实。

意思是:回想当年开元盛世的日子里,就连一个小县城也有万户人家。大米喷香,小米洁白,公私仓库里的粮食物资都装得满满的。

郭子仪的成长背景就是这样,他年轻时就立志要做一个保家卫国、统兵作战的将帅。

郭子仪最初做左卫长史(皇帝禁军幕府中的幕僚长)。因屡立战功,平步青云。749年(天宝八年)做到天德军使(驻地在今内蒙古乌拉特前旗西),兼九原(今内蒙古乌拉特前旗北)太守。这时,唐朝廷对外还没有大的战事,几十年间相对太平。在这样的环境里,由于外部环境轻松,没有危机,天长日久,人们开始安于逸乐,贪图物质享受,整日只知吃喝玩乐,唐朝政府更是有过之而无不及。唐玄宗李隆基整日花天酒地,把大权交于奸臣李林甫、杨国忠之手,自己则与宠妃杨玉环夜夜笙歌,不理朝政,全不见了昔日励精图治,重整山河的雄心。只有郭子仪等少数人尚能居安思危,经常为战事做准备。他一面操练兵马,一面守卫祖国的疆土。

当时边疆各地居住着我国各族人民。他们勤劳勇敢,为祖国的统一和发展做出了巨大的贡献。

在我国北部色楞河一带,生活着维吾尔族的祖先回纥人。744年,回纥首领骨力裴罗统一了回纥各部,就派使臣来唐朝,请求唐朝在回纥人的势力范围内设置都督府。唐朝答应了,便把回纥分为六府七州,并封骨力裴罗为怀仁可汗,接受唐中央的领导。从此,唐朝同回纥在经济和文化上的交往更加频繁。唐朝以金银器皿、锦绸布匹交换回纥的马匹、白毡等物。后来肃宗还把自己的女儿嫁给回纥可汗,表示唐中央政府对回纥的友好。

在青藏高原一带,生活着藏族的祖先吐蕃人。他们有的过着游牧生活,饲养牦牛、马、猪等;有的过着定居的农耕生活,种植青稞、小麦、荞麦等。公元641年,唐太宗派人护送文成公主入吐蕃,同吐蕃的赞普(王的称呼)松赞干布成亲。文成公主入藏时,把蔬菜的种子、手工业品、医药、书籍等带到吐蕃。汉、藏两族的关系,因此更加密切了。

唐朝同边疆各族虽然也发生过战争,但友好相处和经济文化交流却是主流。

自高宗以来,唐朝在边疆上一直有重兵驻守。玄宗时,为了加强防御,在重要地区设立了10个军镇,每个军镇都设置一个节度使。节度使起初只负责几个州或一个道的军事,后来兼管行政和财政,权力日益增大,成了独行一方的土皇帝。当时唐中央的禁军不

过 20 万人，而边疆的 10 个节度使共拥兵 49 万，形成外重内轻的局面。

那时唐朝重用安禄山，任命他做平卢（今辽宁朝阳）、范阳（今北京）、河东（今太原市西南）三镇节度使。安禄山的父亲是西域人，母亲是突厥旗人。安禄山作为节度使，总揽三镇军政大权，又招募北方很多牧民补充兵力，势力便逐渐壮大起采了。

安禄山常到长安去，对唐朝内部情况了如指掌。他见唐政府日益腐败，便萌生了取而代之的念头。他招兵买马，积累钱财，收集朝廷情报，观察朝廷动向，伺机行动，准备反唐。可是沉溺于乐的玄宗皇帝却闷在葫芦里，对安禄山的所作所为一点不提防，反而听信他的花言巧语，竟然让他认杨贵妃为干妈，对之信任有加。

唐玄宗统治后期，政治弊端日益增大，自杨贵妃入宫后，玄宗便过着"春宵苦短日高起，从此君王不早朝"的安逸生活，终日沉湎于歌舞声色之中。宰相李林甫同杨贵妃的哥哥杨国忠先后当权，飞扬跋扈，任用亲信，干了不少坏事，各种社会矛盾愈来愈尖锐。

唐朝内地多年来没有战事，军事力量薄弱，士无斗志，军备空虚。但统治集团却认为国泰民安，不需要军队了。官府里的刀枪盔甲，因长期不使用都生了锈，很多名城要塞，都不加设防。唐政府还不准老百姓私藏武器，凡私藏者，皆判以刑罚。在这种情况下，居心叵测的安禄山认为篡夺大唐江山的机会到了。755 年（天宝十四年）十一月九日，他以"清君侧""讨杨国忠"为名，从范阳发动 15 万大军，号称 20 万，长驱南下。由于唐政府没有防备，致使叛军一路上势如破竹，所向披靡。地方官吏听说叛军来了，有的弃城逃跑，有的屈膝投降。就这样，安禄山的叛军一路上几乎没有遇到什么阻碍，很快就渡过了黄河，不到三个月，就占领了东都洛阳。安禄山自称大燕皇帝。又过了几个月，叛军击溃了唐朝的潼关守军 20 万人，继续西进。这消息传到长安，玄宗吓得魂飞魄散，满朝文武官员急得像热锅上的蚂蚁。在这生死存亡的紧要关头，唐朝政府临时招募了 8 万人，由大将哥舒翰率领去抗击叛军。这些人多是城里的无业游民，既没有严明的军事纪律，又缺乏基本的作战技能，军事素质很差，在与叛军的大战中，溃不成军，就连大将哥舒翰，也战败被俘。

唐政府为了阻击叛军的继续西犯，又从西北边防上抽调大批兵力。但是边防的将领整天喝酒、赌博、玩乐，士兵连饭都吃不饱，谈何战斗力？756 年夏天，叛军距离长安只几十里了，长安顿时紧张起来，玄宗带领皇族亲贵和左右臣僚（自然也少不得贵妃玉环），仓皇出逃。长安遂陷入叛军手中。玄宗一行逃到马嵬驿，将士鼓噪不前，愤怒地杀死了奸臣的杨国忠，并要求处死杨贵妃。群情激愤，玄宗无可奈何，只好忍痛割爱，派人缢死了杨贵妃。这时马嵬驿的人民请求皇帝留下来同他们共同作战，唐玄宗哪肯答应，只把他的儿子李亨留下，他自己逃往四川避难去了。

安禄山从起兵到占领长安，前后只用了几个月的时间。他进兵如此迅速，充分暴露了唐政府的腐败无能和不顾国家人民安危的面目。

享誉四方

安禄山每到一处，烧杀抢掠，凌辱妇女，强拉壮丁，强迫壮年男子服劳役，使得广大劳动人民家破人亡，流离失所，田园荒芜，生产力遭到严重破坏，很多地方都成了"人烟断绝，千里萧条"的荒原。叛军进入长安后，滥杀无辜，抢夺财物，烧毁房屋，把一座古老的文化名城糟蹋得不像样子。叛军的残暴罪行，激起人民无比愤恨，各地人民纷纷起来抵抗。河北一带的人民自动组织起来，坚决打击叛军。有些地方的官员和人民一起，共同抵抗，留下了许多动人的故事。如常山（今河北正定）太守颜杲卿，最先在河北起兵，一连收复17个县城，牵制了叛军很大兵力。

安禄山听说颜杲卿反对他，非常生气，立即派部将史思明夺取常山。颜杲卿被围困六七天，终因粮饷断绝，援军未到，失败了。史思明抓住颜杲卿，把他押送到洛阳去见安禄山。颜杲卿痛斥安禄山"你这个叛贼，我恨不得将你碎尸万段！"残暴的安禄山喝令把他捆到柱子上，割掉他的舌头，凌迟处死。颜杲卿满嘴是血，还是骂不绝口，就这样壮烈地牺牲了。

人民的反抗和一些地方官吏的抵御，这就给唐军收复失地创造了有利条件。

玄宗逃往四川以后，肃宗（李亨）在灵武（今宁夏灵武）即位。肃宗为了收复长安，化险为夷，转危为安，决定任郭子仪为朔方（今宁夏一带）节度使，并把朔方军作为反攻的主力军。为了加强朔方军的实力，肃宗又指定李光弼协同郭子仪作战。

郭子仪和李光弼原来都在安思顺手下做部将，两人的才能不分伯仲，职位也相同。当郭子仪受命代替安思顺做朔方节度使时，李光弼不服，决定马上离去。忽然接到皇帝的手谕，要他同郭子仪同心协力平定叛军，李光弼只好遵奉王命，留了下来。郭子仪把朔方的兵马分给李光弼一半。郭、李二人共同表示：一定要同心协力，英勇抗敌，收复失地，报效唐王朝。

史思明占领常山后，原来被颜杲卿所收复的州县，又全部陷入叛军手中，河北一带的叛军又恢复了元气。为了挫伤叛军的气焰，郭子仪一面派李光弼迅速向常山进军，一面亲率大军从背后袭击叛军。

李光弼一连收复了7个县城，又把常山城包围得水泄不通。史思明陷入重围，他带领两万精兵，企图突围逃命。李光弼分兵四路，从四门杀进常山城去。只听战鼓雷鸣，人喊马嘶，打得叛军四处逃窜，互相践踏。史思明惊慌失措，带领败军退守恒阳（今河北灵寿）。李光弼乘胜追击，两军在恒阳相持40昼夜。后来叛军撤离恒阳，李光弼的军队进入恒阳城内。叛军就回军把李光弼的兵马困在城中。李光弼被围困后，请郭子仪火速援助。郭子仪便率领轻骑1万多人，星夜赶来。郭李大军内外夹击，史思明被打得落花流水，片甲不留，元气大伤，只好收拾残兵败将逃往范阳。

安禄山听说史思明大败而归，恼羞成怒，扬言不消灭唐军，决不罢休。当即选拔最精

锐的骑兵两万人来迎战,又命令部将牛廷玠出兵援助。叛军仗着人多势众,来势汹汹,不可一世。为了打击叛军的气焰,郭子仪召集大小将领商量对策,他指出:叛军作战专靠增加兵力;叛军千里迢迢,远道而来,疲于奔命;叛军骄傲轻敌,斗志松懈,两军交战,胜利一定属于唐军。根据以上分析,郭子仪决定采取固守阵地的战术,等到叛军疲倦不堪时,再以优势兵力,一举歼灭它。

两军开始接触,打了十几个回合,不分胜负。唐军杀掉一名怯场懦弱的将领,士气大振,个个奋勇,人人争先,打得叛军只有招架之功,没有还手之力。叛军节节后退。郭子仪、李光弼一路追击,一直追到博陵(今河北定县)。博陵不但有高大的寨墙和深广的壕沟,而且地形险要,易于防守。叛军在这里扎营下寨。郭、李屡攻不下,便领兵退驻恒阳。史思明又从范阳赶来。郭子仪一面挖沟筑垒,据险坚守,各级做好准备,一面采取"敌来则守,敌去则追;昼则耀兵,夜袭其营"的作战方针,不给敌人任何机会。几天以后,叛军果然士气沮丧,疲劳不堪。但唐军却得到了充分休息,兵强马壮,求战心切。郭子仪认为消灭叛军的时机到了,马上分左右两翼向叛军冲杀。这两翼大军像两把锋利的尖刀,刺向敌人的两肋,叛军一触即溃,四散溃逃。唐军大获全胜,计杀死叛军4万人,活捉5000人,缴获战马5000匹。在混战中,史思明丢盔弃甲,仓皇逃命。突然,一只飞箭射中了他,从马上跌了下来,鲜血进流。他散发跣足,狼狈地又逃回博陵,再也不敢出来挑战了。这时,河北几十个州县纷纷杀死叛军守将,迎接唐军。从此,郭子仪的名字享誉四方。

收复两京

唐朝称长安为西京,洛阳为东京,首都设在长安。长安是唐朝的政治、经济和文化的中心,是一个非常繁华的都市,工商业发达,交通方便。天宝初年,居民有30多万人。长安分东西两市,有很多达官贵人的住宅区,以及万商云集的商业区。洛阳是陪都,在政治和军事上的地位也举足轻重。安禄山的叛军占领长安和洛阳后,使整个局势急转直下,唐王朝摇摇欲坠。人民受尽蹂躏和剥削,生活异常艰难,洛阳附近竟发生了人吃人的惨剧,人民渴望唐军早日打回来,从当时情况看,收复两京对挽救危局具有决定性的意义。

肃宗派郭子仪、李光弼收复河北失地的同时,又命房琯去收复长安。房琯不脚踏实地,好高谈阔论,是个"纸上谈兵"的将军。出战前,他向肃宗夸下海口:"我这次出兵,定能水到渠成,马到成功。如果食言,决不来见陛下!"房琯本想在这次战斗中立一大功,但他不分析具体情况,生搬硬套古人的"车战法"。他用两千辆牛车排成长蛇阵,牛车的一边是骑兵,另一边是步兵,列队蜂拥前进。战斗一开始,叛军就顺风擂鼓,摇旗呐喊,又燃起大火。火借风势,风助火威,顿时,只见烟光冲天,烟尘滚滚,牛马惊骇,四处乱窜,片刻之间,军粮、马匹、营寨、树栅全被烧毁。房琯的兵马首尾不能相顾,四处逃散,一片混乱,人马杂沓,踩死的、杀死的、烧死的共4万多人,房琯本人也几乎送了命。

叛军获胜,气焰又复嚣张起来。

肃宗深知要消灭叛军，收复两京，只有郭子仪可以胜任。757 年九月，便传令召见郭子仪。郭子仪来到灵武拜见肃宗，表示为国尽忠的决心，在国家大难临头的时刻，慨然接受了收复两京的历史使命。郭子仪从房琯的失败教训中得到启发，认为要收复两京，必须先夺取潼关，攻入陕州（今河南陕县），击溃潼、陕之间的叛军，截断叛军的后路，然后才能直取长安。由于郭子仪的分析正确，肃宗十分赞赏，决定让唐军按照郭子仪的军事部署进行。郭子仪出战不久，果然夺回潼关，给了叛军当头一棒。唐军斗志昂扬。为了鼓励士兵奋勇作战，早日收复两京，皇帝下令犒赏三军，还恳切地对郭子仪说："京城能不能收复，在此一举，愿你全力以赴。"郭子仪斩钉截铁地说："这次作战，要破釜沉舟，就是剩下一兵一卒，也要坚持不懈，不消灭叛军，就以死来谢罪！"

肃宗命令郭子仪率领中军，李嗣业率领前军，王思礼率领后军，并指定郭子仪为统兵元帅，共领兵 15 万人。又向回纥借来骑兵 5000。军分三路昼夜兼程急进，军容整肃，军纪严明，浩浩荡荡开到长安西香积寺附近，连营为阵，横亘 30 多里。叛军 10 万人在北面，同唐军南北对峙。叛军守将李归仁、安守思据险设防，他们自恃兵多将广，出城挑战。一次，唐军奋勇迎敌，快逼近敌营时，叛军擂动战鼓，一齐冲杀上来，唐军惊慌失措，败走。叛军乘胜追击。李嗣业扬鞭策马，飞奔阵前，拼命刺杀，他挥动战刀高喊："叛军已将我们包围，若不奋勇厮杀，只有死路一条！"说罢，他光着膀子，举起闪闪发光的大刀，指挥战斗。刀光过处，叛军人头落地。唐军军心稍定，在这紧急关头，郭子仪率领大军及时赶来，同李嗣业合力猛击叛军。擂鼓声，响彻云霄，喊杀声，震天动地。顷刻间，叛军阵营大乱。唐军把叛军重重包围起来，使他无法杀出重围。激烈的白刃战开始了，两军从中午一直厮杀到傍晚，叛军被杀 6 万多人，余众弃甲曳兵，逃回长安城中。

这一年，叛军内部发生了矛盾，安禄山被他的儿子安庆绪杀死。郭子仪探得这消息后，便调集大军向长安进攻。唐军与叛军一交锋，叛军就像惊弓之鸟，丢盔曳甲，抱头鼠窜。唐军凯旋而归进入长安城。老百姓听说唐军回来，都喜出望外，夹道欢呼。有的杀鸡宰羊，有的抬出酒热烈迎接唐军。

长安收复以后，不久，肃宗便由灵武迁回长安。唐军乘胜向洛阳进军。当时，安庆绪驻扎洛阳，听说郭子仪来打洛阳，便派严庄、张通儒带领 15 万大军迎战。叛军气焰嚣张，杀气腾腾，在新店（今陕西陕县西）与唐军相遇。叛军依山扎营，准备战斗。新店地势险峻，山高壁陡，峰回路转，叛军居高临下，这对唐军十分不利。郭子仪为了化劣势为优势，变被动为主动，趁叛军还未来得及休息，便选拔装备精良的骑兵两千人，向敌营冲杀，又派 1000 多名弓箭手埋伏山下。再命回纥军从叛军背后登山偷袭，他亲率主力军与敌人展开正面战斗。一切部署妥当，立即擂鼓出战。叛军像饿狼一般从山上猛冲下来。郭子仪故意往后撤兵，边战边走。叛军大喜，倾巢出动，奋力追击。战斗到黄昏，夜色降临，叛军已被歼灭数万人，余者也精疲力竭，寸步难行。这时，突然杀声如雷，山鸣谷应，唐军埋伏的弓箭手突然从地下钻了出来，只见万箭齐发，像雨点似的射向敌兵。唐军的骑兵更是勇猛，往来驰骋，左右冲杀。叛军前后被围，左右遭打，进退两难。正在这时，又听到四处高呼："回纥兵来了，赶快放下武器投降吧！"叛军听了，简直是风声鹤唳，草木皆兵。唐

军在回纥兵的配合下,叛军被打得七零八落,狼狈逃散。严庄拼死命才逃回洛阳,连忙向安庆绪建议:"三十六计,走为上计。"安庆绪走投无路,只好收拾残部,放弃洛河,渡过黄河,退守相州(今河北成安、广平、魏具一带)。郭子仪便收复了洛阳。

洛阳收复后,郭子仪返朝,肃宗非常欣喜,亲自带领仪仗队到灞上(今陕西西安市东)迎接。皇帝见了郭子仪,激动地说:"我有了你,如鱼得水,大唐的天下,所以能保住,全靠你的英勇奋战啊!"郭子仪表示不敢承当。

两京收复后,肃宗把玄宗从成都迎回,玄宗做了太上皇。

在收复两京的战斗中,郭子仪多次立大功,这对安定唐室起了很大的作用,他的功绩很快传遍各地,声誉鹊起。

痛别将士

两京虽已收复,但李氏王朝仍然没有解除威胁。

肃宗回到长安,先后重用宦官(后来宦官称太监)李辅国和鱼朝恩,把军权交给李辅国掌管。李辅国的权势很大,他可处理国家大事,别人不敢反对。肃宗让鱼朝恩监督神策军(一支军队的名称)驻守陕州,防御潼关。肃宗听信李、鱼的诡言,怀疑忠君爱国的贤臣。而叛军的势力还相当强大。安庆绪在邺郡(今河南安阳)还霸占7个县,史思明在范阳盘踞17个县,他的党羽高秀岩在河东的兵马也有数万,这对唐朝是很大的威胁。不久,安庆绪、史思明又开始向南进犯,东西两京又危机重重。

758年九月,唐政府命令九个节度使:朔方郭子仪、河东李光弼、关内王思礼、北庭李嗣业、襄邓鲁炅、荆南季广琛、河南崔光远、滑濮许叔冀及平卢董泰等,一起出兵平叛安庆绪。九个节度使的地位相同,职权相等,互不统属。肃宗怕将帅的权力太大,因此,元帅是空职,特派鱼朝恩为观军容使(监督出征将帅的最高官职)监督各个将领。鱼朝恩名义上虽不是主帅,实际却控制九个节度使的兵权。他根本不懂兵法,更不知如何用兵,让这样的人监督作战,怎能不吃败仗呢?

当安庆绪从洛阳逃往相州时,士兵伤亡惨重,只剩下步兵1000多人,骑兵300多人。正巧,路上又碰到河东节度使李光弼的大军。李光弼有1万多人,安庆绪明知寡不敌众。已被唐军困于死地,但还要负隅顽抗。他对部下说:"我们的处境万分危急。打,也难于逃生;不打,只能束手就擒。不如杀出重围,就有可能保全生命。"说罢,他把兵分成八路,让他们从四面八方向李光弼的军队,一面呼叫,"我们胜利啦!唐军失败了!"李光弼的军队一听,就军心大乱,安庆绪就用此计打退了李光弼。几天后。安庆绪又聚集了数万人,死守相州,并把相州改为安成府。

九个节度使的兵马共60万,全部出动,围攻相州城。安庆绪好似兽困樊笼,鱼儿落网,既不能战,又不能退,处在绝境之中。

郭子仪为了把叛军一举歼灭,便下令:高筑堡垒,坚守阵地,引水灌入相州城。全城成了一片汪洋。叛军有的爬上房顶,有的吊在树上,数十日以后,粮食全部吃完了,先吃战马,吃完战马,再用马皮充饥。最后,什么都吃光了,为了活命,只好吃老鼠。当时,一只老鼠竟价值4000文。城里的叛军想投降,又因城高水深,不能出来。相州城眼看就要被攻破,正在危急关头,史思明率领5万精兵前来援救安庆绪了。

九个节度使的兵力雄厚,本来可以一举消灭叛军,可惜群龙无首,诸将各自为战,互不所属。可是史思明的军队,养精蓄锐已很久,士气旺盛。史思明是个极其狡猾的家伙,他知道唐军数量远远超过他的军队,必须抓住唐军士气低落的弱点,用精兵突击,才能克敌制胜。他来到相州城外,先按兵不动。过了10多天,突然同唐军展开激战。两军正交战时,遇到一阵狂风,顷刻之间,天昏地暗,尘土飞扬,对面不见人。唐军望见城下来回奔跑的人马,误认为叛军追来,纷纷逃散。郭子仪见情况不妙,只得收集残余部队,领着人马向洛阳退走。

这次战斗,唐军受到重大损失,战马万匹,只剩3000,刀枪10万,几乎全部扔掉。九个节度使中的八个各回原来驻地,郭子仪留守洛阳。

这次战斗失利,应问罪鱼朝恩,但昏庸的肃宗,不但不斥责鱼朝恩,反而给他封官加爵,宠爱有加。鱼朝恩得到皇帝的宠爱,越发盛气凌人。他一向嫉妒郭子仪。怕他功高盖主,对自己不利,因此常在肃宗面前诽谤郭子仪。为了陷害郭子仪,鱼朝恩硬把相州一仗失败的责任,完全推到郭子仪一人身上。糊涂的昏君,受骗上当,竟然夺了郭子仪的兵权交给李光弼,让他回长安。

郭子仪接到皇帝的命令,日夜兼程回京,将士们听说郭子仪要离开他们,都来告别。有的哭哭啼啼,依依不舍;有的要跟他一同去长安。郭子仪也不忍和他们分离,但又不敢违抗皇帝命令,他安慰将士们说:"我是去送京城派遣来的使臣,哪里是离开你们,你们唯令是从!"说罢,挥泪跃马离去。

平时,郭子仪视兵如子,不打骂,不训斥,如同对待亲人一般,因此受到官兵的拥护与爱戴。

郭子仪走后,李光弼来到朔方军队,他怕朔方的将士反对他,因此待到夜里才进入洛阳城。郭子仪的部将张用济屯兵河阳(今河南孟州市),果然不听李光弼的指挥,他希望郭将军再回来。有人对张用济说:"你这样做,不是给朝廷找借口来迫害郭将军吗?"张用济认为很对,只好硬着头皮迎接李光弼。

史思明在相州替安庆绪解除了威胁,打退了唐军,自认为立了大功,要和安庆绪平分兵权,安庆绪拒绝了他,史思明就把他杀了,吞并了他的军队,回到范阳,自称大燕皇帝。

史思明听说郭子仪被免除官职,夺去兵权,窃喜,认为机会来了。759年五月,史思明便带领大军向洛阳进犯。唐政府十分恐惧,不知采取怎样的对策才好。有人向朝廷建议:"郭子仪为唐朝立下汗马功劳,又善于用兵,为什么放着良将不用,让叛军逞凶呢?"肃宗认为很对,决定起用郭子仪为兵马都管使(警备守卫京城的长官),诏令刚传下,就被鱼朝恩拦住了。鱼朝恩把郭子仪看成眼中钉,常想算计他。一次,郭子仪立功回朝,鱼朝恩邀请他游章敬寺,有人暗地告诉他说:"鱼朝恩想加害于你,千万别上他的当。"郭子仪不

听,将士们请求随身护卫,他拒绝了,并且说:"我是国家的大臣,没有皇帝的命令,鱼朝恩不敢杀我。"说着,只带着家童数人去见鱼朝恩。鱼朝恩一见,大吃一惊。郭子仪把事情的经过告诉他,鱼朝恩听了,羞愧难当。

史思明打到洛阳,驻守洛阳的李光弼,接连吃了败仗,李光弼放弃洛阳,带兵退守河阳。当时,鱼朝恩也带领一支人马,还没看到叛军的影子,就吓得退到了陕州,不敢应战。

史思明占领洛阳不久,就被他的儿子史朝义杀死了。

肃宗虽不信任郭子仪,但为了维护自己的统治地位,又不能重用他。762年二月,河东(治所在太原)一带的驻军,听说洛阳失守,都骚动起来了,朝廷怕他们和叛军连成一气,想出兵镇压,但苦于没有合适的统兵将领。想来想去,只得任命德高望重的郭子仪为河北诸州的副元帅,派他出镇绛州(治所在今山西新绛)。郭子仪忠勇爱国,不计较个人得失,他接到作战的诏令,马上就起程了。这时,忽然传来肃宗病危的消息。郭子仪去拜见肃宗。肃宗语重心长地说:"我死后,河东一切军政大权,完全由你掌握。"郭子仪出兵不几天,肃宗就咽气了。肃宗死后,由代宗即位做皇帝。

代宗时,国库空虚,民穷财尽,人民难以度日,生活极其困难,可是官府的盐、铁、茶、酒等税,名目竟有200多种,这些苛捐杂税,自然都要落到人民身上。代宗重用宦官程元振,让他参与机密,操纵政权。宦官在肃宗时就开始专权,如宦官李辅国曾对肃宗说:"大家(宫中对皇帝的称呼)但居禁中,外事听老奴(指李自己)处分。"专权的宦官根本不把皇帝当回事儿,朝廷的赏罚,宰相的任免,甚至皇帝的废立,都由他们决定。程元振飞扬跋扈,为非作歹,把皇帝束缚得像个木偶。事无大小,只要程元振出口,代宗便百依百顺。程元振痛恨功臣名将,特别憎恨郭子仪。程元振在皇帝面前诬陷诽谤他,总想免除他的副元帅职务,让他做肃宗山陵使(皇陵的督工),但未能得逞。郭子仪明知皇帝受程元振控制,误了国家大事,便向皇帝上书道:"我为唐朝的强盛披星戴月,南征北战,请陛下相信我对唐朝的忠心。陛下要亲近贤人,远离奸臣。不然,唐朝危在旦夕!"郭子仪的劝告,并不能打动皇帝的心。朝内宦官专权,朝外藩镇割据,唐朝仍然一片混乱。

安庆绪、史思明虽死,但史朝义还盘踞在洛阳。朝廷任命雍王李适(即后来的德宗)为统兵元帅,郭子仪为副元帅,让他们出兵镇压史朝义。鱼朝恩、程元振坚决反对郭子仪为副元帅,但这一次朝廷坚持自己的意见。雍王和郭子仪认为单靠唐军的力量,无法消灭叛军,便向回纥借来10万大军,唐军和回纥兵一起打进洛阳。史朝义带领败军逃往莫州(今河北任丘北)。763年正月,史朝义的部下田承嗣、李怀仙等,眼看已无回天之力,纷纷向唐朝投降。史朝义看到众叛亲离,走投无路,便自杀了。这场战乱,这时才算结束了,前后延续了7年零3个月,历史上叫作"安史之乱"。

"安史之乱"是统治阶级内部的斗争,但对人民来说,却是一场大灾难。"安史之乱"给人们带来了深重的灾难,在战乱中,人民流离失所,不仅州县成了废墟;农业生产受到极大破坏。这次战争,是唐朝由强盛转向衰落的转折点,唐朝一天一天走下坡路了。

"安史之乱"虽然平定了,但安史的部将仍然在河北一带作节度使。他们既拥有强大的军队,掌握地方财政大权,又割据一方。他们死后,都由他们的子孙继续承做节度使,这样便形成藩镇割据的局面,人民仍然生活在水深火热之中,在这种情形下,西南的吐蕃统治集团便乘机向唐朝进扰。

平定吐蕃

"安史之乱"以后,社会内部矛盾错综复杂,国力虚弱,原驻在西边的军队,大部分被调到北方去讨伐叛军。这时,吐蕃统治集团乘机长驱而入,把凤翔西、邠州(今陕西彬县)北等十几州的土地都占领了。763年十月,又占了奉天(今陕西乾县),朝廷大为恐慌,急令郭子仪带兵抵挡。郭子仪带领1万多人,可是吐蕃兵却有10万多人。郭子仪多次请程元振拨兵增援,可他视若无睹。吐蕃兵很快打到了长安城下,吓得代宗逃往陕州。郭子仪从咸阳赶来,进了长安,皇帝、兵马都不见踪影,十分焦急。这时守城的将领王献忠怂恿郭子仪说:"皇上早已逃跑,现在国家无主,你身为大元帅,只要下道命令,就可以把皇帝废除,国家大权不就落到你手里了吗?"郭子仪把他训斥了一通。不几天,吐蕃兵占领了长安。

当代宗逃往陕州时,唐军多往商州(今陕西商县)逃散,郭子仪派部将王延昌赶到商州把他们汇合起来。逃兵听说郭子仪来了,都欢呼不止,愿听吩咐。不过数日,便招集到4000多人。

郭子仪分析了形势,决定采取声东击西的战略方针。他先派段秀实去劝说邠宁(今陕西彬县和甘肃环江一带)节度使白孝德,请他出兵援助;再派左羽林(皇帝的亲军,侍卫皇宫)大将军长孙全绪带200轻骑,到蓝田(今陕西蓝田县)城北面,白天擂鼓呐喊,夜晚燃起火把,牵制吐蕃兵力。军事部署完毕,郭子仪故意散布消息说向蓝田城东进军,但却率领主力军奔向蓝田城西。吐蕃兵果然中了郭子仪的计,直向蓝田城东冲杀,扑了个空。郭子仪急速集中兵力,奋勇攻击,打得吐蕃兵措手不及。吐蕃兵发觉已中了计,惊恐万分,忽听四处高呼:"郭令公(指郭子仪)率领大军来啦!"喊声震天,吐蕃兵不战而逃,唐军顺利地进入长安。

长安收复后,代宗本应早日返回京城,可是程元振见郭子仪多次立了大功,威信越来越高,生怕代宗重用他,所以劝代宗在洛阳建都。为了国家的利益和社会的安定,郭子仪上书给皇帝:"长安地势险要,前有终南山作屏障,后有泾、渭二水,右连陇蜀(今甘肃、四川),左接崤函(崤山,函谷关,在今河南灵宝东北),可以雄视四方,进可以攻,退可以守。大有一夫当关,万夫莫开之势。长安经过几朝的恢复,宫殿华丽,市场繁荣,工商业发达,土地肥沃,物产丰饶,经济满足。长安是创立帝业的不可多得的好地方。秦汉两朝占领长安而称帝,隋炀帝弃长安而灭亡。再看洛阳,地贫民饥,人烟稀少,野草丛生,一片荒芜,宫殿多被烧毁,残垣断壁,不易防守,请陛下慎重考虑。"代宗看完奏章,深以为然,便对左右官员说:"郭子仪所考虑的,都是从国家的安危和利益出发呀!"764年十一月,代宗便从陕州回到长安。

击退回纥

唐朝和回纥的关系,一直保持友好关系。在平定安史之乱的战斗中。陇右(今甘肃东南)节度使仆固怀恩认为自己立了大功,应受重赏,可是代宗并没给他赏赐,仆固怀恩很不满意,企图兴兵作乱。他母亲知道后,非常气愤,严厉责骂道:"唐朝哪点亏待你,为什么要叛变呢?"骂着,举起刀向他砍去,幸亏他跑得快,才没被砍着。

不久,仆固怀恩便带领轻骑300多人逃往灵州(今宁夏灵武西南)。他发誓与唐朝势不两立。为了推翻唐朝政权,仆固怀恩便撒谎说,向吐蕃、回纥借来10万大军,从灵州向长安进攻。仆固怀恩的大军来到奉天。长安受到威胁,朝内文武百官,一筹莫展,又是一场混乱。皇帝惴惴不安,忙向大臣们问计。郭子仪说:"仆固怀恩曾做过我的部将,我了解他。他虽是一员猛将,但他不爱惜士兵。士兵所以跟着他,都想乘机重返家园。"皇帝立即任命郭子仪为关内河东副元帅,让他率领10万大军去讨伐仆固怀恩。

郭子仪率兵来到奉天城外的阵地上,立即下令:固守阵地,不准猛冲猛打。有些将领急于要求出战,郭子仪耐心地说服他们,指出:仆固怀恩的军队,千里迢迢赶来,士气旺盛,利于速战速决。我们要尽量地躲开叛军的锋锐,不要打硬仗,要严加防范。我们要出其不意,攻其不备,集中力量打他个措手不及,大获全胜。如果匆忙出战,万一失利,全军就有覆没的危险。谁再敢提"出战",立刻推出斩首!

仆固怀恩率领10万大军(包括吐蕃、回纥兵),横冲直撞,旁若无人,这正好中了郭子仪诱敌深入之计。他们刚要摆开阵势,只听战鼓咚咚,杀声震天,奉天城外,唐军摆成一字阵势,非常严整,当中竖着一面帅旗,随风飘扬,旗上写一个"郭"字。仆固怀恩的将士一听说郭令公的大名,都吓得丢盔卸甲,四散逃跑。仆固怀恩只得带领残兵败将,又回到灵州。唐军不战而胜。

仆固怀恩不死心,765年,他又勾结吐蕃、回纥、吐谷浑(鲜卑族的一支,唐时居今甘肃、青海间)共10万多人,再次进犯长安。他们气势汹汹,杀气腾腾。为了拦阻叛军各路的进犯,郭子仪传令各地驻军,必须坚守要塞,抵制敌兵,不让敌兵前进一步。当时,淮西(治所在今河南汝南)节度使李忠臣部下的官兵喜欢玩球戏,当接到出战的命令,都埋怨地说:"我们玩球戏正玩得高兴,作战也要挑个好日子!"李忠臣责问他们:"如果你们的父母得了急病,也要找个吉利的日子治病吗?"大家都沉默不语,只好待命出发。

仆固怀恩率领大军直奔盩厔(今改名周至),在行军途中,他得了暴病,不治而亡。仆固怀恩的部将张韶率领吐蕃、回纥大军,继续进军,包围了长安北面的泾阳(今陕西泾阳县)。镇守泾阳的郭子仪,仅有两万多人,但强于防范,他命令部将坚守阵地,不准应战。就在这时,吐蕃、回纥听到唆使他们入侵的仆固怀恩已暴死,于是,便开始分营扎寨,争权夺势,闹不团结。郭子仪闻知,暗自窃喜。他详细地分析敌我双方的军事力量。唐军守孤城,抗雄兵,将寡兵少,力量薄弱;吐蕃、回纥兵比唐军人数多五倍,又骁勇善战。回纥

王甚至不可一世地自称："威负凛冽气昂昂，塞外称雄无人言；鼓角声高催战马，诸藩部将我为强。"在这种不利的情况下，郭子仪深知战必失败，退则被奸，只能"智取"，不能"力敌"。他积极奋战，争取主动。

郭子仪召集大小将领共同商讨退敌策略。任命部将白孝德为副元帅，让他死守泾阳，等待援军；派牙将李光瓒去见回纥王，表示愿和回纥王联合平定吐蕃。回纥王听说郭子仪还健在，十分惊奇，半信半疑。他对李光瓒说："郭令公真在人间，你不是欺骗我吧？如果他还活着，能让我看看他吗？"

李光瓒把这番话告诉郭子仪。郭子仪是个足智多谋的将领，为了劝退回纥兵，他决定一个人去见回纥王。他对将士们说："敌强我弱，实力相差悬殊，很难用武力战胜。过去唐朝和回纥的关系密切，曾订过互不侵扰盟约。为今之计，我不如亲自去说服他们。兵不血刃，退走回纥兵。"郭子仪要冒着生命危险，单枪匹马去回纥军营中谈判，将士们担心他的安全，准备选拔500名精锐的骑兵随身保护他。郭子仪坚决拒绝，他说："这样做，不但没有好处，反而会把事情弄糟。"

郭子仪就要动身，他的儿子郭晞前来阻拦，说："回纥兵像虎狼那样凶暴，父亲是国家的元帅，怎能轻易冒着生命危险，去回纥军营谈判呢？"郭子仪坚决地说："如果唐军和回纥兵打起来，不但咱们父子生命难保，就连国家的命运也很危险。如果国家保不住，个人还有存身的地方吗？与其坐着等死，不如去同回纥王谈判，以理服人。万一不成功，我就捐躯报国，来实现我平生的大志。"说着扬起鞭子，打了他儿子的手，喝令他："走开！"便和几个骑兵闯出了军营。

郭子仪出了军营，叫人连声高喊："郭令公来了，郭令公来了！"回纥兵闻者丧胆，情不自禁地都放下了武器。回纥兵的统帅药葛罗（回纥王的弟弟）立即拿起弓箭，准备应战。郭子仪来到回纥军营门前，不慌不忙地翻身下马，摘掉头盔，脱去铁甲，放下刀枪，勇敢沉着地向回纥营中走去。回纥兵都很吃惊，大眼瞪小眼，不约而同地说："果真是郭令公呀！"药葛罗也放下弓箭，忙走来迎接。郭子仪握着药葛罗的手，非常严肃地说："你们回纥替唐朝立过大功，唐朝万分感激，为什么违背盟约，向唐朝进攻？你们丢掉过去的功劳，帮助叛臣仆固怀恩作乱，同唐朝结怨仇，是不明智的选择啊！仆固怀恩叛唐弃母，被人唾骂，像他这样寡廉鲜耻的人，能替你们做出什么好事呢？今天我独自一人来到这里，早就把生死置之度外，如果你们真心同唐朝和好，应该马上撤兵。不然，我将传令三军，一气杀来，管叫你们片甲不留。如果你们敢把我杀死，唐军一定不会答应。"药葛罗早已吓得惊慌失措，连连说："我们受了仆固怀恩的欺骗，他说皇帝已死，说你早已在阵前丧命，朝内一片混乱，没有主人，因此我们才敢跟仆固怀恩来进犯。现在皇帝仍然坐镇京城，又亲眼看到你，我们哪里敢同唐军对抗呢！"

郭子仪见事已成，非常高兴。为了粉碎回纥与吐蕃的联盟，他抓紧机会，又劝药葛罗说："吐蕃王不讲道义，反复无常，趁着唐朝内乱，便抢占土地，烧毁城市，破坏乡村，还掠去大批财物，假如你们肯协助我们退吐蕃，继续保持同唐朝的友好关系，唐朝就把吐蕃抢去的东西，全部送给你们，莫失良机啊！"药葛罗又感激，又惭愧地说："令公的话，开导了

我，我愿帮助唐军打退吐蕃兵，以便立功赎罪。不过，请你不要把仆固怀恩的儿子杀掉，因为他是我们王后的兄弟（仆固怀恩的女儿嫁给回纥王）。"郭子仪答应了他的要求。

这时，在旁观望的回纥兵，稍稍转向前来，郭子仪的随从人员也紧紧跟上几步，显示加强戒备。郭子仪毫不惊慌，挥手叫他们退回。药葛罗一面喝退士兵，一面叫人摆出酒席，同郭子仪同饮共欢。药葛罗要试一下郭子仪是否有诚意，请他举起酒杯发誓，郭子仪面对众多将士说："大唐天子万岁！回纥可汗万岁！谁若违背誓言，就叫他死在阵前！"药葛罗也照样发了誓。立了盟约后，郭子仪便领着几个轻骑，胜利而归。

吐蕃王听到这个消息，慌忙逃走了。郭子仪于是派精兵同回纥兵一道追击，在灵台（今甘肃灵台）西大败吐蕃。这样，郭子仪不用一兵一卒，不费一刀一枪，就解除了回纥与吐蕃的联盟，并胁迫回纥兵也撤退了。京师之围遂解。

闰十月，郭子仪回京，然后回镇河中。河中地处两京之间，自广德二年（764）仆固怀恩叛乱，郭子仪再任朔方节度使，河中就成为朔方军的基地。为了解决军粮问题，郭子仪组织士卒种地自给自足。他说："养兵千日，用兵一时。要打胜仗，必须把兵练好，要练好兵，就要有充足的军粮。"当时，由于连年发生战争，农村经济破产，人民十分困苦，筹措军粮确实不易。为了减轻人民对军费开支的负担，郭子仪不顾年迈力衰，亲自耕种了100亩地。将校也各自耕种一定数量的土地。在将帅的带领下，士卒耕种的积极性提高了不少，河中地区的荒地全都得到开发，生产的粮食不仅足供军饷开支之用，还有剩余。

此后两年，每到秋季，吐蕃就率兵进入关中为非作歹，但均被郭子仪率军击退。大历三年（768），宰相元载认为，郭子仪率朔方兵镇守河中，深居腹内无事之地，而吐蕃连年侵犯唐朝边境，由于防守兵力太少，无能为力，建议将郭子仪的朔方兵移镇邠州（今陕西彬县）。代宗皇帝接受了他的建议。次年，郭子仪便奉命率朔方军驻兵邠州。此后，吐蕃虽年年秋季入犯，但再也不敢进入关中进行骚扰了。

大历八年（773），郭子仪已是77岁高龄。吐蕃10万骑兵入掠邠州等地，郭子仪部将浑瑊抵御失败。郭子仪对诸将说："败军之罪在我，不在诸将。"然后与诸将商议制敌计划，重新调整部署，终于击败了吐蕃。

郭子仪镇守邠州长达10余年之久，此时的朔方兵人数已不及天宝时的十分之一。全军的将士也不及吐蕃的四分之一，战马不及吐蕃的百分之二。但是，吐蕃每年秋季入寇关中，均被郭子仪击败。关中大多数地区因此免遭侵犯，京师也得以保全。

虽然如此，但唐朝廷内忧外患的情况仍然没有改观。由于统治集团的腐败。宦官的专权，藩镇的割据，阶级矛盾和民族矛盾的日益加深，使李唐王朝逐渐走向衰亡。

唐代宗死后，由他的儿子德宗继位。德宗为了维护自己的统治地位，协调人民与统治者的矛盾，便下令废除租庸调（唐代与均田制相连的赋役法。租指田赋，调指依乡土所产而缴纳绢、绵或布、麻，庸指以绢或布代替力役），实行两税制（按土地和财产的多少，每年分夏、秋两季两次收税）。两税制虽比租庸调法有利于当时的情况，但人民仍然困苦不堪，在死亡线上挣扎。郭子仪虽极力挽救李唐王朝的颓势，但他已心有余而力不足了。

位极人臣

郭子仪到了晚年,被封为汾阳郡王,并进位太尉(全国军事首脑)。他位极人臣。在朝廷中的威望极高。

郭子仪治军宽厚,深得士兵爱戴,朔方军将士都以父母事之,愿拼死为之效力。这是郭子仪在历次战争中所以能打赢许多硬仗,屡次转危为安的重要条件。郭子仪功勋盖世,威震四方,敌人都很害怕他,吐蕃、回纥称他为神人,一听说他率领大军出战,皆望风而逃。节度使田承嗣对朝廷图谋不轨,骄纵蛮横,但是见到郭子仪派去的使者,即西向而拜,并指着自己的膝盖说:"我这膝盖不向人下跪已经多年了,现在要为郭公下跪。"李灵曜盘踞在汴州(今河南开封),不管公私财物,只要经过汴州,一律扣押。只有郭子仪的粮饷、武器,不但不敢抢掠,还派人护送过境。郭子仪还为朝廷培养了一大批军事、政治人才,随他征战的先后有60余名部将,后来都位至将相。

郭子仪德高望重,但他从不居功自傲。安史之乱后,许多节度使手握兵权,为非作歹,对朝廷貌合神离,拒不听命。郭子仪虽权重势大,深得人心,但他却从不以此为资本,要挟朝廷,谋取私利。祖反,他始终忠诚为国,别无二心,有诏即赴命,绝无一句怨言。

当时宦官专权,嫉妒功臣。为了避免招来麻烦,郭子仪有时还谢绝朝廷的高官厚禄。唐代宗时,曾下令以郭子仪为尚书令。但他认为唐初太宗为秦王时做尚书令,唐太宗即位后,这个职位经常空缺,如果接受这项任命,一会破坏国家的法度;二会招致他人忌妒;再者安史之乱以来,以官赏功臣,已使国家法度遭到破坏,现今安史之乱已被平定,就应按照国家的制度来任免官员。因此,他坚决拒绝。

有时,为了顾全大局,减少矛盾,他甚至不惜牺牲个人利益,不计个人得失。大历二年(767,他父亲陵墓被盗,人们怀疑是鱼朝恩指使手下人干的,但官府没有捕获盗贼,口说无凭。祖坟被盗,在古代社会是没有比这更为严重的事情了,因此事情发生后不久,郭子仪自奉天入朝,朝廷内外气氛便十分紧张,担心他不会就此了结,甚至可能发动政变。但当唐代宗对他提起此事,他却流着泪说:"我长期带兵,对士卒管束不严,有时就发生部众盗掘坟墓的事。如今我父亲的墓被盗,这是应得的报应,与谁都无关。"盗墓之事才不了了之,朝廷内外惶恐不安的气氛也消除了。因此,尽管鱼朝恩、程元振对郭子仪屡进谗言,横加诽谤。但由于他为人坦荡,居功不傲,忠心耿耿,没有什么把柄可抓,每次都化险为夷,得以常保功名,长寿而终。

史称郭子仪"功盖天下而主不疑,位极人臣而众不嫉"。郭子仪的确堪称是一代军人楷模。

郭子仪做了国家的功臣,有权有势,可是他不徇私情,不讲情面。代宗皇帝死了,将要下葬,按照惯例,严禁杀生。郭子仪的本家依赖郭子仪的权势,偷偷地杀了一只羊。左金吾(唐左右金吾掌管宫中及京城警卫)将军裴谞把这件事报告给德宗皇帝。有人规劝

斐谞说:"郭令公已70多岁,他是国家的大功臣,怎么不看他的情面呢?"斐谞说:"我这样做,正是维护郭令公的声誉,让人们都知道他可敬而又可畏。"郭子仪知道了,当即大义灭亲,并向斐谞表示感谢。

又一次,郭子仪妻子的奶妈的儿子犯了军法,被郭子仪手下的一个军官按军法杀了。郭子仪的几个儿子都到父亲面前告状,说这个军官连他们母亲的面子都不给,根本不把郭家的人放在眼里。父亲打了一辈子仗,为朝廷屡立战功,应该与众不同。郭子仪听了,把儿子们痛斥一番,教训他们说:"你们只知道包庇自己家里的人,却不尊重将士,不维护军队的纪律。如果像你们说的那样,凡有功于国家之人,就可以与众不同,高高在上,凌驾于国法之上,那天下岂不大乱?"儿子们听了,觉得父亲深明大义,都不再吭声了。

郭子仪有八子七婿,他们都在朝内做官,家族兴旺,子孙数十人,有时孙子向他请安,他都无法分辨。郭子仪对家人要求很严格。郭子仪七十大寿时,全家上下都来祝贺,只有郭暧的妻子升平公主没有来,郭暧气不过,便动手打了升平公主,气愤地说:"你父亲是皇帝,你依仗皇帝的权势,不来祝贺。我父亲还不愿做皇帝呢!"升平公主挨了打,她不依不饶,大闹大叫。事情被郭子仪知道了,他不容儿子郭暧分辨,让人用绳子捆住郭暧,带着儿子向代宗皇帝请罪。代宗对郭子仪说:"不痴不聋,不做姑翁,儿女闺房琐事,何必计较。"郭子仪谢过皇帝,回家后,把儿子痛打一顿了事。

郭子仪的一生,基本上是在戎马征战之中度过的。自天宝十四年(755)安禄山于范阳起兵,郭子仪即以朔方节度使的身份参与平叛战争,屡战屡胜。唐肃宗时,收复两京。主要是依靠郭子仪所率朔方军的力量。安史之乱被平定后,郭子仪以朔方节度使先后出镇河中、邠州,防御回纥、吐蕃,捍卫京师,虽兵弱将寡,仍屡败敌兵,使京师安全无虞,关中百姓免遭涂炭。所以,史书上说:"天下以其身为安危殆30年,"是一点也没有夸张。

郭子仪是我国历史上一位著名的军事家,他通晓兵书,但不机械地搬用古代兵法。郭子仪有勇有谋,根据不同情况,有时声东击西,有时迂回堵截,有时先发制人,猛冲猛打,还有时不用一兵一卒,竟能计退敌兵。兵多将广,固然能打胜仗;即使不这样,在不利的情况下,也能取得胜利。胜不骄,败不馁。正因为如此,他才能成为一代名将。

郭子仪重视团结国内各民族,对吐蕃、回纥、吐谷浑等能做到友好往来,平等相待。所以他在吐蕃和回纥等少数民族人心中也很有威望。

大历十四年(779),唐代宗病死,遗诏命令郭子仪在三天的治丧期间代理朝政,郭子仪奉命入朝。唐德宗即位后,尊郭子仪为尚父,加太尉,兼中书令,其余官职全部免去。从此,他告别了戎马生涯,在朝廷担任宰相。过了两年,即建中二年(781),郭子仪病死,享年85岁。死后被追封为太师,陪葬建陵(唐肃宗陵)。按唐代制度,郭子仪坟高当为一丈八尺,葬时破格增加一丈,为二丈八尺,作为朝廷对他的表彰。

面涅将军

——狄青

名人档案

狄青:字汉臣,身长7尺,浓眉大眼,姿态雄伟,胸襟广阔。汾州西河(山西汾阳)人,北宋大将。狄青出身贫寒,从小就胸怀大志,16岁时,因其兄与乡人斗殴,狄青代兄受过,被"逮罪入京,窜名赤籍",开始了他的军旅生涯。

生卒时间:1008~1057年。

性格特点:胆识双全,善解人意。

历史功过:狄青戎马一生,智勇双全,北战西夏军,南战侬智高,有力地维护了北宋王朝的统治。他的军事活动,有利于各族人民的生产和生活,对巩固我国多民族的统一国家做出了重要贡献。一个只字不识的农家子弟,十几年间竟成为北宋最高军事机关统管军政要务的高级官员。这种经历,在北宋历史上绝无仅有。

名家评点:时人曾有这样一段精彩的评论:"为将之道有三:曰'智'、曰'威'、曰'权'。观狄青讨伐侬智高,狄青可谓是能施其智而奋其威,在当世都是绝无仅有的。然而狄青之所以能够有这么好的发挥,是由于仁宗将指挥大权授予了他。这就是得君之权的典型。假使狄青没有得到君主的专任之权以方便他行事,他何以会创下如此辉煌的战功。"

出身寒门

宋真宗大中祥符元年(1008年),狄青出生于汾州西河狄家村。他的出生,并未像他四十多年后以一个朝廷命官衣锦还乡时那样不同凡响。父亲狄普,是一个普通农家子弟,靠自耕来勉强维持全家的温饱。母亲侯氏,勤劳贤惠,善持家务。狄青就是在这样的

家庭环境中开始了他的人生。

北宋王朝创立以来,经过半个世纪的努力,到宋真宗统治的时代,经济有了相当程度的发展,社会相对安定。但宋太祖赵匡胤改革以来形成的一些弊端也开始显露。靠"陈桥兵变""黄袍加身"而夺取皇位的赵匡胤,为防范本朝将领步自己的后尘取代赵宋王朝,让一些著名高级将领解甲归田,扬文抑武;为了防止出现藩镇割据的局面,又集财权、政权、军权于中央,形成了中央高度专权的体制。这种体制对巩固赵宋的统治固然起到了很大的作用,但也滋生了难以克服的弊端。其中之一,便是军队战斗力的每况愈下。而军队战斗力的衰弱,又导致了外族统治者的频频侵扰,使国内政治和人民生活处于动乱之中。

由于家境不佳,狄青不能像有钱人家的孩子那样,接受经、史、子、集的陶冶,只能与一些穷人家的孩子摸爬滚打地玩在一起。西河一带,地势开阔,地形多变,堪称习武练兵的好地方,当地农民对这个行当也很感兴趣。俗话说,山东出相,山西出将。地形地貌和风俗习惯,有利于一个立志从武的青少年的成长。十几岁的狄青,聪明伶俐,苦学苦练,骑马射箭之术很快就相当熟练了。二十多岁时,他已经成长为一个胆识双全、武艺出众、体魄健壮、相貌堂堂的青年。

少年时代的狄青,就表现出非凡的胆识和智慧。他从小失去双亲,一直与哥哥狄素相依为命。狄素也是个贫穷、正直的庄稼汉。一天,狄青给在田里干活的哥哥送午饭,路上碰到一个匆匆赶来的女子。她告诉狄青:狄素同铁罗汉在河边动手打起来了。铁罗汉,一个游手好闲之徒。这天,他酗酒生事,来到田间无事生非。他从一个老实农民手中抢走一个馍,农民不甘,二人便厮打起来。铁罗汉把个头矮小的农民按倒在地,拳打脚踢。坐在一边的狄素按捺不住心中的义愤,上去对铁罗汉就是一拳,接着一脚把他踹进河里。狄青闻讯赶到出事地点时,争斗已经结束,狄素正眉头紧锁地坐在一块石头上喘着粗气,不识水性的铁罗汉正在河中挣扎。狄青意识到:若是这家伙淹死,哥哥肯定要大祸临头。按宋朝法律,杀人要偿命。不容多想,他立即跳河救人。已经扑腾得精疲力竭的铁罗汉,突然发现来了救星,便一把死死抓住狄青破衣衫的领子。"哧"的一声,狄青的衣领被撕了下来。狄青赶忙揪住他的头发,用力拖向岸边。铁罗汉灌了很多水,神志已经不清,不知道是谁救了自己。狄素对弟弟说:"俺把他打死了,偿命的是我,你为何管这闲事?"说着流下了眼泪。狄青安慰道:"哥,你放心,他只是一时失去知觉,不会死的。"这时,村民从四面八方赶了过来,纷纷安慰狄素:"别担心,我们会为你说情的。"赶到的村官却喝道:"狄素!朝廷有法,不准斗殴。谁惹事打死人,谁就要偿命。""我有话要说!"狄青挺身而出,并对村官说道:"你误会了。事情是这样的,铁罗汉欺负一个弱小村民,我出于旁观者的责任感,一怒之下对他动了手。这个流氓自己不小心掉进水里,差一点淹死,是我哥哥救了他。"村官看着他将信将疑,又看看众人。几个村民马上异口同声地说道:"没错,我们可以作证。"狄青趁机提供证据,说道:"你瞧,他手里还抓着我的衣领呢!"村官扳开铁罗汉的手,果然发现他的手里攥着一个破衣领。村官下令把狄青绑起来,狄青又说话了:"别急!还不知铁罗汉是死是活呢?"村官无可奈何,只得使令停绑。狄青赶快骑在铁罗汉身上,从上到下地揉着他的肚子。很快,铁罗汉张开了嘴,大口大口地吐着黄水。又过了一会儿,他醒了过来,狄青趁机俯身在他耳边嘀咕了几句。铁罗汉摇摇晃晃地爬起来,步履蹒跚地走向狄素。他跪地作揖,口中不停地念道:"多谢你的救命之恩。"狄素很感意外,明明是我打了他,他却还要谢我。围观的人见没事了,也就各自散去,风波随之平息。在回家的路上,狄素问弟弟:"是你救了铁罗汉,他为何谢我?"狄青答道:"铁罗汉抢人之馍,又和你打架,是他喝醉了,根本记不清这些事。落水后我救他时,一直在他身后,并对他说:'我狄素救你。'当他上岸从昏迷中醒来,我又俯耳告诉他:'你应该去感谢狄素。'他真就这么做了。"狄青的机智,帮哥哥躲过了一场大难。此时,狄青只有十五岁。可以断言,狄青若能走上沙场,一定会成为一名善施计谋的将军。

习武从军,报效国家,是狄青从小立下的志向。宋仁宗天圣十年(1032年),偶然发生的一个事件促成他实现了自己的愿望。这一年,狄青二十五岁,县里的衙役征收赋税,强行摊派,肆虐乡里。受到欺凌的狄青,一气之下离家出走,只身来到京城(今河南开封)从戎。

在北宋军队,被称作"赤老"的士卒,一般要像被处刑的罪犯那样,在脸上刺字,以防止逃跑。狄青从戎的那一天,正好是宋朝科举考试发榜的日子。中得进士的人从皇宫中出来时,人们都围上去观看,一睹新进士的风采。当时,狄青和几个士卒也正巧在场。看到这种情景,几个士卒不无感慨地说:"人家是状元,我们当兵,潦倒与富贵,命运的悬殊多大啊!"狄青不以为然地说:"话不能这么说,这要看各人的才能如何。"一席话,引起了在场人们的讥笑。然而,狄青自有主见。他决心从自己做起,改变那种当了士卒就注定一辈子低贱的成见。

起初,狄青只是"拱圣营"里的一名小卒。后来,身材魁梧、武艺高强的他得到长官的青睐,被提升为三班差使。几年后,又由"骑御马直"选升为"骑御散直"。不久,狄青又因偶触军法,被判死刑,幸而得到范雍的极力营救,才得以面部刺字而免死。

威震西夏

西夏是党项人(羌族的一支)建立起来的政权。党项人原来分散于今青海和四川西北部,后来迁移到今陕西、甘肃和毗邻宁夏的地区定居下来。该民族以畜牧业为主,也从事农业生产。从唐末到宋初,党项首领在这一地区的统治都得到各代皇朝的承认,唐宋两朝还赐其首领姓氏。因此,他们在唐朝姓李,在宋朝姓赵。宋太祖赵匡胤统治时,党项李氏曾经入关。宋太宗赵匡义和宋真宗赵恒统治时期,党项酋长李继迁时叛时降。在宋与辽的斗争中,他们联辽抗宋,从中渔利,企图巩固和扩大其势力范围。宋仁宗明道元年(1032年),李德明死,元昊即位,继续对外用兵,不断扩张领土。宋仁宗宝元元年(1038年),元昊撕毁了其父于宋真宗景德三年(1006年)与宋朝订立的接受宋朝册封的和议,公开称帝,建都兴庆(今宁夏银川市),国号大夏,史称西夏。这时,西夏的领土已"东近黄

河,西界玉门(今敦煌市西),南接萧关(今宁夏原州区西南),北控大漠,地方万余里,倚贺兰山以为固"(吴广城:《西夏书事》卷十二)。就在这一年。狄青应诏戍边。

西夏统治者野心勃勃贪欲正旺时,北宋统治者却醉生梦死、恣情享乐。史书对当时宋王朝的防务做了这样的描述:"上下安于无事,武备废而不修;庙堂无谋臣,边鄙无勇将;将愚不识干戈,兵骄不识战阵;器械朽腐,城郭隳颓。"这种状况助长了元昊割据称帝的野心。宋仁宗宝元二年(1039年)一月,元昊向宋廷奏表,请求宋王朝承认"夏国",册封帝号。宋朝君臣议论不准,并下诏剥夺他的官爵、发榜悬赏他的首级。于是,元昊便发兵进犯宋军驻地,宋夏战争爆发。

同年十一月,元昊亲自率军向保安(今陕西志丹)进犯。保安居延州西北门户,是北宋通往西夏的交通要道,也是北宋的边防重镇。此前,为了抵御西夏,宋在西北边境招募人马,组成"万胜军"与西夏接战。而"万胜军"并不万胜,败仗居多,使西夏将士对它不屑一顾。这次保安保卫战,由狄青指挥"虎翼军"迎击西夏军。战前,狄青对敌我力量和其他客观因素进行了分析:夏军将士虽然大多剽悍,但因取得了一些战绩而傲气正显,滋生着必败的因素;宋军虽然打了一些败仗,但上下同仇敌忾,具有反败为胜的因素。于是,狄青决定"虎翼军"以"万胜军"的旗号列阵。元昊见是"万胜军"前来迎战,自以为胜券在握,便放心大胆地发起冲击。"万胜军"如虎添翼,使元昊大感意外。结果,夏军"为虎翼军所破,殆无遗矣"(张鉴:《西夏纪事本末》卷十一)。宋军的这次胜利,给不可一世的夏军以迎头痛击,也是宋夏战争中宋军为数不多的胜仗之一。

从公元1040年至1044年,西夏又先后向宋朝发动了几次大的进攻。1040年初,西夏侵犯宋朝的延州(今陕西延安),宋将范雍惊惧不敢迎战,元昊派人诈降。范雍不加戒备,夏军乘势攻击,袭宋兵寨,生擒都监李士彬,并占领延州。范雍令部将利平、石元孙增援。元昊伏兵三元口,生俘利、石二将,进而攻破宋军的塞门寨和安远寨,获得大胜。宋军失败后,朝廷贬撤范雍,任命韩琦、范仲淹再次督战。两将经过努力,虽使形势有所好转,但未能彻底改变宋军的弱势。在夏军三川寨的战斗中,宋军又败。1041年初,元昊向渭州进军,韩琦令任福率军出战,两军战于好水川,宋军又败,任福战死。1042年十月,西夏再次出兵,宋将葛怀敏等十四名将帅战死,夏军俘获宋降兵近万,获战马数百匹,乘胜直达渭州。

元昊连连得手,大有挥军长驱南下之势。宋仁宗极为恐慌,急忙选择御前卫士,组建队伍。狄青就是在这样一种形势下再次应诏戍边。受命于危难之际的狄青,被任命为三班差使、殿侍、延州指挥使,随队伍奔赴西北边陲,成为经略安抚缘边招讨使庞籍的部将。北宋的军队本来战斗力就低,加上新增的士兵都是临时应召,没有经过严格的训练,将不知兵,兵不知将,以致每战即溃。狄青到达边疆后,首先着手整顿自己统辖的队伍:一是严肃军纪,统一号令;二是身先士卒,提高士气。重振军威,这是狄青整军的目的。

狄青指挥有方,善于以奇制胜。一次,夏军向狄青驻守的泾原路一地发动进攻。战前,狄青比较了双方力量:己方军队不仅战斗力弱,而且数量少;而夏军基本上是倾巢出动,兵力不下万人。为了以少胜多、以弱胜强,他采取了一种带有迷惑性的作战方法,下

令全军将士尽弃弓弩,全部带上短兵器。战斗打响后,狄青亲自率军迎战。两军相遇,还未接战,宋军中响起一阵锣声,士卒立即停止前进。不一会儿,锣声第二次大作,士卒严阵以待,做好了战斗准备。这时,夏军将士感到莫明其妙,忍不住抚掌大笑。他们认为,以前传闻"狄天使"有勇有谋,现在看来不过如此,没有什么可怕的。夏军将士笑声未止,宋军锣声戛然而止,手持利剑的宋兵个个如箭出弦,直插敌群。霎时间,夏军阵势大乱,士卒争相逃命。史书描写:"自相践踏,死伤不可胜算。"(《西夏纪事本末》卷十一)。这一仗,狄青巧用疑阵麻痹敌军斗志,再次取得以寡敌众、以弱胜强的奇迹。自夏军南侵以来,在宋军连吃败仗、闻风而溃的情况下,狄青再次取得赫赫战绩,大大鼓舞了宋军的斗志,狄青也因此成为传奇式将领。汴京的许多皇亲贵族、朝廷官员,都想目睹他的风采,又都因见不到其人而感遗憾。宋仁宗也想召狄青入京,了解他克敌制胜的原因。事不凑巧,这时战事又起,渭州(今甘肃平凉)告急,狄青难以回京。宋仁宗只好派丹青高手亲赴战场,画取狄青的肖像拿来汴京。看到仪表堂堂、英姿勃发的狄青肖像,宋仁宗情不自禁地赞叹,真是我的关羽、张飞啊!

狄青剽悍凶猛,勇冠全军。在反击西夏兵进攻保安的战斗中,宋军多次被败,兵士们一听说与西夏兵交战都有点害怕。守将卢守勤正在为此犯愁时,狄青主动要求担任先锋,抗击西夏军。卢守勤见狄青自告奋勇当先锋,很是高兴,就拨给他一支人马。狄青每逢上阵,先换一身打扮:弄散发髻,披头散发,头戴铜面具,只露出两只炯炯的眼睛。他手拿长枪,带头冲入敌阵,东挑西杀。这使西夏兵有些愕然,因为自进犯宋境以来,还从未碰到过这样厉害的对手。狄青那副打扮,已经使他们胆寒了。狄青率部拼杀了一阵,西夏军的阵脚大乱,纷纷败退。还有一次,西夏军攻入安远(今甘肃通渭),狄青正在治疗。他闻讯后,从床上一跃而起,挥刀上马,率兵冲入敌阵,仿入无人之境,左拼右杀,所向披靡。狄青身先士卒,士兵不敢怠慢,纷纷跃入敌阵拼搏,大败夏军。在征战边疆的四年中,他八次中过流矢,先后于大理、清化、榆林、归娘岭东女之崖、木匮山、浑州川、白草、南安、安远等地参加了二十五次战斗,斩杀元昊将士万余人,连破金汤城、略宥州(今陕西靖边境内),收复大理、清化、榆林、浑州川、安远等地,征服了岁香、毛奴、尚罗、庆七、家口等部落,生俘五千多人。此外,狄青还带领士兵修筑了招安、丰林、新砦、大郎等要塞。这些军事要塞,成为宋军反击西夏统治者入侵的前沿阵地,对保卫宋朝边疆州郡发挥了重要作用。

狄青治军,特别注重正部位、明赏罚,与士卒同饥寒、共甘苦,深得士卒的崇敬,士卒都乐于听他的指挥。所以,他能经常打胜仗。狄青勇猛顽强的战斗作风和带兵艺术,在当时宋朝的陕西战场上是异常突出的,因此受到当时主持陕西对西夏防御战争的大臣们的赞赏。战火考验着狄青,也锻炼着狄青,使他迅速地成长起来。一个偶然的机会,狄青与经略判官尹洙(字师鲁,河南人)相见。尹洙学识渊博,满腹经纶,深谙古代兵法。二人谈到兵家攻取退守之道时,狄青发表了与众不同的见解,令尹洙惊讶不已。尹洙马上将狄青作为良将之材向经略安抚招讨使韩琦、范仲淹推荐。范仲淹一见狄青,惊叹"此良将才也",并送他一部《春秋左氏传》,告曰:"为将而不通晓古今,是匹夫之勇也。"范仲淹勉

励狄青增加阅历，开阔视野，汲取历史经验智慧。狄青很受感动，如获至宝，发奋读书，勤于思考，日间不足，继之以夜。他悉心研究秦、汉以来所有的将帅兵法，并把从书本上得到的新知识与自身的实践经验结合起来，作战思想和经验不断升华，终于成为一个既能勇猛冲锋陷阵、又精通兵法的将领。由此，狄青的戎马生涯更上一层楼，战场上屡建奇功，威名远播。史书曰："悉通秦汉以来将帅兵法，由是益知名。"几年之间，狄青不断得到朝廷的加官晋爵，历任秦州（今甘肃天水）刺史、泾原路副都总管、经略招讨副使、惠州团练使、马军副都指挥使等职。西夏军很怕他，称他是"狄天使"。

当狄青领兵驰骋疆场时，宋夏关系出现了转机。西夏因不断发动战争，境内土地荒芜、满目疮痍、民不聊生，政权感到处境困难，不得不向宋请和。经过多次战争，宋军逐步转败为胜，范仲淹等将戍守的边疆有所巩固，但也极大地消耗了北宋的人力物力。一向屈辱妥协的宋仁宗，立即密命知延州庞籍尽快和西夏议和。宋仁宗庆历四年（1044 年）十月，议和成功。宋廷封元昊为夏国王，夏仍对宋名义上称臣，宋每年"赐"给夏国银七万二千两，绢十五万三千匹，茶三万斤。然而，这个和约并不可靠。1068 年至 1085 年宋神宗时期，两国又起战争。宋哲宗元符二年（1099 年），双方又缔结和议，宋对西夏的"岁赐"照旧。从此一直到北宋灭亡，两国未再兵戎相见。南宋时期，金人占据中国北方，宋夏隔绝，只有使臣来往。宋理宗宝庆二年（1227 年），西夏为蒙古人所灭。西夏从元昊起，共传十代。

容人雅量

狄青作为北宋的一位名将，不仅智勇双全，而且善解人意。这让他得到了部属的拥戴，整个部队形成团结一致、众志成城的局面，这是狄军获胜的重要原因。他和猛士刘易之间的一段故事，生动表现了他善解人意和容人之短的优点。

有一年，狄青奉旨出守边塞，他的好朋友韩将军向他推荐了一名猛士。这位猛士叫刘易，他熟知兵法，善打恶仗，非常熟悉狄青守卫的那段边境的情况，正是狄青的戍边大业不可多得的将才。然而刘易有个怪习，就是特别爱吃苦荬菜。若一顿饭吃不到苦荬菜，他便呼天喊地，骂不绝口，甚至打人。士兵有些怕他，将领有些怵他。

刘易到边塞后，忙于军务，每天早起晚睡，从内地带的苦荬菜很快就吃完了，而边塞又不长这种野菜。一天，士兵送来的菜里缺少了苦荬菜，刘易便把盛饭菜的器皿掀翻在地，并在军营中大闹不止。狄青闻知，非常生气。

一般来说，戍边军队中不能有这样的人，但刘易确实与众不同。狄青考虑，与这种性格刚烈的人发生正面冲突，不仅破坏了自己与韩将军的朋友关系，而且会影响刘易的情绪；但如果放任不管，又会动摇其他士兵的军心，影响戍边大业。

于是，狄青一边好言安抚刘易，一边立即派人回内地去取苦荬菜。有些将领对此很不服气，说狄将军骁勇善战，屡建奇功，而刘易何德何能，却要狄将军放下军务派人去给

他弄苦荬菜吃。特别气盛的将领，还打算与刘易比一比武艺，杀一杀他的威风。狄青急忙劝阻，说："刘易原来不是我的部下，如果你们与他计较，争强斗胜，传出去势必会给敌人以可乘之机。我们现在要加强团结，不能争一时之短长。"

刘易得知这些情况非常感动。狄将军派人专程去弄苦荬菜，是出于对他的理解；劝阻将领勿与他争强斗胜，是真正顾全大局，宽宏大量。

过了几天，刘易懊悔地去找狄青，说："狄将军，您治军严谨，我在韩将军手下时就有耳闻。这次我因这么点小事就大闹，您不仅不责怪我，还原谅了我，我一定会报答您。"从此，刘易再也没为苦荬菜闹过事，并且逢人便夸狄将军的宽阔胸怀。

其实，这正是狄青为人处世的智慧之处。他如果与刘易斤斤计较，在刘易大闹军营时处治他，不仅难以收到预期的效果，还会影响自己负责的戍边事业。他的做法，不仅收服了刘易，而且教育了其他将领、士兵。看一看狄青的为人处世方法，无论是谁，都会为他的宽容气度所折服。

古人说："木秀于林，风必摧之。"自然现象启示人们，不能过于逞强。争强好胜、得理不饶人，往往容易激怒对方。表面上看，你似乎比别人强，实际上是缺少智慧，因为你把对方推到了与自己完全对立的位置。这样，你做事就会遇到比别人更多的困难。而善于处世的人，常常更多地体谅别人，巧妙地表达自己的思想，并给他人留有余地，不与别人计较一时之短长。这样，就可以团结绝大多数人，以大家的同心同力，实现自己的目标。

平定侬乱

狄青抵御西夏有功，宋廷命他为彰化军节度使知延州，宋仁宗皇祐四年（1052年）六月又提升为枢密副使。枢密使和枢密副使都是枢密院的长官，而中书省与枢密院，号称宋廷的文武二府。狄青荣升为直接供事于皇帝的枢密副使，使他真正成为名声显赫的朝廷命官。但是，狄青这次受命又正值宋王朝的多事之秋。

1052年，广西少数民族首领侬智高起兵反宋。侬智高精通汉文诗书，是当时广源州（今广西与越南交界处）少有的中举的读书人。据说他的母亲是一个喜欢吃人肉的女魔头，而且口味颇为挑剔，爱吃幼儿，每天都要杀死一名小儿供她大快朵颐。如此可怕的蛮族，难怪使宋朝君臣头皮发麻，敬而远之。史书记载，侬智高多次遣使向宋廷献金银驯象之物，上表要求宋廷正式授予他邕桂节度使之职，被宋廷拒绝。侬智高恼羞成怒、忍无可忍，与广州人黄师宓等谋反，向宋朝两广地区大举进攻。宋朝由于长期武备失修，在侬智高的进犯面前，许多州郡官员望风而逃，使侬智高的行动进展顺利。他率兵七千首攻右江上游的重镇横山寨（今田东县平马镇），随即又攻陷广南西路西南的政治、军事中心邕州（今广西南宁市），建立"大南国"，称"仁惠皇帝"，改元启历，设置百官。不久，又顺郁江（今广西境内）东下，连破横（今广西横县）、贵（今广西贵县）等九州，直抵广州城。攻城受挫后，撤围退走。回师途中，又破昭（今广西平乐）、宾（今广西宾阳）等州，退据邕州，

击杀宋将、知州等官吏数十人。

依智高起兵反宋的消息传到汴京，宋仁宗惶惶不安。先是派张忠、蒋偕南下平反，但出师不利，被依智高击败。后又遣杨畋、曹修等人率军前往，在广源驻了很久，也与依智高打过几仗，大多失利。接着，朝廷又任命秦州知府孙沔为广南安抚使、石全彬为副使，加派桂州知府余靖率军与杨畋、孙沔等共同平息依智高反叛，又打了十多仗，也是损兵折将，大败而归。而依智高的声势越来越大、气焰越来越嚣张，声称只有宋廷允许他作邕、桂七州的节度使，才能臣服宋廷。宋军连败，依智高胃口之大，一时震动岭南，也使宋廷深以为忧。就在宋仁宗坐卧不安、满朝文武惶然无措、举国上下骚动之际，作枢密副使不到三个月的狄青，自告奋勇，上表请行："我本行伍出身，除征战而外无以报国，愿率禁军并蕃骑数百，活捉依智高献于阙下。"宋仁宗甚为高兴，一边命狄青为宣徽南院使、荆湖南北路宣抚使、经制广南盗贼使，一边亲自在垂拱殿为狄青设宴壮行。宋仁宗还接受宰相庞籍的建议，打破宋朝以往非专任武将掌兵、以文官牵制武将的惯例，没有给狄青配备副手，授予狄青统一指挥岭南宋军讨伐依智高的全权，并下令岭南诸军都受狄青统辖节制。

出师之前，狄青积极从事各种准备。他首先严格规定了用人任将的要求。狄青认为，过去宋廷每次命帅出征作战，总是有一些本来本事不大、根本不想在战场上流血牺牲、却又想趁机捞取功名的人，利用各种关系请托主帅，在军队中混得一官半职。这些人成事不足，败事有余。孙沔受命讨伐依智高时，就受请托带了一批无赖之徒，所以不能成功。狄青受命之时，也有人蠢蠢欲动，企图通过朝中权贵人物疏通狄青混入军中。狄青总结了孙沔失败的教训，直接召见请托求行的人，郑重告知："君想跟随我狄青出师，这是我狄青求之不得的事，何必请人说情呢？不过，依智高是个小寇，却派我狄青出马，可见事变之危急。从军之人，若能击贼有功，朝廷有厚赏，我狄青不敢不替他们请赏。如果从军又不能杀敌，则军中无戏言，军法重如山，狄青不敢徇私。请君三思，果真愿往，让你到军中来。不仅是你一人，你的亲戚及所交游的人，都希望你把我的这些话带给他们。"一席话，把托人说情的人吓得面色如土。其他一些本来也想混进军中捞取功名的人，听了这一席话也都打消了请托的念头。狄青最终带在身边的人，都是那些他了解很深，能在战场上发挥作用的人，如北宋抗辽名将杨业的孙子、杨延昭的三子杨文广。凭这一点，狄青在南下的宋军中树立了声威，许多人也树立了此行必胜的坚定信念。狄青还根据依军作战多执长枪和藤制盾牌的特点，汲取宋军与依军作战失利的教训，制定了以骑制步的方略。

一切准备就绪后，十月初狄青率锐军一万五千步骑启行。以往宋军与依军作战，将领往往只顾驱赶士兵快速行军，不注意关心士兵的疾苦，不注意行伍纪律，宿营时不注意警卫，一遇依智高军队，又立即驱使疲惫的士兵作战，以致兵屡败、将被俘。狄青汲取这些教训，队伍从开封出发后，每天行程不超过一驿站，凡到一州治所，必让士卒休息一天，使士卒保持了旺盛的精力。到潭州（今湖南长沙）后，因为已经靠近前线，狄青就严申行伍纪律，使部队无论行军还是住宿，都做到行列整齐，粮食辎重及各种守备器材的运送都有条不紊。有个军人抢了过路人一把菜，狄青立即下令斩首示众。由于纪律严明，全军

行动整肃,没有一个人敢出声喧哗,以至于万余人的队伍在行军时竟悄然无声。

队伍行至桂林附近,路旁有一神庙,狄青便令部队停下。他带几员大将进入庙宇,煞有介事地告诉他们:"此庙之神极其灵验,我要请神判断一下这次征战的胜负。"说着,掏出一把铜钱,面向神位祷念:"如果此战能胜,我撒出去的钱,应该都是面向上。"众将一听,大惊失色。他们知道,这么一把钱,随便一撒,全部正面朝上落地,几乎不可能。这不是自伤锐气吗?于是,他们劝阻狄青。狄青哪里肯听,扬手一抛,只听"叮当"乱响,铜钱纷纷落地。众将定睛一看,竟然全都正面朝上。神了!众将欣喜若狂,士气顿时大振。这个秘密只有狄青心知肚明:每一个铜钱的两面都是一样的。

狄青率军到达广南时,前次负责讨伐事宜的余靖已经奏请朝廷,准备约交趾(今越南北方的大部)兵入境进攻侬智高。狄青一面毫不犹豫地下令余靖停止派使臣向交趾借兵,一面向宋仁宗申奏:"假兵于外以除内寇,不是本朝之制。"他还指出交趾出兵的许诺不可信,请求宋仁宗取消向交趾借兵的计划。后来人们都佩服狄青的远见卓识。1053年正月初,狄青率部进抵宾州(今广西宾阳),与孙沔、余靖所部会师,合军三万一千人。这时,岭南诸军兵疲意沮,纪律松弛,有令不行。狄青未至前,便传令诸军占据要地,勿擅自出战。广西宋将陈曙恐狄青独得战功,违令率八千步卒轻出,因军纪涣散,将无威令,兵败金城驿(今广西南宁东北),丧师两千余,部将袁用等人狼狈逃窜。狄青十分生气,认为这次兵败是目无主帅、不听统一号令的恶果。狄青严申军律,数陈曙败军之罪,将他与袁用等所属将校三十人处斩。这一举措,全军为之震动,连在座的余靖、孙沔两个大臣也相顾失色,那些平时玩忽职守,视军法如儿戏的将官更是吓得发抖、不敢抬头。宋军以往那种纪律涣散,各行其是,将领各执己见、争吵不休的状况,都为之一变,大增了军士拼死取胜的决心。宋朝在岭南危急的军事形势开始出现转机。

这时,侬智高因围困广州不下而退据邕州(今广西南宁市)。邕州,在唐代为岭南西道节度使治所,在五代为建武军节度使治所,防卫设施较好,并有昆仑关这一天然屏障,侬智高军若据险以守,宋军即使能够攻破,也要付出很大代价。狄青劳师远征,不宜久驻,必须设法尽快进入邕州,寻找侬智高主力决战,速决取胜。而要达到这一目的,又必须首克昆仑关。于是,攻克昆仑关成为宋军取胜的重要前提。为了抢在侬智高之前占领昆仑关,狄青精心策划,决定来个出其不意。

部队到宾州后,狄青以粮运不继为借口,声言休兵,士卒卸甲,战马离鞍,下令部队准备十日粮草,做长期作战的准备。为了制造假象,狄青借正月十五元宵节,张灯三日,宴请兵将,佯作按兵不动。侬智高得到这样的消息,以为宋军真的在近期内不会进攻,也做了十天之后决战的准备。见目的达到,狄青立即暗中通知部队废除原令,人上甲,马上鞍。就在这天晚上,风雨大作,伸手不见五指,狄青率部开始了秘密行动。

这次领旨南下,自从过了桂邑之后,狄青便养成了一个习惯,每天黎明时辰出帐召集诸将,发布当天行动命令。一切完毕,乃小餐一顿,才随队出发。这一次秘密行动,他改变了习惯。第二天凌晨,狄青过了往日该到的时辰仍未到位。直至天色大亮,狄青的随从才入账找人。但仍不见人影,大家不知所措。正在这时,有人来报:宣徽使传语诸官,

请过关吃早餐。这时大家才明白过来，原来狄青已经率先遣队过了昆仑关。部队随即赶上。待侬智高发现宋军的秘密行动时，宋军已逼近邕州。

侬智高见险关已失，乃倾数万众布阵，仓促迎战。两军对阵于邕州附近的归仁铺。归仁铺一带，驻扎着侬智高的主力。其中一支精锐部队，叫"标牌军"。"标牌军"曾屡挫宋军，使宋军闻之胆怯。为了对付"标牌军"，狄青在出发前就做了准备：一是随身带来三千善于野战、攻坚的骑兵，以求用迅猛的行动击溃敌阵，使其将士沮丧，最后歼灭敌人；二是根据"标牌军"的武器配备，对步兵的武器装备也做了调整，每个士兵或持长刀或持利斧，相互配合。

狄青依依军阵势，很快部署了自己的兵力。令右班殿直张玉所部为先锋，如京副使贾逵带一部攻敌左翼，西京左藏库副使孙节率一部攻敌右翼，狄青与孙沔、余靖率三千骑兵攻敌正面。狄青进一步严明军纪：一切行动听指挥，凡不听命令擅自进攻或擅自后退者，一律斩首示众。翌日黎明，狄青下令向侬智高军发起进攻。起初，敌军以大盾作掩护，宋军用弓箭、石子猛攻，但效果不理想。突然，"标牌军"蜂拥而来，实施反击，击溃了宋军的前锋。继而，攻右翼的孙节军与敌人进行肉搏，损失惨重。攻左翼的贾逵军被敌军层层围住，经一番拼搏才杀出重围，占领附近一座小山。尔后又经交战，不分胜负。孙节英勇牺牲，士卒个个奋勇，顽强作战，无一退却。战斗十分激烈！战情十分紧急！就在这时，鼓声骤起，狄青挥旗杀出两翼，一翼攻敌中央，一翼攻敌侧背，形成两翼夹击之势。侬智高的"标牌军"见腹背受敌，阵势大乱，纷纷逃遁，退回邕州。宋军乘胜追击五十余里，斩首两千两百，侬智高之弟侬建中、侬智中、侍郎黄师宓等将领五十七人被击毙，俘五百余人。是夜，宋军兵临城下，虚张声势，鼓噪大呼，侬智高以为宋军欲攻城，便纵火焚城，逃往大理（今属云南地区）一带。狄青率兵入城，缴获金银绢帛数万，杂畜数千。

这次征战，显示了狄青的智谋。他精心筹谋，出征前充分准备，改制兵器，确定了以骑制步的正确方略。狄青领旨南下前，翰林学士曾公亮问他：侬智高的"标牌军"十分厉害，屡败宋军，你该如何对付？狄青回答："此易尔。标牌，步兵也，当骑兵则不能施矣。"（曾巩《元丰类稿》卷五十二）。临战，他整饬军纪，激励将士，出其不意，袭取昆仑关。及战，巧施迷阵，发挥骑兵优势，以两翼夹击。所有这些，都按神机妙算进行，显示出狄青的大智大勇，大有运筹于帷幄之中、决胜于千里之外的诸葛遗风。一举平定侬智高数月之乱，巩固了宋南部边疆。狄青平侬智高之乱一役，在当时朝野内外传为佳话。记载此次狄青出师南征的《平蛮三将题名石碑》，至今仍保留于广西桂林市龙隐洞的右摩崖上。

在平定侬智高反叛的过程中，狄青不仅显示了卓越的军事指挥才能，还表现出不贪功冒功、推功与下级的高风亮节。收复邕州时，曾发现一具着金龙衣的尸体，许多人都认为是侬智高，主张呈报朝廷。狄青却说："怎么知道不是诈谋呢？宁可失去杀死侬智高之功，也不能贪功而欺骗朝廷啊！"整个战役中，一切谋划出自狄青，孙沔了无功绩。但是，侬智高反叛一被平息，狄青就把其余善后事项统统交给孙沔处理，自己退至一边，使孙沔也有功可立。这种推功及人的作风，使孙沔十分敬佩。奇兵飞越昆仑关，一举平叛侬智高，是狄青军事生涯中最精彩的篇章，也是他军事活动中最光辉的顶点。

含怨而死

狄青从南方班师回朝后，宋仁宗不顾一些大臣的反对，擢升他为与宰相同等地位的枢密使。他虽成了朝廷中掌握军政大权的最高长官，但并没有忘记自己行伍出身的身世，脸上始终留着当士卒时刺下的字。宋仁宗以其官高位显，劝他敷药除字，狄青说："陛下以功擢臣，不问门第，臣若脸上无字，怎能到达执政大臣这样的高位？臣决不除去这些刺字，为的是让那些被视为贱儿的士卒知道，国家有执政大臣这样的名位在等待他们建功立业呢！"在世袭制的封建社会，狄青能由一介兵士成长为北宋名将，完全凭借自己能征善战的过硬本领，而这些才能的获得，又来自于他的刻苦学习和实践锻炼。勤学苦读，不仅丰富了他的军事谋略，而且加深了他对带兵打仗的一些规律性的认识，如"行师先正部伍，明赏罚，与士卒同饥寒劳苦"等。狄青当上了执政大臣，使都城的士兵都感自豪，连平时作为低贱和耻辱标志的脸上刺字，一时也成为他们互相矜夸的东西。

祸兮福所倚，福兮祸所伏。正当狄青事业辉煌、如日中天的时候，不幸也因他的奇功、声望、高位以及在士兵中的影响，悄悄到来。宋革唐末五代武人专政、兵变频仍之弊，自开国以来，极力压低武将地位，以绝其觊觎之心。从宋太祖的杯酒释兵权、分割禁军统帅权力，到实行"更戍法"，使兵不知将，将不知兵，发展到凡将帅出征都要由朝廷授以阵图、训令，将帅只能按图作战的荒唐地步。在这样的政治环境中，随着狄青官职的升迁，朝廷对他的猜忌、疑虑也在逐步滋长。早在皇祐四年（1052年）狄青任枢密副使时，御史中丞王举正就认为，狄青出身行伍而位至执政，"本朝所无，恐四方轻朝廷"。右司谏贾黯上书皇帝，论奏狄青升官有几不可，御史韩贽等人亦皆附和。在依智高纵横岭南、满朝文武惊慌失措、狄青受命于危难、率兵出征之际，朝廷在欣喜之余，仍念念不忘"狄青武人，不可独任"，主张以宦官任守忠为监军，监视狄青。后因谏官李兑力劝，加之形势紧迫，朝廷才最终没有做出那样的安排。狄青凯旋还朝，并做了枢密使时，这种猜忌和不安达到了顶点。臣僚百官纷纷进言，不仅像王举正这样始终反对狄青做官的人以罢官相威胁，就连屡屡称颂狄青、视狄青为良将的庞籍和欧阳修等人也极力反对擢升狄青。狄青如此招致众议，到底何为？难道他真的居功自傲、怀有异心吗？不是。狄青出身贫贱，虽有人传他是唐朝名臣狄仁杰之后，但狄青并不因此而改换门庭冒认祖宗。他认为，自己出身农家，从小当兵，怎敢以狄公为祖先？依智高败逃后，有人主张报依智高已死，以此邀功索赏，狄青却主张"不敢诬朝廷以贪功"。史书记载：他为人缜密寡言，行事必审中机会而后发；行师先正部伍，明赏罚，与士卒同饥寒劳苦，特别是喜欢推功与将士。狄青的品行和武功，在当时朝野广为传颂。京师百姓也咏其才武，狄青每次出人，都招来围观人群，以至于经常造成道路不畅。就连力主罢免狄青的文彦博也称他"忠谨有素"。嘉祐元年（1056年）七月，欧阳修上书请罢狄青，洋洋数千言，举不出一条得力罪证，反而称赞他"青之事艺，实过于人"，"其心不恶"，"为军士所喜"，任枢密使以来，"未见过失"。那么

罪名是什么呢？别有用心之人不得不假托虚妄的阴阳五行说，把当年的水灾归罪于狄青，说什么水者阴也，兵亦阴也，武将亦阴也，今年发大水就是老天爷因狄青任官而显示的征兆。真是欲加之罪，何患无辞！文彦博说得明白，如此急于除掉狄青，就是因为"朝廷疑耳"。在他请罢狄青时，宋仁宗说狄青是忠臣，他立即反驳：太祖岂非周世宗忠臣。嘉祐元年（1056年）正月，仁宗生了一场病，后来慢慢康复，如制诰刘敞上书说，"天下有大忧者，又有大可疑者，今上体平复，大忧者去矣，而大疑者尚存"，影射狄青是朝廷最大的威胁。在这种猜忌、疑虑达到登峰造极的时候，谣言纷起，甚至有人说狄青家的狗头长角，有人说狄青家的屋夜有光怪，就连京师发水、狄青避家相国寺，也被人说成是夺取王位的行动。嘉祐元年（1056年）八月，仅做了四年枢密使的狄青终于被罢官，离开了京师，出镇陈州（今河南淮阳）。

狄青出镇陈州后，宋朝当权的宰相文彦博等人还不放过，每月两次从开封派使臣到陈州，名为抚问，实则监视。这时的狄青已被流言蜚语搞得惶惶不安，每次使者到来他都要"惊疑终日"，唯恐再生祸乱。嘉祐二年（1057年）三月，可怜这位大将，不堪折磨，郁郁而死。

这位年仅四十九岁，曾驰骋沙场，浴血奋战，为宋王朝立下汗马功劳的一代名将，没有在兵刃飞矢之中倒下，却死在猜忌、排斥的打击迫害之中。狄青死后，宋仁宗为之发丧，赠中书令，谥武襄。

北宋重文轻武的国策，必然自食其果。在后来的民族战争中，宋廷一直处于被动的地位。1068年登基的宋神宗，希图重振国威，但又苦于朝中无能征善战之人，于是又思念起狄青，不禁产生万端感慨。他亲自为文，派使者前往陈州祭奠狄青之灵，并将狄青的画像挂在禁中。但已经于事无补，只能是"叹国势之日颓、发思古之幽情"而已。

精忠报国

——岳飞

名人档案

岳飞:汉族。字鹏举,谥武穆,后改谥忠武。河北西路相州汤阴县永和乡孝悌里(今河南省安阳市汤阴县城东30里的菜园镇程岗村)人为了讨好金人,宋高宗等人又在绍兴十一年(1142年)农历十二月二十九日的除夕之夜,以"莫须有"的罪名,将岳飞父子杀害于大理寺风波亭。

生卒时间:1103~1142年。

安葬之地:岳飞遇害后,狱卒隗顺冒着生命危险,背负岳飞遗体,越过城墙,草草地葬于杭州九曲丛祠旁。21年后宋孝宗下令给岳飞昭雪,并以五百贯高价悬赏求索岳飞遗体,用隆重的仪式迁葬于栖霞岭下。

性格特点:廉洁奉公,严以律子,厚以待人,事母至孝,文才横溢,儒将风范,身先士卒,行若明镜。

历史功过:21岁时,他在宗泽部下当差,因屡立战功,而被提升为清远节度使,后来又晋封为武昌郡开国侯。曾经无数次打败过金兵,因而名声大噪。公元1140年春,岳家军北伐,一举攻占朱仙镇,攻取金国首府汴京指日可待。岳飞首先提出"文官不爱钱,武官不惜死,不患天下不太平",堪称封建社会官吏的行为典范。

名家评点:《宋史》评价:

善以少击众。欲有所举,尽召诸统制与谋,谋定而后战,故有胜无败。猝遇敌不动,故敌为之语曰:"撼山易,撼岳家军难。"张俊尝问用兵之术,曰:"仁、智、信、勇、严,缺一不可。"调军食,必蹙额曰:"东南民力,耗敝极矣。"荆湖平,募民营田,又为屯田,岁省漕运之半。帝手书曹操、诸葛亮、羊祜三事赐之。飞跋其后,独指操为奸贼而鄙之,尤桧所恶也。

西汉而下,若韩、彭、绛、灌之为将,代不乏人,求其文武全器、仁智并施如宋岳飞者,一代岂多见哉。史称关云长通《春秋左氏》学,然未尝见其文章。飞北伐,军至汴梁之朱

仙镇，有诏班师，飞自为表答诏，忠义之言，流出肺腑，真有诸葛孔明之风，而猝死于秦桧之手。盖飞与桧势不两立，使飞得志，则金雠可复，宋耻可雪；桧得志，则飞有死而已。昔刘宋杀檀道济，道济下狱，瞋目曰："自坏汝万里长城！"高宗忍自弃其中原，故忍杀飞，呜呼冤哉！呜呼冤哉！

岳母刺字

　　岳飞于1103年出生在相州汤阴（今河南汤阴）的一个农民家庭。岳飞降生的时候，有一只像大雁一样的鸟在他家上空鸣叫着飞过，所以父亲为他起名叫鹏举。岳飞还没满月时，黄河决口，他的家乡发大水，是母亲姚氏抱着他坐到一个大沙瓮里，才幸免于难。岳飞小的时候，因为家里穷，没有钱送他上学堂。母亲便含辛茹苦的亲自教他读书识字。买不起纸和笔，他就用一根树枝当笔，以沙地为纸，在地上反复练习写字。当时他不爱说话，但在学习上却十分用功，尤其喜欢读《左氏春秋》《孙吴兵法》等书，特别崇拜像诸葛亮那样的济世名臣。岳飞不仅用功读书，学习兵法，而且刻苦练习武艺。在他12岁那年，听说外地有一位武艺高强的人，他在征得父母同意的情况下，便投到了那位外号"搬不动"的高人门下。谁知老师并不教他武艺，只是让他每天手拿镐镢、肩挑扁担，到山脚下挖坑担水栽树。两个多月的时间，山坡上栽了许许多多的树。可老师依然不提教习武艺的事情。岳飞心中不由有些失望：我为了报效国家，前来求师学武，怎么光栽树，不教我练武呀。老师虽然看出了岳飞的心事，但只是笑笑说："功夫志中来，志在耐中磨。"一晃又过去了三个多月，所有的树都栽完了。他就帮着师傅干各种杂活，到此时，师傅还是没有教岳飞习武。出门的时间一长，岳飞挂念起家中的老母，就向老师提出想回去看望老母。老师却说："要想学好武艺，必须下功夫刻苦练习；要想保卫国家，必须先舍弃小家，哪有学不到武艺，就中途退却的道理？"从此以后，岳飞再也不提回家的事了。快要过春节的时候，老师"搬不动"把岳飞叫过来说："你到我这后，一共栽了三千六百棵树，从明天开始，你每天都去把这些小树挨个儿摇一摇，记住不准折断树枝，也不准少摇一棵，而且在太阳没出来之前，就得摇完。"从第二天开始，岳飞半夜就起床，打水扫地之后便去摇树。刚开始的时候，到太阳出来时，他才能刚刚摇完，并累得腰酸腿疼。坚持了一段时间之后，岳飞在日出前一个时辰就能摇完，而且腿不疼，气不喘。

　　有一天，老师在他摇完树后来到岳飞跟前，抚摸着岳飞的头说："鹏举呀，你跟了我一年，我的功夫你学得差不多了，明天就回你母亲那里去吧。"岳飞觉得很奇怪，便问道："师傅，你还没教我武艺呢！怎么就叫我回家？"师傅摇摇头说："我不教拼杀的武艺，我只是教了你一点武艺之外的功夫，那就是办事有耐心，能够持之以恒，有了这点根基，你以后学什么都不困难。"岳飞听懂之后，便告别了老师回家了。后来他听说同乡有位老人叫周同，武艺高强，岳飞又去拜周同做老师，学得一手好箭法，经过勤学苦练，没过几年，他已经能左右开弓，而且百发百中；随后，岳飞又投到枪手陈广门下，细心学习枪法，到了后来,武艺学成,并被当地人称为"一县无敌"。当时的宋朝,内忧外患,民不聊生。国难当头,匹夫有责,练有一身好武艺的岳飞决心从军保家卫国。

宣和四年(1022年),20岁的岳飞应召入伍,在他临出发前,母亲用衣针在他背上刺下了"精忠报国"四个大字。随后岳飞就投奔到真定(今河北正定)安抚使麾下。岳飞从军没多久,他的父亲过世,岳飞只好回乡守孝。两年之后,他又投奔到了河东路平定军。1126年,金国的大队人马进攻到了汴京,朝廷处在了灭亡的边缘,宋钦宗的弟弟——赵构以"天下兵马大元帅"名义开始招募义勇民兵,岳飞便转投到他的帐下,在与金军的交战中,岳飞以一当十,奋勇杀敌,他立不战功,因此当上了一名小军官。

有一年,岳飞正率领一百多名骑兵在黄河边训练,忽然发现远处来了许多金兵。下面的士兵们都吓呆了,岳飞却没有丝毫的胆怯,他不慌不忙地说:"敌人虽然很多,但是他们不知道我们的底细。我们可以趁他们没有防备的时候突然袭击,定能击败他们。"说着,自己就带头向敌军冲去,并杀了一名金军将领。那些士兵们受到岳飞的鼓励,纷纷冲上去,金军不知底细,果然被杀得七零八落,这一战中金军士兵被杀死上千人。岳飞英勇杀敌的名声也因此传开了。在随后的交战中,他又多次立功,并被宗泽提升为秉义郎。宗泽很器重他,曾对他说:"像你这样智勇双全,即使古代的名将也不过如此。但是两军交战,光靠冲锋陷阵,毕竟不是常胜的办法。"于是他交给岳飞一份排兵布阵的图籍,说:"你将这本阵图拿回去好好研究一下,对你会有很大帮助。"岳飞接过阵图,连连向宗泽道谢,并接着说:"按照阵图排兵作战,这是兵法的常规。至于如何灵活运用,随机应变,还需要当将领的善于用心。"宗泽听了,不由连连点头,夸赞岳飞的见解。

岳飞跟宗泽一样,把抵抗金军当作自己的职责。1127年4月,金军攻占了汴京,抓获了徽、钦二帝及后宫妃子、大臣等数千人,并将城中的财宝洗劫一空,然后向北撤退。康王赵构趁机在南京应天府(今河南商丘)登位,后来迁都临安,建立南宋。他便是宋高宗。宋高宗即位之后,听信奸臣黄潜善等人的劝说,反对抗击金兵,并向金国赔偿了大量的金银和布匹。岳飞得知后,便写了一份奏章,希望高宗能亲自率领宋军北伐,以此激励军队的士气,夺回被侵占的国土。在奏章中他还批评了黄潜善、汪伯彦等一伙投降派。奏章呈上去后,宋高宗非但不听,反而说岳飞小小军官多管闲事,以"越职"的罪名,免了岳飞的军职。无奈之下,岳飞就投奔到东京留守杜充的麾下。没想到当金兵大举进攻时,杜充不战而逃,退到了建康;金将兀术率兵随后追击,又来到建康,此时的杜充却可耻地向金军投降了。这样一来,杜充手下的众多将士都散了伙,只有岳飞率领的一部分人马仍旧坚持在建康附近战斗。

有一天,岳飞率领军队赶到建康城南的牛头山上埋伏起来。半夜的时候,金军都呼呼入睡了,岳飞派出一百名战士出发了。他们都穿着黑衣服,趁天黑混进金营之后,就喊了起来:"宋军来了! 宋军来了!"金军从梦中惊醒,以为宋军真的来了千军万马,慌乱中拿起武器就冲杀出来,而一百名宋军战士早已撤离了。金军一阵自相残杀,死伤无数。金军上当以后,整天提心吊胆。兀术自知在建康城待不下去,就决定撤回北方。岳飞趁金军北撤的时候,配合韩世忠、刘光世等军队,再一次将金兵杀得大败。这时候,岳飞已

经成为智勇双全的大将,他率领的军队也被人们称为"岳家军"。

誓死抗金

金兵撤走之后,宋高宗从温州回到临安。此时的金朝也在中原地区立了一个傀儡皇帝——刘豫,国号为大齐,这成了金朝的帮凶,不断骚扰南宋边界。1134年,岳飞率军从江州出征,先后收复了伪齐占领的襄阳等地。在随州(今湖北随县)的时候,岳飞的长子、当时只有十六岁的岳云,手中握着各重八十斤的铁锤杀敌无数,夺得头功。在攻打襄阳城(在现在湖北省)的时候,大齐的守将李成把兵马全部调集在汉水江边,并将骑兵布在狭窄的岸边,步兵却排在平地上,以此迎战"岳家军"。岳飞来到阵前看到这种阵形,就笑着对部将们说:"李成真是太愚蠢了,我军不费吹灰之力就能打败他!"接着,他命令手下大将王贵带领步兵,手持长枪去攻打敌人的骑兵。命牛皋带领骑兵去攻敌人的步兵。二人领命同时去进攻敌军。岳家军的步兵用长枪专刺敌军的战马,战马受伤便狂奔起来,导致内部互相践踏,许多敌军都被挤到江里去了;岳家军的骑兵在敌人的步兵阵里来回冲杀,敌人根本无法还手,宋军的两队人马大获全胜。岳家军乘胜追击,在和齐军的交战中获得多次胜利,收复了许多失地。岳家军获胜的消息传到临安,朝廷上下一片欢腾。宋高宗便加封岳飞为节度使,这一年,岳飞三十二岁。他决心继续率军北上,彻底收复失地。但高宗却下令不得越界追敌以免扩大事态,岳飞只得率军回鄂州(今湖北武昌)驻防,期盼着"何日请缨提劲旅,一鞭直渡清河洛"。

当年年底,金、齐的军队出兵攻打庐州(今安徽合肥),岳飞奉命率军前去增援。岳飞先派牛皋等人率领少数骑兵先行,在敌军的远处展开"岳"字旗,使敌人军心动摇,随后援军赶到,经过一番厮杀,将敌军打败,岳家军从后追杀了三十余里,以至于在百里之外的金兵大营也跟着向北逃窜。

1135年夏天,岳飞率军平定了洞庭湖地区的杨么起义,朝廷追封他为开国公。岳家军在收编起义军后人数猛增。第二年,岳家军北上进攻金国,并一举收复洛阳西南方面的险要地段,烧毁敌人的粮草,大队人马来到了黄河附近,只是由于粮草供应不上,才最终导致这次出征功败垂成。就在这个时期,岳飞写下了传诵千古的词《满江红》:

"怒发冲冠,凭栏处,潇潇雨歇。

抬望眼,仰天长啸,壮怀激烈。

三十功名尘与土,八千里路云和月。

莫等闲、白了少年头,空悲切。

靖康耻,犹未雪;

臣子恨,何时灭?

驾长车,踏破贺兰山阙。

壮志饥餐胡虏肉,笑谈渴饮匈奴血。

待从头、收拾旧山河,朝天阙。"

公元1137年(南宋绍兴七年),高宗派岳飞领兵攻打金兵。当时,岳飞一直在想:"刘豫卖国求荣,投降金国,被立为大齐皇帝,这对宋朝的威胁太大! 一定要想办法将他除去。"

有一天,他坐在中军帐中察看最新的情报,当他看到一行文字时,两眼便定在上面:"金将中有许多人都不喜欢刘豫,特别是兀术和刘豫之间有矛盾!"岳飞看着看着,心中不由一动:为什么不利用敌军内部的矛盾,挑起它们之间的争斗,以此来削弱敌人的力量呢? 没用多长时间,军中就俘虏了金兀术派来的奸细,并送到中军帐中,岳飞瞅着俘虏灵机一动:我应借用他的一张嘴巴。于是,他支退帐中的士兵,冲着眼前这从未见过的奸细说:"张斌,我前几天派你带信给齐王刘豫,你怎么一去不回来了,幸好我又派别人到刘豫那里,商量好如何诱骗金兀术,否则,岂不是耽误了我的大事。我问你,这段时间你为什么不到齐王刘豫那里去,你为何要背叛我? 还不照实回答!"那奸细被岳飞问得莫名其妙,心说:"难道我长得像岳飞手下的张斌吗? 现在自己落在岳飞手里,这条小命快要玩完啦,如果承认了,还有活的希望!"

想到这儿,他跪在地上,边磕头边如此这般地撒了一个谎,最后说道:"小的该死,望元帅恕罪!"岳飞似乎在很认真地思考奸细的话,过了一会儿,岳飞说道:"死罪可免,但罚你再给刘豫送封信,这次一定要保密,而且要早去早回,并要让你受点皮肉之苦。"说完坐到书案前,"刷刷刷刷"迅速写好一封信,装在蜡丸里。然后喊来守卫的兵丁,命其在奸细的大腿上割了个口子,又将蜡信塞进去藏妥。奸细挨了一刀,虽然很疼,但是这条命总算保住了,而且还拿到了密信,不由欣喜若狂,也顾不得腿上的伤病,就赶快跑回金军大营,将密信交给金兀术。金兀术看信中写道:今年冬天你以宋军打过长江为名,把四太子诱到清河,我在那里设伏消灭他。金兀术看到这里,不由将牙齿咬得咯咯直响:"刘豫居然和岳飞合谋一起诱杀我。真是吃里爬外!"于是他马上赶到金朝皇帝那儿,把这件事情一五一十地讲了一遍。在随后的交战中,金军接连战败,刘豫也因此被金主撤掉了。这次出征之后,两国都没有再互相进攻。

岳飞一心想恢复中原,他对自己要求十分严格。曾经推辞了宋高宗为他造的一座住宅,并说:"在敌人还没有消灭之前,我怎能顾得上家呢? 如果天下的文官不贪财,武将不怕死,我很快就可以有家了。"在对将士的训练上,他也十分注意,他和将士们一样穿上铁甲冲山坡,跳壕沟,就像打仗时一样。在一次训练中,岳云骑马向山坡上冲,由于战马失蹄,把他摔到了地上。岳飞知道后,将岳云狠狠地责打了一顿。其他的将士们看到主将对自己的儿子都这样严格,也就格外认真操练了。在岳家军里,军队的纪律特别严。有一次,一个士兵违反纪律,拿了百姓的一束麻来缚柴草,岳飞知道这件事情后,立刻按军法将那个士兵严办了。岳家军中有一个口号,叫作:"冻死不拆屋,饿死不掳掠。"岳飞虽然对将士们要求严格,但又非常关心爱护他们。如果有士兵生病,他就会亲自替他们调药;将领出征的时候,他就叫自己的妻子慰问他们的家属;如果有人在战争中阵亡,他就抚育将士的子女;上级赏给他的财物,他也全部给大家。岳飞这样训练和照顾手下,将

士哪有不出力的,因此军队士气旺盛,作战勇猛。而且岳飞在作战前,总是先召集众位将领,共同商量作战方案。交战时,将士们各司其职,所以每次交战都能打胜仗。

南宋有像岳飞、韩世忠这样的一批名将,再加上各地义军的配合,要打退金兵本来并不是很困难的事情。但是宋高宗却听信主和派的话,一味地向金朝求和,在公元1139年,南宋与金朝议和后,每年向金国进贡白银二十五万两,绢二十五万匹;金朝同意把陕西、河南一带土地还给南宋。公元1140年十月,金朝再次撕毁和约,调动全国的精锐部队,由金兀术率领,兵分四路,开始向宋朝大举进攻。没用一个月,原本还给南宋的土地又全被金军夺去,而且南宋还面临着覆灭的危险。宋高宗在无奈的情况下,才下诏书,命各路宋军进行抵抗。岳飞接到圣旨后,立刻派部将王贵、牛皋、杨再兴等人领兵出发,随后还派人到河北跟义军首领梁兴联络,希望他率领义军在河东、河北包抄敌人后方。岳飞坐镇郾城负责指挥。没多长时间,各路人马纷纷告捷,并相继收复了颍昌(今河南许昌东)、陈州(今河南淮阳)和郑州。金军统帅金兀术见连吃败仗,不由分外恐慌,急忙召集手下将领商量对策。大家议论了半天,都认为要想进攻南宋,必须先除掉岳家军。既然现在两军已经相遇,那就只好集中金军的全部主力,跟岳家军硬拼。于是金兀术就和龙虎大王、盖天大王共同带领大军向郾城进攻。金国大军来到郾城,与宋军双方都列好战阵。岳飞便先派岳云领着一支骑兵打先锋,出发前他对岳云说:"你这次出战,只能打胜仗;如果战败,回来我就先砍你的脑袋!"岳云领命,率军冲上阵去,在他的带领下,宋军奋勇拼杀,金兵留下了遍野的尸体后退了回去。兀术见头一阵就败了,就对手下说:"我要调集'铁浮图'(铁塔兵)和拐子马上阵,一定要将岳飞碎尸万段,好消我心头之恨!"铁塔兵是兀术的亲随卫队,都是从军营里挑选出来的彪形大汉,他们经过专门训练,技艺纯熟之后才被组成了一支骑兵。而且这些士兵全都头戴铁盔,身穿铁甲,脚穿铁靴;骑的马身上也披着铁马甲,只留出四条腿方便跑路。这支队伍以三个骑兵为一组,向对方的阵中间冲锋;那拐子马配合铁塔兵从左右两翼向前包抄。"铁浮图"加上拐子马,就好像一柄大铁锥,又加上了两个帮手,实在是厉害极了。金兀术亲自率领一万五千精锐骑兵发动第二次进攻。这次交战,宋军损失了一部分人马,只好暂时收兵。金兀术得意扬扬,准备一举将岳飞等消灭掉。但岳飞却看出了铁塔兵的弱点,他将手下的各位头领集中起来,讲述了他的战术:"铁塔兵虽然高大威猛,铁甲也很坚固,但马匹的四只脚却露在外面,这正好可以发挥我们盾牌军的作用;只要砍断马匹的一只脚,那兵丁就毫无用武之地了。我军只要将铁塔兵打败,那个拐子马就跟普通骑兵差不多啦!"第二天,两军再次开战,兀术又派出了"铁浮图"、拐子马,而岳飞却命将士带着长把的廉刀上阵,当敌人冲过来时,岳家军的士兵两人一组,在用盾牌护住身子的同时,一人弯着身子用长把的廉刀对准敌人的马脚砍过去,马匹受伤后,将"铁塔兵"掀到地上,另一名宋军迅速冲过去,将敌军杀死,岳飞趁"铁塔兵"发生混乱的时候,立即率领大队骑兵冲入战场,"铁塔兵"见状纷纷后退,此时金兵的拐子马也无法发挥原有的威力,被岳家军杀得落花流水。兀术看到自己派出的精锐部队落得这样的结果,不由伤心地哭着说:"自从出兵以来,我军的'铁浮图'、拐子马从未失败过,这下全完了。"兀术带领着残兵败将退了回去。郾城大战的胜利,使宋军处于非常有利的地位。梁兴率领的义军也按计划截断了敌人的粮道。金兵被岳家军打怕了,都在私下里说:"撼山易,撼岳家军难呐!"

留名千古

金军在郾城失败后,兀术依然不死心,他又率军开始攻打颍昌。岳飞得到消息后,马上派岳云带兵支援颍昌。当岳云带领的数百骑兵冲入敌阵时,金兵竟然没有人能够抵挡。在宋军步兵和义军的左右夹击下,金兵再次战败。随后,各地的义军纷纷打出岳家军的旗帜,到处袭击金军,多次截断金军的运粮线路。此后,大队人马开始乘胜追击。公元1140年春,岳家军终于占领了距离东京只有四十五里的朱仙镇。各路义军听到岳家军攻占了朱仙镇,都欢欣鼓舞,纷纷来岳家军会合,军队的士气非常高涨,都以"直抵黄龙府"来互相激励。当地的百姓也都拿出自家的粮食慰劳岳家军。岳飞看到这种形势,增强了乘胜渡河收复河北的决心,他异常兴奋的鼓励部下说:"大家努力杀敌,等我们夺取黄龙府之后,我跟各路弟兄痛痛快快地喝酒庆祝胜利!"随后,岳飞再次上书,要求继续进军,收复失地,以报亡国的耻辱。而宋高宗却怕岳家军北伐取胜,到时若真将"徽、钦"二帝迎回来,自己的天子地位就有可能不保。于是便与主和派秦桧商量,秦桧向宋高宗献计,下诏书令岳家军火速回朝,岳飞看完诏书之后,立即写了奏章,恳求道:"我军屡次获胜,士气高涨,而金军锐气已经丧尽,这正是我军收复失地的大好机会。千万不能撤退呀!"谁知,这份奏章还没送出,他就在一天之内又接连收到了十二道金牌,都是催岳飞撤兵。这种金牌是特急的标志。岳飞接到金牌之后,知道想要收复失地的愿望已经很难实现,不由绝望地长叹一声说:"十年之功,毁于一旦!所得州郡,一朝全休!社稷江山,难以中兴!乾坤世界,无由再复!"万般无奈之下,只好下令撤军。岳飞班师回朝没多久,即被解除兵权,任枢密副使。金兵趁机攻占了郑州、顾昌、陈州、蔡州等地。绍兴十一年七月,高宗和秦桧派人向金国求和,金国回应:"要想议和,必须先杀掉岳飞"。秦桧就唆使监察御史万俟卨向朝廷上书,指责岳飞骄傲自大,还捏造岳飞拥兵自重,在金兵进攻淮西的时候没有救援;多次放弃阵地等许多"罪名",随即又有多人上书弹劾岳飞。因此,岳飞于当年八月辞去了枢密副使的职务。

为了除掉岳飞,秦桧利用张俊对岳飞的不满,勾结张俊收买了岳飞的部将王俊、王贵,让他们诬告岳云受岳飞指使曾经写信给张宪,令其发动兵变,帮助岳飞夺回兵权。在秦桧的一手安排下,根据王贵二人的诬告,张宪被抓进了大理寺大狱,受到严刑拷打,但张宪宁死不招。秦桧就伪造了假口供,奏请高宗下令逮捕岳飞、岳云。岳飞被捕时曾笑着对使者说:"天地会证明我是无罪的。"

岳飞父子被逮捕到大理寺的时候,见到已被拷打得遍体鳞伤的张宪,岳飞心里既难过又气愤。审问岳飞的官员拿出王贵、王俊的诬告信,放在岳飞面前,问道:"朝廷哪里亏待过你们,为什么想要谋反?"

岳飞说:"我清清白白,从未想过要谋反,你们可不能诬陷我啊!"但陪审的其他官员却都附和着说岳飞想谋反。岳飞知道申辩也没有用,就长叹一声,不再言语。当御史中丞何铸再次审问时,岳飞没有申辩,只是扯开上衣,露出后背让何铸看,何铸看到岳飞背上清清楚楚地刺着"精忠报国"四个大字,不由为之震动,知道岳飞不可能造反,于是没敢再继续审问,就把岳飞押回了监狱,回去向秦桧如实汇报。秦桧认为何铸同情岳飞,就不再信任他,改派万俟卨给岳飞定罪。万俟卨一口咬定岳飞指使自己的儿子给张宪写信,命其造反。他们对岳飞等人严刑拷打,但什么也没有问出来。

有一天,当万俟卨再次逼着岳飞写供词时,岳飞拿起笔来在纸上写下八个大字:"天日昭昭,天日昭昭。"这个案件拖了很长时间,也没有什么结果。朝廷中的许多官员都出面担保岳飞,但高宗没同意。大将韩世忠实在忍不住了,就亲自去质问秦桧,凭什么说岳飞谋反,是否有证据。秦桧理直气壮地说:"虽然没有找到岳飞写给张宪的信,但是这件事莫须有(也许有)……"韩世忠气愤地说:"难道仅凭'莫须有'三个字,就能叫天下人心服吗?"虽然韩世忠和朝中众位大臣反复力争,可是都没有结果,韩世忠一怒之下,便上奏章辞去了官职。

有一天,秦桧回到家中,坐到桌前,心神不定地用手指甲在一只柑子上乱划,他的夫人王氏心肠比秦桧还狠毒,她猜出了秦桧的心事,知道他对是否杀岳飞还在犹豫,就冷笑着说:"你这人,怎么还没有决断,要知道捉虎容易放虎难啊!"王氏的话令秦桧下定了决心,他到高宗面前极力地游说,终于令赵构在当年十二月下旨:"岳飞特赐死,张宪、岳云依军法施行。"绍兴十一年(1141年)的除夕之夜,一生出入疆场,英勇抵抗侵掠的岳飞,在大理寺风波亭遇害身亡,当时年仅39岁。岳云、张宪同时被害。

岳飞被害之后,一个狱卒隗顺偷偷地将他的遗骨埋葬起来。绍兴三十二年(1153年),宋孝宗即位后,他立即下诏为岳飞平反,恢复他的元帅官衔,谥武穆,忠武,将岳飞的遗骨改葬在西湖栖霞岭上,即杭州西湖畔"宋岳鄂王墓",后来又修建了岳庙。现在,在岳庙的大殿里,端坐着全身戎装的岳飞塑像,上方悬挂的匾额上,刻着"还我河山"四个大字。在岳飞墓门的对面,还放着用生铁浇铸的秦桧、王氏、万俟卨和张俊四个反剪双手的跪像,反映了人民对岳飞爱国主义精神的景仰和对卖国贼的憎恨。

开国功臣

——徐达

名人档案

徐达：字天德，濠州钟离永丰乡（今安徽凤阳东北）人，明朝开国功臣，军事家，明太祖朱元璋幼年好友，成祖岳父，仁宗之外祖父。

生卒时间：1332~1385 年。

性格特点：他谨慎稳重有谋略，功高而不自夸。一生安分守己，从不结党亦不逾矩。

历史功过：明朝第一开国功臣。与朱元璋同乡的"布衣兄弟"，从二十岁辅佐朱元璋打天下，位为三军统帅，身经百战，平定四方。亲率大军攻下元大都，为明朝基业立下赫赫战功。

名家评点：朱元璋曾赞其"受命出征，成功凯旋，不骄不夸，不爱女色，不取财宝，正直无瑕，如同日月一样皎洁明亮。"清人吴士俊所题《徐达》诗：江左农家子，从征定北平；指挥皆上将，谈论半儒生；虎步龙骧度，银符铁券盟；中山功第一，开国佐皇明。可谓徐达生平的经典概括。

出身贫寒

元朝顺帝至正十三年（1353）夏天。淮河流域的濠州（今安徽凤阳）钟离县太平乡。

这是五月的一天，一群年轻的庄稼汉子，正围着几个头裹红巾的士兵有说有笑，亲热异常。

为首的士兵头儿，身材魁梧，脸部黝黑，高额头长下巴，模样古怪中带着威严。他一边热情地跟大家打招呼，一边眉飞色舞地讲道："乡亲们，我这次回来，是奉郭元帅的将令来招兵买马，扩充队伍的。如今兵荒马乱，大伙在这里也没什么活头，既要忍饥挨饿，还

得担惊受怕,不如干干脆脆出去闯荡一场,兴许日后还能闯出个天地来。蒙古人的气数已经快到尽头了。大家都知道濠州城被围困了7个月,5万多官兵硬是打不下来。最后,连他们的主将贾鲁也不知什么原因竟然得病死了。贾鲁这一死,官军便成了一盘散沙,只好退兵回徐州去了。"

"嘿!重八大哥,我们心里就是那样想的。"大个子徐达一拍大腿喊道:"大家早就有心想投奔红巾军,杀几个蒙古官军出出多年的怨恨。只是没人牵线。现在你回来了,这下好了,我们都听你的。你还记得咱们小时候放牛肚子饿得难受,杀了田主家的小牛烤肉吃的事吗?只要将来能过个好日子,弟兄们愿意跟着你打到天边去。"

听了徐达这么一说,周德兴、郭兴、郭英、费聚、邵荣等人也都异口同声地表示同意。

这位名叫"重八"的黑脸大汉,就是后来的明朝开国皇帝朱元璋。不过这时,他还没多大本事。一年前,他是个四处云游的和尚,出家所居的皇觉寺被元兵一把火烧得精光,只好走"逼上梁山"的造反之路。

朱元璋这次带着几个士兵回到家乡,是来招募士兵的。虽说身份才只是个小头目,但毕竟不同于以前的放牛娃了。左邻右舍的乡里乡亲,儿童时代一块长大的伙伴朋友,闻讯后都聚拢来了。其中徐达小时候和朱元璋一块放过牛,两人从小就要好。这次见面后,又谈得非常投机。

在朱元璋和徐达等人的奔走联络、游说鼓动下,不到10天功夫,便招募到700多人。这些人大部分都亲朋故里,远近多少都有些宗族关系,沾点婚姻亲戚,一旦有人出头号召,自然就会群起响应。他们后来便成为朱元璋军中的骨干将领。史书上称为"淮西老将"。

当朱元璋带着新招募的队伍回到濠州城里,元帅郭子兴欣喜异常。不久,他便任命朱元璋担任镇抚职务。从此,朱元璋便一跃而成为带兵官员了。

朱元璋从招募的这700人中,挑选出24名淮西老乡,担任军中的大小头目。其中首选人物就是徐达。

徐达应募投军的这一年,是23岁,正值青壮年。他比朱元璋小3岁,人长得身材魁梧,强壮有力,高高的颧骨,性情刚毅,作战勇敢。他的家庭,是世世代代务农为生的庄稼户。在徐达从小到大的这20多年间,淮河流域的老百姓,备受天灾人祸的煎熬,处于水深火热之中。

先说蒙元统治者的残暴压迫。在蒙古人统治中国的70多年里,民族压迫尤其野蛮苛刻。蒙古人征服中国后,将天下人口划分为四等:第一是蒙古人,地位最高贵;第二是色目人(西北地区各族人和来到中国的中亚、东欧人),被蒙古人利用来压迫较后被征服的汉族人地位仅次于蒙古人;第三是汉人(原金朝的汉、女真、契丹、渤海、高丽人,以及四川地区的汉人);第四是南人(原南宋地区的汉族和其他各族人),地位最低贱。蒙古统治者贱称汉人为"汉子"、南人为"蛮子"存在着严重的民族歧视。并且规定蒙古人殴打汉人时,汉人不得还手。即使蒙古人打死汉人,只不过判处当兵出征和罚交烧埋银。但是,如果汉人打了或打死蒙古人,罪责就大了。

南宋灭亡后，蒙古统治者将南人20户编为一甲，作为行政管理的最基层组织，甲主由蒙古人担任。甲主对甲内的居民有绝对的权威：衣服饮食任其调发享用，童男少女唯其所命。甲主糟蹋霸占平民的妻子女儿，人们眼巴巴地毫无办法。甚至夜间禁止平民通行，违反者要笞打27下。这些虽然是南宋灭亡后初期的情形，但它留给南人的残酷印象和屈辱心理，却是世代难忘的。

天灾人祸并行。在徐达十二三岁时，淮河一带旱灾、蝗虫、瘟疫相继而来。天气异常干旱，田地干裂开一条条龟缝，禾苗稀稀疏疏，没有几根。蝗灾又如同雪上加霜，把那稀毛般的庄稼吃了个精光。旱蝗之灾过后，又流行起了疫病。吃野菜树皮草根的穷苦百姓，肚子都填不饱，哪里有钱买药治病，眼睁睁看着亲人浑身发热，上吐下泻咽了气，大家才明白这是闹上了瘟疫，又慌不择路地拖儿带女逃命他乡。徐达和家人也曾离乡背井，逃避瘟疫，过后才又返回老家的。至于朱元璋家中，就是这个时候，三个亲人相继死去，在走投无路的情形下，他只好出家当了和尚。

在蒙元王朝统治的末期，不只是淮河一带灾祸频繁，民生凋残。在中原地区，同样是苦难深重由于官府不修水利，黄河连年决口，百姓流离失所，田地荒芜，到处是人烟稀少，凄凉黯淡的景象。

1351年(元顺帝至正十一年)五月，反抗蒙元残暴统治的红巾军农民大起义，趁着官府督修河道的机会爆发了。成千上万的贫苦农民，短衣草鞋，头裹红巾，手持竹竿锄头，长矛大刀，杀尽贪官污吏，攻占县城州府，开仓散粮，破牢放囚。起义军传唱着"杀尽不平方太平"的歌谣，蒙元王朝已是大厦将倾。

红巾军大起义如同燎原烈火，迅速燃遍了中原地区和江淮流域。首举义旗的是颍州(今安徽阜阳)刘福通，紧接着徐州芝麻李、赵均用，蕲水(今湖北浠水)徐寿辉，湖北襄县孟海马，濠州郭子兴等人相继起义。此外，还有非红巾军系统的浙江台州方国珍，江苏泰州张士诚等起义军，皆各据一方，自立名号，创建政权，把个蒙元王朝搅得一塌糊涂。

话说在濠州举事起义的郭子兴，祖籍山东曹县，打他父亲这代起来到安徽定远县居住谋生。郭子兴兄弟三人因善于经营盘算，慢慢地成为当地有名的大家富户。红巾军大起义爆发后，定远、钟离一带的农民揭竿而起，群起响应迅速达到数千人马。常言道"乱世英雄起四方，有兵有粮草头王"。1352年二月间，早已加入民间秘密宗教——弥勒教的郭子兴，召集了几千人，连夜偷袭濠州，冲入州府官衙，杀了元朝州官。然后，郭子兴和起事的头目孙德崖等五人都号称"濠州节制元帅"。

濠州城头红旗一举，远近的穷苦农民纷纷前来投奔，义军的势力大增。朱元璋是在濠州起事后两月投军的。他先当后卒，不久，就因机敏能干受到郭子兴赏识，被调到帅府担任亲兵九夫长。又过了几个月，朱元璋因作战勇敢，有勇有谋，重义气得人缘而名声四传，郭子兴便把他当作心腹体己看待，还将干女儿马姑娘许配给他为妻。并给他取名"元璋"。

前面说到濠州被元兵围困，那是1352年冬天到次年春天的事情。元兵因主将病死退走后，城里的红巾义军得以休息片刻。由于围城期间折损了不少兵马，朱元璋征得郭

子兴同意后,回到家乡招募队伍补充兵员。

再说濠州城里的五个义军元帅,并不是心有宏图远志的人物,互相之间常为了一些小事斗来斗去,消耗实力。就连带头起事的郭子兴,也是心胸狭窄,贪图财货,遇事缺乏决断。而朱元璋却是个胸有大志,深谋远虑的英雄豪杰。他看出总呆在濠州城里,只是坐以待毙。所以,他便想打破僵局,开拓新地盘,发展势力。

朱元璋向岳父郭子兴说明自己的想法后,便带着徐达、费聚等24人,南下定远县,准备掠地招兵。定远是郭子兴的家乡,他的旗号在这里很有影响。朱元璋利用这个地利人和之便,连续收编了几支地主武装,再加上陆续前来投奔的人数,几个月的功夫,达到两万军。对这支生力军,朱元璋重新编制,加强训练。他特别重视军纪,严禁骚扰百姓。

军势壮大之后,朱元璋在谋士冯国用、李善长的参谋下,决定南下攻打滁州(今安徽滁县)。滁州的元军防备较弱,被朱元璋军队没费多大力气便攻占了。不久,郭子兴也从濠州来到滁州驻扎。

1355年正月,由于滁州缺粮,郭子兴派朱元璋去进占和州(今安徽和县)。攻取和州后,朱元璋被任命为总兵官,负责镇守。

从南下定远到攻取和州,徐达一直是朱元璋的左膀右臂。他不仅作战勇敢,而且善于出谋划策,逐渐显示出了统兵作战的军事才能。朱元璋看到徐达的才干谋略非常出众,便在郭子兴面前为他请功,并建议提拔重用。郭子兴采纳了朱元璋的建议,任何徐达为镇抚。

三月间,和州城里的红巾军内部又出现了斗争。因濠州缺粮而来到和州就食的孙德崖,与郭子兴积怨很深,决定率领自己的队伍离去。朱元璋为了缓和一下矛盾,亲自送孙德崖的队伍出城。谁知没走多远,后面传来消息,说是郭子兴将殿后的孙德崖抓了起来。孙德崖的将士也不分青红皂白,也将朱元璋扣押不放。然后,派人通报郭子兴换人。但是两边坚持不下,都怕对方不守信用。

双方就这样僵持了两天,朱元璋在孙军中差点没命。在这个关键时刻,新任镇抚官徐达挺身而出,向郭子兴请求:他愿先到孙军中作人质,换回朱元璋,与孙德崖交换。

郭子兴正在一筹莫展之际,见徐达这样挺身赴险,急忙同意。最后,当孙德崖被放出城回到军中后,徐达才得以释放,平安无事。这件事,使徐达的形象更高大起来。

南征北战

捉放孙德崖这件事,使郭子兴一肚子火无处发泄,气恼之下一病不起,不久就死去了。郭子兴一死,他的次子郭天叙继任了元帅职位,郭子兴的妻弟张天祐为右副元帅,朱元璋为左副元帅。朱元璋的地位虽不及前二位,但因他身边有徐达、汤和、冯国用、李善长等勇将谋士,再加上他招募收编组织起来的军队占多数。所以,实际上朱元璋大权在握。

1355 年六月一日,朱元璋与徐达、汤和、李善长、冯国用等人率领 3 万大军,乘船渡江,杀向南岸。与和州隔江相望的太平路(今安徽当涂),是富庶的产粮区。朱元璋决定先占领太平路,而后再寻找机会进取集庆(今南京)。

长江南岸的要塞采石矶,是太平城的咽喉之地。元将蛮子海牙早已率弓箭手和长矛手严加防范。朱元璋的红巾军两次冲击都被元军打退,初战不利。勇将常遇春和胡大海身先士卒,经过三次猛冲,终于杀散元军,登上南岸。朱元璋和徐达等人指挥大军乘胜进攻,一鼓作气攻占太平城。

元军并不死心。弃城而走的蛮子海牙从水路以战船封锁采石;陆路由陈埜先率地主武装"义军"数万人直扑太平城。

朱元璋早有防范。他派徐达、邓愈两人各率一支精锐骑兵埋伏于城南山中。陈埜先仗着人马众多,亲自督促"义军"拼命攻城。就在城上城下攻守双方打得不可开交的时候,南山中的两支伏兵奔袭而来,徐达、邓愈二马当先,从背后杀人"义军"阵中。陈埜先腹背受敌,惊惧失措,慌忙领军夺路而逃,结果被邓愈活捉。水路元军得知陆路"义军"失利,只好顺江而下直奔集庆。

太平城转危为安。接着,徐达又带领数千人马。出太平向东攻占了溧阳、溧水,从南面对集庆形成包抄之势。1536 年(元至正十六年)三月,朱元璋会合水陆诸军,攻取了集庆城。元朝守将福寿战败身死,军民共计 50 余万人投降了朱元璋。

朱元璋取得集庆后,改名为应天府。这时,朱元璋刚刚有了稍许活动的基地,周围是元军或其他起义军,处于四面邻敌的状况。于是,他从长远考虑,决定以应天为中心,先给自己营建一块根据地,而后再作远图。

应天东面的镇江,由元将定定在那里坐镇。如果镇江落到割据东吴的张士诚手中,就会对应天构成威胁。因此,朱元璋在应天停留了没几天,即命徐达统兵进攻镇江。在出兵时,为了严明军纪,朱元璋与徐达商量演了一场"苦肉计":他故意找徐达的过错,然后装作很生气要从重处治,经李善长等人再三求情,才准予戴罪出征,立功免罪。

徐达被任命为大将军。大军出发时,朱元璋再三告诫道:"我自起兵以来,从不妄杀无辜。你要体谅我的心意,严格约束部下。攻取镇江后,不许烧杀掳掠。若有违犯者,定依军法处置。"

徐达顿首领命,率军浮江东下,先占领了镇江。军中号令严明,百姓称道。然后又分兵掠取金坛、丹阳等县。朱元璋任命他为统军元帅,驻守镇江。

此时,张士诚已占据常州,派水军来攻镇江。徐达又在龙潭大败元军,急派信使请求朱元璋派兵进围常州,用来牵制敌军。朱元璋派 3 万大军增援徐达。张士诚也派遣兵将驰援常州。

徐达考虑到敌方援军来势凶猛,不易强取,便在常州城外 18 里设下两支伏兵,又派大将王均用为奇兵,然后亲自督军迎敌。张士诚的援军首遭徐达重创,又受王均用侧翼横冲,败阵而退。这时,两支伏兵齐发,敌军四散逃去。徐达擒获敌方两员大将,乘胜挥兵包围常州。

常州被围既久，城内粮草缺乏，人心涣散。徐达与汤和督军猛攻，终于在次年三月攻克了常州。朱元璋将常州改路为府，设立长春枢密院，任命徐达佥枢密院事，汤和为枢密院同佥，共同领兵镇守。

四月，徐达又与常遇春等将在朱元璋亲自指挥下，进占了宁国。七月，徐达派前锋将赵德胜攻常熟，活捉张士诚的弟弟张士德。张士德有勇有谋，为张士诚攻取了浙西大片地盘。他被俘后绝食而死，使张士诚非常痛心。

1358年十月，徐达与邵荣等人联兵夺取了宜兴。这样一来，朱元璋相继攻占了应天周围的许多城池，在东面挡住了张士诚西犯的门路；在西面对徐寿辉采取以守为攻的战略。

1360年五月，徐寿辉被部下陈友谅杀害。陈友谅自称皇帝，国号汉。他占有江西、湖广大片地盘，是起义各部中力量最强，最有雄心的人。他派使者与张士诚相约，东西夹攻朱元璋。然后统率大军沿江东下，进逼应天。

朱元璋命诸将分头埋伏于应天城内外各险要地点，而后派陈友谅的熟人康茂才假装投降，诱使陈友谅进入埋伏圈中。伏兵四起之后，陈友谅情知中计，但已来不及后退了。此时，徐达伏兵于南门外，看见朱元璋黄旗挥动，随即带兵杀出。这一战击溃陈友谅的主力，生俘7000余人，缴获几百艘战船。

陈友谅乘船逃脱，奔还江州（今江西九江）。

徐达乘胜统兵收复太平，几路兵马会合，攻克安庆。

正当朱、陈两军在江南交战的同时，江北的红巾军受到重创，情况紧急。1363年，投降元朝的张士诚围攻安丰（今安徽寿县），刘福通派人向朱元璋求援。如果安丰失陷，应天就显得很孤立了。朱元璋带领徐达等将渡江北上救援刘福通。

就在这时，陈友谅乘机发兵60万，大举进攻，首先包围洪都（今江西南昌）。朱元璋的侄儿朱文正率军拼死抵抗，等待援兵。

七月，朱元璋亲率大军至鄱阳湖，与陈友谅决战。开战第一天，徐达冲锋在前，率部下打散敌军前锋部队，杀敌1500余人，缴获一艘大船。俞通海等将发起火攻，烧掉敌船20余艘。徐达战船着火，敌军乘势反攻。徐达一马当先，带头扑灭大火，奋勇杀敌，与朱元璋派来的援兵一起杀退敌军。

两军于湖上不分上下。朱元璋担心张士诚乘虚进犯，便命徐达连夜回应天负责守备。徐达在应天修城备粮，整顿士卒，警惕防守，使朱元璋得以一心对敌。

鄱阳湖一战坚持一月有余。朱元璋依靠火攻终于大胜敌军。陈友谅在激战之中被飞箭射死，主帅一失，全军溃退回武昌。

1364年（元至正二十四年）正月，朱元璋在应天自立为吴王，设置百官，建中书省，以李善长为右相国，徐达为左相国，常遇春、俞通海为平章政事。

朱元璋从起兵以来，部下将帅中有三个得力助手，第一位就是徐达。另两人是常遇春、邵荣。

兵逼平江

朱元璋消灭了兵强地广、雄踞长江上游的陈友谅,解决了西面的强敌,实力大增。他的下一个进攻目标,便是占据东吴的张士诚。

张士诚是淮南泰州(今江苏姜堰市)人。泰州靠海,居民多晒盐为生。张士诚兄弟几人从小到大,是靠撑船贩卖私盐为生。他为人慷慨,是当地私盐贩子的头目。地方上的大户和官府常常欺侮勒索盐船,人们恨之入骨。1353年,张士诚趁着天下大乱的形势,带着兄弟朋友共18位壮士,举事造反。贫苦农民、盐民、无业游民群起响应,很快攻下泰州、高邮,占据了36盐场。张士诚自称诚王,国号大周。

经过六七年的东征西征,张士诚的地盘达两千余里,盛产粮食,又有鱼盐桑麻之利,人口众多,最为富庶。但他生性迟重,待人宽和,缺乏远见,只想守住自己的地盘,无甚大的野心。他手下的武将文臣,大多是当年穷愁潦倒的江湖朋友。如今有了地盘,成了气候,这些人就不思进取,争着修房子建园子,平日里更是只知享乐,歌舞宴乐,已经很快地蜕化了。

从元至正十六年(1356)起,朱元璋便与张士诚地盘相连,双方互相攻伐,大小冲突不继,僵持了近10年时间。由于朱元璋以全力对付陈友谅,所以对张士诚基本上只是防备而已。

张士诚的地盘被长江分成两截。江南的浙西地区防守比较坚固,而江北的淮东地区防守则相对薄弱。朱元璋东征张士诚,采取先北后南的进攻方略。元至正二十五年(1365)秋天,徐达受命为总兵管,统率常遇春、胡美、冯胜等将,带领步、骑、水军,渡江北上进攻淮东地区。

徐达率军没费多大力气就攻克泰州,捕获守将严再兴等人。然后,分兵命部将刘杰攻取兴化,他自己进兵包围高邮。朱元璋担心徐达深入敌境,孤军奋战,便命其退回泰州,先攻取淮安、濠州和泗州(今江苏盱眙)。

张士诚为了分散牵制江北的朱元璋军队,出兵攻击江南的宜兴。朱元璋命徐达渡江还击,击退了张士诚的军队,生俘敌士卒3000余人。然后,徐达又返回进攻江北,攻打高邮。

当徐达南渡驰援宜兴后,朱元璋命冯国胜统兵围攻高邮。守将俞同金假装投降,冯国胜信以为真,夜晚派数百士卒先行入城,结果被俞同金关闭城门,全部杀死。朱元璋闻讯后大怒,召回冯国胜,进行处分。

徐达从江南回师后,经朱元璋同意,以孙兴祖守海安,常遇春统水军为继援,自己与因为中计受罚而急于杀敌泄愤的冯国胜一起,很快攻克高邮城,守将俞同金等人被杀死。

高邮攻占后,朱元璋派使者告喻徐达,乘胜取淮安。1366年四月,徐达兵临淮安,探听到张士诚部将徐义的水军集于马骡港,便于夜晚出奇兵袭破其水寨。徐义乘船逃走。

徐达挥兵围城。淮安守将梅思祖等人看到无力抵抗,遂开城投降,并献出所辖的四州。随后,徐达又进兵攻取兴化。这样,淮东地区便成了朱元璋的地盘了。

朱元璋对张士诚江南地区的攻击,分为两步。首先是攻取湖州、杭州,切断其两翼力量;然后从北西南三面包围平江(今苏州)。

在朱元璋召集文武大臣商讨进攻方略,徐达主张道:"张士诚等人骄横而且反复无常,欺压百姓,荒淫奢侈。这是上天要使他们灭亡。他所任有的骁将李伯升、吕珍之徒,都是卑劣小人,每天只知富贵享乐。执掌政务的黄敬天、叶德新、蔡彦文三人,都是不经战事的书生,胸无大计。我愿奉主上威德,率精锐之师出师,声讨兵伐,三吴之地计日可取。"

朱元璋听后非常高兴道:"正合我意! 这样的话,大事一定能够成功。"

七月,左相国徐达受命为大将军,平章常遇春为副将军,统领 20 万大军,从太湖出发直取湖州(今浙江吴兴)。根据朱元璋"先分其势"的策略,同时由李文忠、华云龙带兵攻杭州和嘉兴。

徐达等人率军进至湖州三里桥时,敌方守将张天骐兵分三路迎战。徐达亦分三路进攻,亲率中路。交战不久,常遇春活捉敌将黄宝,其余两路敌军急忙退回城中。

张士诚遣李伯升援救湖州,紧接着又增派朱暹、吕珍等人带兵 6 万来援,屯驻于城东的旧馆,筑起五个营寨。另外,还有张士诚的女婿潘元绍驻兵乌镇,用以声援吕珍等人。

此时,朱元璋派汤和自常州增援徐达,并在东阡镇南的姑嫂桥一带筑起十座营寨,用以阻止旧馆方面敌军入援湖州。徐达又遣精兵夜袭潘元绍。元绍遁逃,徐达下令填塞沟渠水港,断绝敌人的粮道。

张士诚看到湖州危急,援兵不断,便亲自带兵来援。但被徐达在皂林(今浙江桐乡北)击败。九月,张士诚又派部将徐志坚以轻舟出东阡镇,欲攻姑嫂桥,哪知天不作美遇上风雨大作,结果 3000 余人一起被打败活捉。

接连失利使张士诚十分惊慌,他派左丞徐义到旧馆观察形势,反被常遇春阻断归路,无法逃跑。徐义只好暗中派人约张士诚之弟张士信从太湖出兵,与旧馆的吕珍等人合军力战,在张士诚又派出自己的赤龙船亲兵支援下,徐义才得脱身逃出重围。

徐义与潘元绍率赤龙船亲兵屯于平望(今江苏吴县东南),再乘小船偷偷人乌镇,企图援救旧馆。但被常遇春带兵袭击,攻取平望,放火焚烧了赤龙船,兵士大溃。从此,旧馆外援断绝,粮草短缺,跑出营寨投降的兵士越来越多。

十月,在徐达派军追袭下,徐义、潘元绍战败逃走。随即,徐达又攻击敌军的升山水寨,放火烧毁其战船。朱暹、吕珍等人在无奈之下,只好献旧馆投降。十一月,徐达将吕珍等人押解到湖州城下示众,劝告张士诚的司徒李伯升等人投降。李伯升欲拔刀自杀,被部将死死抱住才没死。而张天骐看到已无可奈何,便开城投降。李伯升不得已,只好跟着投降了。同月,李文忠进兵杭州,守将潘元明惧而出降。绍兴守将李思忠、嘉兴守将宋兴也都不战而降。

攻取湖、杭,朱元璋的下一步便是围攻平江,消灭张士诚。早在围城之前,宁海(今山

东牟平)人叶兑曾向朱元璋献计用"销城法"围攻平江。就是在距平江城一箭之地外筑起长围,四面立营,死死围守,将张士诚困死于城中。

徐达统率大军进逼平江,采用了叶兑的建议。他屯兵于葑门外,其余常遇春、郭兴、华云龙诸将分段屯驻,修筑长围。又架设起三层的大木塔,用以监视城中动静,名为"敌楼",其上安上弓弩火铳。又用"襄阳炮",昼夜不停地轰击城中。

平江城外无援兵,内乏粮草,张士诚几次试图突围都被堵死。朱元璋几次派人前去劝降,张士诚坚决不投降。他的部将莫天祐驻守无锡,为平江声援。莫天祐派手下水性较好的杨茂潜入平江,传递消息。杨茂在阊门水寨被徐达部卒抓获。徐达释放了杨茂,向他讲明形势大义,答应做内应。平江虽被围困,但坚城一时难拔。因而徐达让杨茂继续为平江和无锡之间传递消息。这样,他就可以全部了解敌方的虚实动静。

1367年二月,徐达因平江久围不克,派人向朱元璋请示。朱元璋亲笔书信道:"大将军自随我起兵以来,天性忠义,沈毅有谋,戡乱定难,可比古代豪杰。……今后军中一切事务皆由将军自行定夺。"

徐达得朱元璋手书,遂传令所辖48卫将士火速攻城。有一天,张士诚之弟张士信正在城楼上吃饭,被城下的"襄阳炮"击中,就这样落得个粉身碎骨。

城中张士诚采纳部将熊天瑞的建议,也制作飞炮,轰击城下。城中的木石用尽,又毁祠庙民房作为材料。徐达传令军中架起木屋,上承竹笆,在下面埋伏上士兵,以挡城上箭石炮火。

九月,平江城中粮尽,只能以枯草老鼠为食。张士诚身陷绝境但仍不投降。徐达下令全军强攻破城!城下战鼓擂动,火炮齐鸣,20万大军杀声震天,将士个个奋勇杀敌。徐达督军首先攻破葑门;常遇春攻破阊门水寨,直逼城下。张士诚令枢密唐杰上城督战拒敌。唐杰无力抵抗,缴械投降。参政谢节、潘元绍是在城门扎营,此时看到抵抗也没有用,也相继投降。

将及黄昏时分,张士诚军全线崩溃。徐达指挥全军从四面八方架起云梯,前赴后继,冲入城内,与敌军展开激烈的巷战。

张士诚与其副枢密刘毅重新聚集残兵,尚有二三万人。他亲自督战,在万寿寺东街与徐达军并杀。但很快就因寡不敌众,又复失利,刘毅也投降了。张士诚仓皇退入他的王宫,身边只剩下几名亲兵。这时,后宫齐云楼又起了大火,张士诚的妻子刘氏点燃了楼下的柴草,自焚身亡。见此凄惨断肠情状,张士诚仰天长叹,转身关起房门……

暮色苍茫。平江城中的喊杀声越来越弱。降将李伯升奉徐达之命,前去劝谕张士诚。他匆匆进入宫来,张士诚正吊在房梁上。李伯升让随从赶忙将其解救下来,幸亏气息未绝,许久才缓过气来,但却不闻不问。徐达闻报,命将张士诚押送应天,听候朱元璋处理。最后,张士诚还是在看守之地寻机自缢而亡。

平江既破,城中20万军民向徐达投降。徐达与常遇春按事先约定,分平江为两半,各自驻守,安定民心。并下令全军将士各挂一块小木牌,上书军令:"掠民财者死,拆民居者死,离营20里者死。"

徐达率诸将从平江带着捷报回到应天，朱元璋亲到戟门迎接，颁下敕书大行封赏。徐达晋封为信国公，常遇春为鄂国公。

受命北伐

攻灭张士诚后，朱元璋派朱亮祖、汤和等人率军前去讨伐浙东的方国珍，短短的三个月，便削平了这个称雄浙东20年的割据者。与此同时，朱元璋决定了北伐灭元大计。

这时朱元璋的势力范围，大体包括今湖北、湖南、江西、安徽、浙江、河南东南部，包括汉水下游和长江上游，在全国是土地肥沃、物产丰富、人口众多、最为繁荣富庶的地区。

朱元璋召集文武大臣商议北伐方略，他对徐达等人说："中原战乱不休，人民饱受离散之苦。蒙元气数已尽，现在出师北伐，可令其迅速灭亡，拯救百姓于水火。北伐事关重大，大家看，我们怎样才能消灭蒙元？"

常遇春回答道："现在南方已经平定，气势正盛，以我百战精锐之师直捣元都城，必胜无疑。一旦都城攻克，分兵扫荡各地，其势如同利刃破竹，可一举而下。"

朱元璋道："元朝建都百年，城防守备必然很严。如果我们孤军深入，不能立即取胜，相持于坚城之下，粮草不继，而元朝的勤王之兵四面赶到，则我军进退两难，我们如何应付得了！我想还是先取山东，摧毁大都的屏障；再挥师下河南，剪断其羽翼；然后进入潼关，占领其门户，将天下形势的主动权握于我们手中。这时再进围大都，这时已经是一座孤城了，自然不战可取了。大都攻克后，我们乘胜向西，云中、九原、关陇地区，皆可席卷而得。"

朱元璋制定了稳扎稳打，逐步推进的北伐战略之后，便决定统领大军的人选。朝中名将以徐达、常遇春两人最为朱元璋赏识。常遇春剽悍勇猛，敢于深入敌境，但有时难免滥加杀戮。徐达用兵持重，长于谋略而且处事谨慎，每每攻克城邑，军纪严明，禁绝兵士扰民，俘获敌方壮士，能以恩义相结，收为己用。

1367年十月，朱元璋任命徐达为征虏大将军，常遇春为副将军，率25万大军，向北进攻中原。行前，朱元璋又当面告谕众将："大军出征是奉上天之命，讨平祸乱。因而命将出征，重在选人得当。治军严明，战胜强敌而攻取城池，具有统率才能的，莫如大将军徐达。勇猛无比，敢当百万之众，冲锋陷阵所向披靡，莫如副将军常遇春。我不担心常遇春打不了硬仗，只担心他会轻敌。身为大将而好与小将争胜，这是我最担心的。这次出师北伐，如遇大敌，以遇春为先锋，与冯胜分为左右两翼，各率精锐冲击向前。薛显、傅友德都是勇冠三军，可各领一支人马，独当一面。大将军徐达专门主持中军，责任是运筹决胜，策励诸将，切不可经易妄动。"

徐达统率北伐大军浩浩荡荡从淮安出发，先进入山东。配合北伐主力的偏师，由征戍将军邓愈统率，从襄阳北略南阳，以分散元朝兵力。北伐军所过之处，张布"驱逐胡虏，恢复中华"的讨元檄文，告谕官吏和民众。讨元檄文起了很好的组织、调动作用，许多州

县纷纷投降,北伐军进展顺利。

十一月,徐达指挥大军攻克沂州(今山东临沂),然后按照朱元璋的指示,命部将韩政扼守黄河天险,张兴祖攻东平、济宁,自己亲率大军攻克益都。十二月,大军抵达济南,元将达多尔济(朵儿只)开城投降。徐达命指挥陈胜镇守济南,自己复还益都,进攻登州(今山东蓬莱)、莱州(今山东掖县)。北伐军从誓师出征起,历经三个月,山东基本被平定。徐达将山东诸州县的土地甲兵账册图籍等一并上奏朱元璋。

在北伐军连连攻取山东州县的胜利声中,1368年正月初四日,朱元璋在应天登基称帝,改国号为明,年号洪武。新朝建立,自然要封赏功臣,置置百官。朱元璋任命的左、右丞相,一个是李善长,一个是徐达。朱元璋立长子朱标为皇太子,李善长兼任太子少师,徐达兼任太子少傅。

二月,明北伐军沿黄河西进直入河南境内,接连攻克了永城、归德、许州(今许昌),直逼陈桥。元汴梁(今开封)守将左君弼出城投降。徐达留都督金事陈德守汴梁,统率大军奔向河南(今洛阳)。

四月,明北伐大军自虎牢关抵达塔儿湾(今河南偃师境内),元将脱音特木尔统5万大军列阵于洛水北岸。副将军常遇春单骑先闯敌阵,射杀敌前锋一人,纵马大呼杀向敌阵,徐达指挥大军继后,以迅猛之势全线冲击,元军大溃。脱音特木尔逃往陕州,明军乘胜追击50余里。外围之战大获全胜,明大军扎营于洛阳北门外。元守将李克彝弃城而逃,梁王阿抡万般无奈之下出城投降。

明军继续西进,攻克陕州(今河南陕县),直逼天险潼关。元守将李思齐、张思道闻明大军将至,惊慌失措地丢甲弃兵奔向凤翔。明军先锋都督同知冯宗异引兵进入潼关,向西直至华州(今陕西华县)。

至此,明北伐大军已先后占领了山东、河南的大部分地区,又据潼关堵住关中元军东下出路,对元大都形成了月牙形的包围态势。五月,朱元璋驾幸汴梁,召集众将领,厚加慰劳,同时商讨下一步的进军方案。

朱元璋询问新的战略部署,徐达道:"自我大军平定山东、河南,元军统帅扩廓帖木儿在太原观望不进,如今潼关已在我军掌握之中,张思道、李思齐失势向西逃窜,元大都的声势已绝。我军乘胜直捣其城,可不战而得之。"

朱元璋看看地图道:"这个建议很好。不过,北方土地平旷,利于骑兵作战。你应当挑选部将领兵作为先锋,然后督水陆大军继其后,用山东粮食为军饷。大都失去外援,城内人心自然大乱,必定会被我大军攻克。"

徐达又向朱元璋请示道:"如果大都攻克而元朝君主北走出关,我军是否穷追不舍?"朱元璋回答:"元朝气数已尽,定会自行灭亡,不必烦劳我军穷追。一旦元朝君主逃出塞外,我军宜固守边关疆土,我们只要防夺就可以了。"

七月,朱元璋返回应天,他临行前一再告谕徐达等人:"中原人民,苦于战斗已经很久了。朕命你们北伐,就是为了解救人民。诸位将军攻克城镇,切勿抢掠,切勿焚烧,一定要公买公卖,让百姓各安其生。"

徐达、常遇春率诸将会于河阴(今河南荥阳),然后分兵进入河北。闰七月,徐达于临清召集诸将,部署具体进军方略,命傅友德开辟陆路以通步、骑兵,都督副使顾时负责疏浚河道以通水军。

明北伐军沿运河推进。常遇春首先攻陷德州,接连又攻占了长芦(今河北沧州)、直沽(今天津)。镇守天津的元丞相也速从海口望风而逃,大都震动,人心大乱。

明军进至河西务(今河北武清东北),大败元军,生俘300余人,乘胜推进到通州(今北京通县),又趁着大雾天气,伏击元守军,守将布颜特穆力战身死。

通州失守的消息传到大都皇宫之中后,元顺帝惊慌失措,集合后妃、太子说道:"今日岂能重蹈北宋徽宗和钦宗亡国被俘的覆辙!"他不顾臣下的劝谏,只顾保住身家性命,于闰七月二十七日深夜,带着后妃、太子从建德门狼狈逃跑,经居庸关北走至上都开平(今内蒙古多伦西北)。

八月二日,徐达率军进至大都齐化门,士兵填平城下的壕沟,攻进城中。徐达登上齐化门城楼,兵士将元顺帝留下守城的淮王、左右丞相等人押到。这些人宁死不降,被徐达下令处死。其余的元朝大臣将士都以性命为重,愿意归顺明朝,大都得以宽宥,无一人被滥杀。徐达下令查封城中的府库图籍宝物,派指挥张胜带1000兵士守卫皇宫。同时严令所有将士,禁止扰民。由于朱元璋早有告诫,以及徐达严厉约束,北伐军纪律严明。大都城中官吏人民生活安定,一如平时,街市上的店铺买卖营业也照常进行。

攻取大都,蒙元王朝至此结束。徐达即刻遣使向应天献捷,又命傅友德、华云龙负责整修城垣,朱元璋接到胜利的消息后,宣布大赦天下;下令改大都为北平府,由孙兴祖、华云龙驻守;诏命徐达、常遇春、汤和、冯宗异等人率大军攻取山西、陕西等地,清扫元朝的残余势力。

镇守北疆

大都攻克,元朝灭亡。但元顺帝逃至上都,仍然保持着自己的一套政府机构,元军的力量仍然不能掉以轻心。西北地区尚在元残余势力的控制之下。

明朝洪武元年(1368)九月,徐达指挥的西征大军,以常遇春为先锋,从河北翻越太行山进入山西南部,占领泽州(今山西晋城),元守将贺宗哲闻风而逃,明军又进克潞州(今山西长治)。

据守太原的扩廓帖木儿(原名王保保)派兵南下来争夺泽州。明将杨璋奉命援救,与元兵中途遭遇,大败而归。扩廓帖木儿又企图乘北平空虚,兵出雁门关去偷袭。徐达闻此情报后,对诸将道:"王保保主力远离,则太原守备必定空虚。北平我军有六卫3万兵马,孙兴祖将军统率,足以抗击来犯之敌。现在我军乘其不备,直捣太原,使其进退两难。这在兵法上称为'批亢捣虚'之策。如果王保保回军来救太原,必定为我擒获。"

徐达挥兵直奔太原而来。扩廓帖木儿在进军北平的途中闻报后,急速回军来救。十

二月，元军前锋骑兵突然出现于太原城外。傅友德、薛显率领数十名敢死的精锐骑兵，打散来敌。常遇春向徐达建议道："我军骑兵虽已集结，但步兵未至。骤然与敌交战，必定会多有损失。如果夜晚偷袭敌营，肯定成功。"徐达听后非常赞同。

恰逢扩廓帖木儿的部将豁鼻马暗中派人前来请降，并愿为内应。徐达便挑选了数十名精骑乘夜埋伏于城外，约定举火为号，里外呼应。半夜时分，明军举火鸣炮，内外兵马一齐冲人敌营。还在酣睡的元军被鼓噪呐喊之声惊醒，不知真相，大吃一惊，乱作一团，不战而溃。扩廓帖木儿正在营帐中读兵书，仓皇之间也不知出了什么事，一只鞋还没穿好，就骑了一匹抓到手的瘦马，带着18名骑兵逃向大同。元军4万余人马在豁鼻马带领下向徐达投降。

常遇春率轻骑兵将扩廓帖木儿追到忻州。扩廓不敢在山西停留，又逃奔甘肃。明军胜利北进，又收取大同，攻占了其余州县，山西全部已成为明军的势力范围。

洪武二年（1369）三月，常遇春、冯胜领军先行渡过黄河，进攻陕西，徐达殿后。元将李思齐据守凤翔，遣将分守关中要地。明大军入关中，先锋将郭兴领轻骑直冲奉元（今西安）而去，元守将弃城不战而逃。泾渭父老千余人于道旁迎候徐达。徐达先派部将入城安抚百姓，然后整军入城。明军占领奉元路后，改名为西安府。

当时关中正闹饥荒，徐达上奏灾情，朱元璋下令开仓赈济。守将耿炳文负责整修水渠，以利百姓农耕。

徐达统兵攻取凤翔后，召集诸将，商讨下一步的方略。此时李思齐已逃往临洮，张思道逃往庆阳。众将认为张思道兵弱易攻，可经由郴州先取庆阳，然后越过陇州取临洮。徐达却说："庆阳城坚兵精，不易攻取。而临洮北界黄河与湟水，西通羌戎之地，先攻取临洮，有助于增加兵力，有物产以供军用。我军大兵压境，李思齐如果不再向西逃跑，就会束手被擒。一旦临洮攻下，其他州县也就唾手可得。"

明军移师西向，连克陇州（今陕西陇县）、秦州（今甘肃天水）、巩昌（今甘肃陇西），副将军冯胜率军进攻临洮，李思齐走投无路，举城投降。

另一路由顾时所率明军攻克兰州。五月，徐达攻取平凉。张思道闻听明军已克临洮，吓得直奔宁夏，结果被扩廓帖木儿扣押。张思道之弟张良臣听说其兄被执，心中畏惧，遂向徐达乞降。但不久，张良臣又复叛变，偷袭明军营寨，明将张焕被俘，薛显受伤后逃走。

得知张良臣复叛，冯胜、傅友德、汤和等人急忙率军赴援。徐达分遣诸将截断张良臣与其外围党羽的联系，自己率军将庆阳四面包围起来。张良臣恃勇出城挑战，都被徐达挥军击败。围困三个月后，庆阳城内粮草缺乏，人心涣散。张良臣的部将开门出降，徐达领兵自北门人城。张良臣父子投井欲自杀，被明军捞起处死。这样，庆阳总算被围攻下来，明军得以进一步控制陕甘地区。

明军平定陕西，朱元璋诏命徐达班师，赏赐给他大量的白银和绢帛。正当朱元璋要对北伐将领论功行赏时，西北地区战事急报频传。扩廓帖木儿闻知明军班师，便率兵围攻兰州，情况危急。

洪武三年(1370)正月,为了肃清元兵残余力量,安定西北,徐达再次受命为征北大将军,李文忠代替已经病故的常遇春为副将军。出征前朱元璋召集各位将领会商大计:扩廓帖木儿所以屡屡侵犯边疆,是因为其君主还在。如果派兵直取元君主,扩廓帖木儿失势,可不战自溃。但眼前扩廓帖木儿正在围攻兰州,舍其而远征大漠,是舍近趋远,不辨缓急。于是,朱元璋派定兵分两路,徐达出潼关直捣定西,打击扩廓帖木儿。李文忠出居庸关,深入塞北打击元顺帝。这样,可使他们彼此为战,无暇相互救援。元顺帝远在塞外,不会想到我军来袭击,可以乘他不备一举攻破。如此部署,可一举两得。

四月,徐达西路军经潼关直指定西。扩廓帖木儿自兰州撤围,两军在沈儿峪扎营对垒,一天接战数次。扩廓帖木儿派出千余名骑兵,抄小路袭击明军的东南营寨。明将胡德济没有防备,士卒溃散。徐达急忙率军援救,击退元军,才得以安定下来。徐达下令处斩了几名严重失职的将校,并将胡德济押往京城,交由朱元璋处置。

第二天,两军会合决战。明军一鼓作气杀入敌营,大破元军,俘擒了元朝的宗室亲王、国公、平章等官员1800余人,士卒8万人,战马1.5万匹。这一场数十万兵马的空前大战,使扩廓帖木儿的主力军大伤元气,带着妻子等几个人狼狈逃命,抓着水上的漂浮木渡过黄河,逃向和林(今蒙古国哈尔和林)。明将郭英一直将扩廓帖木儿追到宁夏。徐达取得定西大胜后,凯旋而归西安。

东路大军由李文忠指挥,进至应昌(今内蒙古达里诺尔西南),其时元顺帝已死,继位的皇太子爱猷识里达腊,逃往和林,明军一路追赶,俘获了元帝的孙子、后妃、诸王将相等数百余人,经明军东、西两路打击,元朝残余的力量,已是残兵败将,不足为患了。

十一月,徐达、李文忠凯旋回到京城,朱元璋亲自到龙江迎接。大行封赏,徐达改封为魏国公。朱元璋体恤徐达等功臣连年征战,冲锋陷阵,风餐露宿,功不可没,特下诏优待可以三日或五日上朝一次。

洪武四年春天,朱元璋派徐达镇守北平。徐达到任后训练士卒,修缮城池,迁移军民以备边虞,并督促垦田生产。

洪武五年,朱元璋想彻底清除北方边患,又发大军出征。徐达仍为征虏大将军,出雁门关攻击和林为中路;李文忠为左副将军出应昌为东路;冯胜为征西将军进兵甘肃为西路。三路各五万大军,分道并进。

徐达率中路军入山西,派都督蓝玉为先锋,出雁门关,先于野马川击败元军前哨骑兵,随后又于土剌河打败扩廓帖木儿。五月,徐达率领明军抵达岭北。这时,从土剌河败逃的扩廓帖木儿,与贺宗哲合兵一起,拼死抵抗。结果,明军大败,损失惨重。徐达收拢将士扎营固守,才得以摆脱困境。朱元璋以徐达功勋卓著,对这次兵败并没有惩责。其余东、西两路明军,只有冯胜进兵至西凉,一路告捷。

朱元璋的重要谋臣刘基曾提醒说:"扩廓帖木儿,这个人是真正的将才,不可掉以轻心。"早在大都被攻破之前,朱元璋曾多次写信派人劝扩廓帖木儿投降。元顺帝逃往塞外后,朱元璋又派人劝扩廓帖木儿投降,甚至册封扩廓帖木儿的妹妹为第二子秦王的妃子。最后派降将李思齐前去劝说,见面时扩廓帖木儿以礼款待,辞回时还派骑兵送到双方交

界地,李思齐正想回去,骑士说道:"奉总兵之命,请留下一件东西作纪念。"李思齐说:"我因公差远道而来,无什么东西回赠。"骑士便明说道:"我要你一只手臂。"李思齐心知不可避免,只好破下一只手臂,回来后不久便死了。由此之后,朱元璋心中敬佩扩廓帖木儿忠于其主。有一次诸将会集,朱元璋问道:"天下的奇男子数谁?"诸将都说:"常遇春率领万人,就可以杀得敌人丢盔弃甲,是真正的奇男子。"朱元璋笑着说道:"常遇春确实是人中豪杰,但他早就是我的臣下了。我不能收服王保保为臣,是一件大憾事,他才是真正的奇男子呀!"

洪武六年,扩廓帖木儿率兵南下,进攻雁门关。朱元璋命令守边将领严加防御,不可草率出击。这一年,徐达留守北平,尽心整顿边备。十一月,元军进犯大同,被徐达击退。洪武八年(1375),扩廓帖木儿死后,元朝残余势力对明的进犯虽有所减弱,但边患问题并没有彻底解除。洪武十四年,徐达率军出塞,一直进至黄河最北端,大破元兵,擒获平章、太史等官员,凯旋而归。

徐达从洪武四年受命镇守北平,此后10多年间,数次率兵出塞,使元朝的残余势力不敢轻易南下,将其限制在长城以北。10多年中,徐达每年春天奉命赴北平,冬暮又奉命回京,不辞辛劳,有效地保卫了大明的北方边界。朱元璋由衷称誉徐达是"万里长城"。

死因之谜

洪武二年(1369)春正月,朱元璋下诏建立功臣庙,并亲自确定功臣的位次,以徐达为第一,下面依次是常遇春、李文忠、邓愈、汤和、沐英、胡大海、冯国用等人。功臣庙建在应天(今南京)城西七里的鸡鸣山下,将列入名次的功臣,雕成塑像立于庙中。

大封功臣是朱元璋巩固朱明王朝的重要措施之一。被封公封侯的功臣,绝大多数都是在战争中屡立大功的将军。这些将军都是出身贫寒,他们都亲身经历了元朝统治者的残暴压迫和剥削,怀着反抗奴役和建立功名的强烈愿望,投奔到红巾起义军队伍中。徐达就是其中的杰出人物。但徐达能够成为朱明王朝的第一开国功臣,并不只是因为他是朱元璋的老乡、少年时代的好伙伴。

徐达出身于世代务农的家庭,小时候与朱元璋一起给地主放过牛,自然没有条件和机会进学堂学习。史书上称徐达少年时代便怀有大志。成人后性格刚毅,勇敢无畏。自从跟随朱元璋投军后,徐达很快就显示出杰出的军事才能,并深得朱元璋信任。他在连年征战的环境中,虚心学习,向人求教,逐渐阅读熟悉了兵书,为以后展示他的军事才华奠定了基础。每当临敌作战时,徐达总是与部将一起分析形势,制订作战方案,他的计谋往往高人一筹,令部将信服。当明王朝建立,生活相对安定后,徐达仍然不耻下问,经常请儒士给他讲解古书。虚怀若谷,汇纳百川,徐达以这种谦谦进取的态度,在几十年的戎马征战中,展现了长于谋略、料敌如神、指挥若定、所向必胜的军事才能,从一个普通的农家子弟,成长为能统率百万大军、战功赫赫的杰出将领。他所走过的是一条艰苦卓绝、千

锤百炼的战斗历程。

治军严明，是古今中外所有著名将帅共同特征之一。没有严明纪律的军队，做不到令行禁止，也就不会有坚强的战斗力。军纪松弛的队伍必然会发生骚扰百姓的不良现象，从而会失去民众的支持。元朝末年，官军极端腐败，毫无纪律可言，所到之处，烧杀抢掠无恶不作。当年郭子兴在濠州起义后，元将彻里木花奉命镇压，但他慑于起义军的声势，在离城30里之外扎营，他不敢与起义军交战，便派士兵四出，骚扰乡村，看见成年男子就抓起来，然后给头上包块红布，充作俘获的"红巾军"，用来谎报战功邀赏。

朱元璋为了实现他的雄伟计划，特别注重军纪。发兵攻取镇江时，朱元璋为严明军纪而让徐达当众受辱演出"苦肉计"的事，前面已经谈到。徐达自带兵以来，始终号令明肃，所到之处，百姓无扰。每当攻取一个新的城镇，徐达都要重申军令，严厉禁止烧杀抢掠的行为。凡是违反军令的，立即以军法处置，斩首示众。在消灭陈友谅的一次战役中，徐达与常遇春一同伏击敌军，斩首万人，生俘三千。常遇春要杀掉俘虏，他说："这是我们的死敌，不杀就会留下后患。"徐达一面制止常遇春的蛮横做法，一面急速派人报告朱元璋。但常遇春还是乘夜活埋了一半俘虏。朱元璋知道后非常恼怒，下令将剩余俘虏全部释放。从此之后，大军出征，朱元璋总是任命徐达担任统帅，约束众将。

徐达率北伐大军攻克元大都后，马上派兵守卫皇宫大门，并让宦官负责看护宫女、妃嫔、公主，申明军纪，严禁入宫侵犯骚扰。朱元璋曾对文武大臣说过："治军持重纪律严明，攻无不克，战无不胜，深得为将之体者，莫如徐达。"

徐达不仅严于治军，而且严于律己。在元朝的官军将领包括一些农民起义军的头目中，很多都是一旦身居高位，就私欲膨胀，为所欲为，打了胜仗就拼命地抢占金银财宝、美女奴仆，隐匿战利品而不上缴。徐达总是始终如一地严格约束自己，不贪不暴。徐达为人处事，言语稳重，深思熟虑。带兵出征时，令出不二，部将皆小心谨慎，不敢违令。徐达善于团结部将，体恤士卒，与他们同甘共苦。将士们对徐达既尊敬又感激，都愿意听从他的指挥，打仗都奋勇杀敌，不畏牺牲，因而所向披靡，一路克捷。徐达驰骋沙场几十年，先后攻克都城两座、省会三座，州县城镇数以百计。一路所经，百姓安然而不受兵害。

战功卓著而谦虚谨慎，是徐达的又一特点。历朝历代，因居功自傲而被贬官流放，甚至杀头灭门的文武大臣，屡见不鲜。在朱明王朝的创建过程中，徐达开辟江汉流域，扫清淮楚之地，攻取浙西，席卷中原，声势威名直达塞外，先后降伏王公俘获将领，不计其数。但他不因功自傲，在皇帝面前尤其恭敬谨慎。朱元璋经常召见徐达，设宴欢饮，每每以"布衣兄弟"相称，而徐达总是谦虚谨慎，小心应对，不越君臣之尊卑秩序。

自从洪武四年徐达奉命镇守北平，常常是春天离京赴任，冬季回朝立即奉还将印。按照朝廷的礼仪制度，徐达封爵国公，官至丞相，外出时备有相当规模的威赫仪卫。但他时常乘着普通的车马出门，回到家中也是过着俭朴的生活，从不奢侈浪费歌舞宴欢以夸耀自己的显达高贵。朱元璋曾对徐达说："大将军征战几十年，劳苦功高，从未安宁地休息过。我把过去住过的旧宅院赐给你，你可以安享天伦之乐。"朱元璋所说的旧宅院，就是他称吴王时的王府。徐达坚决推辞，不肯接受。有一天，朱元璋带徐达来到旧吴王府，

设计将他灌醉，然后把他抬到床上，蒙上被子，想用这种办法强迫他接受赏赐。徐达酒醒之后，惊慌失措，急忙下床伏地向朱元璋连称"死罪，死罪!"朱元璋见徐达如此谦恭，心中非常高兴，也不再硬逼他接受旧王府。随后，朱元璋下令为徐达另建了一座上等宅院，并在门前立牌，刻了"大功坊"三个字。

徐达一生深得朱元璋的信任和重用，除了他谦虚谨慎，战功卓著外，尤为重要的一点是忠诚正直，爱憎分明，不结党营私。封建时代道德的两大基准是忠、孝。而封建君臣之间的关系，对臣下来说，最重要的就是忠诚。朱元璋曾在朝堂上当着群臣的面称赞徐达："受命率军出征，取得胜利凯旋归来，一贯不骄不傲，女色无所爱，财宝无所取，公正无私，像日月行天一样光明磊落，大将军就是这样的人啊!"

徐达在朝中功高位显，深得皇帝信任，自然便有人想攀高枝，希图利用他的声望影响谋取私利。丞相胡惟庸曾想与徐达拉拢关系，结为好友。但徐达看不起胡惟庸的品行作为，没有理会。

胡惟庸是定远人，是朱元璋在和州时的属官。他与丞相李善长是亲戚关系，因而得到李善长在朱元璋面前大力推荐，于洪武三年升任中书省参知政事，洪武六年再升右丞相。由于得到皇帝信任，胡惟庸的权势随之上升。他仗着自己是皇帝的淮西老乡，又有李善长为首的元老重臣的极力保荐，擅权专断，飞扬跋扈，朝廷上有关人命生死和官员升降等重大事项，经常自行处置，视皇帝命令如儿戏。他还私拆臣民奏章，将对自己不利的扣压不报。他广收贿赂，结纳党羽，门下的故旧僚友结成一个盘根错节的小集团。胡惟庸的权势一手遮天，对于敢触犯他的人，千方百计排挤陷害必置其于死地。大臣刘基曾对朱元璋说过胡惟庸不宜担任丞相之职。胡惟庸因此记住了他寻机报复，后来借刘基生病之机，将其毒死。

当胡惟庸希望与徐达结交通好而遭冷遇后，他便企图收买徐达的看门人福寿，想让福寿捏造罪名陷害徐达。但福寿忠于其主，不吃那一套，向徐达报告了胡惟庸的丑恶行径。此后，徐达多次向朱元璋进言说胡惟庸为人奸恶，品行不端，不适合再担任丞相。由于胡惟庸贪权骄纵，结党营私，使朱元璋不仅感到皇权旁落，还感到有谋反的可能。洪武十三年（1380），朱元璋以擅权枉法和谋反罪名杀掉了胡惟庸。这时，朱元璋想到了徐达的上谏，对徐达的忠耿之心更加器重。

洪武十八年（1385）二月，徐达病逝于南京，享年54岁。朱元璋为徐达辍朝以表哀悼，并亲临灵堂祭奠，伤心欲绝。朱元璋下诏追封徐达为中山王，谥号"武宁"，赠其三代皆封王爵，赐葬于钟山之北，徐达的碑文也是由朱元璋亲自写的，称赞其为"开国功臣第一"。

关于徐达之死，另一种传说是被朱元璋害死的。朱元璋从起兵到称帝以后，一直是以威猛严厉治军治国的。登上皇帝座位后，朱元璋想的头等大事就是江山永固，他的子孙后代永远做皇帝。所以，他对当年立过汗马功劳，出生入死为他打江山的功臣特别猜忌，担心他们哪一天会谋反夺权。另外，太子朱标性情仁善宽和，朱元璋怕他将来驾驭不了功劳卓著的元老重臣，于是下定狠心，大开杀戒，滥加株连。前面说到杀胡惟庸一案和

后来杀大将军蓝玉一案,就牵连而杀掉了几万人。史书上称,朱元璋当皇帝后"无几时不变之法,无一日无过之人"。为了他的独裁统治和江山永固,他杀功臣杀红了眼,因而后人翻阅明初史书,对这一段杀戮历历在目。

有关徐达被害身死的经过史书上记载:徐达在北平身患背疽,这是一种恶疮,很难治好。朱元璋派徐达的长子徐辉祖带着书信前往北平看望,不久又召徐达回南京疗养。有一天,宫中内侍给徐达送来皇帝赏赐的食盒。徐达从病床上挣扎起来磕头谢恩,然后打开食盒,一只蒸鹅呈现在眼前。据说背疽最忌吃蒸鹅。君命难违,徐达最后流着泪当着内侍的面吃下了蒸鹅,不几日便死去了。但也有的史书上做了考证,认为"赐食蒸鹅"是野史中歪曲事实真相有意贬斥明太祖。

徐达有四子三女。长子徐辉祖才华横溢,徐达死后,继承爵位。三个女儿,长女嫁给朱元璋的儿子燕王朱棣为妃,后来燕王夺权称帝,徐妃被册立为皇后。其余两个女儿,也都嫁给了朱元璋的儿子,一个是代王朱桂的妃子,一个是安王朱楹的妃子。

抗倭英雄

——戚继光

名人档案

戚继光:字元敬,号南塘,晚号孟诸,汉族,山东登州人山东登州人(一说祖籍安徽定远)。出生于将门,从小时起就立志驰骋疆场,保国卫民,曾挥毫写下了"封侯非我意,但愿海波平"的名句。

生卒时间:1528~1588年。

性格特点:思想先进,智勇兼备。

历史功过:他17岁时即袭父职任登州卫指挥佥事。25岁那年被提升为署都指挥佥事,负责山东全省沿海防御倭寇,在此期间,功效显著。嘉靖三十四年(1555年),戚继光被调到了倭患最严重的浙江省,任都司佥书,不久被提升为参将,镇守宁波、绍兴、台州三府。嘉靖三十五年(1556年)9月。倭寇800余人侵入龙山所,他率军迎击,明军怯战欲退。危急时刻,戚继光以三箭射杀了3个倭寇头目,倭寇撤逃。嘉靖三十八年(1559年),戚继光从浙江义乌群山之中招募农民和矿夫,采用营、官、哨、队四级编制方法编成了新型军队。创出了一种战斗队形能分能合的"鸳鸯阵",大大提高了战斗效率。由此人们称这支抗倭劲旅为"戚家军"。嘉靖四十年(1561年),戚家军打败了倭寇对台州的大举侵犯,而后又是九战九捷,取得了举世闻名的台州大捷。倭寇们为此无不心惊胆战,给戚继光取了个绰号名叫"戚老虎"。次年夏,戚继光率军南下福建,荡平倭寇长期占据的横屿、牛田、林墩三大巢穴。嘉靖四十二年(1563年),和福建总兵俞大猷、广东总兵刘显等人共同取得了平海卫大捷。转过年来,升总兵官,镇守福建全省及浙江金华、温州两府。同年11月,2万倭寇围攻仙游,戚继光"用寡击众,一呼而辄解重围;以正为奇,三战而收全捷。"自此,戚家军扬振海疆,倭患终被荡平。隆庆二年(1568年)五月,戚继光被

调到北部边关镇守,总理蓟州、昌平、保定三镇军务。他到任后,创建了步兵营、骑兵营、车营和辎重营能协同作战的合成军。与此同时,加固旧长城,并在长城沿线创建了可攻可守的空心敌台,由此建成了一道牢不可破的坚强防线。他在北方御边十六年,"边备修饬,蓟门安然"。万历十一年(1583年),因受到朝中权贵的排斥,戚继光被调到广东任镇守,他郁郁不得志,三年后辞官,回到了老家山东蓬莱。

名家评点:在戚继光四十多年的戎马生涯中,他"一年三百六十日,多是横戈马上行",东南沿海灭倭,北方练兵御边,可称得上一代爱国名将。他智勇兼备,练兵有方。指挥戚家军"飚发电举,屡摧大寇",他还有过歼敌上千,而"戚家军"竟无一人阵亡的例子。因此被人誉为"自古以来少有的一位常胜将军"。他不但骁勇善战,战功卓著,而且在军事理论上也颇多建树,为后人留下了兵家所推崇的《纪效新书》《练兵实纪》两部兵书。

袭承父职

戚继光是山东蓬莱人,出生于明朝嘉靖七年(1582年),一个将门之家。父戚景通精通文武,品学兼优,曾在山东、大宁、京师等地历任军职,官至神机营副将。戚继光自小就立志驰骋疆场,保国卫民。戚景通曾在北京城当神机营(明时使用火器的部队)的副将。到了晚年告老还乡,在家里埋头著书,把他一生的作战经验写成书,戚景通还有一件从不忽视的事情,就是教育自己的儿子。尽管他在58岁的那年才有了长子戚继光,可是他并不因为晚年得子就对戚继光过分地溺爱。相反,他对儿子要求还极为严格,对他一点儿也不骄纵宠惯,因为他希望儿子长大后能成为国家的栋梁之材。在戚继光12岁那年,他家叫了工匠来修缮房屋。戚景通只是让工匠在厅堂的两根立柱间安装四扇镂花门。可是工匠们觉得这不够大户人家的气派,这时他们看到了年幼的戚继光,于是就把他叫到了一边,私下对他说:"公子家世代都是将门,理应安设十二扇门,这样才能显示出豪门贵族的气派啊!"戚继光觉得有道理,于是他就跑到父亲那里,说:"父亲,咱家世代都为官,雕花的门为什么不多安几扇呢?"父亲一听,连连摇头,说:"你将来长大成人,能保住咱戚家这份家业,我就心满意足了。你年纪这么小就知道贪慕虚荣,那将来恐怕连这点产业也不会保住的。"戚继光极为聪明,他琢磨了一下父亲所说的话,马上就明白了父亲话中的意思。

戚继光13岁那年,因为民间兴早订婚,所以戚家人也给继光定了亲。戚继光的姥姥听说了这事,于是就让人给他送来了一双做工讲究、面料华贵的丝鞋作为对自己外孙定亲的贺礼。戚家过日子一向节俭,戚继光还从来没有穿过这样华丽的衣服和鞋子。他见到了这双丝鞋,真是喜出望外,拿在手里越看越喜欢。母亲看见儿子如此喜爱,于是说:"瞧你喜欢的那个样子,干脆你就拿去穿了吧!"戚继光高兴得不得了,他穿着丝鞋便走动个不停,一边走一边眼瞅着脚下穿的鞋子,真是打心眼里喜欢,不知不觉,戚继光走进了

前厅里,可巧父亲正坐在那里读书,他一转眼就看见戚继光穿着的那双华丽的丝鞋了,马上就把脸沉了下来,说:"小孩子家为什么要穿这么漂亮的丝鞋? 现在你就知贪图虚荣享受,有了丝鞋,就还会想着要穿锦绣,吃那些山珍海味……"停了一下,脸色显得越发沉重起来,他说:"咱戚家世代都清白做人,不可能会有那么多钱来满足你的奢望。将来有朝一日,你成了领兵的将领,就很难保证你不会侵占士兵的粮饷啊! 照如此下去,我戚家的门风岂不要被你给败坏了,你怎么还能够接替我的事业呢!"戚景通马上命人把丝鞋给烧了,不准许儿子再穿。就这样,戚继光在父亲的严格教育下,养成了一种良好的品德,他下定决心,将来一定要做一个正直的、文武全才的军人。

到他15岁的时候,戚继光就在家乡一带小有名气了。父亲看着儿子一天一天地长大起来,而且也越来越有出息,心中感到无限地欣慰。戚景通到了晚年,只知道埋头著兵书,没有心思置办田产,过问家里的一些事务,所以家境是一年不如一年,这难免会引得一些浅薄的人在背后对他进行冷嘲热讽:"当了一辈子的官,到老了还不能给后人留些东西,他还自得其乐,这样的人真是傻瓜!"乡人们的这些闲言碎语不胫而走,很快传到了戚景通的耳朵里。有一天,他把戚继光叫到自己的身边,说:"儿子,父亲这辈子没能给你留下什么钱财,你是不是感到有些遗憾?"戚继光摇了摇头,十分诚恳地说:"孩儿并不感到遗憾,孩儿从您那里得到了最宝贵的东西,您传给我知识和武艺,教我如何做一个正直、自强自立的人,我会把父亲的恩德永远牢记在心里。"

戚景通高兴地点了点头,他指着在书案上堆积着的文稿说:"这些兵法书稿都凝聚着我的心血,相信你会好好加以利用,为民为国做出贡献的!"戚继光听了极受感动,当即就跪在地上,涕泪横流地对父亲说:"您教授给孩儿的品德是用任何钱财也买不到的。凭着它,我将没有什么可担忧惧怕的。父亲,您就放心好了!"

戚景通72岁那年,不幸身染重病,眼见不久就要离开人世了。他想趁着自己还未离开人世之前,把身后的事料理一下,尤其是要安排好儿子的前程,于是他决定让戚继光到北京办理承继自己职务的手续。在临行之际,老人在病榻前把写好的文稿放在戚继光的手中,语音颤抖地叮嘱说:"现在我就把它交给你。这是用将士们的鲜血和生命换来的! 你可要好自为之啊!"戚继光听到这里,早已经泣不成声,他发誓说:"儿子今后无论遇到什么样的千难万险,也不会把父亲这一生心血而成的书稿丢掉,孩儿一定要好好加以利用,用它来报效国家。"说完,他就拜别双亲,离开了家乡,赶往都城去了。过了一个多月,戚景通便离开了人世。

戚继光依照朝廷当时的惯例,接替了父亲的职位,由此开始了金戈铁马的军旅生涯。这一年他才17岁,因袭承了父职,所以他就来到了山东登州,任卫指挥佥事。当时,明朝的海防空虚,兵纪不整,军风败坏,而且守卫山东沿海的那些士兵多半是些老弱残兵,纪律极为涣散。戚继光到了任上后,看到这种情况,就下决心整顿军纪。

练兵抗倭

在我国的古代,人们把日本称为倭奴国,因此就把这些海盗也叫作"倭寇"。他们自从元代开始,就经常在我国沿海地区登陆抢劫,杀人放火,无恶不作。到了明朝,浙江、福建一带的倭寇更加猖獗。那时,明军在宁波一带驻守有八万多人。可是,尽管明军人数众多,可是缺乏统一而又有力的指挥,而且军纪涣散,所以多次被倭寇打败。嘉靖三十四年(1555年),朝廷便把戚继光从山东调到倭患严重的浙江任都司金书,第二年,又提升他为参将,让他负责镇守宁波、绍兴、台州三府。戚继光到任后不久,便招募义乌的矿工和农民,对他们进行训练,教授阵法,由此建立起了一支纪律严明、武艺精强的军队,这支新军队伍很快成为军事劲旅,人称"戚家军"。

嘉靖三十五年(1556年)九月,有一股八百多人的倭寇又窜到宁波的附近进行劫掠。戚继光得知消息后,立即率军对其进行围剿。他正带兵前进,远远地就看到那些倭寇正分成三路,向自己这边冲杀过来,口中还狂呼乱喊。以前,官军因为打过多次败仗,一见他们就不由地心生胆怯,看见倭寇高举着倭刀气势汹汹地冲杀了过来,马上便有些阵脚不稳了。戚继光一见,立即指挥官军迎击,可是没有几个回合,那些怕死的军官就往四下里寻找退路。戚继光看到此种情形,心中非常生气。危急时刻,他往四周看了一下,然后飞身跃到了一块巨石上,立在上面,然后挽弓搭箭,稍一瞄准,便发出去一支,只听得"嗖"的一声,领头的一个倭寇头目便应声倒地。接下来,戚继光又发出了第二箭,又一个倭寇的头目还没来得及吭一声就断气了。然后戚继光的第三箭又射死了第三路的倭寇头目。那些倭寇看见自己的头领眨眼之间丧命身绝,阵势马上大乱起来,就像一群无头的苍蝇一般,往四下里奔逃。官兵们看见自己的统帅仅用三箭就射死了三名倭寇头目,顿时士气大振,随着戚继光的一声令下,都举刀挥枪,争先恐后地奋勇杀过去。倭寇见状,仓皇撤逃。这一次同倭寇打仗,戚继光率领的官军大获全胜,从此坚定了沿海军民战胜倭寇的信心。

嘉靖三十八年(1559年),戚继光在浙江义乌群山之中招募勇敢的农民和剽悍的矿夫共3000余人,采用营、官、哨、队四级编制方法编成了新型军队。队是基本的战斗单位,队员按照年龄、体格的不同分别配备不同的兵器,在作战的时候,全队队员都各用其所长,相互配合作战,做到攻守兼备,能够灵活进退。因为这种战斗队形能分能合,所以人称"鸳鸯阵"。嘉靖四十年(1561年),有一次,大股倭寇自浙江台州沿海登陆,向内陆进犯。戚继光得到消息后,立即率领军队分成三路迎敌。当队伍行进到离台州还有二里远的花街时,正和迎面而来的倭寇相遭遇。双方人马立即摆开了阵势,其中有一名倭寇小头目,左手持矛,右手握刀,由倭军中跳了出来,他口中大叫,向戚继光的军士们叫战。戚继光看见敌人来势凶猛,眼前的这个倭寇一副不可一世的样子,就有意趁此机煞煞敌人的威风,激励一下自己的将士。于是他在阵前把自己身上的银铠甲脱掉了,向手下将

士大声宣布："有谁能杀败这个倭将,我就将这身银铠甲送给他!"他的话音刚落,出来一名小校,他跳到阵前,手中挥舞着长枪,跃跃欲试。戚继光向他点了点头,这名小校立即冲了过去,两个人来回只战了几个回合,小校就把那个倭将给挑翻在地。倭寇看见死了一员大将,恼羞成怒,为首的一声令下,全部倭寇立即向戚家军冲了过来。戚继光神情镇定,屹立在阵前,从容地进行指挥。他挥动令旗,两旁是鼓角声声,显得极是威武。没用半个时辰,那些倭寇便招架不住,纷纷往下溃败,戚家军则趁势由后面掩杀过去。倭寇一见这种情形,只得舍财救命,于是使出惯用伎俩,把那些抢来的金银珠宝漫天抛撒,企图用这些财物来诱惑戚家军,从而停止对他们的追击。可是倭寇哪里知道,戚家军向来军令森严,和以往的明军不一样。他们根本不看满地的金银财宝,只一门心思地奋勇追杀。倭寇见此情景,不由绝望地哀叫:"这回完了!"

这一仗,倭寇损失惨重,大部分的倭寇非死即伤,只剩下一小部分逃回了海上。自从这次取得举世闻名的台州大捷之后,经过七年的时间,倭寇在哪里骚扰,戚继光的军队就打到哪里。那些乱七八糟的海盗队伍,哪是戚家军的对手,戚继光率领戚家军又九战九捷,倭寇见在陆地上呆不住了,于是被迫逃到了海船上,戚继光又用大炮给予轰击。倭寇的船起了火,大批的倭兵不是被烧死就是掉到海里给淹死,留在岸上的也只得乖乖投降。倭寇见浙江防守严密,再也不敢来浙江沿海地区骚扰了。倭寇们一听戚继光的名字就心惊胆战,于是给戚继光取了个绰号叫"戚老虎"。自此以后,浙江一带的倭患就基本上被解除了。戚继光也因为战功卓越,被升为都指挥使。

两度入闽

1562 年,戚继光又被调到福建平倭。这一年的农历七月,他率领着六千戚家军,自温州的平阳出发,一路上披荆斩棘,穿越了三百里的偏僻小路,进入到福建境内。当时侵扰福建的那些倭寇,主要以横屿、牛田和林墩为据点。其中的横屿是倭寇的大本营,但是倭寇的头目们却都在林墩扎营。戚继光了解了一下实际情况后,就决定先破横屿,然后再乘胜攻破牛田,最后一战捣毁林墩的寇巢。横屿是一个小岛,离陆地有十里之遥,四面都是水,地形险隘,尤其是岛上建有木城,在其周围构筑了许多坚固的防御工事,大概有一千多名倭寇在这里结营,凭借着险要长期盘踞在此,四处掳掠。在此之前,明军也曾几次攻打横屿,可是都以失败而告终。在附近的宁德、福清地区还有一万多名倭寇,跟他们互相应援,所以很难对付。

戚继光针对具体情况,采用"消枝弱干"的办法,先是发兵进攻横屿对岸的张湾,取下张湾之后,马上张贴告示实行招抚,由此迫使一千多名倭寇的胁从分子纷纷缴械投降。然后,戚继光又率军东进,直攻横屿。从海岸到横屿之间有一处浅滩,海水涨潮的时候,滩就没在水中,成为一片汪洋,可是海水落潮的时候,滩就露了出来,出现的就是一片泥泞,极难通行。八月初的一个早晨,戚继光悄悄地率军来到横屿岛对面的海滩上。戚继

光用手指着横屿岛,对手下的将士们说:"对面岛上就是倭寇,眼下正是落潮,等我们赶到岛上时正是涨潮时分。我们上岛之后,只有全歼倭寇,才有生路,否则打了败仗,也是无路可退的。哪个觉得自己胆量不够,可以不去,我不忍心让你们过去白白送死!"戚继光这话,意在激励全军将士。将士们一听,纷纷表态说:"我们跟随将军来到这里,图的就是能杀敌报国,怎可向倭寇示弱!""谁不敢去谁就不是男子汉!"戚继光点了点头,他也很受感动,一声令下,戚家军全体赤裸着上身,每个人手里都提着早已备好的一捆稻草出发了。他们把稻草铺在退潮后露出的泥滩上面,然后匍匐前进。戚继光站在一块礁石上,亲自擂鼓,为众将士助威。随着咚咚的鼓声,戚家军迅速地向横屿岛接近。

戚家军一到岛上,就对敌人发起了进攻,喊杀声震天,从岛上一直传到岸边。这横屿是倭寇经营多年的老窝,在这里存有大批的粮食和辎重,他们当然不肯轻易放弃。官兵们同岛上的倭寇展开了肉搏战。双方杀得难解难分。戚继光随后也带领着将士们冲杀了过来。倭寇见戚家军源源不断地来到岛上,军心便开始涣散。到了将近中午,终于再难支撑,开始往四下里奔逃。这场决战用了三个时辰,共消灭了倭寇两千六百多人,被倭寇抢去的大量财物也被夺了回来。戚家军凯旋而归。

接着戚继光又率军南下福清,攻取牛田。牛田距离福清县城有三十里。离海边很近。它跟周围的杞店、上薛、西林、木岭、新塘等倭寇据点连成一气,其势力可达三十多里,势若长蛇。戚继光早就想好了计策,为了麻痹敌人,他故意当着众官兵的面说:"我军自远道而来,需要休整,养精蓄锐,过一段时间,然后再待机而动,况且倭寇并非朝夕之间就能扫除的。"倭寇派出来的探子得知这个消息,向首领做了报告,倭寇果然不做什么戒备。可是就在转过天来的晚上,天色漆黑,没有月亮,这时,戚家军毫无声息地自锦屏山出发,奔袭了杞店,将那尚在睡梦中的倭寇顷刻间给斩杀殆尽。然后,戚家军又回师锦屏山,发现有一队倭寇前来袭营,戚继光一声令下,官兵奋勇冲杀,立即把来袭营的敌人全部给消灭了。接下来,戚家军又乘胜进击,攻击牛田、上薛等地的倭巢,这场战役下来,斩杀、俘虏了大批的倭寇。剩余的倭寇都纷纷逃窜到了兴化。

戚家军在福清稍做了一下休整,到了九月中旬,马上又开到了兴化府城,准备攻取城东二十里的林墩。进到城里之后,戚继光表面上不谈战事,从容的会客、赴宴,可是在暗地里则教士兵们抓紧时间休息,准备随时对倭寇发动攻击。到了半夜,他立即摇响铜铃,发出行军命令,军队很快就集合在了一起,悄悄地打开了城门,准备对林墩发动一次夜袭。可谁料到,那个向导竟然是个通敌分子,故意把他们引到了一条溪水纵横,泥泞遍地的小路上。等到军队逼近林墩的时候,东方天色已经发白,这样一来,他们的行动马上被倭寇给发觉了。倭寇当时就进入了防御工事,布置防守,并派出了部分人马迂回到戚家军的背后,进行两面夹攻。这样一来,戚家军就腹背受敌,一时间阵脚大乱,士兵们便纷纷往后退缩,处境极其险恶。在这危难之际,戚继光毫不变色,他站在路口,沉着镇定,向军队发出了进攻号令,与此同时,还把十四名退缩的部下当众斩杀了,以此来严肃军纪。将士们见状,重又鼓起百倍的勇气,奋力向前冲杀,与倭敌进行血战。如此一来,倭寇们渐渐的难以支持,往四下里溃逃。戚家军乘胜对敌人实行猛攻,结果连克敌营六十余座,斩杀倭寇九百多人,并活捉倭寇大小头目十三人,还有千余名倭寇在溃逃时落入海里给淹死。

到了天大亮时,兴化府城的居民们早得知此事,纷纷扶老携幼,杀猪宰羊,备好了酒肉,出城十多里,夹道欢迎得胜归来的戚家军。戚继光由此胜利完成了他既定的战略计划,率领军队返回浙江休整待命。当路过福州的时候,当地的乡亲们在于山的平远台特设了酒宴,为戚家军庆功饯行。百姓们敲锣打鼓,一片欢天喜地的气氛,戚继光率部下将领,穿过了夹道欢迎的人群,登上了平远台。他接过当地长官献上的酒,把头一仰,一饮而尽,然后拱手作揖,感谢福建百姓对戚家军的支持和援助。当地长官令人抬上来一块纪功碑,立在了平远台上。

戚家军返回浙江之后,那些倭寇收集了残兵败卒,很快又攻占了兴化府,占据平海卫,福建的老百姓再次深受其害。嘉靖四十二年(1563年),戚继光再次率领戚家军进入福建,和福建总兵俞大猷、广东总兵刘显等人共抗倭寇,取得辉煌的战绩。尤其是海门卫一战,令戚继光声名远震。那时,戚继光率领着一队人马昼夜兼程赶往海门卫,准备会合另一位抗倭将领谭纶,一同扫平这一带的倭寇。可是,在他到达海门的当天晚上,戚继光便接到探子的报告,说是有三千名倭寇正在向海门这个方向进犯。得到消息后,他马上命令海上的驻军严密监视倭寇的动向,准备在第二天同倭寇决一死战。可是没料到,海门卫军队平日里松懈惯了,虽然接到了命令,可仍然麻痹大意。海门紧靠着大海,卫城离大海也仅有一里之遥。就在半夜,数百名倭寇悄悄地来到城下,并快速地向城上爬去。等到守城官兵发现倭寇时,已经有数十个倭寇爬上了城头。戚继光听到了报告,也来不及整顿队伍,立即飞身上马,手持双剑,打马扬鞭地驰向城门。

当时夜正深,可是城头上已传出的厮杀声,武器的碰撞声响成了一片,火光把城头照得通明。戚继光此时已然手舞双剑,飞马冲上了城头。"戚将军冲上去了!"那些将官看到戚继光身先士卒,亲自上阵,也都手持兵器,争先恐后地跟着冲上城头。紧接着,谭纶将军也带兵赶到,率领手下将士,呐喊着同倭寇混战在一起,敌人终于被击败了,在城下的大队倭寇见势不妙,也顾不得城头上的那些残兵败将,纷纷往回逃窜。戚继光见时机很好,立即命人打开城门,在后面乘胜追击。在几天的时间内,明军在沿海四处追杀那些逃散的倭寇,共消灭了一千多人,烧毁敌船达三十多艘。

那些穷途末路的倭寇决定做最后的一拼。他们把兵分为五处,分别占据海岸边上的一些山丘,准备据险死守力战。这期间他们还抢来了几十只船,一旦失守,就准备由海上逃走。戚继光早就料知他们的意图,所以他也下定决心,要彻底消灭这股敌人,于是他命令一队人马沿海快速迂回到山背后,悄悄地接近敌人,把他们逃往海上的退路斩断。与此同时,又在海口处留下一条道路,将精兵埋伏在道路两旁,如此一来,就形成一个口袋阵,只等着敌人往里钻。戚继光亲自率领着队伍自正面向倭寇发动猛攻。决战刚开始时,有两个倭寇头目手摇着军令旗,指挥那些倭寇往山下射箭、扔石头。明军一连冲了好几次都没能成功。戚继光看到这种情形,知道硬攻是不行的,于是他就把弟弟戚继美叫过来,低声对他说了几句,兄弟俩匍匐着身子爬到了阵前,隐蔽在大石头的后面,暗中用

弓箭瞄准了那两个摇旗的倭寇头目，同时发箭，两个倭寇身子摇晃了几下，然后扑通倒在地上，那旗子也扔出去好远。倭寇见无人指挥，顿时乱了阵脚，眼见着明军呐喊着冲了上来，倭寇们纷纷躲避，乘这时，戚继光命令全面出击歼敌。就在这时候，包抄后路的明军也赶了过来，形成了前后夹击之势，倭寇只能夺路而逃。这样一来，他们就乖乖地钻进了戚继光早已布置好的口袋阵里。那些埋伏好的明军此时是金鼓齐鸣，杀了过来。倭寇见再也无路可逃，都往大海里跳，一时间又淹死了不少。那些来不及跳海的，干脆就跪在地上磕头求饶，就连这支倭寇的总头目也趴在地上，磕头如捣蒜般地举手投降了。海门卫大捷极大地振奋了明军士气。自此后，倭寇一败再败，抗倭斗争取得了一个又一个的胜利。转过年来，戚继光升任为总兵官，镇守福建全省及浙江金华、温州两府。同年11月，又有倭寇2万人来围攻仙游，戚继光"用寡击众，一呼而辄解重围；以正为奇，三战而收全捷。"戚家军在当地民众的密切配合下，把福建的倭寇给彻底剿灭了。自此，戚家军威震中国海疆，倭寇是望风而逃，长时间危害中国沿海的倭患终于被荡平了。

镇守北疆

　　沿海的倭寇被荡平之后，北方的鞑靼骑兵又来进犯北方边境，在隆庆二年（1568年）五月，戚继光被朝廷任命为都督同知，总理蓟州、昌平、保定三镇军务，担任了护卫京师的重职。于是，戚继光又领兵来到北部边关镇守。他到任之后，就根据蒙古骑兵的作战特点，创建了以火绳枪炮为主的步兵营、骑兵营、车营和辎重营，并使各营成为能在统一指挥下进行协同作战的合成军。因为鞑靼骑兵万马疾驰，来去不定。蓟州防区十分辽阔，兵力又极为薄弱。所以戚继光根据这个特点，决定采取以守为主的策略。他终日奔走在前线，对原旧长城进行了加高加厚，在重要地段修筑了重城重墙，还沿长城创建了可攻可守的空心敌台，从而真正形成了一道牢不可破的坚强防线。鞑靼骑兵见到戚继光在此防守，十几年竟然不敢在蓟州越边犯境。在戚继光御边的16年内，"边备修饬，蓟门安然"。

　　戚继光为了保家卫国，可说是费尽了心血。可是，在支持他的首辅大臣张居正死后，那些原来反对张居正改革的人立即串通起来，对张居正进行攻击，而且还把戚继光说成是张居正的同党。这样一来，戚继光就被调离了蓟州重地，派往广州驻屯。当戚继光离开蓟州那天，百姓们闻知此事，扶老携幼来到街头，拦住将军的轿子大哭，有的人则跟在轿子后面，久久不愿离去。戚继光怀着痛苦和悲愤的心情，踏上了南行之路。

　　戚继光来到广东之后，整日里无事可做，实际上等于被闲弃在一边。时间不长，他向朝廷提出回山东老家养老，朝廷恩准了。到此，多年驰骋战场，叱咤风云，名震一世的戚继光，就这样进入了凄凉的晚境。回到老家之后，他不但心情不好，而且还身患重病，这时候，让很多人难以想象的是，他竟然没钱请医生治病。因为多年的征战和晚年所受到的冷遇，戚继光虽然还不到60岁，却成了一个体弱多病的老人。万历十五年，即公元1588年，60岁的抗倭名将戚继光与世长辞。

　　戚继光，不但战功显赫，而且文武兼备，才华卓著。他在抗倭、镇北之余，还进行大量写作，主要的军事著作有《纪效新书》《纪兵实纪》《练兵实纪杂集》。另外，戚继光还写了为数不少的诗文，他自己将其编为《止止堂集》，共计五卷。明朝末年，陈子龙等还将戚继光的奏疏议论编成《戚少保文集》五卷。除此之外，戚继光还创制了许多攻守兵器，如狼筅、刚柔牌、赛贡铳、艟舫、自犯钢轮火等。这位威震中外的英雄，把他的英名和智慧留给了后来人，他的光辉形象名垂青史。

抗清名将

——袁崇焕

名人档案

袁崇焕：字元素（《明史本传》），一说字自如（《黄尊素说略》），汉族。生于万历十二年（1584年）四月二十八日。祖籍广东东莞，出生于广西布政使司梧州府藤县北门街。（一说袁崇焕出生于广东东莞，年十四随祖袁世祥，父袁子鹏迁至广西藤县）。

生卒时间：1584～1630年。

安葬之地：北京龙潭公园内。

性格特点：兼具农民的勤劳与朴实和商人的睿智与机变。勇敢率性。

历史功过：在明末抵抗后金的战争中，督师蓟辽，以非凡的英雄胆略和卓越的指挥才能，屡挫强敌，奋力构筑并支撑著名的关宁锦防线近十年，成为当时叱咤风云的名将。后来，袁崇焕因为率性敢言，得罪宦官，功高盖主，不幸死于金人的反间计和朝廷的党争，其复疆雪耻之报国壮志未能实现。直到清朝修撰《明史》，参校《清太宗实录》，真相大白于天下，袁崇焕的千古奇冤才得以昭雪。

名家评点：袁崇焕是明朝末年政治军事舞台上的一位优秀人物，是一位杰出的军事家、战略家和爱国将领。

志图报国

袁崇焕少年时生活在广西藤县的白马圩（莲塘村）。祖父袁世祥，父亲袁子鹏，母亲叶氏。两个弟弟分别叫崇灿、崇煜。袁崇焕出生于农民兼商人的家庭，经济并不宽裕。

农民的勤劳与朴实,商人的睿智与机变,两种文化,两种性格,两种养育,两种熏陶,都对袁崇焕的性格形成产生了很大的影响。袁崇焕在家庭的影响下,既不想种地务农,也不愿奔走行商,而有志于读书上进,求得功名,光宗耀祖,为士做官,报效社稷。

青少年时代的袁崇焕,聪明伶俐,胆大果敢,身体矫健,读书刻苦。袁崇焕于万历二十五年(1597年)补为弟子员,年仅十四岁。万历三十四年(1606年),袁崇焕在广西桂林丙午科乡试中,考中举人。这年他二十三岁,算是比较早地得到了功名。袁崇焕中举后,继续读书,参加会试。然而会试很不顺利,屡考不中。直到万历四十七年(1619年),袁崇焕才取得进士的功名。万历四十八年(1620年),三十七岁的袁崇焕,被朝廷任命为福建邵武知县。袁崇焕在邵武县令任上,虽然为官时间很短,却体察民众疾苦,居官清廉,深受百姓爱戴。

袁崇焕中进士的那一年,即万历四十七年(1619年),中国历史上发生了一件大事情,这就是明与后金之间在辽东大地上进行的萨尔浒之战。后金的汗王努尔哈赤采取集中优势兵力和以逸待劳的策略,大败明朝的四路大军。明朝举国震惊,人心惶惶,士气不振,在军事上转入了战略防御。随后,努尔哈赤借明朝皇权更替,军备废弛之机,乘萨尔浒大捷之势,攻破开原、夺占铁岭,尔后,攻克了沈阳、辽阳。努尔哈赤随即将都城从赫图阿拉迁到辽阳,改名盛京。

萨尔浒之战,既决定了明皇朝的历史命运,从某种意义上说,也决定了袁崇焕的个人命运。袁崇焕虽身在"八闽",却心系辽东。他为人慷慨,胆气冲天,喜欢谈兵论战,常常找年老退伍的士卒询问辽东的防务和边塞的情形,以"边才"自许。明朝在辽东的败讯,不断传到福建邵武,这就使得忠于社稷、满腔热血的袁崇焕偃文习武,志图报国,为后来的军旅生涯,做好了初步的准备。

天启二年,即清天命七年(1622年)正月,努尔哈赤进兵辽西,夺占了辽西重镇广宁(今辽宁省北镇市)。明朝关外局势空前严重。此时,袁崇焕到京师朝觐,接受朝廷的政绩考核。御史侯恂因为他熟悉边关战事,于是请朝廷破格录用。不久,袁崇焕被任命为兵部职方主事,从而登上了辽东军事舞台。

毛遂自荐

袁崇焕初任兵部职方主事,便未与任何人商量,单人单骑到山海关考察关内外形势。回京后称:予我军马钱粮,我一人守此足矣。此时正值广宁失守,朝廷忧虑彷徨,文武百官惧怕出关、畏敌如虎。作为一位年近不惑而又刚刚任职于京的下层官员来说,他完全可以行某种平稳之计而不冒此风险,特别是在那样艰难的局面之下。而他却不畏困难,择险而行。这番豪言壮语,展现了他敢于冒险、勇担责任的自信和过人胆识。天启皇帝

同意了袁崇焕的请求，升他为按察司佥事，监军山海关外。

　　袁崇焕初到辽东的时候，局面十分艰巨。明朝军事上已经是几番惨败，士气低落。背后是昏聩糊涂的皇帝和屈杀忠良、嫉功妒能的阉党，手下是一批饥饿羸弱的兵卒和马匹，将官不全，兵器残缺，领不到粮饷。袁崇焕研究了作战各方及地形情况，提出了将防线向北移的战略。当时明军一切守御设施，都集中在山海关。山海关是"天下第一关"，防守京师的第一大要塞。宁远位于山海关外二百里，在锦州与山海关之间，是辽西走廊咽喉之地。宁远城背山面海，城外山海之间有一条通道，北达沈阳，南通榆关。海中有觉华岛（今菊花岛），可以设水师，囤贮粮草。后金攻破广宁后，山海关成为明朝阻挡后金进军的屏障，然而它没有外围阵地。清兵若是来攻，立刻就冲到关门之前。宁远的战略地位便凸显出来。袁崇焕首先发现了宁远的战略价值，他的防线北移战略即是在宁远卫修筑坚城，坚守关外，屏障关内，以图大举。这一战略体现出袁崇焕卓越的军事谋略。

　　当时的辽东经略是王在晋。他主张尽弃山海关外城池、台堡、土地、军民，而在山海关外八里铺的地方筑重城，保卫山海关和京师。这是一个只图苟安的消极防御方略。袁崇焕等人极力反对，但由于人微言轻，建议没有被采纳。无奈之下，袁崇焕越级将自己的意见报告给了宰相叶向高。这一行为触犯了官场大忌，从中更可看出袁崇焕勇敢、率性的一面。叶向高认为此事关系重大，便派天启帝的老师，大学士孙承宗前往山海关一带视察，听取边关守将的意见，再做定夺。孙承宗经过实地调查，支持袁崇焕的想法。他上奏朝廷，免去王在晋的职务，自任督师。天启三年即天命八年（1623 年）九月，袁崇焕在孙承宗的督导与支持下，开始修筑宁远卫城，建立"山海关—宁远—锦州"军事战略防线。这是袁崇焕领军守城的开始。

　　孙承宗、袁崇焕等为构筑关宁防线，采取诸多措施。一是在宁远筑起了三丈二尺高、二丈宽的城墙，装备了各种火器、火炮。二是重建辽军，制定军制，建造营垒，训练兵卒。三是派几支人马分别驻守在宁远附近的锦州、松山等地方，声援宁远。四是召回辽人垦荒屯田。五是抚绥蒙古，扰乱后金的后方。天启四年（1624 年），宁远城完工，成为关外一座重镇。到天启五年（1625 年），关宁防线初步建成，辽东的危急局面很快扭转过来。就是这道防线，阻挡了后金努尔哈赤和皇太极进攻，在此后二十年间，基本上稳定了辽西走廊的局势。袁崇焕在孙承宗支持下，严明军纪，赏罚分明，合军民之力，为建立关宁防线发挥了重大的作用，建立了不朽的功勋。

宁远大捷

　　正当孙承宗与袁崇焕守卫辽东有了进展的时候，却遭到魏忠贤的猜忌，孙承宗被迫离职。魏忠贤的同党高第代替孙承宗为辽东经略。高第庸碌无能，对兵法战事所知甚少。他极力反对孙承宗的守关外以捍关内、先固守以图恢复的积极防御方略，而是认为后金军太厉害，关外没法防守，要明军全部撤进山海关内。袁崇焕坚决反对撤兵，高第硬要袁崇焕放弃宁远。袁崇焕气愤地说："我的职守是防守宁远，要死也死在那里，决不后撤。"高第无法说服袁崇焕，只好答应袁崇焕带领一万余名官兵留在宁远，将守锦州、右屯、大凌河及松山、杏山、塔山等地的明军全部撤进关内，抛弃粮谷十余万石。此时，袁崇焕只是一个小小的"宁前道"，但他敢于违抗蓟辽经略高第的命令，誓死保卫宁远，表现出了他大胆勇敢、不畏权贵的品质。

朝廷不信贤臣而信任庸臣，使辽东形势急剧逆转。这就给天命汗努尔哈赤进攻宁远提供了机会。孙承宗辞官前，袁崇焕等防务工作井然有序，无懈可击，努尔哈赤没有太大把握，不敢轻举妄动。当他探知孙承宗罢官、高第撤军关内、袁崇焕孤守宁远，便准备亲率大军，西渡辽河，进攻宁远。天启六年（1626 年）正月十四日，努尔哈赤亲率六万大军，号称二十万，西渡辽河，进攻宁远。后金军军容强盛，一路势如破竹，很快攻陷了右屯、大凌河、锦州、小凌河、松山、杏山、塔山、连山等八座城堡。

经略高第和总兵杨麒得知此信后，吓得闻风丧胆，毫无对策，只是龟缩在山海关内，坐视不救。袁崇焕前有强敌，后无援军，处境十分孤立。他吸取城外野战失败的惨痛教训，决定任敌人如何引诱、激将，坚决不出城野战，而是依仗坚固的城墙，拼死固守。袁崇焕下令：一、擅自行动、违令不遵者，严惩不贷。临阵脱逃者，抓住立即斩首，而勇敢杀敌者，则重金奖赏。二、城上架设威力强大的火炮，准备充足的弹药。三、坚壁清野，尽烧城外房舍，将老百姓转移到城中，将粮草藏于觉华岛。四、军民联防，安排百姓巡逻放哨、运送火药，共同守卫宁远城。此时，宁远孤城中只有兵卒不满两万人，但官兵精神饱满，士气高昂，城中百姓也誓与宁远共存亡。

二十三日，努尔哈赤在宁远城北安营扎寨。他劝降袁崇焕，遭到严词拒绝。二十四日，后金兵向宁远城发动了猛烈地进攻。他们顶着盾牌，架云梯，推战车，猛烈攻城。明军凭借坚固的城墙，躲避着后金军的箭射，同时，用矢石、铁铳和红衣大炮回击。明军的红衣大炮发挥了巨大的杀伤作用，炮声响处，后金士兵被轰得血肉横飞，死伤无数，后面的官兵也十分害怕，畏缩不前。后金军数攻不下，便决定用大斧凿城。后金兵前仆后继，冒死不退，凿开了高二丈余的大洞三四处，宁远城受到严重威胁。危急关头，袁崇焕身先士卒，亲自带兵用芦花、棉被装裹火药，并捆上木柴。浇上燃油，用铁绳垂到城下，烧杀挖城墙的后金兵勇士。他的战袍被射破，肩臂受伤，仍旧坚定指挥，不下火线。后金凿城的人几乎全数被烧死，后金军的攻势稍减。这一仗从清晨一直打到深夜，惨烈异常，城上城下尸首堆积如山，宁远城几乎失守。随后两天，后金兵数次全力攻城，但都由于明军的红衣大炮火力威猛而损兵折将，损失惨重。努尔哈赤被迫停止攻城，开始退兵。

袁崇焕取得他人生中的第一次大胜仗——宁远大捷。这也是明朝自抚顺失陷以来的第一个大胜仗，意义重大。刚刚建立的关宁防线初步经受住了考验，同时打破后金军

不可战胜的"神话",极大振奋了军心、民心,从而一改了明朝将士对后金军畏之如虎的卑怯心理。努尔哈赤一生戎马驰骋,几乎没有打过败仗,宁远的失败是他行军打仗四十四年来最严重的惨败。而袁崇焕进士出身,没有指挥过作战。只是初次作战,就取得了如此重大的胜利,这与他正确的指挥策略与先进的武器是分不开的。

袁崇焕在宁远之役中,扬长避短,将"以城护炮,以炮卫城"的战术思想应用于作战实践,调度得体,指挥有方。通过宁远之战,袁崇焕进一步认识到红衣大炮的重要价值,并证明了他"凭坚城、用大炮"这一思想的正确性及有效性。天启六年(1626年),袁崇焕升任右佥都御史,巡抚辽东、山海关等处,简称辽东巡抚。

宁锦大捷

天启六年(1626年)八月十一日,天命汗努尔哈赤病死,皇太极继承汗位。袁崇焕得到努尔哈赤死讯后,立即奏报朝廷,派人前往沈阳进行吊丧,贺新汗皇太极继位,同时打探后金内部的虚实。这是明朝官员第一次正式到后金都城进行政治活动。皇太极派官接待袁崇焕的来使,又派使臣前往宁远。明朝与后金,使节往来,书信传递,这在明朝与后金关系史上,打破隔绝,实属首次。

袁崇焕同后金"议和",既想了解后金的实情,又想拖住后金而修城备战,建立关(山海关)、宁(宁远)、锦(州)军事防线。宁远大捷保住了关宁锦防线南段的关宁防线,北段宁锦防线早在宁远之战以前,因辽东经略高第主动撤离锦州、右屯、大凌河、小凌河、松山、杏山、塔山、连山等城堡,遭到破坏。袁崇焕紧密部署,集中力量,终于建立起了关宁锦防线的北段——宁远到锦州的防线。各城相互呼应援助,并有红衣大炮、火炮等防守武器,从而形成一道固若金汤的军事防御体系,遏制了后金军南进。

宁远大捷后,袁崇焕继续贯彻以辽土养辽人,以辽人守辽土的思想。首先,他选用精壮的辽民汰换军中的老弱病残四千余名,提拔了一批经历了血与火考验的军官。袁崇焕将军队分为战兵与守兵。战兵分为步营、骑营、锋营、劲营、水营;守兵为戍城守堡部队,按其所戍城堡大小,分为屯守、马援、台烽等不同编制;另有镇军、驿骡、拨马,负责警卫、驿传和哨探。辽军经过整编后,兵精将良,训练有素。战斗力有了明显提高。另一方面,他让辽东的流民、难民屯田,既解决了民生大计,也保证了辽军的粮饷,大大减轻了朝廷的负担。袁崇焕将修城、治军、屯田良好地结合起来,进一步加固了关宁锦防线,为坚持辽东地区的长期战守创造了有利条件。

袁崇焕始终坚持以守为攻的战略,强调扎扎实实做好防守准备,逐步地由防守不足到防守有余,然后再论进攻,恢复疆土。他的战略战术就是"战则一城援一城,守则一节顶一节,步步活掉,处处坚牢"的战略战术。袁崇焕明确指出:在辽东战和守是同一的,战

即是守，以守为攻，才是治本之法。

袁崇焕在重建关宁锦防线、准备未来大战之时，皇太极也在进行战争准备。他一面征抚蒙古，一面降服朝鲜，从而削弱了明军两翼。明熹宗天启七年（1627年，清太宗天聪元年）五月初六，后金天聪汗皇太极，以明朝在锦州、大凌河、小凌河等处筑城屯田，没有议和诚意为借口，亲自率领数万军队，进攻宁远和锦州。十一日，皇太极攻取右屯卫城、大凌河后，来到锦州城下，将锦州城严密包围。

锦州城，即广宁中屯卫城，位于小凌河与哈喇河之间，北依红螺山，南临辽东湾，地处险要，是明军关宁锦防线的前锋要塞。袁崇焕命令满桂移驻前屯，孙祖寿移驻山海关，黑云龙移驻一片石，赵率教镇守锦州。所有小城堡中的守兵全部撤入锦州，坚壁清野，凭城固守。赵率教遣使与金军议和，以延缓时间等待援助。

皇太极态度非常强硬，双方谈判破裂，锦州激战，终于爆发。后金军的步兵、骑兵轮番进攻锦州城的西面和北面。明军倚仗坚固的城墙和红衣大炮的威力，一次次击退后金的进攻。皇太极见攻城困难，重又与明军议和。直到二十六日，锦州已经被围十五天，后金军与明军议和与交战交替进行，僵持不下。

皇太极围攻锦州还有另一个目的，那就是诱使宁远的袁崇焕发兵救援，趁机与其野战，一举歼灭。但是袁崇焕清醒地认识到，发兵援救锦州就中了敌人的计。因此，他一直按兵不动，只派奇兵，虚实相问，突袭后金兵，援助锦州。皇太极见诱明军野战不成，锦州攻城不下，派使劝和不降，便决定兵分两路，一路继续包围锦州，他则亲率另一路数万大军进攻宁远。

宁远城内，袁崇焕率军严阵以待。他在城外部署了车营，车营前挖壕沟作为屏障，明军全部撤到壕沟内，准备好各种火器、兵刃，准备迎战。二十八日，后金兵形成了对宁远的包围态势。最初，皇太极后撤军队，企图引诱明军离开自己的阵地，以便全歼。但是，明军不为所动。双方随后展开了激烈的攻守战。袁崇焕派总兵满桂、副将尤世威和祖大寿等率领精锐之师，在城外二里处，背靠城墙，排枪列炮，迎头痛击来犯之敌。皇太极亲率骑步兵冲向明阵。双方短兵相接，箭羽纷飞。城下战况激烈，城上袁崇焕指挥红衣大炮及其他火炮向后金兵及营帐开炮。火炮炸掉了后金营帐数座，并造成大量后金兵伤亡。此时，锦州的明军趁后金军主力在宁远城下作战，围城之兵势单力薄之时，冲出城门，杀向敌人的大营。皇太极见宁远城池坚深，火炮猛烈，自己多员大将折损，又腹背受敌，命令停止进攻，撤退到双树铺。

二十九日，皇太极率军撤离宁远，继续围攻锦州城，却久攻不下。数次激战，却始终攻不下锦州。后金兵损失惨重，再加上天气炎热、官兵士气十分低落。坚持几天后，皇太极终于无奈退兵。

明朝取得了宁锦大捷。

擅杀大将

袁崇焕在政治上属于魏忠贤的敌对派系,魏忠贤一直视他为心腹大患。宁锦大捷后,魏忠贤命令一名宦官弹劾袁崇焕,诬蔑他没有及时解救锦州之围。袁崇焕在这样的压力之下,在万般悲愤中只得告病辞职。

天启七年(1627 年)八月,天启皇帝驾崩,崇祯继位。他不动声色地除掉了魏忠贤及其党羽,随即起用袁崇焕为兵部尚书兼右副都御史,督师蓟辽,兼督登莱、天津军务。袁崇焕得到了文官带兵的最高官衔,此时距他做知县之时才只有六年。

袁崇焕复出后,提出了辽军基本战略的三个原则:以辽人守辽土,以辽土养辽人;守为正着,战为奇着,和为旁着;法在渐不在骤,在实不在虚。他向崇祯皇帝说,只要五年之内朝廷保证辽军的粮饷、兵器,给予他用人、调兵遣将的大权,不受朝中大臣的干扰,五年之内他就能收复全辽。崇祯此时极为重用袁崇焕,对他言听计从,并赐予他尚方宝剑表示信任。

袁崇焕到任后,宁远因拖欠兵饷数次发生了兵变。朝中有人借机向崇祯中伤袁崇焕,引起了崇祯的猜忌,动摇了他对袁崇焕的信任。

当袁崇焕罢官家居之时,皇太极见劲敌已去,便肆无忌惮地改称汗为皇帝。兵变使袁崇焕无法与清兵开战,于是与皇太极又开始了和谈,用以'拖延时间。袁崇焕提出的先决条件,是要他先除去帝号,恢复称汗。皇太极答应了,但要求明朝皇帝赐一颗印给他,表示正式承认他"汗"的地位。这原是对明朝极有利的。但明朝朝廷不估计形势,不研究双方力量的对比,坚持非消灭清政权不可,当即拒绝了这个要求。袁崇焕和皇太极一番交涉,使得皇太极自动除去了帝号,本来是外交上的重大胜利。但崇祯却认为是和"叛徒"私自议和,有辱国体,心中极为不满。但前方战事对袁崇焕倚赖很重,他只得隐忍不发。

崇祯二年发生了袁崇焕杀毛文龙事件。毛文龙是浙江杭州人。辽东失陷后,他招纳辽东溃散下来的中国败兵和难民,在沿海各岛和辽东、朝鲜边区打游击。他曾带领九十八人,渡鸭绿江袭击镇江城,俘虏了清军守将。这是明军打败清兵的罕有事件。那时袁崇焕刚出山海关,还未建功。明朝唯一能与清兵打仗的,只有毛文龙一支部队,他时不时率部袭击清军腹地,尽管胜仗不多,但也起到了牵制作用。那时候明军一见清兵就望风而逃,毛文龙胆敢主动出击,应当说勇气可嘉。清军对他也一直颇为忌惮。朝廷对他也是大加赞赏,委以重任,赐尚方剑,驻守皮岛。

毛文龙盘踞皮岛已久,素性倔强,为人又嚣张跋扈,还经常利用边塞之便大量贩卖货物,充作军饷。袁崇焕本已对他不满,到任后,统一规划,"议更营制,设监司";毛文龙觉得自己的权力被大大削弱,有时便言语傲慢,不听袁崇焕的号令。袁崇焕认为要恢复辽

东必须从整肃军纪开始。不久后，袁崇焕以邀请毛文龙到喔山看将士射箭为名，诱捕毛文龙。当时袁崇焕手下的部将有许多为毛文龙求情，认为他苦守皮岛多年，劳苦功高。袁崇焕不听，请出尚方宝剑，杀了毛文龙。事后才将此事报告崇祯皇帝。

当时袁崇焕总掌兵事，毛文龙对他的权力和地位并无任何威胁，袁崇焕并没有令人信服的理由要杀毛文龙。袁崇焕擅杀大将，严重地侵犯了君权。此事引起了崇祯对他的猜忌，他没有想到袁崇焕自作主张到了这样的地步。但毛文龙已死，国家必须有良将，崇祯还要依靠袁崇焕，只得下旨嘉奖他一番，又下旨公布毛文龙的罪状，以安袁崇焕之心。显然崇祯的本意并不想这样做，只不过为了笼络袁崇焕不得已而如此。从这时开始，崇祯已经开始警戒，对袁崇焕又爱又恨。

英雄蒙冤

明朝对清的"不承认政策"，激怒了皇太极。崇祯二年，皇太极亲自带兵十余万，兵分三路，避开袁崇焕防守的东路，绕道西路进攻。清军越叁河，略顺义，至通州，渡河，进军牧马场，兵势如风，攻向北京。袁崇焕得讯后，立即兵分两路，北路派镇守山海关的赵率教带骑兵四千西上堵截，他自己率同祖大寿、何可纲等大将从南路西去保卫北京，沿途所经抚宁、永平、迁安、丰润、玉田诸地，都留兵布防，准备截断清兵的归路。赵率教在遵化城外被清军左路军包围歼灭，赵率教中箭阵亡。袁崇焕两日两夜急行军三百余里，比清军早到了两天，驻军于北京广渠门外。崇祯心中疑忌，不许他部队入城，一定要他们在城外野战。清兵万万想不到袁崇焕会来得这样快。双方在广渠门外大战，恶斗八小时，清兵终于不支败退，十分狼狈。袁军直追杀到运河边上。这场血战，袁崇焕中箭受伤。清军三部都被击溃，不敢再逼近北京，驻兵在海子、采圃之间。袁崇焕来援北京时，因十万火急，只带了五千骑兵作先头部队，其后又到了骑兵四千。广渠门这场大战，是以九千兵当十余万大军，其实是胜得十分侥幸的。一来袁军一鼓作气，奋勇抗敌，二来清军突然遇到袁军，心中先已怯了，斗志不坚。

袁崇焕深知这一仗胜得侥幸。他想等到各路勤王之师集结，再对清兵进行彻底的反击，于是他调度部分兵力深入敌后骚扰清兵，没有将所有援兵都调来守北京。本来这个战略是很正确的，皇太极这次孤军深入，已经犯了兵法大忌，按照袁崇焕的想法，完全可以给清军以致命性打击。所以他在等待最好的战机。就在这个时候，清兵溃败之后，心中不忿，在北京郊外大举烧杀出气。北京城的居民顾着自己身家性命，说袁崇焕不肯出战，别有用心。许多人说清兵是他引来的，目的使皇帝不得不接受他一向所主张的"和议"。有人在城头向城下的袁部骑兵抛掷石头，骂他们是"汉奸兵"。石头砸死了几名士兵。崇祯看到袁崇焕迟迟不肯与清兵决战，又听到京城里的谣言，疑心大起，忧虑重重。

正在此时，皇太极不甘心失败，使了一个反间计。崇祯信以为真，终于把袁崇焕下狱了。

得到袁崇焕下狱的消息，皇太极大喜，立即率军逼近北京永定门。崇祯催促满桂冒险求战，满桂不得以出兵，全军覆没。祖大寿本来率军营救京城，看到袁崇焕下狱，掉头冲出山海关北去。崇祯见北京的防务无人，心中大急，命狱中的袁崇焕以国家为重，给祖大寿修书一封，要他回兵防守北京。祖大寿接到信后，当即回师入关，意图打胜仗立功救出袁崇焕。他和清兵作战，收复了永平、遵化一带，切断了清兵后路，逼迫清兵退回了辽东。

袁崇焕蒙冤下狱，朝中群臣大都知他冤枉。纷纷上书解救。崇祯一概不准。当时朝廷加在袁崇焕头上的罪名有两条，一是"叛逆"，二是"擅主和议"。袁崇焕被判凌迟处死。

功到雄奇

袁崇焕作为明末杰出的军事家、爱国将领、民族英雄，以他的赫赫战功载入史册。同时，袁崇焕作为文武双全的一名文官武将，至今留存了七十六首诗。他的这些诗作中，既有感慨社稷沧桑的，也有立志戎马边疆的，从另一个侧面反映了袁崇焕忧国忧民、壮志满怀的豪情。

当袁崇焕正在精心构筑宁远防线时，从京城传来了熊廷弼被阉党杀害的消息，听到熊廷弼被害给袁崇焕的思想蒙上了浓重的阴影，熊廷弼经略辽东是有很大成绩的，万历末年，他曾经使得后金不敢窥视辽东。袁崇焕很尊敬与推崇熊廷弼，几乎以师长视之。这时，他写了《哭熊经略二首》，以悼念熊廷弼，而可悲的是，这两诗却成为数年之后他自己的人生结局。至今读来，仍然能够让人品味到当时作者内心的悲凉与苦闷：

记得相逢一笑迎，亲承指授夜谈兵。

才兼文武无余子，功到雄奇即罪名。

慷慨裂眦须欲动，模糊热血面如生。

背人痛极为私祭，洒泪深宵哭出声。

太息弓藏狗又烹，狐悲兔死最关情。

家贫罄尽身难赎，贿赂公行杀有名。

脱帻愤深檀道济，爰书冤及魏元成。

备遭惨毒缘何事，想为登坛善将兵。

袁崇焕不仅是一位杰出的民族英雄，而且堪称有胆有识、大智大勇的卓越军事家。在其四十六年的短短一生中，特别是他七载边疆的戎马生涯中，其一言一行，都给祖国留下了宝贵的精神财富而永垂青史。尤其是他"以守为主，攻守兼备"的战略思想、"以辽守辽，以辽养辽"的守关策略、"统筹全局，战和相辅"的总体战略，不但是我国古代军事谋略中的杰出思想，至今仍然能够给人以启迪和借鉴。

收复台湾

——郑成功

名人档案

郑成功:本名森,又名福松,字明俨,号大木,汉族,明清之际民族英雄。福建省南安市石井镇人。公元1624年8月27日诞生于日本长崎县平户千里滨,史书记载他"少年聪敏,英勇有为"。其父郑芝龙,其母名田川氏。祖籍河南省固始县汪棚乡邓大庙村。弘光时监生,隆武帝赐姓朱、并封忠孝伯,这也就是他俗称"国姓爷"的由来。郑成功在1662年末得病逝世,在世38年。

生卒时间:1624~1662年。

安葬之地:南安市沿着福厦公路的水头镇附近的康店村复船山。

性格特点:效忠君国,慷慨义士。

历史功过:清兵入闽,其父郑芝龙迎降,他哭谏不听,起兵抗清。后与张煌言联师北伐,震动东南。康熙元年(1662年)率将士数万人,自厦门出发,于台湾禾寮港登陆,击败荷兰殖民者,收复台湾,更使他彪炳千古,青史留名。

名家评点:中国把郑成功看作从荷兰人手上收复台湾的民族英雄,日本则把郑成功看成第一个日裔子孙经营台湾的例子,而台独分子则把郑成功看成汉人脱离中国统治,移民台湾,建立新天地的典范。

弃笔从戎

郑成功在7岁之前跟随母亲住在平户,父亲郑芝龙为明福建总兵,明崇祯三年(1630年),郑成功跟随叔父回国,住在了晋江安平郑府。郑芝龙给儿子聘请当地有名的老师来

授课，1638年，郑成功入南安县学为廪生，1644年，郑成功离别家乡，来到了南京，进入国子监太学，并拜礼部尚书钱谦益为老师。当时的明王朝正处于内忧外患、风雨飘摇的时候，就在当年的3月中旬，由李自成领导的农民起义大军攻入了北京城，明崇祯王朝由此灭亡。很快，吴三桂引清兵入关，李自成战败，退出北京，到了9月中旬，清王朝便把北京定为都城。清军把李自成的农民军给消灭后，于次年的6月又把南京城攻克下来，这样一来，南明的弘光政权也就此覆灭了，郑成功只得返回福建。

就在清军攻克南京的当月，郑成功的父亲郑芝龙等人拥立唐王朱聿键在福州称帝，并建国号为隆武。到了南明隆武元年，也就是当时的清顺治二年，郑成功受到隆武帝朱聿键的召见。朱聿键对他十分倚重，尤其是看到郑成功忠勇可嘉，于是就赐他姓朱，由此改名为成功，封为忠孝伯，任御营中军都督，深得隆武帝的赞赏。

1646年，清朝的军队攻克了福建，隆武皇帝被清军生擒，不久即遇害身亡。当时郑成功的父亲郑芝龙手中掌握着隆武朝廷的军权，清朝的大学士洪承畴出面对其加以招抚，以言相劝，陈述利害，郑成功的父亲认为明朝的气数已尽，没有可挽回的余地了，便不顾郑成功的反对，只身北上投降了大清朝廷。此时的清军攻入城中，掠劫了郑家，郑成功的母亲田川氏为了免于受到清兵的污辱，便上吊身亡。隆武政权失败以后，年仅21岁的郑成功奋起反抗清王朝的民族压迫政策，他在南安县学焚毁了儒服，由此弃笔从戎。

郑成功见自己反对父亲降清无效，于是就亲自率领部下，到广东南沃岛起兵，1645年，郑成功在烈屿（小金门）起兵，拥戴南明的永历政权。1647年8月，郑成功与叔父郑鸿逵曾率兵攻打泉州，屯兵桃花山。继而又向厦门鼓浪屿挺进，1650年中秋，郑成功用计袭夺厦门，建立了稳固的抗清根据地，军事力量进一步壮大。此后数年，郑成功在福建、广东、浙江沿海一带反复同清军交战，并利用控制台湾海峡制海权的优势，发展海上贸易，以商养战，建立起一支强大的军事力量。鼎盛时期拥有水陆精兵20余万，大小船舰5千多艘，对清王朝在东南沿海的统治产生了巨大的威胁。

由于郑成功在福建沿海地区多次击败清军的攻击，在当时成为反清的一股不可忽视的力量。为了达到统一全国的目的，清朝廷其父郑芝龙招降郑成功以便，达到平定东南海域的目的。其实，早在清顺治九年，就有人提出了招抚郑成功的建议。在这位大臣的密奏稿内，说当今湖南、四川、广东到处都在用兵，实在难以应付。而且在湖南、江西、广东等地的叛乱都有可能和郑成功进行勾结，到了那时，祸乱可就更大了。现在不如采取招抚的政策，先把郑成功给安抚住，这样一来，朝廷就可以对其加以控制了。到了那时，只要他稍有反意，那也很容易地就能把他剪除。如果让他来京，想必他不会同意，不如先让人对郑芝龙说明皇上此意。如果郑成功真心投降的话，那就公布于天下。如果他无心归顺，这样也无损于大清的威严。

顺治皇帝对这项建议表示赞成。首先，他把投降了清朝而处于软禁状态的郑芝龙恢复了名誉，并对他降清的功绩大加赞赏，对郑芝龙进行好言安抚。并应郑芝龙的请求，把他由所在的正黄旗拨到了镶黄旗,同时授予郑芝龙在京的第二个儿子郑世忠为二等侍卫,并命人把郑芝龙在福建的部分亲属护送到了京城团聚。

借机备战

清朝廷给浙闽总督刘清泰发去了旨意,对招抚郑成功一事做出了明确的指示:如果郑成功得到他父亲的信后还不投降,你就派兵进剿。如果郑芝龙的家人有投诚之意,那么就将此事尽快报告朝廷,并派得力的官员查看他是否真心投诚,如果是真的,就可以免去他的罪过,并授予官职,而且仍旧让他在原地驻扎,不必到京城。将浙、闽、广东一带的海寇,都交给他加以防御。凡是自海外来的商船,都由他进行管理,稽查奸宄,输纳税课,如果他能捕获其他叛贼,一定给予奖赏。这是朝廷对归诚的大臣所表达的意思,你必须对其坦诚以示,方能使得他心悦诚服,在这件事上你一定要深思熟虑,不可中了成功的计策。

为了能体现出朝廷对郑成功招抚的诚意,清廷还马上下令追查在当年清兵入厦门时掠夺郑成功家产一事。于顺治十年三月把肇事人福建巡抚张学圣、总兵马得功、兴泉道黄澍、巡按王应元都给予革职查办,交付三法司进行审理。其实这一案件的另一幕后原因是因张学圣、马得功、黄澍把从厦门掠得的大批金银财宝进行隐匿私分,由此引起了朝廷和有关官员的嫉恨。如浙闽总督刘清泰就曾秘奏,说是几人因为贪图郑家的财富,趁郑成功不在之机搜括郑家的家财,达数日之久。对于这件事,请朝廷一定要严加追究,这样才有利于对郑成功的招安。但在会审时,张学圣、马得功、黄澍一口咬定"城内没有财物",由此把掠夺郑家财产一事给抵赖得干干净净。结果审问下来,也不了了之。其实朝廷逮捕巡抚、总兵、道员这一举动,无非是用来对郑成功表示一种和解的姿态。

此时,清朝廷便让郑芝龙给郑成功写信,动之以父子之情;同时也让浙闽总督刘清泰派人向郑成功转达朝廷欲对其加以招抚的密旨,那意思就是只要郑成功肯于剃发归顺,就还能保持原有的军队,仍旧在福建沿海驻守,不必到京,以此来解除郑成功担心重蹈父亲覆辙的顾虑。郑成功接到信后,本心并无降清之意,但考虑到父亲的安全,所以就想将计就计,趁机扩展兵力和势力范围。

郑成功对父亲派家人李德送来的劝降书信马上做了答复,清、郑各自怀着自己的打算,开始了"和谈"。清廷浙闽总督刘清泰依据朝廷的交代,写了一封书信,派人送到郑成功的祖母黄氏那里,托她转交给郑成功。这封文书宣称当今皇上是个仁德之君,是个可值得信赖的帝王,同时又陈述郑氏父子不应绝情。这封信实际上就是以忠孝两全来引诱郑成功弃明归清。没过多长时间,清朝便正式颁发了敕书,封郑成功为海澄公,郑芝龙为同安侯,郑鸿逵为奉化伯,郑芝豹为左都督,并将泉州一府的地方供郑成功来安插和供养

军队。敕书中首先肯定了郑芝龙当年归顺大清是识时务之举,接下来指责多尔衮"不体朕心,仅从薄叙,猜疑不释,防范过严"之过。至于抢掠郑家财产之事,其人已经给予追究。希望郑能从诚。随后,郑成功、郑鸿逵很快收到李德送来的郑芝龙的家书,意思和朝廷所言差不多。除了封爵授官之外,朝廷特意派遣郑芝龙的表弟黄征明作为使者来传达谕旨,用以解除郑成功对朝廷的疑虑。

为了表达清朝的诚意,敕书中说明满洲大军马上撤回。郑成功看到信后,心想:我正好将计就计,趁此向其借些粮饷,用以充足士兵的口食。他给郑芝龙写了一封信,其实这封给父亲的信就是对清廷的答复。在信中他表明自己不相信清廷的诚意,因为已有郑芝龙的前车之鉴。可是,他又不愿就此把和谈的大门给关死,信中暗示只要清朝如果能将1646年诱引郑芝龙时所许下的三省即浙江、福建、广东交给自己来管辖,那么就能进行谈判。可是,当时的形势跟以前相比已经大不相同了。福建、浙江两省除了某些濒海的少数地区之外,都已经归清朝所管辖了,广东省是平南、靖南两藩的驻地。其实郑成功知道自己开出来的价码,不管对于清廷还是闽、浙、粤地方当局来说都是难以接受的。因此,他对身负清廷联络使命的李德进行谈话时,口气和缓很多,诉说自己眼前是兵多地少,难于以一个地方安插下这么多人。如果裁减兵员的话,一旦有战事出征,又因无兵会难以制胜。要求朝廷再给三府用来屯兵,并辖三省沿海地方。而后还指出清廷既然已经封自己为海澄公,相当于总兵官,职位尚在提督之下。并说清廷既在招抚,为什么还派金砺率兵进驻福建,这令人怀疑是骗局。最后表示清廷应该"用人莫疑,疑人莫用",只要将沿海之事全部托付给自己,那还可以让人考虑考虑。

清王朝通过李德带回的信息,判定郑成功确有归降之意,决定再做出一番让步,答应给郑成功漳州、潮州、惠州并泉州四府用来驻兵,特命郑成功"挂靖海将军印",并下令撤回了金砺的军队。金砺得到旨意后,即于六月从泉州启程,八月内撤入了浙江境内。

而郑成功并没有打算投清,他趁此和谈的机会,派兵到福建、广东沿海地区招兵买马、征取粮饷。自这年的八月起,郑成功就陆续派出部将官员,领兵到福建漳州、泉州、龙岩、惠安、仙游等府、县去征粮征饷,"大县十万,小县五万",如此一来,就使得清朝的地方当局处于十分被动的状态。1654年正月十三日,清廷派使把海澄公的敕印送达福州。二十日,郑成功在安海设香几案拜接受敕印,清使要郑成功先剃发然后再开读诏书;郑成功则以日后自己向朝廷报告为托词而拒绝剃头。就此双方相持不下,诏书也无法开读。到了二十五日,清使离开安海回至福州。由此一来,和谈便陷入僵局,清朝所在的福建地方官既无权宣布招抚决裂,可是对于郑军的征粮征饷行为又难以应付。

郑成功的此举早被清廷的许多官员看了出来,认为他并没有投清的诚意,就连原来主张招抚并充当"保人"的浙闽总督刘清泰也要求对郑成功不可不防,请清廷派兵驻守福建、浙江一带。朝中大臣无不就此事发出回应。力主应当"厉兵秣马以应变"。这对身居虎穴的郑芝龙来说可慌了神,最后他建议清廷准许派他的儿子郑世忠同钦使一道赴福

建,清廷答应了他的请求,同意做最后一次努力。

顺治十一年(1654年)八月十三日,清廷派遣的内院学士叶成格、理事官阿山和郑成功二弟郑世忠以及郑氏家族亲旧黄征明、李德、周继武等人携带敕书到达福州,派郑世忠、黄征明(成功表叔)前往厦门晓以利害。可是郑成功不为所动,表面上仍旧敷衍拖延。他让郑世忠回泉州约请叶成格、阿山到安平镇见面。可就在那天,郑成功调集甘辉、王秀奇、陈尧策等二十余名部将,统领着水陆各镇列营数十里,只见得旗帜飞扬,将士们是盔甲鲜明,把个安平镇布置得如同铁桶一般,叶成格、阿山到了安平,一看郑军阵势,便感到气氛不对,也没敢住郑成功给安排的迎宾馆舍,宁可住在临时搭建的帐篷里,双方都处于极度的戒备状态。虽然郑成功大设供帐,以厚礼馈送,表现出来的举止极为友好,可是郑成功却提出自己不受部、抚节制;因为他怕剃发引起姜襄、金声桓等人的激变,况且还没和部将议妥此事。可是叶成格、阿山此来只是奉旨监视其剃发受敕,并没有进行谈判的权力,对郑成功提出的条件无法答复,所以他们很快就知道自己难以完成此次使命了,于是就以"不接诏,不剃发"为由,拒绝郑成功对他们的隆重礼遇,返回泉州。并限二十五日为郑成功最后的答复时间。到了二十四日晚上,郑世忠、周继武、李德、黄征明等都前来见成功,进行哀告,要求他剃发,郑成功的回答是:"我不剃发还可能保全父亲的性命,如果一旦剃发,则父亲的性命休矣。"郑世忠想再劝哥哥,郑成功却喝道:"是否剃发乃是身份大事,我自会定夺,尔等勿再相劝。"到二十六日这一天,郑成功又派人想请清使来谈,可是叶成格、阿山认为已经没有什么好谈的了。二十九日,叶、阿二人叫人去催促郑世忠、李德、周继武、黄征明回京城复命。就在当天,清廷官员即离开泉州,谈判和局即由此完全破裂。

就当离别之际,应黄征明的请求,郑成功给父亲郑芝龙写了一封回信,郑成功在信中说明了整个事件经过,并表明自己的态度。主要内容就是说自己之所以不愿剃发,是怕三军有什么激变,更怕出现什么大的祸乱。清廷不理解自己的一片苦心良意。他在给郑世忠的信中把自己的志向说得更是清楚:"兄弟隔别已数载,可是刚聚几日,却又忽然被挟而去,这是天命也。"郑成功在和谈中表现出来的态度给人诡异狡诈的感觉,可是在给他父亲的信中却引用了清帝敕谕指责他"词语多乖,征求无厌"的话语,由此也证明尽管这份敕谕没有正式开读,可是他已完全清楚清廷的用心了。既然没有什么谈判的余地,那郑成功为什么还要一再挽留清使,做出一些无益的举动呢? 其实这也说明郑成功的本意是不愿归降清朝,可是又考虑到父亲的安全,虽说他能置之度外,可是毕竟还是有所顾忌。所以在行动上就未免显得进退失据,措辞更是难以得体了。

尽管清廷招抚郑成功因双方各持己见最终不得不以失败而告终。可是,清、郑双方各有所得。郑成功利用和谈的这个机会,在福建、广东地区招兵买马,扩充军饷,从而增强了自身的实力。清廷方面呢,通过此番招降,也牵制了郑成功,使他失去了两次出兵广东配合李定国作战的时机。尽管郑成功并不想同李定国会师,可是就全局而言,清廷之

所得远远要大于所失。

和谈既然已失败,清廷只得改而采取用兵了。1654年11月,清朝廷在议政王、贝勒、大臣参与的会议上,一致决定对郑成功实行围剿。12月26日,清廷派郑亲王济尔哈朗的世子济度为定远大将军,连同多罗贝勒巴尔处浑、固山额真噶达浑等领兵自北京奔赴福建。郑芝龙对清廷失去了利用的价值,没多久,即以通敌罪流徙于宁古塔。

郑成功就在清廷劝降的时期内,加紧整军备战。在金门的后埔演练精兵,并颁行营盘法,把厦门的澳仔作为演武亭,制定了各镇合操法和水师水操法。他对军士操练要求极为严格,由于军纪严明,造就了一支能征善战的水陆队伍。

1659年郑成功率领水陆大军共10万、战船290艘北征,在北伐的过程中,郑成功一路上破乐清,取温州,与南明兵部侍郎张煌言会师,到了羊山时,因为遇到飓风,导致损伤惨重,郑成功不得不退至舟山进行休整。清顺治十六年五月,郑成功再度率师经崇明入长江,破清军克瓜洲,取镇江,进围南京。另外还派张煌言攻占了芜湖,夺取了徽州、宁国、太平、池州等4府、3州、24县。后因为不听张煌言、甘辉等将领急攻南京的建议,屯师城下达20余日,想静待清军能献城投降,却没料到遭到清军的突然反击,折了14员大将,损兵数万,败退厦门。转过年来,在福建海门港歼灭清将达素所率水师4万多人。由此军威复振。

在他起义后的16年间,郑成功占据在小金门和厦门一带的小岛,由此完全控制了制海权,以和外国人做生意收集资金,筹备军资粮饷,并且在内陆广设商业据点,从而收集到了许多有关清廷的情报。

自立为王

1661年,康熙皇帝刚登位,这时候,原郑氏降将黄梧向朝廷献上了灭贼五策,其中包括长达20年之久的迁界令,就是自山东至广东沿海二十里内,沿海的所有船只都一律毁掉,就是连寸板都不许下水,断绝了郑成功在经济上的支援;与此同时,把郑成功的父亲郑芝龙于宁古塔流徙处斩首;还派人把郑氏的祖坟给挖了,并移驻了投诚的官兵,分垦荒地。正是因为清政府这些新策略,使得郑成功跟他的军队断绝了经济上的来源,由此而临着严重的财政危机。郑成功召集部下,商议对策,经过一致表决,决定放弃东南沿海,转而把目标移向了荷兰人所占据的台湾,并计划把这里作为新的基地。1661年正月,李定国联明抗清以失败而告终,由此一来,大陆各省基本上都已被清军给占领了。郑成功愈发感到形势的紧迫,眼前只有收复台湾这条路了,只有收复了台湾,使之连接金门、厦门,才能做到进退无忧。为了能顺利收复台湾,郑成功进行了充分准备,他派出密探侦察台湾的情况,秘密搜集有关方面的情报,还勘测好了航路,了解到荷军兵力布防等情况。

同时修造战船,筹备粮饷,扩充军队,并加紧军兵的训练。当这些战前准备工作都做好了之后,郑成功马上从厦门移师到了金门,命他的儿子郑经留守厦门、金门,以防止清军乘虚攻袭;自己则率大军向台湾进军。

进攻台湾的舰队分为两个梯队,郑成功亲率的第一梯队先期出发,共有将士 2 万人。郑成功根据敌情和地形,决定先收复澎湖,以此为基地,通过鹿耳门港,实施登陆。荷兰殖民者闻讯也早已做好了战争准备,不断增加兵力,同时修筑工事,其中的台湾城和赤嵌楼是防守重地。禁止任何中国人进入赤嵌楼要塞,禁止渔民出海捕鱼,不准商船同大陆进行贸易往来,以此来防止走漏消息。同时又重新调整兵力部署,台湾城及其附近的小岛和海面由荷军头目揆一亲率;赤嵌楼由描难实叮率领;至于其他港口和城堡,约有四五百人进行守卫。而且鹿耳门港已经用沉船堵塞了航道。此港水浅礁多,极不易通行,故此没有派兵防守。

郑成功的第一梯队自金门料罗湾出发,次日抵达澎湖,因为荷军兵力薄弱,得以迅速占领。三日后;进军柑橘屿海面时,因遭风雨所阻,被迫折了回来。三十日,郑成功派人驻守澎湖,自率舰队,冒暴风雨横渡海峡,于四月初一日抵达鹿耳门港外。由鹿耳门外海进港有两条航路:南航道,口宽水深,但台湾城置重炮瞰制航道,不易通过。北航道阔仅里许,水中且有沙石淤积,舰船极易有触礁的危险,而且荷兰人事先用破船堵塞了航道,只有当海水涨潮时才能通过。于是郑成功命军队趁海潮大涨之际由北航道顺利通过了鹿耳门,进入内海,将大小舰船分布在台江之中。台湾城上的荷军没想到郑成功能从鹿耳门开进台江,避开自己设置的火力。所以荷兰军来不及调整大炮,只好仓促出战,郑军冲过荷军防线,在赤嵌楼以北的禾寮港进行登陆,接着在鹿耳门方向登陆成功。当地的台湾人民见到郑军到达,纷纷前来接应,郑军马上站稳了脚跟。

郑军很快把荷兰侵略者的要塞赤嵌楼、台湾城及仅有的几艘战舰给分隔包围了。荷兰人借船坚炮利和城堡坚固,自水陆分兵,趁着郑成功的军队尚未立稳之际,突然向郑军发动了攻击。荷兰用四艘舰船阻击郑军,郑成功则用 60 艘战船把荷舰给层层包围了起来,双方立即展开了一场激烈的炮战。尽管郑成功的军用战舰装备不如荷军,可是兵将们作战都十分英勇。在激战中,他们击沉了敌人的一艘主力舰,炸毁一艘甲板船,其余船舰见势不妙,急急如漏网之鱼,赶紧逃走了。在陆地上,荷兰舰长贝德尔则率领着 240 名士兵向郑成功的军队发动反击。郑的大将陈泽率领 4000 将士,让大部分的兵力正面给以迎击,自己则率七八百人迂回到了敌军侧后,由此一来,就形成了前后夹击之势。在这一场战斗中,贝德尔毙命,歼灭荷军达 180 多人,其余的少数人逃回了台湾城。

荷军经过海陆两战的失败之后,企图固守赤嵌楼和台湾城。郑成功的军队围住了两座城池,同时又派兵把荷军的水陆交通给切断了。然后命令军队对赤嵌楼发动了进攻。这时的台湾人民也纷纷自发地组织起来,帮助郑军来攻打荷兰侵略者。因为赤嵌楼的水源被切断了,荷军的生活出现了困难,在坚守了一段时间以后,终于在四月初四这天被迫

率部投降了。郑成功留下一部分兵力扫清其他地方的残敌,自己则督师围攻台湾城。台湾城城高墙厚,守备的兵器极为完善,在城四隅还安置了20尊大炮,南北方各10尊。荷军的火炮密集,射程又远,把周围的每条道路都给封锁住了。不论从哪一方面接近,都会受到堡上炮火的轰击。

郑成功一见不给敌人点厉害,他是不会屈从的。于是马上调集了28门大炮,一齐向台湾城发火猛轰,猛烈的炮火把台湾城大部分的城墙给摧毁了,有许多荷军受伤了。揆一见状,便想拼命,他不顾一切地命令城上所有的炮火,集中力量进行轰击,这样一来,郑军只得后撤。郑成功考虑台湾城池十分坚固,如果一味强攻,恐怕一时之间也难见成效,尤其是会增加人员的伤亡。于是他想了一下,决定采取长围久困、且耕且战的战略。

就在这年的五月初二,郑成功的第二梯队抵达了台湾,由台湾城南面向该城城堡逼近。由于郑成功的军队兵力得到了加强,而且供给都得到了及时的补充,于是从五月初五这天开始,郑成功就叫士兵在所有通向城堡的街道上都筑起防栅,并在城池的周围挖了一条特别宽的壕沟,打算对荷军进行长期的对峙。与此同时,还准备好了攻城器械和炮具。

荷兰当局得知自己的军队在台湾战败的消息,马上调集700名士兵,10艘战舰,赶到台湾进行增援,并于七月初五这一天到达了台湾海域。郑成功的军探得知这一消息,马上告知郑成功,郑成功立即召集将官开会,部署进行围城和打援的计划。城中的荷兰军得到增援部队到来的消息之后,便想在短时间内改变被围的不利处境,计划让新到的舰船和士兵把郑军从台湾城市区驱逐出去,并把停泊在赤嵌楼附近航道上的郑军船只给击毁。为此,荷兰军派出两艘战船迂回到市区后海面,想要摧毁郑军的炮位,同时出动了三四百名步兵向市区进攻,另外派20艘舰艇袭击郑军的战船。就在七月二十三日,双方在海面上展开了激战,郑成功身先士卒,亲自指挥战舰对敌人进行迎击,把敌人的军舰包围起来,经过一个小时的激烈战斗,结果荷舰两艘受损,同时又俘获敌军三艘小艇,击毙敌人达100多名。其余荷舰无奈,只得逃往远海,不敢靠近台湾半步。经过这次海上大败,荷军原计划在陆上施行的进攻,也未能施行,只得草草收兵而去。

被围困在城中的荷军因为粮饷匮缺、士气极为低落,有不少士兵因为吃了发霉的食物而中毒身亡。一段时间以后,战死饿死的人特别多,荷军的实力受到了很大损失。而郑成功的军队却在此时进行大力休整,不断巩固工事,并增设巨炮,准备继续对荷军进行攻击,台湾的百姓们也都给予郑军大力的支援。

郑成功见一切准备都很充分,于是命令军队再次向台湾城发起总攻,这时,他们已经围困台湾城8个多月了,到了十二月初六这一天,军队最先把城外的重要据点乌特利支堡给攻克,然后居高临下,向台湾城内进行猛烈地炮击。城内的荷军早无斗志,身心早已疲惫不堪,殖民总督揆一知道再打下去,也不会有成功的可能了。于是就在1662年2月1日,派代表跟郑成功进行谈判,并在投降书上签字,然后灰溜溜地撤离了台湾。沦陷在外敌手中达 38 年之久的台湾又重新归复中国。

收复台湾后,郑成功便祭告山川,颁屯垦令,自立东宁王国。郑成功在台湾期间,极力加强政治经济建设,设置府县,鼓励百姓务农垦荒,废止了苛捐杂税,兴办学校,改善和当地人民的关系,安抚台湾的那些土著,颁布了各种法令和条例,使得台湾在他的治理之下,显现出了以往少有的繁荣气象。因为台湾刚刚收复,百废待兴,郑成功因此处心积虑,更加上多年来戎马倥偬,终于积劳成疾,同年五月初八离世,享年 39 岁。

两朝重臣

——年羹尧

名人档案

年羹尧：字亮工，号双峰，原籍安徽怀远，后改隶汉军镶黄旗，生年不详（一说生于康熙十八年，即 1679 年）。其父年遐龄官至工部侍郎、湖北巡抚，其兄年希尧亦曾任工部侍郎。他的妹妹是胤禛的侧福晋，雍正即位后封为贵妃。年羹尧的妻子是宗室辅国公苏燕之女。

生卒时间：1679~1726 年。

性格特点：不知谦逊自保，不守为臣之道，结党营私，贪敛财富。

历史功过：1700 年，年羹尧考中进士，授翰林院庶吉士、检讨等官职。1709年，被提升为四川巡抚，后又升为四川总督兼巡抚、川陕总督。他曾几次率兵平定西南、西北地区少数民族武装叛乱，他处事果断，深得康熙皇帝的信任和雍正皇帝的器重。后来，被授予抚远大将军，全权主持西北各省的军务，指挥各路人马平定了青海罗卜藏丹津叛乱。他善于学习，勤于思考，著有《治平胜算全书》《年将军兵法》等兵书。

名家评点：年羹尧作为封建统治阶级的忠实护卫者，为清王朝的统一和稳定，竭尽全力，东征西战，表现出非凡的军事才能，他在长期平息少数民族叛乱中所做出的努力，客观上有利于清朝统一的多民族国家的形成，这是应当予以肯定的。

整军备战

西藏地处中国西南边疆,是世界上海拔最高的地区,严重的缺氧等恶劣自然环境,使得该地区不利于生物的生存,被称为生命禁区。同时它远离祖国内地,交通不便,幅员广阔,人口稀少,主要居住着少数民族,语言与内地民族不通等,自清朝建立到1706年(康熙四十五年),没有派一兵一卒驻扎,也没有派一名官员前往主持西藏事务。当时,统治西藏的是蒙古和硕特部的首领拉藏汗。但西藏内部各部落首领之间,以及青海的蒙古部落与拉藏汗之间,围绕着立达赖喇嘛的问题,明争暗斗,甚至是刀兵相见。为了加强对西藏的统治,从1706年开始至1710年间,康熙皇帝先后派出三名使臣前往拉萨,了解西藏的情况,并以加封王位的方式,确立拉藏汗为清朝在西藏的最高统治者,然后,派遣侍郎赫寿前往,协助拉藏汗处理西藏事务,赫寿成为清朝第一个主持西藏事务的大臣,但他也仅在西藏待了两年,便升迁离开了西藏。

1690年春,生活在新疆和蒙古地区的准噶尔部,在沙俄的支持下,公然发动叛乱,康熙皇帝御驾亲征,经过乌兰布通、昭莫多两战,叛军绝大部分被消灭,首领噶尔丹兵败自尽,只有少数流窜到新疆伊犁西北与沙俄交界的地区。后来,他们融入生活在这一地区的蒙古准噶尔部的一个分支中,在伊犁河流域安顿下来。经过十几年的发展,他们逐渐强大起来,势力达到乌鲁木齐和吐鲁番地区,首领策旺阿拉布坦拒不投降清朝,并不断率军向清统治的哈密地区袭扰,也不时向西藏方向袭击。清兵在哈密、巴尔库尔地区严密防守,防止他们侵扰青海。1717年三月,康熙决定对盘踞在吐鲁番的策旺阿拉布坦发动进攻,策旺阿拉布坦一方面组织力量在吐鲁番地区迎战清军,一方面派他的弟弟策零敦多布率领一支人马进兵西藏。由于清军全力关注吐鲁番的战事,没有发觉他们的这一行动,结果,策零敦多布领兵六千兵马杀人西藏,拉藏汗组织力量迎战,因力量悬殊而战败,策零敦多布率兵攻入拉萨,将拉藏汗杀死,占领了西藏。这一行动震惊了清朝朝野,康熙皇帝决定立即对西藏用兵,平息叛军。

四川提督康泰授命领兵由四川经青海进军西藏,前去征剿,但是军队由松潘出发刚到不远处的黄胜关,便发生哗变,只得引军退回。此时,担任四川巡抚已有十年的年羹尧,一面派人前往安抚慰恤,一面向康熙密奏,称康泰已失军心,不能再予以任用,并请求由他亲自到松潘办理军务。皇帝对他主动请战很是赞赏,于是同意了他的请求,同时派遣都统法喇率兵前往四川协助他进兵西藏征剿叛军的行动。年羹尧受命后,立即来到松潘,整顿军队,将策动哗变的主要组织者绳之以法,稳定了军心。

松潘是四川北部通向甘肃、青海的必经之地,由此绕道进入西藏,路途遥远,不利于进军西藏的行动。为了寻找更近的入藏路线,年羹尧派出人马,四处勘察由四川直接进

入西藏的道路。后来,终于确定由成都经雅安、康定、理塘到巴塘的进藏路线,年羹尧命令护军统领温普率一支人马占领理塘,并在成都到理塘间开设驿站,为进军西藏做准备。同时,他还派出多名侦探进入西藏,侦察道路情况,侦察叛军的情况,并请求增加力量,在四川与西藏交界的各关口派兵把守,防止策零敦多布率兵进攻四川等。康熙对年羹尧在四川积极组织进军西藏的行动很是赞赏,对他动作迅速;组织有章法,处事果断更是欣赏,因此,提升年羹尧为四川总督兼巡抚,指挥四川所有军队进军西藏的行动。

年羹尧得到康熙的重用和信任后,更加积极的在四川组织进军西藏的行动。他认真分析了形势,认为,必须首先搞清楚叛军的情况,做到有的放矢,才能有把握夺取平定叛乱的胜利。由四川进入西藏到拉萨,最近的距离也有两千多公里,沿途要翻山越水,还受到沿途吐蕃和叛军的威胁,获取情报很难。针对这种情况,年羹尧派出大批侦探,采取接力传递的方法。由近及远地侦察敌情和道路情况,最终获取到了比较详细和准确的叛军占领下的西藏内部情况,并掌握了西藏内各通道的情况,与此同时,年羹尧加紧训练四川的八旗官兵和绿营,策划指挥军队自康定西进理塘、巴塘,尔后进军西藏的行动。

正当年羹尧加紧备战时,理塘、巴塘一带的吐蕃(当地少数民族)受策零敦多布的鼓动,发生叛乱,威胁清军进藏的计划,年羹尧即命令法喇带领副将岳钟琪率军前往,平定叛乱,肃清策零敦多布的叛军,并控制这两处要地,同时,年羹尧又派遣知府迟维德率军队以打和招降相结合的方法,平定了乍丫、察木多、察哇等地的吐蕃叛乱,保证入藏作战计划的顺利进行。在入藏作战问题上,年羹尧比当时驻扎在青海的清军将领们信心更加坚定,行动更加迅速,所以深得康熙的赏识。

1720年正月,皇帝命令平逆将军延信(康熙的侄子)率领清军大队人马,从青海进入西藏,授予年羹尧定西将军的官印,率领云南、四川两省的军队从云南和四川进入西藏,两支军队从两个方向进军,最后会师于拉萨。因年羹尧入藏后,四川总督一职一时找不到合适的人选,于是年羹尧请求将军印转授给护军统领噶尔弼,由他率领云南、四川的清军进入西藏,同时请求将法喇的军队移驻理塘、巴塘,作为入藏军队的接应,皇帝采纳了他的建议。

两支人马分别从北和东进入西藏后,策零敦多布亲自率领主要兵力迎战自青海方向而来的延信,分兵两千六百人迎战南路的噶尔弼。噶尔弼率军沿途招降各地的喇嘛和吐蕃的首领,并打败了策零敦多布叛军,于八月,攻占了拉萨。几乎同时,策零敦多布与延信军连续交战三次,均遭失败,率残兵败将逃往伊犁,清军顺利地获得全胜。尔后,派军队四千驻守西藏,由策旺诺布为将军,额附(驸马)阿宝参赞军务。

在大军进入西藏后,年羹尧在后方积极筹措粮食等军用物资,源源不断地运入西藏,保障入藏清军的物资供应。还组织军队防守四川与西藏交界的各个通道关口,防止叛军东窜,并护卫作战凯旋的各路军队。

策零敦多布叛军被赶出西藏,但西藏地区内的少数民族叛乱并没有完全平息。在西

藏与青海、四川交界的索罗木之西的郭罗克，居住着上、中、下三个部族，是唐古特种人，不断四处抢劫，威胁这一地区的安定，并公开对抗清朝，此时，升任川、陕总督的年羹尧得到报告后，立即派人前去侦察，根据侦察得到的情报，结合当地的地理条件，年羹尧做出以吐蕃攻吐蕃的平乱计划，也就是以当地人攻打当地人的办法。进入郭罗克有三个必经的隘口，这三个隘口都十分险峻，只能用步兵攻打而不宜用骑兵，如果派大批清军去攻打，声势浩大，占领隘口的唐古特种人就会早得到消息，早有防备，他们凭险固守，进攻难以取胜。年羹尧通过侦察得知，当地瓦斯、杂谷等地的很多土司都痛恨郭罗克部的肆意恶行，都愿意出兵帮助清军征剿，于是，他便派岳钟琪率步兵前往，支持瓦斯、杂谷等地的土司率本吐蕃武装攻打郭罗克，同时指挥清军协助他们。不久，岳钟琪按照这一方法，很快便打败了郭罗克的唐古特种人，攻下了寨子四十多座，抓获了他们的首领，余众全部投降，叛乱被平定。

西藏地区的叛乱被平定后，朝廷对年羹尧积极备战，主动请战，守卫关隘，为进藏官兵筹运粮饷和保障清军安全撤回等出色表现记功，封三等公，并准予世袭。

平定叛乱

青海的罗卜藏丹津、西藏的拉藏汗和甘肃河西的拉山统领的蒙古族部落，同属和硕特蒙古，他们是由新疆厄鲁特蒙古分离出来的一支，明朝末年由新疆进入西藏、青海和甘肃。当西藏被策旺阿拉布坦占据后，和硕特蒙古失去了对西藏的控制。清朝为维护国家统一和稳定西藏局势，派兵进藏，驱逐策旺阿拉布坦，在西藏组成了以清朝所信任的世俗贵族颇罗鼐为最高官员的地方政府，从而，既驱逐了新疆策旺阿拉布坦对西藏的占领，又结束了和硕特蒙古对西藏的控制。

当清军进军西藏时，罗卜藏丹津率青海的和硕特蒙古武装跟随进藏参战，并立下战功，但其妄图独霸青、藏的野心未遂，因此，对朝廷极为不满。雍正元年（1723年）六月，罗卜藏丹津乘驻西宁的抚远大将军允礼回京之机，公开宣布重建和硕特蒙古先人的霸业，胁迫和硕特蒙古中的各首领，并与新疆的策旺阿拉布坦秘密勾结，在青海发动叛乱，向驻青海的清军发动进攻。雍正皇帝得到消息后，命驻西宁的兵部侍郎常寿前往传旨，要罗卜藏丹津收兵，罗卜藏丹津竟扣留了常寿。九月，青海塔尔寺大喇嘛察罕诺门汗响应罗卜藏丹津的叛乱，挑唆远近喇嘛及百姓二十余万人，抢掠牛马，烧毁草场和粮食，对抗前来阻止的官兵，攻打西宁，青海陷入一片混乱中。

十月，雍正皇帝授年羹尧为抚远大将军，统领各路清军，全权指挥平定青海的叛乱行动。年羹尧受命后，任命前锋统领素丹、提督岳钟琪为参赞大臣，指挥各路人马迅速向西宁集结，因军情紧急，自己率领一部分人马自甘州（今甘肃张掖）于各路人马之前率先赶

到西宁,迅速展开平定叛乱行动。

年羹尧刚到西宁时,清军大部队还没有跟上来,罗卜藏丹津探知这一情况后便率军攻打西宁,想乘虚攻占西宁,活捉年羹尧,给清军的围剿行动一个下马威。他率领叛军首先攻破了西宁城附近的几个城堡,打开了通向西宁的大门,然后率军攻打西宁城。此时,西宁城内的清军只有两千多人,面对优势叛军的进攻,无力正面交锋,形势非常严峻。但年羹尧处乱不惊,从容不迫,他一方面指挥清军利用坚固的城墙固守,发挥大炮的威力猛烈轰击攻城的叛军,一方面只带了十几名护卫和侍从端坐在城楼,神态自若,毫不动容,如同三国时期的诸葛亮上演空城计。罗卜藏丹津见此情景,不知虚实,便使引军稍稍后退,包围了西宁城的南堡。为解南堡之围,年羹尧采取以攻为守的方法,命令士兵直捣叛军后方的营垒。但狡猾的罗卜藏丹津知道官兵人数不多,并没有被年羹尧的调敌回救计谋所左右,一意攻打南堡,并驱逼桌子山的吐蕃武装当前锋,一次次发动猛攻,防守南堡的清军用大炮猛烈反击,吐蕃兵被炸死者不计其数,正在双方战斗进入白热化的时候,岳钟琪率军赶到,年羹尧命令他率军直接攻打叛军大本营,叛军见清军援兵赶到,后路被抄,立即败逃,官兵在后紧追不舍,叛军全面崩溃,最后,罗卜藏丹津带领几百名残兵逃跑,西宁转危为安。西宁保卫战,是平定罗卜藏丹津叛乱的首次胜仗,对稳固军心,鼓舞士气,制止叛乱蔓延,有重要作用。

初战得胜后,年羹尧一面令清军继续肃清西宁附近叛敌,收复被他们占领的城堡,一面全面部署平叛作战:以总兵周瑛率兵一部,截断叛军由青海进入西藏的道路;派都统穆森驻防吐鲁番(今属新疆),副将阿喇纳驻防噶斯湖畔(今青海油砂山附近),防止叛军与新疆伊犁的策旺阿拉布坦会合;命参将孙继宗驻防干布隆吉尔(今甘肃安西东),就近策应。年羹尧还奏请朝廷增派副都统花色等率鄂尔多斯兵、副都统查克丹率归化(今呼和浩特)土默特兵,总兵马黙伯率大同镇的军兵,会师甘州参加平叛作战。

罗卜藏丹津率领的叛军进攻西宁未遂,便转攻西宁附近的各个城堡,妄图占据要地,阻止清军对他们的清剿。年羹尧识破了叛乱军的图谋,便指挥清军采取以城堡缠住叛军,以援军攻击叛军后路或侧面,内外夹击的方法,力争大量消耗叛军力量。叛军一部首先对镇海堡发动进攻,于是,年羹尧命令镇海堡的守军顽强坚守,并命令都统武格率一支人马支援防守,叛军包围了城堡,连续五个昼夜不断地发动进攻,但在守军的顽强抗击下,始终没有攻下堡垒,第六天,年羹尧见叛军兵将疲惫,便命令参将宋可进率援兵赶到,对叛军后方发起攻击,守城的清军立即响应,从城堡中杀出,内外夹击,叛军大败,清军歼灭叛军六百余人,并活捉了叛军的重要首领阿旺丹津。

与此同时,罗卜藏丹津率领叛乱军进攻西宁南川口清军重点防守的申中堡。居住在堡内的当地吐蕃与叛军勾结,企图凿穿堡墙,放叛军入内,被清军及时发现斩杀。守备申中堡将领马有仁,指挥部下拼死守城,年羹尧派参将宋可进率军支援,仍然采取内外夹击的方法,大败叛军。所有暗中通敌、助敌的吐蕃全部被处死。围攻新城堡的另一支叛军,

被西宁总兵黄喜林率兵内外夹击,痛歼一千五百余人,擒获首领七人,缴获器械、驼马、牛羊无数。西宁北川、上北塔和下北塔的蒙古、回族民众,在罗卜藏丹津的煽动下,纷纷叛乱,年羹尧派遣千总马忠孝率军前往,平息了下北塔等十余个村庄。但上北塔的回族民众不接受清军的安抚,马忠孝便率兵清剿,擒获并处死了策动叛乱的几个首领,民众则全部投降。至此,西宁附近地区的叛军基本肃清。

此时,隆冬季节来临,年羹尧便命令清军都撤至西宁,准备来年发动更大规模的平叛行动,一举消灭罗卜藏丹津。西宁附近地区的平叛乱作战,稳定了西宁附近的局势,保住了清军在青海的基地,为取得最后胜利打下基础。

不久,年羹尧着手制定第二年的征剿叛军计划。他奏请朝廷批准:选陕西、甘肃、四川、大同、榆林绿旗兵及蒙古兵,共一万九千人,由岳钟琪等率领,分别由西宁、松潘、甘州和布隆吉尔四路进攻叛军;并派各省兵力防守西宁、永昌、布隆吉尔、巴塘、理塘、黄胜关(松潘北)、察木多(今西藏昌都)等重要关口,以保证后方与进攻叛军道路的安全;作战需要大量马匹,军中现有马匹数量不够,请拨给战马三千匹,挑选骆驼二千头,送到青海各平叛大军中使用;所需要的军粮,在西安地区预购六万石;请拨发优质火药一百骆,每骆以一百八十斤计算。以上计划,得到雍正皇帝的批准,并加拨了战马一千匹,火药增加一倍。

1724 年正月,雍正皇帝以罗卜藏丹津背叛国家,叛逆之罪不容恕为由,特授岳钟琪为奋威将军,命其随抚远大将军年羹尧进兵平叛,同时催促年羹尧起兵征讨。年羹尧将陆续到达的六千名清军分作三路;总兵武正安率军由北路进军,总兵黄嘉林和副将宋可率军由中路进军,奋威将军岳钟琪和侍卫达鼐率军由南路进军,准备二月进兵。同时,对出兵前的各项工作进行了充分的准备。就在这时,西宁东北郭隆寺喇嘛忽然齐聚操演,又传令东山一带藏民于正月十一日叛乱。年羹尧得到消息后立即派岳钟琪和前锋统领苏丹率军征剿。叛军一万余人在哈拉直沟一带阻止清军,双方展开激战,清军奋勇冲杀,连续攻占了三座山岭,捣毁叛军十座营寨。随后乘胜向郭隆寺方向进军,沿途又捣毁叛军七座营寨。抵达郭隆寺,发现千余名叛军埋伏在寺后的山谷之中,负隅顽抗,于是,清军将叛军包围,采取以枪炮射杀,堆柴火攻,近战拼杀等方法,最终将这千余名叛军全部消灭。这一仗,清军共消灭叛军六千余人,其余全部投降。

二月,年羹尧采纳了奋威将军岳钟琪"乘春草未发","捣其不备"的建议,按照兵分三路的安排,立即发起对叛军的征讨。此时,自西宁附近败走后的罗卜藏丹津,拥兵十万,退居于青海柴达木以东的敖拉木胡卢(青海北部大小柴旦地区),距西宁两千余里,其大头目阿尔布坦温布、吹拉克诺木齐分别率兵驻守在周围的要隘关口。岳钟琪率领精兵五千,战马万匹。马不停蹄地直扑叛军的大本营。当时罗卜藏丹津为了掌握清军的行踪,曾经派出不少侦察骑兵四处活动,正好与岳钟琪的快速骑兵相遇。经过激烈的交锋,清军将这些侦察骑兵全都歼灭,除掉了罗卜藏丹津放出去的耳目。岳钟琪率军进至哈喇乌

苏，这是叛军其中一个要隘关口，由阿尔布坦温布率军防守。黎明时分，清军突然发起攻击，打叛军一个措手不及，斩叛军千余人，其余败逃，岳钟琪率军追逐一昼夜至伊克喀尔吉，将阿尔布坦温布擒获，并直逼罗卜藏丹津在柴达木的大营。罗卜藏丹津闻讯向西逃走，岳钟琪率军乘胜追击，在投降叛军小头目彭错吹因的引导下，昼夜驰行三百里，于黎明时到达青海、西藏交界的桑驼海罗卜藏丹津大营。此时，叛军分散于水草边，正在酣睡，他们做梦也没有想到，相距几百里远的清军会在一夜间出现在眼前，清军杀入叛军营中，从梦中惊醒的叛军，大部分被杀或做了俘虏，只有少部分仓皇逃跑，丧魂落魄的罗卜藏丹津身穿女人衣服才侥幸逃走，投奔了伊犁策旺阿拉布坦，而他的母亲和妹妹却当了俘虏。这一仗，清军共用了十五天，斩杀叛军八万余人，招降数万人，彻底平息了叛乱。战后，清政府对青海地区的行政建制做了重大改革，改西宁卫为西宁府，对蒙古族各部采取编旗并设佐领负责管理，同时派驻西宁办事大臣，管理青海一切政务，使青海完全置于清朝中央政府直接管辖之下。

平定青海的罗卜藏丹津一战，在年羹尧的指挥下，打得干净利索，卓有成效，雍正皇帝也是始料未及。在不到一年的时间内，大规模的青海蒙古族的叛乱全部平定，雍正皇帝对年羹尧取得的这一巨大胜利，不知怎样感激才好，在写给年羹尧的贺信中有这样一段话："年大将军，青海蒙古叛乱的平定关系国家命运，如此迅速干净的圆满解决，实属是梦寐也不敢希望的事，可见你我君臣必然上天有可怜处，方能保佑我们如此快地平定了叛乱。但你此番带兵出征平定叛乱，朕实在不知如何感激你才好，立功就不必说了，当西宁危急之时，你上奏的一折一字，恐怕朕心烦惊骇，便想方设法在军情报告之中附带写些闲话，你的良苦用心，朕皆体会到，每次向怡亲王允祥、舅舅隆科多谈起这些，朕皆落泪，这样的事还有很多了，说也说不尽。总之，你对待朕的忠心，朕全晓得。平定叛乱，朕实在是庆幸之至，上可以告慰我父皇在天之灵，他执政六十年，政权巩固，国家富强，到我这里可以保续下去，下可以永保国家免兵革之事，天下苍生蒙平安之福祉。如今天下人谁不赞美我给他们带来的洪福。敬畏朕的天威。这些都是你对朕的忠诚所致，是依赖你对朕竭尽全力支持所致。我君臣只要这样上下一心，治理国家，便能永享天下太平之福，可喜、可喜、可喜、可喜。"

机敏过人

年羹尧在统领清军平定叛乱的过程中，有许多传奇的故事被后人所称颂，从中可以看出他作为统帅，平时善于学习，上知天文下晓地理，具有丰富的知识，战时则机警过人，思维敏捷，处事果断，不愧为合格的统帅。

过沼泽出奇兵。当年羹尧率大军在青海征讨发动叛乱的蒙古族叛军时，有一次，当

清军隐蔽地接近叛军的营地时,却被一片沼泽地挡住了前进的道路。这片沼泽地虽然不很宽,但却又是积水,又是杂草,表面上看不出什么,但杂草下面却掩盖着许多深不见底的泥潭,人和马若踩上去就会立即陷入泥潭中,转瞬就会被潭中的淤泥所吞没。很显然,叛军是利用这道天然防线,阻止清军的突然攻击。得知年羹尧率几万清军前来围剿,他们并不十分惊恐,防守得也很松弛,他们想,有这道天然防线,清军就是有三头六臂也难打过来。

等等年羹尧率领前锋部队几千人悄悄来到后,发现了这片沼泽,便传令部队在隐蔽处扎下营盘,自己只带少数侍卫前往沼泽地察看。他一边察看,一边思考着通过的办法,终于想出一条用草束、搭营帐的木板破敌的妙计。

回营后,马上传令:要求全军将士每人准备一块搭营帐的木板或一束干草,准备次日发起进攻。兵将们听到这一命令后都很奇怪,便纷纷议论说:"往常临阵之前,大将军总是要我们磨快刀,擦亮枪,可这次却让带这些东西,真是稀奇!"

第二天凌晨,天还未亮,年羹尧便把人马带到沼泽地边。当将士们面对着这样一片人迹罕至、遍地泥水、杂草丛生的沼泽地时,全都惊呆了。到这时,他们才明白了年大将军命令的含意。许多士兵看看眼前的沼泽地,又看看随身携带的木板和草束,无不由衷地佩服年大将军的远见和奇谋。在年羹尧的指挥下,清军先把草束抛到泥水中,上面再铺上木板,用不多时,便在沼泽地上搭起了一条通路,保证了大队人马顺利通过。

当清军通过沼泽攻入叛军营盘时,刚刚起床的叛军被突然出现在眼前的清军给吓蒙了,他们做梦也没有想到清军大队竟然能顺利通过这片沼泽,还以为是神兵天降,乱作一团。而此时冲入敌阵的清军,却是个个精神抖擞,奋勇争先,左杀右砍,很快就把叛军杀得落花流水,取得了这场战斗的胜利。

辨风察敌。有一次,年羹尧率大军征讨叛乱,行至日落西山,正好来到一片丘陵地。这里丘陵起伏,有草地,有森林,有河流,年羹尧命令大军依山安营下寨,驻扎下来。

半夜时分,年羹尧正在大帐内看兵书,四周出奇的安静,忽然他听到一股疾风从西而来,掠过他的大帐上方,转瞬之间消失了。他吃了一惊,感觉到有什么意外情况将要发生,沉思良久,他预感到有敌情,便立即派人叫来一位精明的参将,让他火速率领轻骑兵三百名,驰往西南方向的密林中搜查叛军。这位参将接受命令后,心想:大家今天还在议论,敌人大军离这里有千里之遥,怎么年大将军却让我带兵到不远处的密林中搜叛军,难道叛军身上长翅膀了?年大将军该不会草木皆兵吧。然而,他深知,年大将军一贯军令如山,必须执行命令,这位参将只好半信半疑地率领着几百名轻骑兵奔向西南方的树林。

经过搜查,果然发现有数百名叛军正集聚在那里,策划着袭击清军大营的阴谋,看到这一切,参将是既吃惊又兴奋,他指挥清军趁他们不备,突然发动袭击,一举歼灭了这股叛军。

当这位参将率军兵凯旋后,以敬佩的心情向年羹尧请教,问他怎么知道叛军会前来

劫营的,年羹尧对他说:"半夜时分,突然刮过一阵风,来得及,去得快,那绝不是风,而是群鸟飞翔时双翼振动掀起的风声。在夜里,鸟群应该是留宿在树林中,它们突然飞出,肯定是受到惊吓。根据这一迹象,我才判断叛军有可能藏在西南方的树林中。事实证明,果不其然。"听了这番话,这位参将对年大将军更是由衷佩服。

战场上情况复杂,瞬息万变,年羹尧明察秋毫,见微知著,通过一个细小的情况变化,便透过现象,把握本质,从而做出正确的决策判断,真可谓机智过人。

闻雁鸣破敌军。1723年深秋的一天,年羹尧率军由甘肃前往青海平定叛乱,由于军情紧急,一路急行,到达西宁附近时,天已经完全黑了,他便命令军队安营扎寨,将士们由于连续几天的行军,疲惫不堪,饭后便都入睡了。当夜入三更时,一群大雁带着凄惨的鸣叫声,从营帐上空飞过,年羹尧被这突如其来的雁叫声所惊醒,素来机警过人的他一跃而起,披衣握剑出帐,仔细观看,只见星光映照下的雁群,时隐时现地向东南方飞去。

年羹尧返回帐中,紧锁眉头,来回踱着步子,反复思索着其中的奥妙。今夜天黑无月光,按常理大雁应该群宿水边,倘若无人惊动,是不会夜间飞行的。况且这群大雁飞行高度低,且鸣声不断,看来大雁的起飞地点距此不会太远,并且很可能是受到了惊吓。此时,年羹尧又联想到白天派出的侦探提供的情报,叛军活动区域距此已不远,而宿营地的前方隐约看到山脉。种种情况联系到一起综合分析后,他脑海中显现出一个清晰的判定,前面百里处可能是群山并且有河水或水泊,是叛军出入必经之地,估计是叛军想趁我远道而来,人地生疏,疲惫不堪,疏以防备,前来劫寨。刚才大雁悲鸣,可能是叛军夜间涉水而惊动了雁群的缘故。他还料定,叛军可能是骑马而来,估计四更后即可到达营寨。于是,他当即定下了夜间设伏,一举歼灭这股偷营劫寨的叛军的决心。

想到这里,处事果断的年羹尧来不及召集众部将具体商讨,便整装出帐,亲自指挥士兵分四路,在离营寨十里外设伏。年羹尧对众将士说:四更时分,叛军将前来劫我营寨,大家设伏待敌,要沉着果敢,听命令,奋勇杀敌,誓灭乱军,功高者重赏。这道军令,使众将士感到突然和困惑,然而大家都知道年大将军素来用兵如神,这次半夜突然命令大家设伏歼敌,虽然不明白其中的缘由,但还是遵令四面设伏,丝毫没有怠慢。

不到四更时分,诸将率领各路兵马便按照命令设下埋伏。将士们刀箭在手,火器待发,虎视眈眈,专等叛军到来。不多时,只见远处有三路骑兵,黑压压地朝着清军营地急驰而来。

将士们见此情景,无不佩服大将军年羹尧料敌如神。待叛军进入伏击圈后,清军伏兵骤然而起,喊杀声震天,叛军们被这突如其来的袭击惊呆了,没想到清军早有防备,随即个个惊慌失措,队伍如同马蜂巢被人捅了一样,立时大乱,清军官兵一拥而上,弓箭响,刀光闪,枪炮鸣,不一会儿,叛军们便被杀得人仰马翻,死伤无数,未死者只得掉转马头,大败而逃,天亮时,将士们凯旋。

当日,年羹尧传令全军将士,清理缴获的军马兵器,休整三天,并赐美酒佳肴慰劳大

家,营寨内一片欢腾。众将领共同举杯,向年大将军祝贺。席间,有位部将起身恭敬地问道:"年大将军,我与您同宿在一个营帐中,昨夜叛军劫寨之事,我是一无所闻,不知大将军是如何得知消息的?"

年羹尧放下手中的酒杯,面对众将领大笑道,"昨夜三更时分,有人给我送信。你们都蒙面大睡,进入梦乡,自然是不会知道的哕!"众将领对年羹尧神秘的话更是不解,纷纷议论,有的说:"营寨戒备森严,巡夜的将士更是没有松懈,有谁能人大将军的营帐来送信呢?"

年羹尧见众将领皆不解其意,便痛饮一杯之后,绘声绘色地讲述了昨夜闻雁群鸣叫飞过,觉察到可能有敌情,即定下设伏决心的经过。众将领听后才恍然大悟,个个赞不绝口,大家齐声说,"年大将军真是料敌如神!"

年羹尧却不以为然,告诫大家说:"为将带兵征战,不能仅有匹夫之勇,重要的是要时时有戒备之心,居安思危。"此时,坐在年羹尧身边的四川提督岳钟琪问道:"大将军讲到的戒备之事,本将也时时思量,只是做起来甚难,不知大将军有何妙法,请赐教。"

年羹尧讲道:"说起这戒备妙法,实无定论。戒备,就是要居安思危,处危勿慌!为此,为将者必须料敌在先,要做到这一点,需要通天文地理,晓敌我之短长,即是禽兽生存习性的蛛丝马迹,也要细心体察,从中悟出道理。古语讲,做任何事都需要预有准备,筹划在先,事情才能顺利办成,否则,仓促而毫无准备,只能是打败仗。他稍停了一下,接着讲道:"戒备之理,要运用自如,也并非一日之功。这既是常年征战实践的积累,也是前人血的教训的结晶。本将昨夜之所以闻雁鸣而警觉,设伏歼敌,正是根据多年带兵打仗的经验,经过前后联系,再三揣摩才最后定下的决心。"

这时,另一位部将起身问道:"这天文地理,还好领略,只是这飞禽走兽就难以捉摸了,请大将军明示。"年羹尧此时也站起来,说道:"其实,各类禽兽都有自己奇特的预警灵性和防卫本领,如狡兔三窟,狡狐三穴,则是藏身避祸之一例。常言道,打草则蛇惊,兔警则鹰袭,马嘶则虎近,此即见微而知著也。孙武子也在《行军篇》中讲道:"鸟起者,伏也;兽骇者,覆也。"意思是说,鸟雀惊起的地方,可能有敌人的伏兵,野兽惊骇奔跑,可能是敌军大举偷袭而来。望各位将领用心研讨,努力施行,每次征战必有长进,长此以往,不愁不能用兵如神。"

诸位将领听完此言,无不点头称是。三天后,年羹尧继续率军西进。经数次交战,在不到一年的时间内,即平定了十几万叛军,大获全胜。雍正帝称赞年羹尧此次平叛"成功之速,为史册所未有",为此特封年羹尧一等公。

年羹尧在率军征战中,一方面调兵遣将,指挥作战,一方面不断学习古人的兵法战策,在实战中灵活运用,总结作战,写下了不少带兵打仗的经验和读书心得体会,整理编成了《治平胜算全书》《年将军兵法》等。其中《治平胜算全书》对战场选择、治军、兵器使用、城寨攻守,火攻水战等,均有所论述。书中关于治军、作战的论述,尤其精彩。书中特别提到军队的军容、军纪、军威、士气、号令等的整治与训练。他认为,平时对军队训练严

格,战时才能指挥自如,无战事时,军队战斗力的保持和提高,在于根据未来作战需要选择训练内容,刻苦训练,战时则主要是通过鼓舞将士们的士气,提高军队的杀敌能力。出兵之前应严明军纪,坚定将士必胜的信心。由于年羹尧多年在边疆平乱,所以他特别强调战前充分准备,做到胜算在胸,作战中间,根据战场情况,趋利避害,调查土俗,以己之长击敌之短。此外,书中对攻守城战法,夜战、水战、火战原则以及火器、地雷的配备和使用也都有所论述。该书是理论与实战经验结合的一部有价值的兵书。

年羹尧作为封建统治阶级的忠实护卫者,为清王朝的统一和稳定,竭尽全力,东征西战,表现出非凡的军事才能,他在长期平息少数民族叛乱中所做出的努力,客观上有利于清朝统一的多民族国家的形成,这是应当予以肯定的。

民族英雄

——左宗棠

名人档案

左宗棠:汉族,字季高,湖南湘阴人,号湘上农人,晚清重臣,军事家、政治家、著名湘军将领。一生经历了湘军平定太平天国运动,洋务运动,镇压陕甘回变和收复新疆等重要历史事件。自幼聪颖,14岁考童子试中第一名,曾写下"身无半文,心忧天下;手释万卷,神交古人"的对联以铭心志。

生卒时间:1812~1885年。

安葬之地:长沙。

性格特点:生性颖悟,少负大志,自尊心极强。他是在绝望中诞生的强者,是善于扼住命运咽喉的伟丈夫。壮志豪情,以天下为己任。

历史功过:左宗棠年少时曾屡试不第,转而留意农事,遍读群书,钻研舆地、兵法。后来竟成了清朝后期著名大臣,官至东阁大学士、军机大臣,封二等恪靖侯。一生经历了湘军平定太平天国运动,洋务运动,镇压陕甘回变和收复新疆等重要历史事件。

名家评点:林则徐还多次与人谈起这次会见,极口称赞左宗棠是"非凡之才""绝世奇才"。

戍边卫国

　　左宗棠出生在一个社会地位低微的农村知识分子家庭,其祖父和父亲都是秀才,靠教书养活全家,过着清苦的生活,艰辛的经历使青年时代的左宗棠能够接触到下层人民的苦痛,了解社会的弊端。当时,统治中国的清王朝正急剧地走着下坡路,政治上腐败,

财政拮据，祸国的鸦片泛滥，国家的边海防形同虚设，国内人民反抗封建王朝统治的浪潮此起彼伏，清朝的封建大厦正濒临崩溃。而此时的欧美资本主义，正迅猛发展，被称为"海上霸主"的英国到处扩张殖民地，野心勃勃的沙皇俄国也决心用武力开拓通向东方的道路。内忧外患纷至沓来，民族矛盾日益突出，处于青年时代的左宗棠，内心中涌动着改革国家统治的弊端，发展国家的经济、军事，巩固边防的强烈愿望。尽管当时他的处境艰难，但对国家大事却十分关心，在一副对联中他这样写道：

　　身无半亩，心忧天下。

　　读破万卷，神交古人。

　　这副对联，表明了他的豪情壮志，抒发了他以天下为己任的情怀。

　　1840年，鸦片战争爆发了，英国侵略者凭借坚船利炮，打开了中国这个古老国家的大门，他们在中国沿海肆意烧杀抢掠，震惊了国人，也震惊了左宗棠。对于侵略者的嚣张气焰，左宗棠极为愤慨，当时，他正在湖南家中，勤奋地搜集、阅读唐、宋以来有关外国情况的一些记载，对如何打败英国侵略者十分关心，曾经写成《料敌》《定策》《器械》等制胜侵略者的对策，并就修筑碉堡，设立水寨，精简兵卒，加强训练，开办造船厂，制造炮船、火船等具体抵御措施提出了自己的见解。然而，清朝统治者的腐败无能，长期的闭关锁国等造成的国力衰败以及卖国求荣，最终鸦片战争以清统治者屈辱求和，签订"城下之盟"，以赔款割地而告终，这是左宗棠没有想到的。

　　面对西方列强的入侵，国内有识之士纷纷寻找救国御敌之策，这时，林则徐、魏源为代表的爱国人士所表现出的强烈民族自尊心、抵抗外敌侵略的坚决性和睁开眼睛看世界的时代精神，对左宗棠爱国思想的形成也产生了深刻影响。从此，他拼命读书，研究兵事、农书，甚至栽茶、种桑也在他研究范围之内，知识的广泛涉猎，越发使他希望有一天能为国家效力。他曾费了很大力气从事地图绘制的研究，发现以往地图绘制多不准确。注解也牵强附会。他重新绘制的地图力求纠正过去的错误，在妻子的帮助下，绘制地图，作地图注释。又摘抄各省通志和西域图志，把山川、关塞、驿道、城池分门别类，汇成几十大本。其中，他特别喜欢研究西域（新疆）的历史地理，提出建设新疆、巩固西北边防的设想。他曾写过这样一首诗：

　　西域环兵不计年，当时立国重开边。

　　囊驼万里输官稻，沙碛千秋此石田。

　　置省尚烦他日策，兴屯宁费度支钱。

　　将军莫更纾愁眼，生计中原亦可怜。

　　诗的大意是：无论哪个朝代的军队都很重视西域，那时的建国者们无一不开发新疆；骆驼从遥远的地方不断向新疆运输粮食，但这里的沙漠却是良田；如果设立衙门管理这一地区，则需要好好规划，大兴屯田就能节省朝廷开支；若是将军们不打开眼界，仅靠黄河中下游地区的发展是不够的。这说明，左宗棠从青年时代起就非常关心国家边疆的建设与边防的防卫。

引进科技

向西方学习,创办近代化工业,这是历史进步的要求。早在鸦片战争时期,魏源、林则徐就提出"师夷长技以制夷"的口号,原因是这些中华民族的有志之士,在同外国侵略者不屈不挠的斗争中,看到外国侵略者凭借先进的武器装备肆意侵略我们,我们要想有效地反击侵略者,也必须学习先进的科学技术,首先要学习造船、造炮技术,以此提高我们的国防能力。左宗棠受林则徐、魏源促进国防近代化思想的影响,更加深刻地认识到,国家要打败侵略者,不仅要有民族气节,而且还要引进西方先进的科学技术,兴办近代军事工业。他提出,要有效抵御来自海上的侵略,必须建立水师,而要建立水师,应必须建立造船厂打造兵船。

1866 年,左宗棠在任闽浙总督时,在福州马尾创办了福州造船厂,即福州船政局,这是"中国海军萌芽之始"。他在给朝廷的一份奏折中,对创办福州船政局的必要性做了充分陈述。他认为,在两次鸦片战争中,侵略军的兵船之所以能远渡大洋,并能在我沿海肆意袭扰,直逼我天津塘沽,是因为他们有先进的轮船,而我们因没有这样的轮船,因此无法抵御侵略者。他计划在福州船政局建立之后,建成一艘船,就训练一船军兵,使该船有战斗力,用五年的时间,就可以造出数条船,建立起一支像样的船队,与侵略者抗争。比较可贵的是,左宗棠在这份奏折中还把造船和发展经济联系起来,所造船只可以在海上运输货物,促进沿海各省的贸易,使百姓富裕起来,国家也就富强了。

但在当时,要不要办造船厂意见并不一致,有一种意见认为造船费用太大,不如租船或买船便利。但左宗棠认为,租船和买船不但工费贵,而且受制于外人。外国侵略者绝不会为我们中国着想,一旦遇到外敌入侵,我要使用这些兵船抵御时,很有可能这些船就不听调遣,即使能调遣,也很有可能不能按我们的意图行动,使我无法有效抵御入侵者。而且轮船用过一段时间,就得检修,还得求外国技术人员来修,如果他们不来,船就不能发挥作用。因此,他坚决主张建立自己的造船厂,从长远利益看,买船、租船都不如造船。福州造船厂在他的努力下,自 1869 年至 1907 年,共造各式轮船四十艘,对当时清朝的海防防卫,沿海航运等都起到了重要的推动作用。

左宗棠在引进西方科学技术,建造中国自己兵船的同时,特别重视对近代军事人才的培养。他深刻地认识到,造船要配套,造船的同时要培养自己的驾驶和检修机器的人员,这样才不会受制于人。要培养自己的制造、驾驶、检修一整套人员,就要办学校。于是,1866 年,左宗棠在筹建福州船政局时,一面派人赴西方购置造船所用机器、部件,一面在福建马尾山上,开设了我国近代的第一所海军军官学堂——福州船政学堂,免费招收

学生,请外国教师来教,学生既学外语(包括英语、法语),又学自然科学和理工学,学习有关造船技术及工艺,学习近代海军战术和驾驶等方法。当时船政大臣沈葆桢(林则徐的女婿)说,福州船政局"创始之意,不重在造,而重在学"。从这点看,左宗棠是有战略眼光的,只要有自己的技术人员,造船就不会有困难了。

福州船政学堂是中国最早培养海军和造船技术人员的学校,后来不少重要的海军将领,如邓世昌、林永生、严复、萨镇冰、刘步蟾、林泰曾、詹天佑、郑清濂等,均出自该学堂。当时有个英国海军军官叫寿尔,参观了福州船政局之后赞叹说,船政局的整个制度表现了创办者的天才和才能。有人把福州船政局和李鸿章在上海办的江南制造总局对比,认为上海江南制造总局,条件远比福州船政局优越,但李鸿章没有创办一所学校,目光不如左宗棠远大。由于船政局很重视"学",因此把培养中国的技术人员,放在重要位置上。船政局聘请外国人当技术监督,双方协议,按规定时间把中国技术人员培养到能独立工作,如果教学有方,提前教会中国学生,酬金从优。而且还规定,一旦中国技术人员掌握技术之后,这些洋匠一律按协议回国。福州船政局的这些措施,培养出一批批技术熟练的中国技术人员,对我国造船业与航海业的发展,对增强国家的海防都起到了十分重要的作用。对此,清政府也对左宗棠大加赞赏,称左宗棠为国谋利,站得高,看得远。

1874年,日本侵略台湾时,沈葆桢奉命督福州水师去台湾作战,迫使日本政府派员到北京议约,不敢用武力强攻台湾。这次沈葆桢带往台湾的船只大多是福州船政局制造的。中法战争以前,中国有北洋水师、闽江水师和南洋水师。闽江水师十一艘兵舰除两艘是从美国购进外,其余九艘均为福州船政局制造。北洋水师的康济、威远、眉方、泰安、镇海等也出自福州船政局,占全部北洋水师舰只的五分之二。南洋水师的澄庆、横海、镜清、开济、靖远等也出自福州船政局,占全部南洋水师舰只的三分之一。水师的建立与在国家海防中发挥的作用,左宗棠功不可没。

发展海防

十九世纪六十年代后期开始,外国侵略者开始蚕食我国边疆领土。1865年,中亚浩罕国(在今乌兹别克斯坦境内)的军事头目阿古柏,在英、俄殖民主义者支持下,侵占我国新疆大部分地区,建立反动的"哲德沙汗国"。接着英、俄宣布承认阿古柏为国王,并派出使团,订立条约,供给军火,以对抗收复国土的清军。1871年五月,沙俄悍然出兵侵占我国新疆的伊犁地区。新疆局势日趋严重,西北边防岌岌可危。

到1875年春,阿古柏侵占我国新疆的天山南北已达十年之久,沙皇俄国直接出兵强占我国新疆的伊犁地区也已四年,饱受殖民统治的新疆各族人民,迫切要求清军早日出关,驱逐外国强盗,使新疆回归祖国。这时,左宗棠所部清军已经基本结束了在甘肃的战事,出兵收复新疆的条件完全成熟了。

当时,左宗棠正任陕甘总督,对新疆局势十分关心。1874年,他开始准备进军新疆,但就在这一年,日本发动了对我国台湾的侵略战争,东南海防因此紧张起来。由此在清政府内部引发出一场海防与塞防的激烈争论。

以直隶总督兼北洋大臣李鸿章为代表的海防派认为:塞防不如海防重要,国防的重点在海防,而不在新疆边防,主张把用兵新疆的钱移作海防。李鸿章上奏朝廷说:"新疆不收复,不伤及国家的元气。"言下之意,新疆可以拱手让给外国侵略者。他完全站在侵略者的立场上,胡说如果进兵新疆就会损害与英、俄侵略者的目前的良好关系。英国侵略者看到李鸿章的态度,便大造舆论,散布阿古柏已归属土耳其,并与英、俄订有条约,中国不能过问。李鸿章还胡说,乾隆年间勘定新疆只是收复数千里的荒凉旷野,对国家只有损失而无收益。目前财政困难,无力顾及新疆,因此,应该放弃塞防,专顾海防,准备出关的部队,能撤则撤,能停则停,就地驻守,不必进取等等。这就是所谓的"海防论",实质上是放弃新疆的卖国谬论。

以湖南巡抚王文韶为代表的塞防派认为,西洋各国,以沙俄为最大,离中国最近,又最狡猾,目前已经侵占了我伊犁地区,势必长期不还,我如不迅速出兵收复,沙俄必将得寸进尺,继续入侵。因此,"目前应倾全力西征,只要使沙俄的入侵阴谋不能在我西北得逞,其他入侵者也就不会在我东南沿海挑衅"。这就是所谓的"塞防论",实质上是主张暂时放弃海防,专注塞防。

这时的清朝最高统治集团,从自己王朝的利益出发,也不甘心放弃新疆,但在李鸿章为代表的海防论者的喧嚣声中,又不知如何是好,左右为难,举棋不定。于是,便秘密传旨给陕甘总督兼督办新疆粮饷事宜的左宗棠,不指名地转述了海防、塞防两种意见,让左宗棠帮助拿主意。此时的左宗棠,无论资历、声望,还是地位、才干,都是当时唯一可以同李鸿章相抗衡的人物,他的意见,无疑将对清政府的最后决策产生极其重要的影响。

左宗棠原来打算在陕甘战事结束之后告病回乡。但是,当他得知沙俄强占伊犁的消息后,便决心在垂暮之年与沙俄做一番较量。从此,他以收复新疆为己任,密切注视着新疆局势的发展。1874年十月,他受命督办新疆粮饷之后,已经从后勤供应方面,开始了进军新疆的实际准备工作。

1875年三月十九日,左宗棠在兰州军营接到密谕旨之后,周密筹划了二十多天,于四月十二日上了一道长达五千多字的《复陈海防、塞防及关外剿抚粮运情形析》,坚决反对放弃塞防、专顾海防的主张。他认为:自从福州船政局开设以来,海防的创办已有头绪,不需要从别处再筹措经费,平时的训练费用花费不多,也不用另从别处筹措。如果西北边塞防守费用充裕,自然可以匀给海防一些,可是,历年来,各省欠西北塞防的钱饷已达两千多万两,没有余钱可匀。乌鲁木齐没有收复,新疆没有要地可以扼守,没有撤兵的道理,即使收复了乌鲁木齐,不再继续向前用兵,防守的军队数量也不可能减少,也不会节

省军饷。只有尽快收复新疆，以伊犁和南疆等富裕地区的财富来负担新疆的防务，才有可能节省军饷。同时，竭力抨击了李鸿章自动放弃边防的谬论。他说，若此时停兵节饷，自动放弃边防，那么我退一寸，入侵之敌则可能进一尺，新疆必然要被沙俄所占，我国便会断送这块富饶的疆土。他还根据当时的形势，分析了新疆的战略地位，认为新疆是中国的西北大门，如果新疆失守，就会严重危及塞内安全。因此，指出：东为海防，西为塞防，二者不可偏废！总观目前情况，当务之急，必须收复新疆。因为，新疆是蒙古的屏障，蒙古又是北京的屏障。西北边疆与北京的关系，好比是手与臂膀的关系，如果西北丧失了，那么直隶边关也就没有安眠之日，京城也就处在危险之中了。这就是所谓的海防、塞防两者并重的主张。

同时，左宗棠还上了一道《遵旨密陈片》，毫不客气地弹劾了原任新疆统帅景廉的无能和死板，弹劾了原任粮饷转运帮办袁葆恒的主观武断，对用兵新疆的人事安排提出了建议：

五月三日，清政府发布谕旨，肯定了左宗棠的意见，决定采纳海防、塞防并重的主张，在加强海防的同时，出兵收复新疆。并决定将景廉和袁葆恒调回北京任职，任命左宗棠为钦差大臣、督办新疆军务，并且表示不实施遥控指挥。这样，清政府就打破了边疆不用汉人的传统，将收复新疆的大权全部交给了左宗棠。

左宗棠主张海防和塞防并重，具有重大的战略意义。我们知道，中国近代以前的国防重点是塞防，是在西、北两大方向。从鸦片战争开始，资本主义列强相继从东、南沿海入侵，海防的重要性突显出来。从此，清王朝几乎把全部注意力都转移到了海防方面，渐渐忽视了塞防。林则徐对此早有预见，他指出：沙俄最终将成为中国的主要祸患。然而，他的话并没有引起朝廷的注意。不久，沙俄就侵占了我国一百五十多万平方公里的领土。对于这样重大的国防失误，恭亲王奕䜣却轻描淡写地说成没有仔细考察疆域图，可见清政府在塞防上糊涂到了何等地步。李鸿章发展这一错误，竟然主张放弃新疆、专顾海防，如果得逞，其后果不堪设想。因此，左宗棠的"并重"主张，不但避免了专注塞防的片面性，更重要的是克服了放弃新疆的危险性，实际上是一条从当时全国大局出发的唯一正确的国防方针。

这场争论虽然反映了湘系和淮系集团之间的利害冲突，但左宗棠的主张具有反抗外国侵略的爱国精神，得到国内爱国舆论的广泛支持。他的爱国之心和在军事战略上对国家大局利与弊的分析与谋划，体现了他的爱国热情和大智大勇。

收复新疆

1875 年春，清政府任命左宗棠为钦差大臣，率军收复新疆。当时他已经六十四岁，身

体又多病疾。但当他接到朝廷的受命之后,却是心情振奋,决心要从阿古柏手中夺回新疆。

收复新疆,有组织兵力,筹备军饷、粮食和组织粮食等作战物资的运送四大困难。左宗棠认为:筹饷难于筹兵,筹粮难于筹饷,筹运输尤其难于筹粮。粮食和运输两件事,是出兵新疆的关键。

俗话说,兵马未动,粮草先行。粮食运输对作战的重要性本来是不言而喻的。但是,像左宗棠这样,把粮食运输问题提到首位,在这之前的中外战争史上,是很罕见的。这说明,左宗棠对新疆用兵问题是有充分研究和准备的。纵观清政府入关后所进行的战争,大都在人口稠密的富庶地区进行,既可以取粮于敌,又可以随地征粮,粮运问题并不突出。然而,用兵新疆,情况就大不一样了。新疆地处祖国西北,气候恶劣,荒漠贫瘠,水草缺乏。特别是侵略者所侵占北疆和南疆部分地区,戈壁纵横,产粮极少。就是邻近新疆的甘肃河西走廊地区,虽然是西北主要产粮区,但因多年战乱,粮食也很短缺。而从甘肃到新疆,远隔数千里,沿途尽是戈壁、沙漠、高山、深谷,即使买到了粮食,要想运到新疆前线,也非常困难。在这种条件下,不首先抓粮食运输,就谈不到打仗。

在进军前较长的一段时间里,左宗棠用极大的精力,着重抓了以粮食的筹措和运输为中心的各项进军准备工作。他首先对已在新疆和准备出关的部队进行了大刀阔斧的整顿。清政府军原驻新疆的部队有三支,一支是由当时任乌鲁木齐提督的满洲贵族成禄统领的人马,约有十七营八千五百人;一支是由任乌鲁木齐都统的满洲贵族景廉统领的人马,约有三十四营一万七千多人;还有一支是满洲贵族金顺统领的人马,约有三十营一万五千人。这些人马长期不训练,战斗力极差,左宗棠奏明朝廷,根据宜精不宜多的原则,成禄的十七营整编成三营,景廉的三十四营改编为二十五营,都归到金顺部下,由他暂时统领,这时,由金顺率领的驻疆兵力有五十八营,左宗棠觉得还多,但金顺以拥兵多为荣,不愿裁减,左宗棠便奏请清政府,将其兵力整编为十六营。

对于原来驻守新疆各城的清军残部,左宗棠命令他们保守现驻城堡,不担负作战任务。另从五十五营老湘军中精选二十五营作为主力,在粮运完成以前,暂在凉州(今甘肃武威)整训,待命出关。已经出关的张耀部十四营嵩武军,令他在哈密举办屯田。

李鸿章从阻挠西征的目的出发,企图釜底抽薪,奏请将驻守甘肃的刘铭传部二十二营军兵调往山东、江苏驻防。有趣的是,当清政府征求左宗棠的意见时,左宗棠不但完全同意,而且还要求把其余的两支人马也一起调走或裁掉。

与此同时,左宗棠也对所带领的湘军进行整顿。他原辖有一百八十多营,把老弱病残及无战斗力的人员,皆给钱遣回原籍,并且明确宣布凡是不愿随他出关西征的不论官兵,一律听便,给钱回原籍,结果一下裁掉了四十营,以后又做了进一步的裁减。留下来的大多为健壮之兵,而且是自愿出关西征的,战斗力都比较强。

他根据筹措粮食与运输的重要地位,坚决主张"精兵"。经过这番整顿,不但提高了

部队的战斗力,而且最大可能减少了粮食筹备的数量和运输量。

其次是军饷的筹集。用兵新疆,每年需军饷约一千万两。当时的饷源仍靠各省供应。陕西和甘肃两省的协饷、厘金和海关税,总计每年应到八百多万两。可是,拥护"海防论"的督、抚们,一味拖欠,有的甚至不提供,就连主张全力西征的一些人,提供军饷也很不积极。当时,李鸿章统领的淮军,每年可发九个月的军饷,而进军新疆的部队,每年只能发一个月的军饷,对于实行雇佣兵制,兵勇们是靠薪饷养家,钱总是拖欠,不但不能打仗,而且军队都难以维持。由于左宗棠与士卒同甘共苦,将每年官俸的大部分都捐做军需,加上广大官兵的爱国热情,军心还未动摇,薪饷还可继续拖欠下去。但是,全军的粮草、盐菜、武器、被服的采买费和数额巨大的运输费,是绝对不能拖欠的。

1875年,左宗棠筹办粮食和运输,急需饷钱,当年却只收到了二百六十多万两,他急得如坐针毡。1876年初,左宗棠在要饷、催饷无效的情况下,只得上书朝廷,申请借外债一千万两,受到李鸿章等人的肆意阻挠。不得已,左宗棠再次恳请朝廷准他借四百万两外债,以解燃眉之急。朝廷体谅左宗棠的难处,决定从户部库存四成洋税项下,一次拨给左宗棠二百万两,令各省三个月必须拿出三百万两给进疆的军队,超过期限的,准许左宗棠指名弹劾,从重治罪。另外,让左宗棠自己设法借外债五百万两。左宗棠接到上谕后,高兴万分,开战前的军饷筹集终于有了着落。

此后,左宗棠通过上海采运局,几次向外国银行借债,至1881年,总计借了一千三百多万两。同时还向本地、外地富商挪借了一些。加上各省每年送到一些,总算勉强解决了筹饷的难题。

与此同时,左宗棠还组织了一套庞大的机构进行军粮的采购和运输。他改变过去成禄之流采取强行摊派,强拉民夫逼运的错误做法,实行用钱买和花钱雇运的方法,他强调,百姓是军队的衣食之本,没有百姓的支持,无法打仗。他规定必须以合理价格收购粮食、支付运费,在一个地区采购粮食不准过多,要保证农民留足口粮和种子,以便恢复和发展生产,为日后准备粮源。

按左宗棠在西北修订的《楚军营制》,步兵每营五百人,民夫二百人,骑兵每营二百五十人,民夫一百人,战马二百五十匹。兵、夫每月口粮四十五斤,战马每月粮料一百五十斤,草料三百六十斤,草料不够以粮料补充。总计入疆部队最多时达到百营左右,其中骑兵约占四分之一。每年约需粮食五千万斤,准备三个月作战口粮和三个月储备口粮,需要两千多万斤。军粮的采运,基本上按照这个标准进行。

在粮食的采购上,左宗棠开辟了五个粮源:一是甘肃河西走廊地区。1875年采购到三千六百多万斤粮食。二是口北地区。由于河西地区粮少价贵、运费高昂,左宗棠经过调查研究,发现宁夏、归化(今呼和浩特市)和包头以西盛产粮食,经蒙古北部有一条近路直达新疆的巴里坤,用骆驼运送,每百斤粮只要八两银子,比从河西采运便宜一半左右。左宗棠就在归化设了采运总局,在包头和宁夏设了分局。从1875年夏到1876年夏,共从

此地采购到七百多万斤粮食。三是北疆地区。从古城（今新疆奇台）到济木萨,产粮虽然不多,还可以买到一点。为了防止采粮过多,左宗棠采取事先调查、确定购量的方法,共买到三百多万斤粮食。四是俄商之粮。1875年夏天,俄国商人索斯诺夫斯基到兰州拜访左宗棠时,主动提出从沙俄为清军采运五百万斤粮食到古城,每百斤收费七两五钱,条件是允许俄商来西北做生意。左宗棠一合计,觉得很划算,就答应新疆收复后再行通商。双方当即签订了合同。其实,这个所谓的商人原是沙俄军官所扮,卖粮的目的是为了左右清军行动,左宗棠虽未识破其阴谋,但也没有依赖他的粮食。由于清军在战争中迅速胜利,索斯诺夫斯基的罪恶目的没有得逞。五是屯垦之粮。他命部下张曜率十四营兵马,进驻哈密开荒种田。1875年开荒近两万亩,1876年收获了一百五十多万斤粮食,也解决了一点问题。

在运输方面,左宗棠采取了多种办法。俄国商人的粮食包给俄商运送,口北粮食包给骆驼商队运送,这两路的运输,费力不大。最困难、最复杂的是河西走廊一线,不仅要运输几千万斤粮食,还要运输大批的武器、弹药、军装、被服等军用物资。从凉州经甘州（今甘肃张掖）、肃州、安西、哈密、巴里坤到古城,全长三千五百四十里。沿途人烟稀少,道路年久失修。尤其是从安西到哈密的一千多里,茫茫戈壁,沙砾纵横,除马莲井有点水外,没有台站,没有水草。从哈密到巴里坤,中隔天山,山高路险,大车难以翻越。由于多年战乱,牲口、民夫和车辆严重缺乏,即使花钱也难雇到人畜、车辆。左宗棠从实际出发,规定玉门关内主要采用车运,玉门关外主要采用骆驼运。在充分发挥官运（辎重部队）作用的同时,主要雇请民夫运输,关内百斤百里给银四钱,关外加价一钱。具体方式是"接力传递运送",也就是分路程包干,各运一段,相互衔接,流水作业。此外,还让军队自己带粮出关。凡出关部队,除随身背带马车、骆驼装运一批粮食之外,走一大站后,再腾出车、驼回头再运一批,如此往复而前。

另外,左宗棠知道阿古柏的部队大多用洋枪洋炮,西征军武器装备如不改善,作战将会遇到困难。当时,虽然李鸿章创办了江南制造局、金陵机器局和天津机器局。但李鸿章是反对左宗棠进军新疆的,自然不会将这些机器局生产出来的枪炮支援左宗棠。在这种情况下,1873年左宗棠在兰州南关创办了兰州机器局,从广东、浙江聘请熟练工人,由总兵赖长筹办,他对制造枪炮有一定经验。这个厂一年之后,便能造出各种枪炮。后来,由兰州机器局制造的军火、修理的军械不断送至前线,1876年,一次便供应清军子弹、炮弹二万多发,使已经装备了相当多的洋枪洋炮的清军,在新疆反击入侵者的战斗中获得极大支持。

在左宗棠的精心组织和周密调度下,从1874年十月到1876年五月,用了一年零八个月的时间,将大批作战物资运达新疆前线,并在哈密、巴里坤、古城等地库存了两千多万斤粮食。至此,以粮运为中心的各项后勤准备工作基本就绪了。

左宗棠收复新疆必须面对两个敌人:一个是强占伊犁地区的沙俄,另一个是受到英

国支持已经囊括新疆大部地区的阿古柏。左宗棠认为,阿古柏与投降他的叛匪白彦虎、马人得等相勾结,占据着新疆全疆大部分地区和重要的城池,是主要威胁,如能集中力量连打数仗,消灭其主要的力量,再不断地进行追剿,就有可能很快掌握收复新疆的主动权。至于沙俄,他非法侵占我新疆伊犁后,正在观望我对新疆的用兵情况,对我新疆用兵暂时构不成威胁。左宗棠权衡轻重缓急。决定首先消灭阿古柏集团,待收复新疆大部分地区以后,再集中全力来对付沙俄。

当时,阿古柏集团兵力的分布情况是:阿古柏本人及其主力驻守南疆,马人得、白彦虎等部据守北疆乌鲁木齐,红庙子,古牧地等要地。左宗棠对当时的情况作了认真思考和分析:第一,清军当时还控制着北疆的哈密、巴里坤、古城、济木萨等城堡,可以保障新疆与内地的交通,西征大军有一条安全畅通的补给线。第二,阿古柏集团分散据守南、北疆各城堡,白彦虎等流窜成性,不得人心,战斗力较弱,可以各个击破。第三,新疆地势北高南低,先北后南,可以形成高屋建瓴之势,正如龚自珍所说"北可制南,南不能制北"。第四,首先攻克乌鲁木齐,进驻玛纳斯,可以遏止沙俄由伊犁东犯。于是他制定了"先北后南"的作战思路,具体进兵的步骤是,第一步收复新疆北路,也就是先收复乌鲁木齐,红庙子,古牧等要地,消灭马人得、白彦虎的部队,第二步收复南疆门户吐鲁番,第三步收复新疆南路,也就是直捣阿古柏的老巢。

1876 年春,左宗棠上奏朝廷,调擅长组织后勤保障供应的刘典到兰州,负责对进军新疆的总的后勤供应。同时,任命有勇有谋,机智果断,只有三十三岁的刘锦棠做先锋官,统一率领先头部队冲锋在前。四月七日,他自己将指挥大营由兰州移到肃州,靠前指挥,统筹调度。

四月二十六日,刘锦棠在肃州正式受命率兵出征,临行之前,左宗棠根据敌人部署纵深大,兵力分散,清军补给线长、兵力少不占优势等情况,考虑到鼓舞各族民心,保持旺盛士气等因素,告诉刘锦棠,用兵要采取"缓进急战"的方法,"缓进",就是不打无准备之仗,谨慎用兵。每次战斗之前,必须作好充分准备,特别是人、马要有充足的粮、草供应,才能组织一战。战后,必须肃清残敌,休整部队,调整部署,以利再战。"急战",就是在组织进攻时,要集中优势兵力,充分发挥炮兵和骑兵的作用,速战速决,避免旷日持久,屯兵坚城之下,久攻不克,打消耗战。

按照先北后南作战思路,清军出关后,第一个战役是攻占北疆,收复乌鲁木齐至玛纳斯一带,控制全疆的战略要地,为向南发展进攻准备后方基地。盘踞北疆的白彦虎、马人得、马明各部,总兵力约有两万人,主力六千余人部署在乌鲁木齐东北的古牧地(今米泉)。左宗棠确定:由刘锦棠和金顺两部六十四营三万多人马担负攻打北疆的作战任务,具体部署是:刘锦棠进疆与金顺部队会师后,首先攻占古牧,古牧是乌鲁木齐的东大门,攻占古牧,等于打开了通向乌鲁木齐的大门,便可形成直捣敌巢穴的有利态势。尔后攻占乌鲁木齐,如果阿古柏从南路率军来援,必然有数场大的恶战,刘、金两部应合力集中

力量歼灭阿军援兵，为大兵南下扬威，大造声势。接下来，分兵两路，金顺率部西攻昌吉、呼图壁和玛纳斯南北二城，刘锦棠率部在乌鲁木齐地区清剿残匪，准备对付阿军可能的反扑。战斗发起的时机，左宗棠和刘锦棠经过反复商量，最后定在秋初，因为这时正是粮食遍野的季节。

1876年八月上旬，北疆战役打响。在刘锦棠的指挥下，清军集中炮火猛攻古牧城，将城墙轰塌，清军蜂拥而入，城迅速被攻破，清军乘势猛攻乌鲁木齐，此时的白彦虎、马人得的人马被清军的凌厉攻势所吓倒，无心再战，乌鲁木齐随后被攻破，金顺率部迅速向西发展进攻，昌吉、呼图壁和玛纳斯北城不攻自破，历时仅十多天，清军便收复了北疆，白彦虎、马人得率残部向南逃窜。战斗打响后，阿古柏派出五千骑兵来援，刚到达坂城，便与败下来的白彦虎、马人得的人马相遇，只好收兵。

此战，要比左宗棠预计的顺利得多，这使左宗棠高兴异常，便立即着手部署天山战役，准备分兵攻取天山地区的达坂城、吐鲁番和托克逊，打开进军南疆的门户。计划上奏朝廷，皇上很满意，便令他赶紧实施。不料，金顺没有攻坚的经验和良策，玛纳斯南城守敌顽强抵抗，金顺部久攻不克，直到刘锦棠派去十一营老湘军增援，到十一月六日才攻克。这时大雪已经封山，无法南进了。

清军攻占乌鲁木齐后，阿古柏非常恐慌，一面请英国主子出面调解，企图通过外交途径阻止清军南进，一面赶赴托克逊部署防御，企图以吐鲁番、达坂城、托克逊三城互为犄角，组织坚固防守，阻止清军南进。后见清军没有动静，便又进一步部署：以南逃的白彦虎、马人得残部配合他的部下艾克木汗率步兵、骑兵八千五百人、民团一万人防守吐鲁番；以其大总管爱伊德尔呼里率步兵、骑兵四千四百防守达坂城，并在东西天山隘口之间筑起一座新城；令其次子海古拉率步兵、骑兵六千防守托克逊，总兵力有三万多人，其中主力两万余人，并配备了大量的后膛枪、炮。阿古柏自己则率大军驻守喀喇沙尔（今焉耆），遥控指挥。为了保护阿古柏这条走狗，英国公使威妥玛，以代表阿古柏向清朝"投降"为借口，发动外交攻势，要求清朝停止进军，获准阿古柏在南疆作为清朝附属国，但要免除每年的朝贡。朝廷便致电左宗棠，征求他的意见，左宗棠断然拒绝，指出英国的阴谋是让阿古柏长期侵占我南疆地区。同时，左宗棠函告刘锦棠，大军南进时，如果阿古柏派代表真意求降，可押解到肃州大营，由左宗棠处理，如果阿古柏的意图是缓兵之计，便立即将来使遣回。

左宗棠认为，天山战役不同于北疆战役，清军将同阿古柏的主力交战，需要认真对待。为此，他计划：集中刘锦棠、张曜、徐占彪三支部队作战。同时给刘锦棠增调了骑兵、炮队各三营，给张曜增调了骑兵、炮队各一营，给徐占彪增调了骑兵一营，合计三部兵力为五十三营、两万多人。依据敌情和刘、张、徐三军目前的部署，决定兵分三路，同时进击。以刘锦棠为北路，从乌鲁木齐出发，由北而南，攻打达坂城，如果得手快，则用兵配合张、徐两军夹攻吐鲁番；以张曜为东路，从哈密出发，由东而西，以徐占彪为东北路，从巴

里坤出发,由东北而西南,越天山南下,与张曜在盐池会师后,合兵西攻吐鲁番,如果进展快,则西进配合刘锦棠夹攻达坂城;两城攻克后,三军合攻托克逊。战役发起的时机定于来年春天,具体发起进攻的时间,由刘锦棠与张曜、徐占彪约定,分头、分期出发,约定日期联合攻敌。

同时,左宗棠为确保南下后后方的安全,对乌鲁木齐及其周围地区的兵力做了新的部署和调整。玛纳斯一战,再次证明金顺的无能,难以独当一面,恰好清政府任命金顺为伊犁将军,左宗棠便将金部三十九营裁并为二十营,担负玛纳斯以西到精河一带的防务;调驻包头的金运昌部十营皖军西行,接替刘锦棠的防务,驻守乌鲁木齐地区;调徐万福三营、范铭一营接徐占彪之防,驻守巴里坤、古城地区,哈密防务则由刘风清部两营豫军和原哈密四营防军负责。

为了保证大军南下作战的粮食供应,左宗棠令古城粮局采购和运送九百万斤粮食到乌鲁木齐,加上清军在乌鲁木齐地区收割和采购的秋粮,为刘锦棠的部队备足了四个月口粮。并令巴里坤粮局就地采购两百万斤粮食,加上从口北运来的粮食,合计有六百万斤,供徐占彪的部队和接替他防务的部队食用;又令肃州粮局、采运六百万斤新粮到哈密,满足张曜的部队之需。同时还赶运了一批军装、被服和新买的后膛枪、炮到达前敌。

大军南进之前,左宗棠向各部反复叮嘱:必须严禁杀掠奸淫,严禁骚扰百姓,要宽待阿军俘虏,争取南疆人民的支持和配合。按照左宗棠的部署,天山战役从1877年四月中旬开始,前后不到半个月就胜利地结束了。刘锦棠一路攻打达坂城,仅用了四天就全歼守敌,无一漏网,还生擒了爱伊德尔呼里,打了一个漂亮的歼灭战。接着,刘锦棠分兵一部,与张、徐两军同日抵达吐鲁番城下。这时,艾克木汗、白彦虎已经南逃,马人得稍做抵抗后,率部投降。刘锦棠亲自率一部直捣托克逊,阿古柏仓促应战,由于军心浮动,加上清军乘胜进攻,士气大盛,阿军难以抵挡清军的进攻,慌忙烧毁存粮和火药,仓皇逃往喀喇沙尔。这一仗,共计歼敌两万余人,救出百姓两万余人。

按照左宗棠的要求,刘锦棠对俘虏全部宽大释放,对百姓作了妥当的安置。左宗棠的作战计划顺利地实现了,这时的南疆八城,已门户大开。

天山战役结束后,刘锦棠向左宗棠建议作战行动暂时告一段落,部队作短期的休整,以利再战。左宗棠认为,只作小停顿,粮运准备来不及。从吐鲁番到库尔勒一千多里,沿途产粮极少,必须准备足够的粮食才能进军。吐鲁番本是产粮区,可是,存粮已被敌毁,当时青黄不接,新粮还要三个月才能收获。哈密、巴里坤、古城和乌鲁木齐各粮局所储存粮,短时间内运不上来。需要派人到吐鲁番和托克逊设粮局,在当地采购粮草,同时,还需要调运足够的银两随军前进,以备在库车以南随地买粮之用。因此,左宗棠决定,部队暂缓进军,待秋天到来,采购和运上足够的粮食后,再大举进兵。

清军的暂缓进攻,客观上促进了阿古柏营垒的分化瓦解。当天山战役打响后,阿古柏便率主要随从从喀喇沙尔退到了库尔勒。库尔勒是维语"观望"的意思。阿古柏在"观望"城中,看到他的人马溃不成军,纷纷投降清军,被释放的俘虏为清军义务宣传,他的大总管也给他写了劝降信,他的精神崩溃了。1877年五月二十九日,阿古柏在他的大营中歇斯底里的残酷殴打他的部属时,突然中风而死。树倒猢狲散,阿古柏的死,引发了其内部的一场大内乱,其次子海古拉携他的尸体逃向喀什噶尔(今新疆喀什)途中,被其长兄伯克胡里追杀,死于非命;艾克木汗在库尔勒自称为王,进兵攻打阿克苏,结果被伯克胡里打败,逃奔沙俄;原来投降阿古柏的尼牙斯在和阗起义,率兵攻打叶尔羌,为清军作策应,原叛国投敌的喀什噶尔汉城守备何步云,乘机起义,率军占领了喀什噶尔汉城,策应清军。这时,白彦虎独成一股,偷偷地躲在开都河西岸,随时准备逃窜。敌人内部的分崩瓦解,给清军继续进兵创造了极其有利的条件。

左宗棠预计,阿古柏死后,当下之敌,以伯克胡里和白彦虎两股为最强,伯克胡里擅长坚守,白彦虎擅长流窜。一旦清军进攻,白彦虎必然迅速逃跑,其逃跑路线有三:一是西窜库车、阿克苏,这一路正是清军追剿的重点,不必重新部署;二是经罗布泊、吐鲁番边界,东窜敦煌,逃入青海。这一路荒山野岭,沙漠戈壁,缺粮少水,可能性不大。三是由西转向北,经伊犁边界,回窜昌吉、玛纳斯一带,这一路地势平坦,道路纵横交错,对清军威胁最大,必须预先设防。为此,左宗棠命令金顺和金运昌两军,尽可能向远处派出侦探,提高警惕,随时准备截击白彦虎的回窜。

南疆八城,以喀喇沙尔、库车、阿克苏、乌什为东四城,夹在天山山脉和塔里木盆地之间,东西一线,延绵三千余里。以喀什噶尔、英古莎尔(今新疆英古莎)、叶尔羌、和阗为西四城。由阿克苏向南,经一千五百多里驿路到达叶尔羌,叶尔羌以东七百多里是和阗,往西约三百里是英古莎尔,再往西二百多里是喀什噶尔。八城中,以阿克苏的地理位置最为重要。

根据这种敌情和地形情况,左宗棠计划南疆战役分两个阶段进行:第一个阶段攻占东四城,控制阿克苏;第二个阶段攻取西四城,收复整个南疆。为了使作战顺利进行,左宗棠将清军分成三部分:以刘锦棠部三十一营为主要进攻力量,打头阵,主要担任消灭敌人,攻克城池的任务;以张曜部十六营为预备力量,紧跟在刘锦棠部队的后面,主要担任接防刘锦棠部队攻克的城池,清剿残敌,防敌回窜;由于徐占彪在天山战役中曾勒索敌财,破坏军纪,左宗棠便将其撤回巴里坤、古城一带驻防,另调七营军在张曜军之后,主要任务是在张曜部队前进后,接管防守阿克苏以东各城。作战发起的具体时间,授权刘锦棠决定。

1877年九月下旬,清军粮运准备完毕,先头部队控制了托克逊至曲惠一线。刘锦棠不失时机地发起了南疆战役。由于白彦虎一触即逃,刘锦棠抓住有利时机,果断率精锐骑兵和步兵,以迅雷不及掩耳之势,一月驰骋三千里,在维族人民的支持和协助下,一举收复了东四城。

在此之际,英国又向清政府交涉,要求清政府准许伯克胡里在西四城建国,作为清朝

的附属国,年年朝贡。驻英公使郭嵩焘和李鸿章一唱一和,鼓动清政府批准这一侵略要求。清政府将情况通报左宗棠,左宗棠怒不可遏,立即上奏痛斥了李鸿章之流的卖国主张和英国的无理要求,同时命令刘锦棠马不停蹄,继续进攻,坚决消灭残余的敌人,如果遇到外国人交涉,请他到肃州大营说话。

1877年十二月初,刘锦棠得知尼牙斯和何步云起义的消息之后,不等张曜率军到达阿克苏接防,便分兵三路,于年底收复了西四城。除伯克胡里和白彦虎各率一部,分道投奔沙俄而漏网之外,余敌全部被歼,阿古柏侵略势力终于被消灭了,沦陷十多年的天山南北终于回到了祖国的怀抱。胜利捷报传到肃州大营时,左宗棠高兴万分,情不自禁地赞扬说,这样快地取得了胜利,真是古今罕见之事。

南疆回归祖国后,左宗棠决心乘胜收复仍为沙俄霸占的伊犁。1879年十月,清政府派往俄国谈判的使臣崇厚屈服于压力和讹诈,竟擅自签订了丧权辱国的《里瓦几亚条约》,除割去霍尔果斯河以西和特克斯河流域大片领土外,还赔款五百万卢布。消息传来,国人上下群情激奋。左宗棠极为愤慨,坚决反对这一卖国条约,左宗棠认为,单靠外交谈判是不可能解决问题的,必须做好武力收回伊犁的准备。随即他上书朝廷,请令出征,坚决收复失地。清政府在全国舆论的压力和以左宗棠为代表的主战派的强烈要求下,最终将崇厚治罪,并改派驻英、法公使曾纪泽赴俄谈判,不承认崇厚所签的条约,同时命令左宗棠统筹兵事,做打仗的准备。

沙俄侵略者见清政府拒绝批准它一手炮制的"条约",就一面施加外交压力,一面进行军事讹诈。在同我国新疆毗连的地区集中了几万俄军,仅在伊犁地区俄军便增至一万二千人,同时还向远东派出了一支由二十多艘军舰组成的舰队。

面对沙俄侵略者的挑衅,左宗棠毫不畏惧,于1880年春拟订了一个三路出击,收复伊犁的计划:即以金顺率军扼守精河地区,防止俄军向东进犯;命张曜率所部五千人由阿克苏出发,沿特克斯河前进,作为主要进攻的力量;刘锦棠率所部一万余人,出乌什,从西面配合。

1880年五月,年近七旬的左宗棠,豪情满怀,亲自出关,将自己的大营移到哈密。他嘱咐部属为自己准备了棺材,随军运行,决心与沙俄侵略者决一死战,不收回伊犁,死不瞑目。全军将士看到自己的统帅把生死置之度外,个个精神振奋,斗志昂扬。沙俄侵略者听说左宗棠亲临前线指挥,十分惊恐,他们深知在远东的军力不敌左宗棠,这才被迫与曾纪泽在彼得堡签订了《中俄伊犁条约》,虽然仍是个严重损害中国领土主权的不平等条约,但总算夺回了伊犁,将被沙俄已吞并的特克斯河流域大片领土归还我国。这其中除了曾纪泽坚持正义立场外,左宗棠的军事活动支持外交斗争是十分重要的。

此后,左宗棠为国计民生,特别是为抗击法国侵略,做了不少有益的工作。中法战争爆发时,左宗棠任两江总督。为防止法国侵略者的进犯,他认真部署了长江口的防务,并决心身先士卒,与阵地共存亡。1884年十二月,年已古稀的左宗棠以钦差大臣的身份奔赴福州,督办福建军务,加强福州前线的防务,组织援助台湾抗击法国的事宜。1885年九月五日,左宗棠病死在福州前线。他在临终口授的遗折中写道:"此次中法一战,是反映中国强弱的一大关键,臣督师南下,还没能痛杀法国侵略者,张我国威,遗恨平生,不能瞑目。"这悲壮的遗言,表现出左宗棠强烈的爱国主义思想光芒。

左宗棠的一生是功罪兼有。前半生他相继参与了镇压太平天国、捻军和回民起义的罪恶活动,他靠这一血腥事业起家,成了声势显赫的清朝的功臣,成了和曾国藩、李鸿章齐名的封疆大吏,这无疑是应当批判和否定的。后半生他在新疆沦陷的危急时刻,挺身而出,力排众议,毅然挥师出关,收复了新疆,为中华民族立下了不可磨灭的功勋。是清末地主阶级抵抗派的杰出代表之一,比起清王朝中那些投降派和顽固派来,他是一个应当肯定的历史人物。